经济法哲学
贯通论

张世明、王济东 ◎等著

Comprehensive Research on the
Philosophy of Economic Law

中国政法大学出版社

2020·北京

图书在版编目（ＣＩＰ）数据

经济法哲学贯通论/张世明等著. —北京：中国政法大学出版社, 2020.1
ISBN 978-7-5620-9233-9

Ⅰ.①经…　　Ⅱ.①张…　　Ⅲ.①经济法－法哲学－研究－中国
Ⅳ.①D922.290.4

中国版本图书馆CIP数据核字(2019)第238903号

出 版 者	中国政法大学出版社
地　　址	北京市海淀区西土城路 25 号
邮寄地址	北京 100088 信箱 8034 分箱　邮编 100088
网　　址	http://www.cuplpress.com（网络实名：中国政法大学出版社）
电　　话	010-58908586（编辑部）58908334（邮购部）
编辑邮箱	zhengfadch@126.com
承　　印	固安华明印业有限公司
开　　本	880mm×1230mm　1/32
印　　张	19.75
字　　数	510 千字
版　　次	2020 年 1 月第 1 版
印　　次	2020 年 1 月第 1 次印刷
定　　价	99.00 元

谨以此书献给刘文华教授并对其为
当代中国经济法学的不懈努力致以崇高敬意

INTRODUCTION

LIU Wenhua

In any discipline, the study of philosophy is the last trump card. Avoiding Western or Eurocentric presuppositions of course is necessary. However, China itself has no philosophical tradition in Western sense. It is incorrect concept, at least not exact concept, which the mere philosophical suffix after the name of a law field forms the legal philosophy of that law department. What is economic law philosophy, this is indeed a problem that must be faced directly. Economic law philosophy is the " meta-theory" in the basic theory of law, which can be the basis of the basic theory of economic law. The discussion is on the philosophical problem after the departmental law rather than on the problem of departmental law under philosophy.

Legal interest is not only the methodology to guide the implementation and interpretation of law, but also the standard to test whether the premise of the application of law is legitimate. The completeness and effectiveness of the legal interest system composed of legal interests of different natures, categories and levels, are the basic indicators to measure the modernization level of specific state and social governance systems and governance capabilities. At the same time, different types of legal interests and different types of legal relief or realization mechanisms are mutually both cause and effect, while different natures of legal interests and the different value positions of legal departments are mutually bring forth results. However, up to now, the status, role and boundary of different members of the legal interest system represented by the public interest, as a legal proposition and legal application topic with great practical importance and theoretical controversy, have been at issue in Chinese and foreign academic circles. This situation not only profoundly affects the scientificity of the theory of legal interest and the effectiveness of legal interest system, but also misleads the value orientation, expression and realization of modern emerging legal departments, including economic law and social law. Based on the critical inheritance of traditional legal interests classification theory, LIU Guanghua in the 1ˢᵗ chapter attempts to put forward and re-interpretate the historical evolution of legal interest system, the scientific constitutes of legal interest system through methods of clarifying conception and testing hypothesis, the different status, role, and the border of legal interests with different properties and forms in different law departments, with the help of " value - means" two level classification paradigm of legal interest as well. The present author argues that, the legal interest system was substantially classified on the basis of the western capitalism formalism rule of law or rule of positivism law for a long time, which will instinctively treat the instrumental legal interests such as individual interests and social interests and national interests with a private interests nature as the basic parts of the legal interest system, and neglecting of the legal interest at value level which is the higher class and more fundamental legal interests and is composed of both public interest and private interest; It has also blocked the channel and possibility for the construction of instrumental legal interest system under the guidance of public interest value, and even lowered and interspersed the irreducible public interest as instrumental legal interest. Legal interests especially legal interests at value level, have been artificially put on a Proteus mask, which makes theoretical researchers and practical users fall into the psychedelic " Rashomon" of the legal interests. Finally, the present author verifies the " value–means" classification paradigm of legal interest by virtue of the existence of legal interests in the context of modern legal sectors represented by economic law--that is the social public interest, and points out the direction for further in–depth study of legal interest system with a possible methodological key.

The 2nd chapter discusses the economic order by WANG Yusong from Anhui University. The author puts forwards that economic law is a new type of property law that systematically regulates the overall effective operation of capital property rights. Capital property right is created and exists to satisfy people's pursuit of wealth multiplication, in the economic society dominated by capital property rights, production and consumption are completely sepa-rated, and both production and consumption activities are fully socialized, thus making the boundary between public and private increasingly complex and blurred, and the individual interests and the overall interests are deeply integrated in the fierce conflict. This aspect has loaded the engine of the wealth creation of human society, on the other hand, has brought more and greater inequality, conflict and disaster to the human society, these prob-lems have been concentrated in the liquidity, openness, expansibility, un-certainty, risk, amplification, sharing of the operational characteristics and operation rules of capital property rights, it is necessary to discipline it through the establishment of a certain order, promote what is beneficial and abolish what is harmful, and let it serve human values as much as possible. Therefore, in the process of order establishment, it is necessary not only to conform to the nature requirements of capital property rights, to promote the development and perfection of their own good, so as to maximize the reali-zation of their wealth creation function, but also to make the ultimate goal is strictly limited to serving the full and complete realization of human val-ues. Liquidity order, open order, expansionary order, uncertainty order, risk order, amplification effect order and shared order are the modern economic order in which people effectively run the capital property right in order to meet the above objectives through the process of long – term continuous trial and error, and the emerging economic law is formed. Therefore, human society in the public and private, individual interests and the overall interests of conflict to achieve harmonious coexistence, mutual promotion, and then promote the all–round development of human society. At the same time, this is also the realization and unification of the modern economic order in teleology and consequentialism, which is established with the operation of capital property rights as the center.

The social standard of economic law has been widely noted by academia, but the researches in it are inadequate. There are problems such as the irregular definition and description, failure to convert it to department laws including economic law. Standing on this viewpoint, Chen Minguang in the 3rd chapter extracts the methodology framework of the priori and the experience in order to justify the social standard of economic law based on the history and specifically analyze its connotation. The social standard of economic law is the product of history. The modern market economy is the economic base of social standard of economic law; the deepening of socialization of national function is its political basis; and the philosophy of co-existence prior to the existence of individual, legal socialization, and endogeny about laws and economics are the ideological basis. From the perspective of the realization of social interests, the civil law promote society through personal efforts, the economic law promote the individuals through social defendence and management, while the constitutional law and administrative law are the means of controlling the power to protect society. Compared to the other law departments, the social standard of economic law points to non given third persons, the responsibility and the economic interests of the society as a whole, and it should still be coordinated with them to unify the broad sense social standard of the law.

The 4th chapter is contributed by FU Daxue from Tianjin University of

Technology Law School. According to the present author, the trichotomy of traditional property – – – – that is, private property, common property and public property is difficult to capture the complex types of property. A lot of properties are a mixture of three typical properties, the most obvious manifestations are public – private mixture properties, public – common mixture properties, common–private mixture properties and public–common–private mixture properties. There are numerous examples of each mixing properties in reality, the common property housing is a typical example of public–private mixing property, City public park is a typical example of public–common mixing properties, housing maintenance funds is a typical example of common–private mixing properties, social insurance capital containing the financial funds is a typical example of public–common–private properties. Mixed property in the modern market economy countries highlighted, there are not only the reasons of two kinds of social system integration, but also there are the economic reasons of the rapid economic development of mixing economy, mixing ownership and sharing economy. In addition to the general function, Mixed property has some special functions of welfare function, mutual–aid functions, distribution functions and co–welfare function, etc.

The theory of balance and coordination which comes from a general rule of emergence and development of economic law is a meta theory drawn up from economic law. As a methodology of economic law, the theory of balance and coordination sublimates of the basic theory of analyzing and solving the issue of economic law from the origin and adjustment of economic law, and is committed to a unification between will of nation and will of market subjects. The theory of balance is a methodology of administrative law, which has experienced a development of stage from overall balance to gaming equilibrium (structural equilibrium), focusing on balancing a relationship between administrative power and administrative counterpart right. The difference of the theory of balance and coordination and the theory of balance is based on inherent approaches of the two departments of economic law and administrative law. At the level of interest, there are differences in connotation, nature and protective pathway. At the level of operation mechanism, there are differences in subject, structure and method. As an important part of economic law system, development planning law gives overall consideration to the significant interest relationship of nation economy and social development in the form of legal norms, so as to achieve the balance and coordination between market economy and rational planning. The development planning law is a kind of law regulating government resources allocation. The balance and coordination of authoritative resources and allocative resources accords with the legislative trend of multiple planning integration, which is the best result that regional planning legislative should pursue.

Carl Schmitt adopts a tripartite division juristic thought mode as the normativist, the decisionist and the institutionalist. The structurization of those rules being written on paper should be achieved through repeated practice for a lengthy period, to be institutionalized as a behavioral framework. The external institution mainly relies on the " forces" , and the internal institution mainly depends on the " commitments". The process of institutionalization promotes the formation of order. The formation of order depends on the edge tool of the institution. The evaluation criterion of the institution is performance, and the evaluation criterion of the order is legality. Individual protection and institutional protection are not opposed to each other. Institutional protection is achieved through the protection of individual liberty. In a sense, the competition law both adopts a legal position to oppose laissez−faire and resolutely demarcates with economic interventionism, clearly defining the bottom line of free competition among rivals, and is social coordination law for safeguarding competition freedom. The 6th chapter contributed by Prof. ZHANG Shiming discusses the institutional protection theory focusing on the system construction of the anti−monopoly law.

The method on functionalist interpretation is derived from the sociolog-
ical functionalism trend of thought, and it gradually becomes an important
method of legal research under the introduction of comparative law scholars.
Chinese civil law, criminal law and other branch laws tend to respond to
specific questions from the perspective of functionalist interpretation, but e-
conomic law more often uses it to prove its independence. In the anti−unfair
competition law, the practical reliance of anti−unfair competition law on the
functionalist explanation method has not been reduced due to the critical
trend of pragmatism, because of the need for interpretation of the " concept
of uncertainty" in the normative text and the actual support of the " dy-
namic system theory" in the operation of rules. LONG Jun in the 7th chapter
argues during the interpretation of anti−unfair competition law, the func-
tionalist explanation will build a bridge between " purpose− function" and
" function− result" , to finally realize the connection between " teleology"
and " consequentialism" in the means of interpretation. Under the double
standards of assessment on the " target matching " and " result
validation" , the method on functionalist interpretation can provide some
new research perspectives and conclusions to deal with the complex
problems in the anti−unfair competition law, such as " the nature of the
objects protected by the law of anti−unfair competition" , " the definition
of the new−type unfair competition behaviors on the internet" and " the
trade− offs of elements about competitive relationship in the anti − unfair
competition law " .

Despite China's remarkable economic development, there have been
many humanistic problems such as unfair distribution, polarization between
the rich and the poor, the gap between the East and the West, and the lack
of protection for vulnerable groups. It is undoubtedly significant to insist on
thinking about legal philosophy issues of the humanism in Economic Law.
Since the reform and opening−up in China, the economic law theory with
Chinese characteristics have been created. Whether it is the theory of bal-

ance and coordination, the theory of combination, the theory of unification vertically and horizontally, the theory of division and integration, the theory of social-responsibility-based, etc., they all embody the people-oriented idea and show humanistic concern. Inspired by my theory, some scholars of economic law devoted themselves to thinking about how to put the humanism into specific economic department laws. Unfortunately, the research on the humanism of financial law is relatively rare. In the past, Jurists have already corrected the wrongness of the fetishism in private property law and attached more importance to the humanism. In recent years, the scholars of financial and tax law have proposed that the essence of financial law is public property law, which belongs to property law in a broad sense. So it inevitably needs to make a choice between property-oriented and people-oriented, which the property law cannot be avoided. In fact, with the financial model in feudal period (e. g. household finance, kingship finance, state finance) changed to public financial mode in modern times, the humanism was gradually penetrated into financial constitution, financial management law, financial revenue law, financial expenditure law, etc. Refining the humanism in financial law can provide value guidance for the practice of rule of law. In retrospect, we should make a negative evaluation of some phenomena, such as overhead tax, family planning fine, duplicating charges, preference of productive expenditure. Looking to the future, we should design the financial system under the direction of the Humanism from four aspects: satisfying people's needs, preventing people's viciousness, believing in people's goodness and caring for people's weaknesses. Through in-depth argumentations on the generative logic, value order and system realization of the humanism in financial law, the connotation of humanistic philosophy in economic law would be enriched. The 8th chapter, Humanistic Theory: Taking the Financial Law as an Example to Rethink the Concept and System of the Economic Law, is contributed by SUN Yuchen, who always keeps his mental faculties alive.

The difference between science and pseudoscience is not that science itself must not contain any errors. On the contrary, according to Popper's theory, the difference between science and pseudoscience is precisely the falsifiability of science. Philosophical exploration must be seen as an energia, not an ergon. From the point of view of dialectics, truth is indeed not a ready-made thing. It is a continuous process of continuous trial and error. The greater the attempt to complete a work, the more incomplete it may be. This is inevitable. I hope the study in the future will lead to a higher level.

For those closest to me, I would like to thank such heartwarming help and encouragement.

目　录

CONTENTS

导　论

第一节　元问题与一般问题：经济法哲学地位论

　　黑格尔把哲学看成是人类文化的基石，他在柏林大学讲授《小逻辑》时，建议柏林大学应当把对哲学的教学和研究摆在所有学科的首位。在黑格尔看来："一个国家没有哲学，就像一座雄伟壮观的庙中没有神像一样，空空荡荡，徒有其表，因为它没有可信仰的东西，可尊敬的东西。"[1]唯有当人在内心中蕴涵神圣的东西，蕴涵必须小心恭护的东西，蕴涵天意神道的东西，人生才有依持，灵魂才不至于空虚。[2]学术的研究必须保持一种终极关怀，所以笔者在拙著《法律、资源与时空建构：1644-1945年的中国》一书中强调从大本大源进行四两拨千斤式的基点式研究。[3]哈耶克在描述政治哲学家的定位时这样指出："政治哲学家的任务只能是影响公众舆论，而不是组织人民采取行动。只有当政治哲学家不去关注那些在当下政治上可行的事务，而只关注如何一以贯之地捍卫'恒久不变的一般性原则'的时候，他们才能够有效地完成他

---

　　[1]　[德]黑格尔：《哲学史讲演录》（第4卷），贺麟、王太庆译，商务印书馆1978年版，第100页。

　　[2]　卞敏：《哲学与终极关怀》，光明日报出版社2011年版，第210页。

　　[3]　张世明：《法律、资源与时空建构：1644-1945年的中国》（第5卷·经济开发），广东省出版集团、广东人民出版社2012年版，第262页。

们的使命。"[1]由此可见,马克思所说的那种改造世界的解释存在一个关键问题,即切入点和切入方式。这种解释绝非是简单的策论。强调法学实践性的霍姆斯法官在一篇著名论文中就表示了问题的另一面相,即仅仅成为大公司的律师并拥有 5 万美元的薪水,并不能成为幸福、伟大到足以赢得赞誉的有识之士,除了成功以外尚需其他食粮。法律较为边际的方面和较为一般的方面,恰是人们应当普遍关注的。正是通过这些方面,一个法律人不仅会成为职业中的大师,而且还能把他的论题同大千世界联系起来,得到空间和时间上的共鸣、洞见到它那深不可测的变化过程、领悟到普世性的规律。[2]如果一个人只是个法律工匠,只知道审判程序之规程和实在法之专门规则,那么他便绝对不可能成为第一流的法律工作者,甚至如同路易斯·布兰代斯法官所言,这样的人极易成为"一个社会公敌"(a public enemy)。[3]德国哲学家摩里兹·石里克言简意赅地揭示了哲学对于科学的重要性:"哲学不是在各门单个学科之外或之上的一门独立的科学。毋宁说,哲学的要素存在于一切科学之中;哲学是它们的真正灵魂,而且只有借助于哲学它们才成为科学。任何特殊领域中的知识必须预设一套非常普遍的原则,并与这些原则相适应,否则它就不成为知识。"[4]"任何科学问题都会把我们引向哲学,只要我们把问题追索得足够深远。"[5]吴经熊认为,研究任何法则都必须把握它的哲学基础。如不能把握哲学基础,即不能了解其根本精

〔1〕 [英] 弗里德利希·冯·哈耶克:《自由秩序原理》(下),邓正来译,生活·读书·新知三联书店 1997 年版,第 206 页。

〔2〕 Oliver Wendell Holmes, "The Path of the Law", in Oliver W. Holmes, *Collected Legal Papers*, New York: Harcourt, Brace and Co., 1920, p. 202.

〔3〕 Arthur L. Goodhart, *Five Jewish Lawyers of the Common Law*, London: Oxford University Press, 1949, p. 31.

〔4〕 [德] M. 石里克:《普通认识论》,李步楼译,商务印书馆 2011 年版,第 1 页。

〔5〕 [德] M. 石里克:《普通认识论》,李步楼译,商务印书馆 2011 年版,第 18 页。

神。〔1〕

　　从 1802 年到 1842 年，萨维尼先后在马堡大学、兰茨胡特大学、柏林大学等地传道授业，舌耕笔耘，开设了三十多次法学方法论课程，以其清晰、流畅、优雅并且富有洞察力的讲授吸引了大批莘莘学子。除马克思这样的世界伟人之外，萨氏课堂的听讲者有不少后来也成了名噪于世的法学家，如温德夏特、霍默耶、布卢默、布尔沙迪等。格林兄弟也是萨维尼的"粉丝"，其为我们留下了一份萨维尼关于法学方法论的讲义笔记。萨维尼的这本不起眼的小册子可以说是德国后来法学发展的设计蓝图。正是这样，我们在谈论德国现代法学方法论时就必须回溯到萨维尼。在萨维尼看来，完整的绝对法学方法论应当包括：①法学的解释如何成为可能（语文性的研究）。②历史（历史性的研究）。③体系（体系性-哲学性的研究）。〔2〕在该讲义中，最引人注目的是萨维尼关于法学方法论的三条基本原则，即①法学是一门"历史性的科学"（historische Wissenschaft）；②法学也是一门"哲学性的科学"（philosophische Wissenschaft）；③上述两条原则应当结合起来，即法学是历史性科学与哲学性科学的统一。〔3〕借用中国传统的术语，萨维尼强调从"小学"入手，极精微而至广大，臻于一种以宏廓思想为意境的"大学"。萨维尼的方法论要求对法律素材进行"历史-语文学的"和"哲学-体系的"处理，其结果应当是一种"绝对的方法学"，即把"实用法学"（Jurisprudenz）提升至一种"哲学的法学"（philosophische Rechtswissenschaft），"其终极目标"应当是哲学（尽管萨维尼本人对此没有详细的考虑）。萨维尼所谓"哲学的"处理，是指把这些素材组成一个"内在体系"，这个体系不应再是法律规范的单纯"堆砌"，而应建

---

〔1〕　吴经熊：《法律哲学研究》，清华大学出版社 2005 年版，第 70 页。
〔2〕　［德］萨维尼、格林：《萨维尼法学方法论讲义与格林笔记》，杨代雄译，法律出版社 2008 年版，第 76 页。
〔3〕　［德］萨维尼、格林：《萨维尼法学方法论讲义与格林笔记》，杨代雄译，法律出版社 2008 年版，第 71 页。

构法律素材的普遍精神关联。这样的形式与素材的方法论关系，正好契合当时追求从康德的精神出发革新各精神科学的理想。[1]例如，席勒于1794年在耶拿的就职演讲中曾提到，用康德精神将"饭碗学者"（Brodgelehrter）与"哲学头脑"（philosophischer Kopf）加以分殊，而谢林在1802年就期待着从科学的科学（即哲学）观察科学的有机整体。日本人的研究也是很扎实的，他们对中国法学也影响深远。尽管日本师法德国而有许多详赡丰富的法律注释书籍，但与德国相比，日本学者的研究给人一种细碎化的感觉，缺乏一种高韵逸气，大师级人物比较罕见。德国的法学之所以发达，除了对于实用法学较为关注之外，主要原因就在于其具有深厚的哲学基础，是一种"哲学化的"（die philosophirende）法学。这就是萨维尼在方法论讲义中强调的哲学层面的思考。正如萨维尼所言，注释性因素与体系性因素的结合，使法学方法走向完美。[2]萨维尼在这里实际上已经为德国法学发展确立了纲领，他的讲义可以说是德国法学发达的最好解释，揭开了一个国家的法学"大脑"是如何发育起来的秘密。

学术仿佛在平路上走，理论仿佛在山路上走；学术走了十步，理论才可能走一步；学术不易倒退，而理论却极易倒退。[3]德国诗人海涅在《德国：一个冬天的童话》（*Deutschland-Ein Wintermärchen*）曾说过："法国和俄国拥有大陆，英国拥有海洋，无可争辩，德国占有思维的空间。"（Franzosen und Russen gehört das Land. Das Meer gehört den Briten. Wir aber besitzen im Luftreich des Traums die Herrschaft unbestritten.）德国人是如此喜爱并善于运用理论思维，并且创造了许多丰富而又深刻的思想，所以德国也被称为"心灵的王国"。

---

〔1〕〔德〕弗里德里希·卡尔·冯·萨维尼：《历史法学派的基本思想（1814-1840年）》，郑永流译，法律出版社2009年版，第64页。

〔2〕〔德〕萨维尼、格林：《萨维尼法学方法论讲义与格林笔记》，杨代雄译，法律出版社2008年版，第5页。

〔3〕雷戈：《史学微言》，河北人民出版社2007年版，第103页。

康德亦云："德国人是根，意大利人是顶，法国人是花，英国人是果。"[1]这根深深地根植于大地的土壤之中，汲取着大地的乳汁，滋润着德意志民族的灵魂。德国法学之所以能够戛戛独造，就在于其具有深厚的理论支撑。反观我国，未来贡献给世界的，不仅应包括硬实力，还必须拥有思想的创造。"新松恨不高千尺，只为根基尚脆弱。"在当下的经济法学研究中，由于思想的退隐，思想已经成为稀缺资源，看似繁花似锦的背后，蕴藏着花果飘零的隐忧。理论贫困的根本在于哲学的贫困。经济法研究缺乏理论深度的原因之一就在于，学者看问题不能提升至哲学的高度。互联网经济一时兴盛，学位论文尽往这方面钻，以至于将天际浮云误认为是地平线上的丛树。第三方支付、网络消费知情权、互联网金融，连篇累牍，令人产生视觉疲劳，而基础性研究则鲜人问津。热火朝天之后往往是风卷残云。这些时髦玩意最多各领风骚数年，最佳也就是很快沦为有"学术史上的意义"而不再有"学术意义"的作品，等而下之者则朝花夕死，不胜浩叹。

伯特兰·罗素曾说过："当有人提出一个普遍性问题时，哲学就产生了，科学也是如此。"[2]"提出普遍性问题就是哲学和科学的开始。"[3]对于本书的主题问题，元理论坐标的确立是首要的，也是实质性的任务。理论越是具有一般性和概括性，其威望就越大。[4]任何一个学科，研究到最后都是哲学问题。由于近代所有学科的博士都被冠以"Ph. D"的名号，学术总需要陷入一种本源性沉思，所

---

〔1〕 Immanuel Kant, "Anthropologie in Pragmatischer Hinsicht", im: Kant's Gesammelte Schriften, *Ausgabe der Preußischen Akademie der Wissenschaften*, Berlin: Reimer, 1907, S. 226.

〔2〕 〔英〕伯特兰·罗素：《西方的智慧》(上)，崔权醴译，文化艺术出版社 1997 年版，第 6 页。

〔3〕 〔英〕伯特兰·罗素：《西方的智慧》(上)，崔权醴译，文化艺术出版社 1997 年版，第 14 页。

〔4〕 Geoffrey M. Hodgson, *How Economics Forgot History: The Problem of Historical Specificity in Social Science*, London : Routledge, 2001, p. 7.

以法学界各个部门法的不少学者都致力于宪法哲学、刑法哲学、民法哲学等体系建构问题。然而，仅仅以某部门法之名冠以哲学的后缀，就形成某部门法哲学，这种构想是不正确的，至少是不确切的。何为经济法哲学，这的确是一个须要直面的问题，不是凭着一时感情冲动的抢帽子游戏。严肃的部门法哲学应该采取的路径是，对于哲学怀揣高山仰止的敬畏，虽不能至而心向往之。所谓"心向往之"，是指采取哲学的方法趋向于哲学问题。因此，我们探讨的不是在哲学之下探讨部门法问题，而是部门法之后的哲学问题。哲学之下的以哲学观点指导部门法研究仍然是以部门法问题为对象，而不是深入部门法问题之后，因而是形而下的器，不是形而上的道。易言之，不是"meta"问题（元问题、"之后"问题）。相对于部门法而言，部门法哲学需要解决的重大问题即是"之下"与"之上"的问题。部门法哲学最深层次的还是"纯哲学"，即哲学的本体部分，而基础理论是对部门法的构建，是法学，但还不够哲学，还没有达到不能再还原的终极的原点。它本质上还是部门法，而没有超越部门法。经济法哲学不等同于经济法基础理论。经济法哲学是法学基础理论中的"元理论"，可谓是经济法基础理论的基础。经济法基础理论是经济法内部的"家务事"，至多涉及经济法理论的哲学基础等问题，而经济法哲学对于经济学而言，既入乎其内，又超乎其外，是对经济法基础理论本身的再反思，即"思想之思想"，否则将辱没其神圣使命，而与一般的经济法基础理论泯然无异。之所以要探讨经济法哲学，就在于其是一块具有学术投资价值的洼地，可以使得研究者和整个学科的思考跃升至一个"思想高原"。这不是在某种主义照观下或者在某种视域中的从大前提至具体结论的演绎，而是立足于经济法而积极抽绎、升华至哲学层面的问题研究，是从经济法中提炼出的哲学结晶。我们之所以不安本分地进行探索，就是不愿意故步自封于经济法本身框架内的问题。张立文的"和合论"虽然存在争议，但这确确实实是一种哲学理论的建构。刘文华的"公私结合论"亦然，即便未遑绵密论证，起码具有这种哲学化气概，"云彩之上的天空是一样的灿烂",^[1]学生之辈总不该画虎不成反类犬。在德国,与法哲学最不易划界的学科是"法学理论"(Rechtstheorie)。法学理论,又称"一般法学"(allgemeine Rechtslehre),作为一门学科从哲学中迁出是非常晚近之事,产生于19世纪初。德国学界所谓的"法学理论"不将法哲学作为"法律伦理学"(Rechtsethik)所考察的范围,而是关于法和法学基本概念的分析理论,侧重于描述现存法(实在法)的概念和逻辑结构。

　　智小者不可以谋大,趣卑者不可以言高。晨鸡始唱,踽阜高吟。严复在点评《庄子·逍遥游》时说:学者一定要游心于至大之域,破除"拘虚""笃时""束教""囿物"等各方面的偏狭,才有可能"闻道",即达到一种主观的自由境界。形而上的研究较之简单的就事论事更为淋漓尽致。见微知著如果被理解为偏正结构的构词,那么就定然存在偏颇。这在方法论上是存在致命缺陷的,见微固然是达到知著目的的一个切入口,但并不能必然实现这一目的,见微与知著毕竟是两码事,两者之间并非是平滑的渐近线,得到的结局很可能是"只见树木不见森林",其间的壕沟需要极大的力气才能逾越。"合成谬误"(Composition Fallacy)认为个体的特质就是整体的特质,而"分割谬误"(Division Fallacy)认为整体的特质就是个体的特质。铢铢而称,寸寸而度,并不至钧必合,至丈不差。僻处草茅,可能最终未由仰见道枢。所以,见微知著在语法上是并列结构,不可偏废。柏拉图认为,哲学的最高表达方式不是直接论证,而是间接指涉。中国人也好讲登高见高。自周敦颐倡明"立人极"以来,宋明儒者的讲学不仅喜言"为学宗旨",而且也颇重视"气象规模",故在理论上也往往有其"整体结构"。

　　所有的科学都需要处理"相同"和"不同"的问题。正如生物学家理查德·莱文斯和理查德·列万廷所言:"事物是相似的:这使得科学成为可能。事物是不同的：这使得科学变得必要。"[1]

部门法哲学实际上已经不是真正意义上的哲学。相对于哲学而言，部门法哲学需要解决的重大问题是"之内"与"之外"的关系。部门法加哲学后缀的建构往往具有"拉大旗作虎皮"的瑕疵，空洞无物，是地地道道在哲学之外。这种研究往往在形式上模仿了哲学的研究，包括本体论、认识论、实践论等形式结构，但仍然是非常生硬和粗糙地移用理论而不是移用方法，有哲学思考之形而无哲学思考之实，不仅仍然"自化外于"哲学，而且脱离了部门法的内容，是"形而上学"的建构，几乎没有任何事实依据，令人无法从中汲取知识营养。相反，一些研究即便不采取哲学的名号，但圆润地运用哲学的方法解决部门法理论背后的问题，也不应该将其视为该部门法的范畴，如同法律经济学属于经济学而非法学一样，其真真切切地以哲学研究为本位，由内而外散发出哲学的光芒。经济法哲学不能过于求大、求全，缺乏独到深湛的研究、面面俱到的写作注定没有自己的鲜明个性和特色。所以，如何既"博通"又"约取"，这其中的张力，值得仔细斟酌。趋近于章太炎所说的"字字徵实，不蹈空言；语语心得，不因成说"[2]这一境界全在研理日精、观书日富，因而论事日密。脱离了经济法的具体内容，只能泛泛而谈，难免存在隔靴搔痒的问题，讲得不彻底、不通透，没有讲到人们的心坎里去，不能以理服人，对经济法发展起不到实质的作用。从哲学、法哲学到部门法，其间尚有较大的距离和空间，需要部门法哲学作为桥梁，将两者连接、贯通起来。如若不然，部门法哲学就会混同于法哲学，难以体现出"部门法"的特定内涵，也就没有了自己存在的价值和必要。[3]如果把部门法哲学解释得太抽象，或

---

〔1〕 Richard Levins and Richard Lewontin, *The Dialectical Biologist*, Cambridge, Massachusetts：Harvard University Press, 1985, p. 141.

〔2〕 章太炎："再与人论国学书"，载上海人民出版社编：《章太炎全集》（四），上海人民出版社 1985 年版，第 355 页。

〔3〕 邱本："再论部门法哲学"，载《法制与社会发展》2010 年第 3 期。

理解得玄而又玄、难以捉摸，则不利于部门法哲学的深入研究，也不利于部门法自身的发展。[1]"哲学主义"（Philosophismus）是只受哲学激励和引导的部门法哲学误区，不关心此时此刻法学对哲学提出的独特的法律问题，与特定的历史情势毫不相干。[2]哲学可集象但不可离象。部门法哲学应该是部门法与哲学的有机结合。部门法哲学既要从部门法角度跃升至哲学层面的高远沉思，又要从哲学的角度深刻观照部门法的现实问题，这并非天马行空，其出乎部门法基础理论之外固然不易，而从哲学角度入乎部门法之中亦难。对此，中国经济法理论的建构不能依据西方的理论量体裁衣，而应该根据中国的实际情况量体裁衣，部门法哲学的建构亦然，它不是按照哲学的理论量体裁衣，而应该根据经济法的实际情况量体裁衣。事实上，彻底地从部门法采取归纳法进行抽象化的萃取，绝对不可能遁入凌空蹈虚一途。这是一个理论建构和思想磨砺的进程，绝非先有成见后立学说、先架脊梁后奠基础的作业路径。

第二节　主观与客观：经济法法律部门划分论

长期以来，学术界认为以法律关系为标准划分法律部门是苏联法学家的重要贡献。1938 年至 1940 年，苏联法学界就法的体系问题开展讨论，得出了一个公认的唯物主义法学观点，即法的体系和法本身一样，是一种客观存在的社会生活现象。科学的任务是认识法的体系，而不是创造或改造法的体系。法律调整的对象是社会关系，社会关系相互间的有机关系和内容上的差别则是法的体系及

〔1〕　杨海坤："行政法哲学的核心问题：政府存在和运行的正当性——兼论'政府法治论'的精髓和优势"，载《上海师范大学学报（哲学社会科学版）》2007年第 6 期。

〔2〕　〔德〕阿图尔·考夫曼、温弗里德·哈斯默尔主编：《当代法哲学和法律理论导论》，郑永流译，法律出版社 2002 年版，第 10 页。

对其加以分门别类的客观依据。[1]1939 年，苏联国家和法的理论权威伊尔·亚历山大罗维奇·阿尔扎诺夫首先提出，法律调整的对象是划分法律部门的标准，[2]关于如何按照法律调整的对象（即社会关系）来划分法律部门，大体上有两种不同的表述：一种认为，应依照"各种社会关系在内容上的差别"来划分；[3]另一种则认为，应按照法所调整的"社会关系的性质"来分门别类。[4]在阿尔扎诺夫提出"对象"标准的同时，C. H. 勃拉图西指出了其理论的不足之处，他强调无论是按照社会关系的"内容"还是按照社会关系的"性质"来划分法的部门，都必须联系法律调整的方法，否则，就说不清楚某些社会关系在内容或性质上有什么不同了。因此，调整方法不可避免地要被引入法律部门划分的标准之中，或者认为是"调整对象和方法的一致"，[5]或者曲为自辩，半遮琵琶地承认"也不应忽视调整方法在区别同一类社会关系时所起的作用"。[6]然而，把方法与对象结合起来区分法律部门就意味着"要形成一个法律部门，此种社会关系的质的特性必须达到需要特种调整方法的程度"。[7]

---

〔1〕 参见全国人民代表大会常务委员会办公厅编译室编：《苏维埃民法的对象论文集》，全国人民代表大会常务委员会办公厅编译室 1956 年编印，第 19 页。

〔2〕 ［苏联］M. N. 皮斯科京："苏联法的体系及其发展前景（一）"，任允正译，载《环球法律评论》1983 年第 1 期。

〔3〕 参见苏联科学院法学研究所科学研究员集体编著：《马克思列宁主义关于国家与法权理论教程》，中国人民大学马克思列宁主义关于国家与法权理论教研室译，中国人民大学出版社 1955 年版，第 534 页。

〔4〕 ［苏联］M. N. 皮斯科京："苏联法的体系及其发展前景（一）"，任允正译，载《环球法律评论》1983 年第 1 期。

〔5〕 ［苏联］A. B. 维涅吉克托夫："论苏联民法典的体系"，载北京大学法律系民法教研室、资料室编：《民法参考资料》（三），全国人大法委民法起草小组 1979 年编印。

〔6〕 参见［苏联］A. B. 多什尔泽夫："论苏维埃民法的对象与苏联民法典的体系"，载北京大学法律系民法教研室、资料室编：《民法参考资料》（五），全国人大法委民法起草小组 1979 年编印。

〔7〕 ［苏联］A. B. 多什尔泽夫："论苏维埃民法的对象与苏联民法典的体系"，载北京大学法律系民法教研室、资料室编：《民法参考资料》（五），全国人大法委民法起草小组 1979 年编印。

如此一来，种种日新月异的社会关系及相应的法律规范的分类研究便都将不可避免地遭遇瓶颈。当时，苏联法学界已经认识到这一观念陈旧不符合现代立法综合发展的趋势。由苏联法学界暨民法学界奠定的法律部门划分理论在中国法学界一直被奉为圭臬、"铁律"，并被广泛流传，使得我国经济法在法律体系中的地位的阐明受到这种传统法律部门划分理论的束缚，殊值学理上的反思。

一、主客交融论

在西方，柏拉图哲学可以说是开创了主客二分思维模式之先河。但真正意义的主客二分是由笛卡尔开创的，因而是近代哲学之事。"主客二分"（Subject-object dichotomy）或称"主客关系"，不仅指主客之间的分离、对立，而且包括通过认识而达到的主客统一。较之古代混沌的有机整体论的思维方式，主客二分思维模式的优越之处在于，其为科学思维的清晰化、精细化奠定了基础。只有当人类把外物当作客体看待时，才可能对外物进行细致的、分门别类的考察，进行分析解剖的研究。不能设想人类在没有主客体的区分，从而把宇宙的一切皆视为一种混沌的整体的阶段，能够产生像近代以来的自然科学那样的精细知识。二元性是主客二分的特点之一，主体与客体是彼此外在、相互对立的二元存在，承认有超感性的、经验的、形而上学的本体世界。这种哲学思维只知主客分离，不知主客统一，即使讲主客统一，也是在主客分离基础上的统一。人作为理性主体的任务就是解释客体的"是"和"何以是"，客体被当作外在于主体的对象存在着。不可否认，消解主客二分是为了取消实在论和真理符合论，但消解了主客二分也同时消解了追求客观性的迷梦，走向了反实在论。主客二分是不能取消的。世界是存在于人的意识之外、不依赖于人的意识的客观存在，而人的意识则是主观的，是对客观存在的反映。取消主客之分，实际上是取消世界的客观性，把世界变为主体的依存系列，这是根本不可能的。人所能面对的世界是人的世界，即包括人在内的世界。人的出现及人的实践活动使统一世界一分为二，即主体与客体、主观世界与客观世界。

这不是抽象的哲学问题，而是客观现实。世界和如何看待世界是两个问题。世界的客观性问题，讲的是世界的存在及其规律的先在性问题，如何看待世界讲的是主体的认识问题。主客二分不是主客对立，二（主与客）是一（统一的物质世界）的二，一是包括二的一。[1]

人的意识对客观世界的反映是一个能动的过程，是包含能动作用在内的。因为人的意识的反映要以能动的实践活动为基础，离开了能动的实践就不会有任何反映，而且这种反映不是简单的、直线的、镜子式的，而是一系列能动的抽象过程。"现象"并不是"自在之物"，离开了认识主体的感受形式、思维规定和话语方式，也就是离开了观察的主体，就无所谓客体的"显现"，也就不会有"现象"这种东西的发生。从"主、客一体"范式的角度看，"主、客二分"的主要弊端不是其将世界划分为主体与客体或者人与物或人与人的关系和物与物的关系等两大部分，而在于将这种划分绝对化、僵化的态度和方法，由这种绝对化、僵化的"主、客二分化"产生了一系列脱离现实、违背常理、违反科学、不合逻辑、自相矛盾的弊病。[2]

17、18世纪，自然科学的突飞猛进直接作用于启蒙运动，科学在人类社会中的作用日益凸显，这给欧洲思想界以极其强烈的影响和震动。19世纪中叶产生的实证主义就是科学对社会的这种作用和影响在哲学上的反映。在实证主义看来，人类历史必将从神学时代和形而上学时代转向科学时代。现在，人类社会在走完了前两个时期后已迈进了科学时代的大门。科学时代的特征是自然科学占据了人类生活的中心地位，人文科学的诸多领域纷纷效仿。于是，一时间，似乎人类的一切精神活动，包括人文社会科学，只有以自然科学为楷模，才可能成为严密、精确的真正的科学，从而获得像自然科学那样迅速而巨大的进步。实证主义还进一步认为，世上的万事万物都是依照因果规律而产生和运动的，所以，必须在因果联系的

---

〔1〕 陈先达：《静园夜语》，北京师范大学出版社2013年版，第169页。
〔2〕 蔡守秋：《基于生态文明的法理学》，中国法制出版社2014年版，第101页。

基础上解释一切现象，包括个人生活和社会历史。实证主义试图在因果规律的基础上以自然科学式的因果说明为方法来统一自然科学和人文社会科学。这种统一科学的方案显然是自然主义、科学主义和还原主义。

法律只能是人类社会的法律，没有存在于人之外的法律。法律由人缔造和实践，法律的目的、法律存在的时空形式最终显现了人类自身的目的、动机、知识、能力及其限度。人类社会的法律不是一个"预先给定的"的客体世界，也不能在绝对知识和概念体系中被演绎出来，而是一个由主体间的交往和实践活动创造出来的社会关系秩序，法律表现为人与人之间的社会关系的产物。"一如语言、文学、艺术、国家或技术文明，法规范也是人类的创作，它是人类世界独有的构成部分。在此含义上，它不属于'自然'界。"[1]法律是"人的法律"而非"物的法则"，法的世界是人的世界的组成部分，"它要求我们普遍地把法作为人类文化的现象来观察"。[2]法律被归入人文社会范畴，由此也就决定了对法律的理解和把握在根本上不能依赖于自然科学方法。概言之，法律本质的社会性、人文性决定了"人"是理解一切法现象的秘密所在。波斯纳就一再强调，不能用自然科学方法来研究和认知法律，并进一步指出"法律研究被许多看上去是法律核心的实体之虚幻特点所阻碍了。法律思想不可能通过与'实在的'世界之相对而成为客观的。无论法律具有什么样的客观性，这种客观性都出于文化的统一性而不是出于形而上学的实体与方法论上的严格"。[3]

南宋禅僧青原惟信并不是禅宗里大师级的人物，生平事迹留存很少。但其被载于《五灯会元》卷十七的一段语录却被流传广泛：

〔1〕［德］卡尔·拉伦茨：《法学方法论》，陈爱娥译，商务印书馆2003年版，第72页。

〔2〕［德］H. 科殷：《法哲学》，林荣远译，华夏出版社2002年版，第110页。

〔3〕［美］理查德·A. 波斯纳：《法理学问题》，苏力译，中国政法大学出版社2002年版，第9~10页。

"老僧三十年前来参禅时，见山是山，见水是水。及至后来，亲见知识，有个入处，见山不是山，见水不是水。而今得个休歇处，依前见山只是山，见水只是水。"〔1〕日本学者阿部正雄在其所著《禅与西方思想》一书中认为，青原惟信所说的三阶段分别代表未悟、初悟、彻悟三个阶段，即"习禅之前"的见解"习禅若干年有所契会时"的见解和"开悟时"的见解。所谓"见山是山，见水是水"，即此就是此，彼就是彼，此与彼判然分明，僵持对立；所谓"见山不是山，见水不是水"，即此不是此而是彼，彼不是彼而是此，乃是对"见山是山，见水是水"的"否定性认识"。阿部正雄在解释先前"见山是山，见水是水"，后来又"见山不是山，见水不是水"的缘由时，认为先前对事物的理解是由于"主观与客观的二元性"中的"自我"站在事物（客体）之外，从外部看待事物（客体），从而把事物"客观化了所致"。〔2〕在这种主客二分式中，"自我"处于万物的中心地位，不仅实体化了自己，而且实体化了客体，而此一实体化的客体与彼一实体化的客体之间只能是彼此外在的、相互对立的。因此，阿部正雄认为"要克服主-客二元对立，只有通过第二阶段'山不是山，水不是水'的认识才有可能。与这一认识密切相关的，是'我不是我，你不是你'这一认识"。〔3〕阿部正雄所谓的"客观化"，就是对象化、实体化。〔4〕阿部正雄之所以说"与这一认识密切相关的，是'我不是我，你不是你'这一认识"，是因为坚持我是我，你是你，你我判然分明，僵持对立的观点，乃是主客二分的观点，而"'我不是我，你不是你'这一认识"则是超越了

〔1〕（宋）普济辑：《五灯会元》（点校本），朱俊红点校，海南出版社2011年版，第1537页。

〔2〕[日]阿部正雄：《禅与西方思想》，王雷泉、张汝伦译，上海译文出版社1989年版，第9~10页。

〔3〕[日]阿部正雄：《禅与西方思想》，王雷泉、张汝伦译，上海译文出版社1989年版，第22页。

〔4〕[日]阿部正雄：《禅与西方思想》，王雷泉、张汝伦译，上海译文出版社1989年版，第18页。

主客二分和"自我"的结果:"我不是我,你不是你"的认识之所以与"山不是山,水不是水"的认识"密切相关",乃是因为分别"自我"与他人、他物同分别此一事物与彼一事物都是主客二分的结果,两者"是紧密地相联结的",主客二分和"自我"的观点乃是作出上述两种"区分的基础"。要超越人与我的区分,超越物与物的区分,就意味着超越"自我",也就是禅宗所说的"无我"。"无我"者,超出主客二分式中之"自我"也。〔1〕用阿部正雄的话说是:"当自我消失时,客体化的世界也随之消失。这意味着处于第一阶段见解上的主-客二元性,现在已被消除。结果就是山不是山,水不是水……换言之,投射于山水之上的主观幕幛,现在被撕破了。同时,在无我的认识中,自他区分也被克服了。"〔2〕如果仅停留在"见山不是山,见水不是水"的这种否定性认识上,就会把"无我"与"自我"简单对立起来,最终仍未摆脱主客二分式的实体性和二元性。"否定性的观念也必须被否定。空必须空掉自身。"〔3〕只有到了"依前见山只是山,见水只是水"的高度,才能完全摆脱主客二分式及其实体性和二元性的认知局限。黑格尔认为,此即此,彼即彼,乃是"知性思维"的方面;此即彼,彼即此,乃是辩证理性的方面;彼与此的对立统一,则是思辨理性的方面。黑格尔在《小逻辑》中借用伊甸园故事论述的认识真理的"三段论"与禅宗的上述思想的共同之处在于,二者都不坚持彼与此之间的鸿沟,不同意把主体与客体简单地看成是实体,但两者的根本出发点又是大不相同的。〔4〕

　　20世纪80年代以后,尼克拉斯·卢曼受到了马图拉纳和瓦瑞拉

〔1〕　张世英:《万有相通:哲学与人生的追寻》,北京师范大学出版社2013年版,第188页。
〔2〕　[日]阿部正雄:《禅与西方思想》,王雷泉、张汝伦译,上海译文出版社1989年版,第12页。
〔3〕　[日]阿部正雄:《禅与西方思想》,王雷泉、张汝伦译,上海译文出版社1989年版,第13页。
〔4〕　张世英:《万有相通:哲学与人生的追寻》,北京师范大学出版社2013年版,第190页。

的"自创生"（autopoiesis）理论、冯·福斯特的"二阶观察"（second-order observation）理论，以及斯宾塞·布朗的"区分"（distinction）理论的影响。他认为，观察意味着产生一个区分，并指示出区分的一边（而不是另一边）。没有差异，或者说没有区分，就无法进行观察。所以，观察者在进行观察操作时，必须根据"形式"和"区分"把世界划分为两边，比如善/恶、真/假、存在/非存在、合法/非法等等。但是，观察者不能同时看到区分的两边。而且，当观察者正在运用区分时，观察者不能观察到区分的统一，如果要观察这个区分的统一性，观察者必须给出一个与一阶区分不同的区分。在观察期间，观察者必须假定，在其中作出区分的一边代表了整体，而不仅是整体的一部分。对此，可以这样理解，当观察者在世界中观察对象时，观察者必须把世界一分为二，即观察者/对象，或者用卢曼的系统论术语来表达，就是"系统与环境"。卢曼借用胡塞尔的概念提出了"一阶观察"（Beobachtung erster Ordnung, first-order observation）/"二阶观察"（Beobachtung zweiter Ordnung, second-order observation）。所谓一阶观察其实是一个观察"什么"的问题。当一个主体把被观察的事物作为客体时，只进行划分一系列类型（诸如黑/白、大/小）的标识区分操作。对一阶观察者而言，这个世界纯粹就是存在。而二阶观察者则是把一阶观察者眼中所见归因于他们看待的方式，要观察的是观察的方式，其并不是一个"什么"的问题，而是一个"如何"的问题。在"一阶观察"的层次上，世界表现是"单一脉络"（monokontextural）的，其世界始终是二值的，一切所呈现的要不是正值，就是负值，第三种可能性（包括此二值的统一在内）被排除在外，而其实这第三种可能性却是无限多存在的。所谓的"二阶观察"指的是对观察（"一阶观察"）进行观察（Die Beobactung der Beobachtung）。二阶观察并没有相对于一阶观察的优位性，也受限于自身的区分，也观察不到自身的区分。每个观察都使用了自己的区分来当作自己的盲点，盲点可以说是观察的先验。但二阶观察可能使观察者对自己的观察进行反身式的认识，其带来的一个重要后果就是世界结构的多脉络性。通过观察事件和对象是

"如何"被观察的，才能看到意义是如何被赋予事件或对象的。相对于一阶观察者，二阶观察者可以透过观察的观察来推断自己特有的观察运作，并且把自己的观点相对化。或者说，当二阶观察开始时，另一个主体不是作为一个客体出现的，而是作为一个主体在被观察，而二阶观察者要观察的就是这个主体作为观察者的角色，观察他观察的方式，也就是观察他标识一个方面，而不是另一个方面所用的区分是怎样的。不同的观察者对同一个对象的区分方式是不同的。这样，卢曼在社会维度上建构出了一个观察者，并回答了"他者何来"的问题。

　　人不能高高在上，并同时从抽象的、形式的应然之中，不考虑经验的实际，纯粹推理性地决定具象之法。如果采取这种简单局限于逻辑推导的方式，只能是具有诱惑性的骗局而已，属于典型的唯理论。法体系的划分不可能外置于历史，而是在镶嵌于特定的社会背景和时代思潮之中，存在路径依赖。经验而不是逻辑被视为是法律的生命所在，一味追求以自然科学为榜样的客观的法体系划分显然是具有迷思的构想。任何法体系或法律部门的形成都依赖于实践理性而非纯粹理性，都有主客观两方面的条件。在客观方面，需要由社会环境造就出具有某种特殊性的社会关系和法律关系领域，才可能形成相应的法律部门。如古罗马时地中海沿岸不同民族间的大规模贸易，使得商品关系的特性无压抑、无扭曲地显露出来，导致当事人平等的法律规范和法律关系应运而生。[1]在主观方面，要形成法律部门，则需要由法学家进行解释和总结。徒法不足以自成体系或门类，甚至可以说无法学科则无法部门。古罗马流行一句谚语："法学家创造了罗马法。"[2]若无古罗马法学家乌尔比安（亦译作"乌尔比安努斯"）的研究成果，便不会有公私法的划分。经济法成为独立法律部门的条件也不例外。从经济到法律制度并不是自然直

---

〔1〕 ［日］金泽良雄：《经济法》，有斐阁1980年版，第57页。
〔2〕 法学教材编辑部《罗马法》编写组：《罗马法》，群众出版社1983年版，第40页。

通的，"法律一面为经济的产物，同时以须通过人类头脑而为人类的产物"。[1]法律制度的产生与实施不能脱离一定的法律观念基础。与其他法律部门或法律门类一样，经济法也是主客观相结合即"客观现实+主观理论（或认识）"的产物。因此，如果两个国家或地区间关于某一法律门类不具有基本一致的认识，便难以在任何一方的理论框架下比较双方的某一种具体法律制度。[2]来自苏联的一种传统说法认为，法的体系及其部门划分是客观的，立法体系则是立法者主观意志的产物，所以后者必须服从前者的要求。法学家们正是依据这种似是而非的理论，以客观必然性的化身自居，把法律部门划分理论搞得越来越脱离社会经济及法制发展的实际。诚然，社会关系是划分法律部门的客观标准，但是不可将之绝对化。区分法律部门的另一标准是主观标准，即统治阶级的意志，这在区分法律部门时的作用也是巨大的。立法者往往并不过多地讲究法的部门纯粹性，常常根据社会经济的实际需要，把一致的和虽不一致但相互联系、相互制约的法律规范规定在一个法律、法规之中，现代立法的这种趋势进一步发展，并且在经济立法领域内更是如此。不承认这一主观标准，就无法解释为什么一个国家的法的历史发展中存在各个时期法律部门划分的变化；也无法理解现时期全世界各个国家在法的部门划分上的"五花八门"。[3]其实，法的体系及其部门划分与立法体系一样，都属于上层建筑的范畴。既然是上层建筑，主观性在其中就必然居于主导地位。而且，立法作为国家政权的组成部分，较之作为思想上层建筑的法律部门划分理论而言，其距离经济基础更近，因而更具有客观性。立法和法的部门划分都是主客观的统一，但就法律部门划分来说，则必须强调法学家的主观能动性。立法的客观性，是指一定的社会条件或社会制度决定着法律制度的内容和法的调整方法，国家及其立法者总是自觉或不自觉地顺应客

---

〔1〕 张知本：《社会法律学》，上海法学编译社 1932 年版，第 43 页。

〔2〕 史际春："海峡两岸经济法比较"，载《法学家》1994 年第 3 期。

〔3〕 刘文华：《走协调结合之路》，法律出版社 2012 年版，第 349 页。

观要求，或者受到客观规律惩罚而后再顺从它。这种客观性通过立法者的主观意志表现出来，间接地决定着法的体系结构和部门划分。"间接决定"之中介，就是法学家的主观意志。所以，客观条件对法的影响和塑造是直接的、及时的；法的部门划分则是属于法学范畴的学理探讨，它与客观条件之间的联系，需由立法者（暨立法）和法学家的主观意志作为中间媒介。鉴于这种联系的间接性、延滞性和极强的主观性，法律部门划分的确定性是很微弱的。如英美法系国家的实体法与大陆法系国家的大同小异，但却没有与后者相当的部门划分。至于某种法的现象、法的手段与客观社会条件之间的联系，包括民法及其平等调整手段与自发商品关系的联系、经济法现象与社会化生产条件的联系等，也要由法学家经由主观的研究加以揭示。法的部门划分及其理论之客观性，仅在于要用是否能够促进或至少不妨碍社会经济及法制发展的实践标准来检验其真理性。既然如此，扬弃不合时宜的传统法律部门划分理论，就不得谓之"大逆不道"。[1] 苏联法学家莫佐林在 20 世纪 80 年代指出，苏联法的体系和立法体系都属于社会上层建筑成分，国家建立和发展这两个方面的活动，是客观因素和主观因素的统一。客观因素的作用表现在，法是按照为社会主义社会人们物质生活条件决定的国家意志形成的。法的体系同样建立在不依立法者意识转移的生产关系和其他关系上。主观因素则表现在，两个体系都是国家自觉的、有目的的活动结果。托尔斯泰也认为，法的体系和立法体系一样，不是客观存在的，而是人们创造的。[2] 问题的这种提法，可以克服在对待苏联法的体系上某种程度的宿命论。因此，苏联法学家拉普捷夫也认为，在决定法律体系及其各部门时，注意社会关系法律调整的目的是非常必要的。直到不久前，社会各界对这点的估价仍是不足的。大多数的看法是从客观上来理解法律体系，把法律部门看作是客观存在的和属

〔1〕 史际春："经济法的地位问题与传统法律部门划分理论批判"，载张世明、刘亚丛、王济东主编：《经济法基础文献会要》，法律出版社 2012 年版，第 324~344 页。
〔2〕 张友渔等：《法学理论论文集》，群众出版社 1984 年版，第 294 页。

于在科研活动过程中"发现"的部门。注意法律中的主观因素之所以特别重要，是因为社会运用法律不仅仅是为了巩固已经形成的社会关系，而且还是为了在整个社会利益需要的某些方面发展这些关系。社会主义国家在领导经济活动时不仅是作为政权的体现者，而且还作为基本生产资料的所有者。正因为如此，经济法作为领导经济的一种手段具有积极和创造性的作用。揭示法律调整经济关系的目的对于决定经济法作为法律部门具有重要意义。只有注意法律调整的目的，才能充分地阐明法律部门的特点，揭示法律部门特有的法律制度。从这点来看，立法只规定调整的对象和方法是远远不够的。[1]

二、建构论

美国哲学家约翰·塞尔曾经这样写道："为了说明社会实在的客观性，我需要三个基本概念。第一个是建构性规则概念，我在《言语行为》（1969 年）中较为详细地说明了这个概念。第二个是集体意向性概念，指的是人们相互合作开展工作的能力。第三个是功能强加，人们具有把功能强加于那些本质上不具备该功能的实体的能力。我认为，由集体意向性而建构制度实在，其关键要素就是把一定种类的功能强加于实体。这时实体不能或不能仅仅按照它们的物理构造来发挥功能，而只能按照足够多的共同体成员对它们作出的持续的集体接受和承认（即承认它们具有一定地位，并由于该地位而具有一定功能）来发挥功能。它们也都是属于'地位功能'的情况——在这种情况下，这些事实只有凭借集体的接受或者承认，才能够行使它们的功能。"[2]塞尔通过意向性统摄其所有理论，又改造、

〔1〕 ［苏联］B.B. 拉普捷夫："经济法：方法、目的、原则"，赵玉龄译，转引自李开国："苏联东欧国家经济法理论剖析（下）"，载《外国法学研究》1989 年第3 期。

〔2〕 John R. Searle，"Meaning, Mind and Reality"，*Revue Internationale de Philosophie* 2001/2 （n° 216）.

化用伊丽莎白·安斯库姆在《论无情性事实》[1]中的一个观点，将事实区分为"无情性事实"（brute fact）和"社会事实"（social fact）。无情性事实指立足于其物理存在、完全独立于观察者的态度、活动而存在的最原初的事实。如力、地球引力、质量、洋流和电压等，无情性事实在本体论上都是客观存在的。虽然塞尔本人为明示自己不同于物理主义、行为主义等唯物主义，声称其哲学是"自然主义的"而不是"唯物主义的"，但他同时认为，社会事实存在于无情性事实中，无情性事实对社会事实享有逻辑上的优先权，制度性事实存在于无情性物理事实之上。塞尔将制度性事实看作是社会事实的一个特殊子类，其社会本体论主要是制度性事实建构论。塞尔关于社会现实的建构理论超出一般社会理论的地方在于，他坚持社会实在是通过集体意向赋予具体的物理实在以功能属性和地位属性而建构起来的。所以，社会现象是以物理现象为基础的，是外在于人的实在，带有浓烈的唯物主义色彩。为了解释安斯库姆概念术语中的社会现象，他认为，社会可以被解释为制度性事实，制度性事实产生于集体意向性，通常表现为"X 在 C 中算作 Y"的逻辑规则。在塞尔的理论中，构造制度事实的建构性规则具有"X 在 C 中算作 Y"的逻辑结构形式，意谓"在情境 C 中 X 被认作为、接受为、用作为、视为 Y"。其中，X 是无情性事实，Y 是人们通过集体意向性将地位功能施加、归属于 X 后形成的制度事实。"被认作为、接受为、用作为、视为"是指凭借集体意向性对 X 项施加了地位功能，则 X 项便过渡到 Y 项，并由此具有与 X 项不同的功能。按照塞尔的理论，功能对于某些物理现象来说绝不是内在的属性，而是由外在的、有意识的观察者和使用者赋予它的。简言之，功能是观察者相关的特征。

现实世界中存在着两种事实，一种即塞尔所谓的物理事实，只与物质世界的有形存在有关，其中不包括意识因素，只要用唯知方式就可将这类事实认识和表达出来。纯物质性事实（或原始状态的

---

[1]　G. E. M. Anscombe, "On Brute Facts", *Analysis*, Vol. 18, No. 3, 1958, pp. 69~72.

事实，或纯物理性质的事实）仅仅与物质世界的有形存在有关，与组成物质世界的物质客体的存在有关。这个世界是我们的感官知觉能够达到的，而且，其中的物体有某种空间上的位置和时间上的延续。"原始的事实"丝毫不取决于人类的意志、人类的传统或人类的努力，实际上是给我们的传统和努力规定条件，而不是从传统和努力中产生的结果。[1]由于纯物质性事实完全不包括意识因素，也不受意识作用的影响，由此可以用纯粹的行为描述对纯物质性事实进行外在的描述，并且可以用陈述句对之加以表述，由此方式（即唯知方式）便可以达到对纯物质性事实的认识和表达。[2]另外一种是制度事实。麦考密克等认为，隐藏在制度事实后面的某种柏拉图式的精神洞穴中的是制度本身。[3]制度作为一个概念，其在逻辑上早于任何实例的存在。法律制度领域对柏拉图主义来说是一个安全的领域。[4]麦考密克和魏因贝格尔借用塞尔的"制度事实"的概念，承认制度事实"是一种特殊方式出现的复杂的事实：它们是有重要意义的规范的构成物，而且与此同时，它们作为社会现实的因素存在。只有当它们被理解为规范的精神构成物而且同时被认为是社会现实的组成部分时，它们才能得到承认"。[5]据此，法事实总归是一种社会事实而非自然事实，法规范的创制和运作具备主观的、公设人为的特征。但这种制度法学仍然能够而且直截了当地拒绝纯精神的唯心论，[6]强调法律是同时兼有主观性和客观性的社会事物。

---

〔1〕 ［英］尼尔·麦考密克、［奥］奥塔·魏因贝格尔：《制度法论》，周叶谦译，中国政法大学出版社2004年版，第14页。

〔2〕 张文显：《二十世纪西方法哲学思潮研究》，法律出版社1996年版，第310页。

〔3〕 ［英］尼尔·麦考密克、［奥］奥塔·魏因贝格尔：《制度法论》，周叶谦译，中国政法大学出版社2004年版，第63页。

〔4〕 ［英］尼尔·麦考密克、［奥］奥塔·魏因贝格尔：《制度法论》，周叶谦译，中国政法大学出版社2004年版，第68页。

〔5〕 ［英］尼尔·麦考密克、［奥］奥塔·魏因贝格尔：《制度法论》，周叶谦译，中国政法大学出版社1994年版，第136页。

〔6〕 ［英］尼尔·麦考密克、［奥］奥塔·魏因贝格尔：《制度法论》，周叶谦译，中国政法大学出版社2004年版，第16页。

由人们意志创设出来的法规范和法律制度一经成形即可成为某种具有客体性质的"异在"，是一种客观存在的现实。美元之所以能成为美元，原因在于它是有一系列制度建构的产物，这才使得人们不将其视为是一张普通的纸。如果没有一整套制度作为支撑，美元便仅仅是一张张印刷了各种头像的花花绿绿的纸片而已。塞尔所提出的社会事实的概念，此之谓也。在北京，一个门道，根本不可能居住，是人来人往的通道，但是，只要房本上有蓝图，则购买者就可以与居住在平房的人享受同样的权利，落户口、小孩上学、房屋买卖，一如正常的房屋。相反，如果居民自建的平房没有房本，即便居住了几十年，其在法律上也并不受保护，买卖亦属于违法。可见，物理意义上的房屋即便存在，也会被法律视若无物。反之，即便没有通常意义上可居住的房屋，法律也可以视无为有。

按照马克斯·韦伯的观点，客观只是一种工具的理性化，而不是目的的理性化。卡西尔指出，现代学科的分类可以不像古代和中世纪，按照科学的对象来进行。相反，可改为按照方法来分类，也即按照学科所采用的程序和研究手段来区分。长期以来，我国法学界受苏联法律部门划分理论的影响，认为客观存在的社会关系确实是法律部门存在的客观基础。但这样的理论又过于武断和不全面。客观存在的社会关系是划分法律部门的基本标准，但绝非是唯一的标准。没有必要把客观标准"神圣化"。笔者认为，划分法律部门还有另一个基本标准，即统治阶级的主观意志，也即通过立法者表达出的意志。虽然"法律制定者只能改变正式规则，而不可能像搓捏泥球一样对待人民与社会"，[1]但立法意志对法律部门的出现、存在和变革，常常有着直接的甚至决定性的作用。由于法律是由"应然规则"（Sollensatz）组成的，因此各个具体法律规范之间的关系以及由此而推导出来的系统化原则也是一样，只能具备应然的特性。质言之，

---

〔1〕［美］安·塞德曼、罗伯特·B. 塞德曼：《法律秩序与社会改革》，时宜人译，中国政法大学出版社 1992 年版，第 169 页。

其必须存在于规范之中。[1]在法理上，法的体系及其部门划分与立法体系一样，都属于上层建筑的范畴。历史唯物主义理论一再强调，法律规范是统治阶级意志的体现。既然法的内容是由统治阶级意志决定的，那么，法的形式（部门和体系）为何不可由统治阶级意志决定呢？当然，统治阶级的意志归根结底是由它们所处的物质条件决定的，但这和划分法律部门并无直接的联系。传统法律部门划分理论包含着不能自圆其说的矛盾：法律规范是主观意志，而其组成的法律部门以及进一步组成的法律体系却只能依"客观标准"确立。这种理论上的悖论多年来竟一直存在着、延续着。事实上，如果仅按"客观标准"办，现阶段许多国家对法律部门的划分很不一样，即使是同类型的国家也不全一样，有的甚至大相径庭。按照实用主义方法论，概念、理论并不是世界的答案，判别它的意义和价值，不是看其是否正确反映客观实际，而是端视其在实际应用中可感知的效果。正是这样，英美法系不存在法律部门的划分，既没有经济法，也没有大陆法系的民法，把《美国统一商法典》说成是民法或是商法都是不准确的。任何法律部门的形成，都有主客观两方面的条件。在客观方面，需要由社会环境造就出具有某种特殊性的社会关系和法律关系领域，才可能形成相应的法律部门。在主观方面，要形成法律部门，则需要由法学家进行解释和总结。[2]经济法理论所主张的划分和确立法律部门的标准有两个：客观标准和主观标准。经济法主张主客观标准统一论。据此划分的法律部门应有相对的稳定性，不然就难以形成法律科学。但其也不是绝对的，根据情势变化，与时俱进，进行改革和改变也是必要的。[3]在现代社会化市场经济条件下，法对社会关系的调整空前普遍化、深入细致化、技术

[1] Fritz Rittner, *Wirtschaftsrecht mit Wettbewerbs - und Kartellrecht：Ein Lehrbuch*, Heidelberg-Karlsruhe：Müller Juristischer Verlag, 1979, S. 14.
[2] 史际春："经济法的地位问题与传统法律部门划分理论批判"，载张世明、刘亚丛、王济东主编：《经济法基础文献会要》，法律出版社2012年版，第329页。
[3] 刘文华：《中国经济法基础理论》（校注版），法律出版社2012年版，第21页。

化、经济化，对法律部门划分具有决定意义的已是法的对象所包含的具体社会内容差异，而不再是表现为法的调整手段差异的抽象的社会关系性质。当这种调整达到一定的深度和规模，形成一定的宗旨和原则，从而对社会关系的客观要求有了较充分的表达——这是客观条件，加上法学家的某种比较科学的解释——这是主观条件，两者结合即可成为某一法律部门形成的标志，任何法律部门的形成概莫能外。因此，法律部门划分是一种主客观统一、以主观为主导的一种学术活动。[1]

法律部门的建构在某种程度上也存在"偶连性的建构"（kontingente Konstruktion），立基在另一个区别之上所作出来的建构将可能有另一种结果。社会现象与其观察者之间的自我指涉关系或法社会学反身性关系，在西方知识传统中长期处于被遮蔽的状态。即便对于以知识的生产制度和生产过程为研究对象的知识社会学而言，知识的自我指涉问题也是其致命的盲点。在新康德主义者看来，认识对于现实具有构成性。因为现实并非是预先给定的，而是通过认知形成的，是范畴综合的产物。动词认识一旦关涉社会必然会成为自反性的：社会必然通过自我认识认识自身，并且主体通过对社会的认识认识自身。社会批判总是社会的自我批判。正如《纯粹理性批判》是纯粹理性的自我批判：纯粹理性通过审视自身而显现给自身并且觉识其自身构成。一旦认知的主体将其凝视集中于被我们称为"人类社会"的这个客体，那么正是这个社会服从了苏格拉底如此频繁引证的神话命令：认识你自己。[2]约翰·杜威认为，传统的认识论在认知问题上是以"知识旁观者"的理论（spectator theory of knowledge）出现的，将知识作为对实在的"静态"把握或关注，认

---

〔1〕　程信和、王全兴主编，中国法学会经济法学研究会编：《海阔天高：中国经济法（学）的过去、现在和未来》（第2辑），上海财经大学出版社2009年版，第19页。

〔2〕　［罗马尼亚］伊姆雷·托特："哲学及其在西方精神空间中的地位：一种辩护"，萧俊明译，载《第欧根尼》2008年第1期。

知的主体与被认知的对象是分离的，认知者以"旁观者""局外人"的身份，以一种"静观"的状态来获取知识，在认识中是被动的。"知识的旁观者"理论是一种形而上学的"二元论"，主张基础性和本质性。从这个维度上来说，其形成的知识是表面的、虚假的，脱离社会，轻视实践，对社会来说是无价值的。实在永远在创造之中，知识不是去复印，而是进行处理。[1]知识的获得不是静观的而是实践的，不是个体"旁观"的过程，而是"探究"的过程。"探究"是主体在与某种不确定的情境相联系时所产生的解决问题的行动。在行动中，知识不是存在于旁观者的被动的理解中，而是表现为主体对不确定情境的积极反应。换言之，我们既是主体又是客体地参与了物质世界的变动过程。试图把人清洗出来，找寻一片绝对客观的净土，那除非是无知的黑暗之域，我们对它绝对说不出什么来。[2]社会学研究的反身性问题在"霍桑效应"（Hawthorne Effect）中就已初露端倪，墨顿社会学中的"自证预言"（self-fulfilling prophecy）或"自毁预言"（self-defeating prophecy）理论也在这个问题上初试啼声。这些尝试旨在揭示观察者与观察对象之间相互作用的复杂过程，打破社会学研究者与研究对象之间二元割裂的神话。在20世纪后期，吉登斯关于结构二重性与反思性监控的理解，以及布迪厄的实践社会学，都相当自觉地触及了社会科学知识生产的反身性问题。吉登斯认为，自然科学的理论和发现与其所关注的客体和事件所构成的世界之间是泾渭分明的。这一点保证了科学知识和客观世界之间的关系始终是一种"技术关系"。而社会科学不可避免地要和作为其研究主题的"主体之间的关系"发生关系，能够参与到对象世界的构成过程本身，使社会科学话语自身具有一种"实践内涵"。[3]"社会

〔1〕 John Dewey, *The Quest for Certainty: A Study of the Relationship between Knowledge and Action.* London: Allen & Unwin, 1930, p. xxxii.

〔2〕 张志扬：《门：一个不得其门而入者的记录》，同济大学出版社2004年版，第356页。

〔3〕 ［英］安东尼·吉登斯：《社会的构成》，李康、李猛译，生活·读书·新知三联书店1998年版，第489页。

科学本身就深刻地包含在它们的研究对象之中。"〔1〕按照马克思的历史唯物主义，"自然科学家一般不是他所正研究的现象的参与者，而社会科学家则是"。〔2〕

　　按照海德格尔的论述，现代科学本身作为研究具有企业活动的特点，所以研究所成为必要。科学的、现代的企业活动特性的决定性展开也造就了另一类人。学者消失了，他们被不断从事研究活动的研究者所取代。学术界认为，人文社会科学的分科是以研究不同的社会运动规律为对象进行划分的，这种规律的异质性的客观性导致人文社会科学学科划分具有客观性。但是，这种观点难以解释人文社会科学存在相互竞争、边界模糊乃至交叉的现象。从历史上看，人文社会科学的划分是一种不断建构的历史，具有极大的主观性。学科是一种社会事实，不同于物理事实，具有人造的成分，旨在满足作为主体的人的需求。可以说，实践需求是一切知识生产的动力源泉，同样，实践需求是学科形成的内在动力。人文社会科学的划分并非是纯粹客观理性的产物，而是如同托马斯·库恩的研究所得出的结论那样，和自然科学一样均是特定范式的产物。范式的成立，是学科真正成立的实质所在。社会科学的学科划分本身是没有客观标准的，并非是理性思考的结果，而是一种社会性的建构，在很多情况下是权力资源配置使然。社会科学的研究对象也不是自然存在的，建构的成分居多。在市场经济的作用下，以经济利益为度量的标尺在很大程度上左右了学科的生存。

　　笔者认识到，社会科学的学科划分本身是没有客观标准的，因此，《经济法学理论演变研究》（第二次全面修订版，中国民主法制出版社2009年版）一书中写下了这样一段文字：

　　〔1〕〔英〕安东尼·吉登斯：《社会的构成》，李康、李猛译，生活·读书·新知三联书店1998年版，第496页。

　　〔2〕〔美〕肯尼思·D.贝利：《现代社会研究方法》，许真译，上海人民出版社1986年版，第44页。

从哲学角度而言，英美是经验主义哲学发达的国度，而欧洲大陆国家则以理性主义为其传统；从经济制度而言，英美国家推崇自由主义，欧洲大陆国家的计划色彩则较为明显；从法律制度而言，一为判例法系，一为大陆法系。律师只是在美国比率比较高，这是由其采取"大司法调整主义"所致。而在采取"小司法调整主义"的日本甚至英国，律师数量都没有那么多。所以，以西方为范式的法制建设不能单纯以美国的情况为蓝本。再者，社会科学的学科划分本身是没有客观标准的。以美国和德国相比较而言，德国是社会学的发源地之一，马克斯·韦伯即其代表，但目前在德国，社会学并不像美国那样发达，这就是存在学科替代性的问题。德国人是先规则后行动，美国人则是实用主义下摸着石头过河的探索，是判例法国家。所以德国人花很大力气研究法律，其法律实际上只起到了一部分社会学的功能。且不说本身法社会学的问题，德国的法律研究就是在进行社会工程的设计与校正。而美国人不拘一格地大胆探索，等到出现问题再进行社会学的事后校正。在我看来，美国的律师其实起着社会工作者的功能。这一趋势其实在美国建国后表现得比较明显。[1]

这个问题的道理其实极为浅显，譬如一个人的饮食一样，正常摄入的能量是大体一定的，如果吃菜多了，那么主食可能就吃得少了；西方人吃饭用刀叉，中国人则有自己的传统。科学学创始人贝尔纳在分析科学所呈现的主要形象时指出："科学可作为一种建制；一种方法；一种累积的知识传统；一种维持或发展生产的主要因素；以及构成我们的诸信仰和对宇宙和人类的诸态度的最强大势力之一。"[2]学科的产生是主客观交互作用的结果。按照历史唯物主义的观点，经济基础决定上层建筑。社会客观需要是产生人文社会科

---

〔1〕 张世明：《经济法学理论演变研究》（第二次全面修订版），中国民主法制出版社 2009 年版，第 348 页。

〔2〕 ［英］贝尔纳：《历史上的科学》，伍况甫等译，科学出版社 1981 年版，第6页。

学的基础，但学科的产生也取决于经济资源、智识才能与行政权力。美国法律经济学之所以得以植基立础，即在于奥林基金会的支持，芝加哥学派一步一步地利用经济学方法对各个部门法进行了扎实的研究。尤其是在行政权力较为强大的国家，学科在体制上的建立还取决于行政机关的裁断，而立法、行政裁断和制作香肠一样并不那么赏心悦目。即便是基于学术自治体制的评议，人的主观因素也势必夹杂其中。海因茨·莫恩豪普特在《尤斯图斯·威廉·黑德曼与"经济法"学科的发展》(*Justus Wilhelm Hedemann und die Entwicklung der Disziplin „ Wirtschaftsrecht "*)[1]一文中指出，关于独立学科产生的科学史和科学理论条件主要有：关于体系、方法和对象等可定义的研究共识，在科学学科准则中具有独立自主地位，专业人员之间对于成果的批判性交流。作为具体标准与此相联系的是：教学工作和考试科目的划分，独立的研究所、教科书和杂志的形成以及作为本学科工具的专业概念的创建。特别是独立的体系，它作为在更高抽象层面上对流传下来的和新获得的知识在内容上的整合，是一项学科形成的重要标志。此外，学科史一般以一个科学体系的存在为前提，在这一体系中，各种学科为争夺身份认可和资源而竞争。[2]耶拿大学和"耶拿卡尔·蔡司基金会"(Carl Zeiss-Stiftung zu Jena)之间也形成了紧密联系，基金会对"耶拿经济法研究所"(Jenaer Instituts für Wirtschaftsrecht)的建立多有助益。该研究所作为一所大学研究所，由蔡司基金会提供资金，于1919年5月1日成立。经济法在耶拿汲取了营养，这在很大程度上得益于作为科研推动力的研究课题。经济基础决定上层建筑在微观层面也清晰地体现出来，足见学科的形成是资源聚集的产物。黑德曼领导该研究所，直至1936年其就职柏

---

〔1〕 张世明、刘亚丛、王济东主编：《经济法基础文献会要》，法律出版社2012年版，第176页。

〔2〕 A. von der Stein, „ System als Wissenschaftskriterium, im：A. Diemer (Hrsg) ", *Der Wissenschaftsbegriff：Historische und Systematische Untersuchungen. Vorträge und Diskussionen im April 1968 in Düsseldorf und im Oktober 1968 in Fulda*，Meisenheim/Glan,：Hain, 1970, S. 98-107.

林大学为止，标志着经济法学从体制上的确立。

诺尔-塞蒂纳指出："选择的选择性本身是在科学研究中建立起来的。先前的科学选择成了未来选择的资源，并因此引起了科学成果的选择性巩固和多样化。"[1]"每个科学的概念构建都或多或少是一个决策的过程，为了避免各说各话，必须满足科学的可理解性目的。"[2]因为"某些法律的概念之所以有它们现在的形式，几乎完全归功于历史。除了将它们视为历史的产物外，我们便无法理解它们"。[3]建构主义强调科学的"社会依附性"的科学元勘，其虽在被物理学家索卡尔嘲弄过一番后略趋式微，但在解构某些传统观念方面还颇有力量。建构主义在本质上属于解构主义的大思潮，虽然两者的字面意义截然相反，但殊途同归，因为被建构也就意味着是人为的结果，从而具有解构的功效。实在论相对夸大了对象性存在的复制性，忽略了理论实体的建构性。在这个意义上，社会建构论者对实在论的诘难无疑具有一定的合理性。但极端的社会建构论者认为，就像工厂里制造产品的活动一样，科学是制造知识（包括概念、理论、观念和事实）的一项活动。所以，科学的逼真不是真正意义上的逼真，而是一种表观现象，是人工伪造的逼真，是由理论的趋势、社会的比喻和具体的心理偏见所造成的，诉诸"事实""证据"或"合理性"只不过是意识形态的谎言。根据这种新的正统看法，科学不仅没有任何特殊的认识论上的权威性，也没有任何独特的理性方法。像所有受目的驱使的"探究"一样，它确实仅仅是一门政治学。这种观点同样不为我们所接受，因而对于经济法的部门划分问题也应该采取中道思想。

---

〔1〕 Karin D. Knorr-Cetina, *The Manufacture of Knowledge*: *An Essay on the Constructivist and Contextual Nature of Science*, New York: Pergamon Press, 1981, p. 6.

〔2〕 Karlheinz Rode, "Was ist Sozialrecht? -Versuch Einer Begrifflichen und Systematischen Orientierung", *Zeitschrift für Sozialreform*, 1969, S. 646f.

〔3〕 〔美〕本杰明·卡多佐：《司法过程的性质》，苏力译，商务印书馆1998年版，第31页。

第三节　纵与横：经济法平衡协调论

平衡普遍存在，它是自然、社会以及人生存、发展的根本机制，芸芸万物依之而生。孔德、斯宾塞在哲学领域主张的"平衡论"（Balance Theory）往往也被称为"均衡论"（Equilibrium Theory），它是把事物发展的相对平衡绝对化的形而上学理论，认为平衡、渐变是正常的，不平衡则是反常的。哲学上著名的平衡论是由尼·布哈林提出的经济平衡和社会平衡的"动的平衡"观点。他认为，社会是需要平衡的，即上层建筑和意识形态应当适应经济结构的需要。社会的平衡会因生产力的发展（具体表现为特定阶段的革命与和平时的冲突）而被打破，因而需要通过对经济结构予以适应（即建立新政权和法律、宗教等社会规范）来加以平衡或恢复。布哈林所说的平衡，既是指一种方法，即调整和适应；也是指一种状态，即秩序，而且是一种适应经济结构和符合统治阶级需要的秩序；是哲学上相对于运动而言的静止。毛泽东主席说："世界上没有绝对地平衡发展的东西，我们必须反对平衡论或均衡论。"[1]这主要是强调根据不同时期、不同场合的不同社会条件，我们应当找出主要矛盾和矛盾的主要方面，而不是找出基本矛盾并作出程式化的分析，并错误地将矛盾的理想状态归结为"平衡"。任何部门法都是社会的调整器或平衡器，平衡并不是行政法和经济法所特有的功能。

一、利益平衡

"利益是法律诫命的原因"（Die lnteressen sind die Ursache der Rechtsgebote）。[2]作为利益法学出发点的一个根本的真理是，法的每个命令都决定着一种利益的冲突；法起源于对立利益的斗争。法的

---

〔1〕《毛泽东选集》，人民出版社 1991 年版，第 326 页。

〔2〕吴从周：《概念法学、利益法学与价值法学：探索一部民法方法论的演变史》，中国法制出版社 2011 年版，第 248 页。

最高任务是平衡利益。此处的利益包括私人利益和公共利益、物质利益和精神利益。"利益冲突论"是利益法学作为实务法学的理论根基，否定利益法学的冲突理论就等于宣告利益法学作为方法论的不适格。菲利普·黑克批评尤利乌斯·宾德尔单纯想象私人利益就是共同体利益，所以无视社会冲突的问题。事实上，共同体利益也有许多种，作为（间接的）共同体利益之私益也有可能会与（直接的）共同体利益发生冲突。一个主体面临自己利益的抉择而产生的冲突，可以被称为"内在的冲突"；不同利益主体间的利益对立，可以被称为"外在的冲突"。在黑克看来，利益探究与目的探究的差异在于：法律的目的只把"最后得胜的利益"（das siegende Interesse）彰显出来。但是，法律规范的内容、目的满足的程度，还要取决于背后利益的分量。对于每个法律规范而言，人们都必须清楚地提出决定性的利益冲突为何。换言之，人们不能只探究在法律目的上所显现出来的"得胜的利益"，还要探究所有加入这场冲突的"利益整体"，包括"战败的对立利益"（die Überwundenen Gegeninteressen）。利益探究是要找出许多个别的要素，这些个别要素共同作用才能得出立法者的目的观念。很多内容上不相同的法律诫命，却具有相同的法律目的，但这些内容不同的法律诫命，却以必须加以界定的不同利益为基础。这种在目的的观点下，进一步细分相对立的利益内容彼此为何，何者得胜，何者战败，就是黑克所谓的"利益细分的原则"（Maxime der Interessengliederung）或利益细分的理论。质言之，其实仍然是对"利益冲突论"（Konfliktstheorie）的诠解。[1]

在利益冲突的情况下，法律的创设和适用遵循"利益衡量"（Interessenabwägung）加以解决。黑克认为，法律是利益的产物，是利益冲突的结果，法律的内容，不只决定于战胜的利益，也决定于利益满足的程度及挫败之利益的重要性；每一个法律诫命都决定一个利益冲突，每一个法律诫命均以一个相互对立的利益为基础，仿

----

[1] 吴从周：《概念法学、利益法学与价值法学：探索一部民法方法论的演变史》，中国法制出版社2011年版，第285页。

佛述说着这种冲突利益角力的结果。[1]在利益竞合或冲突时，其衡量是基于决定性的利益，即"基本的社会利益"（tieferliegende Gemeinschaftsinteressen）。按照穆勒－厄思本奇的观点，在利益冲突的情况下，须经由"解释和评价的程序"（Auslese-und Bewertungsverfahren）来决定何者应受到法律保护。透过法律来保护利益绝不是发生在无人的宇宙，而是在一个满布利益的世界里。在那里，所有的利益都被渴求，因而须不断地牺牲别人的利益，一点例外都没有。[2]黑克以"惧税"（Steuerscheu）的例子来证明这种利益冲突的绝对存在。国家只要一提出必须缴纳新税的要求，就会有利益团体的哗然抨击，人民也会急谋逃税之策。这是标准的国家财政需求的共同体利益与私人利益间的冲突状态。这种冲突最初被黑克称为"强制冲突"，后来在反击对手的批评时，黑克将其改称为"社会冲突"。诚然，从"民族连带性"（Volksverbundenheit）来看，个人乃是民族的肢体，个人利益也是间接的共同体利益。但毋庸置疑的是，这仍不可能完全消除此种冲突。这种社会冲突在社会生活中司空见惯，层出不穷。认识这种冲突观，对立法者、法官以及国家机关至关重要。立法者只有注意到社会冲突的"惧税"状态，才能在制定税法时颁布保护纳税义务人之"对立利益"（Gegeninteressen）的相关规定，诸如缴税界限、税的等级、减税和免税等，同时考虑国家的财政需要，颁布防止逃税及其罚则规定。而法官及国家机关倘若对这种冲突观没有清晰的认识，也就无法正确地解释立法者以冲突观为基础所作的规定。

黑克指出：法律规范界定相互冲突的利益。它决定着一个"利益冲突"。这个决定是根据一个对相关利益所作的"衡量"

---

[1]　吴从周：《概念法学、利益法学与价值法学：探索一部民法方法论的演变史》，中国法制出版社2011年版，第211页。
[2]　吴从周：《概念法学、利益法学与价值法学：探索一部民法方法论的演变史》，中国法制出版社2011年版，第248页。

（Abwägung）。这种衡量以一个"价值理念"（Wertidee）为基础，因此也包含一个"价值判断"（Werturteil）。这种价值判断一方面又回溯到一个所追求的秩序观念（Vorstellung der Ordnung），亦即回溯到一个"社会的理想"（soziales Ideal），当然，这是一个具体的社会理想。[1]

按照黑克的上述说法，我们在这里可以很清楚地区分出："衡量"或者"价值判断"作为一种"方式"；"相互冲突的利益"成为立法者衡量的"客体"；而"价值理念"或者"秩序观念"或者"具体的社会理想"则成为衡量的标准。[2]"衡量相互对立的利益以决定性利益（Entscheidungsinteressen）、较深层存在的共同体利益（Gemeinschaftsinteressen）为基础，它们决定了价值判断，也就是说，这是再一次的利益考虑（Interessenberücksichtigung）。在私法领域内，决定性利益最后涉及的也是共同体的整体利益（Gesamtinteressen der Gemeinschaft）。"[3]

利益法学是一种解释理论。黑克认为，法律解释主要是"原因解释"，并要求将"历史的利益研究方法"作为法律解释的方法。但是，当它涉及为不断变化的日常需求创建法律时，可能会缺少标准对规范进行利益分析。而这些标准恰恰应该首先被创建。但利益应该被保护的问题，不同于法规所保护的利益。在这里，正像黑克所设计和实践所表现的那样，利益法学基本上难以为功。评价方面不可逾越的困难迎面而立。庞德尝试将德国利益法学的成果介绍给英美法系，提出了"法社会学"的表述，但似乎不够被注意的是：利益法学是法典法的解释方法，而英美判例法毋宁必须依据法律政策的标准，而不是法律续造的指导方针开展工作。正是因为这一原因，

---

〔1〕 Philipp Heck, *Begriffsbildung und Interessenjurisprudenz*, Tübingen：Mohr, 1932, S. 4.

〔2〕 吴从周：《概念法学、利益法学与价值法学：探索一部民法方法论的演变史》，中国法制出版社 2011 年版，第 255 页。

〔3〕 Philipp Heck, *Gesetzesauslegung und Interessenjurisprudenz*, Acp 112（1914），S. 232.

利益法学以法社会学的形式在英国和美国并没有像其在中欧那样形成一般应用。最初利益法学（与新康德主义者相似）被明智地限制在成为一个纯粹的方法，但这在某种程度上却变成了其劣势所在。探寻判决所必需的作为事实一部分的利益，不能马上回答冲突利益的优先或后置。利益法学在保留自耶林以后的经验传统时，忽略了关于应然和实然的一段时间的哲学辩论。耶林在其建构理论和目的理论之后，想写的第三部分有关"法感"，1884 年的讲座就是其替代品。虽然在价值中锚定"目的"没有成功，但他至少看到了问题，而"老利益法学"却无视于此。从特殊利益的实然绝不能得出该利益的有效性应然。可以说，利益法学缩限了耶林的目的法学，理论上更为精致，但器局上不免随之狭隘了许多。斯通也认为，庞德的社会利益说不啻为是"一个需要轮椅的半瘫人"。因为不同社会利益之间的评估和权衡，只能依靠某个外部的价值标准才能完成。缺少这种隐含的价值标准，庞德的理论和方法便会寸步难行。哈特批评道，庞德认为必须有某种权衡和评估冲突利益的方法，以及某种量化形式，但他的讨论却未能提供这种方法。尽管不苟同于自由法学的过分舒张导致造法自由空间难以界定而有危及法律安定性之虞，但利益法学方法所奉行的利益划分和权衡思维仍然属于圆机活法，因而被一些学者指责，既背离了既定法秩序，也忽视了作为法学思维之特色的"明晰性-确定性"和"客观性-合法性"要求，落入了学科迷失和思维迷糊的境地，沦落为了方法论上的盲目飞行指南。

二、经济法平衡协调论与行政法平衡论的差异

刘文华认为，纵横统一说，实际上就是纵横对立统一说。纵、横两类关系其实不只是指"关系"，而主要指现代社会经济存在和运动的两种基本形态，即静态结构和动态运行的两种基本形式。主要靠市场调节的经济生活，横向经济关系必然极为发达，而纵向经济关系则常常是"弱化"的。相反，主要靠国家调节的经济生活，必然"强化"纵向经济关系，而横向经济关系则往往并不发达。由于出现了"市场调节失灵"等一系列问题，于是，资产阶级国家不得

不大量设置纵向经济关系。社会主义国家在认识到商品经济的充分发展（即要发展横向经济关系）是社会经济发展不可逾越的阶段后，必须在保持必要的纵向经济关系的同时大力发展横向经济关系，此时经济法才得以产生。经济法是平衡协调法，是纵横两种经济关系平衡结合的产物，是在解决经济集中与经济民主的矛盾中诞生的。经济法对经济法律关系的保护、调整、管理和协调是贯穿于全过程的，绝不是经济集中法，也不是单纯的经济管理法，更不是单纯的国家干预法。把经济法的产生仅仅归结为国家对经济生活的干预和管理，是一种表面的、片面的认识，很可能走上经济行政法的歧途，从而否定经济法自身。经济法是从社会全局利益的立场出发，通过多种手段，对各种物质利益实体间的经济关系和这些关系中的责权利进行分配及运行，并统筹兼顾，进行平衡协调、综合调整的法律部门。其将国家的意志与社会组织的意志协调结合起来，调动各个方面的积极性和责任心，做到统而不死、活而不乱，提高社会经济效益。统筹兼顾性是经济法平衡协调功能的出发点，也是它作用后应有的必然结果。[1]甚至在行政法与民法、公法与私法之间，经济法也是一个平衡协调它们之间关系的法律部门。传统法学理论一向认为，公法与私法根本对立，水火不容；行政法与民法此消彼长，此长彼消。但是，在现代社会，经济生活本身要求（"命令"）这些法律部门必须相互沟通，相互渗透，相互交融，即所谓"私法公法化""公法私法化"。从一定意义上说，经济法是适应经济需要，在行政法与民法之间"挤"出来的，并对双方进行协调的一个新的法律部门。[2]

中国行政法学界以罗豪才为代表的部分学者所提出的"平衡论"认为，古代行政法本质是"管理法"，其理论基础是"管理论"；近代行政法总体上是"控权法"，其理论基础是"控权论"；现代行政法实质上是"平衡法"，其理论基础是"平衡论"。在管理论的模式下，行政主体与相对方之间是一种"支配与服从的关系"，行政权优

〔1〕 刘文华：《走协调结合之路》，法律出版社 2012 年版，第 131 页。

〔2〕 刘文华：《走协调结合之路》，法律出版社 2012 年版，第 162 页。

先于个人权利，公民处于被管理、被支配的地位，二者的法律地位
并不平等，强调通过维护行政特权保证行政管理的秩序和效率。在
控权论的模式下，行政权和公民权处于对立的地位，个人权利至上，
行政权是必要的"恶"，行政法就是控制行政权的法，要通过立法、
司法、程序等手段严格控制行政权，旨在保障公民权利和自由。行
政法平衡论者则认为，行政法作为一个独立的部门法，其不同于其
他部门法的根本性差异在于实现行政权与公民权的平衡。传统的管
理论和控权论，或过于夸大行政权的积极功能，忽视对相对方的权
利保障；或过于夸大行政权的消极功能，过于强调对行政权的控制
约束。行政法的性质或作用具有双重性：既保障行政机关有效地行
使行政权，又对行政机关进行法律控制和保障公民的合法权益。与
社会本位相适应，现代行政法实质上应是平衡法，应对"保权"与
"控权"两种观念加以均衡，兼顾国家利益、公共利益与个人利益的
一致。平衡是现代行政法的精神实质。[1]

　　持不同意见者认为，平衡是一个普遍性的哲学命题。当下，中
国最基本的国情可被称为"非均衡发展"。兼顾国家、集体与个人利
益是法治所内蕴社会均衡的主轴，并非行政法所独有。行政法平衡
论者也并没有具体说明行政法的平衡功能与其他部门法以及其他社
会规范的平衡功能的本质区别。从这一角度说，平衡论、兼顾论难
以单独成为行政法的理论基础。平衡论认为，行政法经历了古代管
理法（正）、近代控权法（反）与现代平衡法（合）三阶段历史。
虽然"管理法"和"控权法"这两个概念对西方国家历史上两个不
同阶段的行政法的基本性质作了较准确的概括，但"平衡法"很难
找到现实的对应物。正如平衡论倡导者自己所承认的那样，在近现
代历史上，无论是英国的"越权无效"理论、法国的"公务"与
"权力"理论，还是美国的"正当程序"理论、日本的"行政公益"
理论，均未溢出"管理论"与"控权论"的范围。不难看出，"平

---

〔1〕　参见罗豪才、甘雯："行政法的'平衡'及'平衡论'范畴"，载《中国
法学》1996 年第 4 期。

衡法"并非是一个实然的概念，而只能说是一个应然的概念；"现代行政法实质是平衡法"的论断就值得商榷，充其量只能说"应是"。平衡论强调的是"总体平衡"，即在行政机关与相对方的权利义务关系中，权利义务总体上应是平衡的。而在行政机关与相对方的现实关系中，行政机关与相对一方分别是管理者（权力的行使者）与被管理者（权力所指向的对象）的关系，可具体表现为命令与服从、服务与被服务、指导与被指导、委托与被委托等关系。在这些关系中，双方的权利义务在总体上和特定范围内都是不对等的，这是由两者的性质和在行政关系中所处的地位决定的，因而不能是平衡的。平衡论对行政主体与相对人关系性质的解释不尽科学。申言之，要达到总体平衡，平衡论就必须主张控制行政权力，同时赋予并强化相对方的权利。其过程可被归结为："不对等—不对等倒置—总体平衡。"其中，管理中的不对等是条件和背景，不对等倒置才是平衡论的关键所在。而"不对等倒置"与控权并无实质差别。[1]如果可以将控权论概括为"两点论"基础上的"重点论"，那么平衡论则是与"重点论"相结合的"两点论"。两者只是从不同的角度表达相同的意思而已。就行政法的规则而言，行政法规则主要是有关行政权如何行使的规则，而行政权的行使规则绝不是平衡规则。管理论着眼于事实，强调行政法中"行政"的面向；控权论着眼于规范，强调行政法中"法"的面向；平衡论着眼于价值，强调行政法的功能。三者分别是事实命题、规范命题和价值命题，分处于不同的论域，并不构成对立。在宏观的意义上，行政权不能与人民主权平衡，人民主权应该优位；在微观的具体法律关系层面，行政相对人的权利也不可能与行政机关的权力平衡，公共利益应该优位。"行政"本来就内含了"管理"的意蕴，管理就意味着有服从的关系，这是行政法必须面对的经验世界。尽管在行政诉讼中，作为被告的行政机关的举证责任大于作为原告的利害关系人，但仍然没有从总体上改变双方在诉讼中的地位，人民法院对事实问题的判断要尊重行政主

---

〔1〕 晨曦："'平衡论'的困境"，载《行政法学研究》1996年第4期。

体的判断。[1]

　　行政法平衡论意义上的平衡，实质上就是指行政主体与相对人互相制约、互相控权。这与其说是一种状态，还不如说是一种过程，即行政主体权力与行政相对人进行权利角逐和平衡的过程。利益冲突的平衡或解决原则，是"两利相权取其大，两害相权取其轻"，即个人利益服从公共利益，使个人利益与公共利益保持一致，而不是使公共利益与个人利益保持一致。因此，利益的平衡状态是存在的，但却是以个人利益服从公共利益为前提和结果的。平衡论者关于相对人运用行政程序权和行政监督权来抗衡行政执法权的愿望，在行政法上是无法实现的，其结果只能是滑向控权论。经济法的平衡协调主要源自经济学的平衡协调思想。经济法中的协调性和平衡性并不完全一致。协调主要指涉经济区域的彼此互补和谐。其尤其注重经济发展各个区域、部门之间，基于横向关系的分工合作，协同并进。而平衡则主要强调基于纵向关系的居高临下，以及对于各区域、部门之间的平衡。这充分体现了经济法的特色。

　　传统上以行政决定为主要规范对象，以私权保障为主要功能期待，以回避和听取意见等对抗程序为主要制度构造的传统行政法治，基本属于主观行政法的范畴。传统行政法主要关注权力（权利）行使的合法性问题，无暇顾及行政本身的合目的性、科学理性问题。尽管一些行政法学者提出以合法性和最佳性来重构行政法，行政程序的制度设计应当更多地运用成本收益分析、专家咨询、同行评审等政策工具。但较之经济法偏重"实体法意义上"的平衡，行政法平衡论意义上的平衡似乎更多地诉诸"通过程序的平衡"，是"程序法意义上"的平衡，以程序权利对抗实体权力的平衡，着眼于程序的设置和监督制约。行政法学者的"平衡论"的核心理念是"倒置的非对等的平衡"。行政法的"平衡论"将行政法的调整分为"两个阶段"：事前阶段和事后阶段（程序权利和救济权利的阶段）。在

---

[1]　刘连泰："斜坡上的跷跷板游戏：平衡论述评"，载《清华法学》2015 年第 1 期。

实体行政关系中，行使较多的是确权性的法律，即各种组织法等，它们授予行政主体的权力包括公定力、确定力、约束力、执行力，且具有绝对的优先权力。行政机关通过行使一定实体权利的方式，使自身的一部分权利优先获得实现，形成双方之间阶段性的权利义务不对等的关系。在这种不对等关系出现的同时，相对方获得了程序性权利，即通过国家有权机关对行政权力的制约和对行政行为的监督，使相对方的合法权益获得补救，维持行政法的平衡状态。通过程序性权利来实现"依法行政"是行政法的生命之源。行政机关和相对人拥有既相互依赖又相互抗衡的权利，权利平衡是通过"事后阶段"的平衡，是"倒置的动态的平衡"。行政法平衡论的实质在于"程序权利义务"和"实体权利义务"的平衡，相对方正是通过获得了程序上的救济权和参与权来制约或限制行政权力的膨胀和滥用。也就是说，只要行政法在制度层面上为行政法各主体提供了一个平等博弈的平台和程序，那么就可以达到"平衡"状态。

经济法平衡的是"物质利益关系"，从整体来说，经济法所平衡的物质利益关系是代表整个社会利益的"政府利益"和社会个体利益的平衡，或者说是社会整体利益和社会个体利益的平衡。经济关系本身就是一种物质利益关系，要注重"成本-效益"核算，包括微观成本、社会成本和微观利益、社会利益，两方面均不可偏废。行政法的平衡只能是"态势"上的平衡，是一种抽象意义上的平衡，这种平衡极端依赖程序权利的存在，没有司法审查自然就谈不上行政法。经济法基于对物质利益平衡的考虑，必然要求其能够用类似于自然科学之实证研究的方法来调整经济关系，物质利益性决定了经济法更多地注重"成本-效益"核算，同时依据市场经济规律平衡双方的利益。经济法的平衡论缔造了"双赢"格局，行政法的平衡论实现了"均衡"格局。经济法是缔造"双赢"格局的法，因为经济法具有"纵横统一""平衡协调"的本质属性，所以它把国家和企业的关系都定位在"利益主体"之上，寓纵向的国家意志于横向的平等的意志之中，实现双方利益的最大化，这是均衡的最高境界，即"合作的均衡"，既不同于市场主体各自为战而形成的"非合作的均衡"，也不同于行政力量主导下的"不均衡"。行政法因其"制约和限制"的理念，最终只能达到"非合作的均衡"状态——双方都选择对自己最有利的行为方式，通过"控制与反控制"的制约模式达到"平衡"。在"依法行政"的前提下，行政主体的行政行为有两种可能：行为合法与行为违法。行政行为对相对人的权利义务的影响也有两种可能：授益行政行为和不利行政行为。因此，行政主体和行政相对人之间的权利义务关系就有四种结果：第一种结果是行政行为合法，行政权力实现，但对相对人作出了不利行政行为，结果是使相对人的权利受到限制。第二种结果是行政行为非法，对相对人作出了不利行政行为，但通过司法审查制度和救济制度，相对人有效地制约了行政主体的权力滥用，使自己的权益得以实现，这种情况下，行政主体的意志没有实现，也不应该实现，系统利益处于均衡状态。第三种结果是行政行为合法，对相对人作出了授益行政行为，双方实现了权益"双赢"。第四种结果是行政行为非法，但对相对人作出了授益行政行为，相对人获得了不法的利益。通过行政机关的监察制度和第三人的监督可以撤销授益行政行为，使相对人的权益恢复原状。从这四种结果我们可以看出：第一和第二种结果是单方面意志的实现；只有第三种结果，行政主体和相对人之间是"双赢"的；而在第四种结果中，双方的意志都没有实现，是"双输"的，但从系统整体上看，系统的整体利益是均衡的。因此，可以认为，行政法在更多的情况下只能实现一种均衡的格局，而不能缔造"双赢"的局面；而经济法则可以通过利益关系的"平衡"来实现"双赢"的局面。[1]刘文华指出："在现代市场经济社会中，经济关系复杂，利益主体多元，各种矛盾丛生。有各种社会个体之间的矛盾，也有社会整体与社会个体之间的矛盾。当今世界，无论是资本主义社会，还是社会主义国家，都需要正确、妥善地处理各类经济矛盾，平衡各种经济行为，协调各方利益关系。其间最重要

---

〔1〕　李克欣："经济法的'平衡协调论'与行政法的'平衡论'之比较"，载《学术交流》2006年第11期。

的是必须协调和处理好社会整体与社会个体之间的意志、行为和利益的矛盾。"[1]经济法平衡协调社会整体利益与社会个体利益关系，也平衡协调与社会整体利益直接相关的社会个体利益之间的关系。其中最重要的是要协调好国家和企业组织的关系。经济法不走极端，不能只倾向一边，而不顾另一边，更不可总与之对立。尽管在经济法的领域内，国家（政府）常居重要地位，起主导作用，但国家只可能代表社会整体利益，并不能代替或等同于社会整体利益；企业组织也有自己独立的地位和利益，行政机关不能对此置之不顾，更不能将其置于对立面。经济法的任务就是在承认国家和企业有不同的地位、性质、职能和运作规则的基础上，寻求它们的结合点，平衡协调它们的意志、行为和利益关系，促使双方互动，求得双赢局面。

行政法以维护国家权力的正常行使为目标，其意义更多地体现为一种手段，其性质取决于国家权力的内容和性质，而国家天然地是社会整体利益的代表，却并不必然地以社会整体的利益为其行为的目标，除执行社会公共职能外，还要维护统治阶级的政治利益。因此，"行政权力本位"并不必然要求考虑社会整体的利益。严格而言，经济法的平衡论建立在自由主义基础之上，而行政法的平衡论则建立在国家主义基础之上。经济法的纵横统一论只是尊重汉语习惯的表述，在本质上应该"横纵统一论"，即在横向的市场基础之上，依横而纵的平衡协调统一，而非行政法的自上而下的平衡协调。是故，德国经济法学家里特纳一再强调私法优先。[2]以往的经验告诉我们，国家既不能通过国家组织的方式，也不能通过同时照顾其国民自由的方式，由自己接管经济管理——即使只是接管其中的主要部分。

---

〔1〕 潘静成、刘文华主编：《中国经济法教程》（修订本），中国人民大学出版社 1995 年版，第 40 页。

〔2〕 Vgl. Fritz Rittner, "Über den Vorrang des Privatrechts", *Festschrift für Wolfram Müller-Freienfels*, Baden-Baden：Nomos, 1986, S. 509 ff.

第四节　分与合：经济秩序运行论

　　社会生活的最深刻本质在于，为了利益进行合作。利益出自个人，合作构成社会。合作是社会生活的基本目的，社会的本性是合作。而社会合作是通过稳定的社会交往关系（即社会秩序）来实现的，社会秩序是社会生活和社会合作的基础和本质。社会之所以成其为社会，是因为其有着自身的秩序，即社会秩序。易言之，社会乃是因其秩序而构成，没有社会秩序就没有社会，社会秩序乃是社会的基础、根据和本质。社会哲学的基本问题或主题具体化为社会秩序问题，即转变为对社会秩序问题的具体探讨。秩序问题是社会哲学所要阐发的核心问题，其所关注的是作为社会生活根本依据的社会秩序怎样由个体的行动过渡而来。[1] 对"社会秩序何以可能"的探究，实际上就是对社会秩序存在根据的探究。事物可能存在的根据既包括必要条件又包括充分条件。对于事物存在的可能性来讲，充分条件无疑只是事物得以存在的非必要的特殊根据，其必要条件则是事物得以存在的必要根据，也就是它的一般根据。"社会秩序何以可能"问题所追问的主要是社会秩序产生和存在的一般根据，这一问题本身包含着"社会秩序为何可能"和"社会秩序怎样可能"两个逻辑层次，既关涉"社会为什么有秩序"，又关涉"社会怎样有秩序"。"社会秩序为何可能"是一种原因的探究，而"社会秩序怎样可能"是一种过程的探究。前者是社会秩序得以成为可能的前提条件，后者则是社会秩序得以成为可能的必要程式。由于过程本身即是一种原因的实际运作，所以对过程的探究也就包含了对原因的探究。因而对"社会秩序怎样可能"的探究内在地蕴含了对"社会秩序为何可能"的探究。这样，"社会秩序何以可能"的问题就被转换为了"社会秩序怎样可能"的问题。"社会秩序何以可能"的内

---

　　〔1〕　吕翠凤："秩序问题与社会哲学的主题"，载《山东师范大学学报（人文社会科学版）》2003 年第 4 期。

在逻辑决定了对其进行解答的逻辑。

对于社会秩序的思考，中国古代思想家们通常使用"治"来表示社会的有序和社会秩序的维护与巩固，以"乱"来表示社会秩序的破坏和社会的无序状态。荀子云："人生不能无群，群而无分则争，争则乱，乱则离，离则弱，弱则不能胜物。"[1]据此以论，"群"并非必然意味着秩序。如若只是"群"而无序，亦可为群龙无首。荀子所面临的问题在于，在一个"欲多物寡""群而无分"的人性和历史事实面前，"群而有序"的社会何以可能。荀子将自己对"正理平治"的理想社会秩序的理论建立在"分义"之上，盛言借由"分义"以定其名位（权利），从而使义务实现从冲突到秩序的转变。所谓"有夫分义，则容天下而治；无分义，则一妻一妾而乱"。[2]"无分者，人之大害也；有分者，天下之本利也；而人君者，所以管分之枢要也。"[3]对于"分"何以能实行的动力机制和价值正当性，荀子认为："分何以能行？曰：义。故义以分则和，和则一，一则多力，多力则强，强则胜物，故宫室可得而居也。"[4]在西方社会思想史上，秩序问题最先见诸"霍布斯的秩序问题"这一命题，并且是以"霍布斯的秩序问题"这一自觉形式出现的。[5]"霍布斯的秩序问题"的基本含义为：人们在合理地追求自己的私人利益之际，如何保持社会秩序，而不陷入一切人反对一切人的战争中。霍布斯认为，如果每一个人都只追求自我利益的最大化，则将导致所有人都不愿接受的非理性集体结果，陷入"公地悲剧"。霍布斯在讨论"社会秩序何以可能"问题时，用社会契约理论解释了社会秩序的起源。他认为，超脱自然状态的必要条件是社会契约，超脱自然状态的可能条件是自然法。"霍布斯的秩序问题"明显以功利主义作为前

---

[1] 《荀子》，安小兰译注，中华书局 2007 年版，第 91 页。

[2] （清）王先谦：《荀子集解》，中华书局 2012 年版，第 611~612 页。

[3] （清）王先谦：《荀子集解》，中华书局 2012 年版，第 212 页。

[4] 《荀子》，安小兰译注，中华书局 2007 年版，第 90 页。

[5] 高懿德、牛磊："论社会秩序问题与社会哲学的主题"，载《学术论坛》2003 年第 4 期。

提，但他在更为普遍的层面上指出了"社会秩序何以可能"的问题。

秩序问题或"霍布斯的秩序问题"集中体现为个人行动与社会秩序的关系问题。"一般说来，人们对于社会与个人的统一性的理解有着三种可能的基本进路，即或者从个人出发，或者从社会整体出发，或者从二者的交互作用出发去说明这种统一性。第一种进路可称之为社会原子论，第二种进路是社会整体论，第三种进路则可归结为一种辩证的交互作用论。"[1]社会原子论是社会观上的个体原子主义，是由伊壁鸠鲁奠定的。社会整体论就是社会观上的社会整体主义，是由柏拉图奠定的。"交互作用论"是社会观上的中间形态即个人与社会互构论，基本上是由亚里士多德奠定的。个体原子主义是从个人出发来说明社会的，把社会还原为孤立的个人，社会不过是抽象的个人集合体。[2]这种思维把社会看作是某些先于社会而存在的原子式的个人结合而成的，既不符合历史事实，也不符合个人与社会之间关系的内在同一性。社会整体主义对"社会秩序何以可能"的解答，是把社会秩序作为一种既定或先天的存在来看的。这无法说明社会秩序的由来，而只能相对地说明社会秩序的运行，只能"静态"式地说明没有变化的社会秩序的运行，而不能说明日新月异地发生着变化的社会秩序的运行。原子主义从非社会的孤独个人出发，整体主义从非个人的某种社会实体或社会理性出发，其方法论特点是割裂了条件与根据的统一：前者把非社会的个人视为自我肯定的根据，而把与之相对应的社会实体视为构成外在限制的否定性条件。后者则相反，其实质是对现实主体做了抽象化理解。[3]显然，从个人出发的个体原子主义社会观只有助于解决"霍布斯的秩序问题"中"社会秩序如何形成"这一层面问题，从整体出发的社

---

〔1〕　陈晏清、王南湜、李淑梅：《现代唯物主义导引》，南开大学出版社 1996 年版，第 245～246 页。

〔2〕　甄自恒：《从公权社会到私权社会：法权、法制结构转型的社会哲学探讨》，人民日报出版社 2004 年版，第 107 页。

〔3〕　赵迅：《弱势群体保护的社会契约基础》，中国政法大学出版社 2010 年版，第 227 页。

会整体主义社会观只有助于解决"霍布斯的秩序问题"中"社会秩序如何运转"这一层面问题。作为这种结合的中间形态,个人和社会的互构论能够较好地同时回答上述两个问题。[1]吉登斯的结构化理论就是个人与社会的双向互构论:一方面,行动通过把自身结构化而同时生产和再生产出结构和自身;另一方面,结构通过将行动结构化而同时生产和再生产出行动和自身。

中国经济法理论以唯物论为基础,以辩证法为方法,从中国实际(特别是经济体制改革的实际)出发,运用唯物辩证法,尤其是对立统一规律,观察和解析社会经济问题和政治法律问题。作为经济法基本理论思想的"分合论"就是用民族语言表述的对立统一的规律。朱熹说:"凡事无不相反以相成,东便与西对,南便与北对,无一事一物不然。"[2]客观事物及其活动总是在对立统一的分合过程中运动着、发展着。无一亦无二。法律就是在对客观事物不断地进行有分有合的分合调整过程中发挥自己对客观世界的影响作用的。第一,由于生产力和生产关系的发展,社会整体与社会个体(包括企业、个人)的关系越来越密切。社会整体必须以社会个体的存在和发展为基础,但社会个体也越来越离不开社会整体的存在和发展。在国内经济网络化、国际市场全球化的今天,每个社会个体的兴衰存亡都直接依赖于一个统一、安定的国家和社会,因此不能只分不合。每个社会个体如只追求自己利益的最大化,而罔顾社会整体利益,甚至损害社会整体利益,这样的社会个体是不可能长久存在下去的。当然,也不可能只合不分。"大一统"是不能解放社会个体、解放生产力的。旧的计划经济体制主要是搞"合"的,所以我们的经济体制改革从一开始即着重于"分",给企业放权让利,松绑搞活,但不能因此而否定必要的"合",即否定国家的经济管理和监

---

〔1〕 高懿德、张益刚:"论'霍布斯的秩序问题'",载《齐鲁学刊》2001年第3期。

〔2〕 (宋)黎靖德编:《朱子语类》(第4册),中华书局1986年版,第1482页。

督。[1]对国家与企业，法律就是要先明确区别它们各自的地位，区分和确定它们的责权利关系，然后在它们的活动、运行过程中，不断地进行"小合"和"大合"的调整。"小合调整"即调整它们在实施责权利过程中的矛盾，使彼此协调一致，保证经济关系正常运转和健康发展；"大合调整"即是将所有主体实现责权利的意志、行为及其后果、作用，汇总为一个推动社会前进的整体力量，形成管而有度、活而有序的经济运行机制。"合"必须建立在"分"的基础之上，否则就不可能形成新的前进的合力。但"分"毕竟只是一种动力，而不是目的本身。一切事物都是分中有合，合中有分，通过不断的分合，不断从低级向高级发展的。人类社会只有起于分终于合，在不断地汇集各方活力所形成的巨大合力的条件下，才能向前发展。我们的社会经济变革，不能只分不合，当然也不能只合不分。只合不分是走计划经济的老路；只分不合是走自由资本主义的歧路。[2]合而不合则散乱，分而不分则呆滞。当分时不可使之合，当合时不可使之分。"故合而不分，分而不合，非善也；合而有分，分而有合，非善之善也；即分为合，即合为分，乃善之善也。"[3]"分而为二，而不害未尝离，合二为一，而实归于不相杂，乃为周悉而无偏也。"[4]分中有合，合中有分，有分有合，分合并行，"分而为二"和"合二为一"的结合才是协调发展的唯一途径。第二，从国家（与政府同义）的地位、职能看，它经历了从政治国家到行政国家再到经济国家的转变。现代国家仍然是三种身份俱有，但越来越突出其经济国家的性质职能。国家不能被等同于社会整体，国家利益不能被等同或取代社会整体利益，但在现阶段（以至将来很长时期），也只有国家才可能代表社会整体，社会个体则主要由企业等市

〔1〕 刘文华：《走协调结合之路》，法律出版社 2012 年版，第 347 页。

〔2〕 刘文华：《走协调结合之路》，法律出版社 2012 年版，第 347 页。

〔3〕 何汝宾：《兵录·攻战·战略》，转引自中国人民解放军军事科学院古代兵法研究组编：《中国古代兵法选辑》，石家庄陆军学校 1984 年翻印，第 119~120 页。

〔4〕 "答奇明彦·论四端七情第二书"，载成均馆大学校大东文化研究院编：《增补退溪全书》（一），成均馆大学校大东文化研究院 1985 年版，第 412 页。

场主体为代表。国家与企业二者的性质、地位、职能以及活动规则不同，因而它们是对立的、分别存在的。但在现代市场经济社会中，二者又是密切相连、不可分割的。企业是离不开权威的国家和稳定的社会的。国家与企业之间应是有分有合，分合并行，两者的关系应是"并存共进，互动双赢"。我国由于受计划经济的影响，企业至今仍多处受到行政干预。在一定时期、一定条件下仍需加强"分"的力度，使企业尽快成为成熟的市场主体。但从长远和根本上看，我们是不可能完全改变这种分合结构的，片面地独执一端会给我国社会带来灾难。[1]第三，从法律、法学的历史看，它也经历了从先合后分到有分有合的过程。奴隶社会、封建社会是诸法一体，这是一种原始的、简单的合。自由资本主义社会引发了法律的第一次大分化，形成了许多法律部门。苏联十月革命带来了第二次法的分化。这些分是绝对必要的，它造就了近代法律、法学的繁荣。各个法律部门的分别存在和分别调整也促进了社会经济的发展和人类文明的进步。但是，现代社会经济生活和经济关系是沿着分化和综合两个方向发展的：一方面，社会分工越来越细，越来越专业化、专门化；另一方面，社会联系也越来越紧密，越来越集中化、网络化。法是上层建筑，必须反映经济的这种变化和要求，因此，在继续坚持法的分别调整格局的同时，也必须加强必要的综合调整。经济法就是适应这种需要产生的。以法对经济关系调整模式的历史看，除了古代简单的综合调整模式外，近、现代曾存在过两种分别调整模式，即自由资本主义时期的民法调整模式和社会主义国家早期实行的行政法调整模式。历史已对此作了结论，两种模式均不可取。现代社会必须由民法、经济法、行政法共同综合调整。任何一个法律部门都不可能单独调整现代化市场经济关系。就现行的调整经济关系的法律、法规来看，许多法律部门都是一种综合模式，既有公有私，又有纵有横。这充分表明了现代立法的综合发展趋势。但是，这种状况必然会冲击传统的法律体系理论。很难说这些法律、法规属于

---

[1] 刘文华：《走协调结合之路》，法律出版社2012年版，第348页。

哪个法律部门，也不能把它们拆开，分别属于各个部门。经济法理论认为，一个部门不一定就只能调整一种社会关系，它可以调整两种或两种以上相互联系、相互制约、相互转化、相辅相成或相反相成的社会关系；一种社会关系也不一定就只能由一个法律部门调整，它可以由两个或两个以上的法律部门从不同方位、不同层次、不同环节，运用不同方式进行调整。经济法是在西方"私法公法化"和东方的一定程度上的"公法私法化"过程中产生的，是公法与私法在一定范围内相互渗透、相互结合的产物，它既非私法，也非"纯粹"的公法，而是"以公为主，公私兼顾"的第三法域，是在公法与私法之间进行平衡协调的"社会经济法"。有论者或谓经济法是主张把法恢复到综合一体调整的状态，这实属无稽之谈。经济法也主张和坚持对经济关系分别进行调整，不然的话，在统一的经济法规体系中就不会有那么多相对独立的部门经济法了。但是，经济法也主张在分别调整的基础上进行必要的统一调整。因为现代社会的国民经济既是一个有广泛细致的专业分工，又是一个相互联系、相互依存不可分割的有机统一体。"经济法充分认识和承认在社会经济、政治、法文化各个领域内存在着不同的矛盾和矛盾方面，它们都是既对立又统一的关系（这里所说的对立、统一都是哲学意义上的概念）。我们承认它们的对立，但也认可它们的统一。经济法是明其异、求其同，是'存异求同'的法，是在分的基础上讲'合'的法！"[1]与传统的法律观和法学观不同，经济法不把经济关系看成是各自分散孤立、互不联系的，而是把它们看成是整个经济体系的有机组成部分，是经济运行系统过程的一些环节和阶段：既要承认它们各自具有的独立的个性，又要重视它们的共性和内在联系；既要明确性质，分清责任，又不忘在总体上把握它们，综合处理。在调整经济关系时，不能像有的传统法律部门那样只强调统而不分，也不能像有的传统法律部门所要坚持的那样只分不统。统分结合是经济法的生命力所在。传统的法律部门多是强调"分别调整"，经济

〔1〕　刘文华：《走协调结合之路》，法律出版社2012年版，第350页。

法则是在确认"分别调整"的前提下突出"综合调整"这种新的法的机制功能。经济法是最能充分、全面反映社会经济生活的分、合两种发展要求和法的分、合两种调整功能的。[1]

刘文华指出,竞争与合作反映着市场运行的两种基本形态:分与合。竞争是分,体现着市场主体的独立性和对立性;合作是合,包括市场主体组织上的联合(合并)和关系上的协作(合同)。市场的规律不仅是竞争规律、价值规律,还有合作规律。任何一种社会化的生产、协作都需要合作。不要怕经济法说"合",经济法也讲分,也讲合,分合并举,这也是经济法的重要理论观点。竞争可以最大限度地激发市场主体的活力,在客观上推进社会经济的发展,但若放任之,则可能引发垄断和不正当竞争。合作也有两面性,合理地联合与协作,可以优势互补,缺势互消,形成新的增长点和更高的生产力。但是以垄断为目的联合和兼并,则会阻碍科技的发展和社会的进步。[2]事实上,竞争在不同的语境下有不同的含义。在反垄断法中,对竞争理解的主要不同在于,竞争代表对抗抑或效率。如果按竞争意味着对抗这一角度理解,没有竞争者,则没有对抗,也没有竞争。如果从竞争意味着效率这一角度来理解,没有对抗,仍然可能存在效率。就目前的情况而言,欧盟在较大程度上接近第一种理解,美国在更大程度上倾向于第二种理解。[3]并非所有的竞争都是有益的,某些无效的竞争实际上只是在给社会徒增"交易成本"而已。在许多时候,我们需要建立在互联互通的基础上,将有限的资源用于开展真正有利于增进效率的竞争,使产品的生产成本更低、整体价格下降。企业间的竞争焦点被转移到单个公司生产遵循标准的产品的优势和价格竞争上,而真正的竞争仍然存在。[4]竞

---

〔1〕 刘文华:《走协调结合之路》,法律出版社 2012 年版,第 193 页。

〔2〕 刘文华:《走协调结合之路》,法律出版社 2012 年版,第 323 页。

〔3〕 韩立余:"微软何以难逃欧盟反垄断法'魔掌'",载《法制日报》2007年 9 月 30 日。

〔4〕 参见罗蓉蓉:"技术标准制定中垄断行为的规制及对策研究",载《法学杂志》2013 年第 10 期。

争并非万能，垄断并非万恶。合作并不等同于限制竞争的卡特尔协议。合作和竞争都是实现和谐经济秩序的途径。克鲁鲍特金的《互助论》（*Взаимопомощь как фактор эволюции*）更是将合作和利他行为视为"竞争"之外的另一种进化力量。所以，标准卡特尔在《德国反限制竞争法》中被豁免。同道竞逐的华为和中兴在竞争中进行技术开发合作并非大逆不道，美国关于技术联营的法律对于这方面分合相应、变守异用的合作也是显而易见的。"相对而争"与"同向而竞"均能产生各自的威力、魅力。事实上，无序的丛林野性竞争不可能孕育出公平与正义，原子式的完全竞争在本质上是无竞争。经济法促进从"分"的合作到与"合"的合作联姻。竞争与合作是人的特性，是人们之间最基本的交往形式。[1]经济学在市场竞争促进效率的公理上，也广泛引用"囚徒困境"证明合作对效率（福利）的促进作用。但合作有"分"的合作与"合"的合作之分，市场中的合作是典型"分"的合作，建立在个人主义与利己主义之上，旨在增进私人利益，因而完全能在制度约束的框架内与市场竞争达到统一；"合"的合作建立在集体主义与利他主义之上，追求的是公共利益的增进。事实上，唯有"合"的合作才能提高整体经济效率，唯有"合"的合作才能真正实现作为公共利益的社会利益（如环境利益）和作为私人利益的经济利益的"共赢"。[2]

一、对市场失灵论作为经济法学基础的质疑

刘文华指出，现代资本主义社会和社会主义社会有自己各自不同的历史发展过程。如果撇开它们的社会政治制度，从哲学的角度进行高度抽象的分析，可以看出它们各自走向了两个极端，但都曾在自己的历史发展过程中向上述系列矛盾方面的一极单面倾斜，另一面则被压抑。自由资本主义时期突出的是右一系列矛盾方面，漠

---

〔1〕　陈志尚主编：《人学原理》，北京出版社 2005 年版，第 244 页。
〔2〕　参见欧阳恩钱："风险社会、生态文明与经济法哲学基础拓新"，载《当代法学》2012 年第 3 期。

视的是左一系列的矛盾方面。这种情况在当时有其客观必然性，因为刚刚从封建桎梏下解放出来的资产阶级，必然醉心于在自己的个体利益海洋中徜徉，而不受任何的管理束缚。但社会再继续发展，因左一系列矛盾方面的弱势而引发的两大系列矛盾方面的不平衡状态日益严重。由于过度泛滥的自由竞争引发的垄断威胁了资本主义制度的生存，而这是靠右一系列矛盾方面所无法解决的，因而造成了"市场调节失灵"。中国经济法是在中国土壤中产生的，是经济改革的时代产物，不是市场失灵才有了经济法。市场失灵论没有反映中国经济法的特征。基于市场失灵论的经济法干预论不从中国国情出发，而是照搬西方思想，把中国经济法描摹成西方经济法，把中国经济法塑造成西方经济法。如此，中国经济法没有了，中国经济体制改革也没有了。市场失灵是整体危机的概念。在市场失灵论的框架下，经济法成为救火队，是非常态法，只能在市场失灵的情况下才进行调控。据此，强调经济法的谦抑成了市场失灵论的必然逻辑延伸，经济法的调整应该服从民商法的调整，在市场经济中对民法和行政法拾遗补阙，扮演一种小伙计的角色。这实际上削弱了国家的作用，是对西方市场经济的盲目崇拜。

事实上，国家已然内嵌于市场，而并非是市场力量的异化物。如有的日本学者所说，经济法业已不像战时经济统制那样是异常的"病理现象"，而是"适应资本主义发展的生理现象"。[1]经济法作为现代法重新审视市民社会中的自由、平等和对等问题，其调整是以"差异性"为前提的，以现实的人的不平等为基础建立自己的公平价值观，即差异性公平观，以不平等求公平，以形式上的不公平来实现实质意义上的真正公平，[2]因而更关注实质正义。同传统法相比，其调整的时空范围更加广阔。日本学者峰村光郎、正田彬将经济法定义为"规制资本主义垄断阶段固有垄断体与非固有垄断体

---

〔1〕 董璠舆："日本经济法的几个基本问题"，载《外国问题研究》1981年第1期。

〔2〕 北京市法学会编：《中国经济法三十年》，中国法制出版社2008年版，第271页。

之间的经济性隶属关系的法律"，而"确保交易当事人之间的对等交易权"就是经济法的目的。正田彬认为，狭义的经济法或者说作为独立法律部门的经济法是指以反垄断法为核心的经济相关诸法，是以纠正随着资本主义经济发展而产生的经济不平等关系为目的的法律，[1]以存在明显的经济不平等关系为前提，以社会利益为直接目的，纠正不平等关系（除私法的手段以外，也可采用公法的手段）。田中诚二也将经济法定义为"纠正缔结契约时明显的经济性不平等关系。"[2]丹宗昭信批评正田彬的经济性隶属关系规制法学说容易造成对反垄断法的基本性质、功能和目的的错误认识，且难免会脱离反垄断法是维持市场竞争秩序法这一关键因素。[3]但正田彬在后来也意识到自己此前的表达方式过于狭隘而加以修订，将经济法从"确保对等交易权"的概念中解放出来，[4]以维持市场公平自由的竞争秩序为着眼点的反垄断法的目的并不仅局限于纠正社会生活中的不平等关系，但经济法的主体属于被个别化、具体化的特殊部分的社会团体的成员或团体。[5]面对在市场中叱咤喑呜的支配地位企业，匍匐于这些企业之下的中小企业难望项背，彼此无论在调整前、调整中还是在调整后都不是平等的。平等只是其理想追求，并且是其先天不足和无力回天的理想追求。[6]在某种意义上，对垄断企业的滥用优势地位规制法律制度、对中小企业进行扶持的产业法律与政策等经济法诸项制度，都包含着在主体上区分强弱而区别

---

〔1〕 ［日］丹宗昭信、伊从宽：《经济法总论》，吉田庆子译，中国法制出版社2010年版，第79页。

〔2〕 ［日］田中诚二：《新版经济法概说》，千仓书房1978年版，第34页。

〔3〕 ［日］丹宗昭信、伊从宽：《经济法总论》，吉田庆子译，中国法制出版社2010年版，第79页。

〔4〕 ［日］丹宗昭信、伊从宽：《经济法总论》，吉田庆子译，中国法制出版社2010年版，第80页。

〔5〕 ［日］丹宗昭信、伊从宽：《经济法总论》，吉田庆子译，中国法制出版社2010年版，第157页。

〔6〕 邱本：《经济法研究》（上卷：经济法原理研究），中国人民大学出版社2008年版，第10页。

对待的含义，[1]使竞争规则从"优胜劣汰"向"优胜劣存"发展，即优胜者通过努力，可以获得其应有的公平，但劣势者也同样有生存下去的权利。基于此，有学者将知识产权法称为"规则法"（rules-based），而将竞争法称为"结果法"（outcome-based），意即获得知识产权需要申请者满足知识产权法规定的一系列条件，授权机关不会对每一个具体情况进行调查。而竞争法中的经济学分析方法关注的是每个具体案件是否违反了经济效率或消费者福利最大化的目标，通过这种个案分析一种知识产权是否具有经济合理性会减损知识产权制度的价值。

市场失灵的存在并不能导致市场机制的取消，同样，承认政府失灵的存在也不意味着要否定政府作用的发挥。国家（政府）干预必须是合理的、有限度的，否则又会产生滥权（力）侵权（利）、设租寻租、决策失误等所谓的"政府失灵"现象。从一定程度上说，政府失灵造成的恶果比市场失灵更为可怕。朱熹曾言："大抵立法必有弊，未有无弊之法。"[2]无论是对市场还是对政府都不能有不切实际的指望，"残缺"其实是人生和社会必须接受的一种完美。"华盛顿共识"的一个核心思想是尽量减少甚至否定政府在经济中扮演的角色，而让"看不见的手"来指挥一切。实际上，市场的力量并不能自动实现资源的最优化配置，还必须发挥政府在促进发展中的积极作用。而市场竞争是良性循环还是恶性循环，也要取决于市场、政府、民间社会组织三者之间的互动。现代经济良性竞争与合作竞争的形成、资源优化配置的实现，并不是依靠"掠夺之手"，而是要依靠"纪律之手""互动之手"。市场失灵论无法说明政府组织社会化生产的必要性。国家推行产业政策的大有作为，是基于发展国民经济的总体政策，并非是由于市场失灵才消极应对，而是主动规划组织。因为凡事预则立，不预则废。经济法的理论基础不可能基于市场失灵。这是一种狭隘的思维产生的拘囿之见。将经济法作为政

---

〔1〕 姚海放：《经济法主体理论研究》，中国法制出版社 2011 年版，第 25 页。

〔2〕 （宋）黎靖德编：《朱子语类》（七），中华书局 2004 年版，第 2680 页。

府干预法的根源就在于以市场失灵为出发点。除了市场失灵之外，权威性资源配置相对于市场资源配置而言的比较优势，也同样为拓展市场失灵论的制度论据。

二、以经营者集中附条件批准制度为例

2500 年前由古希腊毕萨高里安哲学流派的信徒们创作的"希波克拉底誓言"（Hippocratic Oath）是在医学史上具有广泛影响的文献。依己之所能与判断以救助病人、永不以损害为念是希波克拉底誓言的核心内容之一，要求医务人员在医疗实践活动中应该把考虑病人的一切福祉作为行为准则，把医疗的伤害性降低到最小限度，做到以最小的损伤获取病人最大的利益。与法典和其他医学伦理学典据不同，希波克拉底誓言已经成为一个超越医学职业本身的具有广泛影响的信条。福柯对近代医学与法律的关系进行了鞭辟入里的剖析。[1]因此，爱波斯坦在《简约法律的力量》指出，法律的第一个志向一般来说是从希波拉底誓言模式中得到启发的，即"避免损害"。[2]戴维·格伯尔在《全球竞争：法律、市场和全球化》中开宗明义，提出了竞争法作为一种为保持竞争活力而对竞争过程进行干预的法律本身之谜，认为竞争法与癌症的治疗不无相似之处。癌症的治疗就是要消灭干预生物机体正常运作的细胞增殖，而竞争法打击的是那些干预竞争市场有效运行的经济活动。无论是制定癌症治疗策略，还是制定竞争法战略，都不仅要消除损害，而且要避免损伤机体中的健康部分。[3]

近代医学的建构使得本来被认为像健康一样是自然之一部分的疾病，成了任何"不自然"之物的同义。这为西医通过独有的切割

〔1〕　张世明：《法律、资源与时空建构：1644-1945 年的中国》（第 3 卷·军事战争），广东省出版集团、广东人民出版社 2012 年版，第 640~658 页。

〔2〕　Richard A. Epstein, *Simple Rule for a Complex World*, Cambridge, Massachusetts: Harvard University Press, 1995, p.31.

〔3〕　David Gerber, *Global Competition: Law, Markets, and Globalization*, London: Oxford University Press, 2010, p. Ⅶ~Ⅷ.

技术使身体从损毁状态得到复原提供了理论基础。疾病的隐喻具有道德劝谕和惩罚的意义，而这种隐喻话语在社会科学中弥散开来，几乎无孔不入，想象治理社会变成了是一种"临床医疗"行为。正是这样，经济法被视为是一种"治病"之法，是确认与规范国家对经济进行理性干预的过程和手段的基本法律形式。反垄断法作为经济法的重要内容，医治的是受损的市场竞争机制。对集中交易进行反垄断审查是反垄断法的核心内容之一，是国家干预市场的一种典型表现。国家干预论在经济法学界盛行的预设前提存在问题，认为集中交易能够改变市场结构，使市场机制得以发生、发展的竞争机制受到影响，导致各种反竞争效果，损害市场的有效竞争。有效竞争机制受损后，市场的资源配置功能受到扭曲，市场会失灵。由于集中交易可能导致的反竞争效果是集中交易导致市场失灵的表现形式，反竞争效果被可以理解为是国家干预经营者集中的直接缘由，经营者集中控制的理论谱系也就可以围绕反竞争效果展开。鉴于经营者集中可能产生的规模效益，对经营者集中持有敌视态度、不分青红皂白地扼制、封杀经营者集中，将违背经济发展的需求和社会公共政策。解决这些不同的问题，需要在经营者集中具体救济措施的选择和设计上能够治疗诊断出"病症"，并进行有效甄别、对症下药，制定出适合的手术方案。国家干预论建立在市场的病体之上，以市场失灵作为政府干预和救济的必要性基石，这种经济法理论本身就是不健康的，也不可能茁壮成长。其把市场失灵作为解释的"便利店"，对于市场从本质上具有根深蒂固的偏见，与市场经济不具有亲和性。乐此不疲地对干预主义理论的趋附和承诺本身就是经济法一种病入膏肓的"疾病"，而且，本身就具有自我否定经济法存在价值的理论基因。美国新自由主义对于市场自愈机制的肯定使得这种干预论的市场空间狭仄不堪，使得经营者集中制度越来越如浮萍般找不到根基。有鉴于此，日本经济法学家松下满雄将经济法定义为"保全并补充市场机制的法律"。[1]如果说竞争法是与"保全

---

〔1〕 ［日］松下满雄：《经济法概说》，东京大学出版会1986年版，第21页。

市场机制"相关的法律制度，产业政策法则是"补充市场机制的法律"。尽管丹宗昭信等认为反垄断法不是"保全自由市场机制"的法律，而仅仅是维持市场竞争秩序的法律，[1]但均不是以恶的出发点而是从善的出发点，不是从外科式干预而是从机能保全角度审视竞争法的属性的。干预论既潜伏着使自由经营无立锥之地的固有危险，与被称为"自由经济大宪章"的反垄断法凿枘不合，也视野狭窄，不能正确认识特殊经济法的属性。"市场失灵"即市场原理无法发挥作用或者因为财产的特殊性，在无法利用市场的情况下，由国家代替市场从事经营活动或公益事业，委托经营者开展经济活动。国家只是作为外部强制力量从合理性、效率性的观点出发干涉经营的，这与针对特定产业进行保护、扶持或以诱导为目的进行干涉的产业政策迥不相侔，是两个完全不同层次的概念。采用保护性扶持、补贴等方式诱导的产业政策法，并非是由"市场失灵"所致，而是国家竞争的产物。就经营者集中附条件批准程序而言，干预论所依持的"市场失灵"基础并不存在，仅仅是一种"市场失灵"的可能性。既然害本未成，对于此种未然状态大动干戈地进行干预并无几许必要性，至多是预防而已，旨在设计相应的限制性条件以预防竞争条件的不当变动，从而消除执法部门确认的竞争关切。例如，附加限制性条件中资产剥离这种重要的结构性条件，往往就是通过对参与集中的企业的特定资产进行处理，出售给独立第三方，从而确保这些特定业务能够在相关市场上继续参与竞争。资产剥离的直接目的就是预防有效竞争的结构性市场条件不当变动。[2]即便在医学中，临床医学和预防医学也是不能被混为一谈的两大部类，预防医学不能被肢解后纳入临床医学。

在欧盟经营者集中申报审查案件中，向欧盟委员会申报的结果并非必然是禁止或者批准该项交易，有 5%～10% 的案件的处理结果

---

[1]　[日]丹宗昭信、伊从宽：《经济法总论》，吉田庆子译，中国法制出版社 2010 年版，第 83～84 页。

[2]　韩伟：《经营者集中附条件法律问题研究》，法律出版社 2013 年版，第 28 页。

是委员会与当事人达成附加条件和义务的批准决定。"附加条件和义务的批准集中制度"在欧盟竞争法理论中被称为"并购承诺制度"（merger commitment）或"经营者集中救济制度"（concentration remedy），其中，批准时所附加的条件被称为救济措施，即日本所谓竞争限制性合并的救济手段（「競争制限的な合併の救済手段」，remedy）、"矫正手段"（「是正手段」，settlment）。日本公正交易委员会早在1947年设立企业集中规定制度时，便规定可以对企业合并采取附加一定的条件予以认可，堪称是这一制度的嚆矢。所谓"附加条件承认决定"（「条件付承認決定」），是指公正交易委员会通过事前咨询，对于那些从反垄断法的角度来判断存在问题的企业集中计划，以准备实施该项集中计划的当事人承诺遵守某些条件作为基本的前提条件，并予以许可的一种方式。欧盟"承诺决定"（commitment decisions）制度框架在很大程度上移植于美国，被一些学者批评为是"未裁剪的移植"。[1]美国司法部反垄断局和联邦贸易委员会具有接受承诺的权力并广泛运用这种可能性，这基于1974年的《托尼法案》。[2]事实上，作为美国联邦贸易委员会同意令前身的"约定"（stipulation）执法方式，在20世纪20年代就已被采用。根据联邦贸易委员会在1925年3月17日、4月30日发布的委员会新程序和政策规则，委员会在发出正式控诉前，如果当事人承认有关事实并停止被控行为，联邦贸易委员会可以与其达成约定以结案，除非当事人违反约定，这一约定并不公开。为加快反垄断案件的处理，联邦贸易委员会于1961年7月21日修订了规则，以同意令取代约定的处理方式。[3]同意令规则与约定的不同之处在于，其不再要求相对人

---

〔1〕 George Stephanov Georgiev，"Contagious Efficiency：The Growing Reliance on U. S. -Style Antitrust Settlements in EU Law"，*Utah Law Review*，Vol. 2007，No. 4，2007.

〔2〕 Frederic Jenny，"Worst Decision of the EU Court of Justice：The Alrosa Judgment in Context and the Future of Commitment Decisions"，*Fordham International Law Journal*，Vol. 38，Iss. 3，2015.

〔3〕 程南、刘少军：《经济法理论的反思与完善——源于经济活动本体的体系化研究》，西南交通大学出版社2014年版，第354页。

承认违法事实，只要当事人愿意履行联邦贸易委员会向其发出的命令，并表达意愿通过达成协议的方式处理案件即可。如果联邦贸易委员会认为适当，可以接受，就可发出同意令。美国司法部的同意裁决通常是指，通过协议解决双方之间纠纷而不承认（在刑事案件中）有罪或（在民事案件中）责任的和解，类似于并有时被称为"反托拉斯法令"（antitrust decree）、"规定判决"（stipulated judgment）、"和解协议"（settlement agreements）。[1]反垄断法的违反通过同意裁决解决，在 1914 年的《克莱顿法》颁布后开始被更广泛使用。[2]在《谢尔曼法》的反垄断监管中，最早使用同意裁决的案例是"斯威夫特和公司诉美国案"（Swift & Co. v. United States）。[3]欧盟附加限制性条件的法律基础始自 1989 年 12 月 21 日颁布的《关于企业合并第4064/89 号条例》第 30 条和第 31 条中的原则性规定。依据该条例，当"相关合并企业在作出使其合并与共同体市场相容的承诺后，委员会应能宣布该经修正后的合并与共同体市场相容。这些承诺应与竞争问题相称，并应完全消除因合并产生的竞争问题"。这一规定正式确立了欧盟的经营者集中附加限制性条件制度。目前，欧盟在经营者集中反垄断救济方面的规范性文件主要包括：《欧盟理事会关于企业并购控制的第 139/2004 号条例》（以下简称"2004 年《欧盟并购条例》"）、[4]《欧盟委员会关于实施欧盟理事会第 139/2004号并购条例的第 802/2004 号条例》、[5]《关于〈第 4064/89 号理事会条例（欧共体）〉和〈第 447/98 号委员会条例（欧洲委员会）〉

---

〔1〕 Thomas M. Mengler, "Consent Decree Paradigms: Models Without Meaning", *Boston College Law Review*, Vol. 29, 1988.

〔2〕 Victor H. Kramer, "Modification of Consent Decrees: A Proposal to the Antitrust Division", *Michigan Law Review*, Vol. 56, No. 7, 1957.

〔3〕 Swift & Co. v. United States, 196 U. S. 375 (1905).

〔4〕 Council Regulation (EC) No 139/2004 of 20 January 2004 on the Control of Concentrations Between Undertakings, OJL 024, 29/01/2004.

〔5〕 Commission Regulation (EC) No 802/2004 of 21 April 2004 Implementing Council Regulation (EC) No 139/2004 on the Control of Concentrations between Undertakings, OJ L 133, 30. 4. 2004.

项下可以接受的救济措施的委员会通告》(2008 年修订,简称《经营者集中救济措施通告》)。[1]"救济"的概念在《经营者集中救济措施通告》导言的第 2 段中得到了进一步明确:"本通告的目的,是对集中进行修正,特别是包括对集中进行修改的承诺,提供指南。这种修改更常称为'救济',因为其目的是减少合并当事人的市场力量,以免合并产生或加强市场力量从而扭曲有效竞争的市场条件。"[2]

经营者集中救济与我们通常所说的法律救济截然有别。通常所说的法律救济是指权利人在实体权利受到侵害时,依照法律规定向有权受理的国家机关告诉并要求解决,对业已发生或业已导致伤害、危害、损失或损害的不当行为进行补救、矫正或改正。罗马法谚云:"法律恒须规定救济。"(Lex semper dabit remedium.)法律赋予权利于先,必设救济于后。除非与特定的法律救济途径相连,仅仅承认和赋予法益的特定归属,并不能构成完整的法律规则。因为"停留在立法层面的法律,只是一种纸面或口头的规制,在进入现实生活之前,不管它们如何公正都是没有任何价值的。法律规定的权利义务,只有通过适用于具体案件的司法过程才能'从精神王国进入现实王国',真正'降临尘世'"。[3]"从来政府以一纸公文宣布人身自由应有权利的存在,并非难事。最难之事是在如何能见诸实行。倘若不能实行,此类宣布所得无几。"[4]如果说制度化权利设定给法治以生命,那么救济制度的存在和运作则给法治以行动和活力。英美法奉行判例法传统,法官造法,诉讼具有创设权利的功能,所谓"汝给吾事实,吾赐汝法律"(da mihi factum, dabo tibi ius)的事

---

〔1〕 Commission Notice on Remedies Acceptable under the Council Regulation (EC) No 139/2004 and under Commission Regulation (EC) No 802/2004, OJC 267, 22. 10. 2008.

〔2〕 Commission Notice on Remedies Acceptable under the Council Regulation (EC) No 139/2004 and under Commission Regulation (EC) No 802/2004, OJC 267, 22. 10. 2008.

〔3〕 〔德〕拉德布鲁赫:《法学导论》,米健、朱林译,中国大百科全书出版社 1997 年版,第 100 页。

〔4〕 〔英〕戴雪:《英宪精义》,雷宾南译,中国法制出版社 2001 年版,第 262 页。

实出发型司法，使得个案经由程序规范输出实体利益裁判规则，并借先例制度和既判力机制，成为文本意义上的实体法。故而，英国法被学术界认为"补救之法"（a law of remedies），具有"救济先于权利"（Remedy precedes rights）的特征，救济权利优于原有权利。所以，英国法学家戴雪（Albert Venn Dicey，1835 年至 1922 年）说："在英宪之下，法律的全副精神注意救济方法。这是要说，法律务须有一定方式进行，然后法律下之权利方见尊重，然后名义上的权利可化成实在权利。"[1] 在这种"救济首要模式"（the primacy of the remedy model）下，救济和其效力的可用性决定法律权利的性质，甚至决定了其事实上的存在。"有救济则有权利"（ubi remedium ibi ius），权利派生于救济，救济先于权利，缺乏救济意味着合法权利不存在。这种模式的极端形式见诸霍姆斯的观点：法律只是法院事实上将做什么的预言。所谓法律权利和责任无非是这样一种预测，如果有人做了或未做某事，他将因法院的判决而承担这种或那种不利后果。[2] 欧洲大陆法系注重实体法，将界定和赋予公民权利作为法律的要务，程序法仅为实体法之助法，实体权先于诉权，原有权利先于救济权利，故而被称为"权利之法"（a law of right）。这种"权利首要模式"（the primacy of the right model）的特征即是"从权利到救济"（from rights to remedies），"有权利必有救济"（where there is a right there must be remedy）。但是，按照德国法学界的主流观点，能够寻求法律救济的是主观权利，否则就是反射利益，主观权利沦为允符"无救济则无权利"（Right without remedy is not right）、"无真实的救济则无真实的权利"。英美法救济的前提并非是权利，而是损害，即需要加以改善的状态。随着法律的发展，英美法逐渐确定了实体权利的范围，但是，在特定情况下，仍然采用救济先于权利的原则，允许在没有既存权利的情况下，当事者依据现行的社会标准要求救济。而按照大陆法系的传统，救济的获得以侵害的事实且必须以法律上的权利的

---

〔1〕［英］戴雪：《英宪精义》，雷宾南译，中国法制出版社 2001 年版，第 261 页。
〔2〕O. W. Holmes, "The Path of the Law", *Harvard Law Review*, Vol. 10, No. 1, 1897.

存在为前提。在民商法意义上的违约责任、侵权责任，都是我们通常所说的救济形式。这些责任都以违反义务、造成损失或后果为前提，存在特定的权利和义务主体，特别是存在具体的被救济的权利主体（对象）。在行政法和刑法中的救济措施，主要是指对被害人提供救济。但"无权利即无救济"这一说法，对民商事法律关系适用不存在问题，但对行政或经济法律关系适用则可能存在一定的问题。经济法具有公益性，经济法体系下的经营者享有的权利主要是依靠其他经营者履行义务实现的，法律表现出来的主要是经营者的义务，这在反垄断法语境中尤其如此。[1]从19世纪末开始，作为"过去面向"法律思维典型代表的概念法学受到猛烈批判。新的时间面向的法律思维不再是一种"要件-效果"或者"法-正义"的思考方式，而是变成一种以最大效率实现为目的的"目的-手段"的思考方式。[2]法律呈现从传统"权利义务法"向"资源分配法"的演变。[3]在传统的诉讼中，法院所给予的救济是对权利被害的应对，与权利救济的逻辑相连接，判决的射程仅限于当事者。但在公共诉讼中，法院所给予的救济并不仅限于对权利侵害的补偿，而且尤需集矢于应对未来将有可能发生的损害，而由此所产生的判决所影响的就不仅攸关诉讼当事人，而且攸关所有与之相关的社会人。传统的诉讼旨在实现权利和救济的逻辑连接，致使救济内容具有明显的实现明确规定的倾向。但在公共诉讼中，救济的内容却往往通过诉讼的参与者与关系人之间的交涉才得以确定，催生了"交涉型"现代法律思维的趋向，追求"双赢合作"（win-win cooperation）而"非零和竞争"（zero-sum competition）的解决。在风险社会的高度复杂背景下，正是由于传统的法律救济模式捉襟见肘，系统疲劳表现在多方面，在交通事故和污染、产品责任和医疗合规致害等领域发生了"裁判畏

〔1〕 韩立余：《经营者集中救济制度》，高等教育出版社2011年版，第15页。

〔2〕 ［日］田中成明：《法理学讲义》，有斐阁1994年版，第86~90页。

〔3〕 ［日］平井宜雄"现代法律学的课题"，载［日］平井宜雄编著：《向社会科学的邀请·法律学》，日本评论社1979年版，第11页。

缩现象""社会否定响应"。日本民法学家加藤雅信在 20 世纪 70 年代末提出"综合救济系统论"（「総合救済システム」）的大胆构想，明白倡言排斥法律救济，而通过一种社会保障的综合救济机制来完全取代以个人责任原理为基础的不法行为制度，实现传统损害赔偿制度以及各种特殊法律的损害赔偿制度与社会保障体系的整合，反映出传统民法侵权制度本身大刀阔斧的社会法调整倾向，追求"分配正义"而不再欣赏"矫正正义"，寻找各种能自我治愈创伤的社会力量，恢复社区性人的联系，重整对"团结"的现代性期待。这种损害救济措施的多元化甚至是"反法化"（anti-legalization；Gegen-vertechtlichung），在进一步加剧现代社会"非法化"（delegalization；Entrechtlichung）趋势的同时，亦对传统的法律思维提出了如何将这些"非"法的救济途径纳入传统法救济手段的问题，倒逼法律人在现代社会中对自己传统的思考样式进行变容，[1]具有对法律万能主义和法律系统负荷过重的症候的反思意义。随着权利的扩展，当代法律救济对于原告资格逐渐放宽，呈现出从主观权利到法益、不利影响甚至客观权利的迹象。所以，民法中无过错侵权责任等为法律救济扩展了空间，对于竞争秩序的修复也处在这种救济突破观念围城而不断边缘化扩展的洪流浪潮之中。附条件批准制度中的救济就是在泛化意义上的边缘概念。

　　和预防医学以前瞻性眼光强调未病早防、防重于治类似，经营者集中救济是对可能违反义务的救济，而不是对权利主体权利损害的救济。在经营者集中救济中，无具体的权利人或被救济的对象，并非是已然的重病沉疴、"求疗于有病之后"。经营者集中救济是对可能受损害的市场竞争的救济，而非是对作为集中当事人的竞争者的救济。基于《欧盟并购条例》这一法律框架，欧盟委员会竞争局于 2005 年发布的《欧共体救济研究报告》将"救济"定义为：根据《欧盟并购条例》第 6 条第 2 款、第 8 条第 2 款，相关企业针对企业

---

　　[1]　张利春："现代法律思维时间面向的转换"，载《法制与社会发展》2008 年第 2 期。

集中作出的，旨在消除欧盟委员会调查中指明的竞争关注的所有修改的总称，该修改使经营者集中与欧盟共同市场相符。[1]这样的修改通常称为"救济"，其中"竞争关注"指对集中造成市场支配地位或加强市场支配地位，而可能重大削弱有效竞争的严重怀疑，或对具有集中这一效果的初步裁决。易言之，救济就是拯救和恢复本因合并而丧失的风烛飘摇的竞争，实际含义就是日本法中的企业并购问题消解措施（『企業結合問題解消措置』）。我国经营者集中附加条件承认决定制度主要借鉴于欧盟法，[2]《反垄断法》第29条"附加减少集中对竞争产生不利影响的限制性条件"这一规定，使用了"减少……不利影响"的表述，正是体现了上述目标和宗旨。吴振国在对《反垄断法》第24条的条文解读中指出，经营者集中救济制度，是经营者集中反垄断审查制度的延伸，是在法律授权和指导下的一种合法行为，不同于法律上所讲的法律救济。它不同于反垄断法中其他领域的救济模式，有一套严格而复杂的实体标准和程序规则，是经营者集中当事人和反垄断执法机关谈判的结果。[3]

按照法理，如果有义务不进行侵权行为，法律一般不会在准备进行非合法行为时进行干预，但在特殊情况下，法律不会俟错误实际上已经完成，即针对非法行为的准备提供民事救济，通过对违法者附加条件的制裁旨在课以新义务（例如，禁止令）。与此类似，如果存在合同义务，法律通常不会干预违约准备，但在特殊情况下，法律不会俟错误实际上已经完成，即对主要义务的违反先行提供民事救济（例如，特定行为令）。这种情况下存在一个被保护和保护的

〔1〕 DG COMP, European Commission, *Merger Remedies Study*, *Public Version*, October 2005, p. 176.

〔2〕 吴炯主编：《中华人民共和国反垄断法解读》，中国工商出版社2007年版，第169~170页。

〔3〕 吴振国：《〈中华人民共和国反垄断法〉解读》，人民法院出版社2007年版，第494页。

关系，即"预防关系"（phylactic relations）。[1]被保护关系可被称为"内防御关系"（endophylactic relations），保护关系可被称为"外防御关系"（ectophylactic relations）。"救济"（Remedies）可被分类为责罚的和救济的、预防的和非预防的、重复的和非重复的、对内防御关系提供"完整性矫正"（integral redress）和对已经完成行为提供"替代性矫正"（sublstitutional redress）。司法救济包括完整矫正和替代性矫正，其中完整矫正包括约束、强制、恢复原状、宣告，替代性矫正包括补偿、惩罚。[2]约束救济始终是预防性的，只可在行为之前被约束，如果不法行为已经完成，有必要采取另一种形式的救济。强迫也是预防性的。约束是拘束以不进行行为，而强迫是强制进行被要求的行为，如果被要求的行为已经完成，就不需要救济。约束为禁止行为，强迫为强制行为。恢复是合法权益受到侵害后恢复原状的救济，是回溯（治疗）性救济措施，只能用于合法权利已经被实质性剥夺的情况。在上述救济中，制裁是特定的，特定行为必须作为或不作为。在预防性约束或预防性强迫中，不行为或行为的义务通过针对被告人的直接措施而制裁。在恢复原状的情况下，有特定的执行制裁，但被告除了不干预制裁执行的义务，没有采取行动或约束的义务。约束与强迫要求被告的行为，恢复性救济完全依靠公共的执行发动。宣告性救济可能在两种情况下引发：①在"外防御义务"（ectophylactic duty）违反之后和"内防御义务"（endophylactic duty）违反之前；②内防御义务违反之后。在第一种情况下，宣告性救济是预防性的。在第二种情况下，救济办法是回溯或治疗性的。预期宣告可能会确认法律关系存在，成为重复的宣告，也可能否定所主张的法律关系的存在，成为排除性宣告。回溯（治疗）性宣告可能构成法律关系或废除法律关系。对所主张的法律关系完整性的矫

[1]　Albert Kocourek, "Sanctions and Remedies", *University of Pennsylvania Law Review and American Law Register*, Vol. 72, No. 2, 1924.

[2]　Albert Kocourek, "Sanctions and Remedies", *University of Pennsylvania Law Review and American Law Register*, Vol. 72, No. 2, 1924.

·65·

正保护是通过约束、强迫或宣告的影响，但申诉人不追求一个所主张法律关系的具体保护，而需要替代形式的救济，"制裁"（sanction）一般采取"补偿"（compensation）或"惩罚"（punishment）的形式。[1]"救济责任"（remedial responsibility）和"惩罚责任"（penal responsibility）的区分在立法和涉及外国发生的权利（所谓的冲突法）方面至关重要。"惩罚"（punishment）一词比"责罚"（penalty）的外延更窄。责罚可能包括也可能不包括惩罚，但惩罚不包括纯粹的"补偿性或恢复性救济"（compensatory or restorative remedy）。[2]英语"penalty"和法语"peine"，都是直接来源于"poine"一词，表示刑罚。刑罚的传统理论基础主要包括报应论和功利论，功利论又称预防论，经历了重刑恐吓论的初始形态、古典功利论的近代形态、多元遏制论的当代形态。基于报应论的刑罚手段以一些血亲复仇等相对原始手段为母版。由于近代刑罚已经变成由国家、社会公权力进行规制的领域，奥斯丁等学者甚至主张用"刑罚"（peine）、"惩罚"（Punishment）的意义太狭窄，已经不能适应当代的要求，可以用诸如"制裁"（sanction）等词语加以代替。制裁表示用强力管束并惩处，以确保相关人员服从协议或命令。凡是不服从命令所导致的不利均称为制裁或强迫履行义务。边沁根据苦乐的来源把人类行为的制裁分为"自然制裁"（physicalsanction）、"政治制裁"（political sanction）、"道德制裁"（moral sanction）或"公众制裁"（popular sanction）四种。凯尔森特别指出："sanction包括在不服从时所威胁的不利（最广义的惩罚）与服从时所约许的利益（奖赏）两种类型，在社会现实中，第一种比第二种起着远为重要的作用。"[3]所以，制裁实际上就是约束，使人的行为合乎一定的规范。法律制裁

〔1〕 Albert Kocourek，"Sanctions and Remedies"，*University of Pennsylvania Law Review and American Law Register*，Vol. 72，No. 2，1924.

〔2〕 Albert Kocourek，"Sanctions and Remedies"，*University of Pennsylvania Law Review and American Law Register*，Vol. 72，No. 2，1924.

〔3〕 ［奥］凯尔森：《法与国家的一般理论》，沈宗灵译，中国大百科全书出版社1996年版，第18页。

与法律责任有着密切的联系。二者都是基于违法、侵权或违约而产生的。法律责任是法律制裁的前提，法律制裁是法律责任的后果。法律制裁的目的在于保护权利，惩罚违法行为，恢复被损害的法律秩序，是由国家专门机关依法实施的一种惩罚性的强制措施。

　　所谓"救济"往往与禁止集中联系起来，这样就自然而然地认为一般只有两种救济途径：一种是对于无可救药的并购彻底禁止；一种是对可以矫正的并购先进行修补后加以许可。前者既然被禁止便意味着对危害的制止，后者也不例外包含对已然行为的救济和"制裁"（sanction）的意义，从而使救济被用于广义。尽管救济和制裁两者是明确不同的词源，但同一名词涵摄不同的概念可能导致混淆。这种含混不清可能源于"罚款具有在没有其他可行的救济下也可发挥潜在的恢复作用"之类的表述。[1]救济措施是与罚款完全不同的工具，委员会可以根据《欧共体条约第81条和第82条的实施条例》（以下简称《第1/2003号条例》）第23条实施。根据《第1/2003号条例》，救济措施的目的是有效地将违法结束。这种救济措施不是"制裁"，不是在惩罚企业意义上的处罚，也不是对受害方的赔偿。救济的适用不需要存在过失，更遑论故意。基于这样的理解，罚款的目的是确保惩罚，因而不被认为是共同体法上的救济措施。[2]罚款和私人损害索赔能够达到的预期前景是（根据其水平和可能性）防止未来的违反可能，仅仅支付罚款或赔偿金将通常不能结束违反，[3]

----

　　〔1〕　See Howard A. Shelanski, "Participant in Panel Discussion on Remedies and Sanctions for Unlawful Unilateral Conduct at the Thirty-fourth Annual Fordham Competition Law Institute Conference on International Antitrust Law & Policy", in Barry E. Hawk（ed.）, *Annual Proceedings of the Fordham Competition Law Institute*: *International Antitrust Law & Policy*, Huntington, NY: Juris Publishing, Inc. , 2008, p. 614.

　　〔2〕　See Council Regulation（EC）No 1/2003 of 16 December 2002 on the Implementation of the rules on Competition Laid down in Articles 81 and 82 of the Treaty, 2003 OJ.（LI）1, 9.

　　〔3〕　See Thomas O. Barnett, "Section 2 Remedies: A Necessary Challenge", in Barry E. Hawk（ed.）, *Annual Proceedings of the Fordham Competition Law Institute*: *International Antitrust Law & Policy*, Huntington, NY: Juris Publishing, Inc. , 2008, pp. 549, 554.

甚至不能自拔于"威慑陷阱"（deterrence trap）。罚款虽然仅仅是有时限的惩罚支付，是针对个别企业特殊侵权行为的制裁，但罚款的目的不仅是对企业的未来行动，同时也对那些从事类似做法的其他公司具有警示作用。然而，这与在具体案件中恢复竞争过程并无关系。如果罚款或其他类型的制裁构成完美的威慑力，那么救济便是不必要的。易言之，在没有违反行为的世界讨论救济措施纯属多余。除此之外，阻止措施由于经济和心理的原因，不可能导致反垄断违法的彻底消除，[1]因此，救济措施即使可能很难设计和难以监控，也有存在空间。救济措施可能达不到预期效果，且往往构成对违反企业的负担，因此可能被视为是一种惩罚。有效救济的预期前景也可能具有类似于被罚款的预期前景的阻吓作用。[2]质言之，承诺相当于出具妥保甘结。即便和解，也意味着与惩罚脱钩，而审查救济更是与惩罚无关。我国《反垄断法》第29条规定执法机构对不予禁止的经营者集中附加"限制性条件"，表面上看是执法机构对合并当事人单方面强加的一种措施，但由于当事人可以选择放弃集中而非必须继续进行集中，上述"限制性条件"的实质仍然是合并当事人修改集中的结构、内容或条件，而不构成政府单方面的处罚措施。所以，《反垄断法》在其第七章"法律责任"中也并不包括这种"限制性条件"。欧盟的《第1/2003号条例》第9条没有明确承诺制度的适用范围，只是在"序言"第13条有一项除外规定："如果委员会打算处以罚款，则不宜做出承诺决定。"欧盟委员会于2004年9月17日发布的《04/217号备忘录》（MEMO/04/217）重申："承诺程序的适用范围是灵活的……并不适合罚款的案件。"[3]这在实体

---

〔1〕 See Wouter P. J. Wils, *Efficiency and Justice in European Antitrust Enforcement*, Oxford: Hart Publishing, 2008, pp. 173~179.

〔2〕 Per Hellström, "Frank Maier-Rigaud and Friedrich Wenzel Bulst, Remedies in European Antitrust Law", *Antitrust Law Journal*, Vol. 76, No. 1, 2009.

〔3〕 European Commission, "EMO/ 04/217: Commitment Decisions: Frequently Asked Questions and. Answers（Sept. 17, 2004）", available at http://europa. eu/rapid/press-release_ MEMO-04-217_ en. htm, Last visited on July 31, 2016.

层面与美国司法部反垄断局的承诺决定往往处以罚款有所不同。

第五节　正当与善：经济法正义论

"法律乃善良公平之道"（Jus est ars boni et aequi），法治必须强调善法之治。"正当"所对应的英文是"Right"，"善"所对应的英文为"Good"。正当与善构成了正义理论的两个基本概念，并提供不同价值判断的立足点。"公正的"（right）和"正当的"（legal）、"不当作为"（malfeasance）和"不作为"（nonfeasance）并不那么容易区分。相对而言，正当或应当与善的区别主要表现在以下层面：①正当或应当意含着能够，而善则不含有这样的含义。事实上，许多善，尤其是行为的德性或美德，是人们不能靠意志力获得的，至少是不能在当下直接地靠意志力获得的。[1]②正当或应当包含着命令，善则不能含有这种命令。③正当或应当是一个基本的、不可分析的概念，对它无法作出形式的定义；善的情况则不同，善是可以分析的。由于善一般表现为我们欲求的目的，我们可以借助欲望来规定善，并且由于人们所欲求的是某种明显的善或显得善的东西，我们可以把"善的"规定为"值得欲求的"。④正当可以用来指称行为本身的性质，例如在日常的道德谈论中，人们或是在狭义上指所说的行为是在行为者能力之内的，或是在广义上指存在这样的范型，行为者应当努力仿效之，而不论这对他自身是有害还是有利。

亚里士多德指出，公正不是德性的一个部分，而是整个德性。相反，不公正也不是邪恶的一个部分，而是整个邪恶。康德认为，一个因为后果而行为善的人，不可能一直保持自身，由于情感的冲动和利益爱好的变化，也可能行为恶。由于"心意摇摆在两种全无原则可

---

[1]　廖申白、刘须宽主编：《历史上最具影响力的伦理学名著27种》，陕西人民出版社2007年版，第263页。

言的动因之间，止于善是偶然的，趋于恶却是经常的"，[1]康德常把一些旧有的哲学概念以德语的角度重新进行分析和说明，从而对旧有的哲学问题予以转化和超越。把拉丁文"bonum-malum"这一对概念中的"bonum"区别为德语的"das Wohl"和"das Gute"，把"malum"区别为德语的"das Übel"和"das Böse"，从而对拉丁文"bonum-malum"的区分即可清楚地从"das Wohl-das Übel"和"das Gute-das Böse"这两个完全不同的层次去考虑，前者是只涉及自然秩序的"好-坏"，而后者则指涉及人类意志的"善-恶"，为康德处理西方历来"德福一致"的问题创造了有效的理论平台。康德认为功利主义不可靠，因为任何纯粹的经验基础都不能确保正义的首要性和个体权利的神圣不可侵犯性，欲望和满足欲望的手段会随时发生改变，任何依赖于欲望的原则都是偶然性的。除了善良的意志以外，没有任何东西是无条件的善。健康、财产、理智等仅仅在得到利用时才是善。但善良意志本身就是善良。任何利他或利己的动机都不出于意志的本性。意志不是利己就不是善的，也不是利他就一定是善的。意志处于服从所有理性的存在者具有普遍约束性的法则。[2]英国学者 G. E. 摩尔把作为名词的"善"（即"善的东西"）与作为形容词的"善的"（即"善的性质"）区别开来，认为用各种所谓的"善的事物"来定义或规定"善的"概念，以各种自然事实或超自然的实在来定义"善"概念的伦理观点、学说都犯了"自然主义谬误"。善是多元的，善本身是一种简单的非自然属性，不能够加以定义，而"善的东西"则是与"善的"相适合的一个复合的整体。[3]正当是可以定义的，即它是能产生的最大可能的善。W. D. 罗斯基本继承了摩尔对善的多元论理解，但对正当的理解与摩尔截

---

〔1〕〔德〕伊曼努尔·康德：《道德形而上学原理》，苗力田译，上海人民出版社 2005 年版，第 8 页。

〔2〕〔美〕阿拉斯代尔·麦金太尔：《伦理学简史》，龚群译，商务印书馆 2003 年版，第 255 页。

〔3〕〔英〕乔治·爱德华·摩尔：《伦理学原理》，长河译，上海人民出版社 2003 年版，第 18~20、27 页。

然不同，认为正当也是不可定义的非自然属性，对正当行为的理解也是多元论的，不是只有产生最大善的行为才是正当的行为，有许多行为并不会产生最大善，但人们依然应当去做。[1]约翰·罗尔斯主要是在社会制度的意义上理解正当概念。按照罗尔斯的阐述，"正义"（justice）概念区别于"正当性"（legitimacy）概念。正义涉及基本权利、义务、机会、由社会合作而产生的利益等的公平分配，正当性关涉公民遵守法律或服从政府的政治义务或道德义务。正当性是一个比正义更弱的理念，给可行的行为所施加的约束也更弱一些。罗尔斯质疑纯粹程序的法律正当性，声称纯粹的民主程序的正当性并不必然保证法律在道德上就是正当的。或者说，得到大多数人同意的法律是正当的，但它仍可能是不正义的。任何法律如果太不公正，就不能被认为是正当的法律。[2]从主要的意义上说，正义即是运用于制度上的正当，或表现于制度上的正当。只有运用于制度的正当，罗尔斯称其为"正义"。在某种意义上来说，正义可谓正当的一个子范畴。在罗尔斯的理论中，正义的基本原则对私人交往的规范和实践不起作用，与各种非正式的风俗习惯亦不相干，而是对一个假定封闭的社会的基本结构而言的。制度正义不仅包括制度制定时的公平，而且包括制度执行过程中的纠偏。因为在社会生活中，人不断制造不平等，而不平等的累积后果，再加上社会的趋势和历史的偶然性以及许多不可预测的因素，都有可能侵蚀本来存在的公平的背景条件。大量的财富和财产集中于少数人的手中，会削弱公平正义所需要的条件，对人的发展具有重要的影响。[3]

以正当与善这两个概念为基点，西方哲学可被区分为两种主导类型："目的论"（teleology，也称"效果论"）和"义务论"（deon-

---

〔1〕　万俊人主编：《20世纪西方伦理学经典（Ⅰ）——伦理学基础：原理与论理》，中国人民大学出版社2004年版，第56~57页。

〔2〕　肖小芳：《道德与法律——哈特、德沃金与哈贝马斯对法律正当性的三种论证模式》，光明日报出版社2011年版，第7页。

〔3〕　虞新胜：《正当优先于善：罗尔斯政治哲学研究》，中国社会科学出版社2014年版，第64页。

tology，也称"道义论"）。功利主义强调行为的目的或效果，以行为的目的和效果来衡量行为价值。对这种目的论而言，道德正当的唯一判断标准就是行为的结果是否带来较大的价值，正当依赖于善，"正当"是"善"的最大化。"善"独立且优于"正当"，它是人们据以判断事物正当与否的根本标准。更确切地说，某种制度和行为之所以是正当的，就是因为其能产生较大的善。与目的论相反，道义论认为正当优先于善，要根据正当来指定善。行为的道德价值即行为的对错或者正当性，不是由其所带来或者促成的后果来决定的，而是由行为本身所决定的。无论其结果如何，如果行为或规则本身在道德上就是错的或者不被允许，就丧失了正当性。正当绝不应该是善的最大化，正当原则反而具有独立于善的基础，并构成对善的制约。功利主义从经验出发，认为行为的正确性与错误性仅取决于其产生的结果而不是指行为本身，正当不能离开经验基础。功利主义强调最大量地增加善，以功利善的最大化为标准，将善视为欲望的满足，但并不考虑（除了间接地）这些欲望的来源和性质。而义务论则认为，道德标准独立于功利目的而存在。一些制度和行为之所以是善的，是因为它最大限度地符合了正当的要求。"欲"之所以"可欲"，不在于它是人之"所欲"，而在于其以一定的道德原则或道德判断为根据。义务论者强调道德义务和责任的神圣性以及履行责任的重要性，认为行为的价值在于动机而不在于效果，在于行为本身而不在于行为结果。

罗斯认为，"好"与"正当"各自独立，不能加以混淆、等同。"好"的并不必然是"正当"的；反言之，"正当"的也不一定就是"好"的。因为行为是否"好"、能否带来好处主要依赖于该行为的目的动机及结果，而"正当"则不如此，一个行为的"正当"源于行为本身。动机好或者结果好的行为并不一定就是正当的行为，反之亦然。罗斯的这种观点是一种典型的义务论的观点。亨利·西季威克认为，正当与善体现为两种不同的道德理想。善体现在道德理想上是"诱人的"（attractive），正当体现在道德理想上是"命令性的"（imperative）。西季威克把善概念既作为手段善也作为目的善予以理解。就手段善而言，如果我们只考虑作为获得某种更远的善的手段才是善的东西，我们就可以不诉诸人的欲望或选择，而直接把善解释为适合或符合于产生某些效果的目的。当我们将善概念应用于终极目的时，我们也就必须为其寻找一种既适用于手段又适用于目的的意义。按照西季威克的理解，这就是"整体的终极善"。这种善的追求行为不像正当行为那样处在我们的能力之内，而是人们应当欲求和努力实现的。当然，这并不意味着在讲正当时没有善的地位，或讲善时没有正当的地位。正当与善的概念对于伦理价值所起的作用是与行为者的义务观一致的。如果正当的概念是基本概念，那么只要善是与责任的要求相一致的，行为者就把善作为一种可正当欲求的对象来看待。如果善是基本概念，那么为了获得一个人所想欲求的，正当就是一个人应当做的事。由此而言，伦理价值的命令概念使得正当优先于善，而有引诱力的概念则使得善优先于正当。换言之，正当与善的概念何者置于优先地位，则决定了另一个的从属性地位。

与功利主义理论相比，罗尔斯的正义理论的一个基本特征就是正当优先于善，把义务论与目的论之争转换成正当与善的优先性之争。按照目的论观点，一种行为之所以正当，是因为它符合社会认同的价值，符合善的目的，这就是"善优先于正当"（The good is prior to the righ）。按照义务论观点，行为的正当性就已经决定了善的性质，只有正当的行为才能被称作是善的，这就是"正当优先于善"（The right is prior to the good）。罗尔斯的"正当优先于善"理论证明是针对功利主义提出的，建立在"正当具有独立价值"的基础上。罗尔斯认为，正当本身就是自在的目的，就有价值。正当不依赖于善，也不是善的手段。正当先于其他目的并对其他目的具有规导作用，因而正当制约善并确立其范围。但与此同时，罗尔斯又严谨地将自己的理论定义为"非目的论的理论"，以使自己的义务论与其他的义务论保持距离。在学理上，义务论与目的论在本质上只有从对方才能获得其存在的充分理由与内容，正当与善在某种程度上需要扬弃对立而趋向和解。目的论须以一定的义务法则为其规定，否则就会由于失去对主体存在的根本关注而沦为苟且营生的工具。义务论须以一定主体及其价值为其内在规定，否则就会在貌似隽永高大之下流离无根。在罗尔斯看来，所有值得我们注意的伦理理论都需要在判断行为是否正当时考虑后果，否则便是不可理喻的。这意味着，不能脱离正当来规定善，或不用善的最大化来解释正当。罗尔斯显然并不脱离正当来指定善，其正义理论属于温和的义务论。

道义论和结果论之间的争论关注于规范性的和评判性的概念，而不是目的性行为的本质。[1]用王国维的话来说："动机论者，行为之善惟在动机之纯正耳，结果之如何，非所顾也。结果论者，日日行为之结果善，则其行为亦善，动机之如何，可不问也。前者为直觉派，后者为功利派。"[2]由于"结果并不能证明手段"（The end does not justify the means），非结果论代表者康德提出了其道德体系的根本原理绝对命令。人类社会的道德听命于道德绝对命令，绝对命令不须证明并且具有普遍性。新康德主义西南学派（亦称弗赖堡学派或巴登学派）的首领威廉·文德尔班认为，价值世界比事实世界更本真，因而价值命题比事实命题更具有决定意义，事实命题归根结底从属于价值命题，以价值观念为根据，价值有效性高于一切。站在新康德主义马堡学派立场的法学家鲁道夫·施塔姆勒在《关于正确的法的学说》（Die Lehre vom richtigen Recht）中倡导"重新引入一些绝对的价值概念"。[3]唯结果论亦称效果论、结果主义，认为行为本身没有善恶之分，行为的善恶取决于行为的结果，进行价值判断或区分价值的等级、程度等都只能根据人的行为的结果。这种结果主义价值论以行为结果为价值的唯一基础，其关注的是行为的结果，或行为应达到一定的目的，在判断哪些是该做的、正确的事

---

〔1〕 Oliver Black, *Conceptual Foundations of Antitrust*, Cambridge：Cambridge University Press，2005，p.31.

〔2〕 周锡山编校：《王国维集》（第1册），中国社会科学出版社2008年版，第302页。

〔3〕 ［德］H. 科殷：《法哲学》，林荣远译，华夏出版社2002年版，第51页。

情时，必须了解行为的后果（不是仅对于我们自身，而是对于所有人）并选择对最终结果最佳的方法。唯结果论最有影响力的形式就是"实利主义"。[1]结果论在评价中与动机论截然相反，否认动机与行为价值有任何关系，认为评价行为的善恶规范性质端视其效果，只要行为效果好，该行为即为善的或道德的，反之则为恶的或不道德的。易言之，与义务论强调的是行为本身的对错而不是行为结果的对错相反，按照结果论客观归责主义道德，善是独立于正当的，是更优先的，是据以判断事物正当与否的根本标准（一种目的性标准）；正当则依赖于善，是最大限度地增加善或符合善的东西。近代功利主义者边沁、密尔、亨利·西季威克是结果论的主要代表人物。效果论的评价注意到了行为的结果，在实用性方面较之动机论有所进步，但由于其过分强调效果的作用，只关注行为所产生的结果的对错性，亦使之走向荒谬：凡事只求成功，只要能成功，主义道德等也未尝不可牺牲，甚至牺牲一切都行，在成功之后再回到主义道德上来犹为时未晚。这一方面可能为动机卑鄙者套上耀眼的道德光环，使之与动机高尚者享受同等荣誉，另一方面亦可能对行为效果不佳的善良意志者形成不公评价而趋于偏宥者。结果主义者的价值观受到了来自朱迪斯·贾维斯·汤姆逊等人的挑战。汤姆逊认为，"A 是一个好 X"（A is a good X，例如好的毒药）不包含"A 是好的"（A is good），所以术语"好"是一个属性形容词，具有主体相关性，不能合法地无条件使用。就此而言，强调一些东西好是没有意义的，除非这意味着其对某人或在某些方面或某种用途、在某些活动中是有益的。[2]

从类型上看，结果论分为行动结果论和规则结果论。行为结果论又被称为"直接结果论"（direct consequentialism），认为行为的正

---

〔1〕　［澳］布里奇斯托克等：《科学技术与社会导论》，刘立等译，清华大学出版社 2005 年版，第 93 页。

〔2〕　See Judith Jarvis Thomson，*Goodness and Advice*，Princeton：Princeton University Press，2001，pp. 14~16.

当取决于行为本身的后果，而不是主体动机的后果、涵盖其他同类行为的规则或实践等，正当的行动即是会产生最佳可能结果的行为。只要能够产生此种结果，这种行为就是正当的。行为结果论将行为视为结果的方式，可能产生违背道德的直觉，因而受到广泛批判。按照行为结果论的推理，如果杀人能够来带幸福感这种结果，那么杀人就是正当的。规则结果论又被称为"规则结果主义"（rule-con-sequentialist）、间接结果论，认为结果论的推理应当关注行为规则而非具体的行为本身。例如，如果"不能谋杀"是一个规则，那么不进行谋杀的状态就能够产生更佳的结果。因此，规则结果论的推理就是在一般规则的层次而非在个人行为的层次上进行分析。行为不能评价自身，必须纳入一般规则的框架内进行评判。[1] 与唯结果论接受基于非结果主义理由的约束或选择相反，行为结果论拒绝约束和选择。规则结果论可以接受规定约束或选择的规则，但仅仅作为指导或启发式，并且仅基于结果主义推理。规则结果论是评价规则的直接结果主义，间接通过对规则的先前评估来评价行为，行为当且仅当符合这套规则时，才认为行为是正确的。这使得行为的正当性取决于规则的后果，并未偏离规范性属性唯取决于后果的基本教义。布莱克在《反垄断的哲学基础》中，将法学中本身违法原则和合理推定原则之间的差别与伦理学中直接结果论和间接结果论的差别进行类比研究，以深层开掘其内在有价值的哲学底蕴。大体而言，直接结果论的观点是，个体行动的正确与否取决于其行动的结果，而间接结果论认为正确与否应从两个层面加以判断：个体行动的正确与否取决于其是否符合相关道德准则，但这些道德准则本身根据其所获得的结果加以评判。合理原则强调后果分析要件，需要确定所有被指控者所引起的限制竞争行为是否引起了现实的或可能的经济后果，并按该行为所造成的事实上的影响来衡量行为或协议的合法性。[2] 依据合理推定原则的一项协议的评估，类似于直接结果论

---

〔1〕 孙良国：《关系契约理论导论》，科学出版社 2008 年版，第 138 页。

〔2〕 李钟斌：《反垄断法的合理原则研究》，厦门大学出版社 2005 年版，第 110 页。

方式，协议的合法性取决于对竞争实际产生或意图产生的后果。本身违法原则的评估，类似于间接结果论的评估方式，包含两个层面：一项协议如果可以适用本身违法原则，则可判断为违法；该原则本身正当与否要通过对竞争的后果来判断。[1]正是因为根据本身的规则，一旦确定合同或协议属于先前确定的本身违法类别，法院的证据调查即告结束，任何此类合同或协议根据《谢尔曼法》第1条均被认为具有严重反竞争性而予以禁止，本身规则成了有助于节省时间和资源的工具，但美国联邦最高法院为建立这一规则确立了相当高的标准。[2]间接结果论的典型质疑之一是，其事实上等价于直接结果论，两者都有要求足够的附加条款来阻止符合原则的个体行为具有次优后果。相应地，也可以说，本身违法原则对合理推定原则并不构成改善，一旦本身违法原则造成对一项促进竞争的协议的禁止，法院就会放弃或者修正本身违法原则。这两种界分事实上可以被概括为有限理性理论的更宽泛界分的情形。[3]

　　因为"本身违法"是一个不需要价值判断的"事实问题"，强调对应性，被部分学者认为已经脱离了原则指代的"判断"标准的意义，与其说是一个原则，毋宁说是一个规则。[4]"只要足以导致构成要件该当结果发生之危险者，即为已足，系有责或无责之行为，在所不问。"[5]本身违法原则的确立过程也是淡化传统普通法关于合同合理性认识的过程，正如1956年美国联邦最高法院首席法官厄尔·沃伦在最高法院的判决中所总结的那样，违反《谢尔曼法》的固定价格是与竞争政策背道而驰的，指责其违法的根据并非是其不

---

〔1〕　Oliver Black，*Conceptual Foundations of Antitrust*，Cambridge：Cambridge University Press，2005，p. 72.

〔2〕　Leegin Creative Leather Products，Inc. v. PSKS，Inc.，551 U. S. 877，887（2007）.

〔3〕　Oliver Black，*Conceptual Foundations of Antitrust*，Cambridge：Cambridge University Press，2005，pp. 72~73.

〔4〕　刘继峰：《反垄断法》，中国政法大学出版社2012年版，第315页。

〔5〕　林山田：《刑法通论》，三民书局1986年版，第302页。

合理性，因为其在结论上早已被推定为是不合理的。至于参与者的动机是善意还是恶意，固定价格是通过公开的契约还是较为隐晦的方式达成，参与者是否具有市场控制力，州际商业所受影响的大小，或者协议的结果是提高还是降低了价格，均无关紧要。[1]至此，固定价格的法律定性稳固下来，即它是"危险犯"，而不必是"实害犯"——不强调"既遂"。本身违法原则注重的是当事人的主观意图。当事人之间进行共谋的事实，或当事人单方面滥用支配地位的行为，都会显示、表露当事人的恶意。反垄断法所规制的就是当事人实施垄断行为的恶意，而不管当事人的市场地位、当事人所限制的价格的合理性、当事人是否已经实施了限制竞争的行为，以及当事人行为的可能后果。一项行为或一项协议只要是为了抬高产品价格而限制产品数量，就可以被认定为是违法。这在固定价格案件中尤其如此。因为在绝大多数案件中，当企业签订协议的时候，它们清楚地知道自己为什么要这样做。其所反映的是一个事实定位问题，违法行为的存在与否，是法院或竞争管理机构作出裁决的基础，判定程序相对简单。正是这样，有些学者认为，在适用本身违法原则的时候，动机或目的是不被考虑在内的，协议各方并不能以协议有利于降低失业率或保障产品安全等为由进行抗辩。因为反托拉斯法主要关注对竞争过程的影响，而不考虑其他社会目的，竞争是促进实现这些社会目的最重要的因素。上述观点其实揭示了本身违法原则具有间接结果论的性质，对于本身违法原则的理论证明也是功利主义的。法院在审查潜在的反竞争实践时发展出了这一"亮线规则"（bright line rules），既通过向潜在被告发出一个明确的信号而加强了威慑，又通过免除合理规则分析所要求的许多调查而节约了管理成本。

与此相对，合理原则反映的是一个价值判断问题，其所强调的是对当事人限制竞争行为后果的考量。当事人的主观意图并不重要，

---

〔1〕〔美〕马歇尔·C. 霍华德：《美国反托拉斯法与贸易法规——典型问题与案例分析》，孙南申译，中国社会科学出版社 1991 年版，第 79~80 页。

当事人的行为是否限制了竞争行为也不重要。问题的关键在于，这种限制带来的好处是否大于限制所产生的害处。竞争为结果而存在，结果就是竞争的一切，所谓"结果好，就一切都好"（All is well that ends well），[1]即此之谓也。如果害处大于好处，则将受到反垄断法的规制；如果好处大于害处，对限制竞争行为的规制就是没有意义的。[2]与本身违法原则主要关注当事人是否存在主观恶意不同，合理原则主要考虑当事人所处产业的市场结构、当事人的市场能力、当事人限制竞争的目的、当事人限制竞争的必要性等因素。[3]在进行分析时，本身违法原则仅仅根据特定的行为是否发生，就可以判定其是否违法，无需对市场进行研究或对限制竞争的实际效果进行分析；合理原则刚好与之相反，要考虑多种因素，对行为的目的和效果进行合理性分析后，再进行判断。[4]如果适用合理原则，法院必须对案件事实进行全面、深入的分析，并要具体考察限制所带来的相关市场中反竞争和促进竞争的后果。限制的目的也与合理性分析相关。显然，本身违法原则更为严厉，几乎无商量的余地，相形之下，合理原则要宽容得多。由于本身违法原则只关注行为是否发生，而不考虑其目的和后果，因此法院不必再花费大量的人力和物力进行调查，并且最终判决具有相当大的确定性和稳定性。[5]而遵循合理法则这种直接的结果论对限制竞争的状况进行分析时，要考虑诸多因素，而美国联邦最高法院并没有给出一个具体应用这些原则的指导，也没有指出这些因素孰轻孰重，往往给较低层次的法院适用这一原则带来很大的不便和不确定性。

实用主义价值论、功利主义价值论及实在主义价值论等都把价

---

〔1〕　《马克思恩格斯全集》（第20卷），人民出版社1971年版，第268页。

〔2〕　赵建国：《过错与部门法规则研究》，中国法制出版社2010年版，第402页。

〔3〕　赵建国：《过错与部门法规则研究》，中国法制出版社2010年版，第403页。

〔4〕　See Ernest Gellhorn and William E. Kovacic, *Antitrust Law and Economics in a Nutshell*, St. Paul, Minnesota：West Publishing Co. , 1994, pp. 165~169.

〔5〕　傅军、张颖：《反垄断与竞争政策：经济理论、国际经验及对中国的启示》，北京大学出版社2004年版，第28页。

值的基础与人的利益、需要的主观感受和心理反应联系在一起，因而都关心行为导致的结果。[1]根据 B. 威廉斯的界定，任何功利主义必定是后果论的，但是后果论是一个更加宽泛的词，功利主义是其中关注幸福的后果论。按照诺贝尔经济学奖获得者阿马蒂亚·森从规范研究角度的重新阐释，标准功利主义以效用总量为信息基础，是福利主义、序数总和、结果主义三种不同原则的混合物，在判定有关事态的良好程度时，要求对任何一种状态的效用评价都只能通过观察这一状态所包含的效用总和来进行，一切选择都必须根据其产生的结果来评价，不承认结果之外的其他任何东西的最终作用。[2]功利主义是以后果为目标和本质上的结果主义，关注最大化个人效用的总和。[3]自由主义与功利主义具有天然的密切联系。从历史来看，密尔和斯密两个人既是自由至上主义者，又是结果论者。在自由主义看来，政府对个人自由的最低干预和自由市场所带来的结果要好于大规模的政府规制或者利益再分配所带来的结果。结果论自由至上主义背后的一般理念是市场要比规制更为有效。我们可以极为自然地从新古典微观经济学中得到这一结论。市场促成符合帕累托效率（福利的提高）的交易。这种理念同样被美国新自由主义所膺服为确乎不拔的圭臬。较之欧洲传统法律文化表现出典型的法律文本至上特征，美国法律文化表现出明显的结果导向，从结果来"倒推"法律的应然状态。美国的"法律现实主义者"奉行"规则怀疑主义"（rule scepticism），认定不可能凭借一种不偏不倚的推理方式将规则适用于具体个案。[4]在美国法学界，结果论最突出的是法与经济学这一脉思潮，以偏好满足（或者"福利主义"）的效用

---

〔1〕 肖建国：《民事诉讼程序价值论》，中国人民大学出版社 2000 年版，第 327 页。

〔2〕 [印度] 阿马蒂亚·森：《伦理学与经济学》，王宇、王文玉译，商务印书馆 2000 年版，第 42 页；冯玉军：《法经济学范式》，清华大学出版社 2009 年版，第 70 页。

〔3〕 [德] 沃尔夫·盖特纳：《社会选择理论基础》，李晋、马丽译，格致出版社 2013 年版，第 170 页。

〔4〕 [荷] 马丁·W. 海塞林克：《新的欧洲法律文化》，魏磊杰译注，中国法制出版社 2010 年版，第 42 页。

观念作为自己的理论前提。法律的经济分析学派认为，法律应当追
求经济效率，普通法最好应被解释成一种追求社会福利最大化的制
度。这种社会福利最大化在法律经济学的理论话语中其实就是效
率，主要体现为经济利益这种结果。经济理性的概念显然是结果主
义的。理性选择者被经济理论模构为可以考虑到当前决策的未来折
现后果。[1]法律经济学分析进路从性质上看是结果论的，采用实现
此种经济利益的结果最大化的分析方法，可以将其纳入行为结果论的
范畴，并且在对功利主义思想吸收的基础上更注重工具主义的考虑，
不复仅仅萦怀于实现纯粹的功利目的。[2]恰如斯蒂夫·G.梅德玛所
言："法律经济学分析和法律现实主义、制度化的法律经济学以及早
期的芝加哥法律经济学都信奉结果主义：他们都认为法律决定应该
基于它们将会带来的影响，而不是先验的原则；芝加哥学派所敌视
的法律现实主义为结果主义打开了一扇门，而这扇门再也无法被关
上。"[3]

　　芝加哥学派对社会福利、产权、交易、国家行为的制度经济学
研究为我们提供了市场交易中行为的效力和权利分别界定的分析模
式，引起了对传统的古典经济学中关于竞争的假定模式的反思。竞
争和垄断所产生的社会影响都是不定的。合理原则在更大程度上是
一种效率评审原则，要求以效益为中心对行为进行法律评价。由于
交易成本概念的引入，为保证交易的最大效率，需要确立产生最大
效益的法律制度。芝加哥学派的理论极大地丰富了合理原则的效益
内涵。该学派认为，反垄断机构在评价一个反垄断案件时，主要应
当考虑两个方面的效率：第一是资源配置效率，即经济资源是否实
现了优化配置；第二是生产效率，即各个生产企业的资源是否得到

〔1〕　Hartmut Kliemt，*The Reason of Rules and the Rule of Reason*，Crítica：Revista Hispanoamericana de Filosofía，Vol. 19，No. 57，1987.

〔2〕　[澳] 皮特·凯恩：《法律与道德中的责任》，罗杰华译，商务印书馆 2008年版，第 93 页。

〔3〕　[美] 斯蒂夫·G.梅德玛：《捆住市场的手：如何驯服利己主义》，启蒙编译所译，中央编译出版社 2014 年版，第 276 页。

了有效的利用，例如是否实现了规模经济、节约交易成本等。[1]从本质上而言，合理法则属于一种相对主义，与本身违法原则的绝对主义本身相对；而相对主义论者往往是结果主义论者，服膺问题的解决不取决于抽象权利而取决于具体后果的理念，非常契合美国实用主义的思维。但是，多数相对主义论者并不主张一切冲突都要就事论事地解决，也强调追求一致的判断与选择方法，以增强对于判断后果的预见性，而这也就为芝加哥学派一味依恃效率标准蕴含了理论的基因，造成这种结果主义不承认结果之外的其他东西的最终作用，认为行动、过程、动机、规则、制度等所有的选择变量，都必须按照各自产生的结果的好坏去判断，同时使主观确定的权重和价值判断成为必要，在以纯粹客观的效率为标准之中饱蘸着坚定的主观主义价值取向。一些学者之所以强调合理法则的价值判断性质，原因即在此。芝加哥学派的代表人物波斯纳就认为，反垄断法应当以经济效率，也就是以消费者福利最大化为唯一目标。"在经济分析中，我们重视竞争是因为它提高了效率——也就是说，竞争是一个手段而不是一个目的——那么看来，只要垄断可以增进效率，就应该容忍垄断，甚至鼓励垄断。"[2]这种行为结果论有关经济效果分析的作用，旨在通过经济学方法评判促进竞争的效果是否能够抵销其限制竞争的效果，唯效率是视，公平的内涵甚至被效率所置换，提供了一种连贯的、在智识上非常有力的反托拉斯法概念，取代了往昔在法律实践中显得凿枘不合的目标、价值和方法，从而保证在法律适用上的一致性。早期的 SCP 范式间接地使法院考虑到某些非经济目标。而"芝加哥学派"新古典价格理论模型不考虑非经济目标，竞争等同于配置效率，非经济目标被明确拒绝，似乎在传统的经济政策合理规则内考虑排除这些目标。在美国，本身违法原则的最初适用范围包括价格固定、市场划分、联合抵制、转售价格维持、

---

〔1〕 李钟斌：《反垄断法的合理原则研究》，厦门大学出版社 2005 年版，第 10 页。

〔2〕 ［美］理查德·A. 波斯纳：《反托拉斯法》（第 2 版），孙秋宁译，中国政法大学出版社 2003 年版，第 31 页。

搭售等案件。随着反托拉斯法越来越多地因给美国企业加诸负担而遭到诟病，经济学分析作为一种更有说服力的反托拉斯基础，不仅为企业所承担的反托拉斯法律负担正名，同时也为革除那些无法得到正名的负担而疾声呐喊。[1]20世纪70年代后期，随着以波斯纳等学者为代表的芝加哥学派的兴起，美国法院受到经济效率理论的影响，对纵向价格限制的态度开始松动。本身违法原则的固有营垒不时地被一些特定的案件所突破，这些案件在审理程序上注重分析行为的目的、结果等要素，从而使规则在适用中背离了本身违法原则。恰如戴维·格伯尔所言，反托拉斯法的法经济学革命最令人瞩目的影响体现在纵向协议方面，令该领域所有的本身违法原则在新分析工具的凛凛锋颖之下删除殆尽。[2]

法经济学发挥影响的第一个大案关乎生产商对经销商销售范围的限制。20世纪60年代，这种限制被认为是本身违法行为。1977年，受到法律经济学的影响，在"大陆电视公司诉通用电话电气西尔瓦尼亚公司案"[3]中，美国联邦最高法院在意见中明确地、肯定地提到了经销商服务理论，以支持自己的判决，依据"法条主义"的理由而不是经济学的理由维持了对维持转售价格的当然禁止[4]。但同时认识到纵向分销竞争的非价格限制可以提高制造商销售其产品的能力并提供克服一些"搭便车"的方法，不应适用本身违法的分析方法，而应采取"合理原则"来评判其性质和效果，并没有将区域限制视为本身非法而加以禁止。这种转换之所以成为可能，从根本上看，是因为"合理原则"和"本身违法原则"的内在统一性都是以是否限制竞争为指归的。"本身违法原则"不过是简化了的

〔1〕 〔美〕戴维·格伯尔：《全球竞争：法律、市场和全球化》，陈若鸿译，中国法制出版社2012年版，第156页。

〔2〕 〔美〕戴维·格伯尔：《全球竞争：法律、市场和全球化》，陈若鸿译，中国法制出版社2012年版，第161页。

〔3〕 Continental T. V. , Inc v. GTE Sylvania Inc. , 433 U. S. 36, 49 (1977).

〔4〕 Richard A. Posner, *Antitrust Law*, Chicago：The University of Chicago Press, 2001, p.188.

"合理原则"。尽管有些学者已指出该判例的推理逻辑应当被应用于所有的纵向限制，但法院却将其裁定限制在非价格方面的纵向限制上，故而使纵向价格限制仍保留在本身违法的范畴内。

继在 1997 年"国家石油公司诉卡恩案"[1]中推翻维持最高转售价格本身违法的先例之后，直到 2007 年 6 月 28 日，美国联邦最高法院在"丽金创意皮具公司诉 PSKS 公司案"[2]中一改不论何种情况一概适用谴责的常道，作出了应对限制最低转售价格采用合理原则的判决，不再认为维持最低转售价格为"本身违法"，最低转售价格是纵向限制的法律适用原则被彻底改变的最后一块领地。丽金公司是一家生产女性时尚皮具的公司，从 1991 年开始，该公司在其产品上使用"布莱顿"（Brighton）商标，并在全美国超过 5000 家专卖店销售。1997 年，丽金公司推行"布莱顿品牌零售定价及促销行动"，给予其经销商充分的利润空间以便向消费者提供高品质的服务，同时要求经销商不得以低于丽金公司规定的零售价销售布莱顿品牌饰品，否则丽金公司有权停止供货，以此来保证布莱顿的品牌形象和声誉，但因经营状况不佳而准备歇业的商户可不受此限制。PSKS 公司下属的首批被纳入"旗舰店计划"的凯克劳赛德（Kay's Kloset）于 1995 年开始销售布莱顿系列商品。2002 年，丽金公司发现凯克劳赛德为与附近的另一家零售商竞争，将布莱顿系列全线产品以低于建议零售价的价格打折销售，遂要求 PSKS 公司立即停止折扣销售的行为。但 PSKS 公司辩称与其有竞争关系的经销商也在降价销售布莱顿品牌产品，自身的折扣行为为应对激烈的市场竞争而情非得已，仍一意坚持降价行为。随后，丽金公司断然停止向 PSKS 公司供货。PSKS 公司向德克萨斯州东部地区法院提起诉讼，指控丽金公司"旗舰店计划"实质即为固定价格行为，违反反托拉斯法。尽管丽金公司出具了专家意见来说明其价格政策是促进竞争的，但地区法院以 1911 年"迈尔斯博士医药公司诉帕克公司案"（Dr. Miles

---

[1] State Oil Co. v. Khan, 522 U. S. 3 (1997).

[2] Leegin Creative Leather Products, Inc. v. PSKS, Inc., 551 U. S. 877 (2007).

Medical Company v. John D. Park & Sons Company)〔1〕确立的本身违法原则对该证言不予采纳。陪审团也认可了 PSKS 公司的观点，因此，地区法院根据《谢尔曼法》第 15 条的三倍赔偿制度作出判决，要求丽金公司赔偿 PSKS 公司近 400 万美元。丽金公司提起上诉，但联邦第五巡回上诉法院以联邦最高法院在以往判例中一直采用本身违法原则为由，驳回丽金公司请求，维持了地区法院的判决，认为地区法院在排除专家意见的证明力时并没有滥用其判断力，因为任何促进竞争的理由都与本身违法原则无关，本身违法原则并不否定企业行为客观上存在有利经济的影响，但只要企业实施特定行为即构成违法。丽金公司又上诉到联邦最高法院。丽金公司在上诉时并没有否认其存在控制转售价格的事实，但主张根据"现代经济分析方法"推翻"迈尔斯博士医药公司诉帕克公司案"所确立的本身违法原则而采用合理原则。其主要理由是：控制最低转售价格可以吸引更多的零售商加入，促使现有的零售商提供更好的服务和舒适的购物环境，而过低的折扣会损害产品的品牌形象，因此控制最低转售价格具有促进竞争的作用。2007 年 6 月 28 日，联邦最高法院参与审理的9 名大法官以 5∶4 的比例彻底推翻了"迈尔斯博士医药公司诉帕克公司案"所确立的本身违法原则，明确指出控制转售价格应置于合理原则之下进行判定。肯尼迪大法官在其撰写的判决书中指出，"迈尔斯案"的判决是基于形式主义的法律理论，而非明显的经济效果，因此与面对的问题无关。限制竞争行为往往同时具有损害消费者利益的反竞争后果和促进消费者利益最大化的推进竞争的后果。审查一个行为是否构成违反《谢尔曼法》第 1 条的一般标准是合理原则，要求审查者对转售价格维持协定进行个案分析，在衡量包括"相关市场的特定信息""限制竞争的历史、性质、后果"等在内的所有因素后再作出结论。但是，本身违法原则则不同，无需去审查某个限制行为的合理性，只应适用于那些"总是或几乎总是限制竞

---

〔1〕　Dr. Miles Medical Co. v. John D. Park & Sons Co. , 220 U. S. 373 (1911).

争和减少产出的行为"。该判决指出，纵向价格限制竞争行为尽管可能在特定的环境下损害竞争，但也经常具有促进品牌间的竞争、有利于新公司和新品牌进入市场等促进竞争的作用，"与其他纵向限制竞争行为一样都具有正当性"。[1]因而，没有正当理由将纵向价格限制竞争行为或者纵向非价格限制竞争行为予以区别对待。对此，联邦最高法院解释说："依据合理原则，案件调查需要考察各方面情况，从而裁定某一限制竞争行为是否对竞争作了不合理的限制从而予以禁止。"[2]而根据合理原则，已构成限制竞争的行为不应一概禁止，而是需要在个案中权衡利弊，在弊大于利时才予以禁止。

第六节　实然与应然：经济制度保护论

"实然"与"应然"的关系问题又被称为"是"与"应该"或"实在"与"应在"的关系问题或事实与价值的关系问题。"实然"（Sein）的意蕴为描述事物特征的各种现实表现以及事物的实际存在状态，其本质是客观的，属于事实领域；"应然"（Sollen）的意蕴则为阐述事物依据其自身的特性应该是什么或者应该怎样，其本质是理想的样态，属于价值领域。从谱系学上看，"应在"与"实在"这一传统对立的范畴，论者或谓源自康德关于自然与自由、认知理性与实践理性、因果性与道德性的二元论。但在此之前，休谟从不可知论出发主张，从"是"不能推导出"应当"，从"应当"也不能推导出"是"，只能依据人类欲望而不是理性才能判断规范的正当与否。"休谟难题"作为哲学问题之深刻与睿智，被哲人们视为骄傲；而其之长期不能得到解决，又被人视为是"哲学的耻辱"。实证主义法学家把"休谟难题"延伸到法律领域，具体体现为"应然法"（law as it ought to be）与"实然法"（law as it is）的问题，坚持法

[1] Leegin Creative Leather Products, Inc. v. PSKS, Inc., 551 U.S.877 (2007).
[2] Leegin Creative Leather Products, Inc. v. PSKS, Inc., 551 U.S.877 (2007).

"实际怎样"（the Is）和法"应该怎样"（the Ought）之间存在不可逾越的鸿沟。[1]这种将认识领域分为"实在"（自然王国）与"应在"（人类王国）的二元论，引发了人们对法的性质的长期争论，产生了法学上的两大理论分野：一种是法律实证主义，强调规范和"应在"，认为"是"属于存在范畴，"应该"属于价值范畴，而价值不可能从理性中推出，因此必须将关于"应然"的问题置之度外，即法律学乃以法律为其对象，而非以法律的现象为其对象。另一种是社会学法学，强调事实和"实在"。正如美国法学家拉宾所言："法律学者们采用的方法主要有两种，即描述性的（descriptive）方法和规范性的（prescriptive，normative）方法，这种区别便来自休谟那十分著名的'实然'（is）与'应然'（ought）之分。"[2]描述性的方法适用于事实，事实问题是就自然"是否如此"的认识与描述；规范性的方法适用于价值，价值问题则是就人类"应否如此"的判断与取舍，即价值是规范性的，而事实是描述性的，其间的鸿沟无法跨越。彼得·波考维茨亦云，对于"法律工作者"（jurists）和"法理学家"（jurisprudes）而言，当今哲学地提出这一法律问题最为常见的一种方式是区分作为实然法律的实在法和应然的法律。[3]

汉斯·凯尔森创立的纯粹法学将事实与规范（价值）之分即对"休谟法则"加以彻底贯彻。凯尔森在《纯粹法学》（*Reine Rechtslehre*：*Einleitung in die rechtswissenschaftliche Problematic*）一书中声称其纯粹法学旨在回答法是什么和怎样的，而不是去回答法应当如何。基于康德的认识，凯尔森将"应在"与"实在"看作是两种先验的逻辑思维模式："实在"属于自然法则（规律）的范畴，其思维形式为"当 A……是 B"；"应在"属于规范的范畴，思维形式为"当 A……

---

〔1〕　肖小芳：《道德与法律——哈特、德沃金与哈贝马斯对法律正当性的三种论证模式》，光明日报出版社 2011 年版，第 8 页。

〔2〕　Edward L. Rubin，"Legal Scholarship"，in D. Patterson（ed.），*A Companion to Philosophy of Law and Legal Theory*，Oxford：Wiley-Blackwell，1996，p. 562.

〔3〕　吴彦编：《20 世纪法哲学发微——德意志法哲学文选》（三），刘鹏等译，知识产权出版社 2015 年版，第 20 页。

应 B"。凯尔森强调，法学应具有法律规范的特征，以可以确定某种行为合法或非法的规范为对象。但作为规范，法属于"应当"（ought）的范畴。法学须严格区分"应当"和"是"（is）这两个不同领域。法律具有应然之内容，而其存在型系事实，属实然领域。法律的"应当"是实在的应当，是用人们"应""应当"遵守法律订定的行为的方式表达的，并由国家主权者实际制定而且是事实存在的，表示了人的行为是由一个规范所决定的这一特定意义。[1]凯尔森反对自然法之理由并不在于所谓"自然法"自身，而在于其与实在法之关系，即自然法学说不仅描述实在法，而且以"自然法"为标准来"评价"（evaluate）甚至"规定"（prescribe）实在法，从而不恰当地将应然（评价因素）引入了实然（描述领域），造成了方法而非对象上之混淆。从凯尔森的视角出发，自然法学说之毛病在于自信形而上学方法万能，预先假定价值内在于事实，不仅在应然领域中翩翩起舞，而且越位到现实世界，强拉实在法作舞伴，结果一身二任，试图用一元方法摆平二元对象。其穿梭于两个无法通约之领域间进行"三级跳"：先在应然领域人为创造一系列价值，然后窜入实然领域，在自然界中为其寻找依据，进而跳回应然领域，论证自身价值之合理性，再进行最后的一跃并一头扎进实在法体系。[2]自然法学说的价值越位最终将导致对实在法的取消，因为假如存在完备无缺且可认识之自然法，制定实在法不啻为是日下秉烛般的蠢行。

从中文的角度看，如何理解和处理"正"与"义"的关系，必然成为一个思考的起点。"正"主要是个描述词，源于对对象事物本身"实然"状况的认知和理解；"义"则主要是个价值词，源于对人的主体行为之"应然"的认知与理解。因此，在"正"与"义"两个词之间，就可能包含一种偏正关系：是首先确认"正"之本态，

〔1〕 李道军：《法的应然与实然》，山东人民出版社 2001 年版，第 119 页。

〔2〕 ［奥］凯尔森：《纯粹法理论》，张书友译，中国法制出版社 2008 年版，第 25 页。

以正为义，以正导义，从实然导出应然？还是首先确认"义"之准则，以义为正，以义导正，以应然来指导实然？而"以义为正"的思路，则是沿着首先将"人性"加以道德化（应然）设定的方向去思考，一开始就把"义"树立为"人"的唯一标志和标准，强调"义"才是人之为人的特有之"正"，有义才是"人"，无义则无以为"人"。所以，儒家总是着意于贯彻"以义为正"的正义观。中国具有"以义为正"的思考路径传统，而西方"以正为义"的传统"以应然引导实然"（"应该→是"）的走向：经常是先确定了"应该"是怎样的，然后选择一定的实例来证明它就是"实然"的。〔1〕例如，卢梭干脆把隶属于彼岸世界的理想天国搬迁到尘世，用价值判断直接取代了事实判断，把应然与实然相等同，于是理想的道德王国的莅临成为人们实际行为的目标。黑格尔认为"现实的"并不等同于"现存的"，而是将其理解为某种必然的合乎规律的实然，或是表现为本质的总体的和适当的宣示。在这一命题中，黑格尔通过"凡是合理的都是现实的"（was vernünftig sei, das sei wirklich）肯定了价值（应该、应然）的事实（是、实然）基础，其从事实即"现实的"中去寻求价值存在（"凡是现实的都是合理的"，was wirklich sei, das sei vernünftig）或不存在（"凡是现存的，都是要灭亡的"）的根据也不无意义；但黑格尔把"现实的"和"合理的"、事实与价值、实然和应然统归于"绝对精神"的自我运动、自我发展，并未真正解决"休谟难题"。

在通常情况下，对司法和行政人员来说，实定法是一种要求信守的限制。但对法学家来说，实定法主要是一种进一步研究的资料。法学家对实定法的自由批判的权利始终是不可侵犯的。部门法理论囿于对法条之实然的阐释，而对其所以然则不甚关注，对其应然性则更是缺少关怀，只顾亦步亦趋地尾随实证法，疲于注释。严复自中国文明立场指出："法之立也，必以理为之原。先有是非，而后有

---

〔1〕 李德顺："立足'实然'讲好'应然'——构建当代中国价值观念的阅读札记（四则）"，载《党政干部学刊》2016 年第 1 期。

法，非法立而后以离合见是非也……盖在中文，物有是非谓之理，国有禁令谓之法。"[1]据此，理为是非之辙，并在明辨是非，法律不过循沿此辙，以规范形式据理铺排，载述是非，而是其所尽是，非其所当非也。因此，王国维以"理由"和"理性"为理之广狭两义，所以然者理也，所当然者义也。[2]经济法学是一种对应然的、超越实在法根据的解答，否则以实然证应然，在智识上存在缺陷。

"文革"结束后，作为全国人大常委会委员长的彭真亲自挂帅落实依法治国理念，在百废待举之际，全力加速立法工作。王汉斌在"文革"前就在彭真麾下任职，受命担任第五届全国人大常委会法制委员会副秘书长兼办公室主任。在彭真的领导下，他甘当"革命军中马前卒"，积极投身于法制建设。在 1986 年所作的《关于〈中华人民共和国民法通则（草案）〉的说明》（以下简称《草案说明》）中，王汉斌的原话是："民法主要调整平等主体间的财产关系，即横向的财产、经济关系。政府对经济的管理，国家和企业之间以及企业内部等纵向经济关系或者行政管理关系，不是平等主体之间的经济关系，主要由有关经济法、行政法调整，民法基本上不作规定。"[3]这个草案说明虽然代表立法机关，但实际上是由一些民法权威起草的，彻底地贯彻了经济行政法倡导者的初衷，将经济法禁锢在调整不平等纵向经济关系。《草案说明》把横向经济关系划为民法调整，纵向经济关系由行政法、经济法加以调整，对后两者不再作区分，这给经济行政法提供了立法的根据。

托马斯·霍布斯的"权威而不是真理制定法律"（Auctoritas，non veritasfacit legem）被卡尔·施密特所援引，其对于《草案说明》的出台始末可谓恰如其分的权威注解，但苏格拉底给尤息弗罗提的问

---

〔1〕 [法]孟德斯鸠:《孟德斯鸠法意》（上册），严复译，商务印书馆 1981 年版，第 2~3 页。

〔2〕 王国维:《中国人的境界》，中国工人出版社 2016 年版，第 149 页。

〔3〕 王汉斌:"关于《中华人民共和国民法通则（草案）》的说明"（1986 年 4 月 2 日在第六届全国人民代表大会第四次会议上），载国务院法制办公室编:《中华人民共和国法规汇编 1985-1986》（第 7 卷），中国法制出版社 2005 年版，第 211~212 页。

题就是：由于神赞同它，它就是神圣的吗？或者说由于它是神圣的，所以他们就要赞同它吗？[1]卡尔·施密特也曾援用魏玛共和时期格哈德·安许茨的名言——"国家法到此为止"——来讽刺法实证论主导下国家法学自我否定的处境。[2]一方面，政策论辩不受权威性前提的约束，并不意味着政策论辩不应当注重权威性前提或素材的引导性功能。如果政策分析者完全抛弃以前的权威性素材，一切从零开始，那么这不仅是愚蠢的，更是可悲的。但另一方面，官方立法的"尘埃落定"不应阻止学者思想的"自由奔驰"。并且，理论的价值恰恰在于脱离和超越当前的实际，永远只有指导实际的理论而非为迎合实际的理论。诚然，《草案说明》与《民法通则》都是经过全国人民代表大会通过的文件，其权威性应该得到尊重，但这里所涉及的问题，毕竟不是法律的具体适用问题，而是一种理论性问题，无论从形式上（也即程序上），还是从实质上，都是可以继续探讨的。首先，对于调整对象发表意见并非是否定民法，对现行法律提出完善、修改的意见是受到宪法保护的言论自由，更是完善法律制度的必要前提，法学家的职责就在于对我们的法律评头论足。其次，《草案说明》的这些结论并非陈述了严格的真理，只是提出了一种意见，而且主要是反映了民法学者的意见，实际上有许多问题并未解决。第一，《草案说明》所说的纵向经济关系与行政管理关系有无区别？与此相关，经济法与行政法有无区别？如何区分？所以把这两种关系、两个部门放在一起并不是解决问题的办法。第二，因为在说明中经济关系、财产关系也是并列的，那么，经济关系与财产关系是不是一个概念？到底有何区别？第三，横向经济关系与平等主体间的财产关系是不是同一意义？平等主体间的财产关系是不是等同于横向经济关系？第四，民法是不是调整全部横向经济关

---

〔1〕　Richard Joyce, "Theistic Ethics and the Euthyphro Dilemma", *Journal of Religious Ethics*, Vol. 30, Iss. 1, 2002.

〔2〕　［德］卡尔·施密特：《论法学思维的三种模式》，苏慧婕译，中国法制出版社 2012 年，导读第 6 页。

系？横向关系由民法调整，那么区域经济关系算不算是横向关系？《草案说明》中诸如平等主体、经济关系、财产关系等基本概念，均需要进一步厘清。诸多问题都有待于进一步探讨解决。刘文华对此《草案说明》一直持严厉批评的态度，认为其概念不清、逻辑混乱，表面上看起草者是试图解决民法、经济法和行政法三者之间关系问题，实际上是确认和廓清民法调整领域，而将经济法与行政法裹在一起，让两者再争下去，字里行间已明白无误地将经济法定格为纵向关系而且明确地定性为不平等关系。

刘文华如是言：

平等主体的财产关系和横向经济关系能不能等同？有的同志说能等同，就是一回事，《草案说明》中说，民法主要调整的是平等主体的财产关系，即横向的财产、经济关系。所以说，人家已经说了，横向的经济关系已经有民法来调整了，你们经济法就不要再说三道四了。但这种说法逻辑混乱，概念不清。大家看《草案说明》中的那句话，民法主要调整的是平等主体的财产关系，即横向的财产、经济关系。这不对吧，你要说平等主体间财产关系即横向的财产关系还可以，怎么多了个经济啊，两个并列啊，这个经济、财产和前面那个财产又有什么区别？我是最不喜欢在概念上做文章的，但在这里就是要抠概念。平等主体的财产关系和横向的经济关系不能等同，不能等同就是说平等主体间有财产关系，平等主体间的关系可以说是横向的经济关系。但平等主体的财产关系却不能等于横向经济关系。经济关系是个大概念，它包括财产关系，还包括平等主体间的组织管理关系。[1]

按照刘文华的观点，《民法通则》是我国法律体系中的一个大法，必须贯彻执行。《草案说明》也应予以尊重，但它毕竟没有直接约束力，表示一些不同意见总还是可以的。《民法通则》将经济法与行

〔1〕 刘文华在天津讲学录音整理未刊稿。

政法的调整对象确定为纵向经济关系和行政管理关系但又不加以区分的做法不甚妥当，而企望通过"一揽子"办法解决国内外争论了几十年的学术问题的意图是不可取的，也难以实现。如果《草案说明》是要解决几大法的争论，那么就应该一块解决，不能只满足了民法学者的要求，而让经济法与行政法再去争论。"而且《草案说明》鲜明地体现了传统民法的二元分治的思想，民法调整平等主体间的财产关系，即横向的经济财产关系。纵向和行政领域交行政法、经济法去调整。这种处理如果科学，我们心悦诚服地服从；但它事实上是在坚持传统模式而漠视已经发展变化了的现代经济关系。在我们看来，纵向经济关系与行政管理关系不能混同，横向经济关系也不能完全由民法调整。如谁对此持异议，我们愿意坐下来共同讨论切磋，谁也不要拉大旗做虎皮，学术问题是不能靠权力解决的。这样做不会影响现行法规的具体的执行和效力，倒能促进法律的改善和法制的进步。对我们经济法界来说，这不应成为裹足不前的羁绊和忌器。"〔1〕刘文华一直对其抱有高度的警惕心和严厉的批评态度。又云："有的同志在著文时全文正面引证《草案说明》，不加任何批评，我也十分不理解。一向在经济法理论方面有坚定功底的同志为什么竟看不出《草案说明》为经济法设下的陷阱，而且还肯定这篇《草案说明》承认经济法是一个独立部门。我在《草案说明》一出台，即对之展开批评。后来也曾肯定其将纵向经济关系与行政管理关系并列，说明两者确有区别；也肯定了它主张内部关系可由法律调整，对它将经济法与民法、行政法并列为三大法律部门也予以一定的肯定。但是这种承认经济法为独立法律部门是《草案说明》不得已而为之。由此终于实现了经济行政法倡导者的初衷，将经济法引向对民法无害，经济法却走上了长久沉重的道路。经济法理论研究中，经济行政法化的倾向已是不争的事实。它使得经济法与行政法的界限日益模糊，经济法面临被异化、边缘化的危险。事实上，有关国家机关及人士都在不同程度上把经济法看成是经济行

---

〔1〕　刘文华在天津讲学录音整理未刊稿。

政法的，这大大贬低了经济法的地位。有些人就认为我们与行政法无多大区别。"〔1〕《草案说明》规定，民法调整作为平等主体的公民之间、法人之间、公民和法人之间的财产关系和人身关系。刘文华在《纵横统一说是经济法的理论基础》中指出："因为纵横关系相联相制，不能根本分裂。而且经济法也确实调整一部分横向经济关系。我历来承认民法是横向关系的大法，但它并不能调整全部横向关系。如果有人反对，请在理论上看看区域经济法学，在实践上看看长三角、珠三角等经济协作区。这些由相邻省、自治区、直辖市组成的协作区，它们之间是平等关系，民法能调整吗？上述理论见解1986年春通过《草案说明》的话语在立法程序中得到确认。"〔2〕

　　经济法在改革开放初期如日中天，红极一时，气势如虹。那时确实有点泡沫，因为民法尚未崛起。顾明是总理秘书时，他说经济法的地位解决了。但实际上，1986年《民法通则》说明中所定下的基调是中国经济法理论发生转向的根源，经济法从此每况愈下，由大变小、由高走低、由热变冷。可以说，经济体制改革催生了经济法，但经济体制改革深化却使之沉寂。有的学者为保持与现行立法的一致性而幡然改变自己的观点，对经济行政法的一些观点趋于认同，导致此后经济法界学术态势大变。在市场经济体制确立后，很多学者对经济法调整对象的认识发生了变化，认为经济法是政府管理经济的法，是国家从社会整体利益出发，对市场进行干预和调控、管理的法律。就其性质而言，其是公法，也就是经济行政法。〔3〕这些学说以国家介入经济运行的方式为出发点，论述经济法的基本概念，虽然在语言表达上有所不同，但若抛开外表视角的差异，我们可以发现，各学说无一例外地认为，在经济法所调整的经济关系中，

<hr/>

〔1〕　刘文华在天津讲学录音整理未刊稿。
〔2〕　孔德周："'纵横统一论'是科学的经济法基础理论"，载《政法论坛》1997年第1期。
〔3〕　吴建依、石绍斌编著：《经济行政法》，浙江大学出版社2011年版，第10页。

国家或政府总是居于主导地位。刘文华感到痛心和不可理解的是，自己于 1983 年在沈阳召开的"全国经济法第一次理论工作会议"上提出的警告，竟没有在经济法学界引起广泛重视，许多经济法基础理论研究者确实自觉不自觉地在宣扬经济行政法的观点和主张。这种经济行政法观点盛行不衰，使得经济法学被长期笼罩在其弥散的阴影之下。令人忧郁的是，由于世界范围内"缩减政府的尺寸"的美式改革模式大行其道，中国在市场经济建构中强调以壮士断腕的精神精兵简政，一些经济法教材将经济法调整对象明确标举为调整不平等关系、服从关系。经济法在理论上过度陷入传统法学的"对象"之争，使自己在初期辉煌一时之后连吃败仗，经济法界的一些人也自觉理亏，开始紧缩调整范围，"举纵弃横"向"经济行政法"滑去，画地为牢。许多经济法研讨会多年来只讲调控、监督、管理、干预，相比之下，对经济法的指导、促进、发展的功能却重视不够。国家干预、服从关系、调控受体这些概念被片面地单独使用，被视为是经济法的基本概念范畴，被视为是经济法的本质与功能的体现。恰如刘文华所言："近几年正在流行的经济法是公法的观点，至少有几点值得商榷：第一，如果在讲资本主义经济法的产生时，认可资本主义社会在 20 世纪出现的'私法公法化'现象催生了经济法，那么在论证经济法的本质时却为何又根本否定了这种变化？第二，如果在总论中认定经济法是公法，那么对在分论中存在的大量保护社会个体的规范，又该作何解释？第三，如果认定经济法是公法，是调整以服从关系为特点的公法，即纵向关系的法，那么在分论中存在的许多调整横向关系的规范又如何解释？第四，经济法既是命令服从性质的公法，那它与行政法如何区分？只用'经济性'是无法区分两者的，因为'经济行政法'也在讲调整以命令服从为特征、以行政手段为主的经济管理关系。"[1]虽然经济法理论研究中的

---

[1] 刘文华："经济法本源论——'社会基本矛盾论'是解释和解决经济法系列问题的理论基础"，载张世明、刘亚丛、王济东主编：《经济法基础文献会要》，法律出版社 2012 年版，第 241~242 页。

"经济行政法化倾向"日趋严重，有些人还为之大唱赞歌，奉若神明，但出现"总论经济行政法化，分论民商化"的格局，可以说发生了方向问题。目前，经济法阵地蹙缩，反而被人指责为缺乏谦抑性。经济法学界的学者过去比较喜欢借用陈云所说的鸟与笼子的关系比喻市场和政府的关系。实际上，国家干预论的经济法学说实际上将经济法本身关进了鸟笼之中，也诱发了一般人对经济法的误解。本来，在德国和法国等大陆法系国家，研究经济行政法或经济公法也是名正言顺的。人们长期以来一直称其为"经济行政法"（Wirtschaftsverwaltungsrecht），在内容上主要涉及（但不是完全）费肯杰在《经济法》中提到的个别调控的特殊经济法下的领域。虽然经济行政法的视角是行政法的视角，亦即国家对于市民的处分，而不是专门的经济法发展的出发点，是对经济上重要自由的限定，但费肯杰对于经济法学者将经济行政法文献中，对其感兴趣的每个问题都考虑进去持肯定意见。经济法一开始就被称为是被确定的经济宪法所影响的法律规定的总和，其前提在德国学术界是得到确定的，致力于经济行政法的研究是正经的循名责实。但在中国，关于经济行政法和经济法的争论却不能不说具有攸关义利之辩的意蕴，关乎经济法的改旗易帜问题，最终只能造成经济法偏安一隅、以偏概全的器局，造成经济法调整手段的错位，造就"弱发展，强管控"的指令型经济管理体制。

在大陆法系中，自莱布尼茨力倡法学即"权利之学"（「権利についての学」，science du droit）[1]而渐树立近代法学之概念后，法律之本位在乎权利、法律与权利同时存在、法律是权利之子、法学乃权利之学的观点几成通论，触及法律必提论权利。权利思维模式

---

[1] René Sève, *Gottfried Wilhelm Leibniz: Le Droit de La Raison*, Paris: Librarie Philosophique J. Vrin, 1994, p. 114；長綱啓典「ライプニッツにおける神の正義の観念—悪の容認の問題を手引きに—」『学習院大学人文科学論集』2009 年第 18 号；张知本：《社会法律学》，上海法学编译社 1931 年版，第 54 页；何任清：《法学通论》，商务印书馆 1946 年版，第 1 页。

虽然在当代仍然具有不可抹杀的意义，但权利体系的相对封闭性和对于社会生活保护利益未穷尽性造成留白。在社会生活变动不居的当代，民法领域权利类型纷繁多样，如同通货膨胀使货币贬值，权利要求的扩大也使权利贬值，[1]大有"权利爆炸"和权利概念被滥用之势。多种价值观念的冲突和多元利益的平衡，使民法的权利思维模式呈现出棘轮效应，如同负重的骆驼般步履沉重，虽全力以赴，也不敷应用，无法有效地适应现实生活中层出不穷的问题，以至于随着权利日益增多，治丝益棼，人的自由空间越来越小。在"权利至上"的理念指导下，设权模式大行其道，寖至形成"权利实证主义"的典型的机械权利思维。其思维范式是：首先在法律上将某种可保护的利益设定为权利的客体，构造出"权利"作为被侵犯的目标，再按图索骥地找权利主客体、内容，然后再讨论救济。[2]按照这种思维逻辑，只有找到相关权利的明白无疑的法律条文规定才能对其进行保护，否则就是现行法制不健全，动辄吁请从速立法以网罗社会生活的方方面面并解决利益的保护问题。对权利的过度讨论乃至矫枉过正消耗了学者太多的精力，以至于我们混淆了、遗忘了未上升为权利的、法律所保护的不确定与不可预期的法益。从社会进步的角度看，无论赋予权利概念多高的评价均不为过，但权利仅仅是法律上保护利益的利器之一，将主观权利的概念作为侵权行为法的核心概念，反而导致主观权利有营养过剩之虞。

　　在私法中，"个人保护"（Individualschutz）和"客观的制度保护"（objektiven Institutionenschutz）两分讨论可以追溯至路德维希·拉塞尔以反垄断法和反不正当竞争法为例提出的观点，竞争法用于客观的制度保护，不同于权利本身的实施，从而超越个人利益。[3]路德

〔1〕　Leonard Wayne Sumner, *The Moral Foundation of Rights*, New York: Oxford University Press, 1987, p. 15.

〔2〕　李海昕："知识产权法益论——包容与超越"，载《电子知识产权》2009年第2期。

〔3〕　Axel Halfmeier, *Popularklagen im Privatrecht: Zugleich ein Beitrag zur Theorie der Verbandsklage*, Tübingen: Mohr Siebeck, 2006, S. 277.

维希·拉塞尔的制度保护理论和费肯杰的框架权理论一样均致力于新兴法益保护的"正名",而在程序法上,费肯杰继拉塞尔之后提出制度之诉,也是基于同样的致思进路。权利与法益二元模式虽然揭示了权利思维模式的局限,但权利与法益之间本身也并非是可以斩钉截铁地一分为二的,而是存在过渡地带。权利本身也并非轮廓清晰,在其外围地带的框架权实际上是一种法益,法益的保护尤其有赖于制度。即便啬于竞争权或框架权的认可,竞争法除了对于权利和法益进行保护之外,制度保护也是不容漠视的。正如迪特尔·梅迪库斯所说,在私法中,"权利绝对不是可有可无的思维手段。要使某个人负有的义务在私法上得到实现,最有效的手段就是赋予另一个人享有一项相应的请求权(此即权利)"。[1]但私法仅仅依靠权利这一思维手段是不够的。权利及权利保护与制度保护并非是一种对立的关系。一方面,权利具有以自身为原因,无须他物为其存在原因的自因性,但另一方面,权利既具相对性,又具相互性;不仅仅具有自我指涉性,而且具有他涉性。以竞争法为例,竞争法固然旨在促进竞争,经济竞争关系建立在对手性基础之上,但并不是鼓励经营者在这种权利实现的过程中都以"作战的心态"到场,否则权利实现的场面必然是非常沉重的。权利在实现自己的过程中不能自足,需他人履行义务来协助完成,将对方作为相应的义务承担人,即视为制度性的合作伙伴,体现了人的自我尊重与相互尊重的一体两相。权利的这一社会性特征要求权利的行使必须尊重和容忍他人的权利,不可逞一己之利而损害他人和社会的利益,应寻求个人权利、他人权利、社会公共权利三者之间的平衡点,使各利益群体的关系能够"水乳交融"而非"针锋相对"。[2]与此同时,权利呼求制度的保护,弥补权利保护的缄默之处,延展权利保护力所不逮之

〔1〕〔德〕迪特尔·梅迪库斯:《德国民法总论》,邵建东译,法律出版社2000年版,第64~65页。
〔2〕费安玲主编:《防止知识产权滥用法律机制研究》,中国政法大学出版社2009年版,第24页。

域，制度保护突破了权利保护的法定主义窠臼，更具兼容性，开辟了新的空间。

按照施密特的观点，在具体秩序的思维里，法学上的"秩序"并不是规则或规则的加总；反之，规则只是构成秩序的一部分，或只是秩序的一种手段。因此，规范和规则的思维，只是在法学任务与活动的完善整体中，从他处导引而来的有限的一小部分。规范和规则无法创造秩序，它们只能在现存秩序的框架中、在现存秩序的基础上，拥有效力规模较小、某程度的管制功能而已。反之，纯粹规范论的特征则在于，有别于决断及具体秩序的规范和规则被加以孤立并绝对化。每一项规则、每一项法律规范都规制了许多个案。这些规则立于个案以及具体情事之上，并因此以"规范"的身份，超越于具体的个案以及变化万端的事实情状与人类意志等单纯事实，去进行某种程度的衡酌思考。[1]将种种具体的秩序身份拆解为一堆或一套规范的做法是不切实际且可惧的。秩序是一种结构性状态。制度是一种状态，也是一种过程。法学的规则思维模式自然不可全盘否定，事实上，制度思维并非与规则思维截然对立，并非是反规则思维，而仅仅是非规则思维。在改革开放初期的中国，学习英语的人通常极其重视对语法的掌握，在考试中语法方面的分值占极大的权重。而实际上，这就是一种幼稚性的表现。这种实践和理念随着时间的推移而被抛弃。学习语法固然对于英语的掌握至关重要，但这并非是熟练掌握英语的全部。对语法干巴巴条款的死记硬背，至多对多项选择题的打钩有所帮助，一旦付诸实践，就会触手荆棘，不知所措。对于法学的建设和法律的移植而言，这种规则思维与制度思维的区别也是同样的道理。

---

〔1〕 Carl Schmitt, *Über die drei Arten des rechtswissenschaftlichen Denkens*, Hamburg: Hanseatische Verlagsanstalt, 1934, S. 13.

第七节　人本与资本：经济法顺生论

"理论只要彻底，就能说服人。所谓彻底，就是抓住事物的根本。但人的根本就是人本身。"[1]

人即学之中枢，此即庄子所谓之"道枢"。[2]休谟在《人性论》中指出："一切科学对于人性总是或多或少地有些关系，任何学科不论看似与人性离得多远，它们总是会通过这样或那样的途径回到人性。"[3]人性是一切科学的"首都或心脏"，各门其他科学都直接或间接地与人性有关，都在不同程度上依赖于人，依赖于人的认识。所以，哲学应该是研究人性的科学，哲学只有把人性作为自身的研究对象时，才能成为其他科学的基础，才算是真正的哲学。休谟认为，社会经济活动是人类"自私"和"贪欲"这种自然本性的结果，"同情是人性中的一个很强有力的原则"，是人类的道德世界的普遍形式。[4]亚当·斯密指出："毫无疑问，每个人生来首先和主要关心自己。而且，因为他比任何其他人都更适合关心自己。"[5]韩非断言人人"皆挟自为心"，[6]人的这种自私自利的本性不能通过后天人为的力量加以改变，也就是根本不可能化性起伪，只有利用法律加以约束。萨维尼认为："法律并无什么可得自我圆融自治的存在，相反，其本质乃为人类生活本身。"[7]

---

〔1〕［德］马克思："《黑格尔法哲学批判》导言"，载《马克思恩格斯选集》（第1卷），人民出版社1972年版，第9页。

〔2〕钱穆：《晚学盲言》，生活·读书·新知三联书店2010年版，第178页。

〔3〕［英］休谟：《人性论》，关文运译，商务印书馆1980年版，第6页。

〔4〕黄家瑶：《经济实践与哲学理性》，上海财经大学出版社2007年版，第197页。

〔5〕［英］亚当·斯密：《道德情操论》，蒋自强等译，商务印书馆1997年版，第101～102页。

〔6〕（战国）韩非：《韩非子集释》（上），陈奇猷校注，上海人民出版社1974年版，第639页。

〔7〕［德］弗里德里希·卡尔·冯·萨维尼：《论立法与法学的当代使命》，许章润译，中国法制出版社2001年版，第24页。

　　从法理上言，法律是为服务人而立的，不是人为法律而设的；法律不是为了政府而生，而政府却是循法律而建。传统中国法的道德人文精神，首先表现在"人为称首"的人文性上。这种人为贵的思想，在唐律上被表述为"人为称首"。这个思想在中国不仅由来已久，且根深蒂固。《尚书·泰誓上》曰："惟天地，万物父母，惟人，万物之灵。"〔1〕在儒家思想指导下的《唐律疏议》在开篇《名例》篇首的"疏议"中说："夫三才肇位，万象斯分。禀气含灵，人为称首。莫不凭黎元而树司宰，因政教而施刑法。"〔2〕在当下，西方把人当工具来使用的文化价值中，人越来越不像有情有感的智慧生命，而是向着有意识的"像人的工具"变态，在将他人视为工具的同时，也下意识地把自己视为工具。由于市场经济作用，现代人异化于自己，异化于同类，异化于自然，不把自己当作活生生的人，而是作为一件待价而沽的商品，交换已成为现代人身上的基本内驱力。人生目标就是在市场上成功地出卖自己，以便获得在现存市场条件下可能得到的最大利润。〔3〕人的身体、头脑和灵魂乃是其资本，人在生活中的学习和工作乃是对之投资，使之生利；人的发展、人格、技术、知识情感都演化在商品中，转化为有利于人格市场上的更高价格，进行有利可图的交易。人的自我价值取决于市场的交换价值，倘若不能有利地被卖掉，就失去了存在价值，故而人的价值只有两种："有用"和"没用"。人唯知尽力适应外界的需要，体验不到自我的存在，成了没有自我的物品。尽管以人为本作为价值目标被宣传，但表达与实践的背离俯拾皆是，人作为国家经济发展战略的工具，美其名曰：人力资源。国家实力之所以如此强大，就是因为人民的消费，人数是经济增长的砝码，所以人口红利使得政府经济

---

　　〔1〕　江灏、钱宗武译注：《今古文尚书全译》，贵州人民出版社1991年版，第204页。

　　〔2〕　（唐）长孙无忌等撰：《唐律疏议》，中华书局1983年版，第1页。

　　〔3〕　[美]埃利希·弗洛姆：《健全的社会》，欧阳谦译，中国文联出版公司1988年版，第143页。

GDP 保持高速增长。从一个小孩生下来，父母就要为此买奶粉、买玩具，送小孩上幼儿园、小学、中学乃至大学，当前名校的赞助费绝非戋戋之数，这是经济保持活力的重要驱动力。人口再生产与经济再生产的交互性被充分利用，人口再生产服从于经济再生产，服从于国家经济竞争战略，人在这里不是目的，人的再生产被作为拉动经济发展的工具和杠杆。以人为本要求以人为目的，而不是以人为手段，要以人为着眼点、出发点和核心，尊重人的尊严，保护人民的利益。这里所说的人包含两个方面：一是单个的、具体的人，二是社会中的人。从单个的人来说，个人的生命、自由和财产非经法律的许可不能侵害。从社会的人的角度来说，个人既有从社会获得生存照顾的权利，同时也要为社会尽自己的义务。具体说来，权利体现的是个人的利益，而义务体现的是公共的利益。个人利益和社会利益之间必须实现平衡。行政法如果以公共服务作为理论基础，必然会忽视单个人的生存权利，这是一种强调人的群体性、忽视人的个体性的表现，是与以人为本背道而驰的。同样，行政法如果以权利为本位，就会导致忽视公共利益，强调单个人的权利。这是一种强调人的个体性而忽视人的群体性的一种表现。

人性若离开自然性，则没根；若离开伦理性，则没本；若离开神性，则迷失方向。真果若如此，却想葆人性、成为人、过人的生活，则断不可能。逻辑上，人性是制度的根源，而不是制度的产物。法律者，依于人情物性而立者也。违人情，拂物性，过犹不及，未有不滋弊者矣。亚里士多德云：人类本来是社会的动物，法律实在是完成这种性质的东西。我们需要的是解释法律的本质，而这个本质需要从人的本性中去寻找。法律的实际意义却应该是促成全邦人民都能进行正义和善德的永久制度。西塞罗云：法律非基于人的意见之上，而是基于本性上的。正因为如此，研究法现象，就必须研究人的本性。贝卡里亚指出，一切违背人的自然感情的法律的命运，就同一座直接横断河流的堤坝一样，或者被立即冲垮和淹没，或者被自己造成的漩涡所侵蚀，并逐渐溃灭。在制定或应用一条法律规则的时候，"不要压制天性"（Don't suppress nature，"警告功能I"），并且"不要遗忘天性"（*Don't forget nature*，"警告功能 Ⅱ"）。[1]要其大端，法必本于人，不可有违天理、拂人情处。中国传统民谚云："官船漏，官马瘦，官养的老爹不长肉。"这其中的道理很简单，因为权利主体缺位，责任主体模糊，所以官府的资产往往被浪费亏蚀。

　　光绪元年（1875年），文祥自知将卧床不起，便向慈禧太后递交了自己的政策遗嘱《密陈大计疏》。其中如是言："说者谓各国性近犬羊，未知政治，然其国中偶有动作，必由其国主付上议院议之，所谓谋及卿士也；付下议院议之，所谓谋及庶人也。议之可行则行，否则止，事事必合乎民情而后决然行之……中国天泽分严，外国上议院、下议院之设，势有难行，而义可采取，凡我用人行政，一举一动，揆之至理，度之民情，非人心所共惬，则急止勿为，事系人心所共快，则务期于成，崇节俭以裕帑需，遇事始能有备，纳谏诤以开言路，下情借以上通，总期人心永结，大本永固，当各外国环伺之时，而使之无一间可乘，庶彼谋不能即遂，而在我亦堪自立，此为目前犹可及之计，亦为此时不能稍缓之图。"[2]王韬、郑观应等在近代的启蒙思想被新中国成立后的历史学家极力称颂，但对于主持同治中兴大局的核心人物文祥，则往往被视为反动派而刻意加以淡化处理。从这段文字我们可以看出，文祥确实极具睿智卓识，切中肯綮。法律制度的成功关键在于俯顺民意，不拂人情。这即是协中之意，也是社会法的理念的体现。所谓形势比人强，即表明客观规律不以人的意志为转移。但另一方面，人心所向，乃大势所趋。法律对人性的尊重本身就是对于客观规律的尊重。在这种意义上，人情练达皆学问，洵为至理名言。西谚云："民意就是天意。"（Vox populi, vox Dei.）此即中国人常说的"民之所欲，天必从之"。[3]顺

---

　　[1]　Wolfgang Fikentscher, *Modes of Thought: A Study in the Anthropology of Law and Religion*, Tübingen: Möhr Siebeck, 2004, p. 71.

　　[2]　（清）赵尔巽等撰：《清史稿（三八传）》，中华书局1977年版，第11 691页。

　　[3]　江灏、钱宗武译注：《今古文尚书全译》，贵州人民出版社1991年版，第207页。

生论主张从人之性，顺人之情。

天道恒利，辅而不为。辅万物之自然而不敢为。人事活动应当辅助万物，使其能够按照自身的特质存在和成长，而不是违背它们固有的本性，强行加以干预。正如刘笑敢所说："'辅'就是从旁辅助、扶助或帮助，而不是直接干预，更不能控制、操纵。""辅"之目的在于给万物"自己、自然、自发的成长和发展"提供适当的条件。司马迁所谓善者因之，其次利导之，而亚当·斯密所倡生计自由主义，全世界至今受其赐者，胥是道也。苟欲强而制焉，则如水然，搏而跃之，激而行之，拂逆其性，终必横决而已。盖大欲难防，流风易扇，制之于此，则趋之于彼。内顺人心，外顺大势，方能兴旺发达，长治久安。如果内忤人心，外逆大势，势必食不甘味，朝不保夕。"譬诸水然，为堤以障之，固未尝不可使之改其常度，移时则或溢而出焉，或决而溃焉，而水之性，终必复旧。"[1]经济法律制度必须人性化，否则不仅不能使法治得到落实，反倒不如人治更贴切人情世故。中国古代讲情、理、法就是这个道理。由此可见，治犹治水，戒鲧之防，效禹之导。

以人为本的核心价值体系。就社会模式来讲，"以人为本"就是讲"人缘关系"。在现实生活中，"人缘关系"仍是基本的人际关系或社会关系，仍是社会结构的基础。而维系这种"人缘关系"的文化核心就是"以人为本"，就是"以仁为本"。对于国家来说，"以人为本"，就是以最广大人民群众为本，即"以民为本"。但人本和民本与西方的个人自由和民主不同，人本是价值基础，民本是价值实体。而民主只具有工具价值的意义。就民主来说，我们追求的是一种目的和程序相统一的民主，即有实质价值和质量的民主，或以民为本的民主，而不是简单的数字民主或数量民主。进一步讲，无论是"人本"还是"仁本"，无论是"人本"还是"民本"，其价值基础都是民生，即广大人民群众的根本利益。

以人为本就是以人为中心，就是人本主义。人本确实注意到了

---

〔1〕 梁启超：《新民说》，中州古籍出版社1998年版，第196页。

人的重要性，但却把以人为本理解为以人为中心，认为以人为本是人本主义的反映。其实，以人为本和人本主义有着根本的区别：首先，两者对"人"的理解不同。后者主要从人和动物相区别的类的意义上来理解人，看到的更多的是人的类存在和类价值，相对多的是强调人的共同性、普遍性而忽视人的社会差异和个性差异。而前者是从人和动物的区别、不同社会群体的人之间的区别、个人和个人的区别三种意义上来理解人的，既看到人的类存在和类价值，也看到人的社会存在和社会价值，还看到人的个性存在和个性价值，尤其是把人看作是现实的人或社会的人，特别强调关注人的个性差异。其次，两者的要素不同。人本主义把人的因素当作经济过程中的首要因素和本质因素。以人为本通过以人为本的管理、服务活动使人得到全面发展。最后，两者的价值取向不同。以人为本以实现广大民众的利益和发展为根本价值取向，强调实现人的全面发展。而人本主义却以个体或少数人的利益和发展为价值取向，虽也讲人的发展，但只是部分人的全面发展，这种价值观实质是个人主义的价值观。

在现代化过程中，"物本"的主导性压制了"人本"的主导性。人们"丧己于物，失性于俗"，成为"倒置之民"。[1]以人为本是社会主义法律的精髓与灵魂。人本法律观实现了对神本法律观、物本法律观、官本法律观的超越，使法律之本从对人的异化而复归于人本身。培根的名言："人民的幸福就是最高的法律。"[2]担任联邦德国首任总理的康拉德·阿登纳在制订国内政策时，把重点放在满足西德人民需要的"肚皮政策"上。阿登纳的政治估计是，如果能够改善人民的日常生活，能够在满足人民对安全的渴望方面取得进展，令人信服地处理人民的面包和黄油等日常生活问题，那么，人民将会在选举时用选票来报答他。谁也不会投票反对送礼物的圣诞老人，是理至显。

---

〔1〕（战国）庄周：《庄子全译》，张耿光译注，贵州人民出版社1991年版，第272页。

〔2〕［英］培根：《培根随笔集》，尹丽丽译，北方文艺出版社2012年版，第154页。

刘文华强调经济法应该坚持以人为本、对人民负责的发展观，即以不断地满足人民的物质和文化生活需要为出发点和归宿的发展观。社会经济的发展，绝不应是为某个人、为少数部分人或局部地方的利益为追求目的，相反，它应该为绝大多数人民的根本利益、长远利益服务。有的人、有的地方不以人民利益为重，不从实际出发，不量力而行，把"发展"当作业绩的象征、升迁的阶梯。马路越修越宽，广场越建越大，政府楼宇越盖越气派。这种拿纳税人的血汗钱为自己树立形象工程的行为，不仅不是什么科学的发展，简直是对国家和人民的犯罪。[1] 以人为本，一切为了人民的福祉，是我国经济发展不可动摇、不可偏离的目标。约翰·加尔布雷斯指出，无论如何也不应当把妨碍经济增长的观点变成一把保护伞，掩盖许多不好的事，对经济增长数字的关心超过对人本身的注意。为此，他呼吁经济发展应当回到重视公共目标的轨道。为了一时之需，很容易放弃远期约束的时间观念；它在造福社会的同时，不但会带来一时的利益分配不公甚至种种罪恶，而且有可能通过压制手段阻塞解决问题的出路。历史一再证明得民心者得天下、失民心者失天下的朴素真理。经济法律制度必须体恤民意，情为民所系，权为民所用，利为民所谋。经济增长固然是人心所向，因为这是使人们过上富裕生活的手段，但经济增长本身并不是目的。

---

[1] 刘文华：《走协调结合之路》，法律出版社 2012 年版，第 312 页。

第一章
价值与工具：经济法法益论

"法律利益"（legal interest；legally protected interest，以下简称"法益"），作为法律调整与法学研究的根本性、基础性问题，[1]在中国经济法研究中，长期被语焉不详的表达（如社会利益、社会整体利益）所矫饰，或者被自以为是的描述所糊弄。当然，深究其背后的原因，我们同样会发现，（自诩为全世界的）西方法理学界关于法益内涵与外延的认识，自始便从资本主义立场和本质主义或者"形式理性主义"（positivism）学术范式出发，仅仅通过截取自身的近代社会治理经验，作为一个法治实验室的检验切片，并试图以此来管窥整个人类法治史的豹身。最终，得出了一个关于法益的自带前提、内含假定的地方性知识结论。西法东渐、西体中用的近代中国法（理）学界，自然难免其俗地在未经反省和倒查西方法益研究结论的理论假设与论证前提的情况下，邯郸学步、东施效颦、以讹传讹。所幸，兼具普适性和本土性的现代经济法治及其实践者，[2]天然地会通过其实践理性和智慧成果，为书斋中的理论研究者上课。也就是说，通过反观和总结兼具历史性、民族性和国别性的经济法治实践经验[3]，

---

[1] 法益既是指导法律适用和解释的方法，也是检验法律适用前提是否正当的依据。

[2] 刘光华："本土性与普适性：中国经济法研究的反思"，载《兰州大学学报（社会科学版）》2011年第6期。

[3] 刘光华："中国经济法与行政法的'混同'：现实图景及原因背景分析"，载《兰州大学学报》2005年第5期。

我们至少可以在法学智识上实现对法益研究结论的祛魅除障。

笔者对作为现代法治代表的经济法领域的法益问题所展开的研究，主要也是沿着上述思路，从揭示中外法理学界关于法益研究结论的内在矛盾出发，指出法益划分标准所存在的双重逻辑标准，并站在兼顾历史与现实、统筹政治与法治的维度，对法益划分标准进行了重新设定；提出了近代资本主义体制确立以来，尤其是被冷战格局下的世界政治经济体制（或者政治经济标准）所掩盖的法益分类的更加基础性的标准，即工具性法益与价值性法益。[1]

源自西方资本主义体制的个体自由主义价值立场，使得在以西方为代表的资本主义法治（rule of law）体制中，法益被当然地私人化、封闭化和个体化。进而，源自西方文明思维和资本主义生产方式的本质主义法学范式，不仅将法益工具化，而且，使得西方法治经验与其社会主流价值完美契合。或者说，它通过一系列高超的法律理性技术，不仅完成了对包括个体、社会组织和国家在内的所有社会主体法益保护的工具化改造，实现了工具性法律利益与私人化利益价值判断之间的苟合，并且以普世价值面目，衍生出了一套极其精巧的"全球化"的法律知识、制度体系和治理方案。也即，近代资本主义"国家社会治理方案"（rule of positivism law）的制度优势与强大势能的密码在于：私人利益价值层面全面而高效地实现了人类工具性法益与价值性法益的有机统一。

这种以私人利益为价值取向的法益制度体系，在助益西方私人资本主义及其全球化扩展的过程中，虽多有斩获并屡创佳绩，但与此同时，西方之外的其他人类社会却愈来愈凸显出其在利益分配方面的制度消极面，甚至其作为国家社会治理方式的阴暗面，沦为西方掠夺世界的非法工具。当代西方社会内部也造成了越来越多的财富分配不公及私人利益与公共利益的冲突对立。法益在整个西方法治体系中被掩盖（如原本服务于公共利益的刑法），甚至仅仅降格存

---

[1] 刘光华、张广浩："祛魅公共利益：基于'价值-工具'法律利益分类范式"，载《兰州大学学报（社会科学版）》2018年第4期。

在于宪法中的"公共利益"条款，只能捉襟见肘地应急灭火，而无法在私人利益主宰的制度体系中真正有效地回应社会的正义呼声。另一方面，第二次世界大战后尤其是冷战格局解体后，被资本原教旨主义者认为即将终结于私人自由资本主义治理的人类社会秩序，不仅没有如期而至，相反却呈现了如上所述西方社会（法律）利益秩序和格局的进一步恶化，以及以金砖国家（BRICS）和新兴市场为代表的非西方社会及其（法律）利益秩序的全面崛起。当然，也包括西方和世界二者间日益加剧的以"9·11事件"为分界线的（法律）利益冲突与对立状态。这种挑战和机遇并存的当代人类社会（法律）利益格局，为我们提供了一个反思进而变革西方中心主义法治格局和法益制度体系的良机。进而，也为包括经济法在内的人类现代法治产物重新立足现实，全面深刻地思考自身制度理念、宗旨和定位，提供了绝佳契机。

总之，冷战格局后的人类社会，仅仅在时间刻度上迈向了现代，[1]其治理方式的现代化或者真正向回应型法治的迈进，有待我们在人类社会治理的法益标准和制度机制上，实现工具性法益与价值性法益的有机统一和再升华。换言之，从私人价值主导的法益向公共价值主导的法益理念和类型的历史转向后，人类法治现代化才能算是真正的展开。因为，所有现代社会关系网络参与者（个体、各类组织和国家）的工具性利益的价值化（公、私利益甚至第三种利益）、法律化与实然化，才是人类社会一切治理方案存在、运行的合法性根源与可持续理据。笔者认为，重视并重塑经济法的法益观，关涉理念的经济法、文本的经济法以及制度的经济法三者之间的融通互证。[2]它不仅在本质上是经济法治实然化的重要通道，同时，它还是厘清经济法与相关部门法间边界的基本尺度。故而，实现法

---

〔1〕 Ugo Mattei, "The Cold War and Comparative Law: A Reflection on the Politics of Intellectual Discipline", *The American Journal of Comparative Law*, Vol. 65, No. 3, 2017.

〔2〕 刘光华：《经济法的分析实证基础》，中国人民大学出版社 2008 年版，第116~121 页。

益研究的范式转型与法益制度体系的完善，对于经济法的发展而言具有深远而重大的意义。

第一节　公共利益：一个被长期误解的脸谱

一、利益的法律被定义及价值立场

（一）利益的法律被定义

利益一词，虽然在中（如《辞海》）外（如《牛津高阶英汉双解词典》）文语境中，通常都被理解为"好处"（Interest：A good result or an advantage for sb/sth），但细究其内核，我们就会发现其含义丰富、面相杂多。目前学界代表性的观点大致有如下四种。

第一，主观欲望说。又称"需求说"，即基于人是万物尺度的哲学考量和心理学现实考察，认为利益是人的一种主观欲求。利益具有人本属性，一旦离开了人类，利益就无处安身，也就不成其为利益了。美国法社会学家罗斯科·庞德关于利益的观点即源于此。他认为，利益是"人类个别地或在集团社会中谋求得到满足的一种欲望或要求，因此在调整人与人之间的关系和安排人类行为时，就必须考虑到这种愿望和要求"。[1]著名的《牛津法律大词典》也将利益界定为个人或个人集体寻求得到满足和保护的权利请求、要求、愿望或需求。[2]

第二，客观实在说。该观点的核心是将利益从形式到内容都看成是纯客观的存在，也即认为利益就是实物性或物质性的东西。如法国大哲学家霍尔巴赫就认为，利益就是"每个人根据自己的性情和思想使自身的幸福与之相联系的东西；换句话说，利益其实就是我

---

〔1〕［美］罗斯科·庞德：《通过法律的社会控制》，沈宗灵译，商务印书馆1984年版，第8~84页。

〔2〕转引自佟丽华、白羽：《和谐社会与公益法——中美公益法比较研究》，法律出版社2005年版，第2页。

们每一个人认为对自己的幸福是必要的东西"。[1]

第三，主客观统一说。这种观点把利益看成是主观与客观相统一的存在，试图实现对前述主观欲望说和客观实在说的超越。根据这一观点，利益的内容是客观的，但其表现形式却是主观的。[2]

第四，关系说。该观点把利益看成是一种关系，也即需要从主体与客体的关系中来把握利益的含义。根据这种观点，利益实质上就是物质关系、经济关系和社会关系的体现。而且，利益就是社会关系，首先还是物质经济关系。如有学者认为，由于利益本身就是社会关系的体现，利益主体自然而然地也就具有了社会性。[3]与前述几种利益论相较，该观点虽然具有一定的抽象性，但较好地刻画了利益的动态性存在。虽然这使得利益内涵不再精确，所指无法具象，但却在另一个层面拉近了思想与现实世界之间的距离。

因此，我们看到了中外大都基于一种综合立场而对利益进行了现代的法律定义。由此可见，利益（本源于利息/效率）尤其是法益，在本性上就是主观与客观的统一，兼具相对性与绝对性，同现经验性与先验性。它不仅是主流法学理论所公认的"定分止争"的法的基本价值之一，同时，还是"人为财死，鸟为食亡"满足人类基本需求的对象。换句话说，利益本质上是一种主观性的价值判断，而利益的载体却是客观性的物质对象，如水、空气、食物、住房等，以及非物质的社会关系及经验性的精神益处。法律不能空泛地保护利益，而是通过保护利益的载体来实现对利益的保护。

而法律上的权利，不过是利益在法律上的定型化、强制化、关系化及金钱化（典型者即以金钱赔偿为样态的民事法律责任类型）。也即，人类本性上的多元化利益诉求及满足途径，被近代资本主义体制通过形式化法律手段强制地资本化或者金钱货币化。依据近代

---

[1]　[法]霍尔巴赫：《自然的体系》（上卷），管士滨译，商务印书馆1964年版，第271页。

[2]　王伟光：《利益论》，人民出版社2001年版，第73~74页。

[3]　王伟光：《利益论》，人民出版社2001年版，第73~74页。

西方资本主义制度内生的国家社会治理方案——法治要求，一切人类社会的纷争，只能被纳入由国家机器垄断的理性化法治解决途径，且只能被格式化为金钱或者被迫选择货币资本（以银行存贷款利率作为一般的赔偿标准），哪怕是弥补人类的精神损害或对灵性组织（如教会）进行利益救济。否则，就只能眼睁睁地看着自己的利益堕落为不受法律强制性保障的自然利益（所谓自然权利或者自然债务的表达，都是非专业的错借误用）。

这样，借助于形式化的利益载体——金钱货币，虽然实现和保障了资本主义"数目字化管理"的内在需求，继而实现了作为地方性知识的西方资本主义生产生活方式及其治理模式，在非西方世界以（贬义的）"殖民化"或（褒义的）"全球化"方式的跨时空普世推广。但是，它又在军事和科技力量的裹挟下，武断地遮蔽了非西方人类社会所长期发展积淀的、能够充分、可持续地满足人类其他利益诉求的有益的地方性知识，强势地剥夺了与之相适应的有效的国家社会治理方案的话语权。与西方自由资本主义价值观相对立的、人类所实际享有的、非常重要也必要的，甚至集体人权性质的物性利益（如部落、社区和集体财产），以及关乎人类提升发展的感性和灵性利益尤其是在包括联合国公约所倡导的同时也是包括经济法、社会法在内的现代国内法所聚焦的具有（准）公共价值性质的经济发展利益与社会保障利益等，即使不是普遍缺位，也只能以零散且不得不的事实状况而尴尬存在。法益要么被错位成"水中月、镜中花"式的利益载体，要么被移位成所有社会成员个体私人利益的共同敌人或公敌（仔细品味从宪法到财产法中关于公共利益征收补偿的规定）。私人利益之外的、包括公共利益在内的诸多人类现实利益，始终无法获得理论与制度上的合法性支持，也无法在法益家族中找到自己的角色并找准自己的定位。

（二）主流法理学关于法律利益的分类

正是基于上述缘由，传统法理学在对利益形态进行分类时，并未严格地说明分类标准和分类意义。其中的一些思想家和理论家，仅仅基于其所处的论证语境和研究领域，为其理论体系建构的方便，而不加层次区分地对利益进行了分类。其中最为典型的是学者常常引证的著名美国法社会学家罗斯科·庞德的利益分类理论。他认为："法律秩序所保护的利益包括三类：个人利益、公共利益和社会利益"，并将公共利益解释为"包含在一个政治组织社会生活中并基于这一组织的地位而提出的各种需求、愿望或要求。"[1]同时，其又将公共利益进一步分为"作为法人的国家利益和作为社会利益保护者的国家利益"。[2]

然而，对于上述法律利益的分类标准和分类意义，庞德只字未提。虽然我们今天已经无法得知庞德本人的真实意图何在，但是，有些原因还是可以从他的其他论著中推测出来的。作为一名法社会学家，庞德对利益的分类是以不同生活领域为出发点的，也即是从个人生活领域、政治生活领域和社会生活领域三元论出发，对利益形态进行的划分。其分类意义或者说这种理论分类的目的及原因有很多，其中较为明显的是实现学说自洽和政治主张建构理论基础。正如庞德自己所解释的："由于承认了这种利益，下列一连串的事情就都确定下来了。未经国家同意，国家不能被控诉；国家所负债务不能用来抵消它所提出的要求；国家不因其官员的行为而受到妨害……"[3]又如"法律制度需要通过三种方式达到法律秩序形成的目的：其一，认可某些利益，如个人利益、公共利益和社会利益……"[4]显然，庞德是透过政治学视角，基于国家本位来看待公共利益的。其将古代称为城邦，现代称为国家的利益，其思想渊源是古希腊的普罗泰

〔1〕　R. Pound, *Jurisprudence*, Vol. 3, St Paul, Minnesota: West Publishing Co. 1959, pp. 235~247；〔美〕罗斯科·庞德：《通过法律的社会控制》，沈宗灵译，商务印书馆2010年版，第40页。

〔2〕　〔美〕罗斯科·庞德：《法理学》（第3卷），廖德宇译，法律出版社2007年版，第181~182页。

〔3〕　〔美〕罗斯科·庞德：《通过法律的社会控制》，沈宗灵译，商务印书馆2010年版，第44页。

〔4〕　R. Pound, *Jurisprudence*, Vol. 3, St Paul, Minnesota: West Publishing Co. 1959, p. 16.

戈拉和亚里士多德等先哲们的政治学说。据考证，普罗泰哥拉是提出公共利益思想的第一人。他对利益的认识是建立在"人是万物的尺度"这一命题上的。他首次把利益和政治联系起来，从利益角度论证了利益和国家、政治的起源。其结论是国家和政治既是人们实现利益的工具，又是合作互助的基础；政治共同体不是信仰者的共同体，而是为了利益之需要所结成的集团。[1]对于庞德的这一理论分类，博登海默也曾批判到："庞德在评价利益的严格标准问题上未予表态，他认为，在一个时期应当优先考虑一些利益，而另一时期则应优先考虑另一些利益……这就给法学家提出了一项不确定的任务。"[2]这种分类的优点在于，提醒制宪者或立法者充分重视公共利益，将公共利益上升到国家任务层面予以保护。但是，这种分类也引发了公共利益与国家利益界限的模糊，会为国家利益无限扩张提供"伪正当性依据"，最终会导致具体层面的国家、集体、社会与个人之间的利益失衡状态。因为，这种从国家本位出发，基于法律秩序建构和社会控制学说而建立的利益格局和政治主张，关注的更多的是当发生利益冲突时，国家秩序、国家尊严和国家安全等国家利益，相对于其他利益的优先性问题。质言之，在庞德看来，公共利益根本不是一个法律问题，而是一个政治问题。因为政治生活在当今社会生活的整个领域都起着主导性作用。

二、公共利益与私人利益：抽象价值性利益形态

（一）法律上的公共利益是抽象价值层面的利益形态。

事实上，德国学者耶林就从利益关系出发，把各种冲突的利益区分为个人利益、国家利益和社会利益三种。[3]应该讲，他该分类

〔1〕 张方华："公共利益观念：一个思想史的考察"，载《社会科学》2012年第5期。

〔2〕 ［美］E. 博登海默：《法理学——法律哲学与法律方法》，邓正来译，中国政法大学出版社2004年版，第155页。

〔3〕 Rudolf von Jhering, *Law as a Means to an End*, Translated by Isaac Husik, Boston: The Boston Book Company, pp. 325~328.

未将公共利益纳入这一利益形态层面，实际上是注意到了利益形态的抽象价值和具体工具两个不同层次。而且，这种分类也更加符合法律调整具体社会生活领域中群己权界关系的特质。也就是说，耶林更加侧重将公共利益当作一个法律问题来处理。庞德与耶林对利益分类标准的不同认识，可能基于如下原因：美国作为典型的判例法国家，法学理论的研究进路主要有两个方向，其一从判例到理论；其二，从其他学科到法学。庞德研究利益问题是在法理学语境中展开的，这一学科的特点更加接近哲学和政治学，自然其所阅读的文献和思想渊源都会影响他对利益形态分类的考量。因此，其分类标准更加宏观、抽象。而研究利益问题的耶林则是从具体法部门领域展开的，走的是一条从部门法问题到法学理论提炼的研究路径。其所阅读的文献及理论基础，更加接近经济学和伦理学等，所以其分类标准就更加微观和具体。

根据现代利益理论，以利益主体为标准，总体上可分为利益个体和利益群体两大部类。再进一步又可分为个人、家庭、集体、集团、国家和社会六个小类。[1]相应地，利益也就分为个人利益、家庭利益、集体利益、集团利益、国家利益和社会利益。在此基础上，我国学者认为："严格按照主体标准划分，可将利益分为个人（家庭）利益、集体（集团）利益、国家利益、社会利益。根据内容标准划分，又可分为物质利益和非物质利益等。按照主体来划分，通常成为利益分类的主要方法。"[2]无独有偶，英国学者韦德从主体标准出发，在行政法的语境中也作出了完全相同的分类：个人利益、集体（集团）利益、国家利益和社会利益等逻辑层次上并列的四种利益形态。[3]国内外学者可以说，就这一分类标准基本达成了一致

〔1〕 王伟光：《利益论》，人民出版社 2001 年版，第 90~93 页。

〔2〕 符启林、罗晋京："论社会公共利益和经济法"，载《河北法学》2007 年第 7 期；孙笑侠："论法律与社会利益——对市场经济中公平问题的另一种思考"，载《中国法学》1995 年第 4 期。

〔3〕 ［英］威廉·韦德：《行政法》，徐炳等译，中国大百科全书出版社 1997 年版，第 10 页。

观点。

因此，研究利益问题，应当首先明确利益分类的严格标准、分类意义，不应将不同层次的利益形态混同使用，进而导致学术论证和法律界定的困境。笔者认为，利益形态应首先区分抽象价值和具体工具两个基本层面。公共利益，是相对于私人利益的概念，[1]两者均属于抽象价值层面的利益形态。在此基础上，再进一步严格进行具体工具层面的不同分类。另外，值得注意的是，虽然公共利益本身是抽象价值层面的，但是，当在具体的利益关系和特定语境中将公共利益涵摄于某一载体时，其表现形式或利益投射则是具体的。质言之，公共利益可以具体化或类型化。因此，有学者主张："公共利益既是抽象的，又是具体的。"[2]

（二）法律上的私人利益亦是抽象价值层面的利益形态。

私人利益，又称个别利益。这里的"私人"，正如法律上的"人格"一词，是一个抽象的主体概念，既可具体化为个人（民法上称为自然人），也可具体化为法人（如具有法人人格的企业或组织）、非法人组织以及国家。在我国，国家作为全体人民意志和利益的代表，既是国家政权的承担者，又是国有财产的所有者。基于政权履行行政管理职能时，其角色是行政法主体，在其参加民事活动时，

───────────

　　〔1〕　也有学者在其论著中将私人利益称为"个别利益"，虽用词迥异，但所指相同。因为这种利益并不指向特定的利益主体。其主体可以是单数，也可以是复数。例如，从地域标准来看，相对于国家整体的利益，该国家内某一地区、某一省市的利益属于私人利益或个别利益，而国家利益则相对地属于公共利益。但该文以利益主体为标准，将"公共"视为是一个抽象的主体的观点，本书则不敢苟同。因为即使将公共看作是一个主体，它也是复数的，甚至是复合性的。这种分类不但不会使公共利益问题清晰起来，反而会造成更大的混乱。参见蔡乐渭：《论行政法上的公共利益——以土地征收为中心的研究》，中国政法大学 2007 年硕士学位论文，第 40、74 页。

　　〔2〕　陈宏光、曹达全："抽象而具体的公共利益"，载中国法学会行政法学研究会编：《修宪之后的中国行政法——中国法学会行政法学研究会 2004 年年会论文集》，中国政法大学出版社 2005 年版，第 599~607 页。

又是一种特殊的民事主体。[1]因此，在政治领域，国家的角色是主权者，议会是国家的政治代表，享有立法权；而政府作为国家的行政代表，享有行政权，其角色是全能政府、权力政府。在经济领域，民商法语境中的国家角色被法律转换成了与自然人、法人和非法人组织并列的平等主体。在经济法语境中，国家则根据其参与的经济活动及扮演的具体角色，借助经济管理者、具体国有资产所有者（国有企业）和国有资产的总的所有者（国资委）等身份存在。[2]国家通常不直接以自己的名义干预经济，而是由政府基于经济管理职能，代表国家作为最主要的干预主体。在市场经济条件下，政府变身为有限政府、民主政府和责任政府。[3]由此可见，虽然国家是一个抽象的概念，但是在具体的社会关系领域内，其扮演的角色是具体的。正是由于其角色的不同，主体所代表的利益在层次性和优先性上也千差万别。即便是国家利益、政府利益、集体（集团）利益，在某些利益关系中也可能是私人利益。也正因此，以布坎南为代表的公共选择理论就认为，政府也是"理性人"，其随时准备谋求自身利益最大化。

总之，在法律上，无论是个人利益、集体利益，还是国家利益，都既有可能是私人利益，也有可能是公共利益。只有在具体的利益关系中，具体问题具体分析，才能对此予以辨别和解释，因为它们处于不同的逻辑层面。

三、"价值-工具两层次"法益分类理论的意义

我们在此提出了"抽象价值-具体工具两层次"理论，进而将法律利益分为抽象价值和具体工具两个层面，其主要的理论意蕴如下：

第一，这一利益分类标准和理论，为我们提供了一把区分各种

---

〔1〕 王利明等：《民法学》（第3版），法律出版社2011年版，第91页。
〔2〕 中国人民大学的刘文华和史际春分别从不同角度深刻地表达过这一观点。
〔3〕 李昌麒主编：《经济法学》（第2版），法律出版社2008年版，第133页。

与公共利益相关概念的"金钥匙"。因为，根据上述研究进路，公共利益和私人利益是抽象价值层面的利益形态分类；而在具体工具的层面上，一般又根据利益主体标准分为个人利益、集体利益、国家利益和社会利益四类。这样，我们的"抽象价值-具体工具"两层次理论，对于区分公共利益和其他相关利益概念具有巨大的助益。例如，对于最易混淆的公共利益与社会利益之间的关系，通过这一理论就会变得清晰起来。一方面，公共利益是抽象价值层面的利益形态，而社会利益则是具体工具层次的利益形态。诚然，社会也是一个较为抽象的概念，但在普通人的观念中，将社会视为一个具体的主体是能为绝大多数人所接受的。另一方面，公共利益是不特定多数人的利益集合，而社会利益则是特定社会成员的利益。而特定与不特定正是抽象价值与具体工具分野的基本要素之一。

因此，在国务院制定的《征地拆迁条例》公开征求意见期间，有学者认为，条例中关于公共利益的界定笼统而宽泛，应增一个排他性条款：以商业开发为内容的征收不得被认定为公共利益的需要。[1]实际上，他们的言外之意应该是，包括地方政府和企业在内的任何社会主体的私人利益，均不能成为对他人工具性法益（载体）进行征收的合法性依据和理由。

第二，该理论可以有力地解释，为什么有学者认为"相对于集体利益、社会利益和国家利益等相关概念，公共利益是一个上位概念"。[2]因为，相对于下位概念，上位概念只有更加的抽象，才能包容、涵摄和统领下位概念所描述或指称的具体对象特征。质言之，越是具有上位特质的概念，其抽象性也就越强。

第三，这种分类也有益于解释，为什么有些学者将公共利益视为是一种抽象价值，而不是具体工具的利益形态。例如，哈耶克认

---

〔1〕 "北大学者就拆迁条例再上书 称公共利益界定难"，载 http://news.163.com/10/1226/01/6OPTAO7K00014AED.html，最后访问时间：2018 年 12 月 4 日。

〔2〕 胡锦光、王锴："论我国宪法中'公共利益'的界定"，载《中国法学》2005年第 1 期。

为，自由社会的公共利益概念绝不可被定义为所要达到的已知特定结果的总和，而是一种"抽象的秩序"。[1]其进一步解释道："个人行为规则为之服务的普遍利益（即公共利益），乃是由那些被我们认为是法律规则之目的的东西构成的，即整体的抽象秩序；这种抽象秩序的目的并不在于实现已知且特定的结果，而是作为一种有益于人们追求各种个人目的之'工具'被维续下来。"[2]对于"由法律规则之目的的东西构成的"，弗德罗斯解释为："公共利益既不是个人利益的总和，也不是人类的整体利益，而是一个社会通过个人的合作而产生出来的'事物价值的总和'。"[3]无独有偶，我国学者陈新民也认为："任何一个公益的产生，必定有一个或数个背后之价值要素，而这些要素可以追溯至宪法理念，要解决公益的冲突，根本之计，可在诸些价值要素之间做一个价值比较。所以公共利益是一种价值概念，且是种正面价值评断的概念。"[4]正是因为公共利益是一个高度抽象的价值概念，基于语言本身的局限性和法律调整能力、范围的有限性，对公共利益进行全面精确的科学"定义"，是法律不能承受之重。

第四，这一分类标准也有利于解释中国传统文化将公与私视为同一范畴的概念，而并不将公共与个人放在同一语境层面讨论的原因和根据。据考证，在中国古代，公共是一个相对于私的范畴。《辞源》将公共解释为"公共，谓公众共同也，异与私"。《韩非子·五蠹》曾指出："自环者谓之私，背私者谓之公。"[5]这样一来，中西

〔1〕［英］弗里德利希·冯·哈耶克：《经济、科学与政治——哈耶克思想精粹》，冯克利译，江苏人民出版社2000年版，第393页。
〔2〕［英］弗里德利希·冯·哈耶克：《法律、立法与自由》（第2、3卷），邓正来等译，中国大百科全书出版社2000年版，第7页。
〔3〕［美］E. 博登海默：《法理学——法律哲学与法律方法》，邓正来译，中国政法大学出版社2004年版，第325页。
〔4〕陈新民：《德国公法学基础理论》（增订新版·上卷），法律出版社2010年版，第255、259页。
〔5〕（战国）韩非：《韩非子集释》（上），陈奇猷校注，上海人民出版社1974年版，第1058页。

方文化对于公共利益与私人利益的认识在抽象的逻辑层面上就达成了一致，都将这一范畴的利益形态，从错综复杂的关系中解脱出来，作为分析具体层面利益关系的工具性概念。

第二节　价值性法益的正确打开方式

一、工具性法益与价值性法益：法益的基础性分类

至此，我们是否可以得出这样一个初步的结论，（源自近代启蒙运动以来的）现代主流法学理论中关于法益的分类，隐含或者省略了一个更加基础性的法益分类，也是一个更加接近利益的人本与多元特性的分类——基于价值判断的法益分类。从这一分类出发，我们至少可以获得这样一个认识：目前，除了公共利益之外的主流的法益类型及体系（如个体利益、社会、集体、团体利益和国家利益等），实际上都属于工具性法益，与工具性法益相对应的另一个基础分类包含了私人利益和公共利益的价值性法益类型及体系。当然，在工具性法益和价值性法益之间，还存在着非常复杂而有趣的排列组合关系。

"法益"概念源自西方并被出口到全球的主流法理学。表面上看，在包括《牛津高阶英汉双解词典》《牛津法律大词典》《布莱克法律词典》等在内的权威的日常和专业词典中，我们都找不到"私人利益"与"公共利益"等如此基石般重要的法律概念，也无法查找到独立且完整的词条释义（虽然在词典相关词条项下的例句中有"public interest"词组的使用），但是结合关于法益的分类体系，我们就会非常清晰地看出，其对私人利益心照不宣的悦纳，以及对公共利益的百般刁难。因为，所有的工具性法益背后所现实承载并经验地指涉的都是私人利益，它在主流法益分类体系中虽表面缺席，实则呈现的是上帝般的无处不在和无所不能。恰恰相反，公共利益在缺乏内涵界定与外延框设的语境下，又被尴尬地并列置身于工具

性法益之间，[1]既降低了它的品格（同时还很有可能被包括政府、强势社会组织等所挟持滥用），同时也无法在工具性法益实现框架和机制中得以实然化，而使其威信丧失殆尽。而且，这使得公共利益成了一个学术界百思不得其解的"谜"，"对公共利益概念的界定已成为学术上的一种罗生门现象"。[2]

由此来看，将公共利益与个体利益、社会利益并列的主流法益分类体系，人为地混淆了不同分类层次上的法律利益形态，有意给公共利益概念戴上了一个普洛透斯（Proteus）的面具，使其成了法学领域内变幻无穷、无一定式且充满了迷幻色彩的"罗生门"。

实际上，那个与奥斯汀一起，师生二人携手将西方法（理）学从政治学、伦理学、宗教学等知识体系中独立出来的英国功利主义法学家边沁于一开始就提出：法律一般的和最终的目的，不过是整个社会的最大利益而已。"边沁不仅主张善即是一般幸福，而且主张每个人总是追求他所认为的幸福。所以，立法者的职责是在公共利益和私人利益之间造成调和。"[3]他提倡个人利益第一，虽然个人利益应与公共利益相统一，但真实存在的还是个人利益。社会公共利益是许多私人利益的相加，增进私人利益，就增进了整个社会的利益。[4]

所以，21世纪的人类法理学具备了回应现实的能力和正本清源的条件，即让利益回归其第一特性价值判断；同时让公共利益和私人利益能够平等和谐地引导人类其他工具性利益的法律实现，最终

---

〔1〕　借用德国法学家克里斯提安·史塔克的宪法基本权利双阶论证理论："这种双阶的论证方式，主要目的是避免过早地把自由所必然带有的公益关联性提到基本权的构成要件中讨论。自始就把某特定对公益有害的行为类型排除于保护领域之外的基本权利，只是极少的例外，并不多见。基本权利构成要件与基本权界限的法释义学上的区分，可以大大降低因窄化基本权保护领域所造成对自由之不当限制的危险，且可强制公权力对基本权利做限制时必须论证，说明理由。"

〔2〕　陈新民：《德国公法学基础理论》（增订新版·上卷），法律出版社2010年版，第228页。

〔3〕　[英]罗素：《西方哲学史》（下卷），马元德译，商务印书馆1976年版，第329页。

〔4〕　付子堂："对利益问题的法律解释"，载《法学家》2001年第2期。

保障和促进人类的全面发展和人类社会的可持续进步。也即，需要我们在法益的分类体系中加入一个更加基础性也基本性的价值性法益与工具性法益的分类。同时，能够全面、深入、系统地结合实践、回应需求。如，研究私人当事人与公益诉讼的关系、社会公共利益与社会利益及社会治理的关系问题、革命英烈人格法益保护的法理依据，以及作为理性经济人的政府的私益的法治约束和保障等前沿问题。剔除（至少警惕）主流利益知识和法益理论中的混乱表达，如公共，是指属于社会的，公有公用的。社会利益，也称"公众利益"，与"个人利益"相对，是社会整体生存和发展的各种需要。集体利益，与"个人利益"相对，是指各个集体的共同利益（《辞海》与《中国大百科全书》中的相同释义）。还如，公共，特指由政府提供的满足公众普遍需求的，或者与政府及服务相关的。（Public：1. Provided, especially by the government, for the use of people in general；2. Connected with the government and the services it provides.）（《牛津法律大词典》）也即，中外（法律）知识中，大都将价值性的公共利益与工具性的社会利益和集体利益混用，[1]并将其与工具性个人利益对立；或者将价值性公共利益等同于工具性政府利益。[2]

---

〔1〕 如在评价城市征地拆迁所出现的"钉子户"问题时，所常见的司法和媒体话语逻辑：这次旧村改造是惠及猎德村全体村民的重大事项，具有富民优生的重大意义，猎德村整体改造计划涉及全体村民的切身利益和其他村民的公共利益。"钉子户"没有按照猎德公司通知的时间搬迁，已经延缓了改造计划的实施，实际上对村集体的经济利益和其他村民的合法权益构成了影响。因此，在有详细具体的安置补偿标准可供执行的前提下，几人应迅速腾空涉案宅基地并交付拆除。这也是4人服从大局，积极配合猎德公司早日完成改造的应有之责。"广州'钉子户'案宣判 法院称影响集体利益"，载 http://house.focus.cn/news/2008-01-05/417535.html，最后访问时间：2018年12月4日。

〔2〕 非常有意思的是，"public"作为法律概念的定义，在英国法律和美国法律体系中存在细微但重大差异。Public, adj. 1. Relating or belonging to an entire community, state, or nation. 2. Open or available for all to use, share, or enjoy. 3. (Of a company) having shares that are available on an open market. Public, n. 1. The people of a nation or community as a whole〈a crime against the public〉；2. A place open or visible to the public〈in public〉.《布莱克法律词典》（第8版），汤姆森WEST公司2007年版。不同于将公共利益限定于政府（哪怕是广义）利益的古老不列颠英帝国的法律，作为它的现代接班人的美国法，务实

二、价值性利益与工具性利益的关系

公共利益在具体工具层面的应用，需要借助不同的判断标准。也就是说，对于哪些利益是公的，哪些是私的，都需要基于一定的标准进行判断。公共利益的抽象性或不确定性主要表现在两个方面：利益内容的不确定性和受益对象的不确定性。相对而言，利益本身是一个中性的概念，其内容虽然包括物质利益和精神利益，但是，在法律领域，运用公共利益概念发挥其规范功能时，主要是在财产权领域。即使是在用公共利益概念限制作为无形财产的知识产权时，也仍然处于财产权的领域内。因此，受益主体的不确定性才是判断公益的重点和难点。传统判断标准大体有如下几种：美国《布莱克法律词典》将"公共"解释为：①作为一个整体的国家或社会的"人民"（people）；②某一对公众开放或可参观的地域空间。[1]可见，这一定义为公共利益概念的界定提供了两个标准：地域标准和人数标准。这两种标准在德国公法学界，都曾得获过充分的论证。提倡前者的是德国学者罗厚德，而主张后者的是德国学者纽曼。[2]近年来，理论界又发展出了一种新的判断标准——圈子理论或称间接判断标准，即以"某圈子之内的人"作为公众的相对概念，从反面间接地定义公共。所谓"某圈子之内的人"，是指由一范围狭窄之团体，例如家庭、家族团体，或成员固定之组织，或某特定机关之雇员等之类，加以确定的隔离；或以地方、职业、地位、宗教信仰等要素作为界限，而其成员之数目经常是少许。[3]该理论同中国著名社会学家费孝通的"差序格局"理论非常相似，其实质都是将地域标

（接上页）地让公共利益向作为统一体的社区、政府和国家等的工具性利益敞开了怀抱。实际上，这就变相地回应了我们关于价值性法益与工具性法益之间关系的理论猜想。

〔1〕　See *Black's Law Dictionary*, St. Paul, Minn. : West Publishing Co. , 2009, p. 1348.

〔2〕　陈新民：《德国公法学基础理论》（增订新版·上卷），法律出版社 2010 年版，第 231~235 页。

〔3〕　胡锦光、王锴："论我国宪法中'公共利益'的界定"，载《中国法学》2005 年第 1 期。

准和人数标准两项要素综合起来。圈子内的人为己（私），而圈子外的人则为群（公），群与己的界限是都是相对的。[1]由此可见，这几类标准都侧重于对公共利益"量"的判断。然而，正如陈新民在其论著中得出的结论："现在，对公益概念的研究重点宜于从'量'转向对'质'的方向之上来。"[2]笔者正是基于这一理论出发点，提出了"抽象价值-具体工具"利益分类两层次理论，以期通过结合上述三种"量"的标准，达到在最广量、最高质上区分公共利益与相关利益概念的目的。

（一）公共利益与个人利益

在汉语中，个人利益是一个与私人利益关系十分密切的概念，传统理论有时甚至会不加区分地混同使用两者。但是在英语和德语中，个人或个人的（personal、德语 persönliche）与私人或私人的（private、德语 privat），是两个完全不同的概念。因此，在法律上，就个人利益与私人利益的关系来讲，个人利益是具体工具层面的，而私人利益则是相对于公共利益的抽象价值层面的利益形态。反之，个人利益是私人利益在具体工具层面的表现形式。

由于公共利益与个人利益处于不同的层面，两者实质上并不存在交叉关系。对此，有学者提出公共利益与个人利益是辩证统一的关系的观点。[3]实质上，这就是将个人利益与私人利益混同使用的结果。真正辩证统一的乃是处于同一层面的公共利益与私人利益。在哲学层面上，两者的确是既对立又统一的关系。在具体经济层面上，个人利益是什么属性，需要在相对的参照系与比较系的具体利益关系中才能确定。例如，严格地讲，相对于集体利益、社会利益，个人利益是私人利益，而前两者属于公共利益。单独说个人利益是私人利益，是没有实用价值的。

---

[1] 费孝通：《乡土中国》，北京出版社 2005 年版，第 29~41 页。

[2] 陈新民：《德国公法学基础理论》（增订新版·上卷），法律出版社 2010 年版，第 258 页。

[3] 叶必丰："论公共利益与个人利益的辩证关系"，载《上海社会科学院学术季刊》1997 年第 1 期。

（二）公共利益与集体利益

传统理论认为，公共利益包含集体利益，但是这种包含关系成立的前提是，在一个具体的利益关系中，集体利益相对于谁的利益才能被称为公共利益？也就是说，这需要在参照系与比较系的语境中，具体问题具体分析。因此，更加准确地讲，相对于个人利益，集体利益是抽象价值层面的公共利益在具体工具层面的表现形态。从概念位阶的角度看，公共利益是上位概念、抽象概念，集体利益是下位概念、具体概念。从地域标准判断或人数标准看，例如，在一项小区的房屋拆迁项目中，相对于该小区中的某一拆迁户的利益，小区全体居民的利益是集体利益，也是公共利益。而相对于该小区所处的旧城改造项目而言，该小区居民的利益又转化为了个别利益、私人利益，而整个城区拆迁居民的利益才是集体利益，进而是公共利益在具体工具层面的表现形态。若根据圈子理论来下判断，如果将小区看作一个"圈子"，相对于圈子内的居民集体，圈子外的属于公共利益；如果将某一特定拆迁户视为一个圈子，那么，小区就属于圈子外。圈子外就是集体利益，亦是公共利益。[1]

当然，在实然存在着乡村和城镇两种具体的集体经济形态，以及集体所有制经济和集体经济组织作为经济基础和经济组织形态的以中国为代表的特色社会主义社会中，集体利益作为一个特定的法律概念，在很多法律文本（如《民法通则》）和法治语境下，又主

———————

〔1〕　目前，国内学界依然存在着对抽象价值性法益和具体工具性法益混淆讨论的情形。就刑法所保护的法益而言，自国家垄断刑事惩罚权力，以公力救济替代私力救济以来，不管是传统的刑法还是现代刑法。正如其立法宗旨所开宗明义地宣誓的那样，"保护国有财产和劳动群众集体所有的财产，保护公民私人所有的财产，保护公民的人身权利、民主权利和其他权利"，也即都是在隐含价值性公共利益的指引下，实现对具体工具性利益的保护。此处的公共利益价值可以进一步具体化为价值性的集体利益，但离开国家、集体和公民个体的工具性利益，刑法无法直接保护价值性集体或公共利益。从这个角度讲，如果说民法与刑法所保护的工具性利益没有差异，那么，它们分属私法和公法不同法域的根本依据应该就是民法保护私人利益而刑法维护公共利益。当然，我们在现实中需要警惕和反思的是，以国家与集体的工具性利益替代价值性公共利益。孙国祥："集体法益的刑法保护及其边界"，载《法学研究》2018 年第 6 期。

要指由集体经济组织独立享有和主张的工具性法益。也即，"集体利益"概念表达在汉语（法律）语境下具有歧义性和暧昧性，它同时指称工具性法益和价值性法益。这就要求不管是立法者还是研究者，将"集体利益"作为法律概念使用时，都一定要明确其语境和语用。当然，笔者建议在汉语法律语境下，将"集体利益"固化为工具性法益的所指，而对于价值性法益形态的集体利益，则以中国立法所公认的"社会公共利益"取代之。这样，既能实现现有学术资源的合理分工，又有利于最大限度地凝聚学术共识。

（三）公共利益与国家利益

在公共利益的相关概念中，最难判断的就是公共利益、国家利益和社会利益三者间的关系。究其根源，在于中西文化、政治制度和经济体制等方面的差异，这使得他们对国家和社会概念本身的认识产生了分歧，继而导致了公共、国家与社会三者之间存在不同的利益关系格局。

在西方，根据国家（政治社会）与市民社会二元理论，在资本主义和市场经济出现之前，国家和社会的关系是高度融合的，政治生活几乎占据了社会的全部，因此，那时的学者多将城邦利益与社会利益等同起来。随着资本主义和市场经济的形成与发展，国家与社会也相应地分离了开来。当二者的关系发展到极端程度时，国家和市民社会便对立起来，各自代表不同的利益领域，国家更多地侧重政治利益，而社会则更多地侧重代表经济和文化领域的利益。相应地，国家利益与社会利益之间的界限也就变得比较清晰了。[1]

---

〔1〕 邓正来、〔英〕J. C. 亚历山大编：《国家与市民社会：一种社会理论的研究路径》，中央编译出版社1999年版，第77~100页。在现代汉语中，"市民社会"一词，乃是一个舶来品，它源自英文的"Society"，经日语"Shakai"转译而来。该词最早的涵义可被追溯到古希腊，在当时系指一种"城邦"（Polis），后经西塞罗于公元1世纪转译为拉丁文"Societas civilis"。其不仅意指单一国家，而且也指称业已发达的城市中文明政治共同体的生活状况。公元14世纪，这一含义为欧洲人所广为采纳，并译为现今通用的英文"Civil Society"。在近代，政治自由主义理论认为，市民社会先于国家而存在。而真正将市民社会作为与政治社会（国家）相对应的概念，并在学理上加以区分的，是黑格尔。

在中国传统文化中，家国同构的观念占据了主导地位，国家和社会的界限非常模糊，并且在社会主义制度和高度行政集权的计划经济体制下，国家利益和社会利益是高度融合的。因此，中国经济法学界有学者认为："就国家利益和社会公共利益而言，有时很难找出它们的区别，因为在我国社会主义条件下，国家利益和社会公共利益从根本上是一致的。"[1]在此格局下，公共利益在国家与社会之间，自然没有了生存空间。当公共利益这一抽象价值层面的利益形态被投射到具体工具层面时，三者便成了一个"同心圆"。但是，随着改革开放和经济体制转型，国家逐渐适度缩小对经济领域的干预，国家与社会逐渐分离，当抽象价值的公共利益被投射到具体工具层面时，便会出现与前两者的交集。总之，在中国改革开放之前，基于国家本位，国家利益高于一切利益的主导思想势必会导致国家利益范围的扩张和社会利益范围的退缩，形成一种视国家利益为公共利益的格局。随着改革开放、体制转型和制度变迁，社会各界也越来越重视对个人利益、社会利益的保护，在逻辑层面上，国家利益的范围开始缩小，个人和社会利益的范围开始扩大，公共利益也就不再完全等同于国家利益了。

（四）公共利益与社会利益

在中国法的学理上和立法例上，都有将社会利益和公共利益结合在一起的用法。例如，有学者指出："在进行市场经济建设注重效率的同时，还应提防社会公共利益受到损害，重视对社会利益的保障。"[2]存在这种认识的深层历史根源在于，中国改革开放前实行计划经济，政治利益、统治阶级的利益取代了"普遍人"的利益，造成了生产力水平的萎缩和社会活力的下降。为此，改革开放后，

---

〔1〕　李昌麒主编：《经济法学》（第2版），法律出版社2008年版，第80页。
〔2〕　孙笑侠："论法律与社会利益——对市场经济中公平问题的另一种思考"，载《中国法学》1995年第4期。在立法例上，2007年的《城市房地产管理法》第20条就使用了"根据社会公共利益的需要"的表述。对此，学者解释道："社会公共利益就是能够为广大人民群众所能享有的利益。"参见李昌麒主编：《经济法学》（第2版），法律出版社2008年版，第80页。

中国转向市场经济体制，国家权力撤出经济生活，社会与国家才开始两相分离。根据西方的国家与市民社会二元理论，在国家（政治社会）与市民社会高度统一的情况下，社会利益与国家利益是重叠的；在社会与国家分离的情况下，两者分别代表不同的利益领域，但都从属于公共利益。[1]因此，根据"抽象价值-具体工具"两层次分类理论，公共利益是一个上位概念，是抽象价值层面的利益形态；相对于公共利益，社会利益则是个下位概念，是具体工具层面的利益形态。

笔者认为，社会利益不是公共利益本身，而是公共利益在具体工具层面利益关系中的投射。社会利益的界定，需要根据特定语境和具体利益关系，特别是国家与社会之间的具体关系来具体分析。第一，从主体角度，公共利益的受益主体是不特定的多数，而社会利益的受益主体是相对特定的社会成员的利益。第二，从利益关系的角度看，相对于个人利益和集体利益，社会利益无疑是公共利益。第三，就国家利益与社会利益二者关系而言，需要在特定的国家制度、经济体制以及社会与国家的融合或分离程度的语境中具体分析。在高度融合的情况下，国家（政府）统领了整个社会，政治的、经济的和文化的利益都由国家代表，基于国家本位，国家利益自然就是公共利益；在高度分离的状态下，国家利益侧重代表政治利益，社会利益侧重体现经济和文化利益。理论上，在政治领域，基于国家本位理念，国家利益无疑是公共利益，而在经济、文化领域，基于社会本位宗旨，社会利益则被视为是公共利益。这就合理地解释了，为什么大多研究政治学、法理学、宪政行政法学的学者都倾向于将国家利益解释为公共利益，[2]而研究民商、经济法学的学者则更倾向于将社会利益解释为公共利益，而结合性地使用"社会公共

〔1〕 胡锦光、王锴："论我国宪法中'公共利益'的界定"，载《中国法学》2005年第1期。
〔2〕 同庞德一样，我国法理学界也有学者将国家利益视同为公共利益。参见沈宗灵主编：《法理学研究》，上海人民出版社1990年版，第61页。

· 128 ·

利益"这一概念。

（五）公共利益与其他相关概念

除了上述四种具有同一并列逻辑关系的利益外，还有一些利益相关概念（如共同利益、群体利益、阶级利益、公共需要、公共事业、公序良俗、公共福祉、公共政策、公共用途等），在理论上和立法上，也存在容易混淆的情形。

首先，根据严格的学术与非学术用语分类，共同体或群体是社会学概念，阶级是政治学概念，共同利益、群体利益属于日常用语。当我们用这些概念解释国家利益时，国家利益往往侧重于政治利益，主要是统治阶级的利益。但是，就国家内部统治阶级与被统治阶级之间的关系而言，在少数人充当统治阶级的情况下，统治阶级的利益并不全都是公共利益，而只是统治阶级的私益（政权利益）。但是，由于统治阶级掌握着国家政权，为了达到自己的目的，常常把自己的利益说成是社会全体成员的共同利益。[1]在这一特殊语境下，社会利益是公共利益，国家利益相对来讲是抽象价值层面的私人利益。

其次，公共需要、公共事业、公共福祉概念大都来源于大陆法系国家的立法例。而公共政策、公共用途则主要被援用于普通法系国家。具体到各个国家或地区的宪法及法律术语，公共利益概念的措辞可谓是指称相近，用词迥异，形态纷繁，精粗有别。据考察，大体包括如下几种措辞：在大陆法系国家中，作为法国宪法的组成部分，《人权宣言》使用的是"公共需要"的概念。该法第 17 条规定："私人财产神圣不可侵犯，除非当合法认定的公共需要所显然必需时，且在公平而预先赔偿的条件下，任何人的财产不得受到剥夺。"在德国，《德国基本法》第 14 条同时使用了"公共福祉"和"公共利益"两个法律术语，以求精确释明二者在"质"上的区别，极大地体现了德国立法者在用词严谨和抽象思维方面的智慧与能力。而日本则同时吸纳了大陆法系和英美法系的传统与智慧，以"拿来

[1] 《马克思恩格斯全集》（第 1 卷），人民出版社 1972 年版，第 609 页。

主义"的方式，在其宪法中同时使用了《德国基本法》的"公共福祉"和《美国宪法》的"公共用途"。《日本宪法》第 29 条第 2 款规定："财产权之内容，应适合于公共福利，由法律规定之。"第 3 款规定："私有财产，在正当补偿之下可收归公共用途。"《韩国宪法》则另辟蹊径。其第 23 条第 3 款使用的是"公共事业"的措辞。在英美法系国家，英国作为典型的判例法国家，并没成文法典明确使用"公共利益"的概念。但是，按照《元照英美法律词典》的解释："在英国，更多用以表述公共利益的措辞是公共政策（public policy）。"[1] 在美国，《美国宪法》主要使用"公共用途"（public use）这一措辞。而还有一些国家在整个宪法、法律术语中，只字不提公共利益或与之相近似的概念，而是使用了较为具体的术语，如国家利益、社会利益与公民合法利益等具体指称，从而避免使用不确定的、抽象的公共利益这一法律术语，以确保法律适用的确定性。如《俄罗斯联邦宪法》第 35 条、《俄罗斯联邦民法典》第 279~282 条和《俄罗斯土地法典》第 1 条第 1 款、第 27 条等。由此可见，上述利益概念都是抽象价值的公共利益在立法例上的具体表现形态。

最后，对于公序良俗与公共利益的关系，学术界始终存在争议。根据通说，公序良俗包括两个方面：公共秩序和善良风俗。有学者认为："公共利益不同于公序良俗。其涉及的内容非常宽泛，不仅仅包括了有关涉及公共利益的内容，也包括了社会中最基本的道德规范。公序良俗更多地强调一种秩序，而公共利益主要强调的是社会公益。公序良俗主要应用于评价和调整私人之间的法律关系，而公共利益则主要用来作为规范国家和个人关系的标准。"[2] 另有学者在考证各国家立法例后得出如下结论："公共秩序与善良风俗都是公

---

〔1〕 薛波主编：《元照英美法词典》，法律出版社 2003 年版，第 1117 页。

〔2〕 王利明："物权法草案中征收征用制度的完善"，载《中国法学》2005 年第 6 期。

共利益在限制私法自治时具体化或类型化的具体表现形态。"[1]笔者认为，中国受到日本等法治后进国家的影响，先学习抽象理论，再将这种综合了中西结合的法学理论转化为法律规则。在这一过程中，势必在立法的措辞上，更倾向于采用更加抽象的词语。因此，在我国的立法例中，并没有出现公序概念，而是用公共利益予以替之。

第三节　社会公共利益：经济法价值性法益的体现与实现

　　行文至此，如果对中国特色社会主义市场经济法律体系的各组成部门及其法律文本展开一个实证考察，我们就会发现，不管是基于部门法的公、私法属性，还是根据法律文本检索数据的统计分析，公共利益都主要作为国家利益与其他法律主体利益冲突的化解准据，以及国家权力介入干预私人市场活动和社会生活的合法性依据而存在的。所以，在整个中国特色社会主义法律体系的七大部门中，我们都能够发现公共利益的身影。当然，它又是以或"正常"或"变异"的形态，与"价值-工具"两个层次的法律利益家族成员"有机"地并存于（甚至一个独立的）法律文本中。

　　通过对这种"极端的正常现象"进行比较分析，并借助实践的"三昧真火"，就能达到检验我们前述理论范式及结论含金量的目的。

----

　　[1]　在公共秩序与善良风俗两者之间的关系上，各主要大陆法系国家有三种不同的做法：第一种是以法国为代表的、以公共秩序概念为主导的做法。法国把罗马法上的善良风俗概念与本国法习惯法上的公共秩序概念相结合，创造了"公序良俗"一词。善良风俗被视为是公共秩序的一部分。第二种是以德国为代表的、以善良风俗概念为主导的做法。它主要是基于语言学上的考虑，因为将法语上的公共秩序译成德语将使人民难以理解。第三种做法是将两个概念合成为"社会妥当性"，以日本为代表。这种立法例在解释上认为，所谓公共秩序是指国家社会之一般利益，所谓善良风俗是指社会的一般道德。参见李永军、胡亚妮："民法上的公共利益考"，载陈小君主编：《私法研究》（第8卷），法律出版社2010年版，第97页。

一方面，在以宪法为代表的经典公法中，公共利益天然具有合法性；同时，我们前述分析中已重点讨论了各国宪法文本中的公共利益表达；再加之，现行《宪法》中，只有第 10 条、第 13 条两个有关征收的条款涉及"公共利益"，却有十多个条款涉及十分具体的工具性利益概念，如城乡集体经济组织合法利益、个体企业、私营企业等非公有制企业合法利益、中国境内的外国企业利益、其他外国经济组织利益、中外合资经营企业的合法利益、中国境内的外国人的合法利益、妇女利益、华侨正当利益、归侨和侨眷合法利益、少数民族合法利益、民族自治地方利益，等等；更有部分条款中包括了非常主流的工具性利益，如国家（祖国）利益、集体利益、个人利益等等。这种法律利益的分类和立法模式，展现出了浓厚的中华民族分殊主义思维方式，实现了对各社会阶层、社会群体利益的兼顾。

同样的情形也发生在以民法为代表的典型私法中。如最初的 1986 年《民法通则》就没有出现抽象价值层面的公共利益，而是以独创的社会公共利益、社会公德、社会经济秩序代之。相反，它却更多地使用了工具形态的国家利益、集体利益、他人（包括第三人）权益、被代理人利益、被监护人利益等概念，甚至进行了更加具体的国有财产、集体财产和公民个人财产分类。而后，2017 年新近颁布的《民法总则》在保留国家利益和社会公共利益概念的前提下，不仅引进了公共利益，而且，还在条文中大量引入了公序良俗、公益目的以及不当利益等价值形态的利益概念。不仅如此，它所使用的具体工具形态利益的丰富度，远远超过了《民法通则》。如它在进一步形式化的国家利益、法人利益、民事主体（当事人、他人、相对人）利益之外，更加凸显了胎儿利益、限制民事行为能力人利益、被监护人利益、被代理人利益、继承人利益、出资人利益、债权人利益、会员共同利益等等。

综合上述，公、私立法中公共利益作为私人利益的防火墙，占有非常独特和重要的位置。而且，在某种程度上，在包括《物权法》《民法总则》等在内的私法文本中，其公共利益表达与宪法的公共利益条款之间，不仅形成了一种等值移位的生动局面，使我们无法解读出二者的实质差异，而且，在独具特色的中国民事立法中，它还呈现出了抽象价值形态的利益分类正在日益取代具体工具形态法律利益的发展趋势。[1]

　　但是，我们是否就可以止步于此，如很多经济法研究者一般，得出公共利益是经济法的价值性法益的基本结论，并顺利完成我们关于经济法的法益观的论证任务呢？

　　实际上，不管是基于经济法主流学术观点（如第三法域说），还是对现代立法文本进行经验统计和理性分析，甚至对现代经济学关于人类生活基本需求的私人物品、公共物品和准公共物品予以全新认识，都提示并告诉我们：在以经济法为代表的第三法域中，价值性法益发生了历史变迁。经济法的价值性法益是一种介于私人利益和公共利益之间的第三种法益形态。

一、经济法价值性法益的概念表述

　　诚然，目前经济法学界，对经济法部门应当囊括哪些单行法律，尚未达成完全一致的意见。但根据国家司法考试教材的分类，《土地管理法》和《城市房地产管理法》等被明确纳入了经济法部门。[2]通过对经济法中的《土地管理法》《房地产管理法》《反垄断法》《商业银行法》等法律概念措辞进行考察，我们可以发现：其中，既有使用社会公共利益，又有使用公共利益，还有使用国家利益等来表述或指称经济法的立法宗旨、行为正当性要件以及限制征收权，以保护合法私有财产权的制度功能。

　　2003年《商业银行法》第8条并列使用了国家利益和社会公共利益两个概念；2004年《土地管理法》第2条第4款和第58条使用

---

　　〔1〕　对于中国主流公、私法律文本中关于公共利益概念的语词表达及其背后的语用功能演进，我们将从法律语言学角度专文另述。
　　〔2〕　国家司法考试辅导用书编辑委员会编：《2013年国家司法考试辅导用书》（第1卷），法律出版社2013年版，第353~372页。

的均是公共利益概念。2007 年《城市房地产管理法》在同一法律文本中，同时出现了公共利益和社会公共利益的法律概念。该法第 6 条规定："为了公共利益的需要，国家可以征收国有土地上单位和个人的房屋，并依法给予拆迁补偿，维护被征收人的合法权益；征收个人住宅的，还应当保障被征收人的居住条件。具体办法由国务院规定。"而其第 20 条和第 22 条使用的又都是社会公共利益。2007 年《反垄断法》第 1 条将公平、效率、消费者利益和社会公共利益四个词并列使用；第 28 条又单独使用了社会公共利益的概念。也即，经济法的价值性利益形态，在中国经济立法中表现为一种全新的形式，即社会公共利益。

二、基于法益两层次理论的检验与解释

那么，为什么会出现上述独特（略带混乱）的措辞现象呢？是立法者的有意所为，还是疏忽大意呢？笔者认为，正是由于立法者期望更加精确地表达经济法的社会本位理念，在注重与宪法上相关原则与制度相衔接的同时，在制度设计上创造性地在公共利益前面加上了"社会"的限定，为包括经济法、社会法在内的现代法部门的价值性法益找到了一个恰当的栖身之所。其理由如下：

第一，根据"抽象价值-具体工具"利益两层次分类理论，公共利益是抽象价值层面的利益形态，社会利益是具体工具层面的利益形态。在社会本位理念的主导下，立法者会自然而然地将公共利益投射到代表经济领域的市民社会当中，在制度设计上尽量体现出一种社会利益优先的立法宗旨，于是将公共利益和社会利益合二为一，统称为"社会公共利益"。

第二，国家利益和社会公共利益并列使用，则更加体现了经济法学界所普遍主张的公私交融、官民合作的利益格局。在经济领域，社会利益为本位，国家利益为辅助。这一判断的假设前提是国家与市民社会的适度分离，尽量体现国家与社会的平衡协调，以克服改革开放前存在的国家吞噬社会、个人利益的格局。通过强调对社会利益和个人利益的保护，并有意识地在社会利益一边加重公共利益

优先性的"砝码"，以达到国家利益与社会利益平衡协调，携手共进的目的。

第三，《反垄断法》第 1 条作为立法宗旨或立法目的，将公平、效率、消费者利益和社会公共利益四个词并列使用，释放出了更加强烈的利益两层次理论的气息。首先，公平、效率都是抽象的价值概念，将社会公共利益与其他基本价值概念并列使用，完全体现了公共利益的价值概念属性。这表明，其并非是一个单纯的利益的具体工具形态。只有在抽象逻辑层面，公平、效率与公共利益才具有共通性。这里的公共利益实质上就是"秩序"的同义转述。因为，在经济领域，公平有效的市场经济秩序，乃是反垄断法追求的终极价值目标。至于消费者利益与社会公共利益并用，主要是基于在消费者与生产者之间，消费者处于弱势地位，经济法律倾斜式地保护弱者的立法思想和价值取向，在这里被具体化了。也就是说，此处的消费者利益，乃是"自由"价值的同义转述。因为，垄断导致的直接后果就是"不自由"。原本自由竞争的市场被垄断者或其行为所限制，而《反垄断法》在总体设计理念上，就要反其道而行之，对垄断者进行反限制，把不自由的市场调控或者规制为自由的市场。因为根据经济学理论，在不自由的市场中，最终的受害者或者说交易成本的最终承受者是消费者。所以，经济法最应当直接保护的对象当然是消费者利益。故此，《反垄断法》第 1 条完全可以被解释为："本法以维护经济秩序（社会公共利益）和公平、效率、自由四种法律价值的平衡为立法宗旨。"

不仅如此，社会公共利益作为经济法的独特价值性法益的提出，在理论上，有助于反思基于公共利益的"经济法公法观""经济法国家本位观"，以及基于私人利益的"经济法企业本位观"；有助于对经济法学界目前应取得的较为一致的观点，如"经济法社会本位观"、经济法社会利益、社会整体利益等进行全面、准确的理解与内部改进。在实践中，还有助于我们准确地把握国家主导权与企业基础地位或者市场发挥资源配置的决定性作用与政府更好作用之间的辩证关系，从工具性法益和价值性法益角度厘清国家利益、政府利益与公共利益、社会公共利益的合理边界，真正实现经济法的公私交融独特法品格，助推"国民共进"的混合经济等第三条道路。

特别是借助经济法等现代法域的全新法益观，来祛魅民法帝国主义下私益成为所有利益/法益代名词和代言人，进而改变工具性个体利益成为法益本身的观点，再进而改变政治经济学上的私有化成为宏观政策的唯一合法性依据等重大政治和社会命题。真正还原利益/法益本身的完整性（公、私益兼具）和丰满性（价值性法益和工具性法益共存），并在可能的情况下，有重点地进一步探索、培育和深化价值性法益的新形态——"社会公共利益"（commons）及其实现方式和途径。

三、经济法价值性法益的实现机制

事实上，既往学者关于经济法的批评与反对（甚至包括一些支持），主要都是从工具性法益角度入手的。学者从工具性法益的角度，认为经济法治（包括法律文本到法治实践）中"借用"了民事手段、行政手段（公益的行政管理和私益的行政救济）和刑事手段（公共利益？）等法律调整手段或者利益实现机制。所以，要么导致经济法自身缺乏独立性的理论推论，要么导致经济法是公法（公共利益诉求）的理论结论，甚至经济法是（不同于民法个体本位的）国家本位，进而在国家（各级政府）天然代表公共利益的错误结论指导下的极"左"的所谓"经济法治实践"，以及各种引发真正公共利益受损的群体性事件，最终葬送了经济法的理论声誉和实践依托。

虽然，经济法学界基于经济法治实践启迪或者自身实事求是的学术本能，也下意识地感到了经济法的法益不同于传统民法的私人本位/私人利益和行政法的国家本位/公共利益，进而提出了所谓的"社会本位/社会整体利益"等可能接近事实的论断，但却又缺乏既能衔接主流法益理论同时又规范而实证的逻辑论证。

从超越私人利益主导的法益体系，实现工具性法益和价值性法益全面的、有机的再统一视角，我们不仅需要对经济法的工具性法益依托传统的法益实现途径与机制，进行适度创新，[1]而且还需要关注经济法独特价值性法益。具体而言，就是需要大力关注社会公共利益的实现途径和机制。

社会公共利益，作为一种抽象价值层面而非具体工具层面的法益存在，其实现机制需要借鉴并超越传统工具性法益的实现机制，尤其是司法和准司法程序，而因事制宜、与时俱进地革新和重构。

在经济法治各环节中，不管是社会公共（利益）政策制定（public policy making），还是基于经济管制机关第四种权力的国家监管（包括监管性征收，regulative taking），以及狭义社会公共利益诉讼所保护的不特定多数人的消费权益、环境权益、社会保障、劳动保护利益，包括社团自治所服务的法益（当然，需要区分其中的工具性法益和价值性法益。社团进行行业垄断则基于工具性法益，而社团代表行业或者会员维权则是价值性法益的实现）等，都是经济法的价值性法益——社会公共利益——的具体体现。当然，也有必要指出的是，现实中，由检察机关在民事公益诉讼名义下探索的、服务于各种侵权导致国有资产损害赔偿等的民事公诉活动，在本质上代表和维护的还是政府工具性利益，属于私益诉讼范畴。

也即，比之古典时代的军队、警察、监狱和法庭等纯公共物品或者公共服务，现代经济法、社会法领域所聚焦的价值性法益，是介于公私益（物品）之间的准公共物品，或者更准确地说是社会公共利益。而这种社会公共利益的实现，主要通过不同于传统司法诉讼的多元化实现机制（如社会公共利益相关者共同参与、平等协商的小型议会、论证会、研讨会、圆桌会议等程序和隐、显性机制）来实现。具体而言，以管制性征收为例，征收是社会公共利益实现的结果，而各种论证会则是实现的程序机制。所有的国家管制政策措施（regulation）的合法性来源，只能是服务、保护和实现社会公共利益。不管是宪法包括物权法中的公共利益征收条款，或者司法机关基于公共政策的司法审查（public policy review，包括司法体制

---

〔1〕 史际春主编：《经济法》，中国人民大学出版社 2005 年版。

内部对于下级的裁判以及对来自外部尤其是外国的裁判），它们都只是各种私人利益语境下的工具性利益的防火墙，并非是（社会）公共利益的实现机制。但是，它们同时也是（社会）公共利益作为实质正义是否实现的重要保障和客观检验。否则，（社会）公共利益很容易堕落成为"法治看上去很美"的形式化借口，或者强势者强取豪夺的合法外衣。

当然，中外宪法征收条款本身直接将价值性利益——公共利益——作为私有制国家社会治理体系下高于私人利益，进而高于任何工具性利益的终极裁判标准的最高法公开与明示，又反证了（社会）公共利益具有与私人利益一样的价值。而在公有制社会主义治理体系中，价值性（社会）公共利益如同私有制下的主流价值私人利益，也当仁不让地无处不在却又隐现。但是，极端僵化公有制或者公共利益价值标准（如一大二公）的失败，又在于这种标准过于超前或者颠倒了人类社会发展以及人性需求实现的历史与经验顺序。当然，这种标准也颠倒了私人利益与（社会）公共利益之间的格局序位，以及工具性利益和价值性利益的现实关系。

随着改革开放和内部市场化进程的加深，我国从三资企业法到宪法，再到物权法的公共利益征收条款，才开始反向规定公共利益，而且依然具有社会主义中国的法治特色。在中国特色法治语境下，为了公共利益而征收私人利益（涵盖各类主体的工具性法益）是目的，补偿私人的工具性法益（包括各级地方政府和国有企业的工具性利益）是手段和非前置条件。

具体而言，作为经济法价值性法益的社会公共利益，应通过两次法律适用来实现。首先起动于经济法中的各类主体的工具性法益。如果它们属于同一价值性法益范畴（如私人利益），那么，就依据工具性法益实现所要求的"程序正义"（due process）及其背后的逻辑结构，保证其中隐含的实体正义——也即私人利益的实现。如果争议的工具性法益属于不同的价值性法益范畴，那么随后才进入不同价值性法益的平衡（此即当下司法领域热捧的"利益平衡原则"的本质所在），按照私人利益让步公共利益的原则进行裁量。当然，其中的重点和难点转化为：价值性法益与工具性利益的科学界定与合理区分。比如，破产法中，个体债务优先于国家税收和行政处罚，并非是私人利益优先于公共利益，国家税收和行政罚款依然是工具性利益，而且是私人利益。在私人利益主导的私法领域中，基于历史、现实和逻辑的合理性，个体的工具性利益必然优先于政府与国家的工具性利益。如对破产清算剩余财产的分配，个体债务优位于国家税收和行政罚款等公法债务。而计划体制下的社会主义破产法，之所以反向规定，是因为将政府的工具性私人利益，混同为公共利益。而破产清算费用和职工安置费用优先于私人债权以及国家的税收和行政罚款的立法，其优先保障为制度运行成本和大多数人生存利益的目的，才真正是私法和私人利益领域的（社会）公共利益优先的制度体现。

　　私人利益的封闭性，辅之以资本主义的民主竞争政治体制、个体主义文化传统和自由市场经济模式，导致二者的重叠、同化与固化；主流的法治的私益价值就完美、融洽地隐身或者藏身其后。仅仅在公私利益冲突的情况下，才通过宪法和民法，尤其是物权法的征收（taking）补偿条款，让价值性法益——公共利益——初露狰狞，但它也依然是为了保障价值性私益的优先、优越地位而存在的。至此，这让人不由想起公益和私益作为价值性法益，第一次映入法学家视野时就被安排的宿命——乌尔比安将公、私益作为公、私法划分的初始标准时，就赋予了私益高于公益的价值优越地位。

　　当然，这种占据当今法学主流地位的法益分类理念与模式，还在更大范围与更深结构中隐含和映射了西方法治的思维根源与法治特色，即这种逻辑二分法导致了人们对法益理解的先天割裂性。如果缺少来自外在观察者的整合，就无法得到关于法益认识的全貌。如果说整个人类的法治（rule of law）方案隐含的是私人市场价值利益主导的国家社会治理，那么，至少在公法领域中，如乌尔比安氏所言，也还是由公益主导的，恰如西方各国（美国除外）国名所蕴含和揭示的那样——republic west。

　　进而，如果走出西方及其法治模式，特别是利益格局、法益分类的上述思维与制度的特性与局限，放眼世界，至少东方社会的统一世界观，可能（并且实质上存在着）对公私益不同于西方的理论诠释与制度安排。恰如中文对"republic"更加传神的翻译——共和，因为，如果进一步切分，"re + public = 共 + 和"的话，那么，"public interest"就应该是"和益"或者"和合""和谐"等，这是一种更加高层级的价值判断而非事实利益的切割，是裁判者的准则，而非讼争者的主张。同样的宪法征收条款，特色法治语境下的表意重点就会发生变化，"为了公共利益（public interest）"，就可以对其他任何工具性法益进行适当补偿后进行征收，也即"公共利益"（public interest）在价值上优位于"私人利益"（private interest），进而也揭示了社会主义政经体制与中国根深蒂固的家族主义文化传统之间的浑然一体。虽然历经四十年的市场化改革，作为市场法治化身的民法、物权法中出现了不同于宪法征收条款的规定，但是，结合国家的征收补偿行政规章、司法解释和具体操作等行动中的法（law in action），我们又会发现：这种市场化的征收条款表达，其形式宣誓大于实质意义。因为，在以（公）地为主和以（公私）房为主的征收于中国特色法治语境下，实际上有两种（为了公、私益）征收并存的格局。

由于"社会"缺乏现实的工具性制度载体，必然导致与同样缺乏工具性制度载体的"公共"（public）之间的边界模糊与载体混淆。公共利益、社会利益和社会公共利益的共时性并存，消极的方面会产生多向混淆；而从积极的角度，其也真实地再现了古老中国的现代社会经济及法治转型的必然与化身。"社会公共利益"这一独特价值性法益形态揭示了经济法的法益所兼具的公共利益价值属性和社会利益的工具属性。同时，这一形态也还进一步指出了社会公共利益之外的社会私人利益的存在空间，这样就为培育价值性社会私人利益，进而为工具性的社团及社会利益找到了制度载体。

第二章
经济法秩序论：基于资本财产权运行逻辑的研究

秩序在一般意义上理解，就是一种有条理、不混乱的状态。按照《辞海》的解释，秩序指人或事物的次序、位置，有整齐守规则之意。[1]从现代意义上来说，"秩序，乃人和事物存在和运转中具有一定一致性、连续性和确定性的结构、过程和模式等"。[2]而人和事物的存在和运转中之所以会形成这种一定的一致性、连续性和确定性的结构、过程和模式等，有一定的根源。从西方哲学的角度来看，由于有个"逻各斯"的存在，"它给了世界以和谐的秩序"。[3]早期的斯多亚派认为："由于自然有内在的逻各斯，发生的一切事件，包括自然和社会、伦理事件，都有原因与后果，都有严格的因果关系的必然性。"[4]从中国传统哲学的角度来看，是有个"道"的存在。最先发现"道"的老子指出："道生一，一生二，二生三，三生万物。"[5]他认为，道的存在是世间万物秩序得以存在和保持的背后逻辑。

---

〔1〕 参见夏征农、陈至立主编：《辞海》（第6版彩图本），上海辞书出版社2009年版，第2954~2956页。

〔2〕 卓泽渊：《法的价值论》（第3版），法律出版社2018年版，第335页。

〔3〕 〔德〕H. 科殷：《法哲学》，林荣远译，华夏出版社2002年版，第13页。

〔4〕 姚介厚：《西方哲学史（学术版）——古代希腊与罗马哲学（上）》（第2卷），凤凰出版社、江苏人民出版社2005年版，第984页。

〔5〕 胡适：《中国哲学史》（上），新世界出版社2015年版，第39页。

经济秩序是秩序的一种。自从人类社会进入 19 世纪以来，资本财产权[1]逐渐成为欧美社会的主导性财产权类型，资本财产权的生存和活动的环境——市场，对经济体制的控制以及社会整体产生了决定性的影响，社会成为市场的附属品，社会关系日益嵌入经济体制之中，而非以前的经济行为嵌含于社会关系之中，经济因素对人类社会生存产生了极端的重要性。[2]从事物的主要矛盾和次要矛盾来看，能否形成以资本财产权为主导的市场经济秩序，成为人类社会的主要矛盾，成为人类社会得以生存和维持的一种最为重要的秩序要求。这一经济秩序的良善与否，也就决定了人类社会的生存与发展状态的良善与否。正如道格拉斯·诺斯和罗伯斯·托马斯所指出的那样："所有权始终置于一个社会的制度结构之中，新所有权的创造需要新的制度安排，以确定和说明经济单位可以协作和竞争的方式。"[3]为了建立起一个资本财产权占据主导地位的社会良善经济秩序，围绕着资本财产权主体之间以及资本财产权主体和其他相关主体间有效协作和竞争的一系列法律制度不断被制定出来，经济法应运而生，经济法逐步成为一国经济秩序形成和维护的基本法。

从本质上说，经济法是一种系统地规范资本财产权整体有效运

[1] 笔者在以前的文章中曾将"资本财产权"命名为"增量财产权"，将"自用财产权"命名为"存量财产权"。随着研究的深入，笔者发现"资本财产权"和"自用财产权"这对概念更能准确表述出上述两类财产的特征和品性，所以笔者就以"资本财产权"和"自用财产权"这对概念替换了"增量财产权"和"存量财产权"这对概念。参见王宇松："论增量财产权与经济的可持续发展"，载《西部法学评论》2014 年第 1 期；王宇松："经济法主体行为放大效应的形成机制及对经济法的影响"，载《湘潭大学学报（哲学社会科学版）》2014 年第 2 期；王宇松："增量财产权：经济法的核心权利"，载《江西社会科学》2014 年第 8 期；王宇松："市场主体的权利体系研究——以资本财产权为视角"，载《学术论坛》2014 年第 11 期；王宇松："论消费者权益保护法的双重价值对国际贸易的影响——以资本财产权为视角"，载《湘江青年法学》2015 年第 1 期。
[2] 参见 [匈]卡尔·波兰尼：《巨变：当代政治与经济的起源》，黄树民译，社会科学文献出版社 2013 年版，第 129 页。
[3] [美]道格拉斯·诺斯、罗伯斯·托马斯：《西方世界的兴起》，厉以宁、蔡磊译，华夏出版社 2009 年版，第 9 页。

行的新型财产法。所谓资本财产权，是一种建立在交换价值基础上，在功能上专门用来满足人们追逐利润、实现财富增殖的财产权。马克思在他的《资本论》中对它的活动和自我发展运行的规律做了深入研究和详细描述。一般来说，资本财产权为了有效地实现自身的交换价值，让自己的财富增殖功能保持旺盛的活力，在 $G \rightarrow W \rightarrow G'$ 的活动和自我发展运行中，表现出了流动性、开放性、扩张性、不确定性、风险性、放大性、共享性等突出的性质、特征和运行规律。这些性质、特征和运行规律就是资本财产权的逻各斯和道的外在表现，当然也就成了经济法学理论和制度体系的逻各斯和道。顺应资本财产权流动性、开放性、扩张性、不确定性、风险性、放大性、共享性的自然法要求，立法者制定出的经济法律制度及在这些制度下形成的经济秩序，也都将是资本财产权自身善的体现和展示。这些与资本财产权自我的实在相一致，得到了资本财产权自身的最高的善。从经济法的本体及存在的价值和意义角度来说，经济法也就达到了自身最高的善。

　　通常来说，一般而论的后果主义是一种目的论的道德理论，这种理论把善或价值作为一个道德理论的出发点，并在这个基础上，试图用某种方式来说明道德的正确性。[1]从资本总公式 $G-W-G'$ 中，我们可以发现，资本财产权的生命维持和存在方式都是运动。在 $G \rightarrow W \rightarrow G'$ 周而复始的运动循环中，资本财产权的生命活力得以延续，存在方式得以展示，满足人们财富增殖的功能得以实现。在这种周而复始的持续循环运动中，良善经济秩序的存在十分重要，这是资本财产权有效运行和功能实现的基本保证。遵循资本财产权流动性、开放性、扩张性、不确定性、风险性、放大性、共享性等性质、特征和运行规律制定的经济法制度在运行过程中形成的流动性秩序、开放性秩序、扩张性秩序、不确定性秩序、风险性秩序、放大效应秩序、共享性秩序等现代经济秩序，可以实现资本财产权的最大化效用，让资本财产权本性中好的或有价值的东西得以充分地服务于

---

〔1〕　参见徐向东编：《后果主义与义务论》，浙江大学出版社 2011 年版，第 6 页。

人类社会。从目的论角度来说，这些经济秩序的形成，既是资本财产权目的的实现，也是经济法目的的实现。从结果论角度来看，这些秩序的形成和良好运行的结果也就成了资本财产权功能有效实现并服务于人类价值的一种良善结果。当然，这两个角度也都印证了这种经济秩序本身的道德正确性和价值所在。

第一节　流动性秩序

流动性秩序的形成是资本财产权运行首先需要具备的基本条件，从资本总公式 G-W-G′ 我们可以看出，不论是从 G→W，还是 W→G′，都需要处于流动之中，整个经济法制度运行中形成的经济秩序，首先就表现为一种流动性秩序，这与资本财产权存在的方式和价值所在是相一致的，是资本财产权功能实现的必要条件。从整个资本性财产运行的全流程和最终使命来看，这一秩序的建立是正当的，是资本财产权自身的善的必要展开，是有价值的。

一、流动性产生的原因及表现

交换价值是不同使用价值交换的比例关系，我们也可以将其顾名思义地理解为在交换过程中实现的价值。也就是说，交换价值需要借助于不同的商品形式作为载体，永不停息地进行交换流转。在这个不断的交换流转过程中，交换价值的新陈代谢才能得以维持，交换价值自身才可以不断成长、壮大。也只有如此，其生命价值才能得到不断体现，其生命能量才能被不断激活释放。可见，永不停息地进行交换流转，既是交换价值的存在方式，更是它生命价值的实现方式。这就决定了建立在交换价值基础上的资本财产权具有流动性。

资本财产权具有的这种流动本性特征和资本财产以满足人们实现利润扩大财富增殖的功能相吻合。只有在这种不断的交换流转过程中，资本财产权的利润扩大和财富增殖的功能才能得以实现。而"在静态条件下，每个因素都获得自己生产的东西，又因为成本总是与销售价格相等，所以对日常管理工作来说，除了工资，别无利润可得……因此，利润只能是动态变化的结果"。[1]这也是资本财产权的价值基础建立在交换价值之上的根本原因所在。马克思在《资本论》中就曾论述道："商品流通是资本的始点。商品生产与发展了的商品流通——商业——是资本成立之历史的前提。"[2]失去了这种交换流转运动，资本得以成立的前提条件也将不复存在，资本的生命也将会戛然而止。根据资本总公式 G—W—G′，无论是商业资本、产业资本，还是生息资本，其利润扩大和财富增殖的功能都是在运动过程中实现的。作为商业资本，首先需要利用货币购买商品 G—W，再以高价卖出 W—G′，实现资本利润扩大和财富增殖的功能；作为产业资本，首先需要利用货币购买生产资料、原材料和劳动力 G—W，利用劳动力、生产资料和原材料的结合生产出具有更高交换价值的新商品，再将新商品卖出 W′—G′，实现资本利润扩大和财富增殖的功能；作为生息资本，不需要经过商业资本和产业资本的中间流通环节，直接以货币贷出，再连本带利地收回 G—G′，实现资本利润扩大和财富增殖的功能。可见，不管资本财产权在运动过程中形成的扩大的利润和增殖的财富来源于何处，可以确定的一点是，根据资本总公式，一旦离开了交换流转的运动过程，资本财产权的利润扩大和财富增殖的功能就无法实现，资本财产权也就不能称其为资本财产权了。因此，"资本不能从流通中产生，又不能不在流通中产生。它必须既在流通中又不在流通中产生"。[3]从结果论角度来说，流动性带来了资本财产权善的结果，是有价值的。从目的论角度来说，资本财产权特有的功能和使命决定了流动的需要。

　　资本财产权的这种流动性特征在现实经济生活中，从表现形式

---

〔1〕［美］弗兰克·H. 奈特：《风险、不确定性与利润》，安佳译，商务印书馆 2010 年版，第 33 页。

〔2〕［德］马克思：《资本论》（第 1 卷），郭大力，王亚南译，上海三联书店 2011 年版，第 85 页。

〔3〕［德］马克思：《资本论》（第 1 卷），中共中央马克思恩格斯列宁斯大林著作编译局译，人民出版社 2004 年版，第 193 页。

角度来看，主要体现在两个方面：一是资本财产权客体表现形式的多样性；二是资本性财产价值载体表现形式的多样性。上述两种表现形式仍然在不断地发展变化，呈现出更多缤纷色彩的面貌。这种表现形式的多样化从根本上来说，也主要是由资本财产权交换价值的基础决定的。由于资本财产权所有者追求的是交换价值而不是使用价值，直接取得或者占有某项财产并不是他们的终极目标。为了实现交换价值，资本财产权所有者就需要先将资本转化成具有不同使用价值的各种商品，或将具有相同使用价值的商品转变成具有不同外观表现形式的商品，通过各种方法制造出产品的差异性，以吸引使用价值购买者的欲望，实现商品的交换价值。在资本财产权经济环境下，各种具体的商品表现形式只是资本财产权功能实现的手段和工具。同时，为了方便和加速交换价值在各种财产之间的转换，减少流转过程中的交易成本，以更为快速、便捷的方式实现交换价值，就需要不断地改变资本财产权的价值表现的载体。"财产无论采取有形物或者无形物形式，也无论属于支配性或相对性财产，更无论属于不动产、动产、无体财产、债权、专有技术、信誉、顾客关系、销售渠道、地理位置等，只要能够用来从事营业，即可纳入营业资产范畴。"[1]

资本财产权客体和价值载体表现形式多样性的背后是资本财产权运动方式的多样性和动态化。为了实现资本财产权的交换价值，提高资本的财富增殖能力，资本财产权功能实现过程中的各个组成因素需要始终处于动态变化之中。为了唤起人们的消费欲望，引导人们的消费趋向，资本财产权所有者需要不断地开发出新产品。人类自进入资产财产权经济时代，产品的更新速度就越来越快，商品的种类也呈几何式增长，致使产品更新速度慢的资本财产权所有者在竞争过程中处于不利地位，从而削弱其资本的营利能力。为了提高产品质量、降低生产成本，资本财产权所有者需要不断地引进新

[1] 参见叶林："营业资产法律制度研究"，载《甘肃政法学院学报》2007年第1期。

技术、新工艺。自人类进入资本财产权时代以来，技术更新的速度也是日新月异，资本财产权所有者投入到科研开发中的资金不断增加，科研研发能力也就直接决定了资本财产权所有者所拥有资本的发展潜力和营利能力，不同资本财产权所有者之间的研发能力竞争逐渐激烈化。为了寻求新的利润增长点，实现规模效益，资本财产权所有者需要不断地开辟新市场。在此过程中，资本财产权所有者需要时刻保持对市场的警觉和发现能力，市场的范围和种类也在不断地扩大蔓延。在市场的争夺战中，资本财产权所有者的行动能力如果过于缓慢，就会被逐出市场，资本的功能也将无法实现。为了保持生产的有效延续性、产品质量的可控性，生产成本的降低，有效控制原材料的新供应来源对每个资本财产权所有者来说都是至关重要的，不断寻找和发现原材料的新供应来源也就成了资本财产权所有者不可懈怠的一件事。在现实的经济生活中，资本财产权所有者所拥有的资本财产主要以企业的形式存在和运行，企业的组织结构和人员组成也就决定了企业的运营能力，决定了资本功能的实现能力。为了保持企业的活力，企业的组织结构和人员组成也需要随着经济发展形势和企业发展状况的需要，不断地进行调整和重新组合。所有这些都体现和决定了资本财产权的流动性特征。这一特征也决定了在资本财产权时代的经济社会里，人们的生活节奏非常快，社会景象日新月异。

资本财产权的这种流动性特征，在现实经济生活中，从流动的时空角度来看，主要体现三个方面：一是不同空间区域间的流动，二是不同领域行业间的流动，三是不同时间段落间的流动。这三个方面的流动性表现，也是由资本财产权内在使命和自身运行规律决定的。首先，资本财产权功能的实现，需要以最小的成本生产出最大的使用价值。不同地区的自然资源禀赋是不同的，不同地区生产同一种产品的成本是有差异的。为了有效降低这种生产成本，提高产品交换价值的实现能力，不同地区各自生产自己自然资源禀赋最有优势的产品，然后相互交易，从而最有利于资本财产权增殖功能的实现，也最有利于人类共同体整体福利的提高，保障不同空间区域间的流动顺畅，就成了资本财产权功能实现的需要。其次，资本财产权的使命就是最大限度地实现利润最大化。在每个时间段里，人们对不同种类产品的需求是有所不同的，如随着我国经济的发展，人们对水果的需求增加了，对大米面粉的需求下降了。在这种消费方式改变下，生产水果的农业企业和生产大米面粉的农业企业如果继续维持以前的数量比例，水果就可能因产品没有增加，需求增加，导致稀缺性增加，价格上涨，生产水果的农业企业利润增加。而生产大米面粉的农业企业，却因需求减少而大米面粉产量却没有减少而导致供大于求，出现滞销、价格下跌、利润下滑等问题。为了获取利润的最大化，生产大米面粉的资本向生产水果的农业企业方向流动就会成为必然。这种不同领域行业间的利润水平不断波动，也就必然驱使资本性财产在不同行业领域间的流动。按照马克思的研究成果，从宏观层面来讲，在一个自由的市场环境下，产业资本、商业资本、金融资本之间的相互流动从来就没有停息过，三种资本之间各自的利润水平同时达到平均利润水平永远只是一种趋势，三种资本之间的相互流动永远难以停息。最后，在不同的时间段落里，由于种种因素的存在，同一种类型的资本财产的交换价值实现能力是不一样的，不同的资本财产权所有者对资本财产权增值功能的实现能力也是不一样的。这就使得在不同的时间段落里，资本性财产的需求量不一样，资本性财产跨时间段的流动也就成了一种必然需要。

资本财产权的这种流动性特征，与建立在使用价值基础之上用来满足人们自我生活消费之用的自用财产权具有的静态性特征形成鲜明对比。为了实现人们对使用价值的安全可预期的享受，防止自用财产权客体和其价值载体表现形式上的流动不息给人们享用自用财产权的功能带来不利，建立在使用价值基础上的自用财产权需要具有一定的稳定性，从而使得自用财产权具有了静态性的特征。这种"财产所有权制度能够宣誓财产的最为长久和稳定的归属关系，能够给民事主体带来最基本的生活保障。这不仅有助于实现民事主体的安居乐业，还能给民事主体带来生活的满足感"。[1]自用财产权的这种静态性特征决定了，在自用财产权时代的经济社会里，人们的生活节奏非常缓慢，几乎就是静止的，几十年乃至几百年都不会有什么变化。正如张维迎所指出的那样："1800 年时，一个普通英国人的生活和古罗马时代没有多大区别，他的预期寿命也不比古罗马人长，他的营养热量卡路里也不比古罗马人高。同样，30 年前普通中国人的生活并不比隋唐时期，甚至秦汉时期好，吃的东西的质量，甚至品种数量都和那时候差不多。如果唐太宗 30 年前活过来了，他对这个国家会很适应，因为跟他死的时候差不多。"[2]

二、流动性中的秩序需求和制度构建

资本财产权的流动性本性，使得资本财产权运行中对秩序的需求非常迫切。一定秩序的存在是维护资本财产权流动性得以维持的基本条件，没有了一定秩序的存在，资本财产权的流动性要么放缓，要么停滞，从而威胁到资本财产权功能的实现乃至生命的有效延续。这就如同在道路上，如果没有一定交通秩序的存在，车辆的通行速度将会减缓，乃至出现交通堵塞。在资本财产权居于主导地位的经济社会里，资本财产权的流动性需求无处不在，人们要过上安宁、有效率和富裕的生活，资本财产权流动性中的秩序建立就至关重要。

1. 客体表现形式多样性中的秩序需求和制度构建

资本财产权流动秩序的需求，首先就表现在资本财产权客体表现形式多样性中对流动性秩序的需求。资本财产权客体表现形式多样性是产品差异化的需要，是产品种类不断创新的表现形式，它是提升交换价值、实现能力的主要方式和途径之一。基于利益的驱动，当一家企业的一种新产品出现，或者同一种产品以新的形式出现时，会带来交换价值实现能力的提升。如果没有一定秩序的存在，其他经营者就会"搭便车"，享受不劳而获的收获，从而侵蚀这家企业的

---

[1]　叶林："营业资产法律制度研究"，载《甘肃政法学院学报》2007 年第 1 期。
[2]　张维迎：《市场的逻辑》（增订版），上海人民出版社 2012 年版，第 21 页。

交换价值实现能力，破坏这家企业产品开发模式的连续性，损害这家企业推动产品创新的积极性，同时也会挫伤整个经济社会中企业技术研发和创新的动力。这当然不利于资本财产权整体有效率地运行，不利于社会总财富的创造，最终不利于人类社会整体福利水平的提升。

为了满足资本财产权客体表现形式多样性对秩序的需要，在现实的经济生活中，制度设计上需要处理好两类关系：一是资本财产权各运行载体的不同企业间的关系；二是企业作为经营者与消费者之间的关系。任何企业为了提升自己交换价值的实现能力，都会从各个方面不断创新自己产品的外形、功能、使用材料、工艺等，各类企业间这一创新活动的秩序得以形成和维持。在制度设计上：第一，必须规定每一企业在产品开发和销售过程中不得损害其他企业的产品开发和销售活动，如当今各国都在反不正当竞争法中规定经营者不得实施任何混淆行为，引人误认为是其他经营者的商品或者与其他经营者存在特定联系，来获取不应有的交换机会，损害其他经营者交换价值的实现能力。通过防范和制止每个企业在产品开发和销售过程相互侵害，每个企业通过自身努力创造出的交换价值实现能力得到保护，每个资本财产权的所有者在资本财产权的流动性运动特征中获得一个安全的预期，从而促进企业间的有序竞争。因此，在系统规范资本财产权整体有效运行的经济法部门中，竞争法制度的出现也就成了一种事实和逻辑的必然，它是一种目的论的结果。

第二，不得损害消费者对产品使用价值效用的享用。在资本财产权经济时代里，生产和消费活动发生了分离，社会财富的生产单位由家庭变成了企业，社会成员的消费产品几乎都依赖于企业的专业化生产。虽然各类消费品的生产只是资本财产权交换价值实现的媒介，但如果企业生产的产品没有质量的保障，其使用价值的实际效用达不到基本的标准，将会影响到消费者的健康和安全，消费者就可能不再购买这些产品，资本财产权借助使用价值这一媒介实现交换价值的目的就会落空。如果这一问题大范围地出现，整个社会的经济运行链条就有可能断裂，这不仅会影响到个体的企业和消费者，甚至会影响到整个社会和一个国家。所以，作为资本财产权运行载体的企业，在产品开发和销售过程中，不管对产品外形、功能、使用材料、工艺等方面做什么样的改变和创新，也不管对企业的人员组成、治理结构等做多大的调整，都不得损害消费者对产品使用价值效用的享用。也就是说，维护消费者权利，建立消费者权利保护的法律制度体系，既是对消费者福利进行有效保护的一种结果论的实现，也是对资本财产权有效、平稳运行的一种目的论的需要。因此，在系统规范资本财产权整体有效运行的经济法部门中，消费者权益保护法制度紧随竞争法制度出现也就成了一种必然。可见，在经济法的运行中，消费者保护和企业家保护的需要成了总是萦怀于人们心头的主题，对这两者进行保护成了经济法在其上面行使的两个轨道，是经济法的秩序框架，是经济正义的要求。[1] 保护每个企业公平竞争权实现的竞争法制度和保护每个消费者权益实现的消费者权益保护法制度，实际上都是资本财产权流动秩序需求在制度实现上的一种表现。

2. 价值载体表现形式多样性中的秩序需求和制度构建

资本财产权价值载体表现形式的多样性，几乎都是在不同程度上服务于加速资本性财产流动性的需要。从早期的物物交换，到以贝壳等一般等价物为价值载体，再到以金银为价值载体，发展到现在的信用货币、电子货币等，这些资本性财产价值载体的变化，都在推动着资本性财产流动性速度的提升，从而为资本财产权流动中交易成本的降低提供方便。但如果没有相应流动性秩序的建立，资本财产权价值载体表现形式的多样性不但不能提高资本的流动速度，降低交易成本，提升资本财产权对交换价值的实现能力，还可能引发系统性的流动性混乱和风险，如币值一定的稳定性得不到保障，信用货币的发行量过多或过少，还可能引发通货膨胀或通货紧缩，

---

〔1〕　参见［德］沃尔夫冈·费肯杰：《经济法》（第 1 卷），张世明、袁剑、梁君译，中国民主法制出版社 2010 年版，第 15 页。

导致资源的错误配置和收入的错误分配，让整个资本财产权的运行体系不畅。当这种通货膨胀或通货紧缩严重到一定程度时，整个资本财产权的运行体系都会出现瘫痪，在金融危机发生时，资本财产权财富增殖功能也就难以有效实现。

为了满足资本财产权价值载体表现形式多样性变化对秩序的需要，现实经济生活中的制度设计至少需要做到两点：一是要保障价值载体价值量的稳定性和安全性；二是要保障价值载体流转的快捷和低成本。在过去，价值载体由金银等硬通货来承担，金银本身就有价值，对维持价值载体价值量的稳定性和安全性的制度需求不是很高。但随着价值载体变成纸币、电子货币等信用货币，由于纸币、电子货币等信用货币本身没有价值，因此价值载体价值量稳定性和安全性的维持至关重要。瓦尔特·欧肯将价值载体价值量的稳定性置于整个货币政策的优先地位，认为"只要币值的某种稳定性得不到保障，一切为实现竞争秩序的能力都是徒劳的"。[1]这表明需要从国家层面建立一整套维持价值载体价值量稳定和安全的制度，因为货币的发行量、利率的调整、汇率的变化等不仅会影响到每一个企业的微观经济活动，同时也会影响整个国家的宏观经济运行，金融法制度在规范企业和国家经济生活中的地位越来越重要。从资本总公式 G-W-G′中我们可以发现，资本财产权在每次生命周期中运行的速度越快，消耗的费用就越低，无论从企业经济运行中的微观经济层面，还是从国家经济运行中的宏观经济层面，资本财产权的财富增殖能力都可能会更强。通过制度设计和运行形成一定的秩序，加速货币的流通速度，降低融资成本也就成了提升资本财产权财富增殖能力的有效手段之一，资本财产权的价值载体从金银到纸币、电子货币等信用货币的演化，实际上就是为了满足资本财产权对价值载体流动快捷和低成本需求的外在表现，从而不断建立和完善这一方面的法制度，形成一个良好的运行秩序就成了资本财产权自身

---

〔1〕〔德〕瓦尔特·欧肯：《经济政策的原则》，李道斌、冯兴元、史世伟译，中国社会科学出版社 2014 年版，第 264 页。

高效率运行的内在迫切需求。由此可见，按照现有的经济法理论框架，无论是从微观规制法层面，还是从宏观调控法层面，为了保障资本财产权的高效运行，金融法制度都成了重要的组成部分。而从对资产财产权的功能实现和生命活力维持来说，良善金融法律制度的建立及其秩序的形成，就是一种结果论和目的论的实现。

3. 不同空间、领域行业、时间段落间流动性中的秩序需求和制度构建

对资本财产权流动性的秩序需求主要表现在资本财产权在不同空间、不同领域行业间和不同时间段落间流动中对秩序的要求。资本财产权在不同空间里流动时，流动速度的快慢、顺畅与否，会直接影响资本财产权交换价值的实现能力。如果没有一定秩序的保障，一国之内及各国之间空间区域的行政当局和其他利益相关者，基于保护自己空间区域的资本财产权交换价值实现能力，都会给资本性财产的跨区域空间流动设置各种障碍，影响资本财产权整体功能的实现效率。这种流动秩序的存在是市场机制有效发挥作用、对整个社会资源进行跨行业高效率配置的前提条件，同时也是资本财产权在一国范围内整体上有效实现交换价值，不断进行财富增殖的必要条件。但高利润回报的行业基于自身私利的考虑，会利用自身力量或和有关政府性力量结合，设置各种障碍，阻碍其他行业资本流入。不同的资本财产权所有者，在不同的时间段落里，对资本量的需求量是不同的，不同的商品在不同的时间段落里的交换价值实现能力也是不一样的。这就给企业家们通过跨时间段落进行资源配置、追逐利润留下了广阔的空间，如融资贷款、期权期货交易等。如果没有一定秩序存在，不确定性就会被无限放大，有效的资源配置和利润实现就非常困难。在我国当前的经济社会环境下，相对于资本财产权客体表现形式和价值载体表现形式多样性中的秩序要求，资本财产权在不同空间、不同领域行业间和不同时间段落间流动，对秩序的要求显得更加迫切。

资本财产权在不同空间流动过程中出现的秩序混乱问题，主要是由一国之内及各国之间不同空间区域的行政当局和其他利益相关

者不当追求本空间区域内的短期私利造成的。在国与国之间，这种秩序的混乱主要表现为各种关税和非关税壁垒的随意设置。在一国之内，这种秩序的混乱主要表现为各种税费的随意设置和各种行政垄断手段的随意采用。这种妨碍资本财产权在不同空间流动的行为，在短期内，可能会提高一部分资产财产权所有者的财富增殖功能，但从中长期角度来看，这种做法是违反资本财产权的本性需求的，不利于资本财产权财富增殖功能的实现，更会降低各地人民享有的物质福利。在国与国之间，主要通过国际条约来去除各国之间的关税和非关税壁垒，建立资本财产权在国家之间的流动性秩序。在一国之内，主要通过税费的统一和各种行政垄断手段的排除来建立资本财产权的跨空间流动性秩序。针对我国不同空间区域地方保护主义泛滥的状况，我国反垄断法特别制定了反行政垄断的内容；针对不同领域行业间流动秩序的混乱，主要通过反垄断法和各种行业准入制度来规范。在我国，目前众多的行业还不准民营资本进入，尚未形成有效的竞争机制。这在不同程度上影响了市场机制的资源配置能力，限制了我国资本财产权功能的有效实现，因而需要从经济公正的角度出发，加强相关制度的供给。资本财产权在不同时间段落间流动，既是人们对不同资源的跨时间需求，以及资本财产权所有者对资本财产权跨时间段实现能力的追求，也是市场机制对资源的跨时间配置。这种情况具有更大的不确定性，对秩序有更大的需求，对制度的需求也就更加强烈。为了满足资本财产权在不同时间段落间流动中对秩序的要求，需要在合理制定和不断完善证券法、期货、期权等法律制度的同时，注意这些法律和金融法律制度在逻辑上的衔接、连贯，在制度运行中的相互配合。通过这些制度的建立、完善和运行，相应秩序的形成、资本财产权功能的实现就有了更加稳健的基础，财富的创造可以更好地服务于个体和社会的利益，这同样是一种结果论和目的论的实现。

第二节　开放性秩序

开放性秩序的形成，既是资本财产权运行中流动性秩序运行的必然要求，也是资本财产权本性的内在要求。从资本总公式 G－W－G′ 我们可以看出，不论是 G→W，还是 W→G′，都需要在一个开放性的秩序体系之中才能有效运行。作为系统规范资本财产权整体有效率运行的经济法，其整个制度体系构建也需要顺应资本财产权的这一本性要求，努力去建立一个开放性的经济秩序，让资本财产权的财富增殖功能得以最大化地实现。

一、开放性产生的原因和表现形式

交换价值的流动性特征和其所追求的最终目标决定了资本财产权具有开放的性质、特征和运行规律。究其原因，至少存在于两个方面：一是交换价值的载体本身必须是开放的，如果交换价值的载体具有封闭性，交换的实现也将会受到各种阻碍；二是交换价值生存的环境必须是开放性的，只有在一个开放性的外部环境下，交换价值的实现才能获得一个广阔无限的空间。

1. 资本财产权自身运行方式需要开放性

资本财产权的生命价值和意义就是给财产权主体带来利润扩大和财富增殖。但资本不是一种具体的财货形式，而是一种价值内容，这种价值隐藏于不同形式的具体财产之中和社会关系之中，借助于交换价值的形式穿梭、流转于不同种类的具体财产之间，在此过程中不断地吸附和汇集各种具有增强自身价值的因子（如人的劳动力价值），以实现自身的不断壮大发展，并在货币经济社会里，最终以货币的形式回归到资本财产权主体身边。因此，只要有利于资本对各种散落的财富因子的吸附和汇集，资本就会冲破一切阻碍迎合过去，并根据现实的需要，创造性地变换和调整自己的表现形式，而不受任何具体物质载体和既往成规旧律的束缚和限制，具有非常强的开放性。

这种开放性在资本财产权最主要的载体——企业——的运行中表现得十分充分。在一个完全按资本运行规律要求组建的企业里，从企业的组织管理模式、企业的人员组成，到企业的产品开发、生产技术和工艺的研发采用、企业的营销模式等都是完全开放性的。在企业的组织管理方面，如果有一种新的企业组织管理模式，有利于提高企业的组织管理效率，增强企业的市场风险应对能力，降低企业的生产运行成本，方便资本功能的实现，企业马上就会无条件地采用这种新的组织管理模式。在企业的人员组成方面，企业的所有职位都是向一切有资格的竞争者开放的，而不去过多地考虑求职者的出身、等级、宗教信仰、经济条件、社会地位等条件，只要这个求职者能给企业带来新的盈利能力，都将可能被录用。在企业的产品开发上，任何有创意的思想都将受到重视，任何有市场潜力的产品都可能被开发出来。在企业出现以后，每天都有不计其数的新产品被开发出来，人类经济社会的产品种类一直是以指数倍的速度增长的。在生产技术和工艺的研发采用方面，企业也是全方面鼓励开放的，各种新的生产技术和工艺在资本的推动下不断被发现和采用，以提高企业的盈利能力。在企业出现以后，人类的生产技术和工艺的研发得到了飞速的发展，在短短的一两百年的时间内，人类所创造的生产技术和工艺的数量比之前人类几千年所创造的还多。在营销模式方面，企业也呈现出了一种完全开放的姿态。每个企业都想方设法地寻找有创意的营销模式，一旦某一企业采用一种新的营销模式非常有效，其他企业马上就会吸收采纳，以便自己开拓市场，增加盈利能力。相反，任何一个企业如果违背资本运行规律，不采用开放的运行方式，封闭自锁，那么这个企业很快就可能无法有效地实现盈利能力而被市场逐出，资本的生命也将终止，资本财产权主体权益将受到损害。可见，资本财产权自身运行方式的开放性，既是资本财产权运行的特征表现，更是资本财产权生命延续的基本条件。

2. 资本财产权运行的经济环境需要具有开放性

资本财产权开放性的运行方式，必须要在一个开放性的经济环境下才能得以实现，如果没有一个开放性的经济环境，资本财产权也将难以有效运行而最终走向死亡。而所谓开放性的经济运行环境，主要是指一个自由、平等的市场经济环境。自由和平等是开放性经济环境中的两个基本构成要素，缺少其中的任何一个要素，开放性的经济运行环境都无法形成。

　　在自由、平等这两种要素之间，自由又显得尤为重要，它既是开放性市场经济环境中的核心要素，也是催生和修正平等的市场经济环境形成的重要原动力。因此，资本财产权要实现利润扩大和财富增殖的功能，首先必须要有一个自由的市场经济环境。也只有在自由的市场环境下，交换价值才可以在不同的财产载体上顺畅地转化，在不同的资本财产权主体间自由地穿行，进而使资本财产的潜能得到最大限度的激活，资本财产权的利润扩大和财富增殖的功能得到最大的实现，资本财产权主体的权益也会得到最大的实现和保护，让资本财产权经济得以欣欣向荣地发展。我国学者吴晓波在分析为什么欧洲国家最早进入资本财产权经济时代，而中国虽然在宋代就具备了资本财产权经济所需要的诸多条件，但最终还是和资本财产权经济的形成擦肩而过这一问题时，就特别强调了自由因素在其中所起的关键性作用。他指出："城市自治权的确立、独立的大学制度，以及对君权的法律性限制，是欧洲最终走出'黑暗中世纪'、迈向现代社会的根本性路径，它们分别催生了自由的经济土壤、思想土壤和法治土壤。而在中国，城市与学院一直为政权所牢牢控制，限制君权更是从未被尝试，这是东西方文明走向不同演进道路的重要原因。"[1]上述因素让欧洲国家在资本财产权经济上得以捷足先登。对于中国错失良机，吴晓波不无感慨惋惜之情。他指出："相对于欧洲发生的那些新变化，宋代中国尽管拥有当时世界上规模最大、人口最多、商业也最繁荣的城市集群，建立了大大先进于同时期欧洲的经营模式和工商文明，但是，在社会制度的建设上却开始落后

---

　　〔1〕　吴晓波：《浩荡两千年——中国企业公元前7世纪-1869年》，中信出版社2012年版，第165页。

了，在欧洲所出现的'自由民''自治城市''私人财产的合法性原则''对君主权力的限制'等法权思想，对于强调中央集权的中国而言，根本没有萌芽的土壤。相反，王安石的变法运动更强化了政府的管制能力，逼得商人不得不'绕城而走'"。[1]这样一来，自由的市场经济环境无法萌芽成长，最终导致中国的资本财产权经济在中央集权政府的过度管制下窒息而死。

开放性经济运行环境的另一个构成因素，即平等，至少具备如下内容：市场准入的平等、自主经营权限的平等、竞争地位的平等、利润分享的平等。市场准入的平等是资本功能实现的前提性条件，资本只有进入到市场，才能进行交换流转，也只有平等进入，不同资本财产权主体间才能进行有效、公平的交换，交换价值才可以在不同主体间便利、顺畅地进行流转，资本才有可能通过交换价值的不断实现最终完成利润扩大和财富增殖。自主经营权限的平等在资本财产权中也是一个至关重要的内容，不同的经营权限直接影响着资本交换价值的实现能力。在缺少必要的经营权限的情况下，资本在不同财货之间将难以进行价值形式的转化，可能会错失许多交换价值的流转机会，阻碍交换价值的流转速度，最终使得资本的利润扩大和财富增殖的空间也被缩小。在有些情况下，如果这种自主经营权限过小，使得资本的价值转换空间被过度压缩，交换价值的流转无法进行，资本财产权的功能就可能无法实现；竞争地位的平等性也是资本功能得以实现的一个条件。如果竞争地位不平等，处于不利竞争地位的资本将难以获得维持资本生存的最低限度交易机会，资本也就无法在不同种类财货间进行交换价值的流通转换，资本的功能也将无法得到实现。随着从市场中退出资本的增多，处于优势地位的资本运行所需要的市场环境将会慢慢萎缩，整个资本财产权经济也就无法形成和发展。利润分享的平等同样是平等市场经济环境不可缺少的一项内容，资本运行的最终功能实现可以给资本财产

---

[1]　吴晓波：《浩荡两千年——中国企业公元前 7 世纪–1869 年》，中信出版社 2012 年版，第 165 页。

权主体带来利润的扩大和财富增殖。如果资本财产权主体不能从资本运行中获得应有的利润分享，资本财产权主体拥有和推动资本运行的动力和热情便将不复存在，资本财产权存在的意义和价值也将会不复存在，资本财产权的生命也会难以为继。

与资本财产权的这种开放性相比，建立在使用价值基础上的自用财产权具有封闭性的特征和运行规律。因为自用财产权主体需要的是自用财产的使用价值，而不是交换价值。他们不需要自己享用的财产处于动态的流转之中，也不需要自用的使用价值处于一种开放的状态。相反，自用财产权的封闭性可以给自用财产权主体在享用自用财产权的使用价值时带来许多方便。如封闭性有利于自用财产权主体排他性权利的行使，让自用财产权主体在享用自用财产使用价值时获得更多的安全感和稳定感。以住房为例，它是自用财产中最重要的财产种类之一。欧洲国家早在还处于王权时代时，就强调过这种自用财产权的封闭性特征。虽然当时国王的权力很大，但臣民的茅草屋"风可以进，雨可以进，唯独国王不可以进"。赋予人们居住的房屋这样一种封闭性特征，无疑有利于人们的休养生息。再如，封闭性可以给自用财产权主体带来隐私的保护，人们在享用财产使用价值的时候，也希望这种财产的使用不受外界他人的随然闯入或侵扰，以保留一份相对封闭的隐私空间。因为，在这种使用过程中，财产的使用价值被注入了财产所有人个人的情感因素，在实现物的人化过程中，财产使用价值融入财产所有人的私密生活之中，成为财产所有人个人生活空间的一个组成部分。而没有一个人希望自己的个人生活空间是开放的，经常被他人惊扰。

二、开放性中的秩序需求和制度构建

没有秩序的开放一定会带来混乱，资本财产权的开放性质、特征和运行规律，使得资本财产权对秩序的需求十分迫切。无论是资本财产权自身运行方式需要的开放性，还是资本财产权运行时对外部经济环境需要的开放性，如果没有一定秩序的保障，都将会难以为继，这种要求是其内在逻各斯的体现，是一种目的论实现的要求。

1. 自身运行方式开放性中的秩序需求和制度构建

企业的组织管理模式需要具有开放性，但是必须在一定的秩序框架下开放。如果没有一定的秩序框架，企业内部的各种组织架构设计随意性过大，在市场交易过程中，就会给其他交易主体带来太多的不确定性，增加其他交易主体获取该企业信息的成本，也增加市场交易过程中的风险，阻碍交易行为的顺畅，从而不利于交换价值的实现，影响资本财产权财富增殖能力。当然也会减少以资本财产权为主导的经济社会整体财富的创造能力，进而影响社会成员的整体物质福利。为了减少这种过度不确定带来的信息成本和交易风险，在动态中保持一定的可预期性，需要为企业组织管理模式创新建立一个基本的秩序框架，让企业在开放性的组织管理模式创新过程中保持一定的稳定性。在制度构建层面上，其表现为各国都制定了自己的企业法制度，如在我国就有《公司法》《合伙企业法》《商业银行法》等众多企业法律制度。企业人员组成的开放性，也需要一定的秩序框架，以防止企业组成人员过度流动带来的交易成本增加、企业组建结构的不稳定、核心团队凝聚力不足等问题出现，进而影响到资本财产权财富增殖能力的实现。在制度构建层面，主要表现在企业法、劳动法等法律制度里。企业的产品开发、生产技术和工艺的研发采用，如果没有一定的秩序存在，只是简单的开放，不仅可能带来竞争秩序的混乱，还可能出现技术被不当滥用、生产的产品有害于人体的安全和健康的问题，甚至会出现人类伦理底线被突破的灾难性事件。所以，在保持开放的前提下，建立一定的秩序框架更有利于资本财产权功能的实现，也可以让资本财产权更好地服务于人类社会。从制度层面来说，在现实经济生活中，这一秩序框架的建立主要表现为消费者权益保护法、产品质量法、食品安全法、标准化法、不正当竞争法等法律制度的构建；企业营销模式创新的开放，如果没有一定的秩序框架，也会导致竞争秩序的混乱，阻碍企业创新的动力。这一秩序框架的建立主要依赖于竞争法相关制度的构建。

2. 运行的经济环境开放性中的秩序需求和制度构建

对资本财产权运行的外部经济环境开放性的维持和破坏主要来自于政府，经济垄断是破坏经济环境开放性的主要市场力量，消除这一破坏力量主要依赖于政府，各国反垄断法的执法机构主要都是政府。但在更多情况下，政府是破坏资本财产权运行中的外部经济环境开放性的主要力量。如政府的过度管制对自由市场经济环境的威胁，一直是自由市场经济环境得以形成和发展的最大障碍，盛极一时的罗马帝国的衰落就是一个典型的例子。路德维希·冯·米塞斯在分析罗马帝国衰落的原因时就特别强调了来自于政府的过度管制给罗马帝国刚刚兴起的自由市场经济环境带来的毁灭性打击，让帝国刚刚萌芽的资本财产权经济丧失了赖以生存的环境，进而导致了帝国的衰落。他指出，导致帝国衰落及其文明式微的不是野蛮民族的入侵，而是当时的经济法律制度和政府干预违背了帝国中渐已成规模的资本性财产的运行规律，造成了帝国经济的解体，让侵略者可以乘虚而入。"对罗马帝国的经济组织称为资本主义是否正确，似无定论。但无论如何有一点是肯定的，在公元 2 世纪'好'皇帝安东尼治下的罗马帝国，社会分工和区域间贸易，皆发展到了很高的阶段……帝国的许多属地已不再是自给自足的经济。它们之间相互依存。"[1]但就在这资本财产权刚刚萌芽起步的关键阶段，帝国给予工商业的自由大大减少，并制定和施行了一系列违背资产财产权经济运行规律的政策法规，窒息了工商业的发展，让城市居民和农民都叫苦连天，帝国经济不断衰退。在公元三四世纪的政治纷争中，帝国皇帝进一步违背资产财产权经济规律，采取了通货贬值及其他一些限制自由的政策，导致主要粮食的生产和贸易瘫痪，社会经济组织纷纷解体，城市、商贸以及手工业的经济功能萎缩，社会分工退化，使得上古文明中高度发达、开放的经济结构，退化到今天众所周知的中世纪的封闭的庄园组织。对此，米塞斯语重心长地

---

〔1〕［奥］路德维希·冯·米塞斯：《人的行动——关于经济学的论文》（下册），余晖译，上海人民出版社 2013 年版，第 786 页。

总结道:"这一辉煌的古代文明的毁灭,乃因为它没有按照市场经济的要求来调整其道德律法和法律制度。为社会秩序正常运转所必需的那些行动,如果被道德标准所反对,被国家法律视为非法,被法院和警察作为犯罪来惩罚,则其社会秩序注定要崩溃。罗马帝国的灰飞烟灭,正因为它缺乏自由主义的精神和自由企业。干预政策及其政治上的必然结果——领袖主义,毁灭了强大的帝国,也同样会瓦解任何社会织体。"〔1〕如果罗马帝国有一个自由的市场经济秩序运行环境,当今世界的经济版图就可能是另一番景象了。因此,通过自由经济秩序的建立,防范政府的过度干预对自由市场经济环境带来的危害,一直是资本财产权经济社会里须臾不可懈怠的一项重要任务。在制度设计层面,一方面要加强企业自主经营权的制度保障,另一方面要按照我国现有的经济理论的观点,加强宏观调控权行使的法治化约束。

从资本总公式 G-W-G′中,我们可以发现,资本财产权要实现财富增殖的功能,需要一个完整的运行过程,从为卖而买进各种生产资料开始,到为卖而生产市场最需要的商品,以及将生产的商品以最快的方式和最优的价格卖出,追求利润最大化,到最后扣除国家要交的各种税费后,获取剩余价值,实现财富增殖。在这整个运行过程中,任何一个环节受阻,都可能导致资本整体运行不顺畅,乃至终止运行,影响资本财产权财富增殖功能的有效实现。要保障每一个运行环节都可以有一个开放的环境,就需要建立企业在市场准入、自主经营权、竞争地位、利润分享上的平等秩序。市场准入平等秩序的建立,主要通过赋予资本财产权主体平等的市场准入权平等保护制度的建立。在制度设计层面,主要表现为各类企业主体的平等设立制度,如将企业设立由审核制变成登记制,将市场的平等进入设立为负面清单制度;自主经营权平等秩序的建立,主要通过赋予不同类型、不同性质的企业平等的自主经营权保护,在我国

〔1〕 [奥]路德维希·冯·米塞斯:《人的行动——关于经济学的论文》(下册),余晖译,上海人民出版社 2013 年版,第 788 页。

比较突出的是国有企业和民营企业自主经营权保护范围的不完全平等，需要在制度层面进一步赋予双方平等的地位；竞争地位平等秩序的建立，在制度层面主要表现为公平竞争法制度的建立和完善；利润分享权平等秩序的建立，在制度层面主要表现为各种税费制度的建立和完善。

第三节 扩张性秩序

资本财产权的扩张性运动本性给当代人类社会的财富创造装上了加速器，极大地丰富了人类的物质财富总量。从资本总公式 G-W-G′ 我们可以看出，从 G→W 到 W→G′，都展示了扩张的本性，但这种扩张本性在促进人们进行财富创造的同时，也会给人类社会带来各种弊端，阻碍资本财产权功能的持久实现。因此，只有在一个顺应资本财产权扩张本性的秩序体系之中，才能让资本财产权扩张性的生命力得以持久旺盛，作为系统规范资本财产权整体有效率运行的经济法，在制度构建上需要不断努力，让资本财产权在扩张的道路上有序行进，服务于人类的价值。

一、扩张性产生的原因和表现形式

满足人们对利润扩大和财富增殖的欲望是资本财产权的基本功能，资本财产权的这一功能本身和人的欲望都决定了资本财产权的扩张性。因为资本要满足人们对利润的扩大和财富的增殖欲望，只有通过交换价值在流转过程中不断扩张才能实现。而人的欲望永远是无止境的，这就决定了资本自产生以后便一直处于一种永不停息的扩张运动之中，直到其生命终结为止。

1. 资本财产权扩张运动的本性

资本财产权建立在交换价值基础之上，并主要以交换价值的形式在财富空间的世界之中运行。而交换价值已经脱离了物质形态的束缚，它一方面不受数量的限制，另一方面又不受空间和时间的限制。这就使得资本财产权本身具有了不断扩张的强烈冲动和无限扩张的巨大潜力。在货币经济环境下，资本始终以货币形式在不同种类的财货和社会关系之间来回穿行，不断吸附和汇集财富因子以扩张本身，从而实现资本增殖的目的。资本的这种以货币形态进行流转的方式主要表现为 G—W—G′，这就使得资本财产权的流转方式不同于一般的自用财产权的流转方式 W—G—W。一个是为卖而买，一个是为买而卖。马克思在《资本论》中比较一般的财产流通过程和资本性财产的流通过程中时指出："为买而卖的过程的重复或更新，与这一过程本身一样，以达到这一过程以外的最终目的，即消费或满足一定的需要为限。相反，在为卖而买的过程中，开端和终结是一样的，都是货币，都是交换价值，单是由于这一点，这种运动就已经是没有止境的了。诚然，G 变成了 G+△G，100 磅变成了 100 磅+10 磅。但是单从质的方面来看，110 磅和 100 磅一样，都是货币。而从量的方面来看，110 磅和 100 磅一样，也是有限的价值额。如果把这 110 磅当作货币用掉，那它就不再起作用了。它不再成为资本。如果把它从流通中取出来，那它就凝固为贮藏货币，即使藏到世界末日，也不会增加分毫。因此，如果问题是要使价值增殖，那么 110 磅和 100 磅一样，也需要增殖，因为二者都是交换价值的有限表现，从而具有相同的使命：通过量的增大以接近绝对的富。"[1]

资本财产权的增殖扩张运动的方式是多种多样的，只要某种方式的扩张能够实现资本增殖的目的，资本就会冲破一切的阻碍和限制，以这种方式进行扩张。所以，自人类经济社会进入资本财产权经济时代，人类在经济生活领域就进入了一个不断扩张的时代。在缺乏相关法律制度规范、约束和引导的情况下，这种扩张性一方面给人类社会带来了财富的急剧增加，另一方面也给人类生活带来了许多苦难和不幸。因为扩张产品的产量和产品的种类可以提高资本的增殖量，所以每一个企业只要具备条件，都会永不停息地增加产品的产量和不断研发扩充新的产品种类。这极大地丰富了人类社会

[1] ［德］马克思：《资本论》（第 1 卷），中共中央马克思恩格斯列宁斯大林著作编译局译，人民出版社 2004 年版，第 177 页。

的物质财富，提高了人类社会的物质生活水平，但也出现了企业生产的盲目性，造成了许多企业产能过剩，直至引发经济危机。因为扩张市场占有率可以提高资本的增殖量，所以每一个企业都会想尽一切办法进行市场开拓。在国内市场不足的情况下，企业就会跨洋过海去开拓国外市场。在这一过程中，最先进入资本财产权经济时代的西方国家在缺乏国际法约束的情况下，为了打开他国的市场，不惜发动战争、动用武力，对落后国家进行残酷的殖民统治，犯下了数不清的人间罪恶，给资本财产权经济抹上了浓浓的血腥色彩。因为在工资不变的情况下，延长工人的劳动时间和提高工人的劳动强度可以提高资本的增殖量，所以所有的企业都会利用各种理由在不增加工人工资的前提下，不断增加工人的劳动时间和劳动强度，甚至不惜压榨妇女和儿童，引发一系列社会矛盾和冲突，使得工人阶级和资本家一度成为势不两立的对抗阶级。因为扩张对自然资源的占有量可以提高资本的增殖量，所以，每个企业都在疯狂地侵占和开采大自然的各种资源，这确实在某种程度上方便了人类的生活，一度给人类经济社会带来了欣欣向荣的景象，但造成的环境破坏、生态失衡也正在并持续给人类社会带来种种恶果。可见，虽然资本的扩张性有助于资本增殖功能的实现，但必须将其放到制度的笼子中，最大限度地减少这种扩张性给人类社会带来的不利影响。

2. 资本财产权主体的欲望是无限的

几乎所有人的欲望都是无限的，不论这个人的性别、出身、教育程度、宗教信仰、从事的职业、经济状况等如何不同。人的这种无限的欲望，既给人类社会带来了种种冲突和各种丑恶事件及灾难，也激励着人们去不断地追求和奋斗，在实现自己愿望的过程中推动人类社会不断地向前发展。在各种欲望中，人们最热衷的就是权力和财富，并且，这两种稀缺资源可以互相转化，这就进一步强化了人们对它们的渴望和追求。

在传统自给自足的自然经济社会里，人们拥有的主要是自用财产权。自用财产权是通过财产具有的物质使用价值来满足财产所有人的欲望的。而任何一个人对财产物质使用价值的消费需求都是有限的，超过了这个限度，它就不再能给人们带来任何消费的满足感，有时甚至会生成一种厌恶感。例如，如果一个人在吃了五个包子后就已经饱了，此时再拿来五个包子，对他来说就没有意义了。相反，如果他继续把这五个包子吃完，不仅不能提高吃包子给他带来的欲望满足度，反而可能会让他感到恶心，甚至可能会给他的身体带来伤害。再比如说房子，如果一个人仅仅是将房子用作自己居住之用，太多的房子对他也是没有多大的意义。他可能会在不同的地方分别购置房子，以满足他去不同的地方居住之用。但是一个人的时间和精力是有限的，当房子的数量超过一定的限度时，有些房子他根本就不会有时间去居住。即使是过去的皇帝，他的行宫也是有限的。因此，无论一个人的消费能力多么大，他都会有一个限度，超过这个限度之外的财产的使用价值，他永远都不可能再去使用了，也就失去人们拥有它们的意义了。因此，在自给自足的自然经济社会里，人们对于物质财富的欲望总体上还是有限的，小富即安是多数人的财富观念。这也就使得"在此前的社会和经济制定中，没有一个是建立在成长的观念上的。它们的目标仅仅是保持，而不是提高过去较好的物质生活水平"。[1]可见，建立在使用价值基础上的自用财产权在性质、特征和运行规律上呈现的是一种保守性。这也就是为什么在自用财产权经济时代里，整个人类经济社会几千年都没有发生什么明显的变化，几乎是一种静止状态的根本原因。

但建立在交换价值基础上的资本财产权，是通过财产的交换价值来满足财产所有人的欲望的。而交换价值具有的流动性、开放性、价值载体的灵活性等特征使得资本财产权也具备了上述性质特征，方便了人们对资本财产权的拥有方式，扩大了资本财产权的交换能力，增加了获取资本财产权过程中带来的快乐，这就极大地激发了人们对资本财产权拥有的欲望。如从人们对资本财产权的拥有方式上看，人们不再需要像拥有自用财产权那样，占有财产的物质形态，

---

〔1〕 ［美］斯塔夫里阿诺斯：《全球通史：从史前史到 21 世纪》（第 7 版修订版·下），吴象婴等译，北京大学出版社 2006 年版，第 394 页。

而受到时间和空间的种种限制，并产生各种费用和损耗，给财产所有人带来各种不便。资本财产权的交换价值的既有形又无形的存在方式，可以突破空间和时间对它的限制，借助各种价值载体而轻易得以保存，让财产权所有人既方便占有和控制，又几乎不会产生任何费用，反而会不断增殖，这就使得资本财产权所有人可以在数量上无限制地拥有资本财产权，在占有的欲望上不断地扩张。又如资本财产权具有的流动性、开放性、价值载体的灵活性让资本财产权获得了超强的交换能力和无限的扩张能力，特别是这种扩张能力和权力的交融和互相转化，更让资本财产权所有人获得了众多的非物质财富和另一番非比寻常的满足感和愉悦感，这就极大地刺激了人们对资本财产权的占有欲。再如，每一个人都有冒险和征服的欲望，建立在使用价值基础上的自用财产权运行过程具有的保守性、稳定性无法让人们获得这样的体验。但建立在交换价值基础上的资本财产权具有的流动性、开放性，以及我们后面将要论述的不确定性、风险性等特征，可以让人们在资本财产权功能实现的过程中获得更多的冒险和征服的体验。而且，这种冒险和征服活动的成功还会进一步给人们带来成就感的体验，让人们的自我价值认同感和社会价值认同感得到提升，让人们在资本财产权的功能实现过程中获得更多的快乐，从而也就激发了人们对资本财产权的无限追求。所有这些都让资本财产权主体的无限欲望被激活了，让资本财产权具有了扩张的性质、特征和运行规律。

二、扩张性中的秩序需求和制度构建

资本财产权扩张性的性质、特征和运行规律具有两面性：一方面，它是财富创造的动力，提高了人类社会的物质福利；另一方面，它又是贪婪的动因，可能会给人类社会带来各种不幸和灾难。无论是资本财产权自身扩张运动的本性，还是资本财产权主体欲望的无限性，都是财富创造的动力所在，在客观上不仅给资本财产权所有者带来财富的增殖、自身人格更全面的发展，也会给整个社会带来财富总量的增加，提高整个社会的物质福利水平，推动整个社会的全面发展。但如果没有一定的秩序的存在，扩张性背后的贪婪就会像脱缰的野马，为了自身扩张的需要，去践踏人类社会一切美好的东西。如马克思笔下的资本犯下的种种罪恶，就是缺少规训的资本单纯为了自身的扩张而给人类社会造成灾难，近代以来的多次人类战争，也都是各国资本财产权扩张性本性犯下的罪恶。虽然说"各个社会产生所有权概念的基础都是追求生产量最大化这一社会需求"，[1]但一切财产权利的设置和存在都必须要遵循服务于人的价值的要求，且因符合这一价值而得到承认，并受这一价值的最终限制。[2]因此，必须给资本财产权这匹扩张性的野马套上一个缰绳，建立一套秩序框架，通过这一秩序框架的规训，让资本财产权的扩张性本性继续发挥它激励人类进行财富创造的作用。同时让资本财产权在追逐利润、实现财富创造的过程中，一切的行为都是为了服务人类的价值。

在制度设计层面，首先需要将资本财产权扩张性运行过程中产生的各种负外部性有效内部化为各种义务，如在资本财产权扩张运动中，对环境保护的义务、对消费者权益保护的义务、对其他经营权益的保护义务等，相应地制定出环境保护法制度体系、消费者权益保护法制度体系、公平竞争法制度体系等。其次，最大限度地保障资本财产权扩张性运动应拥有的自由空间，主要表现为最大限度地保障企业自主经营权的充分实现，尊重企业家精神的发挥，减少不必要的政府干预。由于对自主经营权的限制和侵害主要表现为政府宏观调控行为的不当行使，而宏观调控行为的有效性又往往会直接有利于促进企业自主经营权的实现，因此，可以说宏观调控制度就是自主经营权制度的另一种表现，对自主经营权保护制度的设计，从某种程度上说，就是对宏观调控制度的设计。通过以计划法为代

---

〔1〕 〔日〕加藤雅信：《"所有权"的诞生》，郑芙蓉译，法律出版社 2012 年版，第 70 页。

〔2〕 参见〔美〕约翰·G. 斯普兰克林：《美国财产法精解》（第 2 版），钟书峰译，北京大学出版社 2009 年版，第 16 页。

表的宏观调控制度的科学制定和有效实施，一般情况下就可以较好地实现保障企业的自主经营权，保障企业精神的充分发挥，再结合各种内化资本财产权负外部性的制度，从而让在秩序自由环境下运行的资本财产权的扩张性行为给人类社会带来一个比较理想的结果。

第四节　不确定性秩序

不确定性是资本财产权获取利润的机会，但也会给企业和社会带来各种损害。通过一种秩序的建立，在不影响市场本身运行机制的前提下，帮助资本财产权所有者获取更多的确定性，让资本财产权主体获取更多利润的同时，减少不确定性给企业和社会带来的损害，这无疑是系统规范资本财产权整体，使其有效率地运行的经济法努力的方向和使命之一。

一、不确定性产生的原因和表现

资本财产权的流动性、开放性、扩张性的性质、特征和运行规律使得资本财产权一直处于一种变化不息的运动状态之中。这种变化不仅来自于资本财产权的交换价值和使用价值的易变性、流动性，以及资本财产权运行的外界客观环境的变幻不定，还来自于资本财产权不同主体的行为特性，以及同一主体在环境发生变化下引发的行为的变化不定。这就使得资本财产权的运行具有了不确定性的性质、特征和运行规律。

1. 资本财产权内在价值的不确定性

根据客观交换价值理论者的研究成果，我们可以得知，资本财产权的内在价值包括使用价值和交换价值两个基本组成部分。以资本财产权运行过程中的基本表现形式之一的商品为例，商品的二要素就是使用价值和交换价值。虽然这两种价值形式在资本财产权内部所处的位置和作用是不同的，但无一例外，在市场的大环境下，它们的价值量的变化都具有一定的不确定性。就使用价值而言，在市场经济的环境下，传统物品使用价值具有的稳定性、持久性发生了改变，特别是科学技术的飞速发展，对不同物品的使用价值产生了深刻、持久的影响，使得众多物品的使用价值也开始处于一种动态和不确定性的状态之中。以通信工具为例，早前人们都以固定电话作为通信工具，固定电话这一供人们通信交流的使用价值在人们的日常经济生活中具有不可替代的重要作用。但随着人们发明了传呼机这种通信工具，固定电话供人们通信交流的使用价值受到了部分弱化。随着移动通信手机的出现，固定电话具有的供人们通信交流的使用价值受到了进一步弱化，而传呼机具有的供人们通信交流的使用价值则完全被淘汰。随着互联网信息通信的发展，传统功能的移动手机具有的供人们通信交流的使用价值也在不断被弱化和淘汰。而且，在不同的国家和地区，因当地通信基础设施的不同、文化的不同、人们消费习惯的不同、可替代产品的不同等诸多因素的存在，都会直接和间接影响不同通信工具使用价值的发挥，进而影响通信工具在作为资本运动过程中的一种载体出现时，所能给资本带来的增殖能力。

相对于使用价值具有的不确定性，资本财产权中交换价值的不确定性更为严重。我们无论是依据客观交换价值者的研究成果，还是依据主观交换价值论的研究成果，都可以非常容易地推导出交换价值具有非常强的不确定性。根据客观交换价值论的观点，交换价值的实质是无差别的人类劳动在商品上的凝结，它的衡量标准是社会必要劳动时间。但对于单个的商品生产者而言，各自劳动者的熟练程度、生产资料、生产工具、管理水平等诸多方面的不同，使得不同的商品生产者生产同样一件商品所消耗的劳动时间各不一样，使得个人劳动时间与社会必要劳动时间之间存在不可调和的矛盾。对于一个商品生产者来说，自己生产商品所消耗的劳动时间与社会必要劳动时间之间的比例关系将永远是一个不能确定的数值，他们也将永远无法主动、有效地控制住自己所生产商品具有的交换价值实现能力，他们只能在个人劳动时间与社会必要劳动时间的矛盾冲突洪流中不断被动地寻找着交换价值的最佳实现平衡点。马克思就曾指出："价值量不以交换者的意志、设想和活动为转移而不断地变动着。在交换者看来，他们本身的社会运动具有物的运动形式。不是他们控制这一运动，而是他们受这一运动控制。"[1]再加上商品供求平衡之间的矛盾，商品生产者对自己商品交换价值的实现能力就更加难以确定了。根据主观交换价值论的观点，交换价值的大小主要取决于商品效用的大小和商品数量的多寡，而商品效用的大小和商品的数量本身都是永远无法确定的。由于每一个人的偏好不一样，使得同样一件商品给不同的人带来的满足程度不一样。对于每一个人来说，它具有的效用都是不一样的，同时，其还将随着每个人所处环境的变化而变化。由于市场上的商品是由不同的生产者分别生产的，每个生产者都会根据自己的生产能力和对市场的判断不断调整自己产品的生产数量。单个生产者生产的商品数量是不确定的，整个市场生产的商品数量就更是无法确定的了。主观交换价值论的这两个影响交换价值量的因素本身的不确定性决定了商品交换价值的不确定性。如果再加入其他影响因素，这种不确定性就更强了。

2. 资本财产权运行所需外在环境的不确定性

建立在交换价值基础上的资本财产权具有的流动性、开放性、扩张性的性质、特征和运行方式，不同于建立在使用价值基础上的自有财产权具有的静态性、封闭性、保守性的性质、特征和运行规律。这就使得资本财产权不能像自用财产权那样在一个封闭、割裂的非市场小环境下运行，而需要在一个开放、统一的市场大环境下运行。而这样的市场大环境非常容易受到各种不特定因素的干扰，使得资本财产权运行所需的外在环境充满不确定性。从大的方面来说，各种不特定的因素大致可以被分为两类：一类是市场本身固有的不确定因素，另一类是政府对市场干预带来的不确定因素。

市场本身固有的不确定性因素非常之多，如参与市场的主体在不断变化着，参与市场的主体的思想、观念、经验、判断能力在不

---

[1] [德] 马克思：《资本论》（第1卷），中共中央马克思恩格斯列宁斯大林著作编译局译，人民出版社2004年版，第92页。

断变化着，参与市场中交易的商品种类和数量在不断变化着，生产不同商品的技术条件和自然条件等因素在不断变化着。当然，不确定性因素还有很多，这里是无法——列出的。张伯伦曾将市场不确定性的产生归因为四个方面："（a）其他竞争者是否将保持其数量或者价格不变；（b）他们是否有远见；（c）对他们的市场的可能的侵占的范围；（d）时间间隔的长度。"[1] 而现实经济生活中的不确定因素是远不止这些的。这些诸多不确定因素中的任何一个发生了变化，都会造成市场环境的相应变化，引起资本财产权运行轨迹发生变化，影响资本财产权功能的实现。以生产技术条件为例，在电视刚刚发明的时候，受技术条件限制，生产的电视为黑白电视，且体形笨重。随着现代科学技术日新月异地发展，电视的生产技术得到不断更新，开始出现了彩色电视，再后来又出现了体形轻薄的等离子平板电视、液晶平板电视等。随着网络技术的发展，电视又开始融入网络之中，成为一个互动交换平台。可见，随着技术条件的不断变化，彩电的制造技术和工艺，以及彩电的功能也在不断发生着变化。而在这一系列变化中，任何一个变化环节都可能会给电视市场增加不确定性因素，甚至会给电视市场带来巨大的冲击，让一些电视生产商因而无法预测和应对。随着经济全球一体化进程的不断发展，市场的范围会越来越大，市场中的不确定性因素也会越来越多，这无疑将会给市场环境带来更大的不确定性。

现代社会中，随着政府经济职能的不断增加，政府介入经济生活的活动越来越多，政府越来越成为市场不确定性因素的重要来源。政府介入市场的理论依据主要是市场会失灵，如由于垄断导致市场障碍的出现，由于价格信号传递过程中的滞后性导致供需失衡的出现，由于市场的盲目性导致产能的过剩等，这些都不利于一国经济社会的健康发展，需要政府来弥补市场的不足。但政府毕竟是一个拟制的主体，它对市场的介入是由政府官员来实施的，如无论是政

---

[1] ［美］爱德华·张伯伦：《垄断竞争理论》，周文译，华夏出版社 2009 年版，第 57 页。

府对市场的直接介入（如在宏观调控过程中对一国汇率、利率等的调整，对市场进行微观监管时对市场主体行为的直接干预），还是政府对市场的间接介入（如制定各种规范市场的政策法规等），都主要是由政府官员来完成的。而官员的理性是有限的，他们对市场运行状况的把握不可能完全准确，且每个官员的思想、观念、经验、知识储备也都是不一样的。再加上官员们在履行职务行为过程中还会掺杂众多其他利益因素，如官员自身的政治前途利益、代表利益群体的利益偏好等，这些都在不同程度上影响着政府官员干预市场的客观理性立场，使得本已理性不足的政府官员具有了更多的变数，给政府对市场的干预带来了更多的不确定性。在缺少完善的法治环境的条件下，政府官员由于缺少有效制度的约束，在权力和金钱欲望的诱惑下，对市场干预造成的不确定性要远远超过市场本身具有的不确定性，导致市场扭曲变形，阻碍市场自我调节机制的发挥，给市场带来了更难以把握和预测的不确定性。这种不确定性有别于市场本身具有的不确定性。它使得企业家本身具有的对市场的警觉能力和发现能力的发挥受到限制，给资本财产权主体的权益保护带来更多的威胁和潜在隐患。这也是众多发展中国家在发展资产财产权经济过程中遇到的最严重的问题之一。

3. 资本财产权主体行为的不确定性

每一个人的生理、心理和精神素质都是不一样的，加之建立在交换价值基础上的资本财产权本身具有流动性、开放性、扩张性等运行特征，使得资本财产权主体在经营资本财产时具有非常强的不确定性，区别于自用财产权主体在使用自用财产时具有的可预期性。这种不确定性主要表现在两个方面：一是不同资本财产权主体的行为方式是不一样的；二是同一资本财产权主体在不同时空环境下的行为方式也是不一样的。

天下的每一片树叶都是不一样的，具有丰富情感的人的个体差异就更大了。在现实的生活中，我们根本无法找到两个性格特征、行为方式完全一样的人。弗兰克·H. 奈特认为造成不同人的行为方式不同的原因可以归因于五方面的因素。他指出："①人们通过感知和推理，对一定环境中事物的未来发展过程形成正确判断的能力是不相同的。而且，这种能力绝对不具有同质性，有些人擅长预测这一问题，有些人擅长预测另一种问题，人的能力几乎是无限多样的。其中尤为重要的是，在探究人的本性、预测他人行为的能力方面所具有的差异，是一种与对自然现象进行科学判断的能力截然不同的能力。②人们发现，人的能力的另一个——尽管这与前一个有些关联——的差别，就是评估手段、判断以及设计步骤，以及为了适应预期的未来情况做出必要调整的能力。③在实施计划以及据信是合理的且必需的调整的能力方面，也存在同样的差异。④另外，在涉及不确定性的情况下，由于个人对自己所做判断的自信程度以及履行能力方面存在着差别，所以其行为也存在差异，这种自信程度在很大程度上并不依赖于判断的'实际价值'和能力本身。⑤与感觉到的信心不同的是对一种情境的意欲态度，人们就是怀着一定程度的自信据此做了判断。有些人想要有确定性，根本不想'冒险'，而另一些人喜欢根据新奇的设想行事，似乎偏好不确定性，而不是回避不确定性，这是为人熟知的事实。我们经常看到人们按自己的信念，依据一些毫无根据的假设行事；也就是说，存在一种'相信人的运气'的倾向。"[1]由于这五个变数的存在，我们很难去准确地判断就同一件事情，不同的人会采取怎样的行为方式。而所有资本财产权的最终主体都是个人，都是由不同的个人来经营和使用的。这也就使得资本财产权的运行具有了不确定性。

就同一个人来说，在不同的时空环境下，他的行为方式也是很难被准确预测的。人首先是一种感情动物，在不同的外界环境下，一个人的心理感受是不同的，这种不同的感受会影响一个人对外在事物的判断、分析和决策，进而影响一个人的具体行为。这种不确定的变化是十分微妙的，没有确定的规律可循，具有很大的偶然性。我们最多只可能从一个人过往的行为中推测出一个人在相同的情境

〔1〕［美］弗兰克·H. 奈特：《风险、不确定性与利润》，安佳译，商务印书馆2010年版，第232~233页。

下采取某种行为的大致概率，但不可能得出一个确切的判断。一个简单的常识，我们每一个人对自己下一步行为会做什么其实都不是很清楚，哪怕遇到同样的一件事，自己下一次会如何来处理，自己也都没有十分准确的预测。在遇到相同情境下的相同事情时，我们处理的方式已经变化了，但我们自己甚至都没有察觉到或意识到。正如奈特指出的那样："我们必须推断出，如果没有我们的介入，未来的情况会怎么样，以及由于我们的行为，未来的情况会发生什么变化，不知是幸运还是不幸，这些过程没有一个是绝对不出错的，或者说是准确而完美的。我们并不能感知现在的本来面目及其完整面目，也不能极可靠地根据现在推断出未来，我们甚至不能准确地知道自己行为的结果。另外，我们还需要考虑到错误的第四个根源，因为我们并不是以一种设想好的、经过决断的确切形式来进行自己的行为的。"〔1〕在中国过去，人们常说"伴君如伴虎"，说的就是人的变化无常。皇帝的心情好坏，下一步会做什么，经常陪伴在他身边的人也无法准确地预测，即使每天小心翼翼，也可能因皇帝的一个偶然的心理变化而招致飞来横祸。资本财产权本身具有的这种流动性、开放性、扩张性等特征对人的影响就使得资本财产权主体的行为具有了更强的不确定性。资本财产权主体行为的这种更强的不确定性又会进一步强化资本财产权运行具有的不确定性。

二、不确定性中的秩序需求和制度构建

不确定性本身就是一个市场发现的过程，无论是资本财产权内在价值的不确定性、资本财产权运行所需外在环境的不确定性，还是资本财产权主体本身行为的不确定性，实际上主要都是一种市场本身的变化。这种不确定性给资本财产权主体发挥企业家精神实现交换价值和财富增殖留下了广阔的空间，也是市场机制发挥资源配置作用的必要基础。在这一不确定性环境下，秩序框架的搭建应该

---

〔1〕 ［美］弗兰克·H. 奈特：《风险、不确定性与利润》，安佳译，商务印书馆2010年版，第193～194页。

是充分调动和保护企业家精神的发挥。也就是说，保障企业家精神充分发挥的秩序是确定的，在不侵害其他主体利益的前提下，企业家有价值的创新成果，在这一秩序框架下，一定会得到公正、合理的回报。在制度构建上，主要就是赋予企业充分的自主经营权、公平竞争权。一方面，通过各种宏观调控制度的建立，实现宏观调控行为的法定化，如计划法制度的制定和实施、金融法制度的制定和实施、财税法制度的制定和实施，以阻止政府及其官员过度或不当干涉市场机制，充分保护企业的自主经营权；另一方面，通过反垄断法、反不正当竞争法制度的制定和实施，保护每一个经营者公平的获取竞争机会。

第五节　风险性秩序

存在和运转中具有一定的风险性是资本财产权的又一性质、特征和运行规律，虽然说这种风险是不可避免的，但任由其发展就可能影响到资本财产权自身功能的实现，不利于实现其服务于人类经济社会的目的，需要通过一定秩序的建立来减弱这种风险，让资本财产权更好地服务于人类物质生活水平的享有和其他各方面的期望。经济法在制度设计和运行中形成的秩序实现了这一要求，也就是风险秩序中的目的论和结果论的实现。

一、风险性产生的原因和表现

资本财产权具有的流动性、开放性、扩张性、不确定性的性质、特征和运行规律，这就决定了资本财产权在运行过程中具有风险性。这种风险性主要体现在三个方面：一是给资本财产权在自身运行过程中表现出来的风险；二是资本财产权给其他利益相关人带来的风险；三是资本财产权给社会带来的风险。

1. 资本财产权自身的风险

资本财产权具有风险性的根源是交换价值。因资本财产权主体追求的是交换价值，而不是使用价值，这就使得生产使用价值只是资本财产权主体实现交换价值的一种手段而已，资本财产权主体在其交换价值能实现的前提下，不会真正关心所生产商品的使用价值。而资本财产权的交换价值最终都是要通过消费者的消费行为来实现的，但消费者追求的是产品的使用价值，他们最为注重的也是使用价值。对交换价值和使用价值的不同追求，以及两种价值在资本运行过程中难以消除的冲突和矛盾，为资本财产权交换价值的有效实现埋下了隐患。资本财产权主体在生产商品时是各自独立进行的，但他们生产的产品是供整个社会消费的。这就使得他们所生产的产品的交换价值的价值量是以社会必要劳动时间来衡量的。而不是按他们自己的实际劳动时间来衡量的。这就导致资本财产权主体无法始终有效平衡个体劳动时间和社会必要劳动时间之间的冲突关系，这给资本财产权交换价值的有效实现埋下了隐患。资本财产权对交换价值的追求是无限的，为了实现对无限交换价值的追求，他们会不断扩张，不断生产出更多的产品，而消费者对使用价值的追求始终是有限的。在这种信息不对称和资本扩张本性的作用下，就可能会有许多产品无法进行流转，资本财产权主体的交换价值无法实现。这种供需矛盾也就成了资本运行过程中永远存在的一个隐患。当然，资本财产权运行过程中存在的风险远不止这些，但所有的这些风险都因资本财产权自身性质、特征和运行方式产生，无法消除。马克思就曾指出："商品内在的使用价值和价值的对立，私人劳动同时必须表现为直接社会劳动的对立，特殊的具体的劳动同时只是当作抽象的一般的劳动的对立，物的人格化和人格的物化的对立——这种内在的矛盾在商品形态变化的对立中取得发展了的运动形式。因此，这些形式包含着危机的可能性"[1]，且这种可能性根深蒂固。

资本财产权自身运行中存在的种种风险，以及由这些风险造成的损害主要是由资本财产权主体来承担的。正如马克思所指出的那样：资本财产权交换价值的实现经常通过商品价值从商品体跳跃到

[1] [德] 马克思：《资本论》（第1卷），中共中央马克思恩格斯列宁斯大林著作编译局译，人民出版社2004年版，第135页。

金体上，这是商品的一次惊险的跳跃。"这个跳跃如果不成功，摔坏的不是商品，但一定是商品者。"[1]这就给资本财产权主体带来了各种潜在的经济风险，任何一个资本财产权主体都有可能因交换价值无法实现而破产，不管这个资本财产权主体拥有的资本财产是多还是少。资本财产权主体为了减少遭遇风险的次数，以及一旦遭遇风险时损失的程度，需要时刻保持警惕，捕捉各种市场信息，充分利用自己的智慧，不断进行创新，防范风险的到来。

2. 资本财产权给利益相关人带来的风险

自用财产权仅仅是满足特定主体对使用价值的需求，它只需在一个静态的、封闭的、保守的环境下运行，不需要借助外部环境条件，一般不会对他人和外部环境造成不利影响。但资本财产权具有的流动性、开放性、扩张性等性质、特征和运行规律，使得资本财产权必须借助一个流动的、开放的外部环境才能够运行，它需要通过交换价值灵活易变的特征，在不同的使用价值物质载体、不同的人际关系网络中来回穿行，不断进行交换流转，如此才能实现资本财产权扩大利润和增殖财富的功能。这就可能会对他人和外部环境造成不利影响。

资本财产权最直接的利益相关人就是消费者，虽然资本财产权功能的最终实现需要借助于消费者的购买消费行为，对消费者具有依赖性，但是消费者的利益也时刻受到资本财产权主体行为的影响。由于生产活动和消费活动的分离，资本财产权主体生产的产品并不是用于自己消费，加之在资本财产权的扩张本性作用下，人的贪婪欲望极易被激活。为了实现最大限度的交换价值实现能力，资本财产权主体在生产产品时，就可能会选择不合格的便宜原材料，简化产品生产需要的必要流程，以次充好，以假充真，虚假宣传，误导消费者消费行为，给消费者的消费安全带来风险。为了获得更多的交换价值实现机会，实力比较好的资本财产权主体可能会采取滥用

---

[1] [德]马克思:《资本论》(第1卷)，中共中央马克思恩格斯列宁斯大林著作编译局译，人民出版社 2004 年版，第 127 页。

自己对市场的支配地位，阻碍其他资本财产权主体进入相关市场，甚至阻碍新技术的研发和应用等行为损害其他竞争者，危害资本财产权运行的环境。实力一般的资本财产权主体则可能通过采用诋毁其他资本财产权主体、泄露他人商业秘密等行为损坏其他竞争者的利益，获取不该有的交换价值实现机会，让其他资本财产权主体的经营活动面临不必要的风险。这种不择手段地追求自己利益，牺牲他人利益的利润追逐方式，虽然在短期内可以获得客观的收益，但会给市场带来更多的风险，对整个经济的长远发展是不利的。

资本财产权的扩张性运行方式，让资本财产权运行其中的无论是自然环境还是社会环境都会受到不利影响，进而影响生活在其中的人们，增加了他们生活中的各种风险。在市场化的工业经济社会里，资本财产权的基本载体——企业——的生产方式主要是工业化生产，这种工业化生产对环境资源的过度开发，对生产过程中产生的有毒废气、废水、废渣不当处置，给自然环境造成的污染和破坏是十分严重的，这种污染和破坏给生活在其中的人带来了各种潜在的风险，其中最常见的风险就是各种疾病发生率大大提高，可预期的寿命大大缩短。有些特别严重的污染还给人们的日常生活带来了直接的现实威胁，如过度的水污染，导致周边居民没有饮用水可用；过度的空气污染，导致周边居民不能裸露在室外活动；过度的噪声污染，导致周边居民不能开窗休息。人们在其生活的社会环境中也同样感受到了由资本财产权带来的风险。资本财产权具有的流动性、开放性、扩张性的性质特征和运行规律，让资本财产权轻易渗入社会环境中的各个领域，影响着人们的生活。如广告一方面是企业对自身产品的宣传，另一方面也成了骚扰人们日常生活的垃圾信息的来源，甚至成了少数人诈骗的工具；信用卡、网络银行、手机银行等一方面拓展了金融企业的市场空间，提高了金融企业的营利能力，另一方面也让金融用户的个人信息安全和资金安全面临着更多的风险。可见，由于资本财产权对利润扩大和财富增殖的永无止境，而又不择手段的追求，使得人们生活的这个世界里一方面物质财富创造能力在不断增强，另一个方面面临的各种风险也在不断增加。

3. 资本财产权给社会带来的风险

资本财产权给社会带来的风险主要来自两个方面：一是资本财产权自身的性质、特征和运行规律决定了资本财产权经济会发生周期性的经济危机，不管这种危机是大是小，如果处置不好，都将可能会给整个社会带来各种风险；二是资本财产权的交换价值是通过竞争性交易实现的，它必然会导致人们过度追逐利润，社会生活人文情愫减少，财富分化不断加剧，这种贫富分化如果得不到良好的处置，也将会给社会带来风险。

资本财产权在运行过程中会出现周期性的经济危机已经成了各国学者的一种共识。最早建立资本财产权制度的英美国家学者对此进行了较多的论述。如英国学者詹姆斯·富尔彻就认为："无论如何，资本主义的历史从不缺乏危机。经济发展的稳定期只是例外，而非常态。自 1945 年后的 25 年，经济发展相对平稳，这或许是一代人心目中的规范资本主义，但这段时期并不是典型的资本主义。危机是资本主义的常态特征之一，因为在资本主义体系内有如此多不断变革的、累积性的运作机制，因此，资本主义经济无法长期保持稳定。生产与消费的分离、生产者之间的竞争、劳资双方的冲突，导致泡沫膨胀与破灭的金融机制、资金从一个经济活动到另一个活动的流动，这一切不稳定的源头从一开始就是资本主义制度的特征，并且毫无疑问将持续伴随资本主义的发展。"[1]虽然詹姆斯·富尔彻对资本财产权运行中会出现经济危机的结论是建立在西方的资本主义社会制度基础之上的，但这一结论对建立在其他社会制度基础之上的资本财产权经济同样适用。有些社会制度有可能会减少资本财产权经济运行过程中发生危机的次数，削弱危机带来的损害程度，但很难从根本上消除这种危机的发生。而一旦经济危机发生，就可能会给社会带来各种风险。如大量人口失业，人们生活水平急剧下降，各种隐性的社会矛盾开始显现，已存在的社会矛盾进一步激化

---

〔1〕〔英〕詹姆斯·富尔彻：《资本主义》，张罗、陆赟译，译林出版社 2013 年版，第 118 页。

等，而且经济危机本身就是一种社会风险。这些都不利于一个社会的和谐、健康发展。

资本财产权经济时代是个高度企业化和商业化的社会。在这样的一个社会里，资本性财产不再像过去那样仅仅是少数资本家才拥有的一种财富内容，普通民众通过持有股票、债权等形式的资本性财产也成了资本财产权的所有人，资本财产权成了普通大众的重要财富内容。但由于资本财产权交换价值的实现方式是市场上的竞争，竞争过程中就会出现优胜劣汰，加之资本财产权扩张的本性，就会导致财产向少部分人集中，出现贫富分化。这种贫富分化一旦形成，就会不断扩大，在竞争中胜出的资本财产权所有者，可以利用不断累积的资本作进一步投资。而从整个资本财产权经济的发展轨迹来看，资本财产权带来的收益往往要高于同期的经济发展速度，这又会进一步拉大已有社会的贫富差距，给社会发展带来不利影响。法国研究社会财富分配的当代著名经济学家托马斯·皮克迪指出："当前随着资本/收入比的提高以及经济增长速度的放缓，资本所有权日益成为人们关注的中心话题。财富差距可能不断拉大，这在长期来看会产生很大问题。在某些方面，它甚至比超级经理人和其他人之间不断扩大的收入差距更令人担忧，因为后者迄今为止还只是一个特定区域内的现象。"[1]而且，由于资本财产权主体过度注重对利润的扩大和财富增殖的狂热追求，而忽略了人类社会其他一些重要的价值，这也会给人类社会的发展带来了不利和风险。马克思就曾猛烈地批判资本财产权主体的这种不管他人死活和其他社会价值的财富追求方式。"在自己的实际运动中不理会人类在未来将退化并将不免终于灭绝的前途，就像它不理会地球可能和太阳相撞一样。在每次证券投资中，每个人都知道风雨总有一天会到来，但是每个人都希望暴风雨在自己发了大财并把钱藏好以后，落到邻人的头上。我死后哪怕洪水滔天！这就是每个资本家和资本家国家的口

---

〔1〕〔法〕托马斯·皮凯蒂：《21世纪资本论》，巴曙松等译，中信出版社2014年版，第345页。

号。"〔1〕资本财产权主体这种过于狂热的财富追求动机和不断扩大的社会贫富分化，对于一个联系日益密切的社会共同体来说是非常不利的。它有可能会撕裂共同体成员间的各种联系纽带，使社会共同体陷入一种分裂的、碎片化的状态，加剧共同体成员间的矛盾和冲突，从而增加整个社会的运行危险。

二、风险性的秩序需求和制度构建

资本财产权风险性表现的三种情形，将人类社会带进了一个风险社会时代，在给人类社会带来更多物质财富的同时，也带来了更多的不安和焦虑，甚至是恐慌和冲突，降低了人们的生活品质，不利于整体社会的文明与进步。秩序是降低风险的有效方法，通过一定秩序的建立，我们可以将一定的风险控制在人们生活可接受的范围内，推动人类社会的和谐、可持续发展，让经济活动、财富创造服务人类的价值。

1. 降低自身风险的秩序需求和制度构建

资本财产权风险性特征的存在，可以给资本财产权主体企业家精神的发挥留出空间，激励企业精神的发挥，从而提高社会财富的创造效力。但如果资本财产权的运行风险过高，让资本财产权主体不堪重负，就会挫伤人们创业的积极性，不利于人类经济社会的发展。这就需要通过一些风险中的秩序安排来适当减轻资本财产权主体的风险，或者将资本财产权主体的风险控制在一个适当、可控的范围内。在制度设计的层面，首先，就是有限责任公司制度构建，以及各种保护企业家精神充分发挥制度体系的构建。因此，为了保障这种秩序下风险控制机制的有效运行，公司法中"刺破公司面纱"的制度是不能被轻易启动的，政府对经济过程的直接干预必须受到严格限制。其次，建立强化产品质量的倒逼机制。在资本财产权居于主导地位的经济社会里，生产和消费相分离，如果企业生产的产

---

〔1〕〔德〕马克思：《资本论》（第1卷），中共中央马克思恩格斯列宁斯大林著作编译局译，人民出版社2004年版，第311页。

品质量有保障，给消费者带来了消费过程的享受，提高了消费者的消费体验感，消费者购买的欲望就会比较强烈，资本财产权的交换价值就可以顺利实现。但是，基于个体理性和短期理性的限制，单个的企业都有降低成本、追求短期高额利润的冲动，需要通过消费者权益保护法、产品质量法、食品安全法、广告法等一系列制度的建立，倒逼企业不断创新，生产价低质高的产品，让生产和消费相分离下的生产消费活动秩序得以良好运行。最后，建立政府宏观调控权服务企业自主经营权的理念和思维，并在制度上落实，构建政府宏观调控权服务企业自主经营权良性互动的秩序。如政府有获取大量市场信息资料的优势，政府可以利用这一优势，制定经济发展计划和产业发展规划，引导企业做出更加合理的市场决策，减少风险的发生。

2. 降低给利益相关人带来风险的秩序需求和制度构建

资本财产权以追逐财富增殖为自己的使命，在没有一定秩序安排的约束下，资本财产权主体唯利是图的冲动就会给各种利益相关人带来各种风险。在生产与消费相分离的情景下，生产者不消费自己生产的产品，消费者消费的不是自己生产的产品，生产者追求的是交换价值，消费者追求的是使用价值。这就会导致一系列损害消费者利益道德风险的产生，维护消费者权益的一系列法律制度就需要建立，如消费者权益保护法、产品质量法、食品安全法、广告法等。为了追逐更多的交易机会，侵害其他竞争者的交易机会的行为就会发生，一定竞争秩序的形成就成为必要，公平竞争法的制度体系就需要建立；为了降低自身费用，将各种生产销售过程中产生的负外部性转嫁给社会的行为就会发生，内化资本财产权主体在追逐利润过程中产生的各种负外部性的制度体系就需要建立，从而不断强化企业的社会责任意识。此外，还必须加大资本财产权主体给利益相关者带来风险的责任机制，阻吓他们采用不当行为获取利润的冲动，主要包括严格责任、产品召回、惩罚性赔偿等一系列制度的建立。特别是惩罚性赔偿制度的建立，一定要让资本财产权所有者采取的不当获利行为得不偿失，不但无利可获，而且一定是损害惨重。制度体系的建立可以形成一个良性的秩序环境，将资本财产权在追逐自身利益的过程中给其他利益相关人带来的风险降到最低，让资本财产权追逐利润的运行轨道最终回归到服务人类社会的价值目标上来。

3. 降低资本财产权给社会带来的风险的秩序需求和制度构建

资本财产权时代下生产与消费分离的经济运行特征，不可避免地形成了生产者和消费者之间的信息严重不对称。这种状况大范围地存在导致供给与需求失衡问题累积到一定程度，从而引发经济危机。企业家对市场风险发生有天然的敏感性，在市场运行过程中，企业家精神的充分发挥可以使企业有效地触摸到市场风险的信号。政府具有庞大的信息收集能力和分析能力，特别是进入到大数据时代后，政府根据自己收集掌握的庞大的市场信息数字资源，结合各类专业人才的专业分析，可以对市场未来风险的发生概率有个粗略的预判。为了防范和减少这种商业周期的波动给企业和社会带来的风险和损害，通过一定秩序框架的建立，能够让企业家精神对风险的预测和发现能力与政府对市场风险发展可能趋势的预判能力有效结合，从而可以在一定程度上减缓和烫平商业周期带来的风险和损害。在制度层面上，主要通过建立规划计划法制度，且这一制度对企业家精神的发挥一定是一种辅助性的功能。规划计划法制度在施行过程中，对企业的经营决策只起到一个引导性作用，而不是强制性作用，杜绝政府权力对市场过程的直接干预，特别是对企业经营决策的直接干预。

在资本财产权经济时代里，企业间的竞争必然会导致优胜劣汰，贫富分化，这就需要建立一定的秩序框架来融合这种不可避免的风险，同时又要保持市场这种竞争的活力，让最有效组织生产要素进行财富创造的企业健康发展，为整个社会创造最多的财富。在制度设计层面，财税法制度就是一个必要的选择。但财税法制度在设计过程中，首先需要保障资本财产权所有者有一定的利润回报率。企业缴纳的税收原则上是不能超过企业的利润水平的，否则就会让资本财产权主体丧失利用资本财产权从事财富创造的动力，影响整个社会的财富创造能力，最终影响每个个体的财富享有水平。其次，需要注意遵循税收中性的原则，不能过度强调税收的宏观调控功能，误导资本财产权所有者的决策，导致价格机制对资源配置能力的减弱，影响企业家精神的发挥，进而影响整个社会的财富创造能力，甚至引发新的结构性风险。

第六节　放大效应秩序

"放大效应"这一概念被用来描述某一事物或行为可以产生一种远超出其自身能量的外部效应的现象。资本财产权具有的流动性、开放性、扩张性的性质、特征和运行规律，使得资本财产权在运行过程中产生的各种影响力远超出其本身的能量，从而呈现出了放大效应的特征。这与自用财产权具有的静态性、封闭性、保守性的性质、特征和运行规律下，自用财产权运行过程中产生的影响很难超出其自身的能量而具有的不扩散性形成了鲜明对比。没有一定秩序的存在，资本财产财产权负外部性放大效应带来的影响将是十分严重的，可能会给人类社会生活带来多重恶果，使得资本财产权的财富创造功能偏离服务于人类物质福利的财富价值本性。

一、放大效应产生的原因和表现

致使资本财产权运行过程中具有放大效应的原因很多，这种放大效应的表现形式也是多种多样的，归纳起来至少应包括三个主要方面：社会分工合作、乘数效应、尺度效应。

1. 社会分工合作

在资本财产权时代，产品的生产目的不再是满足生产者日常生活消费的需要，而是追逐利润。为此，必须提高生产效率，深化分工合作。在微观层面上，企业内部每种产品的生产都被分解成多个生产环节，其中任意一个生产环节出现问题，都会使得之前的环节前功尽弃，之后的环节无法延续，从而导致整个生产环节无效。在宏观层面上，不同的企业、行业之间产品的生产也形成了分工合作关系，产生了紧密的联系。特别是处于同一个产业链上的企业，它们之间会出现牵一企业而动整个产业链上所有企业的局面。随着社会分工的进一步深化，企业内部的分工和企业外部之间的分工以及行业之间的分工日益交织在一起，出现了整个生产领域分工合作的社会化现象。主要表现为：单个资本转变为社会的共同资本，实现了资本的社会化；单个人的劳动转变成社会的共同劳动，实现了劳动的社会化；单个企业生产的产品成为社会共同消费的产品，实现了产品的社会化，从而出现了真正意义上的社会化分工合作，不同企业之间相互作用的结构发生了根本性的变动。

工业革命以来的现代社会分工已经大大不同于之前的社会分工，它使得以企业为主的各经济法主体之间不再是一种割裂的、独立的关系，而是一种相互衔接、互补互存的统一有机体关系，整个社会成了一个巨大的联动机，任何一个资本财产权主体的行为，都可能会对与其相关的其他资本财产权主体造成不同程度的影响。这种依靠结合劳动力进行产品生产的财富创造方式，虽然带来了生产效率的提高，产生了一个"加和"效应，但同时也大大增强了每一个资本财产权主体行为对其他相关资本财产权主体的影响力度，使其行为产生的正面的或负面的影响，都有可能以超出自身能量的几倍甚至几十倍的力度向外扩散，形成放大效应。随着交通和信息科技的发展，特别是网络技术的发展，这种放大效应如同获得了一个加速器，得以更强的力度和更快的速度向外扩散。

2. 乘数效应

乘数效应即"倍数效应"，它是乘数原理作用于经济活动的一种外部表现。根据乘数原理，在经济生活中，相关的不同变量之间会发生一个连锁反应，当某一个变量发生变化时，会引起其他相关变量发生成倍的变化。例如，一项投资活动发生变动，就会引起收入和消费活动发生若干倍的变动。反过来，如果收入或消费活动发生变动，也会引起投资活动发生若干倍的变动。

乘数原理在经济学领域的发现和引入，最早可以被追溯到法国重农学派代表人物弗朗斯瓦·魁奈于1758年出版的《经济表》（*Le*

Tableau économique）。在这本著作中，魁奈首次运用乘数原理分析了在农产品生产上支出可以倍数地创造收入的过程。1929 年，凯恩斯和他人联名发表了一本名为《劳埃德·乔治能办到吗?》（*Can Lloyd George Do It?: An Examination of the Liberal Pledge*）的小册子，运用乘数原理的推理告诉人们，一笔投资支出不仅可以起到直接投资的效果，而且可以产生一系列连锁反应，形成更多间接就业。1931 年，卡恩在凯恩斯乘数原理的思想启发下，在《经济学杂志》6 月号上发表了《国内投资与失业的关系》（*The Relation of Home Invest to Unemployment*）一文，用数学方法将乘数原理思想精致化。之后，乘数原理逐渐成为宏观经济理论中不可缺少的基本内容，被广泛运用到财政、货币、外贸等诸多领域研究之中。[1]在传统农业经济社会里，自用财产权占据主导地位，具有静态性、封闭性的运行特点，在经济生活中表现为鸡犬之声相闻，老死不相往来，处于自给自足的自然经济状态。因此，不同的经济变量之间难以发生成倍的连锁反应，乘数效应在经济活动中表现不明显，甚至可以忽略不计。但在人类进入到资本财产权时代后，由于资本财产权具有流动性、开放性、扩张性的运行特点，在经济生活中表现为资本的高度流动性和其对利润的狂热追逐，对各种经济信号的刺激反应灵敏，不同资本财产权之间极易发生成倍的连锁反应，乘数效应在经济生活中的作用开始凸显，单个资本财产权主体行为不仅成倍地影响其他资本财产权主体和其他社会成员的权利义务内容，同时对一个社会和国家的经济生活也在产生着巨大的影响，形成放大效应。近些年来，随着虚拟经济的快速发展，资本的流动性更强了，在乘数效应作用下，资本财产权主体行为产生的放大效应也表现得更为迅猛和剧烈。

　　3. 尺度效应

　　尺度效应就是指事物的规模是决定事物性质的一个重要维度，进而影响事物的运行规律。尺度效应原理最初主要被应用于物理学

---

　　〔1〕　钟契夫：“一部系统研究乘数理论的力作——评《经济运行中的乘数效应》”，载《中央财经大学学报》1999 年第 10 期。

研究领域。目前，随着人类对尺度效应原理认识的逐步深入，该原理在其他自然科学研究领域正得到更为广泛的应用。它同样也适用于社会领域里的事物。对此，法国社会学家迪尔凯姆在进行社会学研究时早已发现。他在《社会学研究方法论》中就曾指出："群体的构成与个人的构成不同，影响群体的事物具有另一种性质。"[1]

在以自用财产权为主的农业经济社会里，人们生产产品的主要目的是获取它的使用价值。这就使得"无论是农业产品，还是工商产品，产能和产量都很少，基本保持在自己满足的水平上"。[2]尺度效应发生作用的条件还不具备。但在以资本财产权为主的工业经济社会里，人们生产产品的目的是获取它的交换价值，以实现利润的扩大和财富的增殖，而不再是为了满足自己的消费需要。因此，无论是农业产品，还是工商产品，产能和产量都呈指数倍增长。这种量的积累达到了一定的程度，事物的性质逐渐发生改变，尺度效应在经济生活中开始发生作用。

规模效应是尺度效应在经济领域里发生作用最为突出的一个体现，它包括组织规模效应、生产规模效应、产品规模效应、消费规模效应等诸多方面。如从组织规模效应来说，相比较于自然经济形态下的家庭生产者和个体生产者，现代企业的组织规模正越来越大，几万或几十万员工规模的企业已不足为奇，许多跨国企业的规模比一些小国家还要大。这种资本财产权主体组织规模的扩大所产生的外部效应性质发生变化，它不仅影响着经济领域的生活，还影响着社会和政治领域的生活。一些大型跨国公司CEO的选任所产生的波及效应，不仅会影响其本国的经济、社会生活，甚至会对全球经济、社会产生影响。再从生产规模效应来说，随着大量企业的生产规模越来越大，一方面可以产生一个规模经济效应，提高企业的生产效率，降低生产成本。但另一方面，一旦某个生产环节出现问题，比

〔1〕 ［法］迪尔凯姆：《社会学研究方法论》（法文第2版），胡伟译，华夏出版社1988年版，序言第7页。

〔2〕 陈泰和：《和谐社会的财产权》，知识产权出版社2007年版，第50页。

如环保环节出了问题，其所产生的负面影响也将是大规模的，甚至是灾难性的。在产品规模效应、消费规模效应等其他方面，同样也会产生类似的放大效应问题，资本财产权运行过程中具有的放大效应让当代人类的经济生活图景变成了另一番景象。

二、放大效应中的秩序需求和制度构建

资本财产权运行中具有的放大效应，将资本财产权主体行为产生的正负外部性成倍地放大。这其中，被不断发大的负外部性带给人类社会的危害尤为严重，如多次的经济危机、系统性的金融风险、严重的环境破坏、愈演愈烈的食品安全危机等，乃至战争的爆发。因此，我们必须建立一定的秩序，来控制被不断放大的负外部性带给人类的种种危害，让财富创造回归到服务于人类的价值。对被不断放大的正外部性也要小心地予以呵护和引导，通过一定秩序的建立来促成其更大限度地服务人类的价值，创造更加美好的人类未来。

周期性的经济危机是被不断放大的负外部性给人类社会带来危害的最集中体现。由于资本财产权放大效应带来的这种危害对人类社会的危害实在过于深刻和激烈，是一种灾难性的危害，因此，为了消解和减少这种危机，宏观经济学应运而生。在制度构建层面，即通过计划制度的引入，协助企业对市场信息分析和把握能力的提升，引导企业做出更加科学的决策，减少由投资的盲目性引发的产能过剩、总量供求失衡；通过财税制度的设立，诱导和引导企业对市场进行理性和长远分析，做出更加科学的决策，让供求关系不断向总量平衡方向发展；通过金融制度的引入，让货币币值保持稳定，使虚拟经济更加有效地服务于实体经济，让价格信号传递的信息更加真实、准确和及时，诱导和协助企业对市场做出理性而冷静的分析，做出更加科学的决策，防范系统性风险的出现。这些制度的建立有效烫平和减缓了经济危机带来的危害，也在一定程度上呵护了资本财产权主体行为产生的正外部性放大效应给人类经济社会带来的福利，有利于整个人类经济社会的发展，并在法学领域催生了经济法许多重要制度。按照我国当前主流的经济法学理论观点，其在

很大程度上催生了整个宏观经济法制度的出现，即宏观调控法的出现。

但需要引起警惕的是，资本财产权运行的主体应该是企业家。企业家精神的有效发挥是保障资本财产权有效运行的基本前提和基础性条件。张维迎和盛斌早年就曾合作写了一本名为《论企业家：经济增长的国王》的专著。该书从各国实践和已有理论研究成果角度论证了企业家在企业有效运行中的卓越贡献。顺应资本财产权运行的本性需求，遵循资本财产权运行的逻各斯和道的要求，这种秩序的建立就是一种服务于企业家精神发挥的秩序，同时也是合乎人性尊严的秩序。在法律层面上，要协助和保障企业自主经营权得以更好地实现。也就是说，我国理论界探讨的宏观调控法应该服务于企业自主经营权的实现。在自主经营权和宏观调控权的关系中，自主经营权应被置于整个秩序和制度构建中的主导性位置，宏观调控权则应处于一个从属性位置，协助自主经营权更加有效地实现，在满足资本财产权主体追逐财富增殖的同时，为整个国家和社会创造更多的物质福利，推动整个社会的富裕、繁荣和幸福。我国当前的理论学界多数将宏观调控权置于一个更高的位置。从某种程度上说，这实际上将自主经营权变成服务宏观调控权了，不利于资本财产权的运行，表现在现实经济生活中，就是企业的自由空间被压缩，营商环境受到破坏，资本财产权的财富创造功能受到限制。

对于环境破坏、食品安全危机扩大等负外部性的放大效应防范，在秩序和制度构建上主要是通过责任机制的建立来实现的，特别是在食品安全和消费者权益保护方面，尤其应加大和强化资本财产权主体的责任追究机制，通过这种责任追究机制的特殊化设计，来防范和阻止资本财产权放大效应所引发的危害的扩大，惩罚性赔偿、产品召回等新兴制度具有一定的代表性。

惩罚性赔偿，又被称为示范性赔偿、报复性赔偿。一般认为，惩罚性赔偿产生于18世纪后期的英美法系国家，主要适用于诽谤、诬告、恶意攻击等使受害人遭受名誉损害和精神痛苦的案件。最初，它是为弥补精神损失赔偿制度的不足而建立的，是对侵权行为人采取的一种替代性惩罚措施。随着资本财产权成为人们的主要财产权，资本财产权主体行为产生的正外部效应或者负外部效应都在加倍地放大。例如，如果一个企业为了最大限度地追逐利润而生产有毒有害商品，不仅侵害了数量众多的消费者利益，一旦被发现还不能被及时制止。其不但会影响这个企业的声誉，还将影响整个产业。如我国的"三鹿奶粉事件"，不但让三鹿破产，更让整个中国的乳制品行业都受到了影响，不利于一国经济社会的发展。这不仅会让受害企业遭受到各种损失，还会让消费者和整个社会及国家的各种利益受到损害。在此种情况下，如果只要求实施侵害行为的企业承担传统的民事补偿性赔偿责任，显然会背离法所追求的公平公正价值。因为它既不能补偿受害消费者遭受的损失，也不能有效地阻止实施侵害行为企业继续违法，更不能起到威慑预防其他企业实施同类违法行为的效果。因此，以美国为代表的一些英美法系国家，逐步将惩罚性赔偿制度引入经济法部门，促使资本财产权主体积极采取措施，防止损害的发生或者将损害降到最低。[1]这些国家现行的《消费者权益保护法》《反不正当竞争法》《反垄断法》等各种经济法规都已确立了惩罚性赔偿制度。在我国，当企业的违法行为给他人造成经济损害时，仍然生硬地套用传统民法中的补偿性原则给予等价赔偿，而不是惩罚性赔偿。学者们也仍从民法学角度来研究惩罚性赔偿制度，立法实践也将它放到民法部门之中，如我国新增加的一条惩罚性赔偿条款，就被放在 2009 年颁布的《侵权责任法》之中。在现行的各种规范资本财产权运行的法规中，只有由中华人民共和国第十二届全国人民代表大会常务委员会第五次会议于 2013 年 10 月 25 日通过的《消费者权益保护法》第 55 条、《食品安全法》的部分条款规定了惩罚性赔偿，且对赔偿数额作了较为严格的限制。而至为重要的《反不正当竞争法》《反垄断法》至今仍没有比较合理的惩罚性赔偿制度规定。这种责任制度的设置缺陷造成我国现行的各

---

〔1〕　参见黄娅琴：《惩罚性赔偿研究：国家制定法和民族习惯法双重视角下的考察》，法律出版社 2016 年版，第 37~38 页。

种经济法规很难得到资本财产权主体的认真遵守，从而严重威胁到了我国经济社会的健康发展，降低了人们的生活质量。因此，我国应该加强研究资本财产权运行中的放大效应特性，合理设置惩罚性赔偿制度。

产品召回制度是资本财产权居于主导地位的经济社会中的典型制度，是现代市场法制进步的重要标志。[1]它在20世纪60年代首先产生于美国，随后，英国、法国、加拿大、澳大利亚、韩国、日本等发达工业国家也相应地建立了这一制度。近现代社会以来，人们生产资料和生活资料的获取日益依赖于专业化生产和市场交易。在利润的刺激下，单个企业生产的产品数量越来越多，在许多行业，三四家大型企业生产的产品，差不多就占据到一国市场90%以上的份额。这时，一旦产品的某个设计、生产环节出现失误，生产出不合格的产品，当这些大批量问题产品进入市场后，其对消费者的人身或财产造成的损害就会是大范围的。如果处置不当，就可能会出现难以控制的局面，扰乱经济秩序，损害社会公共安全。以汽车为例，当一款有重大安全隐患的汽车大批量进入市场后，如不能被及时召回，就等于在马路上和大街小巷中放置了一个个流动的定时炸弹，随时可能导致驾驶人员和路上行人的人身和财产遭受损害，甚至会引发一系列车毁人亡的恶性交通事件，严重威胁公共安全，造成众多经济和社会问题。在这种状况下，再依赖传统的合同法或者侵权法制度，由单个消费者自己以买卖合同违约或者产品引发损害的侵权为由实行救济，根本无法阻止这种大范围损害事件的发生。而当产品召回制度建立后，一个产品一旦被发现有系统性的产品缺陷，需要随即启动产品召回制度，如此就可以有效地阻断潜在损害范围的扩大，将损害控制在最小范围。显然，产品召回制度的出现是由资本运行中具有的放大效应直接催生而成的。它可以有效地将资本财产权运行中的放大效应产生的不利后果及时阻断，维护消费者利

---

〔1〕 参见徐士英主编：《产品召回制度：中国消费者的福音》，北京大学出版社2008年版，第1页。

益和社会经济秩序，从而促进社会公共利益的实现，弥补传统民商法制度在规范现代经济生活时出现的漏洞。因此，产品召回制度应适应于当代经济生活中的各种产品，成为资本财产权经济时代中一项最基本的风险防范和救济制度。目前，我国的这一制度还存在许多不足，使得众多侵害消费者权益的不良事件得不到有效解决，扰乱了资本财产权的运行秩序，不利于资本财产权的有效运行，影响我国经济社会的和谐发展，因此，应加快完善我国经济法中的这一制度。

第七节　共享性秩序

共享性是资本财产权的又一大运行特征。在过去，人们往往会过多地关注到资本的逐利本性，从而对资本财产权的认识存在很多误区，认为资本财产权在本性上是唯利是图，自私贪婪，缺少分享的美德。但万事万物都是矛盾的统一体，资本财产权在对利润追逐充满热情的同时，也有分享互惠的本性驱动。在一定秩序的安排下，不仅能实现资本财产权所有者个人财富增殖的满足，同时还能实现财富分享的社会化，让资本财产权的运行更好地服务于人类价值的提升。

一、共享性产生的原因和表现

共享性主要根源于资本财产权经济社会里的财富创造方式。在资本财产权经济时代的财富创造过程中，虽然十分强调竞争，但不同主体之间的合作共享往往更为重要。这种合作共享不仅体现在一个企业内部，也体现在不同的企业之间。这种多层次的合作共享不仅让资本财产权主体获得了更多的财富增殖，也让整个社会都从资本财产权所创财富中获得了收益。

1. 企业内部的合作共享

资本财产权的利润扩大和财富增殖功能主要是通过企业来实现的，而企业功能的实现主要是通过其组成人员对资本财产权的多层次合作共享来达到的。这种合作共享主要表现为三个层面：一是企业主和其雇员合作共享企业的机器设备、厂房等物质性资产；二是企业主和其雇员合作共享彼此间的智慧、知识、技术、创造力等非物质性资产；三是企业主和雇员合作共享企业创造的增殖财富。

在资本财产权主导下的经济社会里，企业采取的是一种规模化生产，不同于过去的手工业化生产，因而需要众多机器设备、厂房、原材料等。虽然这些东西都是由企业主出资购买的，但企业主不可能独自一人使用这些机器设备、厂房等。在分工越来越专业化的时代里，一方面，企业主没有精力去学习所有的机器设备操作方法、产品的生产工艺和流程；另一方面，他们也无法单独去操纵这些设备。如果企业主真的这样去做，就无法提高单位时间内产品的生产效率，更无法进行批量生产，形成规模效应，从而降低资本财产权的利润扩大和财富增殖功能的发挥。可见，当"个人财产一旦超出生活资料范畴而进入生产资料范畴，其个人所有的性质便发生了改变。个人财产的边际特性，使传统所有制变得没有意义……无论私有化程度多高，超过个人消费范围以外的财产也形同公有"。[1]因此，不管企业主情愿或者不情愿，他都需要雇佣员工，和他们共同分享使用这些机器设备、厂房等固定资产，去共同创造财富。也就是说，在资本财产权经济时代，随着生产活动的社会化，生产资料也就具有了社会化的性质。企业主个人拥有的生产资料，逐渐变成了一种具有几分公有性质的社会化的生产资料。在资本财产权经济的初期，由于人们没有认识到资本财产权在社会化大生产环境下所具有的共享性特征，企业主残酷地剥削和压迫其雇佣的员工。为了反抗企业主的剥削和压迫，工人捣毁了工厂里的机器设备，企业主阶层和工人阶层之间发生了激烈的对抗和冲突。结果，企业主和工人都为此付出了不同的代价，资本财产权的财富创造能力受到了削弱。随着人们对资本财产权运行规律认识的不断深入，企业主和员工合作共享企业的机器设备等，实现共同创造财富的观念逐渐在一

［1］ 王一鸣：《论个人财产》，人民出版社2009年版，第8页。

些企业内部形成，也就提高了这些企业的发展和盈利能力。

机器设备、厂房等物质性资产虽然是资本财产权功能实现的物质基础，但它们仅仅是一个物质基础，资本财产权利润扩大和财富增殖功能的实现，更主要的是来源于企业主和雇员的结合劳动力，即企业主的主动管理劳动与雇员的被动具体劳动的结合，以及他们彼此间的智慧、知识、技术、创造力等非物质性资产的整合共享。在资本财产权主导的经济社会里，一方面分工越来越细化，每一个企业的生产经营活动都会被分解成不同单元和不同环节，需要不同职能部门和不同技能专长的人来分别完成，如果没有各方面人才的组合，企业的生产经营活动将难以为继。这就使得单个个体的智慧、知识、技术、创造力等在没有其他个体的参与下，很难在企业生产中转化成有效的财富创造能力。另一方面，在现代企业的经营生产中，企业内部的高效整合越来越重要，一个企业能否将不同职能部门和不同技能专长的人整合形成一个高效力的团队，将直接影响到这个企业的盈利能力，决定这个企业的发展前景。企业主作为一个团队的主要领头人，必须要将自己的管理智慧，自己的知识、技术、创造力和员工分享，培养和提高员工的综合素质。作为员工，也必须将自己的聪明智慧，自己的知识、技术、创造力贡献给企业这个团队。只有这样，整个企业的财富创造能力才会不断提高。也就是说，在资本财产权经济里，企业化的生产方式在取代家庭化生产方式的同时，也强化了不同主体间财富创造能力的相互依存性和共享性。

这种生产资料和财富创造能力的共享，决定了企业内部不同主体对企业所创造的增殖财富应当共同享有。在资本财产权经济发展的初期，企业主认为企业的机器设备、厂房等都是自己出的，员工仅仅只是自己雇用的工人而已，是自己购买的生产资料的一部分。因此，只要发给工人少量的工资就可以了，企业所创造的全部利润都应该归自己所有。这一方面打击了员工为企业创造财富的积极性，无法调动其员工的能动性；另一方面也导致了员工和企业主的激烈对抗和冲突，企业的生产秩序受到破坏，这当然不利于资本财产权功能的实现。

2. 企业之间的合作共享

不同企业给人更多的感觉是你死我活的竞争关系，其实，企业之间的各种形式的合作共享也是普遍的。资本财产权具有流动性、开放性、扩张性、不确定性、风险性、放大效应等性质、特征和运行规律，决定了企业间需要进行合作共享，也为企业间进行各种资源的合作共享提供了方便。这种合作共享不仅降低了企业间因不必要的恶性竞争而带来不必要的成本，同时也推动了企业间广泛的技术交流，强化了它们各自资源的整合，提高了企业的盈利能力，使得资本财产权功能得以更加高效地实现。

经济学家们主要从交易成本理论、专业化分工理论和规模经济理论角度分析了企业间合作共享的深层次经济原因。[1]由科斯率先提出的交易成本理论认为，市场交易是有成本的，这种成本包括运用价格机制的成本、为完成市场交易而进行谈判的成本，未来不确定性风险引致的成本以及度量、界定和保护产权的成本。威廉姆森对交易成本做了进一步的研究。不同企业间的合作共享可以形成稳定的市场交易关系，大幅度地降低交易费用，纠正市场缺陷，有利于资本财产权的实现。由斯密强调的专业化分工理论认为，分工不仅可以提高人们的劳动熟练程度和技巧，还可以大大节减人们从一种工作转到另一种工作所造成的时间上和技术上的损失，从而有利于企业进行技术创新，降低管理成本。为了应对激烈的市场竞争，不同企业间在研发、生产和销售环节上相互分工，加强各自资源的合作共享，可以让分工更加细化，有利于企业生产的专业化和精细化，提高企业的生产效率，从而获得共同的最大利润。由张伯伦、马歇尔等提倡的规模经济理论认为，随着企业产品生产量的不断增长，也就是生产规模的不断扩大，产品的单位成本也就会相应地不断下降。在资本经济初期，企业主要是通过自身规模的扩大来实现

---

〔1〕 贾若祥、刘毅："企业合作问题研究"，载《北京行政学院学报》2004年第5期。

利润递增。但随着技术进步和市场竞争日趋加剧，市场需求的个性化与多样化要求不断提高，且随着企业规模的过度扩张，也带来了企业的机构臃肿、行动缓慢、内部规模经济发展空间已越来越小等问题。为了适应新的市场发展形势的需要，增强企业的灵活适应性，企业需要将生产链向外延伸或剥离，一方面，将一些零部件的生产转包给专业化的小企业；另一方面，通过合资、合作等方式，与其他企业共同进行产品的研发、生产和销售活动，继续保持或提高企业的市场份额，扩大企业的利润创造空间。企业的这种行业间、区域间多层次合作共享的不断深化，可以不断提高单个企业的经济效益，也使得整个行业和区域内企业的长期平均成本不断下降，实现了更大规模上的收益递增。

经济学家们提出和倡导的这些理论，如果我们深入地去追寻它们背后的机理，就可以发现，这些理论都是由资本财产权的性质、特征和运行规律所决定的。资本财产权的价值基础决定了资本财产权主体追求的是交换价值，资本财产权的功能只能在交换流转过程中实现。而资本的扩张性、开放性、不确定性、风险性等性质特征，大大增加了不同资本财产权主体间的交易成本，阻塞了资本财产权的交换流转速度，不利于资本财产权交换价值的实现。而不同企业间的合作，可以降低资本财产权运行过程中的不确定性和风险，大幅度地削减流转过程中的谈判、监督等种种交易成本，加速流转速度，提高资本财产权功能的实现效率。虽然资本财产权追求的是交换价值，但这种追求必须借助于使用价值，或者说借助于效用这个媒介才能实现。然而，人们对同一种使用价值的满足是有限的，或者说呈效用递减趋势，但人们对交换价值的追求却是无限的。这就需要企业不断研发和生产各种具有新使用价值的产品，改进和完善已有产品的使用价值，刺激人们形成新的消费欲望。专业化分工可以让不同企业集中各自优势资源研发和生产具有新使用价值的产品，以及改进和完善已有产品的使用价值。但单纯的专业化分工也会给资本权运行带来种种不利。如果它使得每个企业相互割裂，从事各自产品的研发和生产，既不利于技术知识、生产知识和管理知识的交流和整合，阻碍新产品的研发和生产，也会造成大量资源被浪费。正如 20 世纪初的一位俄国经济学家所指出的那样："如果我们把这个世纪的工业的进步归功于现时所宣称的个人对整体的竞争，就如同不知道下雨原因的人把下雨归功于他所贡献给泥偶像的牺牲一样。在工业发展方面，也和其他方面征服自然的行动一样，互助和紧密的联系肯定是，也一定是比互争更有利得多。"[1]因此，在专业化分工的基础上同时加强不同企业间各种资源的合作共享，发挥资本财产权的放大效应，可以提高企业各自的产品研发和生产能力，避免不必要的资源浪费，有利于提高资本财产权交换价值的实现能力。资本财产权的开放、扩张本性，使得企业不可遏制地向着规模化方向发展的冲动，以便达到更大数量和范围内交换价值的实现，并实现产品研发和生产成本的降低。但企业和市场是有边界的，企业内部规模的过度扩张往往并不有利于交换价值的实现。为了既满足资本财产权不断扩张的内在冲动，又不断提高资本财产权的交换价值实现能力，不同企业间通过更为灵活的方式相互合作，以实现优势互补，在资本财产权放大效应的作用下，就将可以更为有效地实现资本财产权利润追逐和财富增殖的功能。

资本财产权的性质、特征和运行规律决定了市场化工业经济社会下的企业要发展，不同企业间既需要展开有效的竞争，也需要多层次的、大范围的合作互助。企业间这种多层次的、大范围的合作互助，一方面，大大推进了资本财产权的运行效率，让资本财产权经济得到了快速发展，成为当今人类社会主导的经济运行模式；另一方面，也让合作共享企业间的各种物质性资产和非物质性资产具有了共有的性质，参与合作的企业可以利用的各种资本性资源得到了迅速的扩张。这种方式对资本财产权的广泛共享，以及对整个资本财产权经济社会的发展都是有利的，在一定程度上促进了资本财产权社会化的实现。

---

〔1〕 〔俄〕克鲁泡特金：《互助论》，李平沤译，商务印书馆 1963 年版，第 272 页。

二、共享性中的秩序需求和制度构建

资本财产权作为一种新型财产权类型，其运动方式完全不同于传统民法意义上的自用财产权。在生产与消费为一体的自用财产权时代里，生产→交易→分配→消费几乎都在一个家庭内完成，是家庭成员内部间的共享。在血缘亲情关系的滋润下，这种共享很少会出现纷争不息的局面，也不会影响财富创造体系的运行。但从资本总公式 G-W-G′ 中我们可以看出，在生产与消费相分离的资本财产权经济时代里，生产→交易→分配→消费必须在社会共同体里完成，是整个社会成员间的共享。由于缺少血缘亲情关系的滋润，这种共享不论发生在企业内部，还是发生在企业之间，都会纷争不息、混乱不堪，影响财富创造体系的运行。如果没有一定秩序的建立，这种财富创造体系的运转不仅效率低下，甚至难以为继，资本财产权的财富创造功能就无法实现，财产权服务人类价值的目标也将无法有效地实现。

在企业内部，这种共享秩序的建立主要通过设计各种利润共享机制，如员工按其在企业中贡献的大小，领取不同的工资和奖金；企业根据效益的不同，对员工的工资和福利进行浮动调整；发行职工股，直接将员工变成公司的股东之一，让员工更方便地参与企业的利润分享；建立经理股票期权，让企业管理层获取更多的企业利润分享机会。随着这些企业利润共享机制的建立，企业所创造的增殖财富具有了企业主和员工共享的特征。这种企业利润共享机制的逐步形成和完善，不仅提高了员工的待遇，让员工分享了企业发展带来的收益，而且极大地强化了员工对企业的认同感，激发了员工财富创造的积极性，让企业的发展获得了更充足的动力，进而让企业主获得了更加丰厚的利润收益。这反过来又会使得资本财产权更加高效有序地运行，进一步提高资本财产权利润扩大和财富增殖功能的发挥。

在企业之间，可以通过企业并购制度、行业促进制度、产业政策制度等的科学制定和实施来建立共享秩序。如在过去，反垄断政策执行的是结构主义，某一企业只要规模达到一定程度，其继续进行并购的计划就会受到限制。随着人们对资本财产权运行中共享性特征认识的深入，在反垄断执法中，各国都逐渐由结构主义走向了行为主义。在行业发展过程中，许多国家都通过官方和非官方的相关行业促进制度的制定和实施，减少本国同一行业内企业间的恶性竞争，减少不必要的消耗，同时推动企业之间在各个方面的合作共享不断加深，提升行业中各个企业的财富创造能力。通过产业政策制度的制定和实施，来推动本国同一行业和不同行业间企业的资源共享，实现合作共赢，也已成为许多国家推动本国企业发展的一种选择。近些年，各国政府为了提升本国企业的财富创造能力，帮着企业搭建了各种资源共享平台，让本国企业获得了更多的发展资源，使资本财产权财富增殖能力得到了更大幅度的提升，更好地服务于本国的经济社会发展。

对于经济法到底是一个什么样性质的法？经济法运行追求何种经济秩序？这种经济秩序的价值追求是什么？其核心目标又是什么？至今仍然众说纷纭，没有定论，对于一个新兴的部门法来说，这些问题的存在都是不足为奇的，但需要我们付出更多的艰辛努力去探索和发现。任何事物的性质都需要从其本源去追寻，从其内在的逻各斯去探究。通过上文分析，我们可以发现，资本财产权是建立在交换价值基础上的，以满足人们对财富增殖的追求为运行目标。根据马克思的资本总公式 $G-W-G'$，我们可以推导出资本财产权具有流动性、开放性、扩张性、不确定性、风险性、放大性、共享性等性质、特征和运行规律，与建立在使用价值基础上，以满足人们生活消费享有为运行目标的传统民事财产权具有的静态性、封闭性、保守性、可预期性、安全性、不扩散性、独占性等性质、特征和运行规律形成鲜明对比。资本财产权的这一性质、特征和运行规律，虽然在总体上会激励和提升人类社会的财富创造能力，但如果没有一定秩序的存在，其运行过程就可能给人类社会带来各种不幸和灾难。

顺应事物本性的"逻各斯"或者"道"的要求，是"善"的基本要求，是事物得以发展完满的基本条件。而服务于人的价值，又是人类社会对一切事物价值的终极追求。为了让资本财产权更好地实现财富增殖功能，发扬其自身的善，同时防范和制止其运行给人类社会带来的各种不利影响，让其最大限度地服务于人的价值，建立资本财产权运行中的流动性秩序、开放性秩序、扩张性秩序、不确定性秩序、风险性秩序、放大效应秩序、共享性秩序等现代经济秩序就成为必要。随着这些秩序和相应制度体系的建立，现代意义上的经济法制度体系也就初现雏形。可见，经济法在本质上是系统规范资本财产权整体有效运行的新型财产法，它追求的是一种既有利于资本财产权按照自身逻各斯自由运行实现财富增殖，同时又不会侵害他人合法权益的经济秩序。这种经济秩序的价值追求是让资本财产权财富创造的功能达到最大化实现，让服务于人的价值得以更加全面地发展和实现。其核心目标就是通过一整套经济法制度的建立，形成一个顺应资本财产权逻各斯运行的经济秩序，从而将被马克思定性为人类社会万恶源头的资本关进制度的笼子里，规训成一个服务于人类财富创造、丰富人类物质生活、彰显人类尊严、提升人类价值，最终推动人类社会全面进步的新型财产权。

刘文华是我国最早从事经济法基础理论研究和教学的老一辈学者，也是最早从哲学层面对经济法基础理论进行深入探索的学者。资本财产权具有的流动性、开放性、扩张性、不确定性、风险性、放大性、共享性等性质、特征和运行规律，在现实经济生活中，让社会整体利益和社会个体利益的矛盾冲突更加激烈，在范围上表现更广、在程度上表现更深、在力度上表现更强。在具体表现形态上，刘文华将其归纳为十三个方面：国-民、国家-企业、统-分、管理-自主、经济集中-经济民主、宏观经济-微观经济、纵向经济关系-横向经济关系、计划-市场、计划调节-市场调节、秩序-自由、公平-效率、公-私、公法-私法。刘文华认为："自由资本主义时期突出的是右一系列矛盾方面，漠视的是左一系列的矛盾。因而造成了'市场调节失灵'。"[1]在社会主义时期，"由于不切实际的'左'的指

---

〔1〕　刘文华：《走协调结合之路》，法律出版社 2012 年版，第 288 页。

导思想所形成的计划经济体制越来越倚重左一系列矛盾方面，而忽视甚至排斥右一系列矛盾方面，其结果则造成政府（行政）调节失灵"。[1]所以，不应走或左或右的极端，而应寻求两大矛盾的共同点和结合点，寻求它们的统一性。经济法就是在寻求两大矛盾的共同点和结合点中逐步产生的，经济法制度形成的秩序就是两大矛盾为追求共同的目标和共同的利益，是在对立统一中平衡协调、有效运行而形成的一种秩序。[2]

刘文华的研究成果是从经济法的本源之处对经济法的产生和运行规律进行了深刻揭示，为我国经济法理论的发展做出了卓越贡献。根据马克思的资本总公式 G-W-G′ 可以发现，资本财产权的运行方式是让社会整体利益和社会个体利益的矛盾冲突更加激烈的根本原因，也是让这两大矛盾为追求共同目标和共同利益在平衡协调中不断融合的根本原因。在资本财产权的运行中，生产和消费发生了分离，生产者不消费自己生产的产品，作为资本财产权主体的生产者追求的是交换价值，生产产品只是他（她）们实现交换价值的手段和中介，而消费者消费的产品不是自己生产的，消费者追求的是使用价值。这就使得在资本财产权时代里，生产者和消费者之间的矛盾成为永恒。正如蒲鲁东指出的那样："使用价值和交换价值永远在相互斗争。"[3]当资本财产权成为一国主要的财富形式时，生产者就是在为整个国家的消费者从事生产，特别是资本财产权为实现最大化效益，不断强化规模化生产，少数企业生产的产品就可以满足整个国家消费者的需求，一旦这些企业在生产中出问题（如产品质量低劣、生产不足、生产过剩等），就会波及整个国家大多数消费者的利益，私人的生产活动问题就变成了社会和国家的公共生产活动

---

〔1〕 刘文华：《走协调结合之路》，法律出版社 2012 年版，第 289 页。

〔2〕 参见刘文华："经济法本源论——'社会基本矛盾论'是解释和解决经济法系列问题的理论基础"，载张世明、刘亚丛、王济东主编：《经济法基础文献会要》，法律出版社 2012 年版，第 225~243 页。

〔3〕 ［法］蒲鲁东：《贫困的哲学》（第 1 卷），余叔通、王雪华译，商务印书馆 1998 年版，第 74 页。

问题，私人的消费活动也变成了社会和国家的公共消费活动问题，使个体利益问题成为整体利益问题。但如果让国家来直接从事生产，生产和消费分离引发的问题仍然大量存在，还要面对利润激励机制的丧失、知识分散性和理性不足的限制、权力腐败等众多不利因素的影响，更会将个体利益和整体利益的实现带入灾难，而且这些不利后果历史都已反复证明。

资本财产权具有的流动性、开放性、扩张性、不确定性、风险性、放大性、共享性等性质、特征和运行规律，让这种公与私的界限交错更加复杂、个体利益与整体利益的融合更加深入，从而引发了国-民、国家-企业、统-分、管理-自主、经济集中-经济民主、宏观经济-微观经济、纵向经济关系-横向经济关系、计划-市场、计划调节-市场调节、秩序-自由、公平-效率、公法-私法之间的关系在冲突中加速整合，最终在资本财产权运行中人们通过不断试错而逐步建立起的流动性秩序、开放性秩序、扩张性秩序、不确定性秩序、风险性秩序、放大效应秩序、共享性秩序等现代经济秩序框架中实现和谐共存，为追求彼此共同的目标和共同的利益而相互促进，相得益彰。可见，通过经济法制度的建立和运行，让顺应资本财产权逻各斯运行的经济秩序得以建立，使得资本财产权的运行最大化地服务于人类的价值，最终让经济法建立的现代经济秩序在结果论和目的论上实现了统一。

第三章
形式与实质：经济法正义论

第一节　正义观分析

"正义"（justice）与公平、公正等词汇虽然不同，但其所表达的含义几乎大同小异。正义同时还蕴涵着平等、自由、民主等理念。正义等词汇是一种主观价值判断。给正义等词汇下定义是十分困难的，我们有时甚至会感觉不下定义或许更好，这些词汇往往只可意会，不可言传。[1]之所以对正义进行定义非常困难，最重要的原因就是正义的标准很难把握，不同的人对正义有着不同的理解。如果说一千个人眼中就有一千个哈姆雷特，那么一千个人眼中也就有着一千个正义观。正如有学者认为："正义具有一张普罗透斯似的脸，变幻无穷，随时可呈不同形状，并具有极不相同的面貌。"[2]

尽管对正义的概念进行定义是非常困难的，但是仍有许多学者进行过尝试。从古至今，几乎没有哪位哲学家和法学家能够避开"正义"的讨论。就连致力于将正义排除出法学范围的"纯粹法学派"也一再阐明正义的归属——伦理学，以表明自己不问"正义"的正当性。可以说，法本身就体现了一种人们对正义的理想，法的

---

〔1〕　李昌庚：《回归自然的经济法原理》，知识产权出版社 2010 年版，第 143 页。

〔2〕　［美］E. 博登海默：《法理学：法哲学及其方法》，邓正来、姬敬武译，华夏出版社 1987 年版，第 240 页。

制定和实施在某种程度上恰恰是追求正义的结果和手段。[1]西方社会有如下广为人知的正义观：

（1）历史上最初最有影响的关于正义的划分是亚里士多德的观点，即把正义分为分配正义和矫正（校正）正义。"亚里士多德的校正正义观念是狭窄的、形式化的，其根本要素有两个：①为不公行为所伤害的应当有启动法官管理的校正机器的权力；②法官不考虑受害人和伤害者的特点和社会地位。"[2]换句话说，亚里士多德眼中的矫正正义，不是正义的常态，而是在正义受到侵害时将不正义的状态矫正到正义状态的过程。这种正义又可以被拆分为两部分，即正义受到损害一方的诉权以及维护这种诉权的平等性，使这种诉权不受当事人社会地位的影响。这种诉权保障以及诉权平等的矫正正义中，更多地隐含了形式正义的影子。这种正义观念影响到了罗马法中的万民法，并成为近代法律体系的核心价值之一。近代法（尤其是大陆法系）在"天赋人权"和"自由、平等、博爱"的基础上，将形式正义发展到了极致。形式正义从根本上说是和法律的普遍性相联系的。它要求同样的人应当受到同等对待。形式正义导致了对普遍性法律调整的依赖，立法者力图体现形式正义的规则及其实施标准。近代大陆法系各法律部门所确立的形式正义观，在两个方面典型地表现了出来：①对法律规范本身逻辑体系的形式追求，以近代民法为代表的这种体系，试图构建欧几里得式的法律规范体系，建立"类科学"的法律制度；②在具体法律的实施中，强调同等地对待所有情况相类似的人，以契约为代表的民事法律行为是这种形式平等的典型表现。[3]

（2）比利时哲学家佩雷尔曼认为，对正义的界定只可能是"形式的"，正义是"一种行为原则，按照这种原则，必须以同一方式来

---

〔1〕　穆虹：《经济法价值研究》，山东大学出版社 2009 年版，第 86 页。

〔2〕　〔美〕波斯纳：《法理学问题》，苏力译，中国政法大学出版社 1994 年版，第 396~397 页。

〔3〕　史际春、邓峰：《经济法总论》（第 2 版），法律出版社 2008 年版，第 139 页。

对待同一基本范畴的所有人"。[1]

（3）柏拉图认为，正义存在于社会有机体各个部分间的和谐关系之中；亚里士多德认为，正义寓于某种平等之中；查士丁尼在《民法大全》中提出的并被认为是古罗马法学家乌尔比安首创的一个著名的正义定义认为，"正义乃是使每个人获得其应得的东西的永恒不变的意志"。[2]

（4）罗尔斯的正义理论在诸多的讨论中，受到了更多的关注。他指出，正义是社会制度的首要价值，一个社会体系的正义，本质上依赖于如何分配基本权利义务，依赖于社会不同阶层中存在着的经济机会和社会条件。[3]在《正义论》中，罗尔斯提出了正义的两个原则：第一个原则是，每个人对与其他人所拥有的最广泛的基本的自由体系相容的类似自由体制都应有一种平等权利。第二个原则是，社会的和经济的不平等应这样安排——使它们被合理地期望适合于每一个人的利益，而且依存于地位和职务向所有人开放。[4]同时，罗尔斯也开宗明义地指出了他的正义论是"作为公平的正义"。

（5）马克思认为："在这里，同吉尔巴特一起说什么自然正义，这是荒谬的。生产当事人之间进行的交易的正义性在于：这种交易是从生产关系中作为自然结果产生出来的。这种经济交易作为当事人的意志行为，作为他们的共同意志的表示，作为可以由国家强加立约的契约，……这个内容，只要与生产方式相适应，相一致，就是正义的，只要与生产方式相矛盾，就是非正义的。"[5]马克思指出，只有生产力才是促进正义产生与发展的最终动力，社会之所以

---

〔1〕 [德] H. 科殷：《法哲学》，林荣远译，华夏出版社 2002 年版，第 155 页。

〔2〕 [美] E. 博登海默：《法理学——法律哲学与法律方法》，邓正来译，中国政法大学出版社 2004 年版，第 264 页。

〔3〕 [美] 约翰·罗尔斯：《正义论》，何怀宏、何包钢、廖申白译，中国社会科学出版社 2003 年版，第 6~7 页。

〔4〕 [美] 约翰·罗尔斯：《正义论》，何怀宏、何包钢、廖申白译，中国社会科学出版社 2003 年版，第 60 页。

〔5〕 《马克思恩格斯全集》（第 25 卷），人民出版社 1974 年版，第 379 页。

产生正义和权利等概念，是社会生产力不成熟的表现，也就是说，是生产方式存在缺陷。马克思不同于其他理论学派，他立足于唯物史观方法论，紧密联系社会生产方式以及交往方式，对社会正义问题进行了具体分析。马克思指出："什么是'公平的分配'？难道资本主义生产方式之下的分配方式不是'公平的'吗？难道建立于资本主义生产关系基础上的分配方式不是当今唯一'公平的'分配方式吗？"[1]"生产当事人进行交换的正义在于：这种交易是从生产关系中作为自然的结果产生出来的。这种经济交易作为当事人的意志行为，作为他们公共意志的表示，作为可以由国家强加给立约双方的契约，表现在法律形式上，这些法律形式作为单纯的形式，是不能决定这个内容本身的。"[2]马克思通过对这些问题的分析，得出了有效的结论：如果在一个社会化的大生产的社会中，物质财富与精神财富极大优越，那么人们就可以适用理想的分配方式，让全社会成员共享社会发展的成果，那么，正义就成了一种不必要的制度假设。

（6）佩雷尔曼认为："正义，在各种名义下统治着世界——自然、人类、科学、良心、逻辑、道德、政治、经济、政治学、历史、文学和艺术。正义是人类灵魂中最纯朴之物，社会中最根本之物，观念中最神圣之物，民众中最热烈要求之物。它是宗教的实质，同时又是理性的形式，是信仰的神秘客体，又是知识的始端、中间和末端。人类不可能想象得到比正义更普遍、更强大和更完善的东西。"[3]

（7）汉斯·凯尔森认为："说一个社会秩序是合乎正义的，这到底是什么意思呢？这意味着，这种秩序把人们的行为调整得使所有人都感到满意，也就是说，所有人都能在这个秩序中找到他们的幸

---

〔1〕　[德] 马克思：《哥达纲领批判》，中共中央马克思恩格斯列宁斯大林著作编译局译，人民出版社 1997 年版，第 15 页。

〔2〕《马克思恩格斯全集》（第 25 卷），人民出版社 1974 年版，第 379 页。

〔3〕Chaïm Perelman, *Justice, Law, and Argument*: *Essays on Moral and Legal Reasiong*, Dordrecht: D. Reidel Publishing Company, 1980, p. 1.

福。对于正义的期望是人们永恒的对于幸福的期望。人作为孤立的个人不能找到幸福，因而他就在社会中寻找。正义是社会幸福。"[1] "然而，常有一种讲法：的确有一个自然的、绝对善良的秩序，但却是先验的因而是不能理解的；的确有正义这样一种事物，但却是不能明白界说的。这种说法本身就是矛盾。事实上，这只是对一个痛苦的事实的委婉说法，即正义是一个人的认识所不能接近的理想。"[2]

对于正义的内涵，我国法学界大体有如下几种不同的学说：

（1）沈宗灵认为："正义，通常又可称公平、公正、正直、合理……总的来说，仅从字面上看，正义一词泛指具有公正性、合理性的观点、行为以至事业、关系、制度等。从实质上看，正义是一种观念形态，是一定经济基础之上的上层建筑。"[3]

（2）梅仲协认为："所谓正义，即系正与不正之观念，深深渗润于人性之中，而非玄学上的不可捉摸之物。"

（3）李肇伟认为："所谓正义，简而言之，乃非其分而莫取，事所应为则当为之也。盖现代人类之生活，既处于社会连带关系，人与人之间，消极方面，因须彼此互相尊重对方之权利，始能维持社会秩序，共同生存……人与人之间，自须有勇敢之精神，见义勇为之行举。则非其分而莫取，因为正义之所要求。事所应为则当为之，自亦为正义所要求也。"[4]

（4）孙国华认为："正义是一定社会中各阶级、阶层或集团关于社会制度及由此确立的各方面关系是否公正、合理的观念和行为要求，正义是具体的、历史的，其内容最终决定于物质生活条件。"[5]

---

〔1〕［奥］凯尔森：《法与国家的一般理论》，沈宗灵译，中国大百科全书出版社 1996 年版，第 6 页。

〔2〕［奥］凯尔森：《法与国家的一般理论》，沈宗灵译，中国大百科全书出版社 1996 年版，第 13 页。

〔3〕沈宗灵主编：《法理学》，高等教育出版社 1994 年版，第 47 页。

〔4〕李肇伟：《法理学》，中兴大学 1979 年版，第 32 页。

〔5〕孙国华主编：《马克思主义法理学研究——关于法的概念和本质的原理》，群众出版社 1996 年版，第 321 页。

可以看出，上述有关正义的观念其实与公平在内涵上基本相同。总结起来，正义、公平大体有四种不同的内容：其一，法律面前人人平等，即社会成员政治和经济地位平等。其二，机会公平，指社会成员在享受教育、就业和投资上的机会平等，也称起点公平。机会平等是以社会成员在社会中真实享有的各项权利平等为前提的，一个社会如果废除了特权等级制度，消除了职业垄断，所有社会成员处在同一起跑线上，并按同一规则参与竞争，这就是机会平等。其实质是如何处理各经济主体在经济活动中的利益纠纷，包括反映市场机制作用的经济公平和反映利益实现的社会公平两方面。其三，分配公平，即亚里士多德所说的分配正义，指每个人按自己付出的资源投入的大小获得相应的收益。其四，结果公平，指社会成员个人收入分配结果的适度平等。机会平等和相对公平指起点和实现过程中的平等，结果公平等则是指分配结果在绝对量上相等，即绝对公平。[1]

公平是法的价值追求之一，它有着悠久的历史。通常认为，西方的公平观念主要起源于古希腊的公平概念。柏拉图在其著作《理想国》中讨论的核心问题之一就是正义（公平）。他提出："我们在建立我们这个国家的时候，曾经规定下一条总的原则。我想这条原则或者这一类的某条原则就是正义……这条原则就是：每个人必须在国家里执行一种最适合他天性的职务。"[2]柏拉图的思想被他的学生亚里士多德继承并且被发展到了一个新的高度。亚里士多德对公正的内容做出进一步划分：一是分配性的公正，"表现在荣誉、财物以及合法公民人人有份的东西的分配中（因为在这类东西中，人们相互间存在着不均和均等的问题）"；[3]二是矫正性的公正

---

〔1〕 曹平、高桂林、侯佳儒：《中国经济法基础理论新探索》，中国法制出版社2005年版，第294页。

〔2〕［古希腊］柏拉图：《理想国》，郭斌和、张竹明译，商务印书馆1986年版，第154页。

〔3〕［古希腊］亚里士多德：《尼各马科伦理学》，苗力田译，中国社会科学出版社1990年版，第92页。

"……是在交往中提供是非的准则"，其原则是得与失的均等，即按照算术比例关系进行调整。[1]西方传统的公平观念是西方社会生产方式和生活方式发展过程的反映和总结。这种公平观念的基本内容主要有自然权利、社会契约、平等、自由和功利五个方面，突出了个人的独立自主，表现了开拓和进取的倾向性，具有浓厚的商业文明的色彩。

经济法作为法律部门的一种，正义自然也是经济法所追求的价值目标之一，这是不言而喻的。经济法必须是符合社会正义观念的，必须是善的实体法。经济法以实在法为限定和善法的要求，是由经济法治的性质决定的。一方面，法治的基本要求"有法可依，有法必依"中的"法"，必须是也只能是实在法。自然法是一种应然的理想法律，缺少明确的、稳定的规则形式。而法治的实现不能仅靠理性的呼唤。[2]正义是经济法的基本价值，在经济法中的正义价值具有不同于其他法律中的内涵：其一，这里的正义关注市场的构建和经济制度的运行，关注社会经济利益和社会经济责任的分配以及市场和竞争秩序。法律遵循正义的旨意构建自由的市场，为完全、有效的竞争创造环境，并进行权利初始分配。正义指导经济法的运行，使干预经济的行为合理、合法和公正。其二，这里的正义更为关注国家干预经济的效率，因为效率是国家进行经济干预的直接原因，是经济法的重要价值。在市场制度中，制度安排与设计的正义和制度运行的效率是相互补充的。只有如此，方可获得一个内容完备、结构合理、能够有效运行的市场，进行市场经济的目标追求。[3]

---

〔1〕 ［古希腊］亚里士多德：《尼各马科伦理学》，苗力田译，中国社会科学出版社1990年版，第92~96页。

〔2〕 陈金钊：《法治与法律方法》，山东人民出版社2003年版，第45页。

〔3〕 穆虹：《经济法价值研究》，山东大学出版社2009年版，第90~91页。

第二节　经济法的最终目标是追求实质正义

正义可以被分为形式正义和实质正义。在某种程度上，形式正义与实质正义哪个优先的问题虽然首先作为一个理论上的问题出现在人们的面前，但人们在理论上永远都不可能在该问题上达成共识。因此，这一问题首先属于认识论的范畴，具有认识论的意义，给出了规则与目的哪个更重要的价值判断的结论与答案。[1]但是，学界一般认为，经济法的最终目标是追求实质正义，追求社会的实质正义是经济法的价值所在，是经济法作为社会法的应有之义。

实质正义在于社会范围内的实质性、社会性的正义和公平，是一种追求最大多数社会成员之福祉的正义观，强调针对不同的情况和不同的人予以不同的法律调整。[2]遵循法的实质正义，强调法律实施的结果公平，对不同的人有不同的法律调整，实现最大多数人的幸福。追求实质正义，要求法律调整手段丰富、多样，平衡市场主体的不同利益，尤其是对竞争中的弱势群体给予特别的保护，并通过社会再分配达至分配正义。史际春认为："经济法尤其是我国社会主义制度主导的经济法的实质正义观，在于实现社会范围内的实质性的、最大多数人的、社会性的正义和公平。这种正义观，是一种追求最大多数社会成员福祉的、社会主义的正义观。实质正义强调针对不同情况和不同的人予以不同的法律调整，在这一点上，它包含着公共领域的分配正义的内容，而不仅是基于私法的校正正义。""经济法的实质正义要求根据特定时期的特定条件来确定经济法的任务，以实现最大多数人的幸福、利益和发展。"[3]李昌麒认为，经济法"以维护实质正义为目标，矫正民法与行政法因追求形

---

〔1〕　岳彩申：《论经济法的形式理性》，法律出版社 2004 年版，第 170 页。

〔2〕　史际春、邓峰："经济法的价值和基本原则刍论"，载《法商研究（中南政法学院学报）》1998 年第 6 期。

〔3〕　史际春、邓峰：《经济法总论》（第 2 版），法律出版社 2008 年版，第 140 页。

式正义而产生的不公平后果，然而，经济法所追求的实质正义可能由于缺少程序正义的保障而最终导致不公平，所以又需要民法、行政法的矫正。"[1]薛克鹏认为："产生于19世纪末期的谢尔曼法，首先突破了传统法律所坚守的正义原则，开启了以倾斜方式分配权利、义务和责任的先河，继而将这种分配应用于其他社会领域，从而导引了20世纪的劳动法、反垄断法、消费者权益保护法和环境保护法等新型法律相继产生，逐渐形成了当今的经济法体系。纵观经济法的各个组成部分，其中无不贯彻了实质正义的三个基本原则。所以，从此意义上讲，实质正义是构成经济法的灵魂和内容，而经济法则是实质正义的外在形式和制度载体。"[2]

从历史的角度考察，正是因为形式正义引起的社会实质不公，才导致了新的正义观及相应法律规范的出现。实质正义是相对于形式正义而言的。经济法，尤其是我国由社会主义公有制主导之经济法的实质正义观，在于实现社会范围内的实质性、社会性的正义和公平。这种正义观，是一种追求最大多数社会成员之福祉的、社会主义的正义观。

实质正义强调针对不同情况和不同的人予以不同的法律调整，在这一点上，它包含着分配正义的内容。马克思认为，生产资料的分配在分配环节起到了关键的作用，因为它决定着后面环节的劳动产品的分配，还对整个生产与再生产过程起到决定性作用，"消费资料的分配只不过是生产资料分配的结果"。[3]马克思运用历史唯物主义和辩证唯物主义的方法论，分析了社会正义问题，单从这一方面来讲，他实现了对西方传统形式主义分配正义观的超越。他直接提出来，"异化"现象下的资本主义强调的分配正义论是荒谬的。"人的需要和劳动活动是马克思分配思想的核心，马克思论证了资本

---

[1] 李昌麒、岳彩申、叶明："论民法、行政法、经济法的互动机制"，载《法学》2001年第5期。

[2] 薛克鹏："经济法的实质正义观及其实现"，载《北方法学》2008年第1期。

[3] 《马克思恩格斯文集》（第3卷），人民出版社2009年版，第436页。

主义生产方式下按生产要素分配存在的弊端，过分注重形式主义，忽视了实质的正义。"〔1〕

　　实质正义还体现在法律调整手段的丰富性和多样化。实质正义的法律调整手段之多样化，表现为经济法为了纠正社会不公而采取的种种积极措施或手段。实质正义尽管是相对于形式正义而言的，但是它和形式正义并非是相悖的。实质正义同样包含着形式正义对于相同情况做出相同法律调整的要求。它是在形式正义的基础上发展起来的，是对形式正义的一种扬弃，而不是简单地走向反面和极端化。〔2〕

　　实质正义是经济法的重要特征，只有正确地理解实质正义的含义，才能明确经济法的立法目标。要正确把握公平的科学内涵，就必须坚持以马克思主义为指导。具体来说，应把握以下几点：第一，实质正义是经济关系观念化的表现，讨论公平问题必须研究社会经济关系；第二，实质正义是一个历史范畴，公平的标准随着历史的发展而发展，没有一个适用于一切社会制度的统一的、亘古不变的标准，更不能用"永恒的公平""公平的分配"等臆想的标准去评价社会生活、制定具体的社会经济政策，而必须从生产力与生产关系、经济基础与上层建筑的矛盾运动中去把握公平；第三，不能仅仅从伦理道德观念出发去评判公平。由于我国正处于并将长期处于社会主义初级阶段，按劳分配为主体、多种分配方式并存的分配制度将长期存在，因而，我们既不能把社会主义经济法价值体系中的实质正义机械地理解为平均，也不能放任收入差距不断扩大。要在尊重绝大多数人利益的基础上能够保护困难群众的公平，它承认差距的存在，但这种差距应是合理的、适度的。正义的观念是现实生活的反映，正义观的内容随着各个历史时代的变迁而依次更变，这是对社会物质生产方式变化的一种反映。更具体地说，在正义实践的过

---

　　〔1〕　涂良川、李爱龙："劳动与需要：马克思分配正义的双重视野"，载《东北师大学报（哲学社会科学版）》2014 年第 6 期。

　　〔2〕　史际春、邓峰：《经济法总论》，法律出版社 1998 年版，第 153~156 页。

程中，要完成人类社会对于正义美好的追求，必须要把正义落实到社会生活的各个方面，依靠现实中的社会物质生产力。"无论是社会制度和意识形态与社会生产方式相一致，就是正义的；只要与生产方式相矛盾，就是非正义的。"[1]如果没有现实的物质力量，只是凭借我们对社会正义的期待，那么社会的整体正义是很难实现的。我们需要把正义的实践建立在发展社会生产力上，集中力量发展社会生产力，为正义实践提供坚强的物质支撑。

实质正义作为经济法的价值，其主要内容是：第一，为使社会主义市场经济秩序良性运行，经济法致力于追求公平的竞争环境和分配公平；第二，可持续发展理论提出了当代人与后代人的代际公平问题，可持续发展是经济法的重要价值支柱，表现在实质正义层面，要求社会资源在代与代之间的可持续利用；第三，实质正义价值理念突出强调保护社会弱者利益；第四，经济法的实质正义的价值观还要求经济法主体权利与义务设置相统一。所谓权利，实际上是人们为满足一定的需要，追求一定的利益而采取的一定行为的资格和可能性，是一定社会中所允许的人们行为自由的方式、程度、范围、界限、标准。义务乃是行为自由的负值形态，是从相反的方面对行为自由的认定。权利与义务这两者，共同担负着对个体行为的约束功能。当代伦理学家麦金太尔也指出："正义是给每个人——包括给予者本人——应得的本分。"[2]以权利为根据所得即为公平，依权利应得而未得或未依权利所得即为不公平。权利与义务必须对等。社会分配给每个人多少利益，只应该依据每个人贡献了多少利益。

但是，需要明确的是，经济法以社会的实质正义为最终目标，但是这并不代表经济法部门中的所有法律都以社会的实质正义为直接目标。在有些情况下，经济法会直接干预社会财富的分配和再分

---

〔1〕 段忠桥："马克思正义观的三个根本性问题"，载《马克思主义与现实》2013 年第 5 期。

〔2〕 ［美］A. 麦金太尔：《德性之后》，龚群等译，中国社会科学出版社 1995 年版，第 314 页。

配，打破市场的"马太效应"，从而直接实现社会的实质正义。但是，在另外一些情况下，经济法很难直接界定社会经济环境下实质正义的内涵，因此只能通过确保竞争形式正义的方法来确保竞争的实质正义。如果将经济法的内涵划分为"一体两翼"三个部分，即经济法主体、市场竞争法、宏观调控法三部分，那么这"两翼"虽然在最终价值目标上都是实现社会实质正义，但是在实现途径上则有所不同。市场竞争法的直接目标是实现竞争的形式正义，通过形式正义保证实质正义；宏观调控法的直接目标和最终目标是一致的，即直接作用于社会实质正义的调整，以此实现经济法的正义价值。

第三节　竞争法的直接目标是竞争形式正义

竞争是指有着不同经济利益的两个以上的经营者，为争取收益最大化，以其他利害关系人为对手，采用能够争取交易机会的商业策略、争取市场的行为。[1]竞争法就是指调整竞争关系的有机统一的法律规范系统。从法律规范的外部表现形式来看，竞争法主要是通过规范性法律文件的形式表现出来的，其中最主要的就是《反垄断法》和《反不正当竞争法》。

马克思主义法学认为，利益的分化导致了法的产生，而法的背后也总是体现着一定的利益。马克思主义的经典论述就指出："人们奋斗做争取的一切，都同他们的利益有关。"[2]法律保护谁的利益，保护什么样的利益，是法的立法目标，也是法的使命。具体到竞争法领域，通过立法的形式确定一定的规则，以保护一定主体的利益就是竞争法的目标和使命。目前立法实践和学理上都认为竞争法维护的是消费者和经营者的利益。以我国立法实践为例，我国《反不正当竞争法》第1条规定，"制止不正当竞争行为，保护经营者和消

〔1〕　杨紫烜主编：《经济法》，北京大学出版社、高等教育出版社1999年版，第171页。

〔2〕　《马克思恩格斯全集》，人民出版社1956年版，第82页。

费者的合法权益"。这和我国《反垄断法》第1条规定的"提高经济运行效率，维护消费者利益和社会公共利益，促进社会主义市场经济健康发展"一样都体现了竞争法的立法目标是对特定主体利益的保护。

但是，从法经济学的角度来看，竞争法立法目标的实现方式不同于民商事法律。它不是通过直接调整经营者和消费者的实体经济利益来实现的，而是通过保证竞争的形式正义，来保障经营者和消费者的利益分配，从而符合实质正义的。

一、竞争法中主体的利益难以界定

（一）以消费者效用理论看消费者利益

我国反垄断法规定保护消费者的利益是反垄断法的目标之一。从产业组织理论来看，市场经济就是一种竞争经济，要保持公平、有效的竞争，就需要反对和禁止各种垄断行为。[1]此时，垄断寡头对该行业的价格影响较大，甚至可以任意提高商品价格，人们认为这种高价会侵害消费者的权益。但这种说法有失偏颇，超高的价格并不等同于对消费者权益的侵害。

在经济学理论当中，"效用"一词一般被用以衡量消费者从一组商品或服务的消费当中所获得的幸福或满足程度。[2]对于一个理性的消费者而言，其最优化的消费行为是在经济预算之内获得最大的消费者效用。这一围观经济理论在经济学模型中被表述为：消费者效用无差异曲线与预算约束曲线的相切点，即消费者的最优选择点。这就是消费者效用最大化的假设，是基于人是一个理性最大化者的基本假设所得出的三大原理之一。[3]在符合这种最优消费模式的情况下，价格的高低不能被认定为是侵犯消费者利益的依据。

---

[1] 钱弘道：《法律的经济分析》，清华大学出版社2006年版，第132页。
[2] 周林彬、董淳锷：《法律经济学》，湖南人民出版社2008年版，第184页。
[3] ［美］理查德·A.波斯纳：《法律的经济分析》（上），蒋兆康译，中国大百科全书出版社1997年版，第3~13页。

　　由于消费者效用是针对围观交易领域内不同的个体消费者的，因此它具有强烈的主观性。这种效用会进一步影响消费者偏好，即消费者对商品或服务的主观爱好。消费者对某种商品或服务越是偏好，他能从中得到的满足效用就越大，也就更容易购买这种商品或者接受这种服务。也就是说，消费者最优的消费行为，不只取决于商品的价格，还取决于该商品或服务给消费者带来的效应。人们的购买能力是客观的，而消费者效应却是主观的。由于消费者效应这种主观因素的存在，消费者的消费行为不能以一个相对客观的标准来衡量是否是最优结果。在很多情况下，虽然人们可以以更低的价格购买到质量相当的同种类其他品牌的商品，但高价格的奢侈品牌本身就是财富与地位的象征，甚至可以说，高价也是吸引消费者的一个因素，它能给消费者带来更大的满足效用。此时，高价格并没有侵犯消费者的实体经济利益。

　　在自由市场竞争状态下，经营者进入市场自由，厂商数量众多，优势企业对价格的影响较小，甚至可以忽略。在这种状态下，消费者有自由选择该接受哪家的商品或服务。如果某种商品的价格和消费者的效用不成正比，消费者就会放弃购买。但在垄断市场状态下，经营者进入市场困难，厂商数量相对较少，优势企业对价格的影响较大。为了最大限度地追求个体利润的最大化，垄断企业往往会提高价格，此时的垄断价格，往往会高于企业生产该商品的边际成本。而且，更为重要的是，由于寡头垄断使得竞争者的数量稀少，可替代的商品也稀少，消费者即使不能在此商品中获得与价格相当的消费者效用，也只能无奈接受。这种垄断高价与自由市场竞争下的高价不同，它不仅超过了边际成本，也使消费者的偏好、效用无从作用，消费者接受商品往往不是出于自愿，而是无从选择。

　　从形式上看，垄断寡头侵犯了消费者对商品或者服务的自主选择权，侵犯这种选择权的方式并不是直接强迫消费者放弃其他经营者提供的商品或服务，而是直接从源头入手，从市场领域消灭其他的经营者，使市场上不存在或极少存在其他经营者，使消费者只能接受寡头定价。也就是说，垄断寡头侵犯消费者自主选择权的方式不是直接限制消费者自主选择权的行使，而是直接消灭消费者的自主选择权。

从实质上看，垄断寡头通过剥夺消费者自主选择权的方式，侵犯了消费者的实体经济权利。具体来说，在消费者没有过多选择的情况下，其不得不以自己并不满意的价格接受垄断企业的商品，这种价格超出了正常的商品定价，超出了消费者效用的影响。此时，垄断是形式，竞争者、替代商品稀少是结果；消费者无从选择商品是形式，不得不接受垄断价格是结果；消费者的自主选择权被侵犯是形式，实体经济利益被侵犯是结果。

（二）从市场竞争角度论经营者的利益

市场竞争中经营者的利益不同于一般的民事权利和利益。以民法中的物权为例，物权人对自己所有的物享有利益，这种利益被法律清晰地界定出来，并规定为法律权利，确定了主体"占有、使用、改变、馈赠、转让其财产并阻止他人侵犯其财产的范围"。[1] 而市场中经营者的利益并不是可以被非常清晰地界定出来的。在一定时期内，某一商品或服务的市场需求总量是相对固定的，但某一经营者所拥有的市场份额却是不固定的，即在市场需求总量相对不变的前提下，市场占有量、利润并不专属于某个固定的经营者。在市场运行中，通过正当的市场交易行为，实体经济利益可在不同的经营者之间流转。

市场竞争只存在于市场经济条件之下，同样，竞争法也只可能存在于市场经济条件之下。在市场经济条件下，经营者是按照市场的规律来进行经营的，竞争的市场"可以依据'看不见的手'来建立市民社会的组织关系"。[2] 在正常的市场中，竞争是必然存在且不可能被消除的。因为有市场即意味着有利益，无论是中国古代中

---

〔1〕［美］罗伯特·考特、托马斯·尤伦：《法和经济学》，张军等译，上海三联书店、上海人民出版社1994年版，第125页。

〔2〕［英］亚当·斯密：《国民财富的性质和原因的研究》，郭大力、王亚南译，商务印书馆1974年版，第210页。

关于"天下熙熙，皆为利来，天下攘攘，皆为利往"〔1〕的论断，还是杰里米·边沁的功利主义理论，都告诉我们在有利益存在的市场中，总会有人想要从既得利益者手中分一杯羹。这个分羹的过程实际上就是竞争。市场如同一块蛋糕，新加入市场的经营者想要从既存市场中获取经济利益，必然要使既得利益经营者流失一部分经济利益；市场经营者想要从市场中获取更多的利益，必然会侵占其他经营者的利益，一方之所得必为另一方之所失，这是一个总量相对固定的博弈。通过市场"看不见的手"的调整，市场资源在不断流动，市场份额和市场利润也会从劣势经营者流向优势经营者，这是自市场诞生以来便不曾改变过的法则，人们也都理所当然地认为这是符合社会公正观念的。与民法领域内私有财产的专有不受侵犯不同，竞争法领域中市场内的利益不是也不可能是固定属于某个经营者的。既然市场主体的实体经济利益是不能界定的，不是专属的，得失是市场的正常运行，又何以界定对其的侵犯？

从经济学角度来看，经营者的实体经济利益是无法界定的，因此，我们不能界定对经营者实体经济利益的侵犯，法也不能直接通过调整人们的行为来保护经营者的实体经济利益。但是，在现实生活中，真正理想的竞争状态是不可能存在的，总会有一些处于优势地位的经营者为了争取更多的利益而采取不正当的手段损害市场的竞争机制，企图通过非正常竞争的手段将对手挤出市场，从而独占市场份额和所有的利益，这是与我们的公平正义观念相违背的。在这种情况下，法律确实有必要介入并加以调整，但这种调整不是以直接调整或保护经营者的实体经济利益的方式进行的。即竞争法对市场的介入方式不是直接给予弱势经营者以利益补偿，而是矫正不正当的竞争方式，使之正常化，重新回到优势劣汰的市场丛林法则中。在这种非正常的竞争状态下，竞争法的使命只是将非正常的竞争状态调整回正常竞争状态，在这个过程中产生了保护弱势经营者

〔1〕　（西汉）司马迁：《史记》卷一百二十九，中华书局1959年版，第3256页。

利益的结果。可以说，经营者之间实体利益的分配是竞争的结果，市场竞争是经济利益的分配形式，市场竞争的形式决定了利益分配的实质，二者是对应的关系。维护了竞争的公平，就是保护了经营者经济利益分配上的公平。

通过以上论述我们可以得出以下结论：经营者的经济利益是无从界定的，但经营者的经济利益作为社会生活中的重要方面又是法律不能不调整的。因此，只能通过对形式上的竞争秩序进行调整，确保市场处于正常的竞争秩序之下，符合形式上的正义观念，才能保证实体上的利益分配符合正义观念，符合统治阶级的阶级统治要求，这是竞争法的立法宗旨。竞争法对经营者利益的保护，就是通过对形式上的竞争秩序的保护来完成的。

二、竞争中的形式正义与实质正义

所谓竞争中的形式正义，是指竞争的过程符合正义的理念，不存在不公平、不合理、不符合市场对于正当竞争理念的行为，竞争的过程即利益分配过程的正义。所谓竞争中的实质正义，实质竞争的结果符合正义的理念，市场资源、利益的分配结果符合正义理念，与竞争中的形式正义相比，它更侧重于竞争导致的利益分配结果的公平。

经济法对于竞争导致的利益分配的调整不同于民商事法律关系中的利益调整，竞争法难以通过利益量化的方式予以保护。但是，竞争作为市场经济中重要的经济行为又不能不需要法律的调整，竞争所导致的利益分配不能不进行法律的规制。因此，竞争法抛弃了民商事法律领域中定分止争的调整方式，直接调整形式意义上的竞争过程，以形式正义确保实质正义。在这里，竞争法中的形式正义与实质正义不同于法理学中形式正义与实质正义的关系。可以说，前者是后者的具体化，但又有自己的特点。具体来说有以下几点：

（一）竞争法上的形式正义必然导致实质正义

如果跳出部门法划分的局限，站在法理学的角度去看形势正义与实质正义的关系，一般认为，形式正义是实质正义的保障，但是形式正义并不一定能保证实质正义，其在诉讼法领域内表现得最为明显。诉讼程序的目标是确保诉讼结果的公正，但程序的公正只能引导法官按照证据所证明的法律事实做出判断，而法律事实只是诉讼中证据所能证明的情况，并不等同于客观事实，有些时候二者并不一致。因此，程序上、形式上的公正可能会导致与客观事实、实质正义相悖的结论。

但是，在竞争法上，这一点并不适用。从法经济学的分析中我们可以得出，符合人们正义观念的竞争结果，就是根据公平、公正的竞争过程得出的结果。只要竞争的过程在形式上是公平的，那人们就可以理所当然地认为结果是正义的。所以，要保证竞争法价值得到实现，只要保证竞争符合形式的正义就可以了。

（二）通过竞争形式正义来保证竞争的实质正义是最优的选择

法理学一般认为，当形式正义与实质正义相冲突的时候，形式正义应当优先，因为形式正义是看得见的正义。而且，更重要的是，可以通过对结果的校正来实现结果的实质正义，即对于形式正义所导致的不正义，可以通过校正正义的方式来弥补。

如果把竞争对市场利益的分配看作是分配正义的话，那么通过法律途径校正这种不公平分配的方式，就是校正正义。但是，通过校正正义来实现实质正义应当被尽量避免，主要有以下几点理由：第一，根据亚里士多德的校正正义观念，通过校正正义来实现实质正义的要素有两个：①为不公行为所伤害的应当有启动法官管理的校正机器的权力；②法官不能考虑受害人和伤害人的特点和社会地位。[1]也就是说，要实现校正正义，必须要通过诉权和平等这两个因素。但是要通过诉讼解决竞争的正义问题，必然会导致诉讼资源过多使用，增加竞争的成本。第二，通过前面的论证已知，竞争法中的利益是难以界定的，通过校正正义究竟要达到一个什么样的结果是无法具体化的。第三，从立法实践来看，竞争法极少直接保护

---

〔1〕　［古希腊］亚里士多德：“尼各马科伦理学”，载苗力田主编：《亚里士多德全集》（第8卷），中国人民大学出版社1992年版，第1页。

市场主体的实体经济利益，如我国的竞争法规定的法律责任主要是罚款。[1]这主要是通过法的否定性评价，使违反竞争法的主体受到制裁，使其不敢再犯，同时教育其他竞争者遵循竞争法的规定，使竞争重新回到正常的秩序当中，以正常的竞争秩序保障竞争结果的正义。当然，也有个别条款直接规定了校正正义的手段。

通过以上分析我们可以看出，从法经济学角度来看，竞争中消费者和经营者的利益是难以量化的，无从界定，无法直接加以调整和保护。但是，保护消费者和经营者的利益是竞争法的目标，既然不能直接保护那就只能通过其他的途径实现这一目标。要保障经营者、消费者的利益，就要保证利益的分配符合实质正义的观念，这就要求竞争必须符合形式上的正义。再结合我国的立法实践，我们可以得出结论，竞争法是通过保障竞争的形式正义来保证竞争导致的利益分配符合实质正义的要求的，这就是竞争法实现立法目标的方式。

第四节　宏观调控法对实质正义的直接调整

宏观调控法需要以社会的实质正义为直接目标对社会经济进行调整，是由宏观调控法的使命决定的。宏观调控的目标和使命是实现社会总供给和社会总需求的平衡，促进国民经济持续、健康、快速发展。一方面，要保障市场机制充分发挥作用，为经济规律的正常作用发挥保驾护航；另一方面，又要对市场进行限制，防止市场滥化形成市场失灵的恶果。也就是说，即使在有些情况下，按照正常的市场规律形成的利益分配，如果这种分配方式不符合社会上最大多数人的利益，即不符合社会本位的观念，那么这种分配方式就是不符合实质正义的，应该由经济法进行调控。

宏观调控法之所以需要以实质正义为目标对经济进行调整，是因为市场经济无法直接地保证经济的实质正义并促进社会公共利益。

---

〔1〕　参见《反垄断法》（2008 年 8 月 1 日起施行）第七章，《反不正当竞争法》（1993 年 12 月 1 日起施行，2017 年 11 月 4 日修订）第四章。

亚当·斯密说："我们每天所需的食料和饮料，不是出自屠户、酿酒家或烙面师的恩惠，而是出于他们自利的打算。我们不说唤起他们利他心的话，而说唤起他们利己心的话。我们不说自己有需要，而说对他们有利。"[1]对于这种经济人来说，"他通常既不打算促进公共的利益，也不知道他自己在什么程度上促进哪种利益……他所盘算的也只是他自己的利益"。[2]这是对经济人形象的典型描写。尽管这种经济人受一只"看不见的手"的指导，"去达到一个并非他本意想要达到的目的"，"他追求自己的利益，往往使他能比在真正出于本意的情况下更有效地促进社会的利益"。[3]经济人都以追求自己的利益为行为准则，这种行为准则必然会滋生金钱和利益至上的思想，对于社会的正义和公平无疑是一种重大的冲击。市场规则是一套"丛林法则"，无情的市场竞争，必然导致优胜劣汰、弱肉强食；市场规则是两极分化的规则，它根本不可能是人人谋求私人利益极大化的规则，而只能是极少数人（优者、强者、胜者）谋求私人利益极大化（同时即是掠夺绝大多数劣者、弱者、败者利益）的规则，这是一种极端自私的规则。[4]西斯蒙第就反对亚当·斯密的利己主义的自由主义。他认为："包括在所有其他人的利益中的个人利益确实是公共福利；但是，每个人不顾别人的利益而追求个人的利益，同样，他自己力量的发展并不包括在与他力量相等的其他人的力量之内，于是最强有力的人就会得到自己所要得到的利益，而弱者的利益将失去保障，因为人们的政治目的就在于少损失多得利……个人利益乃是一种强取的利益，个人利益常常促使它追求违反

---

〔1〕　［英］亚当·斯密：《国民财富的性质和原因的研究》，郭大力、王亚南译，商务印书馆1974年版，第14页。

〔2〕　［英］亚当·斯密：《国民财富的性质和原因的研究》，郭大力、王亚南译，商务印书馆1974年版，第27页。

〔3〕　［英］亚当·斯密：《国民财富的性质和原因的研究》，郭大力、王亚南译，商务印书馆1974年版，第27页。

〔4〕　邱本：《经济法研究》（下卷：宏观调控法研究），中国人民大学出版社2008年版，第21页。

最大多数人的利益，甚至归根结底可以说是违反全人类的利益。"[1]很多大企业、强权企业不仅仅可以依靠自己的经济优势获取经济资源，还能够通过对政权力量的影响，来谋求经济利益的最大化。这种对社会经济公正造成极端伤害的行为必须要得到法律规制，而这种规制的主体必须是政府。加尔布雷思认为："关于不平衡发展、不均等收入分配、国家资源分配不当、环境破坏和有名无实的规章制度，政府是问题中的一部分。但是，问题的解决，还得依靠政府。"[2]他提出了一系列以政府为主导的实现公共目标和实质正义的措施，其中就包括政府干预和政府宏观调控。[3]

宏观调控法促进社会实质正义的措施主要包括以下几方面：

第一，通过财政法配置社会资源，调节社会分配，提供社会公共产品。财政法被分为财政收入法和财政支出法两个部分。财政收入法是指调节国家凭借政治权力无偿取得财政收入，以维护国家的正常运行，为国家的各项活动提供支持的法律规范，其中的代表就是税法。财政支出法是规定国家的财政收入如何使用的法律。财政收入法对经济实质正义的调节作用主要表现为：①通过对不同经济实力的主体征收数额不同的税，调节社会收入差距，合理分配税收负担。各经济活动主体由于经济实力不同，收入也有所差异，如果对其征收相同数额的税，显然是不公平的。因此，法律规定了不同的税种、税率，对高收入者征收更多的税，低收入者少征税，这是平等纳税的含义之一。所谓平等纳税，具体有两方面的含义：其一，纳税能力相同的人同等纳税；其二，纳税能力不同的人不同等纳税。纳税能力一般被归结为所得，因此，上述两方面的含义可以简言为：同所得者同等纳税，所得多者多纳税，所得少者少纳税，无所得者

---

〔1〕［瑞士］西斯蒙第：《政治经济学新原理》，何钦译，商务印书馆 1983 年版，第 243 页。

〔2〕［美］约·肯·加尔布雷思：《经济学和公共目标》，蔡受百译，商务印书馆 1980 年版，第 238 页。

〔3〕［美］约·肯·加尔布雷思：《经济学和公共目标》，蔡受百译，商务印书馆 1980 年版，第 246~247 页。

不纳税。[1]②国家取得财政收入的数额应当合理，不能出现过度伤民的情况。亚当·斯密指出："一切赋税的征收，须设法使人民所付出的，尽可能等于国家所得的收入。"[2]纳税人税负太轻，政府财政空虚，无能为力，无所作为；政府征税过重，纳税人不堪重负，竭泽而渔，伤及税本，两者都有欠公平。③财政收入法为实现实质正义提供经济支持。为了实现社会上最大多数人的利益，政府必须承担起一系列的社会责任，包括救助弱者、提供公共产品等，这些都需要一系列的资金支持，财政收入法就是为了实现社会实质正义的经济支持法。财政的财虽然来自于私人，但是一旦被纳入国家的财政预算，就脱离了"私"的范围进入了"公"的范畴。政府进行财政支出时也必须从公共角度出发，提供社会公共产品，进行社会救助。例如，我国《宪法》明确规定"中华人民共和国公民在年老、疾病或者丧失劳动能力的情况下，有从国家和社会获得物质帮助的权利""国家和社会帮助安排盲、聋、哑和其他有残疾的公民的劳动、生活和教育"。这就从国家根本大法的角度肯定了社会救助的存在，进行这种社会救助作为财政支出活动的一种，也是财政支出法保障社会公正的一种方式。

第二，通过计划法扶植落后的产业，促进共同富裕。有的国家把国民经济和社会发展计划法称为"国民经济稳定增长法"，如德国1967年的《经济增长与稳定促进法》、美国1978年的《充分就业与平衡增长法》、欧盟1997年的《增长与稳定公约》等等。这些法律的最终目标是给落后的产业以扶持，给予低收入者以增加收入的机会，使社会资源在公民之间的分配更加公平合理。我国的《"十五"计划纲要》规定了"加强农业基础地位，促进农村经济全面发展"的内容，具体包括"稳定粮食生产能力""拓宽农民增收领域""调

---

[1] 邱本：《经济法研究》（下卷：宏观调控法研究），中国人民大学出版社2008年版，第109页。

[2] ［英］亚当·斯密：《国民财富的性质和原因的研究》（下卷），郭大力、王亚南译，商务印书馆1974年版，第385页。

整农业和农村经济结构""加强农业和农村基础设施建设""深化农村改革""扶持贫困地区发展"。到了《"十一五"规划纲要》时，相关标题调整为"建设社会主义新农村"，具体内容修改为"发展现代农业""增加农民收入""改善农村面貌""培养新型农民""增加农业和农村投入""深化农村改革"。两相对比，我们很容易看出两者的变化，这种变化正好反映了我国在"十五"和"十一五"不同历史时期不同的发展要求和发展目标。又如环境资源问题，我国的《"十五"计划纲要》的第四篇对"人口、资源和环境"有专门规定，要求"节约保护资源，实现永续利用""加强生态建设，保护和治理环境"。到了《"十一五"规划纲要》时，对环境资源的规定又有了新的改进，其第六篇为"建设资源节约型、环境友好型社会"。具体内容包括"发展循环经济""保护修复自然生态""加大环境保护力度""强化资源管理""综合利用海洋和气候资源"。《"十五"计划纲要》规定了"实施西部大开发战略，促进地区协调发展"的内容。具体包括"推进西部大开发""加快中部地区发展""提高东部地区的发展水平""形成各具特色的区域经济"。到了《"十一五"规划纲要》时，它规定的是"促进区域协调发展"。具体包括"实施区域发展总体战略"，其中又包括"推进西部大开发""振兴东北地区等老工业基地""促进中部地区崛起""鼓励东部地区率先发展""支持革命地区、民族地区和边疆地区发展""健全区域协调互动机制"。

第三，通过对价格的调控，形成商品合理的市场价格。一般来讲，商品的价格是由市场自主决定的，在正常的市场环境下，通过经营者的竞争，商品的价格会围绕着商品的价值上下波动。但是在特殊的情况下，即存在不完全竞争的情况下，某些商品的价格会脱离其实际的价值并摆脱商品价值规律的影响而变得畸高。在这样的情况下，政府需要介入市场，对商品的定价机制进行干预，从而使商品的价格回到商品价值规律的正轨上来。我国的经济法立法中，价格法是不可或缺的，改革开放以来，我国颁布了许多价格方面的法规，其中主要有 1987 年 9 月 11 日国务院发布的《价格管理条例》、1997 年 12 月 29 日八届全国人大常委会二十九次会议通过的《价格法》和国务院 1999 年批准并经 2008 年 1 月 13 日修订的《价格违法行为行政处罚规定》。在我国的宏观经济调控下，商品价格按照定价机制的不同分为市场调节价、政府指导价以及政府定价等。市场调节价是指由经营者自主制定，通过市场竞争形成的价格，这是完全由市场自发形成的价格。但并不是所有的市场调节价都是符合商品价值规律的，某些违反商品价值规律的市场价格过高，因而会伤害到消费者的利益，因此，政府指导价和政府定价就有存在的必要了。政府依据有关商品或者服务的社会平均成本和市场供求状况、国民经济与社会发展要求以及社会承受能力，制定政府定价目录，对"①与国民经济发展和人民生活关系重大的极少数商品的价格；②资源稀缺的少数商品的价格；③自然垄断经营的商品的价格；④重要的公用事业的价格；⑤重要的公益性服务的价格"实行政府定价或政府指导价，以实现合理的购销差价、批零差价、地区差价和季节差价。实行对价格的调控，可以保障价格的合理形成机制，保护消费者的合法权利，保障正常的市场竞争秩序，并有利于国家对市场价格总水平进行调控。对商品价格进行调控已经是世界上大多数国家通行的做法。例如，德国的价格法详尽规定了联邦政府对价格进行宏观控制的原则、方针和领域。联邦政府干预价格的原则是"适合市场"，即在不干扰、不阻碍市场正常发挥调节作用的情况下方可进行。此外，联邦政府依法对一些特殊生产和服务行业的价格进行行政干预。其中，对农产品价格进行长期的、强烈的干预，以保护本国农业市场和农民的利益。这与欧共体制定"界线价格""指令价格""干涉价格"，以及保护欧共体农业政策相协调。[1]

　　第四，通过金融法消除货币的负面效应，维持币值稳定，保障充分就业。货币是进行交换的一般等价物，但货币出现之后，人们开始出现了拜金主义，货币的负面效应也逐渐展现出来。"它使人和人之间除了赤裸裸的利害关系，除了冷酷无情的'现金交易'，就再

---

〔1〕　魏琼：《西方经济法发达史》，北京大学出版社 2006 年版，第 69 页。

也没有任何别的联系了"，它"抹去了一切向来受人尊崇和令人敬畏的职业的神圣光环"，"撕下了罩在家庭关系上的温情脉脉的面纱，把这种关系变成了纯粹的金钱关系"，"把人的尊严变成了交换价值，用一种没有良心的贸易自由代替了无数特许的和自力挣得的自由"。[1]这种希望货币多多益善的想法刺激人们去拉动需求和推动成本，最终使通货膨胀不可避免。凯恩斯认为："政府凭借通货膨胀的连续过程，可以暗中神不知鬼不觉地没收其国民的大量财富。它们运用这种方法不但进行没收，而且是随心所欲地没收，在这一过程使许多人陷入贫困时，它实际上使某些人富了。这种任意重置财富的现象不仅影响经济生活的安全，而且使人们对现存财富分配的公平失去了信心……一般而言，债务人与债权人之间持久稳定的关系是资本主义制度存在的主要基础；通货膨胀的不断进行使通货的实际价值波动剧烈，从而使这种信用关系完全被打乱，结果是获取财富的整个过程堕落为全凭时运的赌博行为。"[2]为了克服通货膨胀种种巨大的不利影响，必须对货币加以控制，"在现代经济中，控制通货膨胀是宏观经济政策的主要目标之一"。[3]只有调控好了货币，才能调控好社会经济。只有好的货币政策才能对社会经济进行有效的宏观调控，而这又离不开经营管理货币的中央银行。国家通过金融法，尤其是中央银行法，制定货币政策，保持币值稳定，防止通货膨胀，保证正常的金融秩序。另外，金融法通过对利率的影响，保障社会就业率，保障劳动者的生活依靠和来源，保证正常的社会秩序。凯恩斯认为："要达到离充分就业不远之境，其唯一办法，乃是把投资这件事情，由社会来综揽，以达到最适度的投资量。"[4]为此，

〔1〕《马克思恩格斯选集》（第1卷），人民出版社1995年版，第275页。
〔2〕［英］J. M. 凯恩斯：《预言与劝说》，赵波、包晓闻译，江苏人民出版社1999年版，第61~62页。
〔3〕［美］保罗·A. 萨缪尔森、威廉·D. 诺德豪斯：《经济学》（第12版·上），高鸿业等译，中国发展出版社1992年版，第389页。
〔4〕［英］凯恩斯：《就业利息和货币通论》，徐毓枬译，商务印书馆1983年版，第326页。

他提出："在充分就业限度以内，鼓励投资者乃是低利率。故我们最好参照资本之边际效率表，把利率减低到一点，可以达到充分就业。"[1]具体说来，就是为了实现充分就业，中央银行可适度增加货币供应、降低利率、刺激投资、扩大劳动力需求，但要警惕和防止通货膨胀。[2]

第五节　从正义观论经济法的"龙头法"

一、不同国家经济法对正义的侧重

对竞争中形式正义的维护是资本主义经济法诸多单行立法中最重要、最核心的内容，维护竞争公平也是资本主义经济法诸多立法目标中最重要的目标。这是由以下原因造成的：

首先，资本主义经济法就是在资本主义市场经济出现市场失灵的状况下产生的。这种市场失灵最重要的表现就是垄断的产生并导致竞争的不公平、不正义，这与资本主义市场经济的主旨是相违背的。资本主义自诞生以来，就以私人之间自由、公平的商品交换为基础，一旦竞争不自由、不公平，那么资本主义的基础就会被动摇。因此，社会亟须新的法律来解决市场失灵状况，同时，统治阶级也需要新的法律来巩固资本主义的基础，因此才有了竞争立法，资本主义经济法才得以产生。资本主义经济法最重要的立法目标就是维护正常的市场竞争秩序。

其次，资本主义经济法中的竞争法是资本主义国家经济法运行过程中的常态法。由于资本主义对国家之手干预市场的天然排斥，所以具有市场之手和国家之手协同并用性质的经济法在大部分时间里均被市场排斥，只有在经济危机等特殊的状况到来之时，才会被

---

〔1〕〔英〕凯恩斯：《就业利息和货币通论》，徐毓枬译，商务印书馆1983年版，第323页。

〔2〕邱本：《经济法研究》（下卷：宏观调控法研究），中国人民大学出版社2008年版，第205页。

用作应对法而紧急制定、实施，许多经济法更像是经济危机的应对法。但是，竞争法却是其中的例外，《反不正当竞争法》《反垄断法》这些竞争法规在资本主义市场经济的正常运行过程中时时刻刻发挥着作用。例如，"波音-麦道兼并案"。1997年5月22日，欧盟正式向波音提交抗议书，要求波音公司在当年7月底前修改合并条文，否则将实施惩罚。[1]正常的市场兼并行为并不必然产生市场失灵的后果，但竞争法却在市场运行的各个环节中发挥常态作用，将市场失灵防患于未然。竞争法作为经济法之一种，也具有国家之手的调节参与，但是，由于竞争法调整的社会关系对于资本主义具有极其重要的意义，因此资本主义国家不得不容忍竞争法中的，在国家之后发挥常态作用。这从另一个方面说明了资本主义竞争法对竞争公平的侧重。

中国经济法体系对竞争中形式正义的维护不像在资本主义经济法中那样居于显赫的位置。这是由社会主义与资本主义不同的经济法发展轨迹和历史所造成的。

从历史上看，资本主义国家的发展就是建立在商品交换和市场竞争的基础之上的，因此，正常的市场竞争秩序对资本主义国家至关重要，是其历史的选择。而在社会主义国家中，资本主义萌芽没有经过充分的发展，其取得的经济成果基本上是通过自上而下的计划经济调控获得的，在取得了经济成果之后，如何把经济成果在人民之间进行分配才是我国社会主义经济法最需要解决的问题。

从政治理念上看，我国的社会主义经济法也必然更注重分配公平。资本主义崇尚竞争，有竞争就有优胜劣汰，在竞争中胜出的市场主体会占用更多的社会资源，而竞争的失败者则会失去既得的资源，最终造成社会的分层和贫富的分化，这一切在资本主义国家是理所当然的事情。虽然现在许多西方福利国家进行了一系列的福利立法，关注了贫富分化的社会问题，并以法律的形式保障社会弱者的正常生活，但是这些社会立法的目的是保障社会底层人员

---

[1] 何刚："波音麦道兼并冲击波"，载《人民日报》1997年7月8日。

的生存，不是为了解决他们的贫困问题。也就是说，资本主义经济法关注贫富分化，并不致力于解决贫富分化。社会主义的政治理念中包括了解决贫富分化的问题，其目标是"消灭剥削、消除两极分化、最终达到共同富裕"，在这样的政治目标和社会目标的指导下，我国经济法自然也就会更多地关注社会财富的分配、再分配问题。

二、经济法的"龙头法"

经济法是内容庞杂的法，包括竞争法、税法、金融法、社会保障法等许多方面，因此，要完成经济法典的编纂是相当困难的。到目前为止，世界上仅有一部经济法法典，即《捷克斯洛伐克社会主义共和国经济法典》（Economic Code of the Czechoslovak Socialist Republic）。需要指出的是，在内容如此繁杂的经济法律部门中，各种法律的地位是不同的，有的非常重要，是一国建立经济法最需要解决的问题；有些法律相对来说不是那么重要，只是国家经济调整中的配套规定。到底哪些法律才是经济法中的支柱，实际上就是说经济法到底侧重于解决什么问题。中国经济法和资本主义经济法中的"龙头法"是不同的，这说明二者的侧重点是不同的。

（一）经济法中的"龙头法"之争

对于经济法中什么样的法才是"龙头法"，不同的学者有着不同的解读。

有学者认为，反垄断法是经济法的龙头法，无论是在资本主义国家还是在社会主义国家都是如此。合同自由、私人所有权和竞争自由作为市场经济制度的三大支柱以及这种制度下市场主体享有的权利，它们相互间不是独立的，每一种权利也不是绝对的。人们通常感兴趣的问题只是，为了建立和维护一个合理的经济制度，应当有什么样的合同自由、私人所有权和竞争自由制度。这些问题说明，竞争法所保护的自由竞争不仅是国家配置资源的手段，从而可被视为外在的东西；而且也是市场经济的内涵、本质、基本原则或者基本属性。[1]合同自由和私人所有权由民商法保护，而维护竞争自由的重担就自然落到了经济法的肩上，作为维护竞争自由的反垄断法，也就当仁不让地成了经济法中的龙头。因为"反垄断法的地位是由市场经济的本质决定的。在市场经济条件下，经营者必须要把他们的产品或者服务带到市场上，接受消费者的检验和评判，这个过程就是市场竞争的过程。因此，我们可以说，市场经济是竞争的经济，市场经济是建立在竞争的基础上。因为市场竞争是市场经济一种本能的和内在的需求，反垄断法在市场经济国家有着极其重要的地位"。在美国，它被称为"自由企业的大宪章"；在德国，它被称为"经济宪法"；在日本，它被称为"经济法的核心"。"反垄断法在我国法律体系中的地位取决于我国的经济体制。在计划经济条件下，制定和颁布反垄断法是不可想象的事情。在社会主义市场经济体制下，因为市场机制和竞争机制在配置资源中起着基础性的作用，是发展国民经济的根本手段，反垄断法在我国法律体系中也有着极其重要的地位，是我国的经济宪法，是经济法的核心。"[2]基于此种观点，如果我国要建立社会主义市场经济体系，就必须建立完善的竞争法律机制，并将反垄断法作为我国经济法的领导者。

史际春认为："财政法对经济的调控和主导具有直接、全面及整体性，也最具刚性和力度，而且它是经济法与宪政的衔接，本身即具有宪政暨'经济宪法'的性质。因此，无论中外，财政法都是经济法的'龙头法'。"[3]现代国家的财政税收早已摆脱了"朕的家政"范畴，不再由统治者任意收取，仅为供王室、官府和军队消费之需。与之不同，民主、法治的财政成为现代国家和经济的基石，即使是为了满足国家机器自身消费的收支，其租税费等征收都要公

〔1〕 王晓晔主编：《经济法学》，社会科学文献出版社 2010 年版，第 86 页。

〔2〕 王晓晔主编：《经济法学》，社会科学文献出版社 2010 年版，第 85 页。

〔3〕 史际春、宋槿篱："论财政法是经济法的'龙头法'"，载《中国法学》2010 年第 3 期。

平并依循公共利益发挥对经济社会的调节作用，支出也要"有助于实现国家的经济和社会发展政策目标，包括保护环境，扶持不发达地区和少数民族地区，促进中小企业发展等"。[1]在迈入了社会化市场经济的地方，国家依托财政承担经济职能，对经济、市场起强有力的主导和调控作用，牵一发而动全身。

（二）"龙头法"的标准

经济法有着许多组成该法律部门的法，到底哪个才是经济法中的支柱，哪个才是经济法中最重要的法，要解决这个问题，就必须先明白"支柱""重要"的价值含义。经济法中具体的法到底是不是"支柱"、是不是"重要"，与主体有关。对于不同的主体而言最重要的经济法是不同的：对于研究竞争法的学者而言，竞争法就是最重要的经济法；对于研究外汇法律的学者而言，外汇管理法就是最重要的经济法。这是因为不同的经济法能满足不同主体的需要，即价值。所谓价值，就是客体对主体的满足性。如果客体没有满足主体的特性，即没有价值，该客体对主体而言就不重要。因此，我们也就不难理解为什么在外汇法学者眼中，竞争法不如外汇法重要了。因为它对主体没有那么重的价值。也就是说，在不同主体眼中，有着不同的"最重要的经济法"，这样，理解经济法的支柱就会产生误导、偏差。因此，必须有一个确定的主体才能探究经济法的支柱法。

实际上，这个主体并不是任何具体的主体。因为"重要""支柱"这些特性是相对于经济法来说的，因而是要找经济法的支柱，这其实就是告诉了我们隐含着的主体。马克思主义法学认为，法是统治阶级整体意志的体现，经济法作为法之一种，也当然是统治阶级的意志的细化。要问统治阶级意志中最重要、最支柱、最优价值是哪种，其主体必然就是抽象的统治阶级。那种最能满足统治阶级意志的法，对统治阶级而言就是最有价值的经济法律，就是最重要的经济法，就是经济法的支柱法。也就是说，所谓经济法的"龙头

---

〔1〕　参见《政府采购法》第9条。

法"，并不是说这种法对于经济法最重要，而是意味着经济法中的某种法律对于统治阶级维护阶级统治具有比其他经济法律规范更加重要的作用。因此，要认定经济法的"龙头法"，要从一国的统治阶级角度，从维护阶级统治的方向出发，探寻经济法中的某一立法文件的重要性。

确定了主体，还要确定选择经济法支柱法的标准。如果没有一定的标准，那么一切的比较和认定就会变得没有章法，从而失去其应有的理论价值。确定经济法"龙头法"的标准，具体来说包括三个：第一，立法的时间先后。立法的时间顺序先后体现了该法律文件对于统治阶级的重要性和紧迫性。根据法的形成理论，社会上总是先有需要立法规制的社会关系，从而形成一种对法律的需求，这种需求必须被统治阶级所感知、接受，才能通过立法程序形成规范性法律文件，完成法律形成这一从无到有的过程。由此可知，法的形成过程与统治阶级有着重要的关系，只有那些统治阶级认为重要的法律，才会被统治阶级接受并优先立法，从而在最短的时间内形成规范性法律文件。在古代，"王者之政莫急于盗贼"，因此刑事法律规范最先确立；公民之间的相互关系必须由法律调整，因此，民事法律出现得也较早。同理，经济法中出现较早的法律往往对统治者有着更重要的价值。第二，该法律在日常生活中的作用。有些法律只调整细小的、琐碎的社会关系，这些社会关系即使没有法律调整，也会有其他相应的社会规范调整，例如道德、行业规范等，那么这样的法律就不能算是最重要的。有些法律的运行涉及整个国家经济的运行，其立法的目的影响整个国家的经济，那么这样的法律就是重要的，对统治者是有价值的。一般而言，重要的法律发挥作用的机制都是常态的，这里所说的法律发挥作用是指法律直接适用，并不包括法律的教育作用和警示作用，因为所有的法律都有教育作用和警示作用，而这种教育、警示都是持续存在的，都是常态的，但是起到教育、警示作用的法不一定经常在社会生活中得到实施。与之形成对比的是，在经济调整中起次要作用的法，往往只作为应急文件来使用。第三，该法律被学界、民众的接受程度。所有的法律都是统治阶级的意志体现，但并不是所有的体现为统治阶级意志的法律都能被学界、民众所接受，获得广泛的群众认可基础。例如，大陆法系中，古罗马的民法、《拿破仑民法典》就被学界、民众所广泛接受，成为欧洲资本主义最重要的代表法律，因此，大陆法系又被称为"民法法系"。同样，经济法中的某类立法文件一旦也拥有超过其他经济法的民众基础和认可度，那么这种经济法便更可能成为"龙头法"。

（三）反垄断法资本主义经济法的"龙头法"

反垄断法在发达资本主义国家被赋予重要地位。它在美国被称为"经济的基石"[1]"经济自由的宪法""自由企业的大宪章"，在德国也有认为其地位是"宪法"的，[2]在日本则认为反垄断法暨竞争法在经济法中占有核心和基本的地位，是经济法的"原则法"。[3]尽管这些表述方式不同，但其目的只有一个，就是突出反垄断法在经济法中的独特地位。单从表述方式而言，我们并不同意"经济自由的宪法""自由企业的大宪章"这样的带有"宪法"字样的比喻性描述。"经济宪法"一说最早起源于美国。美国联邦最高法院在1972年的一项判决中指出："反托拉斯法是自由企业的大宪章，它们对维护经济自由和我们的企业制度的重要性，就像权利法案对于保护我们的基本权利的重要性那样"，还称《谢尔曼法》为"经济自由的宪法。"[4]之所以有人将反垄断法比作经济法中的"宪法"，是因为宪法是一国的根本大法，在一国的法律体系中占有至关重要的位置。因此，学者将宪法在一国法律体系中的地位，引申到了反垄断法在经济法中的地位。但是，比喻作为一种修辞方式，是用另一个事物

---

〔1〕　［美］罗伯特·J. 多克里："美国对不正当竞争的制止，尤其是反托拉斯性质的措施，以及与限制性商业惯例有关的判例"，载吴炯主编：《维护公平竞争法》，中国人事出版社 1991 年版，第 14 页。

〔2〕　孔祥俊：《反垄断法原理》，中国法制出版社 2001 年版，第 21 页。

〔3〕　［日］丹宗昭信、厚谷襄儿编：《现代经济法入门》，谢次昌译，群众出版社 1985 年版，第 75~77 页。

〔4〕　孔祥俊：《反垄断法原理》，中国法制出版社 2001 年版，第 19 页。

来形容目标事物，即使两个事物之间再有相似性，也是两个不同的事物。在正规的学术论述中，这种比喻很容易引起歧义。

第一，宪法在一国法的体系中具有最高的法律效力，而反垄断法在经济法中并没有更高的效力位阶。当今世界的宪法可以被分为刚性宪法和柔性宪法，其中，刚性宪法是宪法的主流。在刚性宪法国家，宪法的效力高于普通法律，普通法律的规定不得同宪法相抵触，否则无效。"宪法的最高法律效力不仅仅体现在其法律效力的高位性上，还体现在其法律效力的直接性上。普通法律较宪法更为具体、明确，因此在适用次序上，普通法律先于宪法本身，宪法对于普通法律所适用的事项，是作为终极的评判标准而存在的，即当相对人认为普通法律违反宪法时，可能会导致有权机关的违宪审查，使违宪的法律最终归于无效。"[1]我国现行《宪法》第5条规定："国家维护社会主义法制的统一和尊严。一切法律、行政法规和地方性法规都不得同宪法相抵触。一切国家机关和武装力量、各政党和各社会团体、各企业事业组织都必须遵守宪法和法律。一切违反宪法和法律的行为，必须予以追究。"《日本1946年宪法》明确规定："本宪法为国家最高法规，凡与本宪法条款相违反的法律、法令、诏敕以及有关国务的其他行为的全部或一部，一律无效。"而反垄断法只是经济法中的一部组成法，是经济法中的一部分，其效力与反不正当竞争法、消费者权益保护法、税法等法律相比，没有什么突出之处，更没有"与反垄断法相违背的经济法一律无效"的说法。在经济法中也不存在这样一部效力超脱的法，所以，从法的效力角度来讲，经济法中不存在"经济宪法"一说。

第二，宪法的制定和修改程序不同于普通法律，而反垄断法的制定修改程序与其他经济法没有什么不同。宪法的制定和修改机关不同于其他法律，美国为了起草1787年《宪法》召集了"制宪会议"，法国为了制定1791年《宪法》成立了"制宪议会"，我国为了制定1954年《宪法》专门成立了"宪法起草委员会"。宪法的修

---

[1] 焦洪昌主编：《宪法学》（第4版），北京大学出版社2006年版，第5页。

改机关也很特殊。根据我国宪法的规定，有权修改宪法的主体只能是我国全国人民代表大会。另一方面，宪法的通过和修改该程序不同于其他法律。《法国1958年宪法》规定，宪法修正案要由共和国总统基于内阁总理的建议，或由议会议员提出，经国会两院以相同的比例表决通过，再由公民复决通过。我国《宪法》第64条第1款规定："宪法的修改，由全国人民代表大会常务委员会或者五分之一以上的全国人民代表大会代表提议，并由全国人民代表大会以全体代表的三分之二以上的多数通过。"而反垄断法的制定和修改程序与其他经济法没有什么不同，所以，从制定和修改程序上来看，经济法中也没有"经济宪法"这种法的存在。

反垄断法被冠以"经济宪法"的名号，是由资本主义经济法产生的特殊历史背景和使命决定的。美国是现代反垄断法的发源地，美国学者宣称"反托拉斯是美国的特产"。[1]1865年，美国南北战争结束后，铁路事业和金融行业迅猛发展，摩根、哈里曼等大财团控制了大部分铁路和金融系统。他们利用铁路运输的垄断地位对农场主进行敲诈勒索，从而激起了19世纪60年代至70年代的"农会运动"。1879年，洛克菲勒美孚石油公司成为美国的第一个托拉斯组织。在随后很短的时间内，制糖、烟草、煤矿、铝业、钢铁、屠宰等工业部门都先后成立了一批托拉斯组织。1882年，美孚石油公司所创设的托拉斯制度，就是用于聚集与其有竞争关系的公司的股份的。这些公司可以通过有效地控制其他竞争性公司的支配权而作为一个整体进行运作。[2]"各种托拉斯组织为攫取超额垄断利润，凭借其雄厚的经济实力，控制原料来源，划分销售市场，限定产品价格，不断挤垮或兼并中小企业，严重损害了中小企业及广大消费者的利益，引发了严重的社会矛盾，并且与美国自由贸易、公平竞争等观念形成冲突，甚至威胁到美国市场经济的基本结构，从而引起了社会各界的强烈不满。最后，终于爆发了一场抵制托拉斯的大规

---

〔1〕　刘剑文、崔正军主编：《竞争法要论》，武汉大学出版社1996年版，第29页。
〔2〕　孔祥俊：《反垄断法原理》，中国法制出版社2001年版，第62页。

模群众运动。人们普遍认为，如果再不控制私人的经济势力，美国宪法中对个人自由的保证就会成为一纸空文。"[1]1888 年，在美国总统选举中，民主党和共和党的政纲均提出通过联邦立法控制托拉斯。1890 年，国会通过了来自俄亥俄州的共和党参议员约翰·谢尔曼提交的反托拉斯法案——《保护贸易和商业免受非法限制与垄断法令》，这就是著名的《谢尔曼法》。

早在 17 世纪初，英国判例法就开始担负起了反对垄断和保障竞争的任务，通过"约翰案"（John Case）等判例，形成了普通法中"限制贸易应受谴责"的法律原则。英国也因此成了欧洲乃至世界上最早通过法律手段直接保护竞争的国家。[2]第一次世界大战之后，英国开始对一些衰落的工业部门采取干预措施，甚至推动其走上垄断和联合的道路。1921 年，英国政府通过法律将在战前就已走向垄断化的铁路业进一步合并为四个垄断组织。这四个垄断组织控制了英国整个铁路运输的 95%。在国家的干预下，采煤业、纺织业也都先后形成了垄断的局面。"第二次世界大战是英国历史上的分水岭。"[3]从那以后，英国出现了大规模的工业集中现象，"全国 50 家最大的垄断组织，牢牢操控着英国的政治和经济命脉"。[4]这种现象已经严重影响了英国的市场经济，并有可能危及英国的经济发展前途，加上以经验为基础的判例法显然对付不了现代纷繁复杂的经济生活中的垄断与反竞争情形。在当时现代竞争法的理论业已形成的基础上，1948 年，英国第一部成文竞争法《垄断与限制行为（调查与控制）法》（The Monopolies and Restrictive Practices Act）终于诞生，并成立了"垄断委员会"（Monopolies Commission）。[5]

从历史上看，反垄断法在资本主义国家经济法的产生过程中占

---

〔1〕 魏琼：《西方经济法发达史》，北京大学出版社 2006 年版，第 265 页。

〔2〕 Richard Whish, *Competition Law*（4th ed.），London：Butterworths, 1985, p. 18.

〔3〕 何勤华主编：《英国法律发达史》，法律出版社 1999 年版，第 377 页。

〔4〕 Richard Whish, *Competition Law*（4th ed.），London：Butterworths, 1985, p. 93.

〔5〕 魏琼：《西方经济法发达史》，北京大学出版社 2006 年版，第 284 页。

有至关重要的地位。19 世纪末 20 世纪初，自由资本主义发展到了市场失灵的历史阶段中，反垄断法成了挽救市场的救世主，从而重新支撑起了资本主义的经济和市场，使之重新回到了正常运行的轨道。在反垄断法产生之后，消费者权益保护法、宏观调控法等法律才陆续在资本主义国家诞生。例如，欧洲历史上并没有成文的财政法，国家与公民的税收关系被定义为二者之间的契约，缴税方有纳税的义务，也有享受国家保护的权利，要改变这种纳税契约，就要通过议会重新谈判达成新的社会契约。反垄断法在资本主义国家经济法中，无论是在维护市场经济的作用方面，还是从人们的观念中，都有着其他经济法无可比拟的地位。虽然"经济宪法"的比喻有些失当，但是将反垄断法认定为资本主义国家经济法的"龙头法"，应该是合适的。

（四）财政法是社会主义经济法的"龙头法"

我国传统上是计划经济，并没有西方国家那样长时间的市场经济发展历史，不存在自由竞争引发的垄断问题，因而反垄断法在经济法体系中并没有居于过于突出的地位。在计划经济体制下，"竞争"一词被带上了意识形态的色彩，被视为是资本主义的洪水猛兽。[1] 1978 年，党的十一届三中全会吹响了我国经济体制改革的号角。这次改革不仅逐步解决了我国国有企业效率普遍低下的问题，而且也解放了人们的思想，改变了传统的反竞争观念。国务院于 1980 年发布的《关于开展和保护社会主义竞争的暂行规定》提出："在经济生活中，除国家指定由有关部门和单位专门经营的产品外，其余的不得进行垄断、搞独家经营。""开展竞争必须打破地区封锁和部门分割，任何地区和部门都不准封锁市场，不得禁止外地商品在本地区、本部

---

〔1〕　直到 1980 年，竞争仍被解释为"私有制条件下商品生产者之间争夺经济利益的斗争"，是资本主义生产无政府状态的根源。"只有在以生产资料公有制为基础的社会主义条件下，国民经济才能有计划按比例地发展，竞争和生产无政府状态规律也就失去了作用。"许涤新主编：《政治经济学辞典》（上册），人民出版社 1980 年版，第 597~599 页。

门销售。"特别是 1993 年修订后的《宪法》第 15 条明确指出："国家实行社会主义市场经济。"这即是说，我国要告别以行政手段管理经济的计划经济体制，代之建立以市场配置资源的经济制度。在这种情况下，我国就有必要建立一个公平和自由竞争的市场秩序。在社会主义国家中，财政法才是经济法的"龙头法"，这主要是由以下原因造成的：

第一，财政法为国家进行经济调控提供财政基础，是国家实现其经济职能和政治职能的经济支柱，为宪法的实施提供了财力支持。财政乃邦国之本、国之大计，因而在历史上也被称为"国计"。同时，现代的财政不仅关乎国计，而且也直接关系民生。财政在其长期的历史进程中，始终是国家经济的一个重要组成部分，这说明财政对于国家来说一向是非常重要的，其根本原因在于国家职能的实现离不开财政，即"无财则无政"。从历史上看，正是为了满足公共欲望，实现公共需要，国家才需要做三个方面的工作：第一，取得资财，从而形成财政收入；第二，使用资财，从而形成财政支出；第三，管理资财，从而形成财政管理。而上述三个方面所构成的连续的、有秩序的活动的整体，即为财政。[1]国家之手干预市场时，必须要有一定的财力支持才能进行宏观调控，包括维持调控主体的正常政治运行，这一切都是以财政法作为基础的。我国《宪法》第 20 条规定："国家发展自然科学和社会科学事业，普及科学和技术知识，奖励科学研究成果和技术发明创造。"第 21 条规定："国家发展医疗卫生事业，发展现代医药和我国传统医药，鼓励和支持农村集体经济组织、国家企业事业组织和街道组织举办各种医疗卫生设施，开展群众性的卫生活动，保护人民健康。国家发展体育事业，开展群众性的体育活动，增强人民体质。"第 22 条规定："国家发展为人民服务、为社会主义服务的文学艺术事业、新闻广播电视事业、出版发行事业、图书馆博物馆文化馆和其他文化事业，开展群众性的文化活动。国家保护名胜古迹、珍贵文物和其他重要历史文化遗

---

[1] 张守文：《经济法学》，中国人民大学出版社 2008 年版，第 146 页。

产。"2004 年，我国第十届全国人大第二次会议通过的《宪法（修正案）》规定："国家建立健全同经济发展水平相适应的社会保障制度。"国家发展科技事业、医疗卫生与体育事业、文化事业、社会保障制度等，都需要大量的资金投入。尤其是社会保障制度，由于投入大且没有利润，很少有私人涉足，国家义不容辞地担负起了这一责任，而这一切的资金保障就是国家的财政。可以说，财政法保障了宪法内容得以在现实生活中得到贯彻和落实。

第二，财政法相对于其他经济法，对经济的调控最具直接性和刚性。财政法和产业政策法一样，都对经济的发展方向和趋势起着引领作用，是经济发展列车的火车头。但是，相比较而言，产业政策法不具有财政法那样的刚性和直接性。"产业政策是指国家或政府为了实现某种经济和社会目的，以全产业为直接对象，通过对全产业的保护、扶植、调整和完善，积极或消极参与某个产业或企业的生产、经营、交易活动，以及直接或间接干预商品、服务、金融等的市场形成和市场机制的政策的总称。"[1]一般而言，产业政策手段极少使用强制性的手段，很少用国家权力强制干预影响产业的资源配置和运行态势，这实际上是计划经济时代的做法。现代的产业政策法大多采用刺激性手段、诱导性手段和法律手段，即政府"利用财政、金融、税收、外汇等价值手段，通过对被干预对象利益关系的调控或输出利益信号来改变或影响被干预对象的经济行为，从而使其行为方式服从导向产业政策目标"，"通过发布有关经济信息、劝诫、诱导、宣传、教育、协商等办法，影响被干预对象的价值判断，从而使其行为有利于产业政策目标的实现"，"通过立法、执法、司法，来保证产业发展环境的优化，产业之间和产业内部关系的协调，保证产业政策得以完整地贯彻实施"。[2]无论是采用刺激性手段还是采用诱导性手段，都应该以法律的形式加以明确化，这些法

---

〔1〕　中国社会科学院工业经济研究所、日本总合研究所编：《现代日本经济事典》，中国社会科学出版社、日本总研出版股份公司 1982 年版，第 192 页。

〔2〕　王晓晔主编：《经济法学》，社会科学文献出版社 2010 年版，第 349 页。

律化的刺激性手段和诱导性手段使得产业政策法的直接性和刚性不足。财政法则不然，财政法的核心是预算，经过议会或人代会中的争吵，预算一经通过就成了有实实在在财物支撑的刚性收支计划，而且预算的计划性与一国的规划和产业政策是一致的，根据现实可能性对既定规划和产业政策予以落实。预算的执行，就是财政对经济、社会直接作用，来不得半点马虎、松懈，否则，人民就要通过体制内外的各种途径和机制对政府问责，其过程和绩效评价都容不得柔性和间接性。[1]

第三，财政法无论是在计划经济时代，还是在社会主义市场经济时代，都是我国调整经济的重要法律。相对而言，反垄断法由于我国的国情，并没有像其在资本主义国家那样显赫的地位。从时间上看，财政法基本上是伴随着社会主义经济法而产生的。我国的反垄断法在2008年才出台，很难想象对统治阶级最为重要的法律会出台得如此之晚。反垄断法在我国出台得如此之晚也从一个侧面反映了反垄断法在我国法律体系中的地位，即经济法并不是我国最为重要、最为紧迫的法。另外，财政法涉及社会主义国家整个国民经济的运行，尤其关乎社会财富在主体之间的分配和再分配是否公正，关系社会贫富差距，关乎社会的和谐，因此最为重要。从政治理念上看，社会主义经济法也必然更注重分配公平。资本主义崇尚竞争，有竞争就有优胜劣汰，在竞争中胜出的市场主体会占用更多的社会资源，而竞争的失败者则会失去既得的资源，最终造成社会的分层和贫富的分化，这一切在资本主义国家是理所当然的事情。虽然现在许多西方福利国家进行了一系列的福利立法，关注贫富分化的社会问题，并以法律的形式保障社会弱者的正常生活，但是这些社会立法的目的是保障社会底层人员的生存，并不是为了解决他们的贫困问题。也就是说，资本主义经济法关注贫富分化，但是并不致力于解决贫富分化。社会主义的政治理念中包括解决贫富分化的问题，

---

[1] 史际春、宋槿篱："论财政法是经济法的'龙头法'"，载《中国法学》2010年第3期。

其目标是"消灭剥削、消除两极分化、最终达到共同富裕"。在这样的政治目标和社会目标的指导下，社会主义经济法自然会更多地关注社会财富的分配、再分配问题，财政法也自然而然成了我国社会主义经济法的"龙头法"。

第四章

先验与经验：经济法社会本位论

在经济法领域，学者自觉或不自觉地认为，与民法的个人本位、行政法的国家本位相对，经济法是社会本位法，并从基本理念[1]、公私法及社会法域的划分[2]、经济法价值中的秩序[3]、社会公共

---

〔1〕 史际春、李昌麒、岳彩申、薛克鹏等将社会本位视为经济法基本理念的内容。史际春认为："经济法基本理念的内容是经济社会化条件下的实质公平正义，其核心内容是社会整体经济利益的实现，表现为经济法是公私交融、社会本位法，是平衡协调、综合解决法。"李昌麒、岳彩申认为："社会本位之所以具有经济法理念的基本要义，是因为社会本位是经济法的基本立场和归宿……天然地担负着全面确立和实现社会本位的法律功能和作用。"薛克鹏认为："经济法学者更是将它（社会本位）作为本学科的核心理念和安身之本。"参见史际春、邓峰：《经济法总论》（第2版），法律出版社2008年版，第153页；薛克鹏："论经济法的社会本位理念及其实现"，载《现代法学》2006年第6期；李昌麒、岳彩申主编：《经济法学》，法律出版社2013年版，第107页。

〔2〕 徐孟洲认为："经济法社会本位思想是对个人本位理论的超越，古罗马以公法和私法的形式对法律进行划分，认为在私法领域个人优于社会。此即个人本位原则，这一原则在自由资本主义时期更是达到巅峰……经济法则是从市民社会与国家的对立统一出发，强调个人利益与社会利益的对立统一，当个人利益与社会公共利益发生冲突时，经济法明确主张社会本位。这是对数千年来个人本位法学传统的超越，也是人类文明的进步表现。"徐孟洲：《耦合经济法论》，中国人民大学出版社2010年版，第238页。

〔3〕 漆多俊认为："经济法价值中的秩序……重在维护社会经济总体结构和运行的秩序……经济法是侧重于从社会整体角度来协调和处理个体与社会的关系的，即以社会为本位。"漆多俊：《经济法基础理论》（第4版），法律出版社2008年版，第133页。

性[1]、增量利益观[2]、社会整体利益[3]或社会公共利益[4]、经济法中的人性[5]等角度对经济法社会本位作出了一定程度的诠释。然而，这些论述相对简略，对于经济法社会本位的确立过程、具体界定及其如何指导经济法法律规范的构建、如何应用到经济法治实践中等，均缺乏系统、全面的论证。究其原因，一方面在于法本位自身研究的不足，另一方面也在于经济法基础理论的成熟度不够。关于法本位自身的研究，最早可追溯至20世纪上半叶，[6]并在1988年（改革开放10年）以来的一段时期内掀起热潮，很好地契合了商品经济和民主法制建设的历史背景，突破了僵化的"阶级斗争为

---

〔1〕 邱本认为："社会公共性是经济法的核心范畴，是经济法的本质特征所在，社会公共性决定着并表现在经济法的各个方面，经济法从本质上说就是一种社会公共性的法。"邱本：《经济法研究》（上卷：经济法原理研究），中国人民大学出版社2008年版，第148页。

〔2〕 陈乃新认为："经济法的立法目的是保障全社会各个经济实体的增量利益普遍、持久的实现，从社会整个利益出发，协调国家、集体、个人三者之间的增量利益关系，是社会利益本位观。"陈乃新编著：《经济法精神之展开》，中国政法大学出版社2005年版，第110页。

〔3〕 蒋悟真、李晟认为："社会整体利益是经济法的基石范畴与法益目标，并强调，经济法从其产生之日起，就以社会本位作为自己的思想基础，旗帜鲜明地追求社会整体利益，是完完全全的社会本位法。"蒋悟真、李晟："社会整体利益的法律维度——经济法基石范畴解读"，载《法律科学·西北政法学院学报》2005年第1期。

〔4〕 孔德周认为："社会本位可以理解为社会公共利益至上。社会公共利益则体现为有利于每个社会个体维护和实现其合理权益的良好的社会秩序，以及时对国家、地方、集体和个体等各种主体的权利（力）和物质利益、近期利益与远期利益、当代人的利益和未来人利益的协调与一体保护。"孔德周：《系统经济法论》，中国法制出版社2005年版，第4页。

〔5〕 胡光志基于人性角度认为："经济法从形式上调和了传统的个人本位与国家本位的二元对立状态，体现出一种形式上的和谐。"胡光志：《人性经济法论》，法律出版社2010年版，第172页。

〔6〕 20世纪上半叶，梁启超、朱采真、张知本、周邦式、欧阳谿、张映南、龚钺、何任清等学者或法学家均从不同立场、角度，对法应以何为本位的问题进行过诠释和探讨，当时已有了权利本位、义务本位、个人本位、社会本位的提法，形成了权利本位论、社会本位论、权利义务并重等不同观点。童之伟："20世纪上半叶法本位研究之得失"，载《法商研究（中南政法学院学报）》2000年第6期。

纲"的研究范式，以法律关系为基本范畴展开法自身之研究，形成了
"权利本位说""义务重心说"和"权利义务一致说"等观点。[1]尽
管如此，既有的法本位研究主要还停留在法理学层面，存在"过于
形而上""主观性泛滥"等问题，也并未被广泛应用到部门法领域
中，[2]未彰显出法学的实践品质。且近年来，学界对法本位的探讨
又基本上处于沉寂状态。至于经济法基础理论的研究，其现状又如
学者所指出的："经济法学研究风格从之前的构建模式逐步转向对社
会现实问题的回应，这是一种有益于经济法学发展的趋势：经济法
学人并未抛弃总论研究，只不过是更换了一种展示的方式。"[3]诚
然，与民法、刑法等传统部门法相比，经济法与经济社会实践联系
得更为紧密、动态性更强，受不同历史阶段、不同国情和不同经济
形势的影响而呈现出不同的基本面貌，故对基础理论的把握也就相
对不易。此外，经济法学作为新兴学科，积累和发展尚不够，处于
库恩范式中的"前科学阶段"。[4]尽管经济法关注社会经济的现实
问题，并对经济法基础理论的发展十分重要，但要推动经济法学迈

〔1〕 参见张恒山主编：《共和国六十年法学论争实录》（法理学卷），厦门大学
出版社 2009 年版，197~228 页。

〔2〕 根据我们在"中国知网"的检索，以法本位为题共检索到 117 篇文章，而
系统性论述部门法本位的并不多。比较有代表性的文章如史际春："由民法看法本
位"，载《法律学习与研究》1992 年第 1 期；章礼强："民法的哲思：以民法本位为
研究视角"，载《北方论丛》2006 年第 3 期；章礼强："民法本位纵论——对民法过
去、现在和未来的深层思考"，载《池州师专学报》2004 年第 6 期；李龙亮、郭成：
"社会本位——民法典的最佳选择"，载《河北法学》2002 年第 S1 期；甘强："质疑
经济法社会本位"，载《重庆广播电视大学学报》2002 年第 4 期；甘强："经济法与
社会法的法本位界分——经济法与社会法关系研究之视角"，载《理论界》2007 年第
5 期。

〔3〕 姚海放："变革时代的经济法学回应"，载《经济法学评论》2015 年第 1 期。

〔4〕 库恩在其名著《科学革命的结构》中提出了范式理论。他认为，学科发展
经历了以下四个阶段：前科学阶段（经过竞争而建立起范式）、常规科学（反常与危
机使既有的范式发生动摇）、科学革命（经过竞争与选择而建立起新范式）、新常规科
学。［美］托马斯·库恩：《科学革命的结构》（第 4 版），金吾伦、胡新和译，北京大
学出版社 2012 年版。

向更高的科学阶段，就不得不基于现有的经济法治实践，直接而非间接地构建或深化基础理论本身。有鉴于此，笔者尝试在既有研究的基础上，提出先验与经验的方法论框架，继续发掘和深化经济法社会本位这一命题，对其作出全面、系统的论证。但需要指出的是，限于经济法哲学的主题，我们主要从历史生成角度论证经济法社会本位的正当性、从内涵剖析角度阐释经济法社会本位的具体内容，对于经济法社会本位的规范论、实现论则不再涉及。

第一节　先验与经验及法本位的界定方法

方法的重要性毋庸置疑。诚如皮尔逊所言："整个科学的统一仅在于它的方法，不在于它的材料。"[1]而基于研究目的、角度或侧重点的不同，我们会选择不同的方法或将不同的方法有机地加以组合，从而形成了相对独立的方法论体系。与单纯的方法相比，方法论是一个体系，具有内在的层次性、多样性、关联性。应当说，一个学科成熟与否的标志就在于它有无自己的研究方法及关于研究方法的理论，而要研究经济法社会本位及其实现，就要理解并运用好科学的方法论。通过对哲学概念先验与经验的解析及提炼，笔者总结出了先验与经验的统合论，并将之转化为法学范畴，应用于法本位暨经济法等部门法本位的研究中。该方法论非常契合法本位这一主题的研究，包含以下几个层面：哲学层面的方法，它的解释度最广，能够运用到各级学科，具有一般的指导意义；法学层面的方法，它根据法学的性质和任务而定，并吸收其他社会科学方面的有益内容，以指导各个部门法的建设；部门法层面的方法，它是部门法的具体特色方法，与部门法的品格和所要解决的社会问题直接相关。

---

〔1〕　［英］卡尔·皮尔逊：《科学的规范》，李醒民译，华夏出版社1999年版，第15页。

一、先验与经验之哲学原理

（一）本体论意义上的先验与经验

在哲学上，人们一般是从本体论意义或知识的来源的角度来讨论先验与经验的。梯利认为："关于知识的起源问题，近代哲学对此有不同的答案：（a）……真理是理性天然所有或理性所固有的，那就是天赋或与生俱来或先验的真理……先验论，也被称为唯理主义。（b）没有与生俱来的真理：一切知识都发源于感官知觉或经验……这种观点被称为经验主义或感觉主义。"[1]一般来说，"先验的概念"属于唯心主义认识论范畴。根据《现代汉语词典》的定义，先验论者认为，人的知识（包括才能）是先于客观存在、先于社会实践、先于感觉经验的，它是先天就有的。[2]在东西方哲学中，先验论均有体现。孟子提出了"不学而能"的"良能"和"不虑而知"的"良知"，王守仁则宣扬"万事万物之理不外于吾心"。[3]西方则有柏拉图的"理念论"、莱布尼茨的"单子论"、黑格尔的"绝对精神"等客观唯心派，也有笛卡尔的"我思故我在"、康德的先验论、胡塞尔的"现象学"等主观唯心派等。经验，在哲学上指感觉经验，也即人们在实践过程中，通过感官直接接触客观外界而获得的对客观事物的表面现象和外部联系的认识。经验论者认为，感性知识是知识的唯一源泉。由于学者对经验的本原和内容看法不同，因而形成了唯物主义的经验论和唯心主义的经验论。以洛克为代表的唯物主义经验论认为，感性经验是客观事物的反映，是人类知识的来源；以休谟为代表的唯心主义经验论认为，经验即人的内省体验，根本否认外界事物为感性经验的源泉或拒绝回答外界事物是否存在

---

〔1〕［美］梯利著，伍德增补：《西方哲学史》（增补修订版），葛力译，商务印书馆2015年版，第284页。

〔2〕中国社会科学院语言研究所词典编辑室编：《现代汉语词典》（第6版），商务印书馆2012年版，第1409页。

〔3〕（明）王守仁：《王阳明全集》卷二，世界书局1936年版，第31页。

的问题。[1]可见，两种经验论都轻视或否定理性的认识，它们从内在或外在的经验出发来理解认识。

（二）方法论意义上的先验与经验

从知识的来源来看，我们主张唯物论（当然也反对唯心主义经验论），并不赞同先验论。事实上，所谓的先验并非是凭空而来，正如早期经验论哲学所倡导的"凡在理智之中的，无不先在感觉之中"。[2]而从方法论角度来看，先验与经验则各有可取和不足之处，笔者也主要是基于方法论角度借鉴、吸收先验与经验这对哲学范畴，并试图将其转化、应用到法本位暨经济法本位的研究中去的。先验重视主体能动性，立足于理性或思想去寻求普遍必然的真理。我们不妨称之为"先验导出模式"，其在形式逻辑上表现为从抽象到具体的演绎法。因而，只要有作为大前提的"公理、假说"，给定相应的"小前提"，就会推断出必然的结论，这种方法简单、便捷，当然也就更容易满足人们追求整体和无限的内心需要。尽管人们一般会将先验同唯心主义联系起来，但就现实的人的认识来说，先验因素必不可少，所谓的"白板脑袋"是不存在的。事实上，在认识之前，前人既有的思想成果已被不自觉地运用了。正如凯恩斯所言："讲求实际的人自认为他们不受任何学理的影响，可是他们经常是某个已故经济学家的俘虏。"[3]因此，承认认识中的"先验因素"，并不等于唯心主义。马克思本人也提到："人们自己创造自己的历史，但是

---

[1] 夏征农、陈至立主编：《辞海》（第6版），上海辞书出版社2011年版，第1148~1149页。

[2] 邓晓芒、赵林：《西方哲学史》，高等教育出版社2005年版，第124页。我们不妨以柏拉图的理念论作为批判的对象。柏拉图提出了"理念论"（the theory of ideas），将普遍理念实体化和客观化，认为理念是作为独立于个别事物和人的头脑的客观精神而存在的。"正如木匠做床一样，具体的床是对木匠头脑中床的理念进行模仿的结果，每一张床在形态上固然互不相同，但是它们都或多或少地分有了'床'的理念。"从床的生产而言，其确实是依赖于人的理念设计、制造，但之所以有床的需求，在根本上乃是基于人类生活实践的需要。

[3] ［英］约翰·梅纳德·凯恩斯：《就业、利息和货币通论》（重译本），高鸿业译，商务印书馆1999年版，第400页。

他们并不是随心所欲地创造，并不是在他们自己选定的条件下创造，而是在直接碰到的、既定的、从过去承继下来的条件下创造。"[1] 而且，从康德的先验论来看，先验凸显了主体能动性，且它要和经验材料直接相关。就这个意义而言，先验论值得赞赏。"它恰好证明马克思批判旧唯物主义只是从感性客体的方面去认识和理解的局限性的思想是非常到位的。"[2]问题在于，先验论的先天形式（表现为知性、理性或范畴、范式、框架等）来自哪里？它不可能脱离客观存在。先验论主张先天形式为"人脑所固有"，却没有意识到人脑本身也是进化历史的创造，是时间的终极档案。事实上，先天形式无非来自于对前人思想成果的总结、提炼，而这些思想成果又与当时的社会生活相关联，依先天形式容量或解释力的大小，其也会对将来社会生活发挥不同程度的作用。我们注意到，一些生物科学、教育心理学的学者也提到了先验的经验基础："它对个体而言是先天地存在的，但同时它又是经验，是过去世世代代祖先的所有经验的精华，是固着在生物学层面的经验。这样，集体无意识（也即先验）这一概念便不是玄空的、形而上学的，因为它的发生学来源是纯经验的。"[3]不认识到这一点，先验论者就会完全不顾经验事实，从而滑向独断论的泥淖，错把逻辑真理等同于事实真理。[4]接下来，

---

〔1〕 《马克思恩格斯选集》（第1卷），人民出版社2012年版，第669页。

〔2〕 参见刘国章："论'先验'因素在人的认识活动过程中的作用"，载《社会科学辑刊》2002年第5期。

〔3〕 苗曼："先验与经验：论人类的儿童期"，载《现代教育管理》2009年第2期。

〔4〕 理解这一点并不困难，中西哲学史出现的"阿喀琉斯追不上乌龟""白马非马"等经典辩题就是最好的注解。"阿喀琉斯追不上乌龟"是由希腊哲学家芝诺提出的。他认为，在竞赛中，追者首先必须到达被追者的出发点，由于追赶者首先应该达到被追者出发之点，此时被追者已经往前走了一段距离。因此被追者总是在追赶者前面。只要乌龟不停地奋力向前爬，阿喀琉斯就永远也追不上乌龟！关于这个故事，从三段论的推理来看，完全是符合形式逻辑的，因为它假定追者首先应该同时到达被追者出发之点，而两者在时间显然不具有同步性，所以，阿喀琉斯就永远也追不上乌龟。但这一结论显然与事实相悖，问题就出在大前提的谬误上，因为，追上与否应该是空间范畴，而非时间范畴。"白马非马"是中国古代伟大的逻辑学家公孙龙（约公元前320至公元前250年）提出的一个著名的逻辑问题。他的论证大概是这样的："马"指

就引入到了唯物主义经验论[1]的"经验导入模式"。这一进路在形式逻辑上表现为从具体到抽象的归纳法，通过对大量现实个案的研究，总结出一般性的规律。经验论的优势在于，其能紧密联系丰富的社会现实，"更接地气"，但基于归纳天然的不完全性，人们获取的多是阶段性或地方性的知识，往往会缺乏基于历史纵深的宏观视野。相应地，与先验论相比，经验论容易忽视主体的建构能力，因此，脱离了先验的主体能动性，经验论者会陷入"以偏概全"或"只见树木、不见森林"的困境。先验论与经验论都只见其偏而未见其全，要实现较为全面客观的认知，就必须把两者结合起来。事实上，认识是主客观统一的过程，既要有经验的导入，也要有先验的导出，并要在历史过程中实现认识自身的发展。这实际上也是马克思主义历史唯物主义、辩证唯物主义哲学的基本要求。历史唯物主义要求不把先验当作"凭空的"或"天赋的"，而是要在历史中考察其由来、发展；而辩证唯物主义又强调主体的能动性，反对纯粹的经验直观；两者统一于实践。就时间维度而言，随着实践不断向前，当经验现实超出了先验形式的统摄范围时，就必然会引起认识上的更新（具体表现为理念及诸多范畴等先天形式上的嬗变）。因为，"任何经济学理论（对其他社会科学理论其实也是一样的）都要假设若干条件或因素可以略去或不变，否则不可能抽象出理论来。这种假设是与历史相悖的，因而，在应用时必须用历史学的特长来规范时间、空间（地区特点）和考察范围，使理论在小环境内起分析

（接上页）的是马的形态，可包括有白马、黑马、黄马等，而"白马"还指马的颜色，而形态不等于颜色，所以白马不是马（白马非马）。同样，从形式逻辑同一性的角度来看，白马只能等于白马、白马不等于而是属于马，然而，这也显然和事实不符。这些谬误提示我们，（形式）逻辑真理并不等同于事实真理，我们还需要对形式逻辑符号所指向的内容作具体的考察。参见陈敏光："经济法的逻辑演进"，载《经济法学评论》2016 年第 1 期。

〔1〕 唯心主义经验论必然导致独断的唯我论，就认识的主客观统一而言，意义不大，故本书对此不论。

方法的作用"。[1]言外之意,先验只是相对静止的,要随经验之发展而发展,由此形成了认识本身的历史进程(表现为形式逻辑与辩证逻辑的交错发展)。[2]明乎此,我们就不难理解哲学史、法律思想史等何以存在及各学说或范畴的逻辑演进了。[3]就空间维度而言,这表现为系统论的方法。马克思在《政治经济学批判导言》中对此作出了深刻的描述:"具体之所以具体,因为它是许多规定的综合,因而是多样性的统一。因此它在思维中表现为综合的过程,表现为结果,而不是表现为起点,虽然它是现实的起点,因而也是直观和表象的起点。在第一条道路上,完整的表象蒸发为抽象的规定;在第二条道路上,抽象的规定在思维行程中导致具体的再现。"[4]马克思以经济学研究中人口研究为例进行了阐释。"经济学研究从人口(作为现实的前提)开始似乎是正确的,但离开构成人口的阶级,人口就是抽象,离开雇佣劳动、资本,阶级又是抽象,而雇佣劳动、

---

〔1〕 吴承明:《经济史理论与实证:吴承明文集》,刘兰兮整理,浙江大学出版社 2012 年版,第 290 页。

〔2〕 基于思维相对于存在的独立性,形式逻辑立足于固定范畴,撇开事物的具体内容、提炼出抽象的形式,并由此来构建相关学科的概念、范畴及体系。辩证逻辑更侧重于从内容和形式的统一中研究思维,其客观内容及依据在于事物的绝对运动,而不同于事物间的对立统一性。它以变动范畴为基石,充分关注概念的辩证本性,而这一本性根源于客观事物的矛盾性。简言之,辩证逻辑视野下的概念、范畴及体系本身也是随客观事物的运动变化而嬗变的。虽然形式逻辑的内容需要由辩证法来加以填充、演变,但我们也应当注意到形式逻辑对于学科客观性的重要贡献。而且,辩证法只有借助形式逻辑才能获得逻辑的称号,否定了形式逻辑,就是否定了事物的相对静止,就会导致漫无边际的主观相对主义、诡辩论,也就不会有真正意义的辩证思维。参见陈敏光:"经济法的逻辑演进",载《经济法学评论》2016 年第 1 期。

〔3〕 黑格尔曾深刻地指出了哲学史(当然也适用于各种思想史)的重要意义:"如果我们要想把握哲学史的中心意义,我们必须在似乎是过去了的哲学与哲学所达到的现阶段之间的本质上的联系里去寻求。这种联系并不是哲学是里面需要加以考虑的一种外在的观点,而真正是表示了它的内在本性。哲学史里面的事实,和一切别的事实一样,仍继续保持在它们的结果里,但却各在一种特定的方式下产生它们的结果。"[德]黑格尔:《哲学史讲演录》(第 1 卷),贺麟、王太庆译,上海人民出版社 2013 年版,第 11 页。

〔4〕 《马克思恩格斯选集》(第 2 卷),人民出版社 2012 年版,第 700 页。

资本却又是以交换、分工、价格为前提的，于是行程又得从那里回过头来，直到我最后又回到人口，但是这回人口已不是关于整体的一个混沌的表象，而是一个具有许多规定和关系的丰富的总体了。"[1]也就是说，从人口的具体表象出发"蒸发"出许多规定，进而在思维的行程中重新回到了具体，只不过这种具体是理性的具体。概言之，认识分为三个基本过程：第一个过程，形成关于事物的"混沌的整体的表象"；第二个过程，"形成片面的思维的规定性"；第三个过程，达到"许多规定的综合"和"多样性的统一"，也即从感性具体到理性抽象再到理性具体。[2]可以说，马克思主义认识论是先验和经验的交错推进，[3]它们统一于历史实践，推动着认识的动态发展和全面展开。对于先验与经验的统合，我们可以概括出如下几点：其一，先验不是凭空而来的，有其经验基础，需要从历史中考察其由来。其二，对于先验的强调有其必要性，这既是认识的起点，更是主体能动性的发挥和对普遍必然性的永恒追求。其三，先验与经验并不完全一致，在历史实践基础上，不断丰富的经验会"跳出"既有的先验范畴，由此导致先验的历史更新和先验与经验的再次统合。

二、法本位既有研究之纷杂

法本位论有其重要价值，突出了法学自身的性质、任务和对本源性、初始性问题的批判、思考，也突出了对部门法及其实践的指导意义，对其进行的研究主要集中在 20 世纪上半叶及我国改革开放10 年后（1988 年）以来的一段时期。通览上述时期各种关于法本位的观点，我们发现，学者们对何为法本位的问题并没有统一的认识。而且，由于研究者价值偏好及视野角度的不同，形成了关于法本位

---

〔1〕　《马克思恩格斯选集》（第 2 卷），人民出版社 2012 年版，第 700 页。

〔2〕　孙正聿：《哲学修养十五讲》，北京大学出版社 2004 年版，第 111 页。

〔3〕　关于这一论点，顾准也提到了马克思的哲学是培根（经验论）和黑格尔（唯理论或先验论）的神妙的结合。参见顾准著，陈敏之、罗银胜编：《顾准文集》（增订珍藏本），福建教育出版社 2010 年版，第 446~462 页。

的不同诠释，即使是持相同的法本位论者，其论证路径也各不相同，可谓纷繁复杂。

（一）法本位界定之分歧

法本位界定有两种路径：第一种路径侧重于法律规范的权利义务关系来界定法本位，我们不妨称之为内在于法自身的探究路径；第二种路径则有直接的、明确的价值指向，相对而言，是外在于法本身的探究路径。

1. 内在于法本身的探究路径

有些学者将权利义务的关系作为法本位研究的逻辑起点，这种观点并未直接突出法本位的外在价值属性。如欧阳谿认为："当研究权利义务之先，对于法律立脚点之重心观念，不可不特别论及，即所谓法律之本位是也。"[1]张文显亦明确指出："法的本位是关于在法这一定型化的权利和义务体系中，权利和义务何者为主导地位（起点、轴心、重点）的问题。"[2]需要指出的是，这并不是说这些学者是纯粹价值中立的。事实上，我们将在下文中看到，他们在讨论权利本位或义务重心论之时，已然将自身的价值诉求隐含在内了。这也恰恰表明，所谓的"白板脑袋"是不可能存在的。

2. 外在于法本身的探究路径

另一些学者则明确突出法本位的外在价值属性，认为从权利义务自身是无法把握法本位的。史际春认为："在法的自身的这种中性价值背后，则站立着主体的需要和愿望。通过法，把一定的行为可能性和必要性确定为权利义务，正是反映了一定主体的价值判断……从法的规范本身或法的体系是侧重于权利还是义务，是不可能把握法的本位的。"[3]有学者还直接将法本位理解为法的基本

---

〔1〕 欧阳谿：《法学通论》，上海法学编译社1937年版，第231页，转引自童之伟："20世纪上半叶法本位研究之得失"，载《法商研究（中南政法学院学报）》2000年第6期。

〔2〕 张文显："'权利本位'之语义和意义分析——兼论社会主义法是新型的权利本位法"，载《中国法学》1990年第4期。

〔3〕 史际春："由民法看法本位"，载《法律学习与研究》1992年第1期。

观念、目的或基本作用或将其理解为法律根据何种理由而立、何种观念派生。[1]

（二）法本位诠释之不同

与法本位的界定相比，法本位具体诠释的差异更大，略论如下：

1. 权利本位论

其一，侧重于法的应然理想状态，反对特权、主张权利的普遍化，认为"如果立法者把向人民施加义务约束为首要目标，为了使人民更好地履行服从现行统治的义务，才略施恩惠，让人民享有某些权利，这就是义务本位。如果立法者把确认人民的权利视为首要目标，为了使人民的权利受到保障，才不得不向每个人施加平等的义务约束，这就是权利本位"。[2]他们立足于这一前提，在法律规范的构造上作出相应的设想。"权利是逻辑起点，权利是目的，义务是手段，法律设定义务的目的在于保障权利的实现；权利还是国家政治权力配置和运作的目的和边界。"[3]其二，以私法之精神推导出法本位。梁启超认为权利本位导源于罗马私法，并将其推而论之为法本位："……而权利本位说，实罗马法之感化力致之。夫既以权利为法律之本位，则法律者，非徒以限制人民权利之用，而实以为保障人民权利之用。"[4]其三，受耶林等德国目的法学派的影响，侧重于突出权利的社会意义。朱采真主张权利是对社会的义务，为权利而斗争就是为法律而斗争等。[5]

〔1〕参见王伯琦编著：《民法总则》，正中书局1979年版，第31页；李昌麒主编：《中国经济法治的反思与前瞻——2000年全国经济法学理论研讨会论文精选》，法律出版社2001年版，第299页；李锡鹤："论民法本位"，载《华东政法学院学报》2000年第2期。

〔2〕郑成良："权利本位说"，载《政治与法律》1989年第4期。

〔3〕张文显："'权利本位'之语义和意义分析——兼论社会主义法是新型的权利本位法"，载《中国法学》1990年第4期。

〔4〕梁启超："论中国成文法编制之沿革得失"，转引自童之伟："20世纪上半叶法本位研究之得失"，载《法商研究（中南政法学院学报）》2000年第6期。

〔5〕梁启超："论中国成文法编制之沿革得失"，转引自童之伟："20世纪上半叶法本位研究之得失"，载《法商研究（中南政法学院学报）》2000年第6期。

2. 义务重心论或社会本位论

其一，侧重于法的实然社会控制，更关注法律如何实际发挥作用，得出义务重心论的结论。张恒山基于义务先定论（义务是权利的代价，权利只能来自他人或社会的认可）、义务的可操作性（义务对于利益的保护更具有直接性、必然性）等，认为"义务重心论是指，法作为社会控制、规范手段，主要通过义务性规范来实现自己试图达到的目的……立法者应将侧重点、注意力放在法的义务规范，以及违反这些义务规范所要招致的不利后果的精心设计上，以便使法具有可操作性"。[1] 其二，侧重于法的历史发展规律来理解法本位，得出社会本位的结论。张知本、周邦式、欧阳谿、张映南均论及了法本位发展的历史规律，即经由古代法的义务本位到 18 世纪以来的权利本位再到现代义务本位。如欧阳谿就精彩地论述道："个人不自觉时代，法律之观念，以义务为本位，及个人自觉时代，法律之观念，以权利为本位。今渐入社会自觉时代，而法律之观念，遂不能不注重社会之公益而以社会为本位云。"[2]

3. 权利义务一致论

侧重于权利义务的共生性、统一性，龚钺、何任清、孙国华等均持此类观点。代表性的论述为："马克思主义认为：没有无义务的权利，也没有无权利的义务。权利和义务是一个问题的两个方面，一个行为，从允许做、能做的角度看，是权利，从要求做、应做的角度看，就是义务。权利、义务是辩证统一的。"[3]

4. 社会权利本位论

该论为童之伟所持。他认为："如果一定要谈法本位问题，那既

---

〔1〕 张恒山："论法以义务为重心——兼评'权利本位说'"，载《中国法学》1990 年第 5 期。

〔2〕 欧阳谿：《法学通论》，上海法学编译社 1937 年版，转引自童之伟："20 世纪上半叶法本位研究之得失"，载《法商研究（中南政法学院学报）》2000 年第 6 期。

〔3〕 孙国华："当前我国法理学研究中的几个问题"，载《法学》1996 年第 4 期。

不应是权利本位，也不应是义务本位，更不能是权力本位，而应当是人民权利本位或社会权利本位……就内容而言，社会权利本位也就是权利权力平行本位……主要理由是，这种提法以法律为基准，将权利和权力放在平等的位置，完全符合社会法律生活的实际，也符合法治社会的客观要求。"[1]

可见，在法本位的具体诠释中，混杂着权利与义务、个人与社会、本位与重心等不同表述，缺乏应有的界分。而其在论证法本位的具体观点时又各有角度，如应然法的角度、实然社会控制的角度、历史发展规律的角度、从部分类推整体等，不一而足。

（三）法本位转化之不足

与法本位界定分歧、法本位诠释不同相关的是，法本位研究并未在部门法及其实践中实现有效转化。尽管法本位有着如此重要的价值，但从既有的研究来看，法本位的研究主要还停留在法理学层面，且多源于 1988 年以来一段时期内的研究热潮，而近年来，对于法本位的探讨则基本上处于沉寂状态。此外，法本位的研究并未被广泛应用到部门法领域中，即便有所应用也大体是泛泛而论，并不系统、深入。童之伟曾急切地指出："对法本位的讨论几乎完全脱离法律实际生活，从来没有人说清楚也没试图说清楚立法如何贯彻权利本位、义务本位或其他的本位，没提在适用法律的时候如何贯彻他们所选定的本位，更没有结合具体法律和具体案例来比较不同法律本位的实践后果。"[2]这种研究现状与法本位的研究"过于形而上""主观性泛滥"有关，忽视了法本位在部门法建设中的转化及实现。有学者就指出："在法律本位的一般理论研究中，并不关注或在理论上并未具体到部门法本位的研究。这就使得法律本位的理论难以

---

〔1〕　童之伟："对权利与义务关系的不同看法"，载《法商研究（中南政法学院学报）》1998 年第 6 期。

〔2〕　参见童之伟："对权利与义务关系的不同看法"，载《法商研究（中南政法学院学报）》1998 年第 6 期；童之伟："权利本位说再评议"，载《中国法学》2000 年第 6 期。

在部门法和法律具体实践中得到贯彻和运用。同时，法律本位理论与部门法相脱离，其科学性也会遭到质疑……对涉及的不同本位的分类标准缺乏统一性，且不符合逻辑……对于法律本位的内涵或者内在要素缺乏明确的界定，以致对法律本位的理解难以具体而有深度，把握上存在困难。"[1]可见，如何科学、有效地界定法本位并将之转化、应用到部门法的构建及实践中，成了法理学界及部门法学界所共同面临的重大课题。

三、先验与经验视野下的一般界定

作为一般的哲学方法，先验与经验及其统合论还应转化为法学范畴，如此方能指导我们对法本位暨经济法本位问题进行研究。从大历史的角度来看，各法学流派都会演变成一种分析方法，从而成为人们的认知模式。尽管这种认知模式可能存在先验与经验的内在结构及倾向的差异，但无疑都是有其客观社会基础的，从而体现了先验与经验的特定历史逻辑。在一定意义上说，对法本位的追寻乃是对法学流派的再发掘。

（一）法学流派与法本位

大体来说，自然法学派、德国先验唯心主义法学较为鲜明地体现了先验主义的进路。自然法学派相信人的理性力量，习惯于从人天赋的自然权利出发来构建政治哲学、法律体系。德国先验唯心主义法学更是体现出了先验色彩，它试图从既定的哲学观点和方法来阐述法律理论，通过形而上学发现一些标准，进而构造法律制度、法律学说和法律概念的完整体系，事实上是把法学当作了哲学的一个分支。历史法学派、分析实证主义法学派则更多地体现了经验主义的进路。历史法学派反对从思辨的角度建立自然法的企图，而是

---

[1] 周晖国："法律本位论析"，载《南京大学法律评论》2006年第2期。需要说明的是，周晖国在该文中将法律本位与现代国家和社会管理中强调法律治理功能的法本位相区分，而本书论述的法本位则主要意指法律本位，同时兼顾法律的社会治理功能，也即不刻意区分法律本位与法本位。

关注法律的历史和发展过程，强调非理性的、植根于遥远过去传统之中的、几乎是神秘的"民族精神"观念。分析实证主义法学派则反对先验的思辨，力图将其自身限定在经验材料的范围之内，关注实在法的规范分析。晚近出现的社会法学派、法经济学无疑是带有经验主义倾向的。社会法学派直接将法看作是一种社会现象，而以社会学的观点和方法研究法。它强调法在社会生活中的实际作用和效果，以及各种社会因素对法的影响。法学范畴的法律经济学[1]则基于制度（自然包括法）与经济的内生性、互促性，重点研究法律制度如何影响经济活动，并据此改革和完善法律制度。需要指出的是，我们所指称的先验主义或经验主义进路，并不排斥对应的经验因素或先验因素的存在。如自然法学派不是凭空而来的，它反映了资产阶级革命的实践需求，且作为法律制度的"理想蓝图"，它最终又要回到基本的规范构建及其实践之中。分析实证法学似乎最"纯粹"，但实际上，其不可能绝对排除先验的因素，如分析实证法学派不可避免地要运用价值判断去解释法律条文。社会法学派、法律经济学与现实的结合更为紧密，但仍有主体的先验考虑，如社会法学的社会控制目的，法律经济学对经济效率、经济公平价值的关注等。

　　一个有趣的事实是，法学流派的勃兴通常与特定历史时期及相应部门法的产生、发展勾连在一起。就西方主要法学流派而言，自然法学派宣称的天赋自由、平等理念，并非是空穴来风，而是立足于这样的历史背景：新兴资产阶级要求变革历史旧状，反对封建制度，把人从中世纪神学的枷锁中解放出来，法国大革命及法国民法典可谓是其最直接的成果。[2]历史法学派出于对法国大革命破坏性的反思，着眼于对法律历史传统，反对从思辨角度建立自然法，趋

---

　　[1]　周林彬将法律经济学区分为经济学范畴的法律经济学、法学范畴的法律经济学、研究方法范畴的法律经济学。如无特别指明，下文所述之法律经济学均指的是法学范畴的。参见周林彬、董淳锷：《法律经济学》，湖南人民出版社2008年版，第53~70页。

　　[2]　德国先验唯心主义法学也有类似的背景和要求，但基于德国人长于思辨的哲学特点，该学派的先验主义色彩更为浓郁。

于保守。实证主义法学肇端于 19 世纪中叶，当时，自然科学取得了巨大成就，人们将该领域的方法移入了社会科学领域，力图对法律规范文本作出更为纯粹的、更为精密的分析。它直接促成了法学学科的独立性。正如周旺生所评价的："分析法学派的产生，是以 19 世纪欧洲立法的广泛发展和普遍的成文法编纂运动为实际生活背景的，因而它能在 19 世纪的法学领域长期占据支配地位，它对于确立和维护新政权的政治统治和法律秩序，特别是对于推动法学完成同其他学科的分离而最终形成为一个完全独立的专门学科，是有很大贡献的。"[1]而晚近出现的社会法学派、法律经济学则分别与经济社会化、经济国家的社会背景相关联，反映的是诸多社会协作的失调及经济、法律的内生性等方面的实际问题，直接的法律成果即法律的社会化、经济法等诸社会法的产生及发展。也就是说，相应的法学流派对应于特定的历史时期，与该时期经济社会条件相关，从而有着突出的经验性背景及相应的价值指向。正如马克思所讲："这些抽象本身离开了现实的历史就没有任何价值。它们只能对整理历史资料提供某些方便。"[2]需要指出的是，尽管法学流派与部门法的产生和发展有着大体上的对应性，但这并不意味其他法学流派对部门法的影响就不存在了。事实上，它们仍在一定程度上、以不同的方式影响着部门法的产生和发展。首先，无论如何，法及法学研究都是以法律规范为中介对社会生活发生影响的，任何法学流派的起点及归宿均围绕这一本位而对法作出反思、批判、改进、完善。显而易见，受自然法影响颇深的近代民法也仍要进行相应的规范建设，分析实证主义的运用必不可少。即使是在经济学研究方法大肆"入侵"社会科学领域的"经济学帝国主义"的背景下，法学研究仍要坚持这一立场。正如周林彬所言："法律的经济分析所提出的法律的改革方案，不是服从于经济学理论，而是服从于法学理论思考，研

---

〔1〕 周旺生：《法理探索》，人民出版社 2005 年版，第 47 页。
〔2〕 《马克思恩格斯选集》（第 1 卷），人民出版社 2012 年版，第 153 页。

究的路径是法律—经济—法律。"〔1〕否则，法学将丧失其研究对象，而不能成为一门独立的社会科学。其次，各法学流派作为方法仍能在当前及今后的研究中发挥重要的作用。从某种意义上说，各法学流派的出现及发展是对法学研究的某个角度的提取和深化。特定历史时期的特定社会问题决定了法要以某种价值观及研究方法为主导，即要侧重于某种法本位观。但这并不排斥也无法排斥立足于其他角度的研究方法。例如，在社会化背景之下，民法的个人本位也受到了不同程度的抑制，社会法学派对其产生了很大的影响。又如，即便是强调制度与经济的实践结合、研究什么样的法律规则能够促进经济增长的经济法，也在诉诸"实质正义"这一价值理想。〔2〕也就是说，先验与经验的方法框架能够兼容各法学流派对法本位的理解，并随着各理解角度的深入发掘而逐步丰富起来。最后，根据系统论的原理，专而不能顾及全局的各法学流派的深入发展，必将导致新法学流派的产生或各法学流派的复兴及融合。社会学法学的出现、自然法的复兴、以博登海默为代表的综合法理学派的出现就是典型例证。

（二）法本位的科学界定

法本位可谓包罗万象，是先验与经验相统一的一个范畴。既有的法本位研究，可谓"各有各论、各有其理"，因为它们都从不同角度对先验与经验作了提取。如张文显的权利本位论侧重于应然法，实质上继承了自然法学派的方法；张恒山的义务重心论侧重于实然的社会控制，与分析实证主义及社会法学派有较深的渊源；孙国华的权利义务一致说则是笼统性的说法；而张知本等人的社会本位论则是基于法的历史发展类型而作出的。〔3〕根据上述先验与经验的方

---

〔1〕 周林彬、董淳锷：《法律经济学》，湖南人民出版社 2008 年版，第 64 页。

〔2〕 实质正义强调针对不同情况和不同的人予以不同的法律调整，在这一点上，它包含着公共领域的分配正义的内容，而不仅是基于私法的校正正义。参见史际春、邓峰：《经济法总论》（第 2 版），法律出版社 2008 年版，第 138～142 页。

〔3〕 需要指出的是，尽管笔者对梁启超这位鸿儒充满敬意，但就理论推导而言，他的方法不足取。梁启超将私法权利推导至整体法，得出权利本位的观点，恰恰是经验主义进路的缺陷，即犯了以偏概全的错误。

法框架，我们再细致地勾勒下法本位界定应把握的几个方面，其间也夹杂着对既有法本位研究的评述。

1. 法本位的界定应内外统一

法本位的界定应内外统一，既要立足于法律规范，也要外在于法律规范去探究。从法规范这一整体来看，权利义务具有相对性和统一性，权利、义务分别包含着对应的义务和权利或权力，而就全体社会成员而言，权利义务又是统一的。因此，权利本位或义务本位的提法并不科学，它并没有明确的主体指向，并在一定程度上将法规范自身的中性术语不当地掺杂到了主体的价值诉求之中，容易混淆或模糊人们对于本位的理解和认识。如在逻辑上，权利本位也可指封建统治者的权利本位，它的实现恰恰要以广大劳苦大众履行苛刻的义务为前提。另一个困惑是，义务如果针对国家及其权力，并把它放进制度的"笼子"或将其转化为职责，那么该法究竟是义务本位还是权利本位呢？就公民角度而言，是权利本位，而对国家而言，则又是义务本位。因此，正如维特根斯坦所言的"世界的意义必定在世界之外"，[1]法本位的客体也只能在法自身之外；而基于法学的性质及任务，它又要回归到法律规范本身，作为规范建构及其实践的根基。我们可以说，规范的建构及其实践是以权利为中心或是以义务为重心的，但却不能抽象地说，法是以权利或义务为本位的。就这个意义而言，笔者认为个人本位、国家本位、社会本位的提法较权利本位、权力本位或义务本位的提法更严谨。[2]因为，该提法有着相对明确的主体及其利益指向，便于把握和应用，至于在法治实践中究竟是以权利还是以义务作为逻辑起点，则又另当别论了。这种内外统一的法本位界说有助于我们剔除无谓的争议，发

---

〔1〕　[英] 维特根斯坦：《游戏规则：维特根斯坦神秘之物沉默集》，唐少杰等译，天津人民出版社 2007 年版，第 18 页。

〔2〕　民法是个人本位的、行政法是国家本位的、经济法是社会本位的，类似的这些提法或表述也较为普遍。参见邱本：《经济法研究》（上卷：经济法原理研究），中国人民大学出版社 2008 年版，第 307～309 页；徐孟洲：《耦合经济法论》，中国人民大学出版社 2010 年版，第 237～240 页。

现和把握真正的问题。例如，张文显主张权利本位论，但反对将权利本位等同于个人本位，它并不排斥社会本位。"我们所说的'个体'也不是人格化的个人或者绝对的自我，而是普遍的、'一个个具体的'个体，是体现着个人、集体和社会统一的个体……以社会为本位的法亦可以是权利本位法。"[1]张恒山可能并不赞同权利本位说或义务本位说的提法，而是将其观点总结为义务重心论，偏重于社会控制视角下的规范建构及其实践。[2]童之伟则提出了社会权利本位论，社会权利本位既然强调社会，那就是将主体范围放眼于社会而不是个人，反对个人权利的极端化、主张权利的普遍化（社会化）；社会权利本位既然强调权利，就是要在规范建构及其实践上以权利为逻辑起点。[3]三位法学家的论述颇值玩味，他们虽然没有明确提出社会本位的观点，但对此似乎都是同意的，其争议的实质是规范构建及其实践的具体展开方式。这也从侧面佐证了对法本位的界定应内外统一。

2. 法本位的界定应纵横统一

法本位的界定应纵横统一，既要立足于宏大的历史逻辑，也要结合具体的经济社会条件。法本位虽然与研究者的价值取向、方法密切相关，有很强的主体性，但主体性绝不等同于主观任意性。根据马克思提出的社会决定法的原理，[4]这种价值取向、方法只能以社会经济的发展历史为基础。因此，诸多论者关于法本位的价值取

---

〔1〕　张文显："'权利本位'之语义和意义分析——兼论社会主义法是新型的权利本位法"，载《中国法学》1990年第4期。

〔2〕　张恒山："论法以义务为重心——兼评'权利本位说'"，载《中国法学》1990年第5期。

〔3〕　童之伟："对权利与义务关系的不同看法"，载《法商研究（中南政法学院学报）》1998年第6期；童之伟："权利本位说再评议"，载《中国法学》2000年第6期。

〔4〕　马克思曾说："社会不是以法律为基础，那是法学家的幻想。相反，法律应该以社会为基础。法律应该是社会共同的、由一定的物质生产方式所产生的利益需要的表现，而不是单个人的恣意横行。"《马克思恩格斯全集》（第6卷），人民出版社1961年版，第291~292页。

向、方法，只不过是社会经济发展要求的不同侧面的法律反映而已。从大的历史维度来看，法既执行政治职能，即维护一定阶级统治的职能，也执行社会职能，即执行一定社会公共事务的作用和职能。[1]个人、各种社会组织、国家，政治、经济、社会、文化等范畴构成了社会的不同侧面。而且，法作为整体是不断地朝着社会公共性方向推进和深入的。因而，笼统地说，法都是社会本位的。但由于阶级性、社会性（其实是公共性）的力量对比在各时期、各国家有着不同的具体体现，法的社会本位的具体内容也不尽相同。在法本位的具体界定中，我们不能满足于大的历史逻辑，而要结合当前及将来一定时期的经济社会发展需要，将法本位具体化，剖析其具体的社会内涵。从这个角度来说，尽管权利本位的提法并不科学，却很好地回应了当时的经济社会发展的要求。这一点，即使是权利本位的反对者也是认同的："权利本位说在法学领域配合着我国社会从以阶级斗争为纲到以经济建设为中心的历史性转变和改革开放、市场经济体制的发展，在一定程度上适应了这种转变和发展的需要。"[2]而在当前的经济社会条件下，市场之发展进化远不同于原始市场经济阶段，"经济国家""社会连带"所描述的社会结构及态势对法及其本位提出了新的时代要求，亟待我们作出新的诠释。因而，笼统地说，法的社会本位恐无多大实践价值。重要的是，使其在各个历史阶段中具体化，探究出每个阶段的社会本位的具体内涵和侧重点是什么？当今人们在讨论社会本位时，它又指的是什么？由此，法本位或社会本位又有了广义（纵的历史维度）和狭义（横的当前维度）之分。

---

〔1〕 需要指出的是，虽然我们不赞同阶级斗争为纲，法的统治阶级意志论也饱受批判，但这并不意味着彻底否定阶级分析方法。事实上，强势社会阶层、利益集团也总是通过立法、政策制定等途径将本阶层、集团的特定利益表达为普遍的社会公共利益，对此作出解释的政府俘获的理论与阶级分析方法有着相通之处。因此，从大历史维度来看，阶级分析方法仍可适用，只是不能将之教条化，而应结合具体社会经济条件对其作出合理诠释。

〔2〕 童之伟："权利本位说再评议"，载《中国法学》2000 年第 6 期。

3. 法本位的界定应总分统一

法本位的界定应总分统一，既要立足于一般的法本位理论，也要探究其在各法律部门中的具体体现。一般来说，法本位的一般社会导向会不断促进部门法的分化及规则的精细化，而各个部门法的不同功能和任务的有机组合又形成了法本位的一般面貌。因而，在法本位的界定中，应考虑部门法的不同功能、任务，特别是具体到部门法的研究时，更应如此。具体说来便是：民法、行政法、经济法、狭义的社会法又是如何体现法的社会本位的？它们反映了广义社会本位当中的哪个方面？法的社会本位在它们当中又演化为什么样的具体的部门法本位？人们常说的经济法、社会法的社会本位与上述作为整体的法的社会本位有什么区别？这些问题都需要在法本位的界定和应用当中加以深入探究和仔细辨析。

（三）经济法本位的界定方法

法本位界定的内外统一、纵横统一对于经济法这一部门法本位的界定自然也是适用的，而总分统一则凸显了法本位向部门法本位的转化。由于学界对规范为本的强调已经很多，且法本位主要在规范之外去寻找，故就经济法本位的界定方法的讨论而言，应集中在纵横统一、总分统一（侧重于经济法的本位方法、特色方法的讨论）两方面。应当说，这种研究更为具体，因为如果不根据经济社会发展的要求及我们的研究目的对其作出进一步的合理限定，就无法将研究成果运用到当前的法治建设中，从而缺乏现实的法律意义。

1. 历史主义的纵向考察

众所周知，经济法产生于19世纪末20世纪初，对其本位只能从历史中去寻找。一个新兴的法律部门之所以出现，正是由于出现了传统法律部门所不能单独调整的社会关系。"从认识论的角度来看，经济法的产生是对传统法哲学和经济学以及建立在这一理论基石上的近代法律体系反思的结果。"[1]从逻辑范畴而言，形式逻辑所对

---

〔1〕 李东方："近代法律体系的局限性与经济法的生成"，载《现代法学》1999年第4期。

应的客观社会基础已发生了实质性改变，既有的形式逻辑的范畴、概念、体系（主要是民法、宪法、行政法的法律建构）等已不能满足甚至脱离了社会现实的需求。由此，既有的形式逻辑必须随着社会现实而发生嬗变。这自然是个历史的过程，但也需要借助形式逻辑形成新的概念、范畴、体系（主要是经济法、劳动法等社会法）。[1]因而，对于经济法本位的理解要着重于对历史纵向的考察，要用辩证逻辑的眼光和方法，一旦明确了经济法社会本位的历史基础，质疑经济法独立法律部门地位的声音就会"烟消云散"，而本位也就可以作为先验的理念、方法指导我们进行经验性的规范构建及法治实践。

这样的历史考察可以被分为客观和主观两方面。就客观方面而言，法的关系既不能从它们本身来理解，也不能从人类精神的一般发展来理解，相反，它们都根源于物质的生活关系。[2]因此，对于经济史的考察，尤其是对经济与法律互动关系的考察，有利于找出经济法社会本位产生的客观依据。就主观方面而言，先贤的法哲学思想本身是对客观现实的主观反映和能动应对。因此，对法哲学思想本身作出考察，尤其是对产生经济法的思想基础进行考察，在一定意义上也是对"浓缩的客观历史"的考察。如同把生物进化史压缩在胚胎发育的10个月内，我们完全可以把经济法的产生理解为法自身历史发展的必然成果，并通过研究，在较短的时间内理顺、准确把握其中的内在逻辑。尽管主张法律只是非意图的、无意识的、纯粹历史力量产物的历史法学派已经消亡，但历史主义的方法仍应当被积极地加以吸收和利用，先哲对此也多有提示。恩格斯曾讲，哲学处于不断发展的变化过程，不同的历史时期对于哲学的理解很不相同，因此，一个人想要学习哲学，除了学习哲学史外，别无他途。[3]熊彼特也提到："经济学的内容，实质上是历史长河中一个

---

〔1〕 参见陈敏光："经济法的逻辑演进"，载《经济法学评论》2016年第1期。
〔2〕 《马克思恩格斯选集》（第2卷），人民出版社2012年版，第2页。
〔3〕 邓晓芒、赵林：《西方哲学史》，高等教育出版社2005年版，第5页。

独特的过程。如果一个人不掌握历史事实，不具备适当的历史感或所谓历史经验，他就不可能指望理解任何时代（包括当前）的经济现象。"[1]此外，历史研究的另一大优势在于，后来的研究者具有当时的人们所不可能有的历史知识和更广阔的视野，可以克服"不识庐山真面，只缘身在此山中"的历史局限性，从而像庄子一般"得其环中、以应无穷"，[2]超脱、冷静、客观地吸收各种不同的批判意见，能够看到当时不可能显现的历史效果等，并据此作出公正的结论。

2. 部门法比较的横向考察

历史研究毕竟是一种宏观性的、整体性的研究，它对于理解经济法本位的历史正当性或确立根据是大有助益的，但经济法本位的历史正当性只为我们提供了方向，它并不会自动地具体化为经济法本位的内涵，其实现仍然要结合具体国情，并依赖于人们的体系构建、制度设计及实现等。尽管经济法的产生极富辩证性、革命性，但形式逻辑的建构性对于经济法而言同样重要。否则，经济法本位就会流于"虚空"，或者，人们会拉着"本位"的旗帜，不受形式逻辑的规范，造就出诡辩的、价值不大的甚至混乱不堪的学说。这对学术研究及经济法治建设都是十分有害的。可见，同样重要的是，对经济法本位作出横向考察，把经济法和其他相邻部门法的关系和区别搞透彻，从而获得对经济法本位的清晰认识。具体而言，不仅要回答为什么在法的历史进化过程中要演变出经济法这一法律部门，还要回答经济法的独特价值和功能何在，尤其是其与民法、行政法等相邻部门法的关系。这些基于不同价值旨趣的合目的性规范群（部门法），如何在更高目的（正义）的统摄下分工协作，形成完整、有序的法的体系，从而有效地对当前乃至以后的经济社会起到保护、促进的作用同样需要研究。需要反复重申的是，法律是社会

---

〔1〕　［美］约瑟夫·熊彼特：《经济分析史》（第1卷），朱泱等译，商务印书馆1991年版，第29页。

〔2〕　张耿光译注：《庄子全译》，贵州人民出版社1991年版，第26页。

生活的调控器，就此宽泛意义而言，各个部门法都具有社会性或是社会本位，那么，需要辨析的便是这些社会性的部门法之间在具体法律本位上有何异同，也即在理念、价值、功能及其实现方式上的具体差异。事实上，这也是部门法划分的意义所在。更具体地说：经济法、民法、行政法的法律本位分别是什么？其性质和内涵又是什么？为什么会在本位上有差异？统一的基础又在哪里？只有在法的"家族"体系中，既论证了经济法的"个性"（名），也论证了经济法的"共性"（姓），对于经济法本位的理解才是完整的、具体的。

可见，历史主义的纵向考察和部门法比较的横向考察绝不是相互割裂的。历史主义的纵向考察从整体上、宏观上为经济法及其本位提供了正当性基础，但仅止步于此，我们得到的仅是关于经济法及其本位的"模糊表象"，更完整、更具体的理解只能在与相邻法律部门的对比分析的行程中进行，以获得一个个"规定性"。而这些规定性的"系统综合"又让我们对法的体系获得了崭新的认识，立足于这个体系，我们会对包括经济法在内的部门法及其本位获得理性、具体的认识。

3. 关于经济法本位界定的总分统一

按照共性与个性的哲学原理，法本位应转化、落实到具体的部门法建设当中，法本位自身也正是通过不同部门法的具体本位来展现的。

（1）经济法本位与其他部门法本位的协调。从系统论来看，部门法本位是相互协调、有机统一的。部门法本位通过相互间的协调，统一到作为整体的法本位当中，从而实现整个社会的秩序及正义。作为整体的法的社会性是逐步深化、辩证发展的。经济法产生之前的其他部门法之间，也存在法本位的协调问题。在个人、社会被"湮没"于国家威权的时期，国家权力及由此维系的秩序就被理解为社会本身，表现为"诸法合体、以刑为主"的法律面貌，各法的本位并不清晰，混沌在一起。而在个人努力摆脱政治束缚并寻求个人独立、自由的理性时代，个人利益的相加乃是社会利益实现的根本逻辑，表现为民法的勃兴及民法与行政法、宪法的对垒。然而，尽管民法高呼保护个人的财产、契约自由，但离开了宪法、行政法的权力支持，又显然是不可能的。可见，所谓的对垒也仅是形式上的，内在的协调一直存在。在个人主义极端化进而危及社会有机体及强调社会协作的现代，关注社会有机体自身的相对独立利益，以此来促进个人利益的可持续发展，乃是更为复杂的、新的社会利益实现模式。这种模式主要由经济法等社会法来体现。一方面，它是在个人利益基础上发展而来的，并从社会有机体角度对其作出正当限制，目的在于矫正个人权利滥用的倾向，实现其良性、持续的发展。因而，经济法的本位是在民法本位的基础上发展而来，也是为了优化民法本位。另一方面，经济法作为国家管理经济之法，其中所谓的经济是指市场经济，而非单纯的、个别的经济活动；其中所谓的管理是从社会有机体角度而作出的，是为了消除市场经济的失灵或弥补其不足、缺陷等。这一管理内嵌于经济体系的运行当中，成为现代市场经济的一部分。要管理经济，则必然要赋予国家及其机构、人员以必要的权力。而社会有机体也是相对于国家而独立的，国家作为社会之代表，并不等同于社会，不以社会为本、受自身利益驱动而不作为、乱作为的权力失职及滥用倾向总是存在的。因而，经济法本位就要借助宪法、行政法关于权力的保障、规范及控制方式，但并非是单纯地强调国家威权，而是要将国家威权作为维护社会有机体的基本工具、手段。限于法本位界定的这一主题，这里仅是大致地提及经济法及部门法本位的协调性问题，在后文的经济法社会本位的确立、特定内涵中，我们会对其进行详细介绍。

（2）经济法本位界定中涉及的特色方法。经济法本位的特殊问题与经济法自身的方法论相关。虽然，经济法学的研究方法是体系的方法，是以哲学方法论、一般科学方法论和法学方法论（或法学基本分析方法）为指导和基础而形成的适合于经济法学研究的方法，[1]但经济法作为独立的部门法，还应当有自己的特色方法。这大概要以法律社会学、法律经济学的引入最为突出了。①关于法律社会学

---

〔1〕　程宝山：《中国经济法基本理论》，郑州大学出版社 2013 年版，第 289 页。

的引入。经济法的产生乃是回应经济社会化而产生的各种社会失调问题，以社会协作、经济稳定发展及实质公平等为基本追求。它与社会学研究和解决社会问题的旨趣具有内在的一致性。社会学秉承实证主义和实用主义的方法及目的，把知识作为行动的工具，认为真理的标准在于它在应付环境的行动中是否有效，"有用即真理"，"真理就是效用"等。[1]社会学中关于社会有机体的体系化、相对性理解，以及角色扮演等理论都渗透到了经济法学研究领域。如孔德认为，社会是一个有机体，如果对社会管理得当，符合科学原则，那么社会自身是可以不断完善的；有机体科学（生物学和社会学）对于生物个体和人类社会的研究是沿着复杂（整体）到简单（部分）的路线进行的。[2]庞德后来则将利益划分为个人利益、公共利益和社会利益，强调通过法律进行社会控制。[3]这些理论通常被学者作为论述经济法社会本位的正当根据。而社会角色作为社会所期望的一套行为模式，在法律角色的设置、权利义务配置及责任担当方面均有直接的应用，如史际春提出的问责制理论。②关于法律经济学的引入。法律与经济的关系在社会生活中日益紧密，相应的研究也从马克思等较为框架性的原理（如法律等上层建筑对经济基础的反作用）转入到了更为具体、细致的研究，即具体的制度如何更好地影响经济增长，并提出了一系列兼具经济学与法学意义的概念及研究方法。如诺斯提出的制度变迁、科斯提出的交易成本及成本收益分析、均衡分析、博弈分析等经济分析方法的大量引入等。在经济法研究中，程宝山明确地将经济学分析法、博弈论作为经济法学研究的重要方法，[4]张守文在《经济法原理》中更是直接借用宏

〔1〕 参见马远俊：《法律社会学——源流辨析与学理运用》，湖北人民出版社2009年版，第8页。

〔2〕 参见马远俊：《法律社会学——源流辨析与学理运用》，湖北人民出版社2009年版，第20页。

〔3〕 参见［美］罗斯科·庞德：《通过法律的社会控制》，沈宗灵译，商务印书馆2010年版，第41~47页。

〔4〕 程宝山：《中国经济法基本理论》，郑州大学出版社2013年版，第294页。

观调控、市场规制的经济学概念来构建经济法的体系。这似乎让人产生了这样的感觉：经济法学的研究似乎更像"经济学"而"法味"不足。关于这一问题，需要从两个方面来理解。一方面，制度本身的优劣确实对经济绩效起着很大的作用，这本身也成了法治实践中的重要考量，经济法的产生也体现出了经济、法律融合发展的趋势。从学科领域来说，任何学科都不是封闭的，需要相互借鉴、取长补短。在一定意义上，经济法学也可以说是当代交叉学科的典型代表。对于调整经济关系的经济法而言，经济法学与经济学有更多的亲缘关系，借用经济学的研究方法或成果是非常必要的。另一方面，经济法学毕竟是法学而不是经济学，这就提醒我们，对于经济法的研究要回到法学的"本职工作"，以防经济法沦为经济学的附庸。因而，要在规范论层面多下功夫，对经济法的制度形成、作用方式作出探索、研究。这实际上是经济法的法律规范本位，是法本位界定的内外统一问题。而强调这一点也是非常有必要的。在我国，伴随着市场经济改革实践，经济法历经了与民法的争锋。尽管在经济法独立法律部门的正当性基础、方法视角上不尽相同，其独立法律部门地位最终获得证成，也得到了社会和官方的认可。[1]可以说，经济法学的"革命工作"获得了成效，接下来的"建设工作"（即经济法规范论的构建及其实践）就十分重要了。可见，在经济法本位的界定中，要尤其关注法律社会学、法律经济学方法的引入，但也要注意其与法律规范构建及其实践的结合。

4. 关于经济法本位界定的一般理解

以上，笔者大体勾勒出了经济法学本位研究的基本方法。概言之，遵循先验与经验的统合论，结合各法学流派的范式，多角度地对经济法进行全面、系统的考察，自然要包括经济法产生、发展的

---

〔1〕　2001年，全国人大常委会提出，将有中国特色社会主义法律体系划分为七个法律部门，其中就包括经济法。关于经济法与民法在法学研究中的交锋及经济法的确立过程，可参见史际春："求真务实、肩负社会责任的人大经济法学"，载《法学家》2010年第4期。

历史及其与相关法律部门的关系及定位问题，充分体现出现代研究中的系统性、综合性特征。同时，基于经济法经济社会化背景、经济性特点及其与社会经济实践的密切关联，要着重于对法律社会学、法律经济学的分析方法的运用，既要考察经济法现象的具体经济基础，也要考察经济法规范构建、运行及其对经济效益的影响。而基于法学的特质要求，尤其要在更为精微的规范内容及作用机制方面作出细致的研究，让经济法的"法味"更浓。当然，先验与经验的统合性决定了这几方面的研究是不可割裂的，要有机地统一起来。通俗地讲，对于经济法本位的研究既要懂历史，也要懂经济，更要懂法；既要有理念价值，也要有规范方法；既要有宏观视野，也要有具体问题。在这样的考虑下，笔者以社会本位为核心范畴作出这样的尝试。"社会本位"是经济法研究中的"牛鼻子"，它既可以是先验层面的历史正当性、理念价值等，也可以通往并落实为规范论的建设，更与社会经济效益相关。而且，对经济法社会本位具体内涵进行探析也有助于区分经济法与相邻法律部门的特质及功能。这对于完善、和谐的法体系的形成，充分发挥其对经济社会的作用也是大有裨益的。

第二节　经济法社会本位的历史生成

法本位虽然与研究者的价值取向、方法密切相关，有很强的主体性，但主体性绝不等同于主观任意性。根据马克思提出的社会决定法的原理，[1] 这种价值取向、方法只能以社会经济的发展历史为基础。故在运用经济法社会本位进行能动构建之前，首先要证明经济法社会本位的正当性，这主要从历史生成角度予以证成。

---

〔1〕 马克思曾说："社会不是以法律为基础，那是法学家的幻想。相反，法律应该以社会为基础。法律应该是社会共同的，由一定的物质生产方式所产生的利益需要的表现，而不是单个人的恣意横行。"《马克思恩格斯全集》（第6卷），人民出版社1961年版，第291~292页。

一、经济法社会本位的经济基础

（一）市场经济的历史演变

根据经济史学家吴承明的考证，马克思从未用过市场经济一词，只讲商品经济。首先使用市场经济一词的大约是希克斯于 1969 年出版的《经济史理论》（*Theory of Economic History*）一书。但其也只是偶尔使用，更多是用商业经济一词。[1]《辞海》将市场经济界定为市场机制成为资源配置的基本调节手段的国民经济运行方式，并将市场经济的特征总结为：①企业是自主经营、自负盈亏的商品生产和经营者；②一切经济活动都以市场为中介，生产要素的配置通过市场来实现；③市场平等竞争，所有的市场参与者在市场进入和买卖行为上都不具有特权，成本与效率原则是决定优胜劣汰的基本准绳；④政府不直接干预企业的生产经营活动，但运用金融、财政等经济手段和通过制定经济政策对宏观经济运行实施间接调控；⑤经济活动法制化，企业的微观经济行为和政府的宏观调控都受有关的法律法规制约，依法办事。[2]应当说，这一界定较为全面地概述了市场经济的内涵及特点，但并没有正面回答何为市场机制，只是列举了市场经济运行当中的主要特征。此外，其中的第四点、第五点特征似乎又是现代市场经济而非传统市场经济的独有特点。这样的困惑源于市场经济本身就是历史的范畴，因而只能从经济史角度予以解惑。

历史地看，市场一直就有，但市场经济却是近现代才有的。我们谈论的市场经济不是针对个别的市场，而是市场机制在资源配置当中起普遍作用的经济。另外，市场机制绝不是一成不变的，在发展的过程中，市场机制本身也在演进。一方面，它表现为资源配置的主体及时空范围更广、频率更高、精度更准。例如，生活在近代

---

[1]　参见吴承明：《经济史理论与实证：吴承明文集》，刘兰兮整理，浙江大学出版社 2012 年版，第 256～258 页。

[2]　夏征农、陈至立主编：《辞海》（第 6 版彩图本），上海辞书出版社 2009 年版，第 2075 页。

市场经济中的人绝对无法想象基于现代"互联网+"技术而产生的海量资源的规模化、精准化配置。另一方面，近代市场经济的失灵现象及其固有缺陷在历史发展中愈发凸显，并逐步地为人们深刻认识到，由此开始探索修复市场机制及弥补市场缺陷的方法，它通常表现为国家管理、参与经济，而对于国家如何管理和参与经济，人们仍在探索、发展和完善中。我们不妨说，市场经济的奥秘仍在发掘当中，而人们的主观探索、构建融入其中，促使了市场经济的成长、成熟。

可见，现代市场经济显然不同于传统市场经济，犹如孩子长大了，人还是那个人（二者有着共性及继承性的内容），但毕竟还是有了成人的独有东西。对此，我们应对市场经济作出阶段性的区分，以便准确地把握经济法社会本位的经济基础。

1. 习俗经济、指令经济及其向市场经济的过渡

显然，传统市场经济与现代市场经济同属于市场经济，这种分类也是我们人为的分法，目的在于描述和理解市场经济的不同阶段。但在对此作出论述之前，首先需要明确的是，市场经济不是个别的市场，而是在一定历史阶段中，当市场机制成为社会经济资源配置的普遍手段时才出现的，而且，市场机制本身也有一个不断进化的过程。吴承明提到，交换和市场自古就有，但历史上长时期内资源的利用不是通过市场调配的，一块土地种什么，主要是由家庭的需要、地租的需要、政府征税的需要决定的。朱元璋是个实物主义者，不但要征粮、棉、丝，还要按亩征布、帛以至红花、蓝靛，农民就得生产这些。[1]希克斯对于经济史的研究也表明了这一点。希克斯认为，世界经济发展的趋势是由习俗经济和命令经济向市场经济过渡或转换。习俗经济是人类最早的非市场经济模型，"新石器时代或中古初期村社的经济以及直到最近在世界许多地区仍残存的部落共同体的经济，都不是由他的统治者（如果有的话）组织的；而是建立在传统主体上。个人的作用是由传统规定的，而且一直如此。一

---

〔1〕 吴承明：《经济史理论与实证：吴承明文集》，刘兰兮整理，浙江大学出版社 2012 年版，第 257 页。

个组织的头领（王或酋长或高级祭祀或元老会议）自身就是传统结构
中的一部分，强调这一点很重要"。[1]关于指令经济，他提到："它
在其原始形态上，几乎不可避免地具有军事的性质。当习俗经济被
彻底扰乱时，它便直接过渡到军事专制主义。"[2]习俗经济、指令
经济是非市场调配的两种极端形式，封建制度即是两者之间的混合
类型，对于古代中国的官僚政治而言，无疑是指令性成分更强些。

　　可见，古代社会也存在市场，但我们不能称之为市场经济。关
键的原因就在于习俗、指令而不是市场机制在社会经济资源的配置
中起到普遍作用。而习俗经济和命令经济向市场经济的过渡和转换
则是世界经济发展的趋势，有学者明确将过渡到市场经济作为经济
现代化的标志。[3]确实如此，以我国的经济实践为例，在计划经济
时期，我们不当地将市场经济与资本主义相互等同，以至于认为可
以超越市场经济阶段，结果走了弯路。自改革开放以来，我们明确
地认识到了计划和市场只是资源配置的手段，与所有制并无直接
关联，并开始真正有意识地向市场经济转变。应该说，这一转变在
今天仍在继续，较为普遍的"转型时期"的提法就蕴含着这样的
含义。

　　2. 传统市场经济及其理论渊源

　　通常认为，市场经济的理论发端于亚当·斯密的《国富论》，它
推进了英国从工场手工业过渡到机器大工业，并为后来的资本主义
国家所效仿。斯密的理论人们耳熟能详：总体来说，每个人在追求

---

〔1〕　[英] 约翰·希克斯：《经济史理论》，厉以平译，商务印书馆1999年版，
第11～24页。

〔2〕　[英] 约翰·希克斯：《经济史理论》，厉以平译，商务印书馆1999年版，
第11～24页。

〔3〕　吴承明：《经济史理论与实证：吴承明文集》，刘兰兮整理，浙江大学出版
社2012年版，第262页。厉以宁的看法与之类似："现代化是一个经济、社会、政治、
文化的持续发展的过程，而以经济发展过程作为其主要的内容……至少从19世纪晚期
以来的一百年的历史，都被承认是人类社会经济发展中的现代化阶段。"厉以宁："比
较经济史研究与中国的现代化"，载《社会科学战线》1993年第1期。

自身利益最大化的同时，社会利益也因此得到增进。在具体的经济增长上，斯密以交换为驱动，而交换及其范围的扩大促进了分工的精细、效率的提高，进而使生产力获得发展。在自由、平等的市场主体之间，双方势均力敌，谁也不会让自己吃亏，虽然各人出于自利的考虑，但由于各有分工，基于本能，双方自会通过交换各取所需，因而也一定是对双方均有利的。可以说，斯密为我们展现了一幅利人、利己、利社会的逻辑图景。这种理论对于当时西欧的经济社会条件来说是非常适用的。在当时，西欧正处于工场手工业向机器大工业的过渡时期，主体之间在经济地位上的差异并不明显，生产的社会结构相对简单，人人利己、互不吃亏就会让社会利益得到实现。此外，伴随着地理大发现而出现的是国际贸易的盛行，斯密出于对市场和分工的强调，自然反对国家干预贸易。可以说，市场经济体制提供的利润动力刺激人们最充分、最有效地利用资源，是社会经济发展的强劲动力；价格体制则是资源配置的信号，让生产资源在社会范围内得到有效配置；竞争则营造了不断进取的社会环境，让整个经济充满活力。所有这些都着眼于个人，一言以蔽之，个人利益的增长促进了社会利益，两者并不抵牾。因而，市场这只看不见的手将经济生活安排得井井有条，政府只要当好"守夜人"即可。这是斯密以来的传统市场经济的最大特点，它推动了西欧各国经济的快速增长，充分显现了市场机制在资源配置方面的巨大优势。马克思曾评价道："资产阶级在它不到一百年的阶级统治中所创造的生产力，比过去一切世代创造的全部生产力还要多，还要大。自然力的征服，机器的采用，化学在工业和农业中的应用，轮船的行使，铁路的通行，电报的使用，整个大陆的开垦，河川的通航，仿佛用法术从地下呼唤出来的大量人口——过去哪一个世纪料想到在社会劳动里蕴藏有这样的生产力呢？"[1]

以今天的观点来看，斯密关于市场经济的观点更多的是框架性的，其最大的贡献乃是他提出的分工理论。后来的经济实践及学说

---

〔1〕《马克思恩格斯选集》（第1卷），人民出版社2012年版，第405页。

继承、发展了他的理论框架，并把市场经济的特征总结为自由放任。尽管斯密本人并无"自由放任"的提法。与这些提法相关的具体学说有萨伊的供给自动创造需求理论、李嘉图的比较优势理论、古诺的需求函数等。期间，也不乏对自由放任观点的质疑。例如法国蒲鲁东的无政府主义、合作主义，他强调通过自愿组成的自治团体与合作组织来形成社会秩序，通过生产者之间的合作、消费者之间合作来协调生产、贸易及分配问题。又如德国的李斯特主张国家主导型市场经济。他否认存在适用于任何时期和任何国家的共同的、普遍的经济规律，主张对内鼓励经济自由，对外则应实行贸易保护等政府干预政策来保护国内幼稚产业。[1]虽然如此，斯密的市场框架理论并未受到足够多的挑战，相反，新古典经济学中的边际效用、均衡价值理论等对这一框架作出了更精密的分析论证，似乎让市场理论坚不可摧。

3. 现代市场经济及其发展

真正的挑战来自 1929 年至 1933 年的世界性大危机及凯恩斯革命。古典经济学已经不能很好地解释经济大萧条长时间持续的原因，市场似乎不再是自动调节均衡的机器，或是这种调整过于漫长以至于无法忍受。[2]凯恩斯登上历史舞台，宣称市场经济内在不稳定的因素，诸如产能过剩、供需结构失衡，市场价格、工资不完全的弹性及非自愿失业等。他开出的药方是对总需求进行管理和刺激，政府通过主动地运用预算赤字和公共工程、减税政策等来扩大需求，从而使得需求和供给能够有效配套、实现充分就业，摆脱经济危机。需要指出的是，凯恩斯在微观层次上反对限制经济自由，反对经济国有化及价格工资管制，只是在宏观上主张政府通过财政、税收政策对经济进行干预的必要性。他开创了较为系统的总量分析方法，被称为"宏观经济学之父"（在相对的意义上说，斯密不妨称之为"微观经济学之父"）。但历史往往不那么简单。在 20 世纪 50 年代至 60

---

〔1〕　卫志民：《经济学史话》，商务印书馆 2012 年版，第 47~49 页。

〔2〕　凯恩斯曾说："在长期，我们都死了。"参见卫志民：《经济学史话》，商务印书馆 2012 年版，第 168~176 页。

年代以后，许多发达国家先后走上了"福利国家"的道路，政府经济职能亦随之不断扩大，经济高速增长。然而，1973年爆发的石油危机把西方资本主义国家推入到了滞胀的经济困境，经济停滞与通货膨胀并存，凯恩斯主义对此一筹莫展，于是新自由主义开始盛行。其中的货币学派认为，财政政策最终通过货币的扩张和收紧来实现经济调节作用，财政政策只在短期内对国民收入发生影响，而在长期内，政府的支出对私人投资具有挤出效应而不是刺激作用，结果是引起通货膨胀和降低国民经济增长率。政府只需要执行单一的货币规则，尽量避免国家干预。其中的供应学派认为，需求扩大不一定意味着实际产量的增长，很可能只是货币量的单纯增加，从而引起物价上涨、储蓄率下降。这又必然引起利率上升，影响投资和设备更新，致使技术变革迟缓，从而造成滞涨的局面，故而应该从提供供给着手，采用降低税率的方法来刺激储蓄，提高私人部门的投资，从而达到经济增长的目的。然而，在西方资本主义国家，经济体制模式并非"铁板一块"，既存在以货币学派、供应学派为理论指导的英美模式，也存在深受社会民主影响的莱茵模式。英美模式的根本特点在于崇尚个人主义和充分的竞争，政府干预经济被限定在最小的范围内，但财政再分配政策有限，社会保障不足，两极分化严重。莱茵模式的根本特点在于，以自由竞争为基础、国家进行适当调节，并以社会安全为保障，强调平等的竞争环境、相对的利益公平，但也面临着财政负担重、制度僵化及不适应经济瞬息万变的要求等问题。事实表明，两种模式并不能包治经济问题中的"百病"，各国时常会面临一系列的矛盾和问题，从而开始了探索适合本国历史条件及国情的"第三条道路"。[1]

---

〔1〕 "第三条道路"政治模式是吉登斯此前建构和阐发的结构化理论及现代性思想与现实接轨的具体成果。通过对福利国家和市场原教旨主义的质疑，并置风险概念于高度现代性社会之核心，吉登斯揭示了当今西方政策领域的多种两难困境，并在此基础上作出"第三条道路"的政治选择，以适应急剧的社会变迁，实现对古典社会民主主义政治和新自由主义政治的超越。参见李远行："吉登斯'第三条道路'政治思想述评"，载《南京大学学报（哲学·人文科学·社会科学版）》2001年第3期。

通过以上描述，我们可以总结出：传统市场经济与现代市场经济都是市场经济，也即市场机制在社会经济资源配置中起着普遍性的基础作用。通过这一点，我们可以把市场经济与古代的习俗经济、指令经济相区别开来。传统市场经济与现代市场经济的区别主要在于市场与政府的关系。在传统市场经济条件下，市场自由放任、能够自我达到均衡，而政府外在于市场；在现代市场经济条件下，市场失灵及固有缺陷日益突出，政府必须与之耦合，从而形成对社会经济资源的最佳配置。

（二）市场与政府的耦合是现代市场经济暨经济法的表征

市场与政府的耦合是理解经济法的惯常路径，它把握住了经济法产生及发展的基本方面，但仍限于表征层面，需要继续推进，以达至其经济法的本位。

1. 市场与政府耦合的研究进路

按照通常的路径，在论述现代市场经济及经济法的产生时，一般会着眼于市场失灵、市场缺陷问题，并强调现代国家管理、干预、参与经济运行，以修复市场机制及弥补市场之固有不足。市场失灵主要指垄断、信息不对称，市场缺陷主要指外部性问题及公共物品的提供不能、两极分化等。在经济法的形成上，也表现出同样的路径。关于经济法形成的客观条件，有学者精辟地指出，概言之就是表现为经济集中和垄断的社会化导致了深刻变革，使得原有诸法无法再于新的历史条件下继续担当维护社会经济秩序的重任。[1]该学者还把经济法由低到高区分为三个层次，即战争经济法、危机经济法、自觉维护经济协调发展的经济法。战争经济法仅于浅表层次、野蛮的方式回应着不期而至的社会化要求，是对社会客观要求的一种扭曲反映；危机经济法则是基于消极被动应对危机的需要，具有相当的盲目性，为应急往往不计后果，不惜强行采取管制措施；自觉维护经济协调发展的经济法则代表了经济法发展的高级阶段，意

---

〔1〕 史际春、邓峰：《经济法总论》（第 2 版），法律出版社 2008 年版，第 73 页。

味着国家自觉维护经济协调发展的因素日益增长。[1]这种区分从另一侧面也反映了人们对市场失灵及缺陷问题的认识逐步加深，对于国家在经济运行中的地位和作用的认识也日益清晰、准确，两者的结合也逐步地完善起来。可以说，市场和政府的界分及互动、相应的规范构建及其实践问题一直会是经济法学研究的主线。对此，徐孟洲作出了精炼的表述。他在《耦合经济法论》一书中写道："两人并耕为耦。两个或两个以上相互独立的物体、体系或运动形式之间通过相互作用而彼此影响以至于联合起来的现象成为耦合。经济法是市场机制与宏观调控机制耦合的产物，是公法与私法耦合的结晶。经济法为促进和稳定市场机制与宏观调控机制耦合服务。"[2]

需要指出的是，笔者认为，经济法是为解决市场失灵问题的产物这一论点并不完全准确。理由在于，需要划分市场失灵与市场缺陷，经济法对于两者产生的问题都要加以解决。市场失灵主要是指市场机制本身不能正常发挥作用，独立的市场主体及其平等、自由的行为乃是市场机制的基础所在，而不合理的垄断、信息不对称则对这一基础形成了挑战，从而导致市场失灵。市场缺陷则指市场固有的弱点，即市场机制正常发挥作用仍不能解决相关的经济社会问题。其主要表现为：市场主体基于狭窄的"个人视域"，往往不会自觉地顾及其行为对他人、社会产生的不利影响（负的外部性）；也不会自觉地维护、促进社会整体利益，虽然这一社会整体利益在长远来看会惠及其自身（公共物品、正的外部性等）；优胜劣汰、两极分化乃是市场机制运行的必然结果，而这一结果又会影响社会稳定，市场对此无能为力，自然也不是其要解决的问题。由此，对市场失灵和市场缺陷进行划分有其现实意义。针对市场失灵，国家主要着眼于修复市场机制而不是代替市场机制，这主要侧重于市场秩序管理。针对市场缺陷，国家则更有职责管理、参与到经济中，其作用

---

〔1〕 史际春、邓峰：《经济法总论》（第2版），法律出版社2008年版，第77~81页。

〔2〕 参见徐孟洲：《耦合经济法论》，中国人民大学出版社2010年版。

力及范围应当更大，这主要侧重于宏观经济效益。当然，这不意味
在具体方式中排除市场手段的应用。

这一路径的论证及解释确实揭示了现代市场经济及经济法的特
征。但笔者认为，特征不同于本质。特征是指一事物区别于他事物
的特别显著的征象、标志。[1]按照哲学的理解，特征是本质的外在
表现。如果要深入理解现代市场经济及经济法，还要对特征作出更
抽象的规定，并将诸多规定进行综合，这就必然会涉及本质问题。
否则，将表征等同于本质，就会犯"按图索骥"的错误。如在历史
长河中，国家管理经济从来就有，个别的市场也一直存在，因而市
场与政府的耦合在形式上也是存在的，但我们不能因此说在古代就
存在着现代市场经济及经济法。此外，在下面的论述中，我们将看
到，即使是在最纯粹的市场经济及其理论中，也少不了国家管理经
济的影子。事实上，从市场经济史来看，国家管理经济经历了隐蔽
的、被动的、主动的三个阶段，说传统市场经济时期不存在国家管
理，那更多地是为了宣传市场经济的好处而所作的片面化的理解，
而不是对市场理论所作的客观、冷静的分析。可以说，国家管理经
济的行为在历史上一直存在，行为本身是作为表征体现出来的，因
而它并不关键，关键的是行为背后蕴含的本质。这才最终决定了现
代市场经济及经济法的品格。

2. 国家管理经济古已有之

国家管理经济古已有之。在古代农业经济及现代市场经济中，
这一点非常明显，毋庸过多阐释。即使是在被称为是"最纯粹"的
传统市场经济中，也会在一定范围和程度内体现出国家管理经济的
要求和实践。

（1）国家管理经济在古代农业经济及现代市场经济中的显著表
现。诚如学者所言："政府自始就不外于市场，比如与民间开展交
易，对集市、货币、度量衡进行管理，从事盐铁等的生产和流通，

----

〔1〕　夏征农、陈至立主编：《辞海》（第6版彩图本），上海辞书出版社2009年
版，第2231页。

等等。"[1]在古代农业经济时期，治理水患、兴建水利工程、盐铁官营都是国家管理经济的重要方面，征收税赋更是须臾不可少，这方面史料丰富，毋庸多言。在现代市场经济时期，学者提出了"经济国家"[2]的概念，并认为，市场失灵需要国家之手予以援助，市场之手、国家之手两手并用乃是现代市场经济的根本特征，故国家管理经济自不待言。可以说，在古代农业经济及现代市场经济中，国家管理经济的特征是非常凸显的，故而问题的重点在于：在传统市场经济中，国家是否管理经济。为此，我们非常有必要结合当时的历史条件，重新审视传统市场经济的奠基性理论，也即亚当·斯密的自由放任、国家不干涉经济的理论，而这也是本段论述的重点。

（2）斯密理论并不排斥甚至蕴含着国家管理经济的内在要求。后人通常将斯密理论总结为自由放任、国家不干涉经济。而事实上，如果全面剖析斯密理论，我们可以看出：斯密时代的"最纯粹"的自由市场经济，是有其特定历史背景的。而且，国家对经济的管理、参与也是在一定范围、一定程度上存在的。斯密不是天然地、一概地反对国家管理经济，甚至从其论著中我们能够看出国家管理经济的正当性要求。

首先，关于历史背景的分析。一般认为，斯密时代，西欧工场手工业正在向机器大工业过渡，国际贸易盛行，其理论要旨在于扫除残余的封建制度和流行一时的重商主义的限制政策，为自由资本主义鸣锣开道。这在大体上是无误的，但我们仍然要看到历史的继承性及事物的另一面。需要指出的是，重商主义以商人的眼光观察世界，把金银货币视为财富的来源并狂热追求之，要么开采金银矿，要么对外开展贸易并通过顺差获得金银。以此为出发点，它将国家

---

　　[1]　史际春："政府与市场关系的法治思考"，载《中共中央党校学报》2014年第6期。

　　[2]　关于经济国家的论述可参考史际春、陈岳琴："论从市民社会和民商法到经济国家和经济法的时代跨越"，载《首都师范大学学报（社会科学版）》2001年第5期；孙天承："经济国家与法治"，载《经济法学评论》2015年第2期。

力量与商人力量结合起来，采取进口限制、对外贸易垄断特权及开拓殖民地等具体政策。重商主义在把财富等同于货币这一观点上是狭隘的，它对国民经济缺乏整体性的理解。而斯密却是从劳动价值、交换及分工入手论及国民财富增长，此为斯密所发展者。重商主义主张的贸易特权及不合理的政府管制逐渐变得不合时宜。此为，斯密所反对者，两者均为重商主义之不足。然而，重商主义主张国家扶持商业，与民族的兴起俱起，大搞殖民扩张，却是在客观上助益于资本之原始积累，为现代工业奠定基础，而其关于货币及信用制度的发展，也是希克斯关于"市场渗透"[1]的重要方面。英法两国本土狭小、市场不足，在斯密时期，建立在重商主义的这种资本原始积累之上，以政治及武力为后盾通过商品、资本输出来实现工业革命，对外采取自由放任的国际贸易，对其而言，这种发展方式自是有利的，而对其殖民地而言却不尽然了。此外，从后来的经济史发展来看，斯密理论根据民族地域不同而有所差异，有其经验性的一面。例如，美国资本主义起初缺乏实力竞争殖民地和海外市场，而是利用幅员宽广、资源丰富的优势，实施以开拓国内市场为主的经济方针。当然，在资本的原始积累阶段，它也主要依靠了南部和西部的农业经济，使用黑人奴隶且对其剥夺率极高。又如，德日作为后起小国，既无英法殖民地及海外市场优势，也无美国那样的国内市场优势，只能强烈地借助国家干预和政治力量，力促国民经济的发展。具体手段措施诸如通过国家财政建立国家银行、实施重工业和基础设施的国有化、贸易保护政策及科技、文化、教育方面的经济支持等。它们与英美法虽同属于资本主义，但国家管理经济的色彩显然更浓。[2]

---

〔1〕　希克斯市场渗透的四个方面为：适应新市场的法律、货币和信用制度的确立；政府财政、税制和行政管理的改造；货币地租通行和农产品的商品化；自由劳动代替农奴劳动，劳动力市场的形成。〔英〕约翰·希克斯：《经济史理论》，厉以平译，商务印书馆 1999 年版，第 57~127 页。

〔2〕　高德步、王珏：《世界经济史》（第 4 版），中国人民大学出版社 2016 年版，第 177~230 页。

其次，关于理论本身的分析。在斯密的论著中并无自由放任或政府守夜人的提法，这是后人的概括，并不全面。①斯密认识到个人利益并不总与社会利益相一致。斯密理论的逻辑起点着眼于个人，自利的人类有着互通有无的交换倾向，而交换及其范围的扩大促进了分工的精细、效率的提高，进而使生产力获得发展。简述其理由，即"交换及其范围的扩大导致了分工的细化，这对于一国生产能力之进步有着重要的作用：每人各司其职，则必熟练而精巧，可免工作转换之烦扰，节省时间，且亦必自求改良，有所发明"。[1]一言以蔽之，每个人在追求自身利益最大化的同时，社会利益也因此而得到增进。但这绝不等于个人利益在任何情形下总与社会利益一致。在有些时候，情况恰好相反："虽然，不论在商业或工业之任何部门，凡商人之利益，在每种场合，每与公众的利益相冲突……根据人类的本性，认其自身之利益，未必与公众之利益相一致。"[2]他甚至认为："同行同业的人士是很少会集合在一起的，甚至就是为了娱乐，他们也很少会这样做，但是，只要他们在一起聚谈，则最后产生的必是一种对大众不利的阴谋，或是一种哄抬物价的勾当。"[3]②斯密对国家职能（特别是公共工程）相当重视。在其名著中，他提到，除了"维护司法行政"（the administration of justice）、"维护公安"（the administration of defense）外，还需要"建设并维持公用事业及公益机关"（the duty of erecting and maintaining public works and public institutions）。关于公共工程和公共机关的费用，则主要包括便利社会商业的公共工程和公共设施、青年教育设施及各种年龄人民的教育经费。斯密认为，公共机关和公共工程对于一个大社会当然是有很

---

〔1〕 赵迺抟：《欧美经济学史》，东方出版社2007年版，第102页。在郭大力、王亚南译本的《国民财富的性质和原因的研究》中，对此也有类似描述，但赵文更为简练，故引之。

〔2〕 赵迺抟：《欧美经济学史》，东方出版社2007年版，第102页。在郭大力、王亚南译本的《国民财富的性质和原因的研究》中，对此也有类似描述，但赵文更为简练，故引之。

〔3〕 卫志民：《经济学史话》，商务印书馆2012年版，第30页。

大利益的（在斯密看来，一国商业的发达，全赖有良好的道路、桥梁、运河、港湾等公共工程），但就其性质说，若由个人或少数人办理，那所得利润决不能偿其所费。所以，这种事业，不能期望个人或少数人出来创办或维持。[1]③国外的一些学者也将亚当·斯密和政府必须干预经济的思想联系在一起。米尔顿·弗里德曼在其著作《自由选择》中提到，在斯密的论述中，市场经济应该是双方完全自愿并使双方得益的交易，市场的价格机制促成交易的完成，可只有价格也是不够的，政府是另一个促成交易的重要因素。[2]W. 莱文在《剑桥欧洲经济史》中谈道："固定价格的法律史是表明政府干预经济的众多说法之一。例如 1777 年，新英格兰各州通过了一系列相似'管理条例'（regulating acts）来制定农场工人、机械师和商人的工资以及农产品、加工品和诸如饲养马匹和训练马匹等服务的价格。"[3]

（三）社会本位乃是现代市场经济暨经济法的本质

本质与现象或表象相对，是事物的根本性质，是事物内部相对稳定的联系，由事物所具有的特殊矛盾构成。本质决定现象，总要表现为一定的现象；现象总是这样或那样地体现本质，它的存在和变化总是从属于本质。本质比现象深刻、稳定，现象比本质丰富、生动、易变。既然国家管理经济在历史上从来就有，那么就不能简单地将政府与市场的耦合作为现代市场经济及经济法的本质，而必须发掘耦合背后的稳定联系。我们尝试着从国家管理经济的历史类型中寻找这种联系。考察经济史，我们不难发现现代市场经济与经济法的本质在于社会本位，这不是先天的或凭空而来的，而是历史的必然产物。当它指导我们进行法治实践时，则又是我们必须坚持

〔1〕［英］亚当·斯密：《国民财富的性质和原因的研究》（下卷），郭大力、王亚南译，商务印书馆1974年版，第284页。

〔2〕参见［美］米尔顿·弗里德曼、罗丝·弗里德曼：《自由选择》，张琦译，机械工业出版社2013年版。

〔3〕葛正鹏主编：《西方经济史论》，北京理工大学出版社2008年版，第210页。

的先验的方法。兹从以下三个阶段作出简单的考察:

1. 前市场经济阶段的考察

按照希克斯的观点,市场经济以前的资源配置主要是根据习俗或指令的方式来进行的。这种方式所对应的经济形态主要是农业经济。土地是主要的财富,奴隶或农民是主要的生产主体,但却强烈地依附于共同体(奴隶主或地主),并不存在近现代意义的"个人",而且,经济交往形式也非常的封闭和简单。当然,各区域或阶段也有着各自的特点。例如,马克思从共时性角度提出亚细亚的、古代的和日耳曼的三种生产方式。亚细亚的土地所有制形式是公有制,个人只有土地占用权,没有所有权,个人强烈地依附于共同体;古代土地所有制形式是公有地和私有地并列,个人对共同体的依赖性比较弱;日耳曼的所有制形式是私有土地,公有土地是私有土地的补充,共同体松散,个人对共同体的依赖性更弱。[1]在这里,国家管理经济乃是基于共同体,准确地说是统治阶级,经济也仅是被视为是政治的附庸而已。因而,各国的法体系表现为"诸法合体,以刑为主"也就不难理解了。

2. 传统市场经济阶段的考察

在西方,寻觅市场经济的形成轨迹,先是有 14 世纪、15 世纪的文艺复兴,把人从神学的禁锢中解放出来。在经济上,随着 16 世纪专业商人、重商主义的出现,城市间生产的分工、工厂手工业兴起。同时,地理大发现使得殖民主义扩张成为可能,市场扩大化。民族国家的崛起更是加剧了竞争的普遍化和激烈程度。市场总是在扩大,需求总是在增加,甚至连工场手工业都不能再满足需要了,于是,蒸汽和机器引发了工业生产的革命。在这样的历史条件下,生产和交换的组织更为复杂,出现了合伙、公司等法律形式,经济交往不仅是区域性的,而且是世界性的,交往的形式也日趋紧密和复杂。我们可以从希克斯的描述中感受到这种变化:"主要工业停留在手工

---

〔1〕 高德步、王珏:《世界经济史》(第 4 版),中国人民大学出版社 2016 年版,第 15~17 页。

业阶段，手艺人或工匠的地位便不会有很大的差别。他的确有一些工具，但他所用的工具一般并不十分贵重；而他的原材料的周转金才是其营业的中心……18 世纪后期的工业革命带来了新的情况，用于生产而不是用于商业的固定资本货物的种类，开始显著的增长了。"[1]不难理解，市场驱动之下的对资本的强烈需求必将催生出金融及组织形式的发展。应当承认，在相当长的一段时期内，被视为圭臬的自由放任的经济原则是有效的。这并不难以理解，工场手工业主之间并没有实质的差异，工业革命后相当长的一段时间内，生产和资本的集中也并没有引起社会的不协调。在这里，个人的独立地位是被着重强调的，也是考虑问题的起点。只要不是损人利己，每个个人利益的实现就是社会利益的实现，而且个人理性也完全能够认清和实现自身的利益。国家不应当操心个人的经济行为，它所应操心的应是对个人经济行为的基础保障，最主要的就是财产权和生产、交易的自由。这种要求势必会反映在法律等上层建筑中。其一是限制国家权力染指个人经济行为的宪法等公法；其二是完善直接反映市场经济要求的民商法。在这里，国家并不主动管理经济，而是间接地保护经济的运行，它着眼于个人的起点，从个人到社会，在法的体系中，民商法开始独立并集中体现这个时期的法体系的时代特点。

3. 现代市场经济阶段的考察

（1）现代市场经济阶段，市场机制更趋于精密和复杂。事实上，无论是从市场机制的外在形成，还是从内在作用方式来看，其都有个演化的过程。首先，从外在来看，市场机制的进化表现为主体间的交往愈发频繁，且受时空条件的约束愈发变小。从人的维度来看，市场主体的增多是与分工的精密相伴随，分工之愈精密，则整体之连带责任则愈完密，以至于主体间出现了"一荣俱荣、一损俱损"的紧密关系。从空间维度来看，大航海、铁路、飞机、电信及互联网逐渐地扩展了市场空间，"地球村"不再是梦想，但市场主体行为

---

〔1〕 ［英］约翰·希克斯：《经济史理论》，厉以平译，商务印书馆 1999 年版，第 129 页。

的外部性（无论是正的外部性或负的外部性）也越来越大。从时间维度来看，货币的出现及发展衍生出了经济周期问题及相应的财政货币政策问题，而金融技术的发明则使资源在不同的时期进行合理配置，如按揭买房就是把未来的钱变现到今天来用、股市就是公司未来价值的兑换机等。这三个维度交织一起、协同并进，使传统市场经济发生了"质的飞跃"，步入高度社会化的现代市场经济阶段。其次，从内在作用方式来看，市场机制也在进化。在马克思的理论体系中，决定商品价值的是社会平均劳动或抽象劳动，在交换比较简单、物化劳动比较直接的情况下，人们凭经验是可以把握的。16世纪西欧进入资本主义后，市场空前扩大，竞争加剧，固定资产、流动资产的种类日益繁多，劳动时间难以有效度量。于是，马克思提出了"商品价值转化为生产价格"的理论。随着市场经济的进一步深化发展，商品市场（货币自身也成了商品）、生产要素市场甚至于信息市场（如现代出现的诸多大数据公司）日臻完备，商品和服务的生产需要和上述诸多不同种类的市场发生关联。不仅如此，市场上也出现了无法用生产价格衡量的财产形态，如知识产权、金融产品、人力资本等。因此，市场机制又变了，出现了用均衡理论来描绘极其复杂的交易中的各种变量。

（2）市场经济呈现出"合久必分、分久必合"的辩证法规律。脱胎于前市场经济的粗放的共同体生产方式，逐步分化、专业化，分工越来越多、专业越来越精深，在促进经济增长的同时，却也引发了社会协调性问题。就这种社会协调性问题可以从消极面和积极面这两个层面来理解。首先，消极面是直接的。一方面，信息不对称问题更加凸显，在实质上架空了平等市场主体的假设；另一方面，由于缺乏整体目标的指引，分工容易滑向分裂，由于分工链条过长、过多，一个链条的"罢工"，引起的将是整个社会的不安。其次，积极面是主要的。分工是为了合作，即使在古典自由经济中，两人的交换在表面上看是专业分工的驱动，但效果上的各取所需却是合作的最好注解。不限于此，合作的社会基础事实是非常广泛的。斯密从很早就开始重视交通等公共工程对市场经济的重要作用，在后来，更是演变出了公共物品的概念。其不仅仅包括基础设施等硬件，也包括适用于市场经济的政治法律制度等软件。"鲁滨孙式的个人"只是人们的臆想，人的社会性及市场主体所共享的利益逐步地获得了重视。另一典型的例证就是垄断。随着资本和生产的集中，垄断企业不可避免地会形成，但垄断企业并非天然就不合理。因为垄断通常与产业链的整合相伴随，利于充分发挥规模效应，这本身就是更多市场主体合作的集中体现。而操纵市场、以大吃小是垄断企业对垄断经济力量的滥用而已，并不是垄断企业的必然行为。因此，关键的问题在于为谁垄断及对滥用垄断经济力量行为的有效抑制。

　　种种方面表明，人们开始从社会整体角度看经济问题，遵循从社会到个人的思想路径：一是要防止社会为个人私欲所危及、绑架，形象地说即"皮之不存，毛将焉附"；二是要积极主动地为每个人搭建好共同发展的平台，形象地说即"一加一大于二"。笔者认为，现代市场经济及经济法的现代性正是在于这种社会本位的立场。[1]正是本着这样的立场，国家管理经济的正当性才立得住，这也决定了国家管理经济的根本性质，而且这种管理更多的是主动、积极的。由此，经济法等现代法得以产生。当然，我们不能否认传统市场经济的历史继承性，这种社会本位并不是前市场经济中湮没个人的统治阶级的共同体（合），而是在个人、分工（分）基础上发展出来的新的共同体、合作体（合），是辩证逻辑中螺旋式上升的必然产物。由于经济基础的内在关联，民商法势必也与经济法存在密切的联系。大体说来，民商法从个人本位出发调整经济关系，经济法从社会本位出发调整经济关系，二者分工合作，最终又统一于社会。

---

　　〔1〕　漆多俊认为，现代市场经济最好被称为"社会市场经济"。参见漆多俊：《经济法基础理论》（第4版），法律出版社2008年版，第21页。基于社会本位的立场，这种观点更为准确。而本书之所以表述为现代市场经济，是照顾了类型划分标准及表述的同一性，即个人与社会相对应、自由与垄断相对应、传统与现代相对应。考虑到个人与社会的划分侧重于方法路径，但在表述上并非通称；自由与垄断的划分侧重于竞争状况，在表述上虽是通称，但所指的含义并不全面，故还是用传统与现代的划分及提法更好些。

二、经济法社会本位的政治和思想基础

（一）政治基础：国家职能社会化的两次历史转折

根据马克思主义国家和法的一般理论框架，法是阶级性和社会性的统一，执行国家的政治职能和社会职能。政治职能主要是为统治阶级服务的，表现为阶级统治；社会职能主要是为社会整体服务的，表现为公共事务的管理。一方面，政治职能渗透在社会职能当中，即使是看起来比较纯粹的社会职能（如交通安全、食品安全的有效保障和相应的法规等），也隐含着对政治职能的诉求。另一方面，社会职能又是政治职能的前提和基础，"政治统治到处都是以执行某种社会职能为基础的，而且政治统治只有在它执行了它的这种社会职能时才能持续下去"。[1]从历史趋势来看，国家和法的发展呈现出阶级性的消解和社会性的加强的特点，在国家和法的职能方面表现为："政治国家以及政治权威将由于未来的社会革命而消失，这就是说，公共职能将失去其政治性质，而变为维护真正社会利益的简单的管理职能……把靠社会供养而又阻碍社会自由发展的寄生赘瘤——国家迄今所吞食的一切力量归还给社会机体。"[2]根据上述理论框架，结合历史，我们可以证明经济法是国家职能社会化的产物。

在奴隶制、封建制时期，社会被淹没于国家威权中，国家（或准确地说统治阶级）就是社会本身。尽管国家履行一定的社会职能，但该职能依附于政治职能，从根本上是服务于统治阶级的单方利益的。历史上出现过的"人是万物尺度"等哲学思想[3]和表达简单商品经济要求的罗马法也仅仅是局部的且附着于整个专制经济体的，

---

[1] 《马克思恩格斯选集》（第3卷），人民出版社2012年版，第564页。

[2] 《马克思恩格斯选集》（第2卷），人民出版社1972年版，第337页。

[3] 古希腊哲学家普罗泰戈拉提出："人是万物的尺度，是存在的事物存在的尺度，也是不存在的事物不存在的尺度。"参见邓晓芒、赵林：《西方哲学史》，高等教育出版社2005年版，第31~33页。

并无近代意义的独立性。即使是这一时期相较而言较为发达的、建立在简单商品经济基础上的罗马法，在总体上来说也只是一套综合法律体系。[1]也就是说，这一时期的法表现为"诸法合体、以刑为主"。在传统市场经济前后，经由西欧文艺复兴、宗教改革洗礼的个人已经从国家威权中逐步获得独立，控制国家政权的专业商人（也即后来的资产阶级）将自己的个人利益（私有财产、自由交易）表现为普遍利益，要求国家在延续既有政治职能（提供安全秩序及相应的行政管理）的同时，不得染指市场经济的自我运行。这实际上也是国家职能的社会化的体现，只不过这种社会化以资产阶级个人主义的方式表现出来而已——对个人意志、财产及交易自由的维护就是实现社会利益及社会秩序的过程。反映在法的体系上，民商法借由罗马法的精神和外壳开始分化、独立出来，以限权为核心的宪法亦开始萌芽和发展，在《法国民法典》《德国民法典》《人权宣言》中可窥见其详。在现代市场经济前后，发生了国家职能社会化的第二次历史转折。其间，生产社会化和生产资料私人占有之间的矛盾日益尖锐，它首先表现为垄断，使市场机制失灵，扰乱了自由资本主义经济秩序。各国政府被动地卷入到具体的经济生活中，只能通过立法暨执法来规制垄断及不正当竞争行为，如德国在1896年制定的《反不正当竞争法》，美国在1890年通过的《谢尔曼法》等。随后，其他方面的经济社会协调性问题（诸如经济周期、外部性、公共物品提供等）也随之爆发，要求各国政府在新的历史条件和国情下更为积极、主动地维护社会经济秩序，如大萧条时期凯恩斯主义政策的贯彻和滞胀时期的各种经济管制措施等。这些经济及法治实践，促使国家职能社会化发生了质的变化，它并不以个人为中介，而是直接的、系统的社会化，不是简单的个人相加，而是有机的系

----

[1]　例如，罗马法上的私犯包括市民法上的私犯和大法官法上的私犯，市民法上私犯有盗窃、对人私犯、对物私犯，大法官法上的私犯有强盗、欺诈、胁迫、欺诈债权人、教唆奴隶等。参见周枬：《罗马法原论》（上册），商务印书馆2014年版，第854~884页。

统集成。概言之，即着眼于社会整体经济利益自觉地（而非被动地或自发地）维护经济协调发展，以社会促个人。

（二）思想基础：共在论、法律社会化与法律经济的内生

1. 共在限于个在之哲学理念

根据马克思主义认识论，客观事物及主体认识是从"模糊的整体表象"（感性具体）到"抽象的片面规定"（理性抽象）再到"诸多规定的综合"（理性具体）的一个过程。[1]如果说近代民法、宪法及行政法是人们摆脱古代诸法合体这一"模糊的整体表象"而获得的"片面的抽象规定"，作为现代法的经济法在一定程度上可被视为"诸多规定的综合"。近代民法、宪法及行政法的分化和独立是建立在近代哲学基础上的，它立足于独立化了的主观精神去探究主观世界与客观世界的关系，反对基督教神学的束缚，对个人及其理性推崇到无以复加的地步，个人理性取代了信仰，其座右铭就是"要有勇气运用你自己的理智"，"人为自然立法"等。[2]与此相关的法律反映是，在法律制度的转型中，表现为由维护神授的王权、特权的贵族阶层、教会的等级制度法律向形式化的平等法律制度转型，法律也不主要以旧的共同体形式（如家庭、村庄、市镇、行会）为中心而是走向了原子化的个人。现代哲学特别是共在论，对这种原子化的个人提出了质疑和反思，主张不应将近代物理领域的机械方法简单地移植于社会领域，从而错误地把具有社会意义的个人等同于物理意义的个体，并进而认为，个人的简单相加就是社会。相反，个人离不开共同体或宽泛意义的社会，需经由社会而获得价值或意义。"任何行为能够形成事情，就必定形成一个共在状态……选择一

---

〔1〕《马克思恩格斯选集》（第1卷），人民出版社2012年版，第701页。

〔2〕邓晓芒将西方哲学划分为四个阶段，即古希腊罗马阶段，有关客观世界的哲学，即自然哲学和本体论（关于客观世界及其原因或规律究竟是什么）；中世纪的基督教哲学，有关主观精神世界的哲学，即心灵哲学和一神论的宗教哲学；以文艺复兴为开端的近代哲学，立足于独立化了的主观精神，去探究主观世界与客观世界的关系，反对基督教神学的束缚；现代和当代哲学，包括先验哲学、经验哲学、非理性哲学和辩证哲学等。参见邓晓芒、赵林：《西方哲学史》，高等教育出版社2005年版。

种事情就是选择一种关系，选择一种关系就是选择一种共在方式，就是选择一种存在方式，就是说，在事的世界里，共在先于存在。"[1]"共在性并非取消人性，与此相反，每个人正是通过共在而能够生成个人性的……现代哲学对个人存在的想象是一种存在论谬误，其错误就在于把物理身份之在（is）混同于价值身份之在（exist），从而误认个体（individual）必定自动地具有个人性（individuality）。事实上，每个人只有在事中成为特定当事人，才具有了由当事人所定义的个人性，所以说，每个人正是在共在中才得以个性化存在的。"[2]在这种哲学理念的指导下，才会有相应的社会为本的主张，并逐步渗透到法学思想领域，集中表现为社会法学派，而在这一主流中，又分化出了法律经济学派，它们分别强调法律的社会化趋势及法律与经济的内生性。

2. 法律社会化的思想逻辑

对于法律的社会化趋势，早在民国时期，法学家张知本即捕捉到了："法律为规律人类共同生活之规范，其目的，当然以调和全体人类之利益为主，若扬此（即财产所有权观念与契约自由观念）而抑彼，即已反乎法律之社会的目的。其基于此种目的而从事于法律之研究者，即社会法律学是也。"[3]从法学流派的渊源流变，我们可以清晰地看到这种趋势的内在逻辑。首先，将社会从国家解放出来是古典自然法学派的社会因子。在古典自然法学派以前，法律被认为是主权者的命令。在逻辑上，作为国家的主权者不受法律的约束和限制，可以任意修改、变更法令而无需社会的同意。而古典自然法学派则从假设的自然状态出发，论证了国家只是基于社会需要，并以社会契约的形式产生出来的，其不再是实质意义上的立法者，而要受到社会公共意志（即法律）的约束。从而，古典自然法学借助个人这一形式派将社会从国家中解放出来了，并对传统民商法、行政法等的发展产生了深远的影响。对于民商法而言，古典自然法

---

[1]　赵汀阳：《第一哲学的支点》，生活·读书·新知三联书店2013年版，第236页。
[2]　赵汀阳：《第一哲学的支点》，生活·读书·新知三联书店2013年版，第237页。
[3]　张知本：《社会法律学》，上海法学编译社1932年版，序言第2页。

学派的革命性意义在于确立了个人平等、自由及财产的权利，顺应了当时资产阶级革命的要求。对于宪法、行政法等公法而言，它实际上确立了现代国家及公法的理念基础。其次，强调个人的社会意义是功利主义法学流派的社会因子。功利主义法学派则在一定程度上继承了古典自然法学派的观点，并明确了个人的社会意义。个人功利主义者边沁主张："社会所具有的利益不能独立于或对抗于个人的利益。社会利益只意味着组成社会的各个成员的利益之总和。"[1]社会功利主义者耶林则明确意识到了个人权利的社会意义。他在名著《为权利而斗争》中富有激情地写道："牺牲一种被侵害的权利是怯懦的行为，人们的这一行为招致耻辱，招致对共同体的最大损害；为权利而斗争是伦理的自我维护的行为，是一种对个人自己和集体的义务。"[2]同时，耶林还进一步认为："从最广义的角度来看，法律乃是国家通过外部强制手段而加以保护的社会生活条件的总和……这些社会生活条件或基础不仅包括社会及成员的物质存在和自我维续，而且还包括所有那些被国民判断为能够给予生活以真正价值的善美的和愉快的东西——其中有名誉、爱情、活动、教育、宗教、艺术和科学。"[3]在这里，耶林已经有了"社会连带"[4]的影子，但仍不明确，且其所谓的社会生活条件多是伦理性的，尚未能脱离理性哲学之范围。最后，对社会利益的直接提炼是社会法学派

〔1〕［美］E. 博登海默：《法理学——法律哲学与法律方法》，邓正来译，中国政法大学出版社1999年版，第106页。

〔2〕［德］鲁道夫·冯·耶林：《为权利而斗争》，郑永流译，法律出版社2012年版，第79~80页。

〔3〕［美］E. 博登海默：《法理学——法律哲学与法律方法》，邓正来译，中国政法大学出版社1999年版，第109页。

〔4〕"连带责任"（solidarity）的思想古已有之，起初主要是在法制意义上使用的。如罗马法上指各债务人对债款总额中所负的偿还责任，又如我国秦代的连坐、保甲制度等。后来，连带责任作为从整体看个人与团体间密切关系的学说，被贯彻到了更为广泛的领域。该说在法国甚为流行，如狄骥认为社会连带是人类共处的一个基本事实，法律的社会功能乃是实现"社会连带"（social solidarity），他反对个人主义的形而上学学说，并将社会连带引入到了法哲学领域。对此，下文还会论及。

的社会因子。狄骥批判自然状态的假设，认为社会连带是人类共处的一个基本事实，法律的社会功能乃是实现"社会连带"，他反对个人主义的形而上学学说。"人，由于其生理组织结构和心理结构使然，不能孤立地生活，也从未孤立地生活；他们只能在社会中生存，而且除此以外别无生存之道……人不能先于社会而存在，他只能存在于社会之中，并且只能借助社会才能存在。这样的说法显然是不真实的：世界上曾经存在过自由、孤立而又独立的个人，他们走到一起组成社会……设想一种完全孤立的个人就等于设想一种从来都不存在，而且事实证明永远也不可能存在的事物。因此，社会人的概念是法学理论的唯一可能的出发点。"[1]把社会利益明确独立出来，并将其作为法学讨论范畴的是庞德。庞德将法律视为社会控制这一"工程"的工具，它的目的是承认、确定、实现和保障利益，而利益分为个人利益（包括人格利益、家庭关系利益、物质利益）、公共利益（包括国家作为法人的利益、国家作为社会利益捍卫者的利益）和社会利益（包括一般安全利益、社会组织安全的利益、一般道德的利益、保护社会资源的利益、一般进步的利益、个人生活的利益）。[2]以上展现了社会的"生成之道"。社会首先从国家的束缚中解脱出来，并被理解为个人主义。然后，社会（利益）开始有了独立的主体地位，并与个人（利益）相区分。大体上，第一阶段对应于自然法学派，第二阶段对应于社会法学派。在第二阶段中，受社会法学派的巨大影响，法律在整体上表现为社会化的过程，最重要的成果就是经济法、劳动法等社会法的产生及发展。社会法直接立足于现实主义而不是形而上学的个人主义的方法论。它以社会利益为逻辑起点，并将社会利益的保护作为法律的核心。

3. 法律与经济内生的思想逻辑

关于法律与经济的内生，历史地看，法律与经济的结合日趋紧

---

〔1〕　［法］狄骥：《法律与国家》，冷静译，中国法制出版社 2010 年版，第 27 页。

〔2〕　［美］罗斯科·庞德：《通过法律的社会控制》，沈宗灵译，商务印书馆 2010年版，第 39~47 页。

密，从关联走向融合，最终内生于一体。事实上，自古希腊、古罗马时期以来，学者们对法律与经济的关联性就有着或浅或深、自觉或不自觉的认识，这被认为是法律经济学的萌芽。例如，柏拉图视经济分工原则为法律正义原则，亚里士多德关于公有、私有制度的利弊分析，休谟关于所有权稳定性、财产的约定转让以及约定的履行等三大法则，边沁的功利主义原则等。[1]早期的这些研究多是自发性、零散性和片面性的，而斯密关于法律的产权保护功能、马克思关于上层建筑（自然包括法律）对经济基础的反作用的论述则为这种关联提供了方法论意义的认识框架。直接融法律与经济于一体则要等到制度经济学的产生，以康芒斯为代表的旧制度经济学派倡导重视制度的经济功能，将经济关系的本质归结为法律上所有权的"交易"，提出了制度演化理论等。以科斯、诺斯为代表的新制度经济学派则以人们所熟知的产权、交易成本、公共选择、博弈论等范畴、角度，进一步强化了法律与制度的内生性，直接将制度视为除禀赋、技术和偏好之外的第四大经济学理论基石。[2]可以说，这些研究基本上是经济学家在发声，总体上属于经济学范畴。其后，波斯纳则直接将经济分析方法全面、系统地引入到了法律制度和法律问题中来，并提出了著名的波斯纳定理，即法律的正义价值应该与效率相结合，如果因为交易成本过高而抑制了市场交易，那么权利应该配置给最珍视它们的主体。[3]基于这种法律为本的研究，"法律

---

〔1〕 周林彬、董淳锷：《法律经济学》，湖南人民出版社2008年版，第17~20页。

〔2〕 科斯的交易费用的概念对于理解横向的长期合同关系、纵横一体化的管理方式的选择具有很强的解释力。相对于斯密定理的分工理论，他给出了一体化（即非专业化，准确地说是融合）的原因。诺斯继续就此向前推进，提出有效率的经济组织是经济增长的关键，制度在社会中具有更为基础性的作用，它们是决定长期经济绩效的根本因素。这对于理解经济法的公私融合、经济性、社会本位都是非常有益处的。

〔3〕 波斯纳将法律经济分析的视角扩展至普通法的各个方面，包括财产法、契约法、家庭法、侵权法、刑法、法律史、法哲学、反托拉斯法、劳动法、公用事业法、公司法、证券法、信托法、税收法、程序法等。参见〔美〕理查德·波斯纳：《法律的经济分析》（第7版），蒋兆康译，法律出版社2012年版。

经济学才据以成为一个独立的法学流派"。[1]而经济法与制度经济学、法律经济学的产生在时间上相近，它们有着相同的理论实践背景。就实践背景而言，经济法乃是垄断资本主义时期的国家管理经济的内在要求及各方面的实践；就理论背景而言，经济法乃是法律现实主义的兴起和影响，它将法律视为是一种社会控制工具[2]，它最终促成了法律与经济内生于一体。法律经济学的应用非常之广，并不局限于经济法领域，在民法领域中亦有涉及。而经济法之所以与法律经济学有着更多的"亲缘性"，就在于经济法本身是直接关注市场与政府的耦合的，它试图通过法治政府及相应的经济法律规制去更好地影响经济的运行。只不过，经济法的规制角度是整个国民经济的良性运行，并通过内在的结构化安排而具体化到社会当中的个人。就大的方面而言，经济国家是经济法理论的基本预设。在经济法语境中，经济国家指国家受经济属性的嵌入与公私融合的驱动，超越单纯的政治主权组织而成为经济、社会发展的内生因素与主导力量，在促进经济、社会发展的同时亦引发自身的组织及行为变革。[3]它是在批判市民社会与政治国家的二元对立的过程中形成的，并在

---

[1]　A. Mitchell Polinsky, *An Introduction to Law and Economics*, Gaithersburg: Aspen Publishers, 1983, pp. 38～42.

[2]　较为有代表性的论述，如现实主义法学家卡尔·卢埃林指出："法律能够通过许多方式影响经济条件，包括它为经济秩序提供基础、影响竞争性市场过程的运行和产出（尤其是通过财产、契约和信用方面的法律结构），还将影响税收、社会福利的立法及公用事业的产出和分配。"又如本杰明·卡多佐认为："司法判决和法律演进路径必然本能地受主观基本要素、信仰、信念及社会需求的影响。虽然先例重要，但当其与社会福利的利害关系冲突变大时，后者应该被优先考虑。"[美]尼古拉斯·麦考罗、斯蒂文·G. 曼德姆：《经济学与法律——从波斯纳到后现代主义》，吴晓露、潘晓松、朱慧译，法律出版社2005年版，第10～13页。

[3]　冯辉："论经济法学语境中的'经济国家'"，载《法学家》2011年第5期。需要指出的是，正是基于法律与经济的内生性，本书认为国家干预经济的提法并不准确，正确的表述应为国家管理经济。而本书有些地方之所以表述为国家干预经济，仅仅是因为转述的需要而已。

后来的研究中得以深化。[1]就小的方面而言，政府与市场的具体耦合方式也是经济法所关注的，包括如何降低交易成本、促成社会合作，如何消除或内化社会总成本、负的外部性，以及完善公共物品的供给方式等。可见，法律与经济从关联走向内化，并以制度经济学及法律经济学出现为重要标志，而经济法与制度经济学的"亲缘性"体现在其对市场与政府耦合的关注，且是一种社会尺度而非个人尺度的关注。[2]

第三节　经济法社会本位的内涵剖析

从历史生成来看，经济法的产生自始便带着社会本位的"胎记"，它在现代市场经济、国家职能的社会化推进及各类社会化的思想中得到了展现。但这毕竟仅是背景意义或说"模糊整体表象"意义上的理解，实有必要进一步地将社会本位抽丝剥茧、条分缕析一番，以获得更为精确的认识或"诸多的规定性"。只有这样，经济法学理论的指导意义及经济法的部门法地位才会更加明晰。接下来，笔者将以社会利益及其实现路径为逻辑起点，将其引入到部门法的划分，从而论述经济法社会本位的特定内涵。[3]

---

〔1〕　史际春、陈岳琴在 2001 年左右提出了经济国家的概念。参见史际春、陈岳琴："论从市民社会和民商法到经济国家和经济法的时代跨越"，载《首都师范大学学报（社会科学版）》2001 年第 5 期。之后比较有代表性的文献是陈乃新、陈当阳、彭飞荣："略论'经济国家'——我国政府在经济全球化中的角色创新初探"，载《南华大学学报（社会科学版）》2003 年第 1 期；冯辉："论经济法学语境中的'经济国家'"，载《法学家》2011 年第 5 期；孙天承："经济国家与法治"，载《经济法学评论》2015 年第 2 期。

〔2〕　值得注意的是，尽管制度经济学或法经济学与经济法有"亲缘性"，但两者的差异也不容忽视，如法学毕竟是以法或法律为研究对象，有着正义的目的追求，而非片面的经济效率考量。刘少军："运用法经济学方法研究经济法面临的困境及其克服"，载《郑州大学学报（哲学社会科学版）》2008 年第 4 期。

〔3〕　需要说明的是，本书之所以从利益角度切入，正是基于法律社会学（法律与经济的内生性是其更精微的一面）对经济法的重要影响。

一、社会利益及其实现路径

（一）社会的蕴意

社会是一个颇为宽泛和复杂的概念。社会通常在以下几种意义上被使用：一是将社会理解为由人形成的各种组织。[1]如社会在我国古代原指"村民集会"，后来演变为志趣相同的个人结合而成的某种团体。二是将其理解为公共领域。在西方语境中，这一含义是历史生成的。首先，社会基于家庭领域与政治领域的区分，这些组织的形成并没有在人的意识当中，并非是个人自愿形成的公共空间。其次，西方早在17世纪就普遍使用社会一词，所谓"市民社会"，实际上是市场经济和公共空间形成的产物。最后，社会所蕴含的意义扩至政治、文化组织，即人可以根据一定的目的自行组织起来，将私人的需求和愿望转化为公共性的意志。[2]三是将社会理解为经济基础和上层建筑的统一体，也即社会形态。[3]这方面的论述已有很多，毋庸赘述。四是泛指由于共同物质条件而互相联系起来的人群。[4]我国清末时期，士大夫曾用群指涉西方语境下的社会，如严复将穆勒的《论自由》翻译为《群己权界论》，提到"群"者，群体、社会公域也；"己"者，自己、个人私域也；亦即公共领域和私人领域要区分清楚，二者各有其界限。[5]后来，基于社会结构的变迁以及西方文明的冲击，群的指谓又迅速地为社会一词所取代。

〔1〕　Robert Allen （ed.）, *Chambers Encyclopedic English Dictionary*, Edinburgh: Chambers Harrap Publishers Ltd, 1994, p.1180.

〔2〕　金观涛、刘青峰：《观念史研究——中国现代重要政治术语的形成》，法律出版社2009年版，第180~225页。

〔3〕　夏征农、陈至立主编：《辞海》（第6版彩图本），上海辞书出版社2009年版，第1989页；中国社会科学院语言研究所词典编辑室编：《现代汉语词典》（第6版），商务印书馆2012年版，第1148页。

〔4〕　中国社会科学院语言研究所词典编辑室编：《现代汉语词典》（第6版），商务印书馆2012年版，第1148页。

〔5〕　参见［英］约翰·斯图亚特·穆勒：《群己权界论》，严复译，北京时代华文书局有限公司2014年版，第88~108页。

可见，社会一词有着非常丰富的蕴意。从外在形式上看，社会由国家、集体、各类组织及个人组成。就其内部而言，则又包含着各组成单位间的密切联系，在组织形成机制上又可区分为强制性的和自发性的。就其涉及的领域而言，包括经济、政治、文化等各方面。考虑到上述几种理解，结合关于经济法社会本位的探讨，笔者对社会的理解侧重于这个角度：在经济领域中，各社会基本单位间的相互联系及社会利益的实现机制。

（二）社会利益的实现进路

1. 个人主义 VS 系统论

从个人主义的进路来看，国家、各类组织、个人均是社会的重要方面，且最终要还原为个人，故任何独断地以社会为名义的代表都是不完备的或虚幻的。从这个意义上说，个人利益也是有社会利益的属性的，个人利益的帕累托改进[1]也确实会增加社会利益。但"个人单位的提取"也意味着对作为系统或有机体的社会的人为割裂，进而陷入到了"个人与个人之间的简单相加等于社会"的机械的形而上学泥沼，并与社会现实生活相抵牾。张知本在批判个人主义法律观念时有力地指出："以法律为保护个人权利之具，其极也，则使少数富有者得以本其既得之财产所有权，尽量发展其自私自利之欲，而不顾及贫者之利益。"[2]事实上，单纯依靠孤立的个人来自发地实现自身的利益是不可能的，即使是个人主义所主张的自由交易，也必须有双方以上才能形成。从系统论的视野来看，区别于个人的专属利益，狭义的社会利益乃是个人所共同欲求的社会利益，集中体现了个人之间的社会连带性。诚如赵汀阳所指出的，它将人

---

[1]　这个概念是以意大利经济学家维弗雷多·帕累托的名字命名的，"帕累托最优"（Pareto Optimality），也称为"帕累托效率"（Pareto efficiency），指任何形式的资源重新配置，都不可能使至少一人受益而同时又不使其他任何人受到损害。通常把至少一人的境况变好而没有任何人的境况变坏的资源重新配置称为帕累托改进，所以帕累托最优状态也就是不存在帕累托改进的资源配置状态。参见夏征农、陈至立主编：《辞海》（第 6 版彩图本），上海辞书出版社 2009 年版，第 1697 页。

[2]　张知本：《社会法律学》，上海法学编译社 1932 年版，第 1 页。

与人联结在一起并赋予个人以意义，更进一步地，社会共享的利益也是个人利益的重要组成部分，甚至是更为重要的组成部分。[1]宽泛地说，一些重大的价值共识如平等、自由及相应的制度建设；一些宝贵的情感需求如真切的爱情、友情；一些经济上的公共需求如道路等公共品、平等竞争的环境、免于生活困顿的社会保障；乃至于安全的食品及蓝天绿水等，都是每个人共同追求的。它们是社会利益，也是个人利益的交汇点。实际上，对这些社会利益的保障和促进也是对个人利益的落实。值得注意的是，孔德周正是立足于这一方法论提出了系统经济法论的主张。[2]

2. 社会利益实现的三重路径

个人主义和系统论的进路都指明了社会利益的部分真理。然而，要对社会利益及其实现路径进行较为全面客观的认识，则需综合两种进路作进一步的剖析。事实上，庞德利益学说对此已有相当程度的阐释。庞德吸取了耶林的利益分类说，将利益分为个人利益、公共利益和社会利益。在其看来，个人的人格利益、家庭利益和物质利益，因其并不源于国家，而是法律迫于压力而作出的认可，故被视为庞德话语体系中的个人利益的范畴。而公共利益则是以有组织

---

〔1〕　赵汀阳认为，在通常的分析模式中，个人利益的最大化仅仅计算到自己的专属利益，而没有把对自己同样有利甚至更有利的共享利益计算在内，因此才会把理性人定义为互相麻木不仁的人。赵汀阳：《论可能生活》（第2版），中国人民大学出版社2010年版，第338页。

〔2〕　孔德周认为："社会是一个大系统，具有系统应有的整体性、和谐性（有机联系性）、发展性（即动态性）特点，国家与个体一样只是社会这个系统的一个组成部分。社会也不是国家、地方、集体和个人等的简单相加，还包括上述各主体的利益间的相互促进、相互制约的联系，这种联系构成社会的秩序，社会是否和谐、社会利益是否能得到更好的实现，更主要地取决于其内在的秩序即各主体利益之间联系的性质；此外，社会是个开放的系统，随着国际经济全球化的发展，它还会越出国界，成为多个国家（地区）、多种因素构成的更大整体；而且，社会是一个动态的、不断发展的系统，它也不仅仅指当代的，我们生活于其中的静态的社会，而是发展中的，将来我们的后代还要生活于其中的社会。"其所提出和主张的经济法实际上正是建立在对社会的这种理解之上的。孔德周：《系统经济法论》，中国法制出版社2005年版，第152~153页。

的政治社会的名义提出的主张，包括作为法人的国家利益和作为社会利益监护者的国家利益，国家在其眼中，显然是工具性的。社会利益则是存在于社会生活中为了维护社会的正常秩序和活动而提出的主张、要求与愿望。在庞德的社会利益的体系中，第一是一般安全中的社会利益，如确保社会生活不受威胁。第二是社会体制中的利益，包括政治、经济、家庭、宗教体制等各个方面。套用时髦的话讲，体制制度实际上构成了社会的"软性的基础设施"，也是一种公共物品。第三是一般道德的社会利益，它实际上由一个社会的最基本的价值共识所凝聚而来，如诚实信用、廉洁等。第四是保护社会资源的社会利益，这是基于社会可持续发展的根本要求，既包括自然资源，也包括人力资源等。第五是一般进步的社会利益，指的是发展人类能力和增强人们对于自然的控制以满足人类需求，不断推进社会工程，包括经济、政治、文化发展的利益等方面。第六是个人生活中的社会利益，即个人按照文明社会的最低标准提出相应的个人主张，获得基本的生活条件及经济、政治、文化等方面的机会等。[1]庞德还据此提出了利益的价值衡量原则，即将个人利益置于更大的背景中去考察，可以将它们置于社会利益之下，但依然是个人利益与个人利益的比较，而非个人利益与社会利益的比较；尽可能地保护被认可的利益，将整体利益的损害减少到最小。[2]可以看出，庞德所谓的社会利益是狭义的，与个人利益、国家利益一起，都是广义社会利益的重要组成部分。对其理论进一步延展，可以大体得出广义的社会利益实现路径。首先，由个人及社会，通过个人利益实现社会利益。相对于其他社会利益而言，安全秩序是抽象的、外在的，它只能由社会委托国家来提供。但就具体的、内在的社会利益而言，又大致可被分为个人独立实现的部分、个人须经由组织

---

[1] 参见［美］罗斯科·庞德：《通过法律的社会控制》，沈宗灵译，商务印书馆2010年版，第39~47页。

[2] 参见［美］罗斯科·庞德：《通过法律的社会控制》，沈宗灵译，商务印书馆2010年版，第39~47页。

实现的部分。前者"无为而治"即可，正如传统市场经济中的经典论述：交易是互利双赢的，每个人在追求自身利益最大化的同时，社会利益也因此得到增进，政府只要当好守夜人就够了。[1] 应当说，这种观点在一定范围内有效，特别是在国家提供了基本交易秩序，且市场主体差异不大、经济结构简单的情况下。不妨说，这是由个人及社会的实现路径。但超出了一定范围，该路径就变得不适用了，因为其理论前提是将社会视为个人的简单相加，割裂了社会的系统性。其次，由社会及个人，通过社会利益增进个人利益。单纯的个人无所谓共享，个人与个人之间才有所谓的共享。为个人主义者所经常忽略的是，那些共享的社会利益，而非相对独立的个人利益仍是个人利益的重要组成部分，甚至是更重要的部分。其中道理，已如之前所论，共在先于个在，共在为个体提供了个人性，赋予了意义。如果失去了作为共享利益的社会利益，所有的个人性都将因失去"舞台"而变得黯然失色。赵汀阳指出："存在是共在问题得到解决之后的事实状态，而共在是需要抉择的未定状态，是创造性的动态互动关系，是幸福与不幸的抉择，所以是当务之急。"[2] 具体而言，基本秩序、公正合理的制度、公共物品的供给对每个个人而言都是须臾不可或缺的。而基于自利的短期本性及"搭便车"的心理，个人并无动力提供那些共享的社会利益，而必须经由相应的社会机制来完成。从而表现为由社会及个人的实现路径，最终的结果当然是社会利益的增进。如果说由个人及社会的路径是一种"加法"的话，那么不妨说，由社会及个人的路径是一种"乘法"。因为，以社会有机体作为出发点，本身就蕴含着更大的"基数"。反过来说，立

---

〔1〕 茅于轼抽象出了"利人利己、损己利人、损人利己、损人不利己"四种交往模式。他认为，以利他性作为交易基础是不现实的，并以《镜花缘》中君子国的故事为例，对此作出了具体形象的阐述。在这个故事中，君子国的人，个个都以自己吃亏让别人得利为乐事，结果根本无法交易，反而引起了纠纷。参见茅于轼：《中国人的道德前景》（第 2 版），暨南大学出版社 2003 年版，第 7 页。

〔2〕 赵汀阳：《第一哲学的支点》，生活·读书·新知三联书店 2013 年版，第236 页。

足于社会有机体对个人危害社会行为的抑制，也具有同样效应，只不过一个属于正向的增进社会利益，一个属于负向的消减社会危害性。广义而言，它们都属于社会利益的增进。最后，由国家及社会，通过国家工具来实现社会利益。社会虽然是一有机体，但毕竟不同于自然人或经由自然人而形成的组织，其人格的天然性是无从寻觅的。为此，就必然有个拟制的组织来代表社会，这一组织尚无更好的选择，只能是国家。当然，这不排除国家监管下的社会组织，但它们仍属国家范畴。一方面，通过国家的威权能够确保最基本的安全秩序。在此前提下，由个人及社会或由社会及个人的实现路径才有发挥的余地。在个人及社会的路径中，个人自动生成社会，国家除提供基本的安全秩序、产权界定及实施机制外，在经济上处于超脱的地位。而在由社会及个人的路径中，基于"乘法"效应，国家不应是被动的，而是要主动识别有助于增进社会有机体的利益及有害于社会有机体的不利益，并设法分别加以保护或消除。另一方面，国家不是天然地具有代表社会的忠诚和能力的，国家作为利益主体与社会利益未必一致。因而，"利维坦"的倾向和乱作为、不作为、不到位的情况在很大程度上还是存在的。具体而言，国家要根据社会利益实现路径的不同，合理定位自身的职责，并通过法律对国家机构的职权划分、运行程序、方式等方面作出合理的、可操作性的规范。

二、经济法社会本位的特定内涵——兼论与民法、行政法和其他社会法的区别

经济法对社会利益的实现是直接由社会及个人的，这一方法路径直接决定了经济法区别于其他部门法的特定内涵，即指向不特定的第三人，职责主义，社会整体经济性利益，而非其他非经济性利益。

（一）经济法社会本位指向不特定的第三人——兼论经济法与民法的区别

从社会的构成来看，你我他三人方称其社会。就传统市场经济

及民法的个人主义视野来看，经济上的帕累托最优及一般均衡，以及社会哲学上的利人、利己进而利社会乃是其一般逻辑。因而，在一定意义上可以说，民法的社会是"二人世界"，并非是完整的社会。民法认为只要保证了交易的平等、自由，就可以互利共赢，进而有利于社会。虽然，交易可能会涉及第三人，为第三人设定权利或义务，但此第三人是特定的，牵扯面不大。有时，交易也会对特定第三人或社会公共利益造成侵害，民法也会表达应有的态度，如欺诈、胁迫行为的可撤销制度及损害国家、社会公共利益行为及通谋虚伪行为的无效制度[1]等。但是，民法是反映市场交易价值规律的基本法律部门，受制于这样的基本属性和立场，其不可能单独地以维护不特定的第三人或社会作为其根本目的。这些目的对其而言，仅仅是基于市场交易关系的衍生而产生的。现代市场经济和经济法则明显不同。经济的社会化决定了紧密的社会连带性，"一荣俱荣、一损俱损"乃是惯常的现象：某个生产者或产业，甚至某些关键企业的内部环节的"掉链子"会影响整个经济体的健康，对房地产行业的调控影响力、石油危机、金融危机再明白不过地说明了这一点。一项重大交易（如滴滴与优步的合并）都足以牵动社会的神经，使得千千万万的不特定的消费者权益都受其影响。显而易见，立足"二人世界"的民法保护是消极的、不全面的。一方面，由于牵扯面太广，一项不正当的重大交易可能会造成巨大的、难以弥补的社会危害。此时再依据民法宣布无效并确立相应的法律责任，为时已晚。另一方面，受制于形式主义的要求，民法无法深入到企业内部治理，它通常只是作出关于法定代表或无权代表的一般性规定；受制于立足交易而非生产本身的局限，民法更无法贯穿到产品生产流程及产业结构中，试图仅凭民法的单独调整来对不特定第三人的经济危害防患于未然是不现实的。经济法之所以必要，正是因为其可弥补民法之所短，专司对不特定第三人权益的积极的、全面的保护，可以对涉及社会公共利益的企业内部治理关系和产品生产过程进行管理，

---

[1]　通谋虚伪行为无效制度为《民法总则》第146条所确立。

对产业规划进行协调等。从这个意义上来看，经济法社会本位是指向不特定的第三人的。

(二) 经济法社会本位指向职责主义——兼论经济法与行政法的区别

正是基于对不特定第三人权益的维护，国家就不应当无所作为。循此逻辑，国家奉行的就不应该是"市民社会"背景下对经济运行的不干涉主义。在现代市场经济条件下，国家调节本身已然成为国民经济的重要内生力量，根据国家调节和市场运行的贴近度来看，它主要表现为三个层面：一是直接介入到经济体的运行中，如在涉及国计民生的重要行业中的国有资本的进入，国家为维护金融稳定而进行的公开市场操作行为等；二是相对外在于市场经济运行的国家监管，如反垄断及不正当竞争、产品质量方面的监督管理；三是从整体上对市场经济体进行规划指导、优化结构，如通过规划和产业政策优化国民经济结构，通过财政、税收政策来平衡区域经济发展、调节收入差距，促进公平与效率的和谐统一等。国家代表社会且必须为社会负责。历史经验表明，传统市场经济的局限性和不足只能通过国家的手段来加以克服和弥补，离开国家调节这一经济内生力量，将损害整个经济体的健康运行，给社会带来巨大的灾难。苏联私有化的浪潮造成了剧烈的社会动荡，这与其解体有着直接的联系，其中重要的原因就是国家不能很好地代表社会，对于经济职责的失守和不作为。因此，从这个意义而言，国家的权力不是其固有的，因而是可以放弃的，而是社会赋予其的不可放弃的职责。在法治化的条件下，这种职责获得了更为精细化的规范和表达，即角色和责任、过程和结果相统一的动态的问责制，既突出"角色责任"（responsibility），也突出"行为责任"（accountbility）和"后果责任"（liability）。概言之，权力和责任高度融合在一起并贯穿在经济管理过程的始终。需要指出的是，由于经济体的进化演变是愈发复杂和精密的，经济事务的庞杂、多变势必需要社会赋予相关组织以更多的管理经济的权力，但基于国家及其权力的强制性优势，国家必然是经济管理中的核心力量。一般而言，在行政法视野中，行政法侧重于规范（主要是限制）国家权力的运行，它在行政主体的确定、权限、程序、方式、责任等方面均作了细致的规定，以防止权力滥用对个体权益造成不当侵害。也就说，行政法主要是从遏制权力滥用而不是从主动作为的角度来看待权力运行的。其中的根源就在于对个人权益实现及社会性理解的不一致。按照市民社会和政治国家二元对立的理论，在平等自由、产权得到有效保障的情况下，经济人足以自动实现自身权益，国家被界定为外在的经济运行屏障。而在现代市场经济的"经济国家"的背景之下，上述理解和实践显然是不全面的，社会需要委托国家权力或形成新的社会权力渗透并化为经济运行中的重要力量。当然，这并不意味能够忽略宪法、行政法等公法。为了适应整体经济的健康运行和经济的多变性，国家基于社会的要求会有更多的经济职责和更灵活的履职方式，但这并不意味着可以偏离社会整体经济利益的根本要求及基于此的基本制度框架。相反，经济法仍要借助宪法、行政法关于规范国家权力的基本范式，如此才能使国家及其机构不缺位、不越位、不错位。只不过内容不再局限于传统行政管理，而是富有了经济性的内容。就宽泛意义而言，这种职责主义并不仅仅针对国家这一主体，相关社会组织基于社会本位形成的经济管理权也要遵循上一基本理路。不仅如此，经济活动主体也要受到社会整体经济利益的限制，而不单纯是权利要求的问题。其逻辑在于，人人都宣称和要求自己主张的自由，那么，人人都将没有自由。从这个意义而言，民法中的权利中心观并不适用于经济活动主体，经济职责主义（准确地表述应为经济义务主义）对其同样适用。当然，应当对这种职责（义务）主义作限定理解。首先，经济活动主体自身能够实现权益且对社会无害的，不存在社会义务的问题。其次，职责主义的深层根基在于社会而不是国家，是为了更好地促进和维护经济自由，而不是异化为国家对经济的单向度的、任意性的专断管理。

（三）经济法社会本位指向社会整体经济利益——兼论经济法与
　　　其他社会法的区别

部门法仅是法体系的组成部门，两者绝不相等。因此，经济法社会本位也仅是"截取"了社会性的一面。这一面，就是社会整体或说不特定第三人的经济利益。可以说，经济法是管理经济的法，是讲究经济性的法。经济管理与经济运行如此紧密相连，以至于二者成了一个不可分割的系统；效率与公平之间的对立性逐步消解，内在的关联和一致愈发凸显。从而，经济与法律获得了前所未有的高度融合，直接关注经济运行与经济管理的经济法更是得到了强劲的发展，而法律经济学作为一个全新的流派也开始兴起。在这个意义上说，经济法是经济学与法学的交叉学科。首先，它关注直接的经济整体利益而不是非经济利益，这一点将其与其他社会法区分开来。如劳动法关注劳资关系的实质平等，特别是劳动者的生存权、就业权及相应的社会保障等，虽然劳资关系及作为生产要素的劳动力的配置对经济运行有着明显的影响，但其在整体上毕竟并不属于经济领域，其他类似的如科教文卫体方面的法律。其次，经济法讲究经济调节手段的效益性，成本-收益分析是其基础考量。在一定意义上而言，市场调节与国家调节的耦合点正在于哪种调节更有效或哪种结合方式更为有效，它是随着实践及理论的完善而日益清晰和细致的。例如，政府在公共品的提供方式上，既可以直接经营提供，也可以引入社会资本运营，并由政府课以严刑峻法式的法律监管。对于自然垄断产业也可以作进一步的具体辨析。如网电分开：电网作为自然垄断品可由国有公司投资经营，电厂生产电力则不妨引入市场竞争机制。同样地，其他社会法对成本-收益分析的考量并不直接和显著，而是更多地关注社会效应，如劳动法的最低工资制度就很难说是本益效果最佳的，它的重点在于劳动者的生存权和就业权。

（四）经济法社会本位与其他部门法本位的协调

据上，虽然从宽泛意义而言，法都是社会性的，但经济法之社会本位有其特定内涵。从对象来看，经济法之社会本位立足于保护不特定第三人的权益；从性质来看，经济法之社会本位衍生出职责主义的要求；从内容来看，经济法之社会本位所"截取"的权益为直接的经济利益。该三者构成了经济法区别于民法、行政法、社会法的整体价值取向。需要反复强调的是，各部门法紧密联系并统一服务于法律调控的社会目的。民法对交易之外的不特定第三人的保护较为消极、片面，经济法则直接地以此为法益积极、全面地加以保护，两者密切配合、共同作用于社会市场经济这一经济基础，从而实现经济活动主体间的普遍性的正义关系。经济法之社会本位是自由与集中的辩证统一，从形式上看，它对经济自由形成了限制，但此种限制的正当性在于实现普遍的经济自由，且从长期来看是进一步扩大自由的，绝不是"主权国家"对经济自由的任意专断的限制。从这个角度来看，经济法从另一高度对经济活动主体提出了基于社会整体经济利益的要求。这样一来，经济活动主体就不再是"个人本位（权利中心）"，而是"社会本位（义务重心）"了。徒法不足以自行，受制于现有的经济社会条件，此种正当限制还必须借助于国家这一工具，并根据相应的事务为其设定经济管理职责。此种职责的履行构成了经济内生力量的重要组成部分，与众多经济活动主体一样，都要遵循社会市场经济的规律和要求，并以法的形式固定下来。根据国家和社会关系理论，主权者不是形式意义的国家而是以个人自由为基础形成的社会本身，但基于工具异化的顾虑，社会仍要借助宪法、行政法所构建的关于权力滥用的防控机制。在这个基础上，经济法与宪法、行政法发生了内在的关联。当然，任何法的实施都需要借助国家权威、依靠国家强制力的最终保证，经济法也不例外。行政法关于权力公定力、确定力、公信力的要求，亦应同样适用于经济法。社会化的要求反映在经济社会生活的各个方面，经济法不可能面面俱到。它与其他社会法部门各有分工，并根据各自的性质和调整对象共同维护种类繁多的社会整体利益。

　　法本位命题所固有的双重语义有其重要价值，既突出了法学自身的性质、任务和对本源性、初始性问题的批判、思考，也突出了其对部门法及其实践的指导意义。既有的权利本位或义务本位、社会权利本位的提法不够科学，在法本位及经济法本位的界定中，要做到（规范上）内外统一、（历史上）纵横统一和（部门法上）总分统一。在宽泛意义上说，法都是社会本位的，而根据社会利益的法律实现路径的不同，法本位具体表现为个人本位、国家本位、（狭义的）社会本位，经济法则是（狭义的）社会本位法。

从历史生成来看，现代市场经济是经济法社会本位的经济基础，国家职能社会化的深化是其政治基础，共在先于个在的哲学理念、法律社会化及法律与经济的内生是其思想基础。就经济基础而言，国家管理经济从来就有，即使在所谓自由放任的传统市场经济时期亦是如此，被奉为圭臬的斯密理论并不排斥，甚至蕴含着国家管理经济的内在要求。从习俗经济、指令经济发展到传统市场经济，再发展到现代市场经济是一个历史过程。所谓现代市场经济是市场作为资源配置的手段被普遍尊重和使用，同时，基于经济交往关系的主体、时空范围的不断扩大，网格化、立体化的社会连带性日益凸显。基于社会共存及发展的要求，由国家代表社会将社会性因素融入市场之中，表现为国家管理、参与国民经济运行的各个领域、方面及环节。概言之，国家已成为经济的内生力量。就政治基础而言，马克思主义国家和法理论表明，社会性是法的本质属性，国家职能在历史上不断社会化。其中，第一次历史转折表现为社会逐步脱离专制威权，通过保障和实现个人主义或个人利益来完成社会利益的"加法"，在法律上表现为政治国家、市民社会的壁垒分明，公私分立、对立，个人权利的"张扬"，及相应的宪法、民商法的实践及发展。第二次历史转折表现为对于个人间关系或社会本身的直接关注，通过捍卫、发展基于个人而形成的共同体的利益来完成社会利益的"乘法"，在法律上表现为政治国家与市民社会的携手合作，公私融合、个人权利的"谦抑"，及相应的经济法、社会法的实践获得了发展。就思想基础而言，纵观各法学流派，在各历史时期"你方唱罢我登场"，各自引领了特定时期的法学潮流。如主权者命令的威权时期与分析实证法学密切相关；个人主义及形式化平等、自由的追求与自然法学派有着内在的联系；历史法学派注重历史习惯、社会传统等，相对保守，但它作为分析方法依然发挥着重要的作用等。但法律社会学、法律经济学无疑对经济法的产生和发展有着直接的、特定的影响，和经济法的社会本位密不可分。当然，这并不排除其他法学流派对它的影响。例如，经济法的实质正义与自然法可以勾连，经济法规范论的建设仍然借助分析实证法学的范式等。

法都是社会性的，就宽泛意义而言，法都是社会本位的。区别在于民法、行政法、经济法基于不同目的、立场、角度对社会性作了不同的"截取"，以及它们在社会利益实现中的不同路径。民法是权利之张，通过个人促进社会；经济法是权利之弛，通过社会促进个人；宪法、行政法则是权利张弛有度的手段，通过国家及其权力来保障社会。概言之，经济法是放眼全局和长远的系统论的产物，最终是为保障和促进个人权益服务的。一方面，它要尊重、保护、修复市场机制，并弥补市场不及、不能之处，因而要立基于民商法的基础调整，对经济活动主体提出基于社会本位的义务。另一方面，基于社会本位的要求，经济法要求国家代表社会积极、全面地管理或参与经济，将职权转化为职责，而在赋权放权的同时，也要防止国家及其权力异化，进而偏离社会，故而又要借助宪法、行政法关于权力把控的范式构设。由此，进一步明晰经济法社会本位的特定内涵，即它指向不特定的第三人、指向职责主义、指向社会整体经济利益，从而形成了与其他部门法本位的区别。当然，经济法社会本位也要与其他部门法本位相协调。

第五章
公私结合论：基于混合财产的研究

　　财产始终处于纷扰不断的政府、市场与社会三者关系的前沿阵地，在利益纠葛之中体现不同利益倾向的财产无不相互渗透、相互结合、此消彼长，从而形成混合财产问题。从财产产生之日，就存在混合问题，只是在现代市场经济下混合财产愈发突出。随着市场经济的发展，公与私之间不再是泾渭分明，公有财产与私有财产、私有财产与私有财产的结合愈来愈普遍，进而就产生了混合财产。就西方市场经济国家而言，从俾斯麦创立社会保险制度，到凯恩斯理论影响下的政府干预经济制度，再到 20 世纪 90 年代至今方兴未艾的公私合作伙伴关系制度，逐步将混合财产制度推向了顶点。就我国市场经济制度而言，从改革开放时期私有财产的确立，到政府与社会资本合作的大力推行，再到国有企业混合所有制改革与政府和私人共有产权住房的正式启动，混合财产权从隐性逐步走向显性。可见，中西方财产都具有一个共同趋势——在公与私的结合下混合性愈来愈明显。

　　混合财产就是为了实现特定的功能与利益目标，一个财产所有权的"权利束"分别由政府、社会和个人等不同主体分别享有，或者某个主体行使某项"权利束"之权利时受其他主体的限制。所有财产制度的立法目标都是混合的，同时要结合与兼顾个人利益、社会利益和国家利益，只是不同的财产制度所突出的某些利益点不同，如国有财产制度将公共利益、国家利益摆在首要位置。若坚持财产权分类"一刀切"做法，将使立法目标付诸东流，这种立法目标只有通过少于完整私人所有权的不同财产制度才能实现。[1]混合财产问题从 21 世纪初就引起了国外学者的关注，且有愈来愈属意之势，而我国学者对混合财产的研究甚少。

第一节　中西方财产传统分类及其不足

按照不同的分类标准，财产可以分为不同的类型。按照权利内容不同，财产可以被分为物权、债权、知识产权等。按照权利归属和权利人人数不同，财产可以分为私有财产、共有财产和公有财产（我国分为私人所有、集体所有和国家所有）。以下，笔者将从财产权的归属关系和权利人人数角度，分析财产的现有分类及其存在的不足。

一、西方学者对财产的传统分类

大陆法系也有法学学者从财产归属角度对财产进行分类，如法国财产法学家泰雷和森勒尔将财产权分为个人所有权、集体所有权和分解的所有权。[2]然而，大陆法系国家更倾向于从财产权内容（即物权、债权、知识产权等）角度对财产进行分类和调整，其相应的法律制度有物权法、债权法和知识产权法等，而不存在专门的财产法。财产应是物权、债权和知识产权等的上位概念，对其归属的分类应该能够涵摄下位概念。由于没有统一的财产法，所以大陆法系学者并不重视财产权归属分类等相关研究。大陆法系学者使用"财产"概念时有两层不同的含义，一层含义是指能被使用、交换以满足人们需要的物，即财产权客体；另一层含义是指能为权利主体带来利益的一种抽象权利。第一层含义是大陆法系学者最常用的财

---

〔1〕　Thomas W. Merrill and Henry E. Smith, "Optimal Standardization in the Law of Property: The Numerus Clausus Principle", *The Yale Law Journal*, Vol. 110, Iss. 1, 2000.

〔2〕　［法］弗朗索瓦·泰雷、菲利普·森勒尔：《法国财产法》（上），罗结珍译，中国法制出版社 2008 年版，第 132~185 页。

产含义，而对第二层意义上的财产研究相对偏少，因而无需关涉其分类问题。

英美法系却不同，其没有单独的物权法，而在理论上有统一的财产法，因而对财产的研究更加系统和深入。科斯于1937年在《企业的性质》一文中提出产权问题之后，产权经济学界对产权类型及所有权问题进行了开创性的研究。登姆塞茨认为所有权分为三种类型，即私人所有、共同所有和政府所有。[1]阿尔钦认为产权可分为四种，即私有产权、非实在产权、共有产权和政府产权。[2]尽管有细微差别，但产权经济学界主流观点认为存在三种产权制度。在产权经济学研究基础上，英美法系财产法学者将财产分为三种权利类型，即私有财产、共有财产和公有财产。其中，共有财产是指"有限进入"（limited-access）的共有财产，即特定成员之间分享的财产，而对外人具有排他性。有学者将其称为"有限共有财产"（limited common property，即LCP）[3]，它不同于"自由进入"（open-access）的共有财产（又称为"公地资源"或者"非财产"），后者任何人都享有使用权，没有人享有排他权。[4]严格地说，自由进入共有财产不是一种财产类型，笔者不将其作为一个独立的财产类型。此外，这里的公有财产等同于政府财产，是共有财产的特殊形式（即全民共有），包括政府用和公共用两种，由全民委托的政府及其工作人员行使所有权。尽管英美法系财产法学者对财产传统类型没有取得完全一致的观点，但多数学者都赞同上述的"典型三分法"。

〔1〕 Harold Demsetz，"Toward a Theory of Property Rights"，*The American Economic Review*，Vol. 57，No. 2，1967.

〔2〕 ［美］阿尔钦："产权：一个经典的注释"，载 ［美］R. 科斯等：《财产权利与制度变迁——产权学派与新制度学派译文集》，刘守英等译，上海三联书店、上海人民出版社1994年版，第166~178页。

〔3〕 Carol M. Rose，"The Several Futures of Property：Of Cyberspace and Folk Tales，Emission Trades and Ecosystems"，*Minnesota Law Review*，Vol. 83，Iss. 1，1998.

〔4〕 有些学者将自由进入的财产权作为一个独立的财产类型，将财产分为：私有财产、共有财产、公共财产和非财产。Daniel W. Bromley，*Environment and Economy：Property Rights and Public Policy*，Oxford：Basil Blackwell，1991.

二、我国学者对财产的传统分类

我国在多数情况下都将财产理解成第一层含义，对财产分类就是基于物的所有权分类。由于我国是社会主义国家，是以公有制为主体的经济体制，其所有权分类又不同于大陆法系。我国物权法中将所有权分为国家所有权、集体所有权和私人所有权，其中国家所有和集体所有的财产都属于公共财产。这种具有中国特色的所有权分类方式，源于以下因素：

其一，来源于我国宪法规定的所有制。我国宪法将所有制分为公有制和非公有制，公有制包括国家所有制与集体所有制，非公有制就是私人所有制。我国物权法对所有权的分类受宪法所有制分类影响，是所有制分类方式的一个具体化。所有制是一个国家的基本经济制度，属于经济基础的范畴，而所有权则是一个国家的财产法律制度，属于上层建筑的范畴。二者不能同等对待，经济基础不能等同于上层建筑，因此以所有制分类方式来对所有权进行分类是不科学的。

其二，来源于公私二分法。我国物权法深受公私二分法的影响，认为任何财产非公即私、非私即公，即国家所有和集体所有属于公，而私人所有属于私。这种观点已经受到国内外很多学者的质疑，刘文华认为，将公与私对立起来，忽视两者统一的一面，不承认两者之间存在非公非私、有公有私、亦公亦私的中间地带的思想，早已脱离了时代要求。[1]沃尔夫认为公私划分只是一个误导但必要的区分，说其误导是因为公私划分是靠不住的，既不是现代社会制度的经验描绘也不是令人满意的规范推理，不应完全接受严明一贯的公私划分，应承认社会生活的第三领域和公私之间无数的过渡状态。[2]多

〔1〕 刘文华："经济法理论在求实、创新中行进"，载《商丘师范学院学报》2012 年第 7 期。

〔2〕 Alan Wolfe, "Public and Private in Theory and Practice: Some Implications of an Uncertain Boundary", in Jeff Weintraub and Krishan Kumar (eds.), *Public and Private in Thought and Practice: Perspectives on a Grand Dichotomy*, Chicago: The University of Chicago Press, 1997, p. 182.

受诟病的公私二分法思想深刻地影响了我国现有财产权分类方式等财产法律制度。

我国法律对财产的分类方式饱受诟病，学界提出诸多理论上的分类方式，如史际春和邓峰在《经济法总论》一书中、涂四益[1]等学者在一些文章中所提出的分类观点。其中，较有影响力的财产分类方式是史际春和邓峰提出的财产三分法，即国有财产、团体财产和私有财产。[2]此观点中的国有财产就等于公有财产，而团体财产就是英美法系的有限共有财产，因为特定团体成员才能享有某种财产的权利，称为团体财产也有一定的道理。在三分法之下，二位老师又进一步分成多种子类型，无疑对进一步研究有很大的启发意义。

三、中西方学者对财产分类的共性与不足

共性之一：中西方财产法学者都认为财产应该分为三种类型，并抽象出每种类型的共同特征。以政府为权利主体的公有财产（或国有财产），主要维护政府利益或公共利益；以社会特定成员为权利主体的共有财产，主要维护特定成员的共有利益；以私人为权利主体的私有财产，主要维护个体或（私人）的私有利益。共性之二：中西方财产法学者都突破了公私二分法的拘囿，他们认为，在私有和公有之外还有第三种财产归属形式，不同之处在于对第三种归属形式的称呼。西方学者多称为"共有财产"，而我国学者则称为"团体财产"或"社会财产"。

不足之一：三分法的僵化性。中西方财产法多数学者忽视了财产类型的多样性和三种典型财产权之间的混合性，导致财产三分法僵化性难以满足现实中纷繁复杂的财产治理需要。不足之二：对财产分类未能突破物权的狭隘思维。中西方一些财产法学者已经认识到财

---

[1] 涂四益："我国宪法之'公共财产'的前生今世——从李忠夏的《宪法上的'国家所有权'：一场美丽的误会》说起"，载《清华法学》2015年第5期。

[2] 史际春、邓峰：《经济法总论》（第2版），法律出版社2008年版，第182~188页。

产的科学分类要抛开仅局限于物权的狭隘思维，应将财产作为物权的一个上位概念进行分类。然而，在对财产进行分类时仍以物权（主要是有形物）之所有权为基础，导致所有权泛化与失灵问题的出现。[1]

第二节 混合财产之构建与公私结合论基础

一、混合财产之构建

传统财产法学者对财产的三分法在一定程度上满足了财产的类型化研究需要，对理论研究具有重要意义。然而，这种三分法理论在指导财产法实践时总会出现挂一漏万，造成理论与实践的不一致。其中，最为突出的表现是现实世界财产类型多样性与三分法之僵化性的矛盾。因为，人与人以及人与政府之间在交易中往往不会依据三个典型财产类型构建彼此的财产法律关系。为了解决现实问题以及交易便利和效率，私人或政府往往会创设各种财产类型，很多财产可能并不属于三个典型财产的任何一种，而是结合了三者的不同成分。如我国政府于 2017 年开始推行的共有产权住房[2]就是典型一例。正如科尔所言："纯公有财产和纯私有财产仅存在于经济学家、法学家和政治理论家的想象之中。……将现有的无限类型的财产安排压缩到一种类型的鸽笼里，这是多么荒谬和无益的事。"[3]罗斯也指出，在私有财产和公共财产之间有无数种集体但非公共财产类型。[4]在国有土地上私人拥有使用权，相反，在私人财产上国家享有征用权等，这都是财产类型多样性的表现。现代社会所有财

---

〔1〕 梅夏英：《财产权构造的基础分析》，人民法院出版社 2002 年版，第 51 页。

〔2〕 共有产权住房，是指政府提供政策支持，由建设单位开发建设，销售价格低于同地段、同品质商品住房价格水平，并限定使用和处分权利，实行政府与购房人按份共有产权的政策性商品住房。参见《北京市共有产权住房管理暂行办法》第 2 条。

〔3〕 Daniel H. Cole, *Pollution & Property——Comparing Ownership Institutions for Environmental Protection*, New York: Cambridge University Press, 2002, p. 45.

〔4〕 Carol M. Rose, "Left Brain, Right Brain and History in the New Law and Economics of Property", *Oregon Law Review*, Vol. 79, Iss. 2, 2000.

产都具有一定的混合成分，并不存在纯私有财产和纯公有财产。总之，三分法之僵化性难以满足现实世界财产类型丰富性的需要。

在科尔提出混合财产之后，莱哈维初步构建了混合财产理论框架。[1]在莱哈维混合财产理论观点的基础上，笔者进一步系统地完善了混合财产理论框架。在理解混合财产之前，我们首先应承认有些财产（尽管很少）属于纯的或接近纯的典型财产，即纯（或接近纯）私有财产、纯（或接近纯）共有财产和纯（或接近纯）公有财产。将三种典型财产看作三角形的三个顶点，愈接近顶点，纯度愈高，处于三角形的内部及三边上的财产都属于混合财产。进而，混合财产就可能出现四种类型，即公-私混合、公-共混合、共-私混合和公-共-私混合。若传统财产三分法是一个圆形（如图1），那么混合财产分类方法就是一个三角形（如图2）。从图2中我们可以看出，绝大多数财产都是混合财产，只是混合成分多寡不同而已。从此角度界定，混合财产是指由私有财产、共有财产和公有财产混合而构成的财产，也被称为混合财产权。混合财产不是对三分法的全盘否决，而是在三分法基础上对财产分类的进一步完善。混合财产是指权利的混合，而不是指客体混合，因为财产本身指的就是权利而不是客体，客体上不存在权利时就不是财产。因此，混合财产在实践中是一个普遍现象，三种典型财产即使不是科尔所言的不存在，也是很少见的。

图1 传统财产构造图

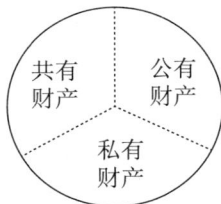

图2 混合财产构造图

---

〔1〕 Amnon Lehavi,"Mixing Property", *Seton Hall Law Review*, Vol. 38, Iss. 1, 2008.

　　混合财产不能被简单地理解为是混合所有制财产，更多地表现为财产权某些成分分别由不同主体享有，以及权利人的财产权利受到其他人或公共机构的制约；混合财产是财产权的混合，不仅仅是物权的混合，还包括其他财产权的混合。以私人对其所有的汽车财产权为例：从纯私有财产角度，车主有权自由使用其汽车而不受任何约束。然而，事实并非如此，车主对汽车的使用要受到诸多限制，如使用汽车时不得侵害他人权利、不得违反交通法规、在限行时禁止使用，甚至在特定情形下政府享有征用权等。此时，私人对其所有汽车的财产权就是具有一定混合成分的私有财产权。

　　混合财产理论框架目标不在于列举出无穷无尽的混合财产具体详单，而在于确认、分析和说明更大范围的财产制度选择所具有的理论和政策影响。混合财产能作为评价已被社会承认的财产权利创新形式利弊的一个工具，不仅停留在直接当事人执行财产制度的意义上，而且也可验证这些制度所具有的与政府、第三方和公众相关的专有特征。运用具有混合财产思想的法律制度调整一些财产，其效果可能要比单纯用某一种思想（如私有或公有的思想）更佳。因此，混合财产思想既对以三分法为基础制定的法律制度提出了挑战，也为法律制度创新预设了理论基础。

二、混合财产之公私结合论基础

　　混合财产是结合论在财产领域的实际运用。结合是事物运动的一种状态，是事物的一种联系，是通过交换物质、信息与能量而实现的一种重新组合，是在自然界、人类社会和人们的思维领域普遍存在的客观事实。结合可以分为自组织结合和他组织结合。自组织结合（自然结合）就是没有人干预的、无目的的、自生自灭的结合；他组织结合（自觉结合）就是人按照一定的实践目的建构起来的，有着特定功能的，由相互作用着的结合要素构成的有机整体。[1]刘文华在研究经济法基本规律时较早地提出了经济法律关系结合论观

---

〔1〕　董京泉：《结合论》，辽宁人民出版社 2000 年版，第 23 页。

点，认为经济法是公法与私法结合的产物，是纵向与横向、计划经济与商品经济结合的结果。财产作为经济法律关系的一个重要客体，充分体现了公私结合的规律。混合财产就是不同属性财产（即公共财产与私有财产）结合的产物，是哲学上的结合论在法律实践中的运用。混合财产是他组织结合（自觉结合），是人们为了实现财产的特殊功能或目标，人为地将不同属性财产结合在一起，主要是公共财产与私有财产的结合。

（一）混合财产之结合特性

依据哲学学者的观点，结合具有交换性、重组性、释能性、普遍性和多样性等多个特性，混合财产集中体现了结合的这些特性。

交换性，是指结合要通过交换物质、信息和能量才能实现。交换性是结合最显著的特点。不论是自然形态的结合，还是自觉形态的结合，都是一个交换物质、信息和能量的过程。混合财产体现了交换性，是不同财产属性（包括物质属性或非物质属性）相互交换的结果。不同类型的财产具有不同优势，如公有财产具有分配效率，私有财产具有投资效率，两种财产的优势交换和融合形成了公-私混合财产。以共有产权住房为例：政府将土地使用权通过开发商无偿使用的方式让渡于住房业主（交换），业主以大大低于市场价的方式购买住房，但要让渡一部分权利给政府（交换），如转让对象和转让时间的限制，这充分体现了财产属性的交换。

重组性，是指结合一定会实现两个或多个事物的重新组合的特性。结合之后不再是两个或多个事物的单独存在，通过交换物质、信息和能量、已经重新组织形成了另一个事物。混合财产体现了重组性，是指不同属性财产重组形成新的财产。尤其是典型的混合财产，都是公有、共有和私有财产重新组合形成的新财产。财产就是人与人之间的法律关系，混合财产的重组性体现在法律关系的变化上。以社会保障资金为例，公有财产（政府出资的部分）、私有财产（个人缴纳的部分和企业缴纳部分）重组后，个人和政府对该财产的法律关系都发生了变化，其管理使用法律关系不同于私有财产，也不同于公有财产，就是一种新型财产。

释能性，即指结合一定会释放能量的特性。结合蕴藏着能量、结合要释放能量，尽管这种能量有大有小，但它会给我们生产、生活及社会的各个方面带来相应的影响。混合财产能释放传统典型财产所不能释放的能量，产生特殊的功能。以住房公积金为例，通过缴纳人之间的互助使一些人在买房时能通过公积金贷款减轻购房时的付款压力，单位为职工缴纳部分资金减轻购房人还款压力，释放了财产的互助性和福利性等能量。释能性体现在混合财产的特殊功能上，对此，下文将进一步展开。

普遍性，是指事物的结合在时间和空间上普遍存在的客观事实，是事物运动的一种状态。不同属性财产的结合是普遍存在的，即混合财产随处可见。正如科尔所指出的那样，所有财产都是混合的，纯公共财产和私有财产是不存在的。多样性，是指结合从内容到形式都呈现出多种多样情形的特性，是普遍性的另一种体现。如前文所述，处于三角形顶点的三种典型财产属于少数，在三角形内部和三边之上有无数个混合财产类型。混合财产充分展现了结合的普遍性和多样性。

（二）混合财产之结合基础与方式

就结合论而言，结合的基础或决定因素为物自性、互需和共同点。[1]其实，结合的决定因素就两个，即物自性和互需，物自性决定结合的可能性，互需决定结合的必然性。共同点是物自性的另一种表述，物自性不排斥就是具有共同点。三种典型财产——公有、共有和私有，作为混合财产结合要素，具备了结合的决定因素，也就是混合财产产生的内部因素。首先，结合要素具有一致的物自性是混合财产产生的基础。物自性，是指事物自身的规定性，即事物的本质及其表现出来的特点和属性。物自性决定着结合的可能性、从而也在一定程度上决定着结合的性质、方式和效果。水和油无法结合是因为它们物自性（分子结构）之间存在本质区别。无论是公有财产、共有财产还是私有财产，其本质都是一样的，都是人与人

---

〔1〕　董京泉：《结合论》，辽宁人民出版社 2000 年版，第 27 页。

之间的法律关系。它们的区别在于主体上的不同，但主体之间可以相互融合与转化。结合要素物自性上的一致性为混合财产的产生奠定了基础。其次，结合要素的互需为混合财产产生创造了条件。互需是结合要素之间互相需要，是实现结合的重要基础，决定着结合的必然性。公有财产具有效率低下等不足，私有财产具有原子化、孤立主义等弊病，共有财产易出现公地悲剧等顽疾，三者之间互相需要他方的优势来补足，由此便产生了结合的原动力和必然性。以共有产权住房为例，该混合财产制度分别利用和兼顾了私有产权的投资效率与公有产权的分配效率，确保该住房的公益性和效率性，是互需导致了该种制度的产生。

从结合论角度讲，结合有多种方式，可被分为整合式、吸附式、交织式、注入式等。[1]混合财产出现了两种典型的结合方式，即整合式与吸附式。其一，混合财产的整合式结合。整合式结合特点在于结合要素的质量（或数量、比例）大体相当、难分主次，结合前并无核心存在，结合后一般也无核心。在下文的混合财产图谱中，愈接近中间的部位便愈能体现整合式结合，典型的公-私混合财产（如公共产品合同外包之财产、PPP模式下之财产和共有产权住房之财产等）、公-共混合财产（如集体所有财产、城市公共空间和宗教财产等）和共-私混合财产（如小区共有财产、共有私产和半共地财产权等）都是整合式结合。其二，混合财产的吸附式结合。吸附式结合的主要特点是结合要素之间不对称，有中心项或核心存在，它们的结合主要靠核心的吸引和凝聚。居于核心项的结合要素，吸附相关的结合成分。在这个过程中，核心要素自身也往往会发生某些变化。在下文的混合财产图谱中，直线靠近两侧部分的混合财产都是吸附式混合，愈到两边吸附式结合愈明显。现实中存在的混合财产，多为吸附式结合。总之，混合财产就是私有财产和公共财产通过整合式和吸附式结合而产生的。

---

〔1〕 董京泉：《结合论》，辽宁人民出版社2000年版，第63页。

第三节 混合财产之组合类型与典型例证

混合财产建立在三分法基础之上，是对三分法的扬弃，而不是全盘否定。大部分混合财产都是三分法中两种典型财产的结合，也有一些同时包涵了公-共-私三种混合成分，最为典型的是政府注资的社会保险资金。下文仅以两种典型类型之结合作为分析对象，不再分析三种类型结合的情形。另外，在研究混合财产时，笔者无法列举出混合财产的具体详单，只能列举几种混合类型。而且，在分析某类混合财产时，需要以一些典型财产作为依托，但这并不意味着仅此几种。

一、公-私混合财产及典型例证

基于结合论的互需基础，纯公有财产与纯私有财产都存在一定的不足，需要吸收对方的某些成分形成混合财产，以满足实际需要。从私有到公有的中间有无数混合财产，混合成分中的某种成分或多或少地决定了该财产的典型属性定位。按照从公到私依次分析，愈到两端公私愈分明（吸附式结合），愈到中间混合成分愈高（整合式结合），处于公私中间位置就是一个典型的混合财产，如公私合作伙伴关系（Public-Private Partnership，简称 PPP）财产[1]就是其中之一。

（一）公有财产的私人权利（吸附式结合）

所有公有财产都存在私人权利，最终满足个人使用需要和其他欲求（如安全、秩序等）。有些公有财产为了公务目的而由公务人员所使用，可被称为公有公用财产（又被称为"国家私产"[2]）。有些公有财产基于公共目标而由公众共同使用，可被称为公有共用财

---

〔1〕 付大学："PPP 特许经营权：一种混合财产权及其保护规则"，载《法学论坛》2016 年第 6 期。

〔2〕 史际春、邓峰：《经济法总论》（第 2 版），法律出版社 2008 年版，第 182 页。

产；有些公有财产为了私人目的而由私人排他性地独占使用，可被称为公有私用财产。

公有公用财产是公务人员基于公共行政而需要使用的公有财产，其不得被用作公务人员的私人目的，也不得被非公务人员所使用。如军事基地的所有财产只有特定的军事人员才能使用，其他社会成员严禁进入。尽管如此，公有公用财产最终仍被个人所使用，因为"公共机构"本身并不是一个活生生的主体，无法自主使用公有财产，而必须由作为公务人员的自然人代为使用。如政府办公楼由每个公务人员所使用、公务车由公务员在履行公务时使用，就连政府的打印机也是为打印公文而由公务员个人来使用等，只是诸如此类的使用目的是为了完成公务。所以，公有公用财产上存在公务员个人的占有权、使用权等权利，一些公有财产甚至被通过薪酬的方式被转化为了公务人员的私人财产（即工资收入）。

公有共用财产是指由社会公众共同使用的公有财产，一般不具有绝对排他性，但在某个人使用时具有特定时空的排他性，经济学中称之为"公共产品或准公共财产"。如某人的汽车在公共道路行驶时，实行"先到先得"原则，在他使用某段公路的同时其他人无法同时使用，只能紧随其后使用而不能排除在先之人。[1]再如，一些公共空间（公园等）私人享有某种财产权。[2]公有共用财产对私人而言尽管不存在使用上的排他性，但仍存在私人财产权，即私人享有使用权及使用时的占有权等。公有共用财产中私的成分要大于公有公用财产，其使用纯粹是为了私的利益。

公有私用财产是指由私人行使独占性使用权的公有财产，其他人无权使用，甚至在法定范围或期限内公共机构也无权干涉和剥夺私人使用权。公有私用财产一般需要向公共机构缴纳一定的费用，

---

〔1〕 Armen A. Alchian and Harold Demsetz, "The Property Right Paradigm", *The Journal of Economic History*, Vol. 33, No. 1, 1973.

〔2〕 Joseph D. Kearney and Thomas W. Merrill, "Private Rights in Public Lands", *Northwestern University Law Review*, Vol. 105, No. 4, 2011.

但要比市场价格低很多。如廉租房（公租房）由公共机构（政府）建设并享有所有权，私人居住者缴纳一定租金后享有排他性居住权；再如一些开发商品房的国有土地，房屋所有者在购买商品房时已缴纳了一定期限（如 70 年）的使用费，进而享有该土地一定期限的排他性使用权；等等。公有私用财产中私的成分要大于公有共用财产，对其使用不仅为了私的利益而且具有独占的排他性。

公有财产中的私人权利只是列举了三大类型，每个类型之中都包含私人成分各异的无数子类。公有公用财产、公有共用财产和公有私用财产中私的成分逐渐增多，但都属于吸附式结合，公有成分仍占核心地位。公有公用财产可以被看作是处于三角形顶点的财产，公有私用财产已离开三角形顶点一点距离。但是，若按财产的三大典型类型划分，这些财产仍可被归为公有财产或近似公有财产，因为公有成分占绝对主导地位。

（二）典型的公-私混合财产（整合式结合）

公有财产与私有财产结合的核心层次就是典型的公-私混合财产。典型例证有公共产品合同外包形成的财产、PPP 模式下财产和政府与私人的共有产权住房。此时，公与私的成分孰多孰少、孰重孰轻有时难以区分，即整合式结合。换言之，公有财产与私有财产结合典型地表现在三种类型，公共产品合同外包之财产、PPP[1] 模式下之财产和共有产权住房之财产。

公共产品合同外包之财产是政府将公共产品和服务的供给、维护等外包给市场上专业的第三方，政府支付一定费用后形成的合同外包财产。合同外包一出现就吸引了学者目光，因为它挑战了政府结构，同时也挑战了"公私泾渭分明"的假定。[2]公共产品合同外包之财产因财产归属不同而可被分为两种：一种财产属于公有财产

---

〔1〕 PPP 模式滥觞于 20 世纪下半叶英国的"私人融资计划"（Private Finance Initiative），在 20 世纪末和 21 世纪初受到各国政府的青睐。

〔2〕 Kimberly N. Brown，"Outsourcing, Data Insourcing, and the Irrelevant Constitution"，*Georgia Law Review*，Vol. 49, Iss. 3, 2015.

而私人享有运营管理等权利；另一种财产属于私有财产而公共机构享有使用等权利。例如，政府将其所有的公共航道日常管理外包给市场专业主体甲，这个航道就不再是纯公有财产，甲对这个航道就享有私人利益，其他人对航道的破坏会造成甲的利益减损，此河道就属于公共产品合同外包之公有财产。再如，美国的私人监狱，监狱属于私人所有而为政府提供监禁犯人的监狱服务，政府支付相应费用，此监狱就属于公共产品合同外包之私有财产。[1]在合同外包之私有财产中，私有属性占主导，但公的成分也占很大比重；而在合同外包之公有财产中，公有属性占主导，但私的成分亦不容忽视。在混合财产三角形中，公共产品合同外包之财产已经接近中间位置，离顶点有一定的距离。

　　PPP 模式下形成了诸多类型的公-私混合财产，可以说是公-私混合财产的典型例证。PPP 模式下之财产类型在理论上可被细分为三种：PPP 之公有主导财产、PPP 之公私同比财产和 PPP 之私有主导财产。PPP 之公有主导财产是公私合作中所形成的财产中公有财产占主导地位或者公有财产占比超过了 50%。如 PPP 模式下修建的高速公路，政府提供土地，私人进行投资建设，约定公路属于国有（即公有），但投资人享有若干年（如 30 年）的收费权。再如混合所有制公司中公有财产（即国有资本）占比超过 50% 等。PPP 之公有主导财产在混合财产三角形之公-私这条边中已处近似中间位置。PPP 之公私同比财产在理论上存在，但在实践中基于决策的需要而很少存在，在此不再展开论述。PPP 之私有主导财产是公私合作中所形成的财产中私有财产占主导地位或者私有财产占比超过了 50%。如 PPP 模式下修建的高速公路，私人享有公路所有权，经营期限届满后政府若收回需要支付对价，或者政府无偿收回，或者私人享有永久

　　〔1〕　Alfred C. Aman Jr., "An Administrative Law Perspective on Government Social Service Contracts: Outsourcing Prison Health Care in New York City", *Indiana Journal of Global Legal Studies*, Vol. 14, No. 2, 2007.

经营权而政府无权收回。[1]再如混合所有制公司中私有财产占比超过了50%。PPP之私有主导财产处于与PPP之公有主导财产相对称的接近中间位置。

共有产权住房，不是私人之间的共有，而是政府与私人之间的共有。2017年4月，住房和城乡建设部和国土资源部联合发布了《关于加强近期住房及用地供应管理和调控有关工作的通知》，第一次提出"共有产权住房"的概念和构想。通过"限房价、竞地价"等方式，建设单位获得政府廉价或免费的建设土地，再将所建住房以低于同地段、同品质普通商品住房的价格卖给购房者。购房者与政府按比例共有该住房产权，前者产权份额参照项目销售均价占同地段、同品质普通商品住房价格的比例确定。购房者享有共有产权住房的占有权、居住权，在其所占份额内享有出租和转让收益权等。政府与私人共有一套住房的所有权，是典型的公-私混合财产。

（三）私有财产的政府规制（吸附式结合）

私有财产都可能涉及公共利益，其涉及公共利益范围不同导致政府规制程度有别，公的成分就有所差异，形成以私为主导的吸附式结合。涉及公共利益的私有财产可以被大致划分为：涉"公"私有财产、涉"他"私有财产和一般私有财产。

涉"公"私有财产与公共利益紧密相关，政府对其实行特别规制的私人财产，也可被称为特别规制的私有财产。私有财产权的行使只要与公共利益紧密相关，就超出了私有财产的范围而带有公的成分。[2]如企业排污权直接影响公众的生命健康，与公共利益紧密相关，排污权就不能完全作为企业私有权，而应当受到公共机构的特别规制。再如，私人所有对外营业的酒店、宾馆等公共场所不能

---

[1]　Ronald J. Daniels and Michael J. Trebilcock，"Private Provision of Public Infrastructure: an Organizational Analysis of the Next Privatization Frontier"，*University of Toronto Law Journal*，Vol. 46，1996.

[2]　Hanoch Dagan，"The Public Dimension of Private Property"，*King's Law Journal*，Vol. 24，No. 2，2013.

对顾客有歧视待遇，不享有完全排他权，顾客享有相应权利。例如，"美国丹尼餐厅案"就证明了这一点。1993年4月，马里兰州丹尼餐厅因拒绝服务六名非裔美国特工而遭到包括六名特工在内的黑人顾客的起诉，诉其违反联邦和州的"公共场所法案"，最终，丹尼餐厅同意支付原告5400万美元来和解此事。[1]涉"公"私有财产虽然离混合财产三角形之私的顶点有点距离，但私的成分仍占主导地位。

涉"他"私有财产是涉及他人利益，公共机构对其实行较严规制的私人财产，也可被称为较严规制的私有财产。这种财产权的行使虽不直接涉及公共利益，但涉及他人利益进而间接影响公共利益，政府需要对财产权进行较严规制。如某私人企业的经营权，若其经营行为存在垄断现象，直接影响其他企业的自由经营权，公共机构需要对其经营行为实行较为严格的规制。再如在分享经济模式下私人财产的商业使用（如滴滴、空中食客"Airbnb"等平台下的分享经济），这些财产都涉及他人利益，需要公共机构对其私有财产进行较严规制以保护消费者利益。涉"他"私有财产已接近私有财产的顶点，混合成分要低于涉"公"私有财产。

一般私有财产是政府对其实行普遍规制的私有财产。私有财产若不涉及公共利益，而且作为"消费财产"[2]不是以营利为目的地商业使用时，公共机构不会主动规制私有财产权的行使。只有行使私有财产权行为侵害他人利益时，公共机构在受害人的诉求下才被动进行规制，这种财产的例子举不胜举。一般私有财产已近似于纯私有财产，处于混合财产三角形的顶点。

二、公-共混合财产及典型例证

公与共是不同的，日本学者富野晖一郎指出，"公共"事务已被

---

〔1〕 Joseph William Singer, "No Right to Exclude: Public Accommodations and Private Property", *Northwestern University Law Review*, Vol. 90, Iss. 4, 1996.

〔2〕 Shelly Kreiczer-Levy, "Consumption Property in the Sharing Economy", *Pepperdine Law Review*, Vol. 43, Iss. 1, 2015.

清楚地划分为"公"的事务与"共"的事务，前者是指借由公权力而能有效完成的事务，后者是指区域社会中透过居民或各种区域资源的网格化所形成的机能性共同事务。[1]公有与共有亦是如此，公有属于"公"的范畴，共有属于"共"的范畴。公有与共有既有联系又有区别，公有是共有的一种特殊形式，是特定行政区域内全体成员的共有，由政府代为行使所有权；共有是特定群体之间的多数人共有而不是全体国民的共有，不由政府代为行使所有权。实践中，公有财产和共有财产经常被合称为"公共财产"，说明二者的彼此交融非常普遍、难以区分。事实上，经常用"公共"指代"公有"或"共有"是未严格区分的表述，此部分在承认公与共区分的基础上分析公-共混合财产。

（一）公有财产的共有利益（吸附式结合）

由于公有财产所有者是特定行政区域的全体成员，因而会产生所有者虚化现象。财产缺少自然人之人格化主体，表现出既是我的又不是我的，既是你的又不是你的。[2]为了解决所有者虚化问题，公有财产必须有一个人格化的公共机构代为行使所有权（如一些国家的公共机构作为公法人直接享有公有财产所有权）。在下文中，笔者将以我国国家机关、事业单位和国有独资企业的公有财产为例，具体分析各类公有财产的共有利益。

国家机关中的公有财产是国家机关作为公有财产支配者所支配的财产，也可以说是公-私混合财产中公有公用财产的另一种说法。尽管国家机关以公共行政为导向、以公共利益为目标支配这些财产，但最终却变成了某个群体的共有利益，因为任何一项公有财产都不可能为了全民利益而存在，即"名为公、实为共"。以农业部为例，

---

〔1〕　〔日〕富野暉一郎：「公益の構造化による公共サービスの変容と公共人材」『変貌する行政 公共サービス・公務員・行政文書』，ぎょうせい2009年版，第18~12页。

〔2〕　史际春、邓峰：《经济法总论》（第2版），法律出版社2008年版，第181页。

其所支配的公有财产最终实现的是某些群体的共有利益。如在 2015 年农业部预算表中，九大支出项目共支出 2 507 102.22 万元，所惠及的不可能是全体国民，而是一部分人（如农民）的共有利益；三公经费支出 13 547.44 万元，直接支配者是农业部及其所属的全体工作人员与相关人员等。虽然国家机关的公有财产最终变成了一部分人的共有财产，但是若没有这些公有财产就不存在国家和政府，就不可能有普通民众生存所需的社会秩序与经济条件，这是一个国家存在的必备条件。尽管如此，这类财产处于混合财产三角形的顶点，共有成分相对最少。

事业单位中的公有财产是事业单位为了某项社会公益事业，作为公有财产支配者所支配的财产，如公立的学校、医院、博物馆、图书馆等所拥有的财产。事业单位虽为公益事业而支配公有财产，但实现的是一群人的共有利益。以北京大学为例，其所支配的财产只是由北京大学师生（学生包括在读的、已毕业的和未来入学的）所共用的，从来都不可能是全民共用的财产。其他任何人都不可能以"北大财产是公有财产"为由向北大图书馆借出一本书。尽管如此，事业单位的公有财产依然为整个社会的发展做出了巨大贡献。这类财产接近三角形的顶点，共有成分比国家机关的公有财产多一些。

国有独资企业中的公有财产是国有独资企业所拥有的公有财产。国有企业的营利，除了向国家缴纳税款和上缴一部分利润外，更多地由企业自由支配，用于支付企业日常经营支出和员工工资支出。从最有利于某些群体而言，国有独资企业的公有财产与其说有利于全体国民的全民所有财产还不如说更有利于企业高管、员工的共有财产，因为经营好坏会直接影响企业高管和员工切身利益。因此，国有独资企业的公有财产仍占主导，但体现了更多的共有利益。

（二）典型的公与共混合财产（整合式结合）

典型的公-共混合财产最为普遍，以下仅以集体所有财产、城市公共空间和宗教财产为例分析典型混合状态。

　　集体所有财产在我国属于公有财产的一部分，同时又是全体集体经济组织成员的共有财产，是典型的公-共混合财产。一般而言，集体所有是团体所有的另一种称谓，被视为是一种共有财产，而在我国集体所有被定位为公有的一部分，因此不能简单地将我国集体所有看作是一种共有。如集体所有企业，既属于公有财产又属于集体经济组织成员的共有财产。在混合财产三角形中，集体所有财产已接近公-共混合这条边的中间位置。

　　城市公共空间既属于公有财产，又是特定区域居民的共有财产，能给他们带来更大利益。以城市公园为例，它不仅是周围居民休闲、娱乐和健身场所，而且还提升了周围房地产价值。美国学者研究发现，公园所增加的房地产价值 80% 被 500 英尺以内的房地产所捕获，而对 2000 英尺以外的地产价值基本没有影响。[1]有学者提出，周围居民对公园享有毗邻财产权，法律应赋予毗邻居民"反财产权"（antiproperty rights）以阻止将公园变为商业性开发项目。[2]在美国，很多政府所有的公园由当地居民组成的自治组织进行管理，体现了"地方公-共混合物"（local public commons）属性。[3]城市公共空间公有和共有成分平分秋色，应处于公-共混合财产的中间位置。

　　宗教财产包括宗教的建筑物、附属设施以及所占用的土地等。宗教财产一方面是宗教信仰人士的共有财产；另一方面由于我国土地和所有文物都属于公有财产，宗教财产中的土地及文物也不例外。可见，宗教财产是典型的公-共混合财产。基于此，冯玉军提出在保护国家对一些宗教财产所有权基础上确立宗教团体的区分所有权（共

〔1〕　John K. Hagert et al.，"Benefits from Urban Open Space and Recreational Parks：A Case Study"，*Northeastern Journal of Agricultural and Resource Economics*，Vol. 11，Iss. 1，1982.

〔2〕　Abraham Bell and Gideon Parchomovsky，"Of Property and Antiproperty"，*Michigan Law Review*，Vol. 102，Iss. 1，2003.

〔3〕　Amnon Lehavi，"Property Rights and Local Public Goods：Toward a Better Future for Urban Communities"，*Urban Lawyer*，Vol. 36，Iss. 1，2004.

有权）。[1]宗教财产之共有成分与公有成分虽相差无几，但前者仍应大于后者。

（三）共有财产的政府规制（吸附式结合）

共有财产主要涉及共有人利益，但有些共有财产涉及公共利益或他人利益，公共机构一般会对该类共有财产进行规制，下文以历史形成的特定财产、基金会财产和非政府组织财产为例证进行分析。

历史形成的特定财产是经过漫长历史且在特定人文环境或自然环境下形成的财产，如非文物类文化遗产、地理标志等。以地理标志为例，它是基于原产地的自然气候条件、特殊工艺等而形成产品特殊品质，是原产地世代劳动者的集体智慧结晶，对原产地劳动者而言是一个共有财产。为了保护消费者利益，政府对地理标志的申请、使用等有严格的管制。历史形成的某些特定财产由于涉及公共利益或者他人利益，一般都会受到公共机构的严格管制。

基金会财产涉及财产捐赠人、受托管理人和受益人等多方主体，每个人都不享有基金会财产的完整所有权，只享有所有权的部分权利束，因此基金会财产成了各方主体的共有财产。基金会财产涉及各共有主体的利益，还涉及不特定的未来受益人的利益，公共机构一般会采取法律手段对基金会财产进行规制。

非政府组织财产是民间自发组织的非营利公益团体所拥有的财产，此处的非政府组织不同于我国必须登记注册的社会团体。如一些非政府组织，其财产主要来源于捐赠，财产属于全体会员共有，但用于公益事业的由常设组织机构代管。国外对这种财产的公共管制最少，我国从2016年开始对境外非政府组织在我国的活动进行规制，其财产也要受到公共规制的影响。尽管如此，这种财产的共有成分占绝对主导，公有成分非常之弱。

---

[1] 冯玉军："中国宗教财产的范围和归属问题研究"，载《中国法学》2012年第6期。

三、共-私混合财产及典型例证

共与私的划分随着分享经济和分享财产的发展愈来愈困难。过去法律常用二进制划分（个人的和商业的、无偿的和有偿的、正式和非正式的）来定性人们的活动，现在财产分享活动模糊了这种熟悉的二进制划分。分享经济下快速创新步伐对任何固定分类都是一个巨大的挑战。[1]因此，在现代共享经济下，共-私的混合成了一种必然趋势。

（一）共有财产的私有利益（吸附式结合）

很多共有财产来源于私人、用于私人。笔者在下文中将以非政府组织财产、政党组织财产和私有企业财产为例证分析共有财产的私有利益。不过，这种混合财产是以共有财产为核心的吸附式结合，仍归于共有财产类型。

非政府组织财产接近于财产三角形的顶角交汇处，除了受少许公共规制外，还存在私人利益的限制。非政府组织在接受私人捐赠财产时，捐赠人对财产使用具有私人利益的限制，会与非政府组织就财产使用进行相关约定。非政府组织财产虽然存在一定的私有利益，但其仍属于以实现公共利益或特定人群共有利益为主要目标的共有财产。

政党组织财产是政党党员所缴纳的党费或接受捐赠等形成的财产，应属于全体党员的共同财产，任何一国的法律都不会直接调整政党财产，一般由党内规章制度对财产进行规范。

私有企业财产，不论是否具有法人资格，该企业财产都属于全体出资人或股东共有，自然人成立的一人公司除外。如私人成立的有限责任公司，公司财产属于全体股东共有，公司法人享有财产支配权即"法人财产权"，每个股东对公司都享有私有财产利益。公司解散时，公司偿还税款、债务等之后的剩余财产仍归股东私人所有。

---

〔1〕　Kellen Zale, "Sharing Property", *University of Colorado Law Review*, Vol. 87, Iss. 2, 2016.

（二）典型的共-私混合财产（整合式结合）

小区共有财产。居民小区（美国称为"共有权益社区"）全体业主所共有的财产包括共有设施和共有部位，其物权关系在我国物权法中被称为"建筑物区分所有"。小区共有财产的共-私混合主要体现在业主专有部分的私有与社区共用部分及设施的共有之间的混合。在美国，由小区全体业主组成的"邻居协会"（neighborhood association）作为一个独立实体，拥有道路、花园和共有建筑等共有部分，并执行业主公约和向业主提供基本服务，由协会全体成员选出的董事会来管理协会。而业主既对个人房屋拥有私有权，又作为共有人对共有部分拥有一定比例的利益。尼尔森提出集体私有财产权为克服"搭便车"问题提供了一种途径，应取代区分所有制。[1]我国的业主大会及其委员会与美国的邻居协会和董事会有诸多相同之处又有些不同，但都是混合财产的决策机构和执行机构。

共有私产。共有私产是指由许多个体组成的一个特定群体，为了处理群体内共同面临的问题或者为了发展共同的事业，每个成员分别让渡一部分私人财产或用人单位的福利（主要是货币）而形成的特定成员间共用的一种财产，如维修资金[2]、住房公积金、企业年金等。共有私产突破了私有财产的属性，是因为它具有很多共有财产的特征。首先，共有私产权利主体的复数性是特定的多数人。其次，共有私产权利内容的共享性，每个权利人不享有单独转让权。共有私产也突破了共有财产的属性，是因为它具有很多私有财产的特征。首先，共有私产是私人让渡所形成的，具有私人利益。其次，共有私产的最终目标之一是实现私利益，实现共有群体中个体福利最大化。

---

〔1〕 Robert H. Nelson, "Privatizing the Neighborhood: A Proposal to Replace Zoning with Private Collective Property Rights to Existing Neighborhoods", *George Mason Law Review*, Vol. 7, Iss. 4, 1999.

〔2〕 付大学："混合财产视阈下维修资金治理困局之破解"，载《经济法学评论》2017 年第 1 期。

半共地财产权。"半共地"（semicommons）财产权是财产法学家史密斯发现的一种财产组合类型，是私有财产和共有财产的结合体，最早出现在英国中世纪的"开放地"（open fields）制度中。在开放地制度中，农民对种植在自己拥有的 1 英亩狭长地块上的谷物享有私有财产权，狭长地块分布于（围绕中心村周围的）两至三大块的田地里。基于这样的分布特点，在某些季节，农民有义务将土地以共有形式开放给所有放牧主以放牧牲畜，这使他们能够利用规模经济来放牧和私人激励来种植，使半共地同时在两种规模下运行。[1]通过狭长地块"分散"设计来避免放牧者的策略行为。虽然开放地形式的半共地财产制度在英国已经消失，但半共地财产权在现代社会依然存在。如互联网财产就是一种半共地财产权，它混合了个人计算机信息私有财产和网络资源共有财产。[2]再如，实行私有化国家的流动水体[3]、电信[4]等资源财产都属于半共地财产权。半共地财产权成功地融合了共有和私有财产的重要成分，是分析共-私混合财产的典型例证。

（三）私有财产的共有权利（吸附式结合）

随着分享经济的不断发展，私有财产之上共有权利与利益越来越普遍。笔者在下文中将以分享财产中共有权利、家族财产、家庭个人财产为例分析私有财产中的共有权利。这种混合财产是吸附式结合，仍可归为私有财产。

分享财产中共有权利是指所有人将其对财产的某些权利分享之后，他人对其财产所享有的某个期间的占有权和使用权等，从而形

---

〔1〕　Henry E. Smith, "Semicommon Property Rights and Scattering in the Open Fields", *The Journal of Legal Studies*, Vol. 29, Iss. 1, 2000.

〔2〕　James Grimmelmann, "The Internet is a Semicommons", *Fordham Law Review*, Vol. 78, 2010.

〔3〕　Henry E. Smith, "Governing Water: the Semicommons of Fluid Property Rights", *Arizona Law Review*, Vol. 50, 2008.

〔4〕　Henry E. Smith, "Governing the Tele-Semicommons", *Yale Journal on Regulation*, Vol. 22, 2005.

成所有人和其他人对某项财产在一定时期内享有共有权利。以空中食客"Airbnb"为例：房主将其多余的房屋出租给临时租客，二者共同分享房屋的使用权，房客与房东在租赁期间对房屋享有共用权。

家族财产是一些家族经过一定历史发展所积累的私有财产。这个财产属于私有财产，但以家族共有的形式存在。如家族祠堂是一个家族祭祀祖先和先贤的场所，由家族成员共同出资建设而成，家族祠堂财产是我国特有的一种家族私有财产，隶属于该家族的每个家庭享有共有权利。

家庭个人财产（也是公-私混合财产中的"一般私有财产"，在三角形顶点处二者是重合的）应该是混合成分最少的一种财产，但仍然存在共有成分，如家庭私有财产由家庭成员共有。即使是家庭中个人私有财产，行使权利时也承担着不侵害其他人权利的义务，受到政府的一般规制。

第四节　现代社会混合财产凸显之基础原因

布莱克斯通所言的"财产权是一人主张并对世界上的外部事物行使的'唯一和专制的支配权'"，[1]实际上是不存在的，所有财产都是混合的，只是混合成分的多寡不同而已。财产混合性是财产的一个固有本性，其存在多种内外部因素，内部因素是上文所述的"物自性"和"互需"，外部因素是政治、经济等外部环境制度。此部分将对混合财产在现代市场经济国家凸显的外部因素展开论述，主要涉及相互融合的社会制度、混合经济、混合所有制、分享经济等。

一、混合财产之社会制度原因——两种社会制度的融合

现代两大基本社会制度在相互竞争中不断汲取对方优点，逐渐

---

〔1〕　William Blackstone，"Of Property in General"，in William Blackstone（ed.），*Commentaries on the Laws of England*（*II*），Oxford：Clarendon Press，1803，p.1.

趋于融合。社会主义借鉴资本主义私有财产制度激活私人主体，而资本主义借鉴社会主义公有财产制度实现社会公平。抛开政治因素，资本主义和社会主义之间的财产制度没有本质的区别，只有量的不同。私有财产在资本主义社会中存在量的优势，而公有财产在社会主义社会中存在量的优势。两种社会制度的融合带来了不同财产之间的混合。

（一）社会主义社会借鉴私有财产权制度形成混合财产

为了调动个体生产劳动的积极性，社会主义社会引入资本主义社会私有制度，形成了公-私混合财产。以我国集体所有土地为例，在 20 世纪 80 年代初全面实行土地改革之前，土地实行集体所有集体耕作，所有劳动成果由村民集体所有而不能私有，实行"干多干少一个样"的绝对平均主义政策。在土地绝对公有制度下，人们发现劳动者丧失了生产劳动的积极性，生产效率低下、农业发展乏力。1978 年，安徽省凤阳县凤梨公社小岗村实行的"家庭联产承包责任制"开启了土地财产权（而不是全部所有权）私有化改革，引入了之前认为资本主义专有的私有财产制度，无不是大胆尝试。农村土地实行集体所有家庭承包，每个家庭对某块土地享有一定期限（如 30 年等）的承包经营权。承包经营权属于一个家庭的私有财产权，家庭承包经营土地收益除上缴一定比例给国家之外全部归家庭私有，体现了"多劳多得、不劳不得"的思想，有效地调动了农村居民农业生产劳动的积极性。经过土地改革之后，我国集体所有土地就变成了一个公-私混合财产。土地所有权属于全体村民集体所有，集体所有在我国属于公有的一种，是公有财产；而每个家庭都享有某块土地的承包经营权，包括所承包土地的占有、使用和收益等权利，承包经营权属于私有财产，因此，农村土地财产就具有了公-私混合属性。

我国改革开放后经济的巨大发展，与借鉴资本主义私有财产权制度紧密相关，形成了无数公-私混合财产及其相关权利，如宅基地使用权、城市建设用地使用权、集体企业承包经营权等。与之形成鲜明对比的是，那些没有借鉴资本主义社会私有财产权制度的社会主义国家，其经济仍处于效率低下、社会贫困的滞后状态。

（二）资本主义社会借鉴公有财产制度形成混合财产

为了保障公共利益和实现社会公平，资本主义制度在与社会主义制度竞争时借鉴社会主义公有财产制度形成了公－私、共－私混合财产。瑞克在 1964 年发表于《耶鲁法律期刊》的《新财产权》一文中提出了新型财产权观点。他提出，政府通过权力和税收，在大量吸取财富的同时，以多种形式释放财产：现金、救济金、服务、合同、特许经营和许可，成为一些市场主体财富的主要来源。[1]瑞克将这些来源于政府的财富称为新型财产（权）。新型财产（权）正在改变着人们的社会生活方式，改变着个人主义和独立性的基础，改变着政府的运行模式。政府大量吸收财富就是一种公有化的过程，抛弃了"私有财产制度可以解决一切问题"的幻想，推行类似于社会主义的社会政策。北欧国家实行高税收、高福利的福利国家政策正是这种情形的典型例证，瑞典、芬兰和丹麦在 1995 年的税收占 GDP 的比重分别为 47.5%、45.7% 和 48.8%，同时，政府支出占 GDP 的比重达到世界最高水平，分别是 67.1%、61.4% 和 59.2%。[2]从财产角度来看，实行福利国家政策就是推行社会主义社会中的一些财产制度。

现代资本主义混合财产形成过程恰恰与社会主义相反，首先将私有财产变为公有财产，然后将公有财产的某些权利赋予私人，形成公－私混合财产。以政府的特许经营为例，政府首先通过行政权力将某些行业的经营权转变为政府所有，然后依据法定程序授予具备条件的私人经营，以保障其实现政府所要保护的公共利益目标。在自由资本主义社会是不存在特许经营行业的，所有行业都是人们可以自由经营的私人领域，私人不愿经营的行业政府才应涉足。瑞克

---

〔1〕 Charles A. Reich, "The New Property", *The Yale Law Journal*, Vol. 73, Iss. 5, 1964.

〔2〕 ［美］维托·坦茨:《政府与市场:变革中的政府职能》，王宇等译，商务印书馆 2014 年版，第 13、307 页。

指出，新型财产权打破了公共和私人之间的界限，以及由此产生了公与私的融合。许多政府的职能都是由私人来执行的；更多私人活动也不再以私人的方式进行。[1]

二、混合财产之经济原因

（一）混合经济与混合财产

混合经济是一国经济中资源配置形式的混合，是计划经济和市场经济的混合，是政府和市场的混合，不同于混合所有制。混合所有制是指一个企业所有成分中包括国有成分、私有成分和其他成分。混合经济是资源配置方式的混合，而混合所有制是所有制形式的混合。二者也有联系，混合经济是混合所有制产生的基础，因为只有政府与市场两种资源配置方式的结合才会产生所有制关系的混合。

政府和市场都存在自身的缺陷，单独依靠一种资源配置形式难以很好地组织经济的运行，二者的结合要优于彼此独立的配置方式。[2]完全的计划经济和市场经济是不存在的，所有国家的经济都是混合经济。[3]政府和市场是资源配置的两个方式，政府能实现公平，市场则能提高效率。一个国家仅利用政府配置资源，经济发展就丧失了效率；而仅利用市场配置资源，经济发展就丧失了公平；二者混合是为了在确保适度公平的前提下提高经济发展效率。除了效率和公平之外，混合经济还由政府和市场的自身缺陷所致。市场的缺陷就是市场在资源配置时会导致负外部性、垄断、公共产品缺失等自身无法纠正的失灵问题，需要政府出面干预。政府的缺陷就是政府在配置资源时会出现权力寻租、官僚主义、低效率、忽视个人偏好等自身难以解决的失灵问题，需要市场进行调节。这是混合经济的

---

[1] Charles A. Reich, "The New Property", *The Yale Law Journal*, Vol. 73, Iss. 5, 1964.

[2] ［法］让-多米尼克·拉费、雅克·勒卡荣：《混合经济》，宇泉译，商务印书馆1995年版，第40页。

[3] ［美］保罗·萨缪尔森、威廉·诺德豪斯：《萨缪尔森谈效率、公平与混合经济》，萧琛主译，商务印书馆2012年版，第45页。

基本理论前提。

混合经济是混合财产产生的基础。国家在以政府作为资源配置方式时以国有财产为依托。一方面，政府通过经济、法律和行政手段将一些资源转变为国有财产，如通过税收、征收等手段将私有财产转变为国有财产。另一方面，政府通过相应手段将国有财产分配给个体使用和消费。国家在以市场作为资源配置方式时以私有财产为前提。一方面，通过法律手段确认和保护私有财产，让每个稀缺资源产权明晰；另一方面，允许私有财产进行自由交易并确保交易安全，维护交易秩序。若两种资源配置方式相互独立地存在于一国经济中，只能说明该国的财产制度中既有国有财产又有私有财产，仍不能证明混合财产之存在。只有当政府和市场同时对某个资源进行配置时才可能出现混合财产，现实中，政府和市场往往是同时发挥作用的。假设甲乙双方进行汽车买卖，二者的交易一定是以私有财产为基础，通过市场价格和供需机制的一种资源配置方式。同时，甲乙双方要依法缴纳税款，而且不得侵害国家利益、公共利益和其他人利益，否则便将受到法律制裁等，这又是政府配置资源的方式。甲乙双方汽车财产权的买卖在市场和政府同时配置其资源的情况下就具有了混合属性。可见，以国有财产为主导的计划经济与以私有财产为主导的市场经济之间的混合就会产生混合的财产制度。

（二）混合所有制与混合财产

混合所有制的目标在于实现企业更好的营利、提升企业的效率，成为目前国企改革的一个重要路径。私有资本的逐利性和公有资本（包括集体资本和国有资本）的公益性表面上看似水火不容，但具体的分析可能并非如此。公有资本的第一目标仍是营利，只是其营利后用于社会公共目的，不是与民争利而是与私人大企业争利。[1]从资本逐利目标上看，私有资本与公有资本是一致的，二者的结合也顺理成章。公有资本营利的目的主要是实现公益，对管理人的激励

---

[1] 史际春："论营利性"，载《法学家》2013年第3期。

远远小于私有资本，一直因效率低下而饱受诟病，引入私有资本后有利于提升公有资本的效率。私有资本与公有资本的结合有助于发挥不同资本的各自优势，实现互利共赢。

混合所有制形成了典型的公-私混合财产，虽然所有制不同于所有权，更不同于财产权，但所有制会影响财产的法定类型。混合所有制形成的财产是私有财产还是公有财产？若定位为公有财产是对私有财产的漠视，若定位为私有财产则是对公有财产的侵害。实践中以称呼为国有控股公司或国有参股公司来回避某个混合所有制企业的属性问题，然而，一般都是将其归入国有企业之列，显然不利于私有财产平等保护。从理论角度分析，混合所有制中形成的财产就是一种典型的混合财产，是私有财产和公有财产的混合。

（三）分享经济、分享财产和混合财产

混合经济和混合所有制主要带来公有财产与私有财产的混合，而分享经济和分享财产则主要产生私有财产与共有财产的混合。

威茨曼发现用宏观的财政政策、货币政策等经济手段只能使经济在停滞和膨胀之间不停摇摆，从一个极端到另一个极端，不断交替出现。要想彻底解决停滞与膨胀问题，必须从微观经济入手彻底改变雇员报酬制度，将固定工资制度改为分享工资制度。政府应采用各种诱导和激励措施引导企业将职工固定薪酬制度调整为职工薪酬与企业利润、收益相挂钩制度，即企业收益与职工分享。[1]这就是威茨曼首创的分享经济理论。在分享经济理论的影响下，很多企业推行员工持股计划、股份期权计划等，从而促使企业财产权的私有与共有的混合。

现代分享经济思想已经发生巨大变化，任何个人和组织将其拥有的任何资源进行分享以提升资源利用率避免独占所有权所造成浪费的行为，都属于分享经济的行为。分享财产是分享经济的一种，是指甲将其拥有或占有的财产临时交由乙（或者排他性地或者与甲

---

〔1〕［美］马丁·L. 威茨曼：《分享经济——用分享制代替工资制》，林青松、何家成、华生译，中国经济出版社1986年版，第1~5页。

同时地）占有或使用，协议期满之后财产仍由甲所有或占有。[1]如滴滴网约车平台实现了私家车与他人的分享，从而提升私家车的利用率，所获收益在平台运营商和私有车主之间分享，同时出现了财产分享和利润分享现象。随着移动互联网等新技术的发展，分享财产权成了现代经济创新的一种模式。私有财产与他人分享产生了私有和共有的混合，尽管这个分享可能是短暂的、临时的，但已经深刻地改变了财产权关系，被分享的财产不仅关系所有权人的利益也关系他人利益。分享经济推动了共-私混合财产的快速发展与多样化发展，如网约汽车与共享汽车就是两种不同的共-私混合财产类型。

第五节　一些典型混合财产的特殊功能

正如结合具有释能性一样，所有财产结合都是为了释放财产的某种功能，以期资源最大化利用，提升社会福祉。典型混合财产的出现也是要释放一些特殊功能。典型混合财产除了具有财产的一般功能外，还实现福利功能、互助功能、分配功能和共益功能等特殊功能。

一、福利功能

福利的第一层涵义常用"效用"一词来表达，所有财产对个人都产生一定的"效用"或者"预期效用"，[2]但有些"效用"无法从个人所有的财产中获得，需要从其他类型财产才能得以实现。以共-私混合财产为例，一些混合财产的建立就是为了更好地实现个人的某些特定福利要求，满足个人为过上体面生活所需的基本财产条件。如住房制度改革之后，为了满足工薪阶层的住房需求和减轻购

---

〔1〕　Kellen Zale，"Sharing Property"，*University of Colorado Law Review*，Vol. 87，Iss. 2，2016.

〔2〕　［美］路易斯·卡普洛、斯蒂文·沙维尔：《公平与福利》，冯玉军、涂永前译，法律出版社 2007 年版，第 18 页。

房时的经济压力，我国设立了住房公积金制度。住房公积金就是由用人单位和职工个人按照工资的一定比例缴纳费用所形成的共-私混合财产（共有私产的一种），在买房时缴纳公积金的职工可以向住房公积金资金池中申请贷款，就是企业给职工的一种福利。从职工个人角度，住房公积金实现了职工住房福利要求的预期效用。除此之外，作为共-私混合财产的企业年金等也是福利功能的体现。

福利的第二层涵义为社会福利。一般认为，社会福利是政府提供给社会公众的"小费"，从而，政府可以用其认为适合的方式提供。[1]虽然"小费"的比喻可能并不恰当，但社会福利的主要资金来源为财政资金，如困难家庭的"最低生活保障制度"等。最低生活保障资金在发放之前就是公-共混合财产。一方面，该资金是公有财产；另一方面，该资金惠及低收入群体的利益，即公有财产之共有利益。最低生活保障资金最终实现了社会福利功能，一部分弱势群体受到了政府的倾斜保护。再以作为公-共混合财产的城市公园为例，建设一个公园对周围居民而言就是一种社会福利，不仅增加了周围房产的价值，而且提供了一个休闲娱乐的场所。总之，公-私混合、公-共混合和共-私混合财产中的诸多财产都具有某种特殊的福利功能。

二、互助功能

由于个体之间的能力差异以及不幸事件时常发生等因素，一些人要想过上正常的生活离不开外界的帮助。来源于政府的帮助属于社会福利，来源于他人的帮助属于互助（特定成员之间的互相帮助）。一些成员之间为了互相帮助，成立了各种互助社群，所形成的共-私混合财产就具有互助功能。互助基于成员之间的自利性和利他性。从自利角度，一些互助社群成员希望在自己遇到困难时能得到其他社群成员的帮助，因而为了成为会员愿意提前让渡一些财产。

---

〔1〕　Charles A. Reich, "Individual Rights and Social Welfare: The Emerging Legal Issues", *The Yale Law Journal*, Vol. 74, Iss. 7, 1965.

从利他角度，一些互助会成员基于帮助他人的目的让渡其一部分财产，进而从帮助他人中获得幸福感。

除了互助社群财产外，作为共-私混合典型财产的共有私产都有一定的互助功能，个人私有财产如能实现的功能，就不会有共有私产存在的一席之地。私有财产集合形成共有私产，其某方面功能要大于私有财产，本身就是财产权互助功能的体现。如住房维修资金体现了业主之间的互助；企业年金和住房公积金体现了已缴纳职工之间的互助。共有私产将分散资金汇集到一起后才产生规模效应，以应对个人难以克服的困难。

三、分配功能

一个国家的财产制度都是其经济资源配置制度的直接反映，即财产制度服务于资源配置。正如有学者所言："财产制度的另一个重要功能是助长某些手段并阻止其他手段，促使个人或团体利用该手段获得他们生产和消费所需要的资源。"[1]可见，财产制度是资源配置的一个重要工具。与其他财产的配置资源功能相比，一些混合财产则直接体现为分配功能，如社会保险财产等。

社会保险由用人单位、个人和政府共同出资，是典型的公-共-私混合财产。其分配功能体现在：一方面，社会保险是用人单位和劳动者之间的一种利益分配。用人单位是社会保险的出资者（部分或者全部），而劳动者却成为共有私产财产权的享有者，即用人单位承担出资义务，而劳动者享有权利。另一方面，社会保险本身就是一种再分配。政府通过税收等方式筹集财政资金，然后通过对社会保障资金注资方式实现财富的再分配。

四、共益功能

共益是相对于私益、公益而言的，是特定成员间的共有利益。

---

〔1〕 C. Edwin Baker, "Property and Its Relation to Constitutionally Protected Liberty", *University of Pennsylvania Law Review*, Vol. 134, Iss. 4, 1986.

人与人之间的社群化生活形成了许多超出个人私益但达不到公益范畴的共有空间和共有利益。基于人的自利性假设和"搭便车"偏好，共有利益经常被忽视，甚至被侵害，即公地悲剧。为了避免共有利益被过度损耗、共有空间无人照管等问题，特定成员共同出资形成共-私混合财产以维护共有利益。

私益、共益和公益三者中，私益由于权利主体明晰而受到充分的保护；虽然权利主体相对模糊，但公益由政府代为保护，其保护主体和保护责任还算明确；共益（尤其是成员较多的共益）经常缺少有效的保护，在成员之间沟通协调不畅时就容易受到侵害。一些共-私混合财产的出现就是为了解决共益问题，在共益受到损耗时能有足够的财力予以解决，也是互助功能的另一种表述。共-私混合财产的共益功能弥补了政府的精力不济与私人的财力不济，实现了特定成员间的合作共赢。

混合财产的多样性并不意味着虚无，[1]恰恰是财产权实践丰富性的真实反映。混合财产是结合论在财产领域的一个实践运用。很多财产虽然具有其他混合成分（吸附式结合），但它本质特征没有改变，依然可以被纳入传统公有、共有和私有三分法之内。然而，一些典型的混合财产已发生质的变化（整合式结合），难以被放入传统三分法之中，法律必须承认其混合财产之定位，从而设定特殊的"权利束"配置方式，以避免被纳入原有制度之后造成权利人之间的"权利束"彼此倾轧[2]而产生纠纷。根据财产的价值理论与结合的释能性，财产法律制度是创造和保护财产所有权固有价值的制度，[3]实现特定功能目标。混合财产就是不同主体所有权之混合，作为所有权的普遍特性必须得到立法与司法的重视，才能实现混合

〔1〕 Amnon Lehavi, "Mixing Property", *Seton Hall Law Review*, Vol. 38, Iss. 1, 2008.

〔2〕 冉昊："反思财产法制建设中的'事前研究'方法"，载《法学研究》2016年第2期。

〔3〕 Abraham Bell and Gideon Parchomovsky, "A Theory of Property", *The American Economic Review*, Vol. 57, No. 2, 1967.

财产的固有价值。

我国财产法律制度的概念主义思想较浓，其优点在于体系性较强，有利于人们知悉与研究。然而，财产不仅是一堆概念，更重要的是一个工具，是一个有利于政府施政与人们交往、促进社会发展的工具。混合财产主要基于财产的工具主义而产生，纯公有财产、纯私有财产和纯共有财产的不同结合实现不同的工具价值和功能，以弥补三者的不足。建立混合财产之后，财产理论的涵摄能力大大增强，很多新出现的财产权（如特性经营权、个人信息财产权等）能被纳入其中，避免其属性定位陷入进退维谷的尴尬。

第六章

平衡协调论：基于发展规划法的研究

刘文华主编的《经济法》（第 5 版）指出，平衡协调是指经济法的立法和执法从整个国民经济的协调发展和社会整体利益出发来调整具体经济关系，协调经济利益关系，以促进、引导或强制实现社会整体目标与个体利益目标的统一，保证社会经济持续、稳定、协调地发展。[1]刘文华多次强调经济法是中道之法，讲究平衡协调。作为本土资源，"中道"是中国传统的重要哲学思想。儒家经典《中庸》有云："喜怒哀乐之未发，谓之中。发而皆中节，谓之和。中也者，天下之大本也。和也者，天下之达道也。"[2]经济法"平衡协调论"契合"中道"思想，为现代学科话语体系披上了一层传统底色，具有旺盛的理论生命力。

第一节　"平衡协调论"思想发微

一、"平衡协调论"历史渊源考

中道思想作为中国传统的重要哲学思想其来有自。《说文解字》曰，"中"字"内也。从口。丨，上下通"。[3]儒家强调中庸之道，郑玄注《礼记·中庸》云："庸，用也。"[4]"中庸"就是中的运用，

---

〔1〕　刘文华主编：《经济法》（第 5 版），中国人民大学出版社 2017 年版，第 49 页。
〔2〕　（南宋）朱熹：《四书章句集注》，中华书局 1983 年版，第 18 页。
〔3〕　（东汉）许慎：《说文解字》，徐铉校定，中华书局 1963 年版，第 14 页。
〔4〕　（汉）郑玄注，（唐）孔颖达疏：《礼正正义》（下），龚抗云整理，北京大学出版社 1999 年版，第 1422 页。

就是用中，也就是不陷于某一极端，依正道而行，不偏不倚。[1]在孔子看来，"中庸"要符合道德礼义之要求，不能逾矩。《论语·雍也》曰："中庸之为德也，其至矣乎。"[2]达致中庸要依靠一定的方法，如《中庸》载"执其两端，用其中于民"[3]等。"时中"是君子的美德，《中庸》曰："君子之中庸也，君子而时中。"[4]在孔子看来，"中"并非静止不动，而是因时制宜、恰如其分，使自己的行为与"时"保持一致。迨至后世，儒家的中庸之道有所发展，理学阶段的"中庸"被赋予常理之色彩。《四书章句集注·中庸章句》载："子程子曰：不偏之谓中，不易之谓庸。中者，天下之正道，庸者，天下之定理。"[5]朱熹云："中者，不偏不倚、无过不及之名。庸，平常也。"[6]《朱子语类·卷十八》载："天然自有之中，是时中……天然自有之中是指事物之理。"[7]中庸之道，儒家的人赞成，道家的人也一样赞成。"毋太过"历来是两家的格言。因为照两家所说，不及比太过好，不做比做得过多好。因为太过和做得过多，就有适得其反的危险。[8]如《道德经》第九章有云："持而盈之，不如其已。"[9]相较儒家，道家的中道思想更为强调矛盾双方的相互转化、相互作用。如《道德经》第四十章云："反者道之动。"[10]向着相反的方向转化，形成了事物的运动状态，此乃"道"运动的规

---

〔1〕 参见方立天：《中国古代哲学问题发展史》（上），中华书局1990年版，第200页。

〔2〕 杨伯峻译注：《论语译注》，中华书局1980年版，第64页。

〔3〕 （南宋）朱熹：《四书章句集注》，中华书局1983年版，第20页。

〔4〕 （南宋）朱熹：《四书章句集注》，中华书局1983年版，第19页。

〔5〕 （南宋）朱熹：《四书章句集注》，中华书局1983年版，第17页。

〔6〕 （南宋）朱熹：《四书章句集注》，中华书局1983年版，第17页。

〔7〕 （南宋）黎靖德编：《朱子语类》（第2册），王星贤点校，中华书局1986年版，第411页。

〔8〕 参见冯友兰：《中国哲学简史》，涂又光译，北京大学出版社1985年版，第26页。

〔9〕 陈剑译注：《老子译注》，上海古籍出版社2016年版，第29页。

〔10〕 陈剑译注：《老子译注》，上海古籍出版社2016年版，第151页。

律。第四十二章云："万物负阴而抱阳，冲气以为和。"[1]万事万物"和"之状态乃阴阳二气激荡而生。又如第二章曰："故有无相生，难易相成，长短相形，高下相倾，音声相和，前后相随。"[2]第五十八章载："祸兮福之所倚，福兮祸之所伏。"[3]此外，《道德经》第五章云："多闻数穷，不如守中。"[4]此处的"中"通"冲"。在老子看来，保持虚静也是中道思想的重要内涵。

与中国传统哲学相似，西方早期哲学亦注重中道思想。亚里士多德受乃师柏拉图的影响，对"中庸"概念进行了系统诠释。其认为达致中庸即具有美德，美德本身乃中庸之道。从比较视角观察，中西传统哲学的中道思想均非是简单的折中主义，都强调不偏不倚、合宜适度，注重中道与道德的关联。相较而言，中国传统的中道思想更为讲究平衡、和谐的状态，其要义乃在于贯通与平衡。《中庸》有云："致中和，天地位焉，万物育焉。"[5]运用中道之法观察、分析事物，不能只聚力于静止的一点，而是要贯通事物的发展逻辑，不偏不倚地考察对立因素，通过各方的相互作用、相互影响，达致平衡之最佳状态。

中国传统的中道思想是经济法"平衡协调论"的历史渊源。经济法是中道之法，"平衡协调论"乃抽绎于经济法产生、发展的一般规律，将平衡协调思想贯穿于经济法体系的各个部分，具有部门法哲学的深厚意涵。作为经济法的元理论，"平衡协调论"遵循经济法的内在理念，在分析、解决经济法问题的过程中凝练而成，具有重要的方法论意义。

二、现代经济法的源起与"平衡协调论"

刘文华认为，现代经济法只有两家，即社会主义经济法与资本

[1]　陈剑译注：《老子译注》，上海古籍出版社 2016 年版，第 161 页。

[2]　陈剑译注：《老子译注》，上海古籍出版社 2016 年版，第 7 页。

[3]　陈剑译注：《老子译注》，上海古籍出版社 2016 年版，第 217 页。

[4]　陈剑译注：《老子译注》，上海古籍出版社 2016 年版，第 18 页。

[5]　（南宋）朱熹：《四书章句集注》，中华书局 1983 年版，第 18 页。

主义经济法，它们都是现代社会经济各种矛盾的两个矛盾方面平衡、协调、结合的产物。[1] 根据对社会主义经济法与资本主义经济法的研究，刘文华抽绎出经济法形成的一般原因和规律，包括社会化生产与生产关系的矛盾、社会化导致现代国家对经济生活的广泛而深入的介入、"无形之手"和"有形之手"的协同并用、纵向经济关系与横向经济关系的平衡结合、经济集中与经济民主的对立统一、法和法学自身发展的逻辑、一定的经济法学说之形成。[2] 刘文华对现代经济法源起的研究将社会主义经济法与资本主义经济法视为对立统一的两方，兼顾两家经济法的发展历程，从而避免偏于一方，得出片面之见。

在自由资本主义时期，契约自由原则盛行，"看不见"的市场之手大行其道。在这一阶段，横向经济关系发达，纵向经济关系式微，民法理所当然成为调整社会生活的基本法律规范，经济法则因缺乏生长的土壤而渺无踪迹。随着自由资本主义进入垄断阶段，垄断企业兴起，社会化大生产与集中垄断产生矛盾，自由竞争面临严重冲击。资本主义国家见状纷纷干预，不得不伸出"看得见"的国家之手。国家之手强调国家集中以取代企业集中，这并非是要与市场之手截然对立，其目的乃在于尊重市场规律，实现经济民主，达致经济集中与经济民主的对立统一。从另一角度观察，在社会化大生产的背景下，国家之手大力设置纵向经济关系，以扭转彼时横向经济关系为主导而产生的失衡状态。在这种情况下，仅仅依靠民法的调整是不足够、不充分的，需要公私结合的经济法这一新的法律部门加入。资本主义经济法的发展历程说明，只靠市场之手产生不了资本主义经济法，完全否定市场调节亦产生不了资本主义经济法。生产和经济社会化要求国家干预、参与和管理经济生活，这不是单纯

---

[1] 参见刘文华："经济法基础理论研究的战略和策略问题"，载刘文华：《走协调结合之路》，法律出版社 2012 年版，第 191 页。

[2] 参见刘文华主编：《经济法》（第 5 版），中国人民大学出版社 2017 年版，第 19~22 页。

的行政管理，更不是要把经济管死，而是仰赖于平衡、协调的经济法，实现国家意志与市场主体意志的统一。

社会主义经济法的发展历程以中国为例予以说明。新中国成立后，我国实行计划经济体制，通过国家主导的行政手段管理经济。这一体制对于国家经济发展有一定的积极作用，但后期存在的问题也日益突出，经济僵化、活力不足，社会生产力水平与生产关系不相适应，纵向经济关系占据着绝对地位，横向经济关系则极度萎缩。彼时，调整社会经济的主要法律规范是行政法或本质上属于行政法的经济行政法，现代经济法没有存在的社会经济基础。改革开放后，我国进行经济体制改革，建立和完善社会主义市场经济体制。社会主义市场经济体制强调发挥市场"无形之手"在经济调节中的作用，发扬经济民主、培育市场主体。需要注意的是，强调发挥市场的"无形之手"并不是要否定国家"有形之手"对经济的调节，不是要否定国家对经济的参与、管理，而是强调"有形之手"与"无形之手"多措并举，经济集中与经济民主协调并行。从另一角度来看，纵向经济关系与横向经济关系在计划经济体制下失衡严重，经济活动主体不够积极、主动，这严重制约着国家经济的持续发展。改革开放以来实行的经济体制改革不是要否定纵向经济关系，而是要在加强横向经济关系的同时，进一步改善纵向经济关系，使二者和谐共存。经济法是现代市场经济的产物，经济体制改革促使社会主义经济法在中国应运而生。充分发挥市场在经济调节中所发挥的作用，不是要与国家调节对抗，而是要平衡各方利益、协调经济关系。

运用"平衡协调论"阐释现代经济法的源起，符合社会主义经济法与资本主义经济法的演变历程。有观点认为，经济法源于国家干预，可谓国家干预之法，这并不符合现代经济法源起的客观事实。观察社会主义经济法的产生，其与经济体制改革密不可分，完全由行政手段管理经济的计划经济体制产生不了现代经济法，只有国家的"有形之手"与市场的"无形之手"协调并用，才存在社会主义经济法的建构空间。刘文华认为，所谓"干预"是指国家运用行政权力从外部强制介入，以解决个别或局部经济问题的行政行为。[1]经济管理主体作为经济法主体的重要组成部分,乃社会经济内部的管理因素,而并非是外在隔开的干预力量。社会主义经济法不源于"国家干预",一味地强调"国家干预"不能合理地解释社会主义经济法的产生与发展路径,而运用"国家干预"来解释资本主义经济法的源起亦非合理。虽然从表面上看,资本主义国家针对过度垄断纷纷伸出了干预之手,但其不是为了干预而干预,乃在于通过平衡协调,达致国家意志与市场主体意志的统一。干预作为国家的一种对策、方式,不能深入解释资本主义经济法的产生原因,亦不能囊括纵向经济关系与横向经济关系的统一、经济集中与经济民主的统一等诸多方面。此外,从资本主义经济法的发展趋势来看,国家在干预的同时,也着力于从社会经济内部参与、管理经济。"国家干预论"观点有过度强调国家因素、模糊经济法本质的危险,而且忽视了现代国家机器对经济生活由干预、参与到管理这一历史发展过程。[2]"平衡协调论"思想深刻反映了经济法源起过程中的对立统一关系,准确归纳了社会主义经济法和资本主义经济法源起的共性规律,走协调结合之路是经济法产生、发展的应然路径。

三、现代经济法的调整与"平衡协调论"

刘文华认为,就经济领域而言:一个法律部门不一定就只能调整一种社会关系,它可以调整两种或两种以上相互联系、相互制约、相互转化、相辅相成和相反相成的社会关系;一种社会关系也不一定只能由一个法律部门调整,它可以由两个或两个以上的法律部门,从不同方位、不同环节、不同阶段,运用不同手段调整。[3]这是对大陆法系传统法律调整"一对一"理论的突破。在现代市场经济条

---

[1] 刘文华:"经济法理论研究的基础问题",载刘文华:《走协调结合之路》,法律出版社 2012 年版,第 272 页。

[2] 刘文华:"经济法理论研究的基础问题",载刘文华:《走协调结合之路》,法律出版社 2012 年版,第 272 页。

[3] 刘文华:《中国经济法基础理论》(校注版),法律出版社 2012 年版,序言第 22 页。

件下，经济关系相互联系、彼此结合，在认可"分段调整"的同时，亦需实行综合系统调整。只凭单一的社会关系划分法律部门无法满足经济生活的多元化、复杂化趋势，法的基本原则、主旨观念、调整功能等都应作为考量因素。

作为综合系统调整法，现代经济法依循平衡协调之方法论，秉持社会责任本位理念，将纵、横两类经济关系结合起来加以调整。经济法作为独立的法律部门，有其特有的调整范围。一方面，经济法的调整范围不是某一类经济关系，而是纵、横两类经济关系的有机结合。经济法既调整纵向经济关系，又调整横向经济关系，其调整模式是整体的、系统的、综合的。另一方面，经济法立足于社会整体，与民法、行政法的调整理念有所迥异，具体调整对象不相重合。事实上，经济领域并不适宜完全由民法、行政法调整。坚持经济法对纵、横经济关系的统一调整，符合社会经济发展的客观规律。

经济法所调整的纵向经济关系，乃经济管理关系。表面上看，经济管理关系具有行政管理的性质，国家与企业、个人等市场主体的行政地位不同，在结构上呈现"上下形态"。然而，究其本质，经济管理关系是经济关系的一种，不能将其视为是以"命令-服从"为主的行政管理关系。刘文华认为，经济管理关系是物质利益实体之间的关系，是国家以全局、整体的物质利益为代表对个体的、局部的物质利益主体进行管理监督的关系，物质利益在双方主体间的分布有重合性和层次性。[1] 物质利益是经济关系的核心，在经济管理关系中仍是如此。如果视行政隶属性为经济管理关系的核心，既不符合纵向经济关系的实质，也无法摆正主体之间的权利义务关系。刘文华论道，当这种物质利益管理关系被上升到法律关系后，其主体的两方——国家机关和市场主体——既是权利主体，也是义务主体。[2]

---

〔1〕 刘文华：《中国经济法基础理论》（校注版），法律出版社 2012 年版，序言第 25 页。

〔2〕 刘文华：《中国经济法基础理论》（校注版），法律出版社 2012 年版，序言第 25 页。

经济管理关系的双方主体在行政地位上虽不平等，但二者均为独立的物质利益实体，不能以行政隶属性割裂二者的权利义务关系，使权利和义务各属一端，而应分析二者在权利义务上的对应性。对应性不是对等性，不可能要求国家和市场主体享受同等权利，履行同等义务。依据不同的主体角色，经济法律关系设置不同的权利、义务和利益要求，故而沿"责权利效"的原则进路，方可处理好国家与市场主体之间的权利义务关系。经济管理关系的核心是物质利益，其具有全局性、系统性、社会公共性，与强调行政隶属的行政管理关系截然不同。经济法调整经济管理关系，就是在社会责任本位的视角下，平衡好国家与市场主体间的物质利益关系，理顺二者的权利义务关系。

经济法所调整的横向经济关系，刘文华称之为经营协调关系。与民法不同的是，经济法调整那些与国家意志直接相连的，或需要由国家意志与当事人意志协调的，以及与整体利益、长远利益攸关的横向经济关系。[1]刘文华对比了经济关系与财产关系、横向经济关系与平等主体间的财产关系、横向经济关系与经济协作关系三组概念，认为民法不能调整全部横向经济关系，一些横向经济关系需交由经济法调整。具体来说，经济法调整的横向经济关系包括以下三种类型：①经济联合关系。与经济协作关系相比，经济联合关系指组织上的合并、组合，企业之间的联合是最重要的一种经济联合关系。在社会化大生产背景下，企业单打独斗往往无法做大做强。通过企业联合、兼并重组，可以集中更多的资源，实现规模经济。企业之间的联合是市场主体之间的联合，是一种横向经济关系，但其产生的作用与意义不止于企业自身。经济法调整经济联合关系，从组织管理要素与财产要素二者统一之角度，着力于协调社会整体利益与个体利益之矛盾关系，而市场主体间不涉及任何社会公共性的财产关系则由民法予以调整。②经济协作关系。狭义上的经济协

---

[1] 参见刘文华："掌握规律、揭示本质——谈经济法的几个基本理论问题"，载刘文华：《走协调结合之路》，法律出版社 2012 年版，第 210~211 页。

作关系不能发生组织上的合并、组合，比如经济合同。笔者认为，国家参与经济活动所订立的经济合同要分开考察。政府采购合同等财产性更强的经济合同可被视为是经济协作关系的表现形式，国有企业管理合同等组织管理性更强的经济合同则应属于经济管理关系的范畴。与纯粹调整财产关系的民事合同相比，经济合同虽采用合同的形式，但仍为国家介入经济生活的产物，是组织管理要素与财产要素的复合，不能被纳入民事合同之中。此外，平等的国家机关或财政主体之间的经济协作关系，如区域经济联合协作关系亦为民法所不能调整的范围。③经济竞争关系。现代市场经济的运行与发展离不开竞争，但在利润最大化的刺激下，市场主体可能会采取垄断和不正当竞争等"反竞争行为"。经济法通过调整经济竞争关系，维护市场竞争秩序。刘文华认为，竞争的根本目的不是你死我活，而是要给对方出路，取长补短，共同发展。对向之争要搞，同向之竞也别忘。[1]在社会责任本位理念下，经济法规范市场竞争行为，协调各方利益关系，为市场经济的良好运行提供保证。

从调整功能来看，经济法是综合系统调整法，"平衡协调论"思想贯通其间。所谓综合调整，是指经济法"分段调整"与"整体调整"相结合。经济法既通过子部门法调整具体的经济关系，又站在全局性、整体性的高度，从总体上平衡协调纵、横两类经济关系。所谓系统调整，乃基于过程视角把握经济法的调整理路。经济法将事前指导与事后规制相结合，循事前、事中、事后的演进逻辑，全方位、多角度地展开系统调整，既治于已然，亦防于未然。同时，经济法不仅仅保护各主体现有的经济权利和利益，而且也注重为将来的经济增长服务，为可持续发展服务。[2]如发展规划法、产业政策法作为经济法的重要组成部分，以面向未来为主要导向，通过确

---

〔1〕　刘文华："经济法路向何方？"，载《河北工业大学学报（社会科学版）》2017 年第 1 期。

〔2〕　刘文华："运用经济法理论 加强经济立法"，载刘文华：《走协调结合之路》，法律出版社 2012 年版，第 236 页。

立发展目标、实施方案等，合理引导投资方向，促进产业结构调整，为社会经济的长足发展提供指引。此外，经济法还对重要的、共性的、具有较强外部性的内部关系进行调整。经济法对部分内部关系的调整不是干涉市场主体自治，而是基于社会责任本位理念，统筹兼顾内、外部关系，避免市场主体侵蚀社会整体利益。正如刘文华所言，经济法的调整功能使法律调整向内、向前、向多功能方向发展。[1] 因此，观察经济法的调整功能，不能采取单一、割裂的视角，而是要从多个方面综合系统地来看，忽视某一方面都会导致经济法调整功能的失衡，不符合平衡协调的内在理念。

经济法平衡协调的实现，有赖于多元化的调整手段。经济法将各种调整手段有机结合，本身即为平衡协调思想的重要表现。经济法的法律调整手段既包括传统意义上的民事、刑事、行政手段，还包括奖励手段及社会性、专业性的新型调整手段。新型调整手段的运用，体现了经济法"以公为主，公私结合"的定位，反映了经济法具有极强的专业性、政策性等特征。此外，经济法在调整手段上注重统分结合、指导与规制相结合，此乃经济法"纵横统一"的调整范围、综合系统的调整功能之必然要求，有助于促进各方利益关系的平衡协调，推动现代市场经济的良好发展。

运用"平衡协调论"阐释现代经济法的调整，立足于经济法作为社会责任本位法的本质特征，反映了经济法作为一个独立法律部门的价值所在。"平衡协调论"坚持整体的、系统的、综合的研究方法，反对孤立地、片面地、割裂地分析问题，极大地丰富了传统大陆法系法律调整理论，在方法论上具有重要的价值。

四、"平衡协调论"的方法论意义

"平衡协调论"思想来源于经济法产生、发展的基本原理，是抽绎得出的经济法元理论。作为贯通经济法话语体系的经济法哲学，

---

[1] 参见刘文华："掌握规律、揭示本质——谈经济法的几个基本理论问题"，载刘文华：《走协调结合之路》，法律出版社2012年版，第211页。

"平衡协调论"遵循经济法的内在理念，抽象出分析、解决经济法问题的一般规律，具有重要的方法论意义。统筹兼顾性是经济法平衡协调功能的出发点，也是它作用后应有的必然结果。[1] 在分析、解决经济法问题的进路中，"平衡协调论"秉持社会责任本位理念，在角色责任、利益衡量的基础上统筹兼顾各方利益关系，致力于国家意志与市场主体意志的统一。具体而言，在现代经济法源起方面，刘文华认为，现代经济法只有社会主义经济法与资本主义经济法两家。"平衡协调论"从社会主义经济法与资本主义经济法不同的演变历程出发，抓住二者产生、发展的共性规律，为分析现代经济法的源起提供了科学方法。在现代经济法调整方面，"平衡协调论"内生于现代市场经济的客观规律与经济法作为社会责任本位法的本质特征，将纵、横两类经济关系结合起来加以调整，从调整范围、调整功能等问题的分析路径中升华出经济法调整的一般规律。"平衡协调论"采用整体的、系统的、综合的分析方法，对于经济法调整过程中具体问题的解决具有重要的指导意义。

第二节　经济法"平衡协调论"有别于行政法"平衡论"

在行政法领域，以罗豪才为代表的学者在 20 世纪 90 年代初提出"平衡论"，认为现代行政法既不是管理法，也不是控权法，而是保证行政权与公民权处于平衡状态的平衡法。[2] 经过二十多年的理论发展，"平衡论"日臻完善，已成为行政法领域最为重要的学派。"平衡协调论"是经济法的方法论，"平衡论"是行政法的方法论，二者均含有"平衡"一词，似乎存在相似之处。诚然，"平衡协调论"与"平衡论"深受"中道"思想影响，均反对孤立地、片面

---

〔1〕　刘文华："经济法的本质和特征"，载刘文华：《走协调结合之路》，法律出版社 2012 年版，第 131 页。

〔2〕　罗豪才、袁曙宏、李文栋："现代行政法的理论基础——论行政机关与相对一方的权利义务平衡"，载《中国法学》1993 年第 1 期。

地、割裂地分析问题，但在不同部门法有别的内在理念下，二者"名同实异"，不可简单混淆。对"平衡协调论"与"平衡论"展开比较研究，需要把握经济法与行政法不同的理论内核，故而在广义层面来看，亦是就"经济法与行政法区别何在"这一问题作出回应。

一、行政法"平衡论"的发展历程

（一）总体平衡阶段

《现代行政法的理论基础——论行政机关与相对一方的权利义务平衡》是行政法"平衡论"的开山之作。该文认为现代行政法实质上是"平衡法"，现代行政法存在的理论基础是"平衡论"。"平衡论"的基本含义是：在行政机关与相对一方权利义务的关系中，权利义务在总体上应当是平衡的。它既表现为行政机关与相对一方权利的平衡，也表现为行政机关与相对一方义务的平衡；既表现为行政机关自身权利义务的平衡，也表现为相对一方自身权利义务的平衡。[1]

平衡论者借助"理想类型"[2]的概念工具，在与"管理论""控权论"的比较中，赋予"平衡论"圆融一贯的自洽性。"管理论"坚持行政权本位，强调"命令-服从"的机制设计，着力于保证国家行政权的顺利、高效运行，而行政相对人一方的权利则被置若罔闻；"控权论"以控制行政权为核心，强调行政权严格受限的机制设计，更为保障行政相对人的自由与权利，但对行政权的过度限制亦非合理。在秩序行政向给付行政、服务行政、福利行政扩展的背景下，

---

[1] 罗豪才、袁曙宏、李文栋："现代行政法的理论基础——论行政机关与相对一方的权利义务平衡"，载《中国法学》1993年第1期。

[2] 马克斯·韦伯认为，社会学研究是借助思想图像驾驭复杂现象的过程，而通过概念和逻辑建立这样一种思想图像便可称为理想类型。理想类型是一种概念建构物，而非社会实像，它既是一种对社会事实的简化，也是一种对社会事实的提炼，是经过加工之后形成的概念工具；理想类型不是作为目的，而是作为方法而建构起来的；理想类型并非一成不变，而是随着研究对象的不同、研究内容的扩展以及研究者志趣的改变而调整。高鸿钧、赵晓力主编：《新编西方法律思想史》（现代、当代部分），清华大学出版社2015年版，第53页。

行政相对人权利意识增强，片面强调管理已不符合公共行政的发展趋势；控权具有一定的合理性，然其关键乃在于防止行政权的滥用。一味地强调控权，过度限制行政机关的自由裁量，会与行政权的能动性产生冲突，反过来亦不利于行政相对人权利的保障。"管理论"和"控权论"固守不平衡的状态，没有进一步展开对平衡的思考。事实上，讲平衡，正是由于存在不平衡；存在不平衡，便要实现平衡。[1]故而，"平衡论"强调行政权与相对人权利应处于平衡状态，避免偏执一端导致弊病。而从观察视角来看，"管理论""控权论"均以行政权为中心，未视相对人权利为独立的一方，均可能导致于相对人不利的局面；"平衡论"则兼顾双方，以行政机关与相对人的主体关系为对象。事实上，平衡的成立必须以存在相互作用的两方为前提，独立的一方实则孤掌难鸣。

早期"平衡论"认为，行政机关与相对人的权利义务总体上构成平衡。在行政实体法律关系中，行政机关居于强势地位，但在行政诉讼法律关系中，相对人则处于优势，故而形成总体平衡。早期"平衡论"将"平衡"分为状态上的平衡与方法上的平衡，对总体平衡作了进一步的诠释。状态上的平衡指行政机关和相对方以各自拥有的权利与对方相抗衡的状态，平衡状态通过倒置的不对等权利义务关系来实现。倒置的不对等权利义务关系可从阶段性角度理解：在行政法律关系中，行政机关往往优先行使实体性行政权力以保障行政效率，相对方居于被动，双方之间形成阶段性的权利义务不对等；与此同时，相对人行使行政程序和行政诉讼上的权利成为可能，在行政程序法律关系和监督行政法律关系中，行政机关一方主要履行义务，从而构成"不对等—不对等倒置—总体平衡"的过程。[2]在

〔1〕　罗豪才、袁曙宏、李文栋："现代行政法的理论基础——论行政机关与相对一方的权利义务平衡"，载《中国法学》1993年第1期。

〔2〕　参见罗豪才、甘雯："行政法的'平衡'及'平衡论'范畴"，载《中国法学》1996年第4期；王锡锌："再论现代行政法的平衡精神"，载《法商研究（中南政法学院学报）》1995年第2期。

强调总体平衡的同时，"平衡论"也认为倒置的不平衡只是在规范层面上论证行政机关与相对人应当平衡且有可能平衡，要真正实现平衡，仍需加强对行政机关的监督与制约。彼时，一些学者对"平衡论"坚持总体平衡的观点提出质疑，认为"平衡论"不是"负负得正"的关系，"对等—不对等倒置—总体平衡"的分析进路存在缺陷。平衡是一种和谐或最优化状态，不一定意味着对等。不对等关系设置的合理就是平衡，对等关系设置的不合理也可能不平衡；"平衡论"认为平衡是一种均等状态，但相对人在行政程序法律关系和监督行政法律关系中享有的优势事实上不足以抵消其在实体行政法律关系中的劣势，行政机关和相对人的关系在总体上具有不对等的性质，总体平衡应以双方在行政实体关系中的权利义务的平衡为基础。[1] 因此，不对等关系不能被简单地视为不平衡关系而倒置，即使可以倒置，也不能机械地通过"负负得正"推导出总体平衡。总体平衡观点只是勾勒了平衡的良好愿景，似乎过于理想。此外，在早期"平衡论"看来，平衡既是一种状态，也是一种方法。作为方法的平衡，侧重于立法的综合分析和法律解释及适用的利益平衡，这与简单地通过"倒置"达致平衡不是一回事，状态意义上的平衡与方法意义上的平衡具有一定的张力。

（二）对策均衡（结构性均衡）阶段

后期"平衡论"不再坚持总体平衡的观点，而是认为对策均衡（尤其是结构性均衡）乃行政法平衡之要义。行政法的平衡，不再是一种其产生过程基本上与公众毫不相干的、主要由立法者一手炮制的作为结果的平衡，而是一种利害相关人参与过程当中的、通过自己的行为来影响制度安排的、基于合意的、作为过程终结必然产品的平衡。[2] 因此，行政法的平衡是指行政法的行政权与相对方权利

---

〔1〕 参见皮纯协、冯军："关于'平衡论'疏漏问题的几点思考——兼议'平衡论'的完善方向"，载《中国法学》1997年第2期。

〔2〕 宋功德："均衡之约——行政法平衡论的提出、确立与发展历程（下）"，载郭道晖主编：《岳麓法学评论》（第6卷），湖南大学出版社2005年版，第14页。

配置格局达到了结构性均衡。[1]结构性均衡是对策均衡的核心，行政主体与相对人通过博弈构成对策均衡，从而促进行政主体与相对人权利配置的结构性均衡。

结构性均衡虽与总体平衡相同，都是通过观察行政权与相对人权利的关系以达至抗衡状态，但二者之间的差异也很明显。前者关注行政机关与相对人法律地位的平等，后者关注行政机关与相对人权利义务的总体平衡。平衡论者认为，结构性均衡是一种"非对称性均衡"，行政主体与相对方虽主体地位平等，但结构不对称、权利义务不对等。[2]固然，法律地位的平等离不开权利义务的考察，但正如罗豪才所言，"法律地位是指当事人权利义务的综合体现"。[3]总体平衡下，"不对等倒置的平衡"需要具体考察三类不对等关系，不对等关系是前提，倒置形成平衡是结果；结构性均衡下，权利义务综合看来是平衡的，法律地位的平等是推演之前提，重点则在于围绕该前提观察平衡的实现方式，而非仅仅观察结果。也就是说，结构性均衡的状态与方法不是割裂的，它是方法自发形成的结果，不能另定与方法无关的标准作为结果。因此，总体平衡为静态意义上的平衡，侧重平衡作为一种结果的表现形式；结构性均衡为动态意义上的平衡，强调平衡作为一种过程的实现路径。

结构性均衡关注行政主体与相对人法律地位的平等，这为行政法采用博弈方法提供了可能，通过博弈实现的均衡乃平衡之所在。在博弈的"场域"下，行政主体与相对人均可进入行政过程之中，充分表达自身的利益诉求，通过合意达成均衡。场域概念与以关系为视角的"平衡论"具有天然的契合性。根据场域概念进行思考就是从关系的角度进行思考。从分析的角度来看，一个场域可以被定义为在各种位置之间存在的客观关系的一个网络，或一个

---

[1] 罗豪才、宋功德："行政法的失衡与平衡"，载《中国法学》2001年第2期。

[2] 参见罗豪才等：《行政法平衡理论讲演录》，北京大学出版社2011年版，第44页。

[3] 罗豪才等：《行政法平衡理论讲演录》，北京大学出版社2011年版，第41页。

构型。[1]"平衡论"认为权力与权利的影响力皆源自权能，故而双方之间的关系在"场域"内具有沟通的可能性。在结构性均衡下，不仅相对人应当参与行政过程，而且行政合意的达成存在可能路径。较之总体平衡，结构性均衡的内涵更为丰富，逻辑更为圆满。

（三）"平衡论"的方法论意义

从行政法一般规律抽绎出的"平衡论"具有重要的方法论意义。"平衡论"聚焦行政主体和相对人之间的关系这一行政法上的核心问题，通过行政法的一系列机制设计，追求行政主体与相对人权利配置的结构性均衡，从而指导行政法具体问题的分析、解决。同时，"平衡论"是一个富含利益平衡、制约激励、博弈理论等具体方法在内的丰富的方法论体系，这些具体方法的运用无不具有"平衡论"的意味。故而，"平衡论"可谓是行政法方法论中的元理论。

早期"平衡论"将平衡本身视为是一种方法，主要包括立法领域的综合衡量及法律解释与适用领域的利益平衡。在立法领域，通过立法者合理配置行政机关与相对人的权利义务关系，实现法律规范中的"平衡"，从而为双方的行为实践提供良好的预期。在法律解释及适用领域，主要采用利益平衡方法，即"在解释及适用法律的时候，应充分考虑个人利益和公共利益之间的平衡，不得偏袒其中一方"。[2]通过利益平衡方法平衡公共利益和个人利益之间的关系，而不是机械、僵化地适用条文，有利于衔接生活事实与制度规范，为个案正义提供可能的路径。但利益平衡方法也存在缺陷：该方法虽然考虑

---

〔1〕［法］布尔迪厄、［美］华康德：《反思社会学导引》，李猛、李康译，商务印书馆 2015 年版，第 121~122 页。

〔2〕罗豪才、甘雯："行政法的'平衡'及'平衡论'范畴"，载《中国法学》1996 年第 4 期。利益衡量的一般方法和原则包括：确认并考虑所有相关的利益主张，排除一切不应考虑的因素；在同一层面上考虑各种相关的利益，避免先入的偏见；根据实际情况确定利益衡量的价值准则；利益衡量的目标在于实现相关利益的最大化，把利益的牺牲或摩擦降到最低限度；利益衡量应与宪法、法律相结合，不得违背它们的明文规定。参见沈岿：《平衡论：一种行政法认知模式》，北京大学出版社 1999 年版，第 245~260 页。

到双方主体不同的利益主张，但对于利益衡量的价值准则语焉不详，利益的平衡点实则含混不清；如何保障立法机关、行政机关、司法机关居中平衡，尤其是如何保障行政机关恪守平衡的标准适用法律，该方法没有提供合理的解释；行政相对人是最了解自身利益的主体，但他们并未参与利益平衡，难免引致信息不对称的困境。

后期"平衡论"注重动态、过程意义上的平衡，通过行政法机制设计，擘画出制约激励、博弈理论等通向平衡的诸多路径。制约激励机制既制约行政主体行政权力的滥用，又制约相对人权利的滥用；既激励行政主体积极行政，又激励相对人参与行政过程。制约激励机制不偏向行政主体与相对人任何一方，对二者既有制约又有激励，通过具体的机制设计以实现双方之间抽象的结构性均衡；而博弈理论为行政主体与相对人之间的交涉提供了绝佳平台，将"关系"这一视角融入内涵丰富的机制之中。通过博弈来改变行政法的失衡，推动行政法结构的均衡化，这种过程容纳了几乎所有行政法主体之间的全方位互动以及最大范围、最高程度的共识。[1] 后期"平衡论"主张行政主体与相对人均充分地进入行政法机制之中，乃于此产生平衡之必然结果，而平衡正是分析、解决行政法问题的关键所在。

二、"平衡协调论"与"平衡论"：不同的利益面向

经济法"平衡协调论"与行政法"平衡论"作为各自部门法的方法论，具有不同的利益面向。20世纪初，从概念法学到利益法学的变迁，带来的是利益衡量方法的盛行与法律对社会面向的关注。在罗斯科·庞德看来，法律并不创造利益，而是认可、确定和保护利益：首先，对利益进行分类，认可其中的一些利益；其次，为被认可的利益设置界限；最后，制定措施，保护被认可和确定的利益。[2] 按

---

〔1〕 宋功德："均衡之约——行政法平衡论的提出、确立与发展历程（下）"，载郭道晖主编：《岳麓法学评论》（第6卷），湖南大学出版社2005年版，第24页。

〔2〕 高鸿钧、赵晓力主编：《新编西方法律思想史》（现代、当代部分），清华大学出版社2015年版，第129页。

照类型化方法，大致可将利益划分为个人、集体（组织）、社会三个维度。各法律部门对于不同维度的利益都有认可与保护的空间，但基于有别的内在理念，对于利益的着力点实际上不甚相同。

（一）利益内涵的不同

经济法"平衡协调论"所侧重保护的是物质利益。无论是纵向经济关系还是横向经济关系，本质上都是物质利益关系。所不同的是，纵向经济关系的物质利益性在各参加者之间的分布有其层次性和重合性；而横向经济关系中各参加者之间的物质利益关系却有着完整的独立性和平等性。[1] 经济法平衡协调经济利益关系，不是以行政隶属性为依托，而是将纵、横两类经济关系的参加主体均视为是独立的物质利益实体，从而理顺他们之间的责权利效关系。经济法所保护的物质利益是指经济上的利益，具有全局性、系统性、社会公共性等特征。物质利益源于直接物质再生产领域，具有一定的经济目的，反映客观经济规律的必然要求。经济法保护物质利益，往往聚焦于国家全局性的经济利益，而不是只局限于某一地方或某一市场主体的局部利益；经济法深入经济生活的全过程保护物质利益，体现一定的系统性，它既保护现有既存的物质利益，也保护未来发展的物质利益；经济法所保护的物质利益亦具有社会公共性，其以大多数人的利益和意志为基本考量，在性质上与私人利益截然不同，是社会整体利益的重要构成。

行政法"平衡论"所保护的利益是行政权与相对人权利。[2] 行

---

〔1〕 潘静成、刘文华主编：《经济法基础理论教程》，高等教育出版社1993年版，第38页。

〔2〕 "耶林通过使人们注意权利背后的利益，而改变了整个的权利理论。他说权利就是由受到法律保护的一种利益。所有的利益并不都是权利。只有为法律所承认和保障的利益才是权利。"［美］罗斯科·庞德：《通过法律的社会控制》，沈宗灵译，商务印书馆2010年版，第52页。庞德归纳了权利曾被用于的六种意义，包括视权利为"利益、利益加上保障这种利益的法律工具、狭义的法律权利、权力、自由权和特权。"［美］罗斯科·庞德：《通过法律的社会控制》，沈宗灵译，商务印书馆2010年版，第52~54页。在这里，笔者将"利益"与"权利"视为同义。

政法并不侧重保护物质利益，因为随着法律对社会关系的调整不断精细和技术化，对"事"管理的内容从行政法中分化出去，且行政法本来就不关注行政行为之具体社会经济内容。[1]公共行政是一个内涵丰富的概念，如果将公共行政的全部内涵均列入行政法的调整范围，那么将会出现庞大的行政法体系。因此，行政法利益内涵的界定以法规范意义之内的因素（即权力运行之自身规律）为主，而以法规范意义之外的因素为辅。管理与服务是行政权的内在属性，"平衡论"立足于行政主体与相对人之间的关系以推动二者权利配置的结构性均衡，从而为行政权的运行与相对人权利的实现提供保证。

（二）利益性质的不同

经济法"平衡协调论"乃增量利益的平衡协调。平衡协调的利益从性质来看属于增量利益，即"劳动产品超出劳动的费用而形成的剩余"。[2]有学者将经济法定义为调整人们在社会化生产中生产和实现剩余并相应地进行剩余的分配和再分配关系的法，理由是经济法起源于社会化生产，而社会化生产的根本特点在于它可以创造出无限增多的剩余。[3]社会化大生产促进剩余的生产并实现社会范围内剩余的分配，加之社会再生产的反复运行，社会财富迅速增加。随着企业数量不断扩大、规模经济日益形成，在社会财富最大化实现的同时，社会整体利益与社会个体利益间的矛盾也随之产生，这反过来会对增量利益产生阻碍。社会化需要国家积极介入经济生活，故而经济法将国家意志与市场主体意志相统一，通过调整增量利益所构成的各项关系，消弭增量利益的阻抑因素。此外，经济法的调整也面向未来，从而为增量利益的可持续实现提供保障。

行政法"平衡论"乃存量利益的平衡。与增量利益截然不同，

---

〔1〕 参见刘文华主编：《经济法》（第5版），中国人民大学出版社2017年版，第68页。

〔2〕 陈乃新："经济法是增量利益生产和分配法——对经济法本质的另一种理解"，载《法商研究（中南政法学院学报）》2000年第2期。

〔3〕 陈乃新："经济法是增量利益生产和分配法——对经济法本质的另一种理解"，载《法商研究（中南政法学院学报）》2000年第2期。

存量利益强调既存利益的固有状态，也不会产生新的利益，故而与社会化大生产及再生产的关系不甚密切。"平衡论"平衡存量利益，推动行政主体与相对人权利配置的结构性均衡，即为分配既存的固有利益。立足于关系视角的"平衡论"主张行政主体与相对人进入行政法机制（如博弈"场域"）这一存量利益平台，通过双方充分的沟通与表达以实现结构性均衡。平衡本身作为过程的实现路径，其结果乃是行政法机制的自然推演，利益无法在机制中寻求增生与突变。以行政指导为例，行政机关实现行政目的不是采用强制手段，而是通过指导、劝告、建议等方式指引行政相对人的行为。行政指导不具有法律强制力，相对人可以自主选择是否接受行政指导。作为一种合意，行政指导致力于合理配置双方之间的权利，而非促使行政主体或相对人最大化实现新的利益，是故仍将其视为存量利益的平衡。

（三）利益保护路径的不同

每一个法律部门都具有多元的法益目标。它只能首先保护和实现一种性质的利益，而后由法律反射进而实现又一种利益，或间接地实现另一种性质的利益。[1]各个部门法从不同的角度、以不同的方式对社会整体利益进行调整，这才是部门法的最主要区别，而不是社会整体利益中的内容属性。[2]经济法"平衡协调论"以社会整体利益为直接目标，追求社会整体利益目标与个体利益目标的统一；行政法"平衡论"以行政主体与相对人权利配置的结构性均衡为出发点，间接保护社会整体利益，保护路径与"平衡协调论"有别。

经济法是社会责任本位法，从维护社会整体利益的角度调整纵、横两类经济关系。作为个体组成之社会是一个整体面向，社会整体利益维护的是大多数人的意志和利益，其内在属性独立于个人利益。

---

〔1〕 王保树："论经济法的法益目标"，载《清华大学学报（哲学社会科学版）》2001 年第 5 期。

〔2〕 李友根："社会整体利益代表机制研究——兼论公益诉讼的理论基础"，载《南京大学学报（哲学·人文科学·社会科学版）》2002 年第 2 期。

无论是市场规制法还是宏观调控法，均立足于社会全局利益的角度，平衡、协调好国家与市场主体间的物质利益关系。国家是社会整体利益的天然代表，但并不意味着不存在自己独立的利益。只有当国家作为社会内部的管理因素被嵌入经济活动之中，尊重市场主体的物质利益实体地位，方可促进社会整体利益的最大化实现。另一方面，个体乃社会之构成要素，社会整体利益的实现亦带动个体利益的保障。经济法"平衡协调论"以追求社会整体利益为直接目标，统筹兼顾社会整体利益与个体利益，实现二者之双赢。例如，竞争法维护自由、公平的市场竞争秩序，同时带动竞争主体平等竞争地位的保障与消费者个体利益的实现。

行政法则侧重于关系视角，保障行政主体与相对人权利配置的结构性均衡。行政法"平衡论"推动行政主体与相对人在行政过程中充分表达自身的利益诉求，通过二者之间的合意达成均衡。在公共行政趋势下，社会整体利益是行政法多元法益之一部，间接实现于取向平衡的行政法机制。《行政许可法》《行政处罚法》《行政强制法》等均将"维护公共利益和社会秩序"写入立法宗旨，社会整体利益的实现程度也已被纳入行政权效能的评价体系，但个人、集体（组织）、社会三个维度的利益具有不同的内涵，以何种利益作为直接目标乃部门法分化的重要标准。倘若"平衡论"直接保护社会整体利益，势必会忽视国家利益与个体利益的自生逻辑，对其所立足的行政权与相对人权利关系产生冲击，甚至模糊行政法的本质。故而，"平衡论"直接保护行政权与相对人权利，间接保护社会整体利益。

三、"平衡协调论"与"平衡论"：不同的运行机制

作为经济法与行政法各自的方法论，"平衡协调论"与"平衡论"在运行机制上具有诸多不同，二者架构于经济法与行政法有别的内在理念，从各自的部门法本质中抽象出分析、解决问题的一般规律。经济法与行政法的分野决定了"平衡协调论"与"平衡论"不同的演进逻辑。从利益面向对二者进行推演，很大程度上是由点

及面地探究它们在静态层面的不同；而从运行机制对二者展开分析，更多的是循整体化思维捋清它们在动态层面的差异。

(一) 主体多元与主体二元

从主体视角观察，经济法"平衡协调论"着力于多元主体在经济活动中的相互关系。经济法主体（指经济法律关系主体，下同）具有多元性，凡是有经济活动的地方，都会有经济法主体存在。[1] 经济法主体是一个相对开放的体系，参加经济活动并与社会整体利益相涉的主体均可被囊括其中。"平衡协调论"尊重经济法主体的多元性，并在角色责任、利益衡量的基础上寻求主体之间的平衡协调。这种平衡协调不是纯粹的平均主义，而是追求经营者与消费者、税务机关与纳税人等主体之间的实质正义，真正做到了"一碗水端平"。实质正义强调针对不同情况和不同的人予以不同的法律调整，要求根据特定时期的特定条件来确定经济法的任务，以实现最大多数人的幸福、利益和发展。[2]"平衡协调论"通过多元主体与其角色责任的对应性，沿责权利效的原则进路，合理地配置主体之间的利益关系，以扭转形式正义引起的实质不公平。此外，行业协会、电商平台等与经济活动相关且具有一定自治性的市场中介组织亦为经济法主体的重要构成。市场中介组织力图沟通国家意志与市场主体意志，既分担经济管理主体的角色责任，又具有较强的社会自治性。通过有效整合社会资源，市场中介组织以行业自治、自我监管的方式对待国家与市场主体、市场主体之间的相互关系，使得利益关系的配置一方面符合责权利效之原则，另一方面也融入了自我调适、动态反馈的多元路径。

行政法"平衡论"处理的是"二元主体"，即行政主体与相对人之间的关系。行政法"故事"的主角只有两个：一方是行政主体，

---

〔1〕 参见刘文华：《中国经济法基础理论》（校注版），法律出版社 2012 年版，第 213 页。

〔2〕 史际春、邓峰：《经济法总论》（第 2 版），法律出版社 2008 年版，第 140 页。

另一方是公民，二者代表着公私对峙。[1]"平衡论"通过配置行政权力与相对人权利，建构行政主体与相对人均可参与的博弈"场域"，二者进入博弈"场域"实现合意，在形式化的过程中趋于结构性均衡。行政主体与相对人作为"二元主体"，在"平衡论"的语境下不可分离，需要在二者相互作用、相互沟通的过程中实现结构性均衡，忽视一方就会偏于"管理论"或"控权论"。当然，不可否认的是，主体日益多元化是公共行政的发展趋势，"平衡论"今后有必要突破"二元主体"结构，在公私对峙中适当融入社会因素，将非政府组织、利益相关者等纳入主体体系。

（二）实体结构与程序结构

经济法"平衡协调论"从实体意义上塑造经济法系统的运行结构。一方面，"平衡协调论"保护物质利益，将主体关系视为物质利益实体之间的关系。遵循客观经济规律，参照成本-收益核算的经济学方法对物质利益进行保护，乃塑造经济法实体结构的理论基础。而从利益性质观察，增量利益的实现亦仰赖于实体结构，程序结构很难作为增量利益的制度来源。另一方面，"平衡协调论"统筹兼顾社会整体利益与个体利益，也就是运用利益衡量方法，促进社会整体利益的最大化实现。在利益衡量过程中，主体更多地被赋予观察者，而非参与者之角色，因为利益衡量要求考量各方的利益主张、确定衡量的价值标准，法律的解释与适用乃以实体权利义务为中心。此外，经济法程序性机制大多援用民事程序、刑事程序、行政程序等，"平衡协调论"通过塑造经济法的实体结构，以更好地彰显自身作为经济法理念的独特价值。

行政法"平衡论"从程序意义上塑造行政法系统的运行结构。在总体平衡阶段，"平衡论"既具有程序结构，又具有实体结构。相对人的程序性优势与行政机关的实体性优势形成倒置，构成二者权利义务的总体平衡，尤其侧重于相对人程序性权利的保障。立法领

---

〔1〕　罗豪才、宋功德："行政法的治理逻辑"，载《中国法学》2011年第2期。

域的综合衡量及法律解释与适用领域的利益平衡方法，则具有实体意义；而在结构性均衡阶段，"平衡论"基本转向程序结构。在过程视角下，"平衡"即指型构出行政主体与相对人均可参与的程序结构，双方可在其间互相作用、互相影响，在博弈中自发形成结构性均衡。这种平衡似乎更多地诉诸"通过程序的平衡"，只要行政法在制度层面上为行政法各主体提供了一个平等博弈的平台和程序，就可以得到平衡的结果。[1]

（三）平衡协调方法与平衡方法

经济法"平衡协调论"与行政法"平衡论"虽均含"平衡"一词，但平衡的方法有所差异。"平衡协调论"遵循现代市场经济的客观规律，以参差不齐的物质利益为平衡对象。这种平衡旨在对主体进行统筹兼顾，要求基于纵向经济关系进行实体结构之配置，以寻求国家意志与市场主体意志的统一。作为社会责任本位法，经济法以社会整体利益最大化为导向，并依此自上而下地对主体利益进行平衡与校准。而当行政法"平衡论"进入结构性均衡阶段，制约激励、博弈理论等方法日渐成为主流。这些方法尤重于程序上的机制设计，不甚关注实体上的结构配置。可以说，行政法的平衡方法关注内部视角下行政主体与相对人的互相作用、互相影响，乃为此提供程序之保障。比如，《行政许可法》与《行政处罚法》均规定了听证程序，对于应听证事项，行政主体在作出行政行为前通过听证程序听取相对人的意见，相对人可以提出证据、申辩质证。听证程序搭建了行政主体与相对人直接沟通的"场域"，在一定程度上赋予行政决定以合意，为行政法上的平衡提供了机制保证。

与行政法"平衡论"相较，经济法"平衡协调论"多了"协调"二字，使其内在理路既注重平衡，又富于协调。协调与平衡均旨在于社会整体利益导向下谋求主体的共同发展，但亦有所区别。协调方法被运用于经济联合关系、经济协作关系、经济竞争关系三

---

[1] 沈岿："行政法理论基础回眸———一个整体观的变迁"，载《中国政法大学学报》2008年第6期。

类横向经济关系，更为讲究平等主体之间的分工协作与互惠共赢。在实体层面发力的协调方法，甚为关注横向经济关系中全局性、长远性、发展性的问题，使其与"平衡论"的程序机制区别开来。如在区域经济联合协作关系中，在行政或财政上互相没有隶属关系的协作主体具有平等地位。它们通过签订经济合作协议等方式确定协作的具体内容，并同国家整体经济发展规划及宏观调控的方向保持一致，以实现经济区域的优势互补、长远发展。

四、小结

从总体平衡到对策均衡（结构性均衡），从"应当平衡"到"如何平衡"，"平衡论"的方法论意义日益凸显，并与公共行政的发展趋势有机契合。"平衡论"始终坚持以行政主体与相对人之间的关系为考察视角，尤其是在后期以"关系"为基础着力于构建行政法的平衡机制，对于行政法问题的分析、解决具有重要的指导意义。基于不同部门法有别的内在理念，"平衡协调论"与"平衡论"存在诸多不同。从利益面向观察，"平衡协调论"侧重保护物质利益，此乃增量利益的平衡协调，通过以社会整体利益为直接目标，追求社会整体利益目标与个体利益目标的统一；"平衡论"保护的利益是行政权与相对人权利，此乃存量利益的平衡，对于社会整体利益则予以间接保护。从运行机制来看，"平衡协调论"在处理多元主体的经济关系中塑造实体意义的运行结构，强调统筹兼顾，既注重平衡，又富于协调；"平衡论"处理行政主体与相对人之间的关系，强调程序意义上的机制设计。

作为元理论，"平衡协调论"与"平衡论"在理论自我发展层面亦存在相容之处。"平衡协调论"的理论内涵丰富多元，具有较强的体系性与融贯性，相较而言，"平衡论"则略显偏狭，比如其无法涵盖多元主体之间的复杂关系。"平衡论"经历了逐步发展的过程，在理论更新中通过自我调适寻求自洽，"平衡协调论"的理论体系则较为稳定。如何使"平衡协调论"的理论供给满足于多元复杂的经济实践，提升平衡协调的实际效果，或许是值得探讨的问题。

第三节　市场经济与理性规划的平衡协调

发展规划法是国家宏观调控法体系的重要组成部分。对于各国而言，市场与规划均不可或缺，市场经济与理性规划的平衡协调乃发展规划法的应有之义。规划的落实过程就是政府行为转化为市场行为的过程，政府通过规划配置资源，引导社会行为朝着符合政府设计的方向发展。[1]通过将规划纳入法制轨道，发展规划法平衡协调各方利益关系，合理引导经济活动中的主体行为，为社会经济的长足发展提供指引。

一、从"计划"到"规划"

规划或计划通常指人们为了实现某种目的在行动以前预先进行的设计、筹划，即在社会生活中未来行动内容和实施步骤的方案。1953 年起，我国效法苏联，开始用计划指导大规模的经济建设，无论是年度计划，还是五年计划，均被称为"国民经济计划"。"一五"计划的全称即是《中华人民共和国发展国民经济的第一个五年计划》。编制五年计划一直是调控经济和社会发展速度的国之大事，对中国社会具有至深、至广的影响。降及 1982 年，计划改名为"国民经济和社会发展计划"，以期顺应世界潮流，在继续注重生产建设方面的任务的同时，重视并增加了社会发展和人民生活方面的内容。随着计划经济体制的弊端日益暴露出来，并最终为社会主义市场经济体制所取代，计划本身应当如何定位的问题凸显。2006 年 3 月，第十届全国人大第四次会议通过《国民经济和社会发展第十一个五年规划纲要》，"计划"一词逐渐在国家发展规划文件中淡出，取而代之以"规划"二字。

在英文中，规划和计划都用"plan"或"programme"表达，并无明确分殊。在汉语中，规划与计划本质上无甚差异，从语史学角

---

〔1〕 宋彪：《中国国家规划制度研究》，中国人民大学出版社 2016 年版，第 29 页。

度而言，计划和规划均古已有之。例如，元代的《通制条格》如是规定："若有虫蝗遗子去处，委各州县正官一员于拾月内专一巡视本管地面。若在熟地，并力翻耕；如在荒陂大野，先行耕围籍记地段，禁约诸人不得烧燃荒草，以备来春虫蛹生发时分不分明夜，本处正官监视就草烧除；若是荒地，窄狭无草可烧去处，亦仰长规划，春首捕除，仍仰更为多方用心，务要尽绝。"[1]计划在当今意义上的用法始于清末，诸如编练全国陆军计划等，[2]颇具新名词的意味，所以在苏联十月革命后被广泛使用，而规划在法律中被使用在元代就比较普遍。计划一般与行为的相关度较高，较规划而言更重视实际的行动，指工作或行动以前预先拟定的具体内容和步骤，所以，古代甚至有贬义"百端计划无已，贪性一发，遂惑迷途，六情驰骋，不可制御"[3]之谓，而规划则较为概括、宏观、全面，时间跨度也更长，主要关注对行为的引导。[4]易言之，在规划与计划中，尽管有"长计划，短安排"的说法，不过较之规划，计划的时间还是相对短暂的，而规划实乃更为长期和全面的中长期计划，是对未来全局性、战略性、方向性问题的谋划、部署和展望。职是之故，虽然我国原先使用的"五年计划"改称为"国民经济与社会发展规划"，但现在年度计划正式文件仍称"国民经济和社会发展计划"。

计划变规划之所以引人瞩目，是因为"计划"被视为具有与计划经济紧密相关的特定含义。改计划为规划的举措，意在昭示从主观上期盼并且希望在实践中能够与过去的计划经济彻底划清界限。不可否认，这种名称上的转变能否从根本上转变国民经济和社会发

---

〔1〕　（元）拜柱：《通制条格》卷十六，明钞本。

〔2〕　（清）黄鸿寿：《清史纪事本末》卷六十二，1914年石印本。

〔3〕　佚名：《真藏经》卷九，明正统道藏本。

〔4〕　例如，"千年规划，历代因循"云云即能说得通，而"计划"一词则不能采取此类表述。（明）孟思：《孟龙川文集》卷十，明万历十七年（1589年）金继震刻本。参见史际春主编：《经济法》（第2版），中国人民大学出版社2009年版，第203页。

展计划的本质属性，是否意味着政府在编制和执行五年计划时的角色发生了根本转变，从目前的法治状况来看，尚难以得出肯定的答案。然而，这一字之变确实使国民经济与社会发展规划与土地规划、区域规划、城市规划等在称谓上得以统一。[1]

在计划经济时期，"法律虚无主义"盛行，以技术手段替代法律，指令性计划就是行政命令，必须执行；而在从计划经济向市场经济转轨时期，法制建设虽然被提到议事日程，但在市场经济体制下，"计划虚无主义"盛行，以及对于计划的职能、地位尚缺少明确的、统一的、深入的认识，当举国上下彻底摒弃计划经济的种种弊害时，因为计划经济的弊端而排斥、否定计划本身的声音在所多有，计划法被连同计划经济的"脏水"一起被"泼掉"。许多学者对"计划"二字避之唯恐不及，认为但凡涉及"计划"就有违背市场经济规律、恢复计划经济的危险。故而，计划法在经济法研究中被边缘化，在立法上至今尚无一部主要调整计划或规划关系的主干法律。[2]论者或谓，十一五规划虽然要从时序上与第十个五年计划衔接，但却首次用"规划"代替了"计划"，标志着计划和计划经济的彻底结束，也宣告了旧经济法时代的彻底终结。早前的国家计委曾酝酿过制定《计划法》，之所以道路崎岖、无果而终，就是因为这种立法思路自始就缺乏基本的法理支撑，而在当今的市场经济体制下，就更显得不合时宜，缺乏现实基础，应当终结。[3]事实上，对计划法宣告死刑的"终结者"所指称的"计划法"既非"计划经济法"，也非"经济计划法"，确切地说应是一种"计划指标控制法"。但这一认识与制定计划法当初的真实观点存在相当大的出入。作为当年参与制定计划法的亲历者，刘文华即指出"我们讲的计划法是广义的，不仅包括我们将要继续制定的计划法的基本法，即中华人

---

〔1〕 史际春："论规划的法治化"，载《兰州大学学报》2006 年第 4 期。

〔2〕 董凤华："市场经济体制下的计划法界限"，载《吉林华桥外国语学院学报》2006 年第 2 期。

〔3〕 薛克鹏："论计划法的终结"，载《社会科学研究》2007 年第 3 期。

民共和国计划法，而且还包括其他计划法规"，"计划法主要是调整
在制定和实施国民经济和社会发展计划过程中发生的社会关系，亦
即调整有关国民经济计划的编制、审批、下达、执行、修改、撤销、
检查、监督等过程中所发生的关系，这类关系即计划关系或计划工
作关系，它们便是计划法的调整对象"。[1]

　　早在 1987 年，邓小平就认为，计划和市场都是发展生产力的方
法，不能一谈市场就说是资本主义，也不能固守将计划经济等同于
社会主义的僵化认识，并强调日本有企划厅，美国也有计划。这就
是说，计划和市场仅仅是工具理性的表现，本身不具有价值理性的
内容。市场经济不等于资本主义，社会主义也有市场；计划经济不
等于社会主义，资本主义也有计划。计划经济向市场经济的转变并
不意味着要彻底否认一切国家计划、经济计划的存在，计划在市场
经济中占有不可忽视的地位。计划法的功能不在于消除市场失灵、
弥补市场机制的缺陷，而在于规范政府决策，并因此影响资源配置
的方式与效果。凯恩斯虽然主张干预主义，但其并不否定市场竞争
机制。正是这样，凯恩斯耐人寻味地指出，从长远的观点来看问题，
凡人皆死，我们对其他一切均无兴趣，我们唯一感兴趣的是，为了
近在眼前的未来而生活。规划仅仅是一个用于短期的字眼——从长
期的观点来看，规划是值得怀疑的，那只能是规划师的事情。卡尔·
波拉尼非常生动地描绘："自由放任政策是规划出来的，计划却不是
规划出来的。"（Laissez-faire was planned, planning is not.）其结果显
而易见，在极端困难的时期，民众往往要求政府搞批发商似的一揽
子活动。[2]首届诺贝尔经济学奖得主、荷兰著名数理经济学家简·
丁伯根曾任荷兰中央计划局局长、联合国发展计划委员会主席，他
很早就试图运用社会主义的计划方法，为资本主义国家设计经济运

---

〔1〕　刘文华："计划法"，载中国经济法研究会编：《中国现代经济法》（3），黑
龙江人民出版社 1987 年版，第 14~15 页。

〔2〕　［加］哈罗德·伊尼斯：《传播的偏向》（中文修订版·英文双语版），何道
宽译，中国传媒大学出版社 2013 年版，第 122 页。

行模型。社会主义和资本主义"趋同"(convergence)的概念在美国社会学家索罗金于 1960 年发表的《美国与苏联相互趋同为混合的社会化类型》一文中被第一次使用。[1]简·丁伯根在 1961 年《共产主义经济与自由经济是样板式趋同吗?》一文中发展了索罗金的思想,其所提出的社会主义和资本主义"趋同论"虽然是在社会主义等于计划经济而资本主义等于市场经济的传统理解内形成的误解,但从数学层面说明,波动变幻的市场终极趋向是敛归于计划。[2]丁伯根关于"市场收敛于计划"的数学揭示展现出了市场与计划必须结合的前景。市场和计划在数学上的趋同表示两者在配置资源方面的功能完全相同,否则"市场收敛于计划"以及与之对应的"计划发散于市场"难以获得令人信服的经济学说明。丁伯根于 1965 年与 H. 林耐曼和 J. P. 普朗克合作出版的《东西方经济制度的趋同》[3]进一步使"趋同论"得以完善,认为社会主义国家的集中计划过多,计划管理涉及面过宽,资本主义国家的自由放任、自发运行均偏离了最有效率的经济秩序。历史发展的进程将使这两种制度从偏离最佳秩序的不同方向会聚到相同的最佳秩序上来,既没有纯粹的计划经济,也没有纯粹的市场经济。在现代市场经济条件下,政府与市场并非是势不两立的互相替代关系,在许多场合下都具有互补关系。这就犹如一个在沙漠里的人尽管预料天气是炎热的,但珍视其所找到的任何一个树荫。[4]这种思维仅仅是一种把计划能力看作是一种稀有资源的方法,因为稀有资源必须节约和谨慎地分配,不可过多调

〔1〕 P. A. Sorokin, "Mutual Convergence of the United States and the USSR to the Mixed Sociocultural Type", *International Journal of Comparative Sociology*, Vol. 1, 1960.

〔2〕 Jan Tinbergen, "Do Communist and Free Economies Show a Converging Pattern?", *Soviet Studies*, Vol. XII, No. 4, 1961.

〔3〕 Hans Linnemann, J. P. Pronk and J. Tinbergen, "Convergence in Economic Systems in East and West", in Emile Benoit (ed.), *Disarmament and World Economic Interdependence*, Oslo: Universitetsforlaget, 1967, pp. 246~260.

〔4〕 Morris Bornstein, *Economic Planning*, *East and West*, Cambridge, Mass.: Ballinger Publishing Company, 1975, p. 40.

配使用，所以，计划工作所能完成的任务是有限度的，[1]在市场经济体系中并不占据主导地位。在当时的社会主义国家，在计划经济的计划基础上，市场因素也并未彻底根绝。从 20 世纪 60 年代以来，钟摆改变为"去计划"（Entplanung），社会主义国家的传统经济体制也受到混合经济思潮的影响。

二、发展规划法的比较考察

和市场经济体制下竞争法具有"经济宪法"的地位一样，计划法是计划经济体制下经济法的"龙头法"。许多年前，社会主义国家都曾制订被冠以"计划法"之名或相似称谓的法律文件。例如，匈牙利于1973 年制定了《国民经济计划法》，南斯拉夫于 1976 年制定了《社会经济体制基础和社会计划法》，罗马尼亚于 1979 年制定了《经济社会发展计划法》，波兰于 1982 年制定了《波兰社会——经济计划法》。不仅如此，资本主义大企业经济中进行着计划生产也是无法否认的客观事实。恰如艾森豪威尔所言："计划一无是处，但作计划却不可或缺。"（plans are useless, but planning is indispensible.）谋划未来，才能主宰未来。资本主义大公司不仅自己作计划，甚至存在专门"出售"计划的公司，代为进行规划设计。在市场经济发达的国家，恰恰存在十分完善和科学的长期计划或规划，且实现程度高，取得了骄人的成绩。长期旅居德国的美国经济学家威廉·恩道尔在接受《环球时报》记者采访时指出："美国是认真计划出来的超级大国。"[2]美国堪称是做局造势的高手，所谓全球化、华盛顿共识等，俱是典型的例证。这种陷阱不仅设置得天衣无缝，而且具有强大的贯彻力，使得不识庐山真貌者浑然不觉入其彀中。然而，"计划"是一个在西方资本主义国家不断发生争论的概念，争论的问题包括其对法制的影响等问题，特别是其

---

〔1〕　Morris Bornstein, *Economic Planning, East and West*, Cambridge, Mass.: Ballinger Publishing Company, 1975, p.41.

〔2〕　《环球时报》2009 年 11 月 13 日。

是否具有法律效力。[1]

在第二次世界大战以后，法国总统戴高乐提出了一个著名的观点：计划能够"弥补自由的缺点，而同时又不使它失去优点"（compense l'inconvénient de la liberté sans en perdre l'avantage）[2]。这构成了法国的双重调节体制的思想基础。法国的"计划化"（planification）是宪法和经济政策的基本立场，据此的计划是发展经济的重要部分。按照计划化者的构想，单独的企业计划必须被国家经济计划所补充。法国在 1946 年 1 月 3 日率先编制出第一个全国性计划，即《现代化与装备计划》（Plan de modernisation et d'équipement）。由于该计划系在让·莫内领导下制定，故而又称"莫内计划"（Plan Monnet）。与美国、德国等国的计划形式不同，法国建立了中央计划体制，设有计划的决策、监督和执行机构，得到立法保证，形成了一整套具有原创性的制度。法国计划的决策机构是共和国总统任主席的全国计划委员会，计划的监督和审议机构是国民议会、参议院和经社委员会。随着社会经济的发展，法国计划的目标在相应地作出调整，计划调节的范围不断扩大。第一个计划（1947 年至 1953 年）的主要目标是实现现代化和推动战后法国经济的全面复兴，优先发展煤炭、电力、运输、钢铁等基础产业部门，在本质上是一种"部门规划"。1962 年 8 月 4 日《批准经济和社会发展计划的法律》（La loi n° 62-900 du 4 août 1962 portant approbation du Plan de développement économique et social）首次规定了议会批准计划法草案的条款，标志着法国计划制度迈上了新台阶。从第四个计划（1962 年至 1965 年）起，法国计划调节开始超越部门范围，计划的目标变为实现国民经济均衡、稳定、高速增长，将国土整治地区经济发展正式纳入计划之内，同时涉及收入分配、就业、物价、住房和社会保障等社会问题，计划的名称

---

[1] 芮沐："美国与西欧的'经济法'和'国际经济法'"，载北京政法学院经济法教研室编：《经济法论文选集（经济法资料汇编之二）》，北京政法学院经济法教研室 1980 年版，第 224 页。

[2] Alain Kerherve, "La planification", Économie, 16 avril 2002.

亦与时俱进地改为"经济和社会发展计划"。从第八个计划（1981年至 1985 年）起，计划范围进一步被扩大到科研、培训、文化教育和生态环境等方面，计划的名称与之相适应地被改为"经济、社会和文化发展计划"。在开始实施宏观经济计划时，法国实行的是一种"指导性"计划，即在计划中明确、详细地规定宏观经济总量增长指标，包括国内生产总值、投资、消费、进出口及主要部门和产品的增长率等。这些计划指标下达后，只对国家经济部门和国有企业有某种约束力，而对于大量的私营企业只是作为决策时的参考。法国的国家计划既对法国 20 世纪五六十年代的经济繁荣厥功甚著，又因形式主义、文牍主义、统计信息的失真等原因而备受诟病。第七个计划（1976 年至 1980 年）期间，石油危机等造成对计划的真正挑战。第八个计划（1981 年至 1985 年）虽然引进外籍专家瓦西里·列昂惕夫等参与编制，通过计算机研究和处理各种可能的经济政策变量，被皮埃尔马西称为"为民主服务的数学"（les mathématiques au service de la démocratie），但该计划最终没有提交给议会。以致在法国存在这样的说法："计划已经死亡了。"（Le plan est mort.）[1] 1981年，主张加强计划对经济的调节作用的法国社会党上台执政，该党第一书记弗朗索瓦·密特朗就任总统，面临严峻的经济形势，法国出台了《计划化改革法》（全称为 1982 年 7 月 29 日第 82-653 号计划化改革法，Loi n° 82-653 du 29 juillet 1982 portant réforme de la plan-ification），希望恢复规划原则的荣誉。该法分为三个部分，共 21 条。第一部分为"国家计划"，第二部分为"地区计划"，第三部分为"其他的和暂行的措施"。在国家计划编制程序方面，法国将国家计划法分为第一计划法和第二计划法：前者规定五年战略选择和目标以及为达到预期目标所需的重大行动；后者规定实现前者所规定的目标所要采取的法律、财政和行政措施，确定计划内的优先实施项

---

〔1〕〔德〕沃尔夫冈·费肯杰：《经济法》（第 2 卷），张世明译，中国民主法制出版社 2010 年版，第 477 页。

目等。二者之间是目标与手段的关系。[1]从第十个计划（1989年至1993年）起，法国计划开始由"指导性"计划向"战略性"计划转变，或者说从指导经济主义的计划转变为指示性的计划（from dirigiste to indicative planning）[2]。所谓"战略性"计划，就是指计划仅注重描述经济前景，指明国家未来几年的发展方向，并相应地选择和确定对国家经济发展具有战略意义的领域作为优先行动项目，以此取代过去详细的宏观经济总量指标。

日本是非常注重经济计划的国家，尤其重视中、长期经济计划，被西方经济学家戏称为"施行计划经济的资本主义国家"。美国著名经济学家约翰逊则将日本称誉为"理智型市场经济"。所谓"理智"，指的就是经济计划。第二次世界大战后，日本几乎所有的重大产业政策或经济指导方针都通过经济计划加以贯彻执行，而经济计划往往又是以法律法规的形式加以公布，形成经济计划、法律与市场三位一体的宏观经济指导机制。政府起主导作用，但不能越过法律，不能违背市场规律。[3]日本自第二次世界大战后相继推行的全国性的经济发展规划（「経済計画」）包括：1956年至1960年的"经济自立五年计划"（「経済自立5ヵ年計画」）、1958年至1962年的"新长期经济计划"（「新長期経済計画」）、1960年至1970年的"国民收入倍增计划"（「国民所得倍増計画」）、1964年至1968年的"中期经济计划"（「中期経済計画」）、1967年至1971年的"经济社会发展计划"（「経済社会発展計画」）、1970年至1975年的"新经济社会发展计划"（「新経済社会発展計画」）、1973年至1977年的"经济社会基本计划"（「経済社会基本計画」）、1976年至1980年的"昭和50年代前期经济计划"（「昭和50年代前期経済計画」）、1979年至1985年的"新经济社会7计划"（「新経済社会

〔1〕 邢会强："法国的《计划化改革法》"，载《法国研究》2001年第2期。

〔2〕 Morris Bornstein, *Economic Planning, East and West*, Cambridge, Mass.: Ballinger Publishing Company, 1975, p. 162.

〔3〕 王文元：《和之风：不一样的日本》，漓江出版社2012年版，第90页。

7ヵ年計画」)、1983 年至 1990 年的 "20 世纪 80 年代经济社会的展望与方针"(「1980 年代経済社会の展望と指針」)、1988 年至 1992 年的 "与世界共存的日本"(「世界とともに生きる日本」)、1988 年至 1992 年的 "经济运营五年计划"(「経済運営 5 ヵ年計画」)、1992 年至 1996 年的 "生活大国五年计划"(「生活大国 5 か年計画」)、1996 年至 2000 年的 "社会经济结构改革计划"(「構造改革のための経済社会計画」)、2000 年至 2010 年的 "经济社会的应有态势和经济新生的政策方针"(「経済社会のあるべき姿と経済新生の政策方針」) 等。日本计划的特色是目的和侧重点明确,通过这些计划指导政府有关部门的工作,诱导市场经济主体的行为,促进国民经济协调、健康发展。日本制定的调整国家制定发展规划的法规也数量庞大。日本制定的发展规划法的特点在于:强调发展规划以产业政策为核心,为实现各个时期的产业政策目标服务,保证发展规划的目标不因政府更迭和人员变动而变化;发展规划的编制具有民主性、科学性,要求发展规划经过各界代表的充分协商、酝酿后才能形成;发展规划具有指导的效力,政府通过对企业提出建议和劝告的方式,辅之以相应的经济手段,来使企业接受国家发展规划的指导。日本在 20 世纪 80 年代经济泡沫破裂后接踵而至的低迷被归咎为在战后经济发展中发挥了相当有效机能的体制步入疲劳状态所致,政府制定经济计划的积极性大受挫折。但引入新自由主义在改革传统体制弊端的同时也矫枉过正,对于计划的积极作用因噎废食,造成贫富差距扩大,社会稳定受到现实威胁。这种经验教训也赫然表明市场与计划可以并行不悖。

德国的计划被区分为总体计划和个别计划,但两者的界限有时是变动不居的。总体计划具体包括:①"经济景气计划"(die Konjunkturplanung),②"资产积累"(die Vermögensbildung),③"空间计划"(die Raumplanung)。经济景气计划(中期经济计划)在德国经济法中只是部分地被制度化。最重要的工具是 1967 年 6 月 8 日《经济稳定和增长促进法》(*Das Gesetz zur Förderung der Stabilität und des Wachstums der Wirtschaft*,BGB1. I582,被多次修订)。其次重要的是《信贷法》（Kreditwesengesetz，KWG）[1]。20世纪60年代中期经济景气的波动构成了《经济稳定和增长促进法》颁布的政治经济背景。物价稳定、国际收支平衡和充分就业的凯恩斯三角（不容易的三角，the uneasy triangle）一直是棘手的难题。德国于1965年存在滞胀难以采取通常的凯恩斯式手段加以矫正。国内通过减税满足充分就业和过于旺盛的需求。与此同时，公共财政增加和由此造成的物价上涨引人注目。虽然与外国的外汇收支平衡已经变为逆差，但强劲的进口洪流却没有让物价下降。当联邦银行再度提高汇率时，这种以往"可行性"的规则促使利息上调，又再度导致价格上升、空虚的财政预算和更为严重的外贸平衡逆差。社民党著名的经济学家卡尔·席勒在1933年以后就已是"凯恩斯之前的凯恩斯主义者"[2]，其在被称为"艾哈德衰退"的经济下滑之际临危受命出任经济部长，并提出了"总体调节"（Globalsteuerung）理念，主张"尽可能竞争，必要时计划"(so viel Wettbewerb wie möglich，so viel Planung wie nötig)，[3]借助反周期财政政策和合作性经济政策，以"启蒙"的市场经济修正以往奉行的社会市场经济的理论基础，可谓"战后凯恩斯主义的德国版"。联邦德国于1967年6月通过的《经济稳定和增长促进法》即是根据这一理念制定的德国"20世纪中期经济干预的伟大宪章"。[4]根据该法案，联邦和各州在经济与财政政策措施

---

[1] Neufassung des Gesetzes über das Kreditwesen vom 03.05.1976, BGBl. I 1976, S. 1121.

[2] ［联邦德国］韦·阿贝尔斯豪泽：《德意志联邦共和国经济史：1945-1980》，张连根、吴衡康译，商务印书馆1988年版，第84页。

[3] 这是源自"尽可能市场，必要时国家"（So viel Markt wie möglich, so viel Staat wie nötig）一语。Erich Egner, "Studien über Haushalt und Verbrauch", Duncker & Humblot, 1963, S. 267. 卡尔·席勒对此加以改造后为社民党经济政策集中体现的《哥德斯堡纲领》（*Godesberger Programm*）所采纳。表述为："Wettbewerb soweit wie möglich-Planung soweit wie nötig!" Godesberger Programm der SPD von 1959, https://www.1000dokumente.de/index.html? c = dokument _ de&dokument = 0013 _ god & object = facsimile&l = de.

[4] ［联邦德国］卡尔·哈达赫：《二十世纪德国经济史》，扬绪译，商务印书馆1984年版，第212页。

中必须考虑整体经济均衡的要求。凯恩斯式的三角围绕经济增长而被扩大为在市场经济秩序下实现价格水平的稳定、充分就业、对外经济平衡和持续而适度的经济增长四大目标的"魔术正方形"（magischen Viereck）。为实现这一目标，该法律规定了三大机制：协调机制、信息和计划机制、干预机制。该法规定，联邦、州和地方编制五年的财政计划，作为年度财政预算的基础。[1]联邦政府每年要向联邦议会和议院提交年度经济报告，对当年政府的经济和财政政策目标进行评价和分析，为工会和企业联合会相互决定的行动提供方向性资料，并对本年度的经济发展提出预测性的经济指标以及为实现这些经济指标联邦政府要采取的政策措施。联邦德国自 1967年开始编制和实行滑动式的中期（5 年）国家经济计划。建立财政计划委员会，协调各级政府（联邦、州、地方自治行政区域）的开支和投资计划。成立行情委员会，结合年度计划或中期计划，制定 3 个月以下的影响国内经济形势发展的短期措施。该法第 5 条、第 7 条和第 15 条规定了"经济形势平衡储备金"（Konjunkturausgleichsrücklage，经济平衡准备金、景气平衡储备金），这种储备金在景气时期被积蓄，以便在危机的情况下补贴赤字开支。在需求期间过热时将预算紧缩，[2]在衰退时可用腾出的空余项目安排补充预算（第 6 条第 2款、第 8 款），利用在第 11 条的所谓"抽屉项目"（Schubladenprojekten）、特别是通过建筑业在危机期间内将经济景气重新带动起来。不过，诺贝特·克洛滕、汉斯·F. 察赫尔等反对者则认为，《经济稳定和增长促进法》按照制订者们当初设想的作为一般经济政策调控机制已经变得毫无意义了，尽管该法至今依然有效。它已变成"无应用内核的空壳""挂在衣柜里几乎不用的"装饰[3]。此外，

---

〔1〕　［德］维利·克劳斯：《社会市场经济》，张仲福译，重庆出版社 1995 年版，第 75 页。

〔2〕　Knut Borchardt, Krisen Wachstum, Handlungsspielräume der Wirtschaftspolitik, 1982, S. 183ff.

〔3〕　［德］维利·克劳斯：《社会市场经济》，张仲福译，重庆出版社 1995 年版，第 77 页。

"绿色计划"（Grüne Plan）在德国具有广泛影响，通过共同体法律的发展超过了基于1955年9月5日法律的"优惠农业经济的发展计划"（Entwicklungsplan zugunsten der Landwirtschaft aufgrund des Gesetzes vom 5.9.1955）。[1]

我国在改革开放前的经济体制仍为计划经济体制，出台了一系列与发展规划有关的法律、法规和规章等规范性文件，其中包括1952年1月出台的《国民经济计划编制暂行办法》，1953年8月开始试行的《关于编制国民经济年度计划暂行办法（草案）》，1955年10月出台的《中华人民共和国国家计划委员会暂行组织通则》，1957年1月公布的《国务院关于各部负责综合平衡和编制各该管生产、事业、基建和劳动计划的规定》，1958年9月公布的《关于改进计划管理体制的规定》，1960年1月出台的《关于加强财政计划工作的决定》。不过，从法律的性质来看，这些计划法规多属行政性的法规，而非经济法规，主要是调整行政管理机关之间的行政关系，用行政手段管理计划工作，所以对基层组织在计划管理方面的权利不够重视，对经济手段也不够重视。从法律效力来看，这些计划法规和规范性文件多半是由国家管理机关颁发的，其效力范围只能及于行政机关之间，而对权力机关，对更上一级的国家机关就无法约束，导致一些领导人随意批条子、定项目，出了问题却不负责任。[2]改革开放后，国家计划委员会于1980年6月负责牵头组成计划法起草小组，吸收高等院校和研究机构的专家学者、法律工作者参加，着手起草计划法。1983年《计划法》送审稿完成，但由于当时经济体制改革还没有全面展开，因此，这部计划法送审稿也未送交通过。[3]1984年，国务院同意并转发国家计委制定的《关于改进计划体制的若干暂行规定》，扩大指导性计划和市场调节的范围，并提出了"抓

---

[1] 参见［德］沃尔夫冈·费肯杰：《经济法》（第2卷），张世明译，中国民主法制出版社2010年版。

[2] 刘文华：《走协调结合之路》，法律出版社2012年版，第78~79页。

[3] 刘文华：《走协调结合之路》，法律出版社2012年版，第79~80页。

紧制订计划管理条例，健全经济法规"的任务。1991 年，"八五计划"提出"抓紧起草计划法"。2005 年，国务院发布《关于加强国民经济和社会发展规划编制工作的若干意见》，确立了"三级三类"规划体系，并系统规定了规划编制与实施的基本流程和制度。2007年，国家发改委发布《国家级专项规划管理暂行办法》，并针对我国规划编制和实施工作中存在的主要问题，在国务院《关于加强国民经济和社会发展规划编制工作的若干意见》（国发〔2005〕33 号）的基础上，于 2010 年草拟了《发展规划法》。一般称"规划法"，不用"发展规划法"的概念。"发展规划法"更有针对性，更为确切。[1]第十二届全国人大第四次会议于 2016 年 3 月 16 日通过的《国民经济和社会发展第十三个五年（2016－2020 年）规划纲要》（以下简称《"十三五"规划纲要》）指出，"加强规划协调管理。加强统筹管理和衔接协调，形成以国民经济和社会发展总体规划为统领，专项规划、区域规划、地方规划、年度计划等为支撑的发展规划体系……加快出台发展规划法"，把经济社会发展纳入法制轨道。

三、发展规划法的平衡协调思想

刘文华认为，综合平衡不仅是编制计划的方法，实质上也是计划管理工作的核心，是计划化的灵魂。[2]发展规划法统筹兼顾国民经济和社会发展中的重大利益关系，通过确定科学合理的发展目标、实施方案等，有效引导与规范政府的经济行为。在利益法学看来，"法律之目的"在于确保社会生活条件（利益），"利益"成了法律形成之动力。[3]作为经济法的重要构成，发展规划法具有整体性、全局性、系统性之特征，保护的利益乃物质利益、增量利益，通过

〔1〕　徐孟洲："论经济社会发展规划与规划法制建设"，载《法学家》2012 年第 2 期。

〔2〕　刘文华："计划法简论"，载刘文华：《走协调结合之路》，法律出版社 2012年版，第 95 页。

〔3〕　参见吴从周：《概念法学、利益法学与价值法学：探索一部民法方法论的演变史》，中国法制出版社 2011 年版，导读第 10~11 页。

统筹兼顾各方利益关系，促进社会整体利益的最大化实现。利益法学强调利益细分之理论，将其作为对利益冲突论另一角度的诠解。该理论认为不能只探究在法律目的上所显现出来的"得胜的利益"，而是要探究所有加入这场冲突的"利益整体"，包括"战败的对立利益"，个别要素共同作用的结果才得出立法者的目的观念。[1]发展规划乃利益衡量的产物，编制发展规划需面对众多经济法律关系主体的利益冲突，需衡量经济效益、社会效益、生态效益等诸因素之间的关系。发展规划法通过法规范的形式为发展规划的编制、实施等提供实体与程序上的保障，作为立法者的一种利益决断，体现经济法平衡协调的内在理念。

从本质上看，资源调控是经济法律规则的核心问题。[2]发展规划涉及国民经济运行和社会发展之全局，其核心即是对资源的配置，故而，发展规划法乃规范调整政府资源配置之法。2013年《中共中央关于全面深化改革若干重大问题的决定》指出，经济体制改革是全面深化改革的重点，核心问题是处理好政府和市场的关系，使市场在资源配置中起决定性作用和更好发挥政府作用。政府配置的资源主要是公共资源，与市场机制具有一定的互补关系。在社会整体利益最大化导向下，政府作为社会内部的管理因素嵌入经济活动之中，以最大化地提高资源的配置效率。稀缺性是资源的特征，规则、制度等也是一种"稀缺资源"，必须能适应当地的情况，并调动人们的积极性，充分考虑对主要参与者的激励。[3]因此，发展规划立法需与主体的发展能力相匹配，通过处理好成本与激励的关系，实现不同区域、不同产业部门之间的平衡协调、互补合作，方能有效地提高资源的配置效率。

----

〔1〕 参见吴从周：《概念法学、利益法学与价值法学：探索一部民法方法论的演变史》，中国法制出版社2011年版，第285页。

〔2〕 张世明：《法律、资源与时空建构：1644-1945年的中国》（第4卷·司法场域），广东省出版集团、广东人民出版社2012年版，第927页，脚注3。

〔3〕 参见张世明：《法律、资源与时空建构：1644-1945年的中国》（第1卷·导论），广东省出版集团、广东人民出版社2012年版，第96页。

第四节　权威性资源与配置性资源：
区域规划法律制度协调论

社会学家安东尼·吉登斯认为，配置性资源，指对物体、商品或物质现象产生控制的能力，或者更准确地说，指各种形式的转换能力；权威性资源，指对人或者行动者产生控制的各类转换能力。[1] 社会系统在时空方面的任何协调活动都必然涉及这两种资源的特定组合。[2] 就区域规划法而言，一方面，区域规划法律制度是一种权威性资源，在区域经济、社会发展进程中发挥重要的引导作用；另一方面，区域规划立法亦需强调对配置性资源的关注，区域规划的良好运行离不开对物质资源的控制与利用。

一、区域规划的概念与区域规划立法

区域规划是经济社会发展任务在特定空间上的落实，是政府进行区域调控和管理的重要工具，具有弥补市场不足的重要功能。区域规划主要是对人口、资源、生态环境和经济活动等进行空间布局安排。对社会时空的组织（路径和区域的时空构成）乃权威性资源之一部分，[3] 同时，区域规划的制定又必然涉及对区域内部配置性资源的控制与利用。区域规划主要包括以下内容：一是基础设施整合，着重解决重复建设和资源共享问题。二是空间结构优化，明确空间发展方向和重点，特别是城镇空间布局的方向和重点，解决区域内部特别是跨行政区的协调发展问题。三是产业结构、经济结构

---

〔1〕　[英] 安东尼·吉登斯：《社会的构成》，李康、李猛译，生活·读书·新知三联书店1998年版，第98~99页。

〔2〕　[英] 安东尼·吉登斯：《社会的构成》，李康、李猛译，生活·读书·新知三联书店1998年版，第378页。

〔3〕　[英] 安东尼·吉登斯：《社会的构成》，李康、李猛译，生活·读书·新知三联书店1998年版，第378页。

的优化，主要是从全国乃至全球视角，解决区域在全国发展格局中的职能分工和定位问题。四是土地、水和其他重要资源的综合利用和生态环境保护，使经济社会发展和资源环境协调起来。五是政策措施，通过提出支撑规划实施的政策措施，协调中央与地方、地方与地方之间的关系。

　　法国的区域规划经历了三个历史时期：①以《土地指导法》（*Loi n° 67-1253 du 30 décembre 1967 d'orientation foncière*）为代表的中央集权时期（1919 年至 1967 年）。法国国土面积只有我国的 1/18，但法国的行政区却划分出 92 个省（不包括 4 个海外省）。这一地理尺度显然不适于制定地方经济发展政策和统一规划大型公共设施。为了适应国家社会经济的发展变化，到了 1964 年，法国制定了 22 个地区发展计划，将大区作为新的国家行政区划单位。法国在这一时期采取的一系列措施虽然强化了中央权力的政策，但地方的积极性因此受到压抑，造成地区之间的条块分割。1967 年颁布的《土地指导法》确立了由 "城市规划整治指导纲要" 和 "土地利用规划" 构成的城市规划编制体系：城市规划整治指导纲要是中长期的城市发展指导方针，覆盖地域范围较大，规划期限较长，不可作为申请土地利用许可的依据。土地利用规划以规范土地利用为主，覆盖地域范围较小，规划期限较短，是申请土地利用许可的重要依据，属规范性城市规划。②以《地方分权法》（*Loi n° 82-623 du 22 juillet 1982 modifiant et complétant la loi n° 82-213 du 2 mars 1982 relative aux droits et libertés des communes, des départements et des régions et précisant les nouvelles conditions d'exercice du contrôle administratif sur les actes des autorités communales, départementales et régionales; Loi n° 83-8 du 7 janvier 1983 relative à la répartition de compétences entre les communes, les départements, les régions et l'État*）为代表的中央-地方发展合作伙伴关系时期（1967 年至 1982/1983 年）。1982 年 3 月 2 日至 1983 年 7 月 22 日之间颁布的《地方分权法》对宪法进行了补充说明，将大区确立为新的地方集体。改变大区、省、市镇议会的性质，赋予地方议会以 "通过审议自由地管理本地区事务" 的权力，使地方议会成为拥有自治权的"自治体"地方政府，将地区经济发展与规划等职责由中央政府移交给地方政府。与《地方分权法》相呼应，法国的《计划化改革法》规定了地区计划，包括地区计划的内容、制定程序以及地区计划之间的协调等内容。地区计划有利于各地从本地的实际出发，因地制宜地规划本地的经济、社会和文化发展目标，发挥地方的积极性。③以《城市互助更新法》（*La loi n o 2000‑1208 du 13 décembre 2000 relative à la solidarité et au renouvellement urbains*）为代表的中央‑地方整合时期（1982/1983 年至 2030 年）。在这一时期，法国政府进一步下放权力，实行自治管理体制，扩大地方的自主权，各地区可按本地区的特点和需要制定发展规划。1999 年颁布的《地域规划与可持续发展指导法》（*Loi no 99‑533 du 25 juin 1999 d'orientation pour l'aménagement et le développement durable du territoire et portant modification de la loi no 95‑115 du 4 février 1995 d'orientation pour l'aménagement et le développement du territoire*）提出了指导国家层面规划的指导性文件《公共服务发展纲要》，规划期为 20 年。

　　德国是较早进行区域规划的国家。1868 年巴登大公国正式颁布《道路红线法》（Fluchtliniengesetz），被称为"具有现代意义的物质形态规划的立法起点"。1875 年普鲁士颁布《街道与建筑逃生法》（Straßen‑ und Baufluchtengesetz），[1] 标志着德国城市规划法的开始。德国在 1923 年编制了鲁尔工业区区域总体规划，1935 年成立"居住和区域规划工作部"，负责全国国土整治、规划和交通建设等工作。第二次世界大战后，1950 年，根据所谓的《莱姆戈草案》（Lemgoer Entwurf），各州颁布了建筑法。规划的责任首次完全由社区负责。但该计划需要得到上级部门的批准，被细分为具有约束力和准备性的土地使用规划。联邦德国经过十年的准备，于 1960 年颁布了第一部全国性的城市规划法，即《联邦建设法》（Bundesbaugesetz von 1960, BBauG），结束了从魏玛共和国开始拟制订一部全国性城市规划法的

---

　　〔1〕　Gesetz betreffend die Anlegung und Veränderung von Straßen und Plätzen in Städten und ländlichen Ortschaften）vom 2. Juli 1875（GS S. 561）.

愿望。《联邦建设法》是针对特定的规划问题和需要而发展起来的，实际上是一种"防御规划"，即对私人建设项目设置特定界限，进行监督管理。"土地利用计划"（Flächennutzungsplan）和"发展计划"（Bebauungsplan）是作为两阶段土地利用规划引入的，强调公共和私人利益的相互平衡，对"规划披露程序"（Offenlegungsverfahren）等加以规定，并通过 1962 年《建设条例》（Baunutzungsverordnung）加以细化。但就在结束拟订《联邦建设法》时，社会、经济和技术领域发生的显著变化使城市规划面临新的任务。旧区改造和城市开发措施主要服务于公共利益，不仅需要建设引导规制和土地利用条例，而且需要政府主动的实施能力。因此，德国于 1971 年颁布《城市建设促进法》（Städtebauförderungsgesetz），制订特殊的规划措施和财政资助条款以及要求土地所有者对由于旧区改造导致地价上涨而获得的利益进行补偿等规定。德国在 1987 年将《联邦建设法》和《城市建设促进法》进行汇总修改，颁布《联邦建设法典》（Baugesetzbuch，BauGB），《住宅建设减轻负担法》（Investitionserleichterungs－und Wohn-baulandgesetz von 1993）亦被作为措施法纳入重新修编的《联邦建设法典》。从历史发展的角度来看，《联邦空间规划法》（Raumordnungs-gesetz，ROG，亦被译为《联邦德国国土规划法》《空间秩序法》）起源于城市规划，但是早就从建设法中分离了出去，而发展成为自身独立的法规，制定于 1965 年，并于 1965 年 4 月 22 日正式生效。1991 年 7 月 25 日，联邦议会对该法进行了较为全面的修订，新法自 1993 年 5 月 1 日起实施。1997 年，联邦议会对该法再次进行了全面的修订，新法自 1998 年 1 月 1 日起实施。德国的《联邦空间规划法》不仅是一部规范平面空间的"国土规划法"，同时也是一部立体的空间规划法，对德国的空间的不同功能划分作了战略性的规定，因此，该法也是国民经济与社会发展规划法的重要组成部分，更是"宏观调控法"和生态环境保护法的有效组成部分。德国的空间规划依据规划的具体内容不同而设置了相应的规划权限，主要分为控制性规划（上级规划）和建筑指导性规划两个层次。控制性规划又分为四个层次，分别是欧洲层次、德国联邦层次、州层次以及区域层次。根据《联邦空间规划法》和联邦各州区域规划法的授权，所编制的区域规划经同级议会批准之后，具有法律效力。在德国行政法中，编制完成的区域规划往往被视为是以法律规范形式作出的规划。[1]由此可知，德国区域规划不仅具有专门而统一的组织法和行为法依据，以此规范区域规划的编制与实施行为。同时经过批准的区域规划本身也是法律的一种存在形式，区域规划所设定的目标与手段最终转化为法律上的职权与职责、权利与义务，从而奠定了区域规划法律上的权威性，为区域规划实施铺平了道路。在联邦区域政策的范围内的重要法律还包括 1969 年 10 月 6 日《关于"改善区域经济结构"共同任务的法律》[2]、1971 年 8 月 5 日《周边区域促进法》[3]以及 2008 年 12 月 7 日《资本投资津贴法》。[4]

我国区域规划工作始于 20 世纪 50 年代，先后经历了农业区划、国土规划、城镇体系规划和城市地区规划四种类型区域规划。1955 年，我国出台《中国农业区划初步意见》，将全国划分为 6 个农业地带和 16 个农业区。随后，中共中央又于 1956 年出台《全国农业发展纲要（1956—1967 年）》，提出用 12 年时间实现农业现代化目标。这一时期的区域规划工作虽然以农业区划为主，但也对工业发展进行了区域规划。在这一时期，国家建设委员会设立了区域规划与城市规划管理局，学习苏联模式，以地域生产综合体、生产力布局理论为支撑，进行工业城市布局和工业企业选点布局，拟订《区域规划编制与暂行办法（草案）》。改革开放后，城市工业取代农业成为国家政策的关注点。在这一时期，能源、交通、原材料等需求增加，国土资源的利用与开发逐渐成为我国改革开放过程中必须面对的问题。针对这一问题，国家发展规划委员会出台了《国土规划编制办

---

〔1〕 〔德〕汉斯·J. 沃尔夫、奥托·巴霍夫、罗尔夫·施托贝尔：《行政法》（第 2 卷），高家伟译，商务印书馆 2002 年版，第 182~184 页。

〔2〕 Gesetz über die Gemeinschaftsaufgabe，"Verbesserung der regionalen Wirtschaftsstruktur"，vom 6. Oktober 1969，BGBl. I，S. 1861.

〔3〕 Gesetz zur Förderung des Zonenrandgebiets vom 5. 8. 1971，BGBl. I S. 1237.

〔4〕 Investitionszulagengesetz vom 7. Dezember 2008，BGBl. I S. 2350.

法》（1987 年），并于 1989 年下发《国家计委关于加强省级国土规划工作的通知》。因此，改革开放后的区域规划多集中于国土规划方面。我国于 1989 年颁布《城市规划法》。随后，国家发展规划委员会于 1990 年在总结全国各地经验及借鉴国外经验的基础上，编制《全国国土总体规划纲要（草案）》。内容包括国土资源的基本状况、国土开发整治的目标、国土开发的地域总体布局、综合开发的重点地区、基础产业布局、国土整治与保护、国土开发中的几个问题的对策（耕地问题、水资源供需平衡问题、人口的地域分布和劳动就业问题、城市化问题等）、有待进一步研究的若干问题和规划纲要的实施。自此，以城镇体系为内容的规划成为区域规划的主要内容。进入 21 世纪后，城市地区规划占据了区域规划的主要内容，都市圈规划或城镇密集区规划蓬勃兴起。其中比较有影响的规划有《珠江三角洲经济区城市群规划》《苏锡常都市圈规划》《南京都市圈规划》《徐州都市圈规划》《环杭州湾地区城市群空间发展战略规划》《杭嘉湖城市带规划》《山东半岛城镇群规划》。随着城镇化的推进，我国区域规划又经历了一次大发展，各类地区发展规划集中出现。例如，在东北地区，较有影响力的区域规划有《东北地区振兴规划》《辽宁沿海经济带发展规划》等；环渤海地区区域规划有《山东半岛城市群区域发展规划》《山东半岛蓝色经济区发展规划》《河北沿海地区发展规划》等；京津冀地区区域规划有《京津冀都市圈区域规划》；长三角地区区域规划有《长江三角洲地区区域规划》《江苏沿海地区发展规划》等；海西地区区域规划有《海峡西岸经济区发展规划》《平潭综合实验区总体发展规划》等；珠三角地区区域规划有《珠江三角洲地区改革发展规划纲要》《海南国际旅游岛建设发展规划纲要》等；西部地区区域规划有《西部大开发"十二五"规划》《成渝经济区区域规划》《青海省柴达木循环经济试验区总体规划》等；中部地区区域规划有《促进中部地区崛起规划》《鄱阳湖生态经济区规划》《中原经济区规划》（2012-2020 年）等。我国现行区域规划一般依照《宪法》《城乡规划法》《城市规划编制办法》《土地管理法》以及相关环境保护法律制定。其中，依据《宪法》制定国民经济和社会发展规划中与区域发展有关的内容；依据《城乡规划法》和《城市规划编制办法》编制以城市总体规划、分区规划和详细规划为内容的城乡规划；依据《土地管理法》编制土地利用总体规划；除此之外，区域规划编制过程中还涉及《环境保护法》《水法》《森林法》《草原法》等。

二、我国"三大规划"管理格局的形成

规划层累是指规划繁复、交叉的现象。云南省曾对省级部门拟开展的专项发展规划作了一个不完全统计，部分部门仅一年就提出了 200 多个专项规划的编制需求，甚至有个别厅局一家就提出了多达 50 多个专项规划的编制需求。规划繁多不仅造成规划预算浪费，也会带来"纸上画画、墙上挂挂"的无效、低效后果。目前，由政府的发改部门负责编制和管理的国民经济和社会发展规划（简称"发展规划"），对地区重大建设项目、生产力分布和国民经济重要比例关系等作出规划，为国民经济发展远景规定目标和方向。由于发展规划涉及经济和社会发展的总体目标，被赋予空前的战略地位和高度，使其成为统领各专项规划的依据。城乡规划由政府的建设部门负责的城市总体规划和城镇体系规划（简称"城乡规划"），对城乡空间资源的合理配置和改善人居环境，其根本目的是促进城乡经济社会全面协调可持续发展。土地利用规划由政府的国土部门负责（简称"土地规划"），是各级人民政府依法组织对辖区内全部土地的开发、利用、治理、保护在时空上所作的总体安排和布局。其确定的耕地保护底线、占保平衡原则、建设用地范围和指标审批制度，是国家进行宏观调控的最有力手段，因而成了覆盖范围最广、执行最严格、影响面最大的空间规划。当前，编制土地利用总体规划的法律依据是《土地管理法》，编制城乡总体规划的法律依据是《城乡规划法》。2007 年 10 月 28 日，第十届全国人民代表大会常务委员会第三十次会议通过《中华人民共和国城乡规划法》，自 2008年 1 月 1 日起施行，结束了长期以来城市建设、农村建设分别由《城市规划法》《村庄和集镇规划建设管理条例》规范的城乡二元割据的

状况，规定城乡规划包括城镇体系规划、城市规划、镇规划、乡规划和村庄规划，以实现城乡统筹规划工作的指导思想。

在国家层面，由中央政府统一制定的、以国家经济社会发展规划为总体目标、以全国城镇规划为空间支撑、以全国土地利用规划为调控手段的"三大规划"，基本形成了紧密联系、互为协调的规划管理格局。从"三大规划"的发展历程来看，"三大规划"是从发展规划中诞生、演变和发展起来的，是政府为适应市场经济、转变管理职能、改变经济调控手段的变革产物。在计划经济时代，政府作为经济建设的主体，通过制定"五年计划"全面安排社会经济的各项活动。因此，发展计划是唯一的综合规划。随着市场经济的发展与确立，城市规划的内容由落实经济发展的建设规划向调控市场和建立规则的综合性公共政策转变，并从发展计划中的一个专项独立出来，自成体系。随着"发展规划"弱化和"城乡规划"地方化，为抑制市场对土地利用的浪费和保障土地资源安全，在不削弱地方政府管理公共事务的自主性的前提下，中央政府开始建立一套以耕地保护为底线、实行占补平衡的计划用地管理模式。因此，主管土地利用规划的国土资源部也从建设部和国家计委中得以独立出来。在理论上，"三大规划"作为权威性资源，其作用和职能各有分工："发展规划"管经济发展，"城乡规划"管城镇和乡村建设，"土地规划"管土地使用。易言之，"发展规划"管目标，"城乡规划"管坐标，"土地规划"管指标，"三大规划"应该可以和谐共融。但在实践中，不同部门编制的规划具有不同的任务，导致侧重点不同。规土部门编制的土地利用总体规划从保护基本农田方面出发，侧重对非建设用地的保护和建设用地指标的控制；而城市规划局编制的城市总体规划，侧重于从社会经济发展的角度探讨城市土地的合理利用和安排部署。由于不同规划所属的管辖部门不同，产生"三大规划三张皮"的弊端，出现严重的"条块分割"现象，"条条"协调不力、"块块"关系混乱。离开了区域统筹，发展目标就可能落空，用地指标也可能失灵，城市坐标也无从下笔。"三规失衡"的表现尤其集中在地方层面：地方政府三个规划的编制、审批和实施，其过程实际上是相应部门在操作；由于代表的部门权责并不一致，导致彼此间的协调变得错综复杂，更因协调机制的缺失，常使三个规划由协作走向失衡。在计划经济下，各级政府是经济建设的实施主体，具有综合统筹职能的发改部门制定的发展计划，是政府各部门发展经济和管理社会的行动纲领，居绝对统领地位。随着市场经济的发展，经济建设主体的多元化，地方政府职能发生变化，更多通过配置辖区空间资源向社会提供有效公共物品，吸引外部投资，实现地区经济增长。这就使得原本仅为落实经济发展进行空间布局的城市规划成了全面谋划城市发展的公共政策。主管城乡规划的建设部门，也名不符实地充当起综合协调者的角色。另一方面，由于土地是经济建设的载体，土地收益成了地方获得发展的核心动力。地方政府对土地资源的过度开发，使得中央政府执行最严厉的土地利用政策和垂直管理体制，土地部门掌握了项目建设的最终裁决权。"土地规划"成了中央调控地方经济发展的最直接工具。由此可见，三大规划作用地位的变化，直接关系到主管部门在政府决策层中的地位。部门为争夺规划的"龙头"地位，必然导致在规划思想上强调"以我为主"，规划范围追求全覆盖，规划内容力图"包罗万象"；"一个部门、一种规划"，使得三大规划范围相互重叠、内容相互渗透，彼此衔接常出现问题。

　　此外，由于我国不同层级政府管治的事权不同，中央和地方政府制定的"三大规划"目标有所差异：中央政府侧重于对全国经济的宏观调控，以"发展规划"为重点，配套全国城镇群和国土利用等专项规划作实施保证；地方政府偏重于对公共物品的提供，法定化的"城乡规划"超越战略性的"发展规划"，成为地方政府规划管理的重心。《土地管理法》第18条规定："下级土地利用总体规划应当依据上级土地利用总体规划编制。地方各级人民政府编制的土地利用总体规划中的建设用地总量不得超过上一级土地利用总体规划确定的控制指标，耕地保有量不得低于上一级土地利用总体规划确定的控制指标。省、自治区、直辖市人民政府编制的土地利用总体规划，应当确保本行政区域内耕地总量不减少。"《土地管理法实施条例》第 11 条规定:"乡(镇)土地利用总体规划经依法批准后,乡(镇)人民政府应当在本行政区域内予以公告。公告的内容应当包括:(一)规划目标;(二)规划期限;(三)规划范围;(四)地块用途;(五)批准机关和批准日期。"《土地管理法》第 21 条规定:"土地利用总体规划实行分级审批。省、自治区、直辖市的土地利用总体规划,报国务院批准。省、自治区人民政府所在地的市、人口在一百万以上的城市以及国务院指定的城市的土地利用总体规划,经省、自治区人民政府审查同意后,报国务院批准。本条第二款、第三款规定以外的土地利用总体规划,逐级上报省、自治区、直辖市人民政府批准;其中,乡(镇)土地利用总体规划可以由省级人民政府授权的设区的市、自治州人民政府批准。土地利用总体规划一经批准,必须严格执行。"《土地管理法》第 24 条规定:"各级人民政府应当加强土地利用计划管理,实行建设用地总量控制。土地利用年度计划,根据国民经济和社会发展计划、国家产业政策、土地利用总体规划以及建设用地和土地利用的实际状况编制。土地利用年度计划的编制审批程序与土地利用总体规划的编制审批程序相同,一经审批下达,必须严格执行。"由此可见。土地利用总体规划按照上级部门分配的指标编制规划,采用自上而下、指标控制与分区控制相结合的方法,重点控制"非农业建设占用耕地数量、补充耕地量、耕地净增量"等指标,体现出"以供给制约和引导需求,重在控制"的原则与指导思想。土地规划的执行以土地利用年度计划的执行为保障。与此相对,《城乡规划法》第 2 条规定,城乡规划包括城镇体系规划、城市规划、镇规划、乡规划和村庄规划。城市规划、镇规划分为总体规划和详细规划:直辖市的城市总体规划由直辖市人民政府报国务院审批。省、自治区人民政府所在地的城市以及国务院确定的城市的总体规划,由省、自治区人民政府审查同意后,报国务院审批。其他城市的总体规划,由城市人民政府报省、自治区人民政府审批。县人民政府组织编制县人民政府所在地镇的总体规划,报上一级人民政府审批。其他镇的总体规划由镇人民政府组织编制,报上一级人民政府审批。该法第 19 条规定,城市人民政府城乡规划主管部门根据城市总体规划的要求，组织编制城市的控制性详细规划，经本级人民政府批准后，报本级人民代表大会常务委员会和上一级人民政府备案。城市规划通过预测规划期内的人口及城市化水平，按照人均建设用地标准，根据城市整体发展要求和各类用地实际需要，综合平衡、确定各类用地的数量与功能分区，不同层次、类型的城市规划没有严格的指标控制关系，而是强调相互之间的协调和衔接，总体呈现出"以需求调控供给，重在发展"的指导思想。尽管《城乡规划法》规定地方制定的城乡规划要由上级政府审批，但一方面因公共物品的制定、提供和维护属地方事务，上级政府仅对城市规模（包括人口规模和用地规模）等量化指标进行粗线条的形式审查；另一方面，时间冗长的城市总体规划审批程序使得地方人大审议通过的规划纲要成了城市建设的直接依据。

1990 年施行的《城市规划法》第 11 条规定："国务院城市规划行政主管部门和省、自治区、直辖市人民政府应当分别组织编制全国和省、自治区、直辖市的城镇体系规划，用以指导城市规划的编制。"此后启动的城镇体系规划出现了自下而上的情况：省域城镇体系规划竞相匆忙上马，但作为城乡规划中最顶层的法定规划，《全国城镇体系规划》却迟未出台。一方面，在国家总体城镇规划框架约束缺位的情况下，城市规划由地方分散编制，自下而上审批，纵然审批单位力图遏制地方规模做大的倾向，也多有论出无据之感。另一方面，省域城镇体系规划在全国的城镇体系规划还没出来之前就已经展开，而行政区并不等同于经济区，以行政区为单元开展的城镇体系规划难以把周边的因素考虑进去，造成区域规划的缺位和弱化，各省省域城镇体系规划如出一辙，均是以省会为中心的城镇体系格局。实际上，区域经济协作的迅猛发展，已使得一些城市与邻省经济的密切程度远高于本省，与其画地为牢地进行省域城镇体系规划，不如选一些城市群发展趋势明显、资源环境承载力较好的区域进行城市群规划，诸如珠三角地区、长三角地区、重庆至成都地区等。

不可否认，人是具有理性的"经济人"，但经济学中的"理性人"囿于"信息不对称"而只能具有"有限理性"，不可能具有洞察一切的"上帝之眼"。在面对"无知之幕"而无法全面了解局势的情况下，彼此竞争所激发出的人的盲目冲动被罗伯特·席勒等人称为"动物精神"。所谓动物精神，是指所有动物都有一个特征：在面对前途不清晰时仍会盲目地往前冲。乔治·阿克洛夫与罗伯特·席勒在 2009 年出版的《动物精神》（*Animal Spirits：How Human Psychology Drives the Economy and Why It Matters for Global Capitalism*，Princeton University Press，2009）一书中，详细解释了人们在面对难以捉摸的经济前景时的非理性和冲动的投资行为。在市场经济条件下，资金、土地、人才和资源等经济要素的配置和流动是通过市场的供求关系来调配实现的。市场经济下的地方政府作为经济人，能否创造需求和满足需求，最大限度地争取市场要素向辖区集聚，是地方政府赢得竞争的关键。针对地少人多的国情，国家对乱占滥用土地有非常严格的管理和处罚规定。数十年来，为了有效控制地方发展的冲动，提高中央政府对宏观经济的控制能力，在货币财税、转移支付等传统财政金融政策的基础上，中央政府出台了最严厉的国土利用管理政策，通过对土地垂直管理手段，对地方发展需要的土地开发量，实行"总量控制、计划供给"，并建立了自上而下的土地利用规划管理制度，使得用地指标显得尤其金贵。由于国土幅员辽阔和地域差异较大，中央政府无法甄别各地的实际需求，只能采取简单的确保耕地保有量底线原则，以"耕地占补平衡"为底线来投放建设用地量，满足各地建设发展需求。为了有效杜绝地方政府"上有政策、下有对策"的违规操作行为，实际应用中对供地的位置、数量和时间都有刚性的要求，并制定"事前要上报，事中不调整，事后不闲置"等管理措施，以保证土地使用做到按总量控制、依计划使用、按进度安排。不难看出，现有的三大规划的行政审批和监管层次，根据各自规划的作用、地位和行政效力而有所不同：层次最低的是交由本级人大审查的"发展规划"，中间等级的是提交上级政府审批的"城乡规划"，"土地规划"审批则因实行中央到地方的自上而下审批方式，而最具行政效力。

　　与此同时，房地产经济开始影响政府决策，甚至改变政府决策。[1]因为土地和货币资金都是重要的生产要素，宏观调控被视为是"土地规划"职能的题中应有之义。2003 年 8 月，国土资源部副部长李元在新疆石河子召开的中国土地学会理事会暨学术年会上首次提到中央政策应当把土地政策与货币政策和财政政策一道作为国家宏观调控的工具。2003 年下半年，中国政府针对当时基本建设投资规模过大、经济出现过热的局面，着手第一次土地宏观调控，成效显著。自此，土地政策开始与信贷政策一样调控国民经济的发展，被纳入中国特色的宏观调控政策体系。"银根"和"地根"成了对宏观经济的货币政策和土地供应政策的俗称。2006 年 9 月 5 日，国务院针对第一轮土地宏观调控中出现的问题，发布《国务院关于加强土地调控有关问题的通知》（国发〔2006〕31 号），宏观调控日益呈现出以"银根"与"地根"为两大左右中国经济根本变量的双调控的特征。在某种程度上，"地根"在中国当代宏观调控中的作用不亚于"银根"，土地供应在经济调控中的作用较之信贷甚至更为重要。这是因为，一方面，土地作为生产要素是一种稀缺资源，其不同于资金，具有不可逆性，一旦开发形成建筑物后，很难恢复为原来的农用地，即便事后恢复，也必将所费不赀。另一方面，货币政策和财政政策调节宏观经济总量，却难以被落实到具体项目，且调节力度难以把握，或者调控力度过大而造成大的经济波动，或者调控力度不够而难以达到调控目的。因为任何项目都不可能建在空中，土地政策既可以在宏观上调节宏观经济总量，又能够在微观上落实到具体的土地项目，达到货币政策和财政政策调控所不能达到的效果。即便在 2008 年金融危机后，我国政府在宏观经济政策上实施积极的财政政策和适度宽松的货币政策，对"银根"给予适度放松以扩大内需促进经济增长，但收紧"地根"的政策却始终如一。所谓

---

　　〔1〕　王新、方益权：《社会法视域下的"城中村"：利益博弈与矛盾冲突解决路径》，武汉大学出版社 2012 年版，第 72 页。

土地政策参与宏观调控，就是对进入经济体系中的新增建设用地的规模、速度和结构进行控制和引导，并通过新增建设用地配置的变动进一步连锁影响宏观经济格局和总量指标的变动。土地政策参与宏观调控的路径有三条：一是参与宏观经济总量调控，即通过控制建设用地投放的规模、节奏、数量等，间接控制需要土地的投资项目，从而控制投资需求，对宏观经济总量失衡进行矫正，使总需求和总供给趋于均衡；二是参与产业和部门结构调控，即通过制定和实施供地目录等政策，对产业和部门结构失衡进行引导和调整；三是参与区域协调发展调控，即通过土地利用总体规划、土地利用年度计划、主体功能区等政策手段，促进区域之间协调发展。[1]土地政策作用于宏观经济的效应可以被分为二类：一类是通过土地政策参与调控刺激投资直接作用于总需求，获得类似于财政政策的效果。此可谓土地政策参与调控的财政政策效应。详言之，在经济萧条时，放松"地根"，增加土地市场投放量，提高流转速度，降低用地成本，以直接扩大总需求，拉动经济增长和增加就业。反之，在经济过热时，收紧"地根"，缩减土地投放量，拉高地价，以缩小总需求，消除通货膨胀压力。一类是通过调整土地政策参与调控作用于总的信贷规模，影响投资和消费需求，间接地作用于总需求，获得类似于货币政策的效果。此可谓土地政策参与调控的货币政策效应。

2005 年修订的《城市规划编制办法》第 28 条规定："城市总体规划的期限一般为二十年，同时可以对城市远景发展的空间布局提出设想。"《土地管理法》第 17 条第 2 款规定："土地利用总体规划的规划期限由国务院规定。"同时，《县级土地利用总体规划编制规程（试行）》确定："土地利用总体规划的期限应与国民经济和社会发展长期规划期限相适应，一般为 15 年～20 年，近期一般为 5年。"1986 年制定的《土地管理法》第一次明确了各级人民政府编制土地利用总体规划的法律责任，规定"各级人民政府编制土地利

---

[1] 李翔："土地政策参与宏观调控的效果评估"，载《软科学》2009 年第 5期。

用总体规划，地方人民政府的土地利用总体规划经上级人民政府批准执行"，土地利用规划的编制与实施进入法制管理的轨道。据此，全国、省、地（市）、县、乡（镇）五级土地利用总体规划的编制和实施工作逐步拉开序幕，第一轮全国土地规划以 1985 年为基期，规划期为 2000 年。1988 年 4 月 12 日，七届全国人大第一次会议通过《宪法（修正案草案）》，删除有关禁止土地转让的条款，允许土地使用权依法交易。至 1990 年国务院颁布的 55 号令，即《城镇国有土地使用权出让和转让暂行条例》，土地开始在中国经济转型历程中扮演重要角色，土地使用权出让已经成为地方政府获取财政收入的重要渠道，随之而来的代价就是耕地的减少和一些地方当政者的寻租行为。1992 年之后，全国形成前所未有的用地热潮，此后政府开始强制性取消土地开发计划。[1]1998 年修订通过的《土地管理法》第一次将土地利用总体规划列为专项章节，明确规定了规划的目标、原则、编制、审批、实施、修改及相关法律责任等，进一步提高了规划的法律效力。1999 年《全国土地利用总体规划纲要（1997-2010 年）》经国务院批准实施。第二轮规划以 1996 年为基期，2010 年为规划期。1997 年开始的第二轮土地利用总体规划虽然被广泛喻为"真正立起来的规划"，以刚性指标控制和土地用途管制为特征，加强了土地宏观管理和土地用途管制，并明确规定非农业人口在 50 万人以上的城市，其规划都要经过国务院审批。但是，这一轮工作中各地发展水平参差不齐。至 2002 年底，已有 20 多个省突破了 2010 年的耕地保有量指标，一些地区 5 年就用完了 10 年的指标。1998 年修订的《土地管理法》尽管提高了土地利用总体规划的法律地位，使其能够制约其他涉及土地开发利用的各种"规划"，但《土地管理法》规定省级政府可以授权给设区的市政府，由市政府编制乡镇土地规划，因为土地利用总体规划可以依据经济增长需要临时报批修改，具有修改和批准土地规划权力的市级政府往往采用修

---

〔1〕　史京文："土地利用总体规划的变迁与演进"，载《广东土地科学》2009 年第 3 期。.

编规划的手段变相地把基本农田调整为一般农用地。如此一来，再转化为建设用地时就无须报请国务院批准，市级政府可以以编修规划的名义直接审批，最多是上报至省。于是，一些地方甚至出现了每逢违反规划项目即修改规划的现象，土地利用总体规划的龙头地位变得有名无实。

中国的城镇化与人类的新技术革命被诺贝尔奖获得者、美国经济学家斯蒂格利茨认为是 21 世纪初期影响世界最大的两件事。[1]许多城市为了扩大城市规模和扩展城市发展空间，要求对原有的城市总体规划进行修编，以扩大城市的规划区范围。有些城市通过行政区划的调整，将原属市代管的某些市县划为市辖区，名正言顺地扩大城市发展的规划区范围（如广州、杭州等）。有些城市则将市辖区规划与市域规划结合在一起统称城市规划，事实上具有区域规划的性质。由于编制城市总体规划首先要确定经济社会的发展目标，以作为编制的根据，其中一个重要指标是 GDP 的增长速度，因而，做大人口规模成了地方政府修编规划时倾力而为之事。有的城市总体规划并不考虑预测方法的适用性，选取的目的性很强，有的甚至是"胸有成竹"地确定人口规模后再采取可用的方法加以推导。据2004 年 12 月 20 日的《瞭望新闻周刊》披露，一些城市在规划年限至 2020 年的城市总体规划修编中，抬高 GDP 增长速度与人口规模，提出超常发展目标，以求在中央政府严控土地的政策背景下拿到更多的建设用地。[2]正是由于投资计划与土地利用规划相结合宏观调控机制的形成，中央政府在以清理开发区为重点的全国土地市场治理整顿中，往往将土地利用规划作为一把铁尺。中央政府运用土地利用规划已渐渐得心应手，其自上而下的编制方式，也使中央意图得以通畅表达。相形之下，由地方人大批准的地方级发展规划，无需

---

〔1〕 斯蒂格利茨在 1999 年 7 月 23 日在中国"城市发展高级圆桌会议"上的讲话，转引自曾广宇、王胜泉："论中国的城市化与城市病"，载《经济界》2005 年第 1 期。

〔2〕 王军："城市规划修编的圈地玄机"，载《瞭望新闻周刊》2004 年第 51 期。

国家发改委审批，其与国家级发展规划的对接缺乏"无缝焊接"的制度安排。土地规划倾向于以长远利益为重，而发展规划围绕本届地方政府的施政进行编制。在不考虑土地制约因素的情况下，地方政府编制发展规划就会趋于无限扩大用地指标，使长期的规划服从于短期的规划，全局的规划服从于局部的规划。而地方发展规划被法律确定为编制土地利用规划和城市规划的依据，这又潜藏了被地方引为奥援而"依法"做大的可能。在城市规划的审批中，原国土资源部为此不得不得罪许多地方政府主政官员以核减城市的用地规模。

以北京城市总体规划修编为例，2004年版总体规划建设用地规模最初上报1800平方公里，但国土资源部强烈要求控制在1600平方公里以下，北京市修改后提出1700平方公里，国土资源部仍坚持己见，最后通过的面积是1650平方公里。但2004年版《北京城市总体规划（2004-2020年）》施行仅6年就再度沦为"短命规划"。第六次全国人口普查结果显示，北京市常住人口为1961.2万人，提前十年突破了该总体规划提出的2020年常住人口总量控制在1800万人的目标；该总体规划提出的2020年人均GDP突破1万美元的目标，在2009年便已经达到；北京中心区实际用地范围在2000年就已超出了北京总体规划在2010年所确定的范围，而新编制的规划中到2020年都不能占用的土地已被占用完。建设用地一旦告罄，规划便会在无形中随之寿终正寝，地方政府就又会通过总体规划修编从中央政府严格控制的"地根"里获取新的建设用地指标。中华人民共和国成立之初，梁思成、陈占祥提出的将中央行政区放在北京旧城之外建设的"梁陈方案"未得到采纳，改造旧城在此后成了北京的城市发展方向，导致就业功能过度集中在以旧城为中心的区域，大量工作人口不得不在郊区居住，大范围地制造出"进城上班，出城睡觉"的生活方式，激起了城郊之间的潮汐式交通大潮。基于此，《北京城市总体规划（2016年-2035年）》作为中华人民共和国成立以来北京市的第七版规划，明确严禁环首都围城式发展，并最终获得了国务院批准。

三、"多规合一"的法理分析

《土地管理法》明确规定，城市规划不得超过土地利用规划确定的建设用地规模。而在一些地方着手城市规划修编之际，规划年限至 2020 年的土地利用规划修编尚未启动，城市规划把建设用地规模确定后，土地利用规划修编只能当"马后炮"。针对规划"打架"的问题，"三规合一"的改革呼声很高：要改变现行"条条"的管理方式，由单一的部门机构进行各种规划制定和相应立法，从而为规划编制和实施提供统一的基准平台。2014 年 8 月，国家发改委联合国土资源部、环境保护部、住房城乡建设部共同发布《关于开展市县"多规合一"试点工作的通知》(发改规划〔2014〕1971 号)，明确提出开展市县空间规划改革试点，推动经济社会发展规划、城乡规划、土地利用规划、生态环境保护规划"多规合一"，形成一个市县一本规划，实现一张蓝图绘到底。2018 年国务院机构改革后，新组建的自然资源部也已明确将主体功能区规划、国土规划、土地利用规划、城乡规划有机融合，统一为国土空间规划。这无疑为行政规划立法指明了方向，"多规合一"应该是未来立法的方向。

现在，某些地方尝试推行"三规合一"的城市总体规划编制模式，其根本的出发点就是试图通过新的规划编制手段，把上级政府掌控的建设用地范围、用地规模和指标的审批权，纳入地方制定"城乡规划"和"发展规划"的地方事权范围，以实现地方政府对土地使用的自主支配权，满足土地财政的需求。在市场需求的压力下，如果地方政府完全拥有对土地使用指标制定的主动权，"土地规划"不再成为限制"发展规划"和"城乡规划"的政策工具。这显然会削弱中央政府对经济宏观调控的管治能力，容易引发新一轮的耕地保护和粮食安全问题。相反，如果中央政府不愿意放弃对土地使用管理的控制权，"三规合一"的结果就会变成由中央政府统一把关，地方政府完全丧失对规划的话语权。政府的管治又将变回计划经济时代的集权管理模式，在增强国家调控力的同时也会因管理过长、行政迟缓而影响规划的功效。所以，从经济平稳发展的角度出发，如何避免事权分配产生的"一放就乱、一收就死"的管治矛盾，建立有效的市场与计划对话的土地利用机制，明确各级政府的事权范围，化解部门间的权益冲突，才是"三规合一"得以实现的前提，而不是实施的结果。"三规合一"后，最具灵活性的五年发展规划可能因卷入编制审批的漫长等待中而失去对经济发展作出及时反应的调控作用。而规划管理的长期缺位，更会危及规划的引导作用，间接鼓励地方政府习惯采取"摸着石头过河"的方式来管治，不利于政府管理的法制化进程。从实践效果来看，试行的"三规合一"编制方式，基本都是从技术层面对规划编制手段进行整合，围绕如何建立统一的数据标准来开展，以统筹各专项规划的核心要素，实现多规底图叠合、数据融合、政策整合。

从法理上言，"三大规划"职能决定法律地位的差异，法律地位反过来影响"三大规划"的实施效能。在市场经济下，经济活动主体多元化，政府制定的发展目标是对市场活动的一种预期和引导。它要求具有较大的弹性空间，让政府可以根据市场发展状况，灵活地进行目标的调整修正，及时处理市场出现的新情况、新问题。由于"发展规划"调整的社会经济发展目标具有战略性、动态性和弹性，难以采用法律的形式固定下来。因此，综合性强的"发展规划"属战略性规划，法律的强制地位较低。"城乡规划"的管理核心是市场经济下基于空间利益形成的物权关系。它必须通过建立一套社会公认的空间利用准则，以契约的形式固定下来，并辅以法律的强制力来确保遵循。因此，城乡规划是有广泛认可性、约束性和稳定性的公共政策，具有较高的法律地位。土地规划制定的出发点，是对地方政府使用土地权力的限制，保障中央政府对宏观经济的调控能力。通过《土地管理法》和土地规划，清晰界定各级政府对土地管理的公权范围，并建立一套强有力的法律监管体系来确保用地规划的遵守，具有强制的行政效力和严肃的法律地位。由于"三大规划"的法律地位不同，"三规合一"方式将面临法律地位难以界定、法律基础缺失的局面。首先，对如此编制出来的规划的法律效力的界定：是强制性还是非强制性？无论结果如何，都会引起对现有法律关系的调整，涉及《城乡规划法》《土地管理法》等法律法规的大规模修订。其次，法律对合并后规划的编制、审批、实施和监督等管理主体的重新设定，涉及对现行行政运作体制的大规模改革。最后，是对与法律相对应的已批准的规划成果的全面调整修编。[1]"多规合一"表面上看是权威性资源的内部组合，实际上也会涉及与配置性资源的衔接，这两种资源的平衡协调，乃区域规划立法应追求的最佳结果。

刘文华首倡的"平衡协调论"乃经济法的方法论。无论是现代经济法的源起，还是现代经济法的调整，"平衡协调论"均贯通其间，抽象出分析、解决经济法问题的一般理论。作为经济法哲学的重要构成，"平衡协调论"在经济法体系内具有极强的贯通性，能够圆融一贯地将纷繁复杂的经济法现象统摄入自身规整的理论体系，堪称经济法的元理论。作为行政法的方法论，"平衡论"科学地凝练了行政法的内在理念，为行政法实践提供了重要的理论供给，乃行政法的元理论。从广义层面而言，"平衡协调论"与"平衡论"的对比即是探究经济法与行政法这两大法律部门的分野。作为部门法哲学，元理论不同于部门法基础理论，但又不能离开部门法这片原土。"平衡协调论"与"平衡论"生发之逻辑迥异，解决之问题悬殊，纵横贯通乎其间，部门法乃道途之径，二论之区别遂昭昭甚明。作为经济法体系之一部，发展规划法通过法规范的形式作好国民经济和社会发展中重大利益关系的预先安排、实现权威性资源与配置性资源的有机组合，可谓是经济法"平衡协调论"运用于实践的生动体现。现如今，即便新兴经济现象层出不穷，本原意义上的哲学思考仍历久弥新，理论与实践只有打破隔膜、彼此贯通，方能使部门法哲学成为学科发展不竭的动力。

---

〔1〕 郭耀武、胡华颖："'三规合一'？还是应'三规和谐'——对发展规划、城乡规划、土地规划的制度思考"，载《广东经济》2010年第1期。

第七章

制度保护论：以反垄断法的体系建构为中心

卡尔·施密特是当今颇具争议的人物，被贴上了传统的 19 世纪的自由主义者、意大利谱系中的法西斯主义者、保守派的革命者、具有洞察力的马克思的评论家、反犹主义者等标签，对其定位莫衷一是。他在纳粹时期达到理论高产期。第二次世界大战后被送到纽伦堡进行审判时，施密特为自己绘声绘色地辩护称"仅仅沾染了纳粹的病菌但并没有被感染"。表示将退隐到缄默的安全之中的施密特晚年蛰居乡下，但各路前去朝拜者始终络绎不绝，显示出了其超凡的思想魅力和理论气质。卡尔·施密特于 1933 年为《政治神学》（第 2 版）写的序中已明确表明，法学思维方式应被分为规范论、决断论、制度论三种模式。笔者基于卡尔·施密特关于法学思维三种模式的阐述，力图证明制度法学对于改善经济法研究的价值，认为制度保护是竞争法学的核心概念。

第一节　卡尔·施密特论法学思维的三种模式

卡尔·施密特在《论法学思维的三种模式》中企图超越传统的形式主义法律资源和方法，重建法律的确定性，论证新的适合德国人的法学思想的必然性和必要性。在该书中，施密特所关注的是法学思维方法的类型，而不是法学表现类型。施密特以"法"究竟是指规则或法规（规范）、决断或秩序，将法学思维方法区分为规范论、决断论与具体秩序论三种不同类型。规范论以法律规范为法之代表，"规范为王"是规范论的教义，而决断论则以决断为法之终极所在，独尊决断。[1]他认为，每一种法学思维方式均有其认定何者为"法"的特别想法，并且排斥其他思维方式对于法的认知。[2]决断论或具体秩序论下，当然也存在着法规，但这些法规并不是法的源头或终极形式，其地位远不如规范论思维下的法规。[3]规范论眼中的法秩序，是由许多规则与法规所合成的，是"量"的概念，法秩序本身并不具有独自的性质，具体的秩序因而被狭隘化为法规。在规范论者眼中，规范意义上的"规则"成了"法"的独占性内涵，"秩序"一语仅具有象征性意义，毋宁是用来说明一个具体处境是否符合抽象规范的内涵。因此，当规范被稳妥地适用于具体处境时，便是"守序"。相反，规范无法被展现于具体处境中时，也就是"失序"时，规范仍然是抽象有效的，规范论者并不关心或者不必关心失序的状态如何。[4]正由于规范论以超脱于具体个案处境的抽象法规为法之所在，相对于必然是个人性的决断与超越个人之上的具体秩序，规范论思维遂得以主张拥有非个人性与客观性，以迥然不同于决断论的个人性的恣意以及秩序中所蕴藏的封建性、阶层性或其他多元主义特性。基于此种超脱性，可以得出赋予规范论者以优越地位，并使其成为法律史上永恒类型的一项论证。规范论呼应了人们向来所期待的法治而非人治，即仅有法律可进行统治或下命令，而不是那不断变化的各种处境或是人类的恣意。

历史上，要求应由法律而非个人来进行统治的主张代不乏人。

---

〔1〕〔德〕卡尔·施密特：《论法学思维的三种模式》，苏慧婕译，中国法制出版社 2012 年，导读第 4 页。

〔2〕〔德〕卡尔·施密特：《论法学思维的三种模式》，苏慧婕译，中国法制出版社 2012 年，导读第 11 页。

〔3〕〔德〕卡尔·施密特：《论法学思维的三种模式》，苏慧婕译，中国法制出版社 2012 年，导读第 9 页。

〔4〕〔德〕卡尔·施密特：《论法学思维的三种模式》，苏慧婕译，中国法制出版社 2012 年，导读第 12 页。

古希腊抒情诗人品达尔的"Nomos basileus"(Nomos als König，法律即君主)的说法展现了强大的影响力。[1]规范论者则以规范论的方式来解读人类法律史上最古老也最美丽的词句。洛克厌恶任何最终权力的说法，认为任何权力都只能是法的代言者或执行者，法律才是真正的国王，"法的最高执行者除了法律的意志和权力之外，没有任何意志和权力"。[2]弗里德里希·尤利乌斯·施塔尔和劳伦斯·冯·施泰因一样，鼓吹在法与国家之间建立关联，国家权力同样应服从于法律，但彼时的法治国却更多地被德国学者化约为"法律的统治"或"根据法律的统治"。[3]政府的一举一动均以法律为准，而以执政者的成见为准则。这种"法律至上"的法条主义思维模式相信理性系统、完整的制定法包罗万象，涉及社会生活的方方面面，法官在适用法律时，只需要结合案件事实加以适用即可，法条与事实的关系如同自动售货机与钱币的关系，二者一结合就自动产生判决。即使法律出现漏洞，也只能严格依据法律条文从严依字面意义进行解释与延伸，不需要运用价值分析的方法进行判决，不再考量任何超法规的原则或溯求一般理性通则的基础，这必然无法周到思虑政治的实际利益及情理妥当性的问题，更进而产生"法律万能"的幻象。[4]典型的法治主义，强调法律规则之重要性，主张唯法是尚，以法治国，反对因人而治，对自由裁量权怀有一种深深的敌意，甚至将自由裁量权与"恣意"相等同。不过，如果把多数人选出的代表所决定的任何事情都称为"法律"，把他们发出的一切命令都说成是"依法治国"，而全然罔顾其对某些个人和群体的利弊后果，这仍然是一种没有法律的统治，必将导致灾难性的后果，实在不足

---

〔1〕〔德〕卡尔·施密特：《论法学思维的三种模式》，苏慧婕译，中国法制出版社2012年版，第52页。

〔2〕〔美〕傅铿：《知识人的黄昏》，生活·读书·新知三联书店2013年版，第48页。

〔3〕郑永流：《法治四章——英德渊源　国际标准和中国问题》，中国政法大学出版社2002年版，第125页。

〔4〕苏俊雄：《法治政治》，正中书局1980年版，第132页。

为训。[1]因此，施密特认为，所有标榜"法治国"者，到头来其实都是在追求"法律国"。[2]德国的法治国家的思想起源于17世纪至18世纪市民阶层逐渐壮大的时期。法治国乃相对于君主主义的人治国而言。施密特主张法治国的实质为国民法治国，即市民阶层、资产阶级的法治国，其具备对国民的基本权利的保障以及对政府机构的权力分立的规定两个基本要素，这两个要素也成了现代多数国民法治国国家的内涵。

施密特首先界定规范效力的射程范围，区隔出规范与规范适用两者间的本质差异性，认定从抽象的规范中无法导出具体的决断（包括法院判决、具体的行政作用、个别的诫命等）。按照规范论主张，法只能是规范的逻辑前提，这种思维如果要能得以贯彻，规范就只能自我证成，不可以援引非属规范的具体权威为其依据或根源。[3]然而，按照决断论的逻辑，在专制体制下，"朕即法律"。纯粹的功能模式和时刻表，不得谓之具有"君主"的地位。纯粹的规范论若想保持思维的前后一贯，就只能依据规范和规范的效力，而不能凭借具体的权力和头衔。对于总是将规范当成法学思维基础的纯粹规范论者而言，君主、领袖、法官和国家都只是规范的功能，而管辖层级中的上下等级，都只是规范位阶高低的外溢。如此，我们可以一直回溯到最高、最深层的规范，亦即其最精纯的本质就只不过是规范及法律的万法之法、"规范中的规范"，此种理论在具体现实中只会产生一种结果：规范或法律被用以对抗与其在政治上针锋相对的君主或领袖；法律以"法律的统治力"摧毁君主和领袖的具体秩序。以"法律"（Lex）对抗"君主"（Rex），正是规范论在

---

〔1〕 ［英］弗里德利希·冯·哈耶克：《哈耶克文选》，冯克利译，河南大学出版社2015年版，第544页。

〔2〕 ［德］卡尔·施密特：《论法学思维的三种模式》，苏慧婕译，中国法制出版社2012年，导读第13页。

〔3〕 ［德］卡尔·施密特：《论法学思维的三种模式》，苏慧婕译，中国法制出版社2012年，导读第14页。

政治上的具体企图。[1]

　　规则固然是制度重要的一方面或组成部分，但制度应该不仅是规则要素构成的实在。一味以实定法为对象，在将制度视为被政治共同体的强制力所担保的规则集合的定义中，以为实定法就是制度的范例，这将限制讨论的视野，不无本质主义的错误。[2]施密特认为，法律包括三个要素：规范、制度和决断，而一锤定音的决断是第一位的。由于法律不能自动实现，因此，国家的存在就有必要。国家的存在正是为了法律的实现，也就是政治决断的实现。决断并不是来自适用规范的结果，而是一种无中生有的产物，来自虚无，决断的法效力绝非得自涵摄或法的论证结果，决断本身没有正确与否的问题，而是个人性的意志作用。具有个人性的决断及其形式的权威性，正是法学思维方式中决断论的特征所在。[3]决断论思维的悠久历史并不逊于规范论，但直至晚近才展现出精纯的理论。这是因为，在古希罗及基督教的价值秩序因近代自然科学之发展而崩解之前，秩序概念——作为决断的前提——在思维流程中一直产生影响。进而，纯然"无中生有"的决断，就会再度被秩序性思维所吸收并限缩；决断变成了预设秩序的外延。虽然决断主义被一些学者认为是施密特生造出来的概念，主要被用来描述一种特殊的立场，即突出人类事务当中（至少在实践中）无法完全用合理论证所排除的纯粹决断要素，[4]但决断论思维最早的典型代表人物是17世纪的霍布斯。对霍布斯而言，所有的法、规范、法律，所有的法律解释和秩序，本质上都是主权者的决断，而所谓的主权者并不代表一名

---

　　〔1〕〔德〕卡尔·施密特：《论法学思维的三种模式》，苏慧婕译，中国法制出版社2012年版，第55页。

　　〔2〕〔日〕吾妻聪「Roberto Ungerの法社会理論：その方法論の考察（1）制度構想の法学第二の序説」『岡山大学法学会雑誌』2012年第4号。

　　〔3〕〔德〕卡尔·施密特：《论法学思维的三种模式》，苏慧婕译，中国法制出版社2012年版，第3页。

　　〔4〕〔德〕汉斯·布鲁门伯格：《神话研究》（上），胡继华译，上海世纪出版集团2012年版，第186页。

正当的君主或一个具有管辖权的机关，但凡做成主权决断者，就是主权者。[1]霍布斯的"立法的是权威，而不是真理"的名言足以表征决断论思维的特征。[2]对实证论者而言，唯有决断论的要素，可以在某个特定时点，或在某个特定层次上，截断对现行规范最终效力基础的追问，而无须不断回溯到"法学之后"（Metajuristische）的虚无缥缈之处。[3]但是，"口含天宪"的最高统治者固然可以生杀予夺，言出法随，出言为法，甚至可以以言废法，但"天宪"者，乃代天行法而已，必须具有在终极关怀上的神性附着，仍然不免陷入"明希豪森三重困境"。

罗伯特·杰克逊大法官在20世纪初定位美国最高法院的名言如是云："我们不是因为我们永不犯错才成为终局审；而是因为我们是终局审，我们才从不犯错。"[4]随着19世纪法的完全实证化以及由此而来的法和道德之间的分离，"实证性"意味着"法不仅经由判决而被确立（这意味着，法被选择出来），而且，法依靠判决而生效（也就是说，法是偶然和可变的）"。[5]真正的标准"不在于某项一次性的裁判，而在于持续不断地更新的法体验"。也就是说，法"依靠判决而生效……并因此而被体验为可变的"。[6]以判决为依据的法效力之基础就在于相应的对期望结构的调整。这一调整体现于"合法律性的合理性"之中。[7]按照施密特的论述，法不自行，规

〔1〕 Carl Schmitt, *Über die drei Arten des Rechtswissenschaftlichen Denkens*, Hamburg: Hanseatische Verlagsanstalt, 1934, S. 27.

〔2〕 ［德］卡尔·施密特：《论法学思维的三种模式》，苏慧婕译，中国法制出版社2012年，导读第23页。

〔3〕 Carl Schmitt, *Über die drei Arten des Rechtswissenschaftlichen Denkens*, Hamburg: Hanseatische Verlagsanstalt, 1934, S. 38.

〔4〕 原文为：We are not final because we are infallible, but we are infallible only because we are final. Brown v. Allen, 344 U. S. 443（1953）.

〔5〕 Niklas Luhmann, *Rechtssoziologie*, Reinbek: Rowohlt, 1972, S. 210.

〔6〕 Niklas Luhmann, *Rechtssoziologie*, Reinbek: Rowohlt, 1972, S. 209.

〔7〕 吴彦编：《20世纪法哲学发微：德意志法哲学文选》（3），刘鹏等译，知识产权出版社2015年版，第217页。

范就其本身而言是不充分的，并不能自我维持，只有进行决断和解释才能成为现实的东西。决断不仅是规范纯粹的精神体现和运用，而且有其自身独特的功能。一个决断的法律效力在绝对意义上并不依赖其合乎规范的正确性。会有错误的决断，但即使是错了，在法律上依然有效。[1]在决断主义思维模式中，"任何法效力与价值的最终基础都可以在一个意志作用，也就是一个决断（决定 Entschei-dung）中发现，这个决断作为纯粹的决断，创造了'法'，而且这个决断的'法拘束力'（Rechtskraft）无法从决断规则（Entscheidungs-Regel）中推导得出"。[2]法律文本只是设定了一个制度框架，在此框架内存在着广泛的开放领域。实在法的框架性结构使得法官可以在开放领域中如同立法者一样借助法外的标准，依据裁量权形成新的法律。[3]实在法不可避免地包含违反法制理想的专横因素。即便有些法官看上去完全是严格依法办事，而实际上大谬不然，往往正是因为其基于实用主义和后果主义考量的结果。

　　20世纪二三十年代，规则怀疑主义构成了法律现实主义最鲜明的特色，反规范主义的法学理论麾下法律现实主义、法律行为主义、纯粹法律社会学等众流云集。由于传统普通法原则不能适应社会的发展，带来了诸多社会不公，现实主义法学家开始怀疑传统的法律制度和法学的规则迷信，宣称要揭开"法律神话"的面纱，断言法律上的"应当"纯粹是神秘虚幻的，法律不是书面上白纸黑字的规则而是法官的行动，不是一个规则体系而是一批事实。司法裁判不由规则决定，而由法官的个性决定。法学的功能不在于引导裁判，而在于对先定结果加以事后论证。追根溯源，以叛逆精神著称的法律现实主义者卢埃林等人的"规则怀疑论"，明显受到霍姆斯"法院

────────

〔1〕　［美］乔治·施瓦布：《例外的挑战：卡尔·施米特的政治思想导论（1921－1936年）》，李培建译，上海人民出版社2015年版，第60页。

〔2〕　焦宝乾：《法律论证导论》，山东人民出版社2006年版，第194页。

〔3〕　Hans Kelsen, *Reine Rechtslehre*, Wien：Österreichische Staatsdruckerei, 1960, S. 349~351.

判决就是法律"的观点的启发。霍姆斯曾说:"所谓法律,就是对法院实际上将会做出什么的预言,而绝非其他矫饰浮夸之辞。"[1]从霍姆斯的理论来看,"预测"会因人而异,仅对预测者具有约束的意义,不存在"可普遍约束"的规则意义。昨天的法律没有拘束法官今天判案的效力,同样,今天的判决也不能拘束明天处理理性质相同案件的法官。卢埃林指出,法律只是死的文字,某一特定法律的意义要在考察活的现象、行为以后才能表现出来。"那种根据规则审判的理论,看来在整整一个世纪内,不仅愚弄了学究,而且愚弄了法官。"[2]卢埃林的规则怀疑论的旨趣在于,透过"纸面规则"背后揭示描述实际司法行为中一致性或规律性的具有更大的法律确定性的"真正的规则"。美国的现实主义法学家弗兰克认为,通常所讲的"法律规则"是一种具有约束力的规则。在现实中,如果可以发现其对法律适用的主体产生约束的作用,那么,便应承认其是存在的。但是,对现实的观察可以证实,法官等法律适用者并未受到这类规则的约束。法官时常超越所谓的"法律规则"。规则并非是神圣之物,不仅可以改变,而且一直被法官的实际行动所改变。[3]强规则怀疑论认为,具有普遍性和规范性的法律是一种天真的设想,规则是虚构的而且必须予以抛弃。真实存在的只有法律适用者的具体判决,而这种判决才是具有现实意义的法律。

　　法律实证主义的所有不同分支共享的一般观点是,在法律是什么和法律应该是什么之间、在实证法和正义或者说在法律和道德之间不存在必然的联系。这种将法律终极价值的思考从法律学说中排除出去的研究路径被德国法学家称为"分离论纲"(Trennung-

---

[1] Oliver W. Holmes, "The Path of the Law", *Harvard Law Review*, 1897, Vol. 10, p. 459.

[2] Karl Llewellyn, "The Constitution as an Institution", *Columbia Law Review*, Vol. 34, No. 1, 1934.

[3] 陆宇峰:"'规则怀疑论'究竟怀疑什么?——法律神话揭秘者的秘密",载《华东政法大学学报》2014年第6期。

sthese）。[1]在这种范式之下，实证主义反对先验的思辨，将为什么的问题作为形而上学的思辨切割出去，以便使自己的任务被限定于经验材料的范围之内，只讲合法性（妥当性）问题而不讲合理性（正当性）问题。根据应然与实然分离的二元方法论，法律实证主义可以被分为这样两派，即经验实证主义和规范逻辑实证主义。前者集矢于实然、法的事实，后者关注于应然，关注于规范的形式结构而将规范的内容置之度外。

　　萨维尼的早期作品《法学方法论》的立场是接近"制定法实证主义"的。在该书中，他强调制定法必须排除所有的恣意专断，而且必须是完全客观的，它是独立于所有个人信念之上的东西：它是如此的完备，以至于应用它的人完全不需要自己添加任何东西上去。法官唯一的处理工作，只是对它进行纯逻辑解释。解释意味着重建法律的内涵，法官要设想历史上的立法者的立场，进而作出其判决。他认为，法官不能做任何修饰法律的工作，即使是改善有缺陷的法律也不行，因为那是立法者的职务。格伯尔与拉邦德为帝国时期法学思想的法实证主义者，主张"法"（Recht）仅能从法中探求。"法学"（Jurisprudenz）应自我关涉，去除与国家理论、历史、社会学等的联系，亦应与社会的、目的性的脉络脱钩，"法"的概念从而具体限缩为经制定而得的"法律"（Gesetze），对于法律的操作，亦应仅限于法学素材，也就是法律条文本身。法律的概念因而形式化，亦即有权机关经法定多数决程序所为的产物即为法律，不论其实质内容为何。法律在此表现了价值中立性，法律的有效性被认为系直接由其形成程序所证成。[2]在经验实证主义中，以恩斯特·鲁道夫·比尔林为代表的法心理学倾力研究的对象是主观事实，而源自于马克

[1]　Herbert Hart, "Der Positivismus und die Trennung von Recht und Moral", in: H. L. A. Hart, *Recht und Moral*, *Drei Aufsätze*, aus d. Engl. übersetzt und mit einer Einleitung versehen von Norbert Hoester, Göttingen: Vandenhoeck & Ruprecht, 1971, S. 14 ff.

[2]　应奇、张培伦编：《厚薄之间的政治概念——〈政治与社会哲学评论〉文选》（卷二），吉林出版集团有限责任公司2009年版，第156页。

斯·韦伯的法社会学则以客观事实为探求对象[1]。

在规范逻辑实证主义中，凯尔森的纯粹法学理论建立在新康德主义哲学基础上，建立在把世界分为"应当"（必然）与"实际"（自然）的二元论和不可知论的基础上，致力于尽可能地避免形而上学与意识形态的污染。凯氏纯粹法学的研究方法基本上是形式逻辑的方法，即法律概念的推理和判断的方法，而不是实际的因果关系的方法。在凯尔森看来，限定法学的功能和研究范围恰如康德之限定理性的范围，是为了使其更为确定、有效，阻止法学扩张的野心与阻止利用法学和削弱法学的企图同等并重。凯氏的纯粹法学理论对于其研究客体的自律性以及自身的独特性颇具自觉，其所要解决的问题恰恰在于区分法律的"to be"（是）和"ought to be"（应当是）。凯尔森受维也纳学派的逻辑实证主义的影响，认为价值判断无法再以更高层次的价值对之进行衡量，既不具备可证实性也不具备可证伪性。正义在凯尔森看来是一个意识形态概念，是一种反映个人或群体的主观倾向或价值偏爱的"非理性的理想"，[2]根本无法用科学的方法加以回答。所以，凯尔森纯粹法学仅仅是关于由大量相关的应然命题或规范组成的国家法律体系的实然理论，而不是探讨"应然"的理论，或者说，将法学的任务仅仅限定于对规范进行整理并以这些规范建立起一个和谐的体系，而不对其合理性进行质疑。由概念法学发展出的纯粹法学建立在数学思维基础之上，依体系演绎法适用法律。纯粹法学是研究实在法的科学，作为一门科学，"这一理论试图回答法律是什么，它怎么样，而不是它应当怎么样"。[3]为了实现这样的目标，构造这样的一个体系，就必须排除一切非法学因素：要获得一种毫无瑕疵的纯粹的法规或前后一致的基本法规体系，

---

[1] 此处论述主要依据［德］阿图尔·考夫曼、温弗里德·哈斯默尔主编：《当代法哲学和法律理论导论》，郑永流译，法律出版社2002年版，第115页。

[2] See Kelsen, *General Theory of Law and State*, Cambridge, Massachusetts：Harvard University Press, 1945, p.13.

[3] Hans Kelsen, *Pure Theory of Law*, Translated by Berkeley Kinght, CA：University of California Press, 1967, p.1.

所有的社会学因素都必须被排除于法学因素之外。按照这样的要求，凯尔森在处理国家问题时就必然会得出这样的结论：国家不是一种与法律秩序并列或处于法律秩序之外的实在或者想象出来的实体。国家就是法律秩序本身，它必须被视为是一个整体。所以，国家既不是法律秩序的创造者，也不是法律秩序的来源。这样的规范体系，在实践中的表现必然是"法治"国，由体现规范的法律实行统治，所有的行为都在法律规范的规定和约束之下，没有例外。这样的一种理论，由于追求其科学性，因此必然会抬高形式性的地位，排除那些道德正义和政治问题的干扰。合法性成了最高的价值。表面的平等（包括机会的平等）成了这种价值的现实表现。然而，概念法学与纯粹法学蕴含僵化法律思想的危险，阻碍法官的造法活动，因此，可能会产生让人无法接受的审判结果。这种法学思维变成了合法性的思维。简而言之，即是"实证性"。故而，施密特援用了魏玛共和国时期格哈德·安许茨的那句名言——"国家法到此为止"——来讽刺法实证论主导下国家法学自我否定的处境。[1]

　　施密特并不否定规范本身，其所反对的是规范论为了形式而形式的法学立场。至于其之所以扬弃为了法律的实现而发展的决断论，则是因为决断本身也是空洞、形式化的。施密特在对前两种思考方式进行批判的基础上，提倡一种对抗规范主义的法律思维方式，即所谓的"具体的秩序思考"。在具体秩序思维中，具体秩序生成于社会内部，其形式载体是制度，实质内涵则为正常情形下的整体状态，包含规律性、功能主义式秩序与特定秩序内的伦理实质两部分。一切法律均是"具体处境中的法"，[2]具体秩序成了法的固有要素，是规范生成与适用的背景，是决断的制度性条件。依附于具体秩序的规则只是构成秩序的一部分，是秩序的手段。其适用不能脱离情

---

　　〔1〕　〔德〕卡尔·施密特：《论法学思维的三种模式》，苏慧婕译，中国法制出版社 2012 年版，导读第 6 页。
　　〔2〕　〔德〕卡尔·施米特：《政治的概念》，刘宗坤等译，上海人民出版社 2004 年版，第 10 页。

境性，必须关注现实的具体秩序。如果说规范主义将法秩序概念的重点被放在了"法"的这一边，将"法"理解为抽象的实证法律规范的集合。那么，这种"具体的秩序思考"并不重视规范的体系，而是强调共同体内部的具体的秩序，将重点放在秩序这一边。具体的秩序包含通常的类型、通常性概念这样的"尺度"，并被视为是构成一切法律规定的前提。由于"具体的秩序思考"中"具体"这一用语包含类型论含义，因此属于一种重视"类型"的法律思维方式。具体地说，在法源论层面，卡尔·施密特强调在共同体之具体的秩序内法与道德的未分离状态，认为纳粹的世界观、政治纲领及民族的生活秩序获得了新的法源地位。在法律适用论层面，卡尔·施密特主张法官依据"具体的秩序"解释法律，实施法律漏洞补充，甚至容许法官违反制定法作出裁判，并提倡通过更多地适用一般条款贯彻"具体的秩序思考"。施密特敏锐的学术触角已抵达实质正当性的领域，揭开了形式合法性的面纱，从而也使得公共政治的伦理价值得以显现。在施密特的视野中，一个国家通过制定法律规范建立的仅仅是形式合法性，真正强而有力的、稳定的社会秩序的形成必须依赖于实质正当性的追问。离开对实质性问题的探索，形式合法性下的社会秩序就如水中挣扎的浮萍，因没有根基而只能随波逐流。施密特迫使法学家们这样来看待法律：法律不是一个封闭的体系，而是在一个本身就值得关注的背景中所执行的一套功能。与凯尔森纯粹法学在实在法的认识论范围内不同，施密特的理论兴趣，可以说是旨在提供与经验的实务相对立的超实定的内在。

施密特的三种法学思维模式理论固然是针对德国法学界当时现状的特定语境的阐述，但其实也可谓与法律历史演进息息相关。后来在美国，诺内特和塞尔兹尼克在法学研究方法上将价值追求与经验研究结合起来。运用伯克利观察法回眸历史，提出三种类型的法律演进模式：压制型法、自治型法和回应型法；这三种类型的法与其说是对历史发展的经验总结，毋宁说是按照理念类型的方法建立的、用来分析和判断同一社会的不同法律现象的工具性框架。压制型法对应于决断论；自治型法对应于规范论；回应型法对应于具体秩序论。压制型法是压制型权力的工具，类似于约翰·奥斯丁的"主权者的命令"和卡尔·马克思的"统治阶级意志的体现"。在压制型法中，法以君主的乾刚独断为特征。法律是原则上拥有无限自由裁量权的主权者的命令，民众则只能无条件地"俯首帖耳"。借助这种法律建立的正统性，是从畏惧中获得并由冷漠来支撑的默认，是一种凝固的非正义秩序。自治型法的根基在于市民社会的兴起所形成的社会结构的变化，体现政府与民众双方意志的"协调"。自治型法，强调"说服"而不是"压服"，能够控制压制，并且维护法律自身的完整性，近似于哈特的"第一性规则"和"第二性规则"的结合以及朗·富勒的"法律的内在道德"或"程序自然法"。在自治型法中，法治的理念得以发扬光大，体现在法学思维中即表现为规范论大行其道。"'秩序是法律的中心'，法律秩序的首要目的和主要效能是规则性和公平，而非实质正义"；"'忠于法律'被理解为严格服从实在法的规则"，[1]精细的规则往往导致法条主义和司法形式主义的盛行。在诺内特和塞尔兹尼克看来，随着现代社会的突飞猛进，当代法律以形成具体秩序为己任，这种回应型法是回应各种社会需要和愿望的便利性工具，相当于罗斯科·庞德的"社会工程法学"中的具备功能性、实用性和目的性的法律，势必会呼唤施密特所谓的制度法学思维模式，避免规范论的僵硬呆板，以充分应对社会复杂性。在回应型法的体制下，制度更具结果导向性而不是严格的规则导向性。守法虽然仍是该制度的主要价值，但不等同于僵化的形式主义，有时要让位于目的、原则、正义和公平等考量。法制是正义的一部分，但仅仅是一部分。大多数规则，包括法官创造的规则，阐明了政策选择。在某种意义上，诺内特等人的法律三种类型学说可以佐证施密特的法学思维模式理论，为理解施密特的理论提供一定的帮助。

---

〔1〕 ［美］诺内特、塞尔兹尼克：《转变中的法律与社会：迈向回应型法》，张志铭译，中国政法大学出版社 1994 年版，第 60 页。

第二节 法学领域制度理论的发展

卡尔·施密特自称将法学思维方式区分为规范论、决断论和制度论，是受到他自己的制度性保障学说以及深入研究莫里斯·奥里乌制度理论的影响。[1]"制度"（institution）一词是从拉丁语动词"创立或建立"（instituere）派生而来的，制度由长久性行为规范组成，以满足集体目的。按照路德维希·拉塞尔的观点，"制度论"以萨维尼在近代私法体系的思想、理论基础上提出，这个理论的意义后来没有被充分提升起来，"制度"也仅仅在表面的技术意义上使用。[2]然而，无论如何，法学中对制度概念的理解尚未统一。按照伯恩·魏德士的概括，有必要区分三种原理不同的制度概念：第一，从社会学衍生，考虑整合过程中参加者角色行为加以制度化"事实的"制度概念。在这种情况下，为了认识根据经验确定可能持续的惯行以确定什么是法。第二，"意识形态的""形而上学"的制度概念。第三，"规范"的制度概念。在此制度概念下，从与体系相关的若干规范的复合体意义上的制度推论制定法的规范命题内容。[3]拉塞尔认为，在制度理论中，各种特殊的现代特征明显可见。随着主观主义、意思主义的以法国革命为契机的法律和以耶利内克为代表的主观的法律观在现实生活中的缺陷和不足暴露，法学家逐渐承认人类的连带性、权利的依存性、协同目的的服从性。[4]制度理论要求个人与社会的合作，同时将规范和意思的妥协作为问题的制度思想，

---

〔1〕 ［德］卡尔·施密特：《论法学思维的三种模式》，苏慧婕译，中国法制出版社2012年，导读第5页。

〔2〕 Ludwig Raiser,„ Rechtsschutz und Institutionenschutz im Privatrecht ", in: Ludwig Raiser, *Die Aufgabe des Privatrechts: Aufsätze zum Privat - und Wirtschaftsrecht aus drei Jahrzehnten*, Bodenheim: Athenäum-Verlag, 1977, S. 125.

〔3〕 ［日］三並敏克「制度的保障理論：総論部分についての若干の批判的考察」『京都学園法学』1999年第3号。

〔4〕 ［日］米谷隆三「制度法学の展開」『一橋論叢』1938年第5号。

与传统的主观主义法律观和新兴的客观主义法律观的调和乃至扬弃的理论出现是主要的契机。[1]制度保护理论的实践意义在于为社会法的兴起奠定基础，而不是单纯坐而论道的社会法学研究。这是对个人本位的权利保护的发展，昭示着社会本位转型对传统法律体系窠臼的突破。如果说法国和意大利在 20 世纪初的制度主义是春江水暖鸭先知，那么施密特在此基础上的拓展则承前启后，拉塞尔、费肯杰都不以权利保护而画地为牢，而是大力开发制度保护的新边疆。

进入 20 世纪，莫里斯·奥里乌将制度赋予为法的根本的、至关重要的观念，对德国也产生了影响。莫里斯·奥里乌认为："制度是在一定社会环境中依法实现或延续一项工作或事业的理念。为实现此理念，权力被建立起来，并设有机关；另一方面，在有意实现此理念的社会群体成员间，精神协和的表征在权力机关的指引与程序的规制下发生。"[2]对于莫里斯·奥里乌而言，一切制度具有思想、威权及精神契合这三种要素。制度就是围绕理念而构建的。"制度"一词总是在抽象意义上使用的，而"导向性理念"是制度主义的核心概念。[3]莫里斯·奥里乌非常关注法律与制度构建两者之间的关系，甚至直接追问究竟是法律创造制度还是制度创造法律，认为是法律制度产生了法律规则，因为后者乃是实现前者之目的之工具。从理念、方法论甚至法哲学的高度看，制度论者的法学思想是建基于实证主义和形式主义之上的，但实证主义仅仅是其思想的起点。"法律的每一个新的历史时期开始的时候，都是形式主义的，尤其是

---

〔1〕　〔日〕米谷隆三「制度法学の展開」『一橋論叢』1938 年第 5 号。

〔2〕　Maurice llauriou, "The Theory of the Institution and the Foundalion: A Study in Social Vitalism", In Albert Broderick (ed.), *The French Institutionalists*: *Maurice Hauriou*, *Georges Renard*, *Joseph T. Delos*, Cambridge, MA: Harvard University Press, 1970, p. 99.

〔3〕　Albert Broderitk, "Preface", In Albert Broderick (ed.), *The French Institu-tionalists*: *Maurice Hauriou*, *Georges Renard*, *Joseph T. Delos*, Cambridge, MA: Harvard U-niversity Press, 1970, p. xiv.

法典化的。最初，都会谨守文本的语义，但慢慢就会寻找法律的精神。"[1]莫里斯·奥里乌认为，法的形式是规则与行为，而实质则是规则的内容，即以正义和社会条件为限的自由。[2]法律规则是从现实中抽象出来的，但是，在观察社会现实而制定规则的过程中，一些与"正义"有关的理念会融入其内，所以，法律是社会现实向理念妥协，或至少是向一种理念化的秩序妥协而形成的产物。从制度论者的上述表达中，我们看到的是一种超越实证的渴望，一种探求制度背后价值的渴望。[3]

乔治·勒纳尔认为，制度是"人类在思想中的精神契合"；"因为在法律科学中，受重视者不只是人，尚有思想"。[4]质言之，思想是制度的神髓。约瑟夫·T. 德洛斯指出："制度理论是法律哲学赢得的应有权利。"[5]它不仅是法律社会学的"理论"，而且也应当被称为"制度法学"。[6]德洛斯强调，正义是实证法的"理念"，是实证法制度赖以建立的母概念，同时认为制度主义与自然法没有矛盾，因为前者展示了理性元素如何与历史元素结合起来或如何将道德规则转变成社会制度，以及人类社会如何转变成法律社会。[7]拉塞尔的制度概念则采用了客观的法形成法秩序的类型生活关系意义

---

〔1〕 Maurice Hauriou, "Class Method and Juridical Positivism", In Albert Broderick (ed.), *The French Institutionalists*: *Maurice Hauriou*, *Georges Renard*, *Joseph T. Delos*, Cambridge, MA: Harvard University Press, 1970, p. 125.

〔2〕 Maurice Hauriou, "Class Method and Juridical Positivism", In Albert Broderick (ed.), *The French Institutionalists*: *Maurice Hauriou*, *Georges Renard*, *Joseph T. Delos*, Cambridge, MA: Harvard University Press, 1970, p. 125.

〔3〕 唐晓晴编著:《民法一般论题与〈澳门民法典〉总则》（上册），社会科学文献出版社 2014 年版，第 194 页。

〔4〕 转引自钱公武:"法学上底制度观念"，载《再生》1937 年第 3 期。

〔5〕 Joseph T. Delos, "La théorie de l'institution", *Archives de Philiosophie du Droit et de Sociologie Juridique*, 1931, No. 1~2.

〔6〕 ［日］米谷隆三「制度法学の展開」『一橋論叢』1938 年第 5 号。

〔7〕 Joseph T. Delos, "The Evolution of the Institutional Conceptioin of Positive Law—A Backward Glance", In Albert Broderick (ed.), *The French Institutionalists*: *Maurice Hauriou*, *Georges Renard*, *Joseph T. Delos*, Cambridge, MA: Harvard University Press, p. 41.

上社会学的制度的概念。[1]"法是在法制度中，类型的生活关系在社会学意义上制度化的行为样式，因此，满足人类生活意义的社会形成物在法律上被加以承认，赋予其价值，在价值基础上形成秩序。"[2]作为德国民法典前提的契约自由，是19世纪初德国开辟由具有强烈自我意识的企业家担纲的工业化道路的政治、经济自由主义产物。这种自由的前提明显具有对抗国家的方向，对于企业家，自身与其他主体竞争的经济机会完全构成权利，而对于国家，这意味着与在经济中这样的竞争无关，仅仅作为法律安全的保证者对竞争者的缔约无条件地承认。[3]《德国民法典》对契约自由只承认法律违反和良俗违反两个一般限制，将大范围限制的契约自由导入民法典是不可想象的。不过，第一次世界大战后，契约自由进入新的历史时代。对最重要的生产和消费资料的统制措施清楚地表明，各种国家的经济统制实施排除私人自治。[4]"从契约到制度"的法律转变势必会引发新的理论。人类的所有规划和决策行为都关系到人与人之间的关系，在大小不同的行动者所属的集团关系网络中实现。因此，社会学作为"制度"，分析的是行为的类型与很长一段时间的关系形式。在法共同体内，共同生活规制不可或缺的法秩序随处可见，这样的制度随社会生活改变，在必要时也创造新的关系形式，对于重复类型情况部署行为规则。这在私法领域也是如此。私法分配主观权利，不仅保证了个人的行为领域，而且形成关系的诸形式，

〔1〕［日］山下末人「ライザー（Ludwig Raiser）の『制度（Institution）』理論について：私的自治の濫用（2）」『法と政治』1992年第1号。

〔2〕Ludwig Raiser,„ Rechtsschutz und Institutionenschutz im Privatrecht ", in: Ludwig Raiser, *Die Aufgabe des Privatrechts*: *Aufsätze zum Privat - und Wirtschaftsrecht aus drei Jahrzehnten*, Bodenheim: Athenäum-Verlag, 1977, S. 126.

〔3〕Ludwig Raiser,„ Vertragsfreiheit heute ", in: Ludwig Raiser, *Die Aufgabe des Privatrechts*: *Aufsätze zum Privat - und Wirtschaftsrecht aus drei Jahrzehnten*, Bodenheim: Athenäum-Verlag, 1977, S. 40f.

〔4〕［日］山下末人「ライザー（Ludwig Raiser）の『制度（Institution）』理論について：私的自治の濫用（2）」『法と政治』1992年第1号。

由客观法确立个人行为的法律效力。[1]私法既配置主观权利而构筑、保护个人活动领域，又通过客观法形成法制度形成开展和保证社会生活所贯穿的各项制度。这两个形成原理在整个私法结构中相辅相成。然而，后者的精神长期被法理论所忽视。[2]在市民时代激活个人经济能量的尝试中，成功超过预期，但也显示出平衡的砝码（即秩序的要素）也是脆弱的。[3]拉塞尔的学术意图在于恢复主观权利保护和制度保护之间的平衡。[4]

拉塞尔按照埃塞尔对不当的权利行使的划分，分为个人意义的滥用权利和制度滥用权利，并澄清了法制度滥用的含义。换句话说，制度的权利滥用是指某些权利的行使与权利功能所归属法制度目的相违背的一种情况。在恶意抗辩的情形中，权利者应予以保护的利益是欠缺的，对方不存在违法行为的理由，虽可以通过形式的权利而引起法律效力，但较之其违法严重性是不相称的。[5]如果存在制度意义上相违背的风险，主观权利的行使则受限制。主观权利的行使必须符合法制度的秩序中被确定的客观目的，违背此目的的行使即是滥用，不能受到法律保护。制度滥用分为两种：其一，在私法领域，法律有规定的契约类型，但不是强制规定，其应用取决于当事者。这种类型的目的约束性程度基于该法律制度在私法秩序具有的机能而不同，违背了法律制度目的的行为无效。其二，基于竞争原则的市场经济体制是包括所有的经济主体的秩序。该秩序的自由主义基本特征和由此被捍卫的自由受体制各项原理的约束，从属于

---

〔1〕 Ludwig Raiser, „Rechtsschutz und Institutionenschutz im Privatrecht", in：Ludwig Raiser, *Die Aufgabe des Privatrechts：Aufsätze zum Privat – und Wirtschaftsrecht aus drei Jahrzehnten*, Bodenheim：Athenäum-Verlag, 1977, S. 125.

〔2〕 ［日］山下末人「ライザー（Ludwig Raiser）の『制度（Institution）』理論について：私的自治の濫用（2）」『法と政治』1992 年第 1 号。

〔3〕 ［日］雨宮昭彦「競争秩序とリベラルな介入主義ナチズムと新自由主義」『歴史と経済』2006 年第 3 号。

〔4〕 ［日］坂本延夫「経済力の濫用とコンツェルン法：西ドイツコンツェルン法を中心に」『亜細亜法學』1977 年第 1 号。

〔5〕 Josef Esser, *Schuldrecht*, 2. Aufl., Karlsruhe：Müller, 1960, § 34, 6~8.

整个制度的部分制度也属于市场经济体制，服从禁止滥用控制。反限制竞争法作为法律制度是服务于这个秩序的法律保障的。[1]

从库尔特·H. 比登科普夫所谓"制度保护"的观点来看，私法经济权力的滥用法律应如何在私法上加以规制的法秩序问题，可谓新自由主义经济政策思想谱系相关法学家的共识。在比登科普夫看来，"滥用法律的可能性形成"或经济学上讨论的"经济权力的滥用"不明确表现的事态，如果从法律上把握，可以被简单地按照"制度滥用"对待，如果在同时合法的经济力量的使用转换为滥用，对此判断的标准由此将获得在法体系中的地位。[2]拥有经济力的权利主体不当利用私法制度带来的"法制度的滥用"，取决于客观的法制度的目的的正确定义。但"明确的强制性制度没有禁止就是允许的"原则在今天依然强劲主宰商法界，在法制度功能的目的建构视角下对此检讨正当其时。因为许多法律家始终认为，在自由思想下起草的民法、商法和经济法对于经济力的滥用，毋庸置疑，毫无防备。[3]

费肯杰认为，应受到法律保护的人类的经济活动自由，被视为是主观权利框架权，对此的捍卫是竞争法的中心任务。[4]费肯杰对制度保护学说的异议在于，对于顾客遭受不正当竞争时是否应该主张权利，制度保护并无法回答。利益保护的格套之辞在这里也不足济事，因为利益并非必定指向于法益。因此，对于保护客体的探求不可避免。反不正当竞争法的保护客体只能是在人格权理论意义上的人格。竞争者和顾客对此都具有主观权利：不正当竞争和从不正

〔1〕 〔日〕山下末人「ライザー（Ludwig Raiser）の『制度（Institution）』理論について：私的自治の濫用（2）」『法と政治』1992 年第 1 号。

〔2〕 〔日〕坂本延夫「経済力の濫用とコンツェルン法：西ドイツコンツェルン法を中心に」『亜細亜法學』1977 年第 1 号。

〔3〕 〔日〕坂本延夫「経済力の濫用とコンツェルン法：西ドイツコンツェルン法を中心に」『亜細亜法學』1977 年第 1 号。

〔4〕 Wolfgang Fikentscher, *Wirtschaftrecht*, Bd. Ⅱ, München: C. H. Beck, 1983, S. 130ff., 151ff.

当竞争中获得的羡余利益无不被摈斥于外。[1]在德国去卡特尔法颁布后及制定现行反限制竞争法的过程中，保护客体也引发了类似的争论。在反限制竞争法的立法准备期间，汉斯·约丁厄就表达了这样的观点。该法律保护的将是作为制度的竞争，而不是保护在竞争中作为竞争者、供货者或需求者而参与其中的个体的自由。[2]费肯杰认为，被作为个体理解的不限于企业中的人格的经济保护等应归属于一种经济人格权当中。反不正当竞争法和反限制竞争法拥有同一个保护客体，即经济人格权。由于制度概念上述的这种抽象性，特别是在解释学上，主张制度理论可以理解传统私法在当代社会的意义确认或权利概念的新构成。所有的法的价值判断都不能依赖于主观的权利的关系，对制度理论的方法论应该予以尊重，强调在这种理论中考量对社会本身的价值。制度理论已经清楚地表明，只要植根于现代社会的矛盾冲突，个人保护和制度保护的冲突、紧张关系便将不可避免。[3]

德沃金的权利法学将权利的确认和保护作为对法律的要求，将对人民的权利的尊重作为一个社会法律制度应有的政治道德，认为政治道德是法律的合法性（正统性）基础、法律的效力前提。麦考密克和魏因贝格尔的制度法学则在坚持法律与道德的分离的同时致力于说明法律在实现社会正义和满足法律的道德性要求中的作用。施密特认为，制度保障涉及"被法认可的制度"，所谓"被法认可的制度"，"本身总是以某种方式被规定、某种方式限定"，即使允许在"一定的活动领域"，以某种方式服务于一定的任务或一定的目的，或者在相关的公法制度的制度保障中，"制度"被定义为"被形成、

---

〔1〕 Wolfgang Fikentscher, *Wettbewerb und Gewerblicher Rechtsschutz – die Stellung des Rechts der Wettbewerbsbeschränkungen in der Rechtsordnung*, München: Beck, 1958, S. 227, 238.

〔2〕 Hans Würdinger, *Freiheit der Persönlichen Entfaltung – Kartell – und Wettbewerbsrecht*, Karlsruhe: C. F. Müller, 1953, S. 9.

〔3〕 ［日］山下末人「ライザー（Ludwig Raiser）の『制度（Institution）』理論について：私的自治の濫用（2）」『法と政治』1992 年第 1 号。

组织的，因此可以被限制、区别开来的公法性质的制度"。制度保障是存续状态和现有法状态的保障，往往包含现状保障的元素。[1]恩斯特·鲁道夫·胡伯也指出，制度是"按照法，即由实定宪法秩序以及实定法律所构成的在法的内部获得的形态"。"规范复合"是"基本权理念在各个社会领域的实施"，通过充满的规范复合，各个生活关系被构成。规范复合可谓作为制度的基本权从底部的"支持"，形成了"制度的存在形式"。[2]如果着眼于区别该规范复合是单纯的自由周围建筑抑或自由的实现，这将吻合于施密特将制度视为法的规律的总体的"制度"的概念。拉塞尔根据萨维尼的法制度论，对存在法律保护之处必然存在权利、妨害预防请求权等法律保护从权利概念逻辑导出的传统观点进行批判，认为私法上的规范应从制度中导出，而制度是人的集合产生的固有的习惯性所形成的规则，因而即使不存在权利，通过发挥法律制度的现实功能，在适于进行同样的法律保护时，也可以直截了当地承认该保护。埃塞尔主张应从机能性立场看待法益、权利，不进行主观权利概念的抽象，[3]在不存在请求权时也可以承认诉的可能性。对于某利益状态及其危险性，主要应考虑法律保护的必要性及保护方法的合适与否，并在理论上形成一定类型之诉，承认在没有权利情形下对利益状态的保护。[4]和埃塞尔一样，费肯杰也传承了埃尔利希的思想，[5]认为除了原告为维护法定权利而应当明确列举得到法律承认权利的"权利之诉"（actio in ius），罗马法还有许多为法律关系、法益设置的诉讼，其在

---

〔1〕　〔日〕三並敏克「制度的保障理論：総論部分についての若干の批判的考察」『京都学園法学』1999年第3号。

〔2〕　〔日〕三並敏克「制度的保障理論：総論部分についての若干の批判的考察」『京都学園法学』1999年第3号。

〔3〕　〔日〕三並敏克「制度的保障理論：総論部分についての若干の批判的考察」『京都学園法学』1999年第3号。

〔4〕　王茵：《不动产物权变动和交易安全——日德法三国物权变动模式的比较研究》，商务印书馆2004年版，第48页。

〔5〕　〔德〕托马斯·莱塞尔：《法社会学导论》（第4版），高旭军等译，上海人民出版社2008年版，第81页。

《经济法》（第2卷）中论及了"制度之诉"（actio pro institutione）。据费肯杰解释，"institutione"有制度、机构等含义，以及一种善良风俗的培养的意思。[1]这其实涉及法的另一个重要属性，即由德国魏玛时期公法学家赫尔曼·黑勒最先系统阐发的常规性。赫尔曼·黑勒认为，国家执政者及其权力机关不可能单凭一己之力维持整个法律秩序，通过国家权威所制定的法不能全部依赖强制力，更重要的目标是建立起一个社会常规性。因为常规性是社会多数成员认同的通常行为方式、认知态度和事物状态，是人们在制度框架内长期重复交往而产生的规范性机制。这种被认同的常规性可以作为标准评判特定主体的行为正确与否，为日常生活提供规范性指引。[2]

边沁的《论一般法律》如是言："institution"（习俗、制度）是任何类型的某种惯例或习惯在一个人数相对多的人群之中成为主流的理由，不论这个理由是促成制定实在法的行为还是只是用来劝服或树立模范的行为，从而用来转喻如此形成的惯例或习惯。[3]骑士的规矩、礼仪、等级次序被称为"institutions"（习俗），尽管针对这些习俗可能已经制定了一些法律，但是如果没有这些法律，这些习俗仍然是可行的、清晰的。[4]实然与应然的对立是法学不可回避的根本问题。约瑟夫·拉兹于1975年发表的《法律的制度特性》提出了"制度"及其分析的可能性问题。[5]受到哈特的重要影响，拉兹把法律适用机关的确认作为解决法律存在与确认问题的关键，即主要适法机关对某一规则的承认是法律体系存在与确认的判断标准。

---

[1] ［德］沃尔夫冈·费肯杰：《经济法》（第2卷），张世明译，中国民主法制出版社2010年版，第414页。

[2] Mariano Croce and Andrea Salvatore, *The Legal Theory of Carl Schmitt*, Abingdon: Routledge, 2013, p.38.

[3] ［英］杰里米·边沁：《论一般法律》，毛国权译，上海三联书店2013年版，第17页。

[4] ［英］杰里米·边沁：《论一般法律》，毛国权译，上海三联书店2013年版，第17页。

[5] Joseph Raz, "The Institutional Nature of Law", *The Modern Law Review*, Vol.38, Iss.5, 1975.

拉兹更为强调法律的制度特性，将法律体系存在和确认的检验归于功效、制度特性和渊源三个基本要素。拉兹所谓的"制度特性"是指一个规范体系如果要成为一个法律体系，就必须有相应的机构来负责调整适用规则时所产生的纠纷。法律体系所包含的行为标准都以某种方式与相关审判制度的运行相联系，这正是法律制度特性的涵义。法律适用机关权威的制度特性成了奥斯丁法律实证主义中"主权者命令"的替代品，新法律实证主义由此以奠丕基。法律制度特性的第一个逻辑结论是，法律具有限制性，其既不包含所有的正当性标准（道德或其他），也没有必要包含所有的社会规则和习俗，而仅包含其中的一部分，即具有制度关联性的标准。法律制度特性的第二个逻辑结论是，不能以道德因素作为判断某一体系或规则是不是法律规则体系的条件。如果法律是一种特殊的社会制度，那么所有属于这种社会制度的规则便都是法律规则，不管它们在道德上多么令人反感。法律可能拥有某些必要的道德属性，仅缘于所有或某些具有制度关联性的规则必然具有道德属性。拉兹的新法律实证主义观点与尼尔·麦考密克的制度法学在思想上交相辉映。在哈特理论的基础上，麦考密克建立了制度法学。如果说拉兹的理论是对于分析实证主义法学的增补，麦考密克和魏因贝格尔则从根本上发展了分析实证主义法学。不同于德沃金的权利法学对哈特的法律理论的批判，麦考密克和魏因贝格尔的制度法学与哈特、特别是拉兹以来的新分析实证主义法学立场保持了一致性，再次反思了"法律命令说"等分析实证主义法学观点在理解和解释现代社会特别是现代法制上令人遗憾的局限性，尝试使分析实证主义法学向自然法学靠拢，超越法律实证主义与自然法论，建立一种兼有规范主义和社会现实主义的新理论，既要分析法律规范的逻辑结构，从而充分而灵活地发挥工具性作用，又要揭示法律规范背后的社会事实，以促进法律日趋正当。这种制度法学吸收了规范主义和现实主义的因素，从实践理性的角度，以法律在实践性决定中所起的作用来说明法律的性质，将法律作为制度事实，主张法律规范具有本体论意义上的存在。法律的基本单位是法律规范，但是由法律规范在功能上的相互联系所组成的最小功能单位是法律制度。而所谓的"法律制度"是最基本的规范构成物，表现为调整同一类社会关系的法律规范的总和。法律是一种制度事实，既是思想客体也是现实实体。因此，制度法学超越实证法的开拓性于此彰然可见，突破了法学研究对象为具体的实在法之框架，将具有规范性的思想客体纳入法学研究的领域，法律包括规范、价值、目标以及选择标准，都是人们在作出法律决定时应当综合考虑的因素。行为正当化并不以对规范的符合作为唯一的标准，当然也并不需要求助于自然法观念。制度法学坚持了"是"与"应当"的二元划分的哲学理论，主张任何关于事实的陈述都不具有规范性，不能从经验事实的陈述上得出规范性的陈述。其立场既不同于哈特使法律实证主义与道德哲学并行不悖，也不同于德沃金把权利论和法律体系论糅合成一体。[1]制度法学即使超越于实证主义和自然法学之上，也并不希望像博登海默的法理学一样成为一种"统一法学"，仍然坚持法律实证主义的立场。赞赏奥斯丁的名言："法律的存在是一回事；它的功与过则是另一回事。"[2]从某种意义上讲，制度法学是规范主义的现实主义发展，是一个具有综合性的、以超越传统的法律实证主义和自然法理论为特征的法学流派，扩展了传统分析法学的研究领域，把分析法学的研究对象从一个国家具体制定的或者现存的法律，扩展到国家虽然没有制定或没有具体的表现但客观存在的规范规则上。制度既是过程也是结果，既是形而上的道，也是形而下的器，包含规则性、规范性和认知性三大要素。可以说，制度法学也是企图超越实然与应然的积极探索，具有综合法学的气质，因此与德沃金的"整体性法"等理论具有殊途同归的学术取向。

现代法律不仅仅是一种制度性规范体系，而且也是一种官僚体系。这种制度的绝大部分是由专家所制定的，其要发挥恰当作用则

---

〔1〕 季卫东：《法治秩序的建构》（增补版），商务印书馆 2014 年版，第 416 页。

〔2〕 John Austin, *The Province of Jurisprudence Determined*, W. Rumble（ed.），Cambridge：Cambridge University Press，1995，p. 157.

需要全职的法官、律师和其他的法律官员等。尽管法律体系要先于官僚化过程，但当代法律严重依赖于官僚化程序，许多这样的程序在部分程度上的目的在于给予法律以自觉的、明确且完备的清楚说明。这使得法律成了制度性规范体系中特别清楚的例子。高度自觉的清楚表达也可以促使人们把法律规则与制度看作所有规则和规范安排的范例。[1]制度性规范体系意味着，作为一种由基于渊源的规则所构成的体系，这种规则是要被受其承认规则所约束的司法机构承认和适用的。也就是说，制度性体系是由这样的规则组成的，其受制于官方机构的裁决。这种裁决一般用来获得救济或者确保对于侵权或违责的制裁，或者防止此种行为。由于诉讼几乎总是或者要求贯彻权利或义务，或者对于忽视它们进行救济或制裁，所以，人们倾向于认为，只有能够以诉讼达到这样一种结果的权利与义务才能是法律权利与义务。这是一个错误。因为还存在着某些法律权利与义务，它们无法执行，并且违反也并不引起惩罚或救济行为。[2]因此，基尔克、奥里乌、勒纳尔和罗马诺等法学家竭力主张，社会内部许多群体或者机构都有其自治性法律，[3]反对国家垄断法律的观点。非国家立法也被纳入制度理论的视野。有些非法律权利比其他的权利更像法律权利。最接近法律权利的是制度性权利，诸如政党、工会、教育机构和体育协会等的规则所赋予的权利。它们与法律同样具有定义性特征，都由规范系统、受裁决制度和决定这个体系成员身份的承认规则所调节。正如法律是具体类型的制度性规范体系一样，法律权利也是一种具体类型的制度性权利。[4]"制度性权利"

---

〔1〕 ［英］约瑟夫·拉兹：《公共领域中的伦理学》，葛四友主译，江苏人民出版社 2013 年版，第 298 页。

〔2〕 ［英］约瑟夫·拉兹：《公共领域中的伦理学》，葛四友主译，江苏人民出版社 2013 年版，第 299 页。

〔3〕 ［英］罗杰·科特威尔：《法律社会学导论》（第 2 版），彭小龙译，中国政法大学出版社 2015 年版，第 130 页。

〔4〕 ［英］约瑟夫·拉兹：《公共领域中的伦理学》，葛四友主译，江苏人民出版社 2013 年版，第 297 页。

有狭义和广义两种理解：在狭义上指的就是法定权利或法律权利；在广义上除了法定权利外，还包括村规民约、政党与社会团体的政策、纲领与章程等非法律性的制度确认的权利。如果说应有权利还只是一种"理想化的权利"，在多数情况下只存在于人们的观念认识中，而法定权利又是一种制度化的"实然权利"，那么习惯权利则是观念性与实然性兼而有之的权利。习惯权利处于应有权利与法定权利的中间。一方面，以观念性连接着应有权利，但又比应有权利离法定权利近一些；另一方面，以实然性连接着法定权利，只不过这种实然性权利尚未得到法律的制度化确认，与法定权利还有一段距离。如果说应有权利只是一种观念性的权利，因而它还不是一种实在性权利的话，那么习惯权利则得到了一定民众的正当性认可，并被民众用行为不断地重复实践着，因而已经是一种实在性权利。相比于法定权利，习惯权利的制度化程度低一些、程序简单一些，但已经是制度性权利。从权利发展轨线中可以看到，习惯权利对法定权利具有先在性：一是从发展形态上说，习惯权利产生于法定权利之前，对法定权利的生成具有前期构成性和制约性；二是从内容上看，习惯权利一般直观地反映和体现社会生活关系，这种直观性内容直接构成了法定权利社会生活内容的基础性。详言之，习惯权利的这种先在性决定了它可以作为立法效果的有效评价尺度之一。

第三节　制度法学对于中国竞争法大厦营造的价值

早在《易经》中就有关于"制度"一词的记载："刚柔分而刚得中。苦节不可贞，其道穷也。说以行险，当位以节，中正以通。天地节而四时成。节以制度，不伤财，不害民。"[1]据唐人孔颖达的阐释："王者以制度为节，使用之有道，役之有时，则不伤财，不害民也。"这一句话来自《易经》的节卦，"节以制度"，即是用

---

〔1〕（清）阮元校刻：《十三经注疏·周易正义》（1），中华书局2009年版，第145页。

"制度"来约束、制约人们的行为。儒家观念中的制度包含着"礼仪""习俗""法令"等多重含义，但是其中所包含的"礼仪"因素较为浓厚。在当时，法律与制度是两个并列的概念。在现代汉语中，制度至少具有三种含义：第一种是指"法""法律"或"法律规范"，相当于"法律体系"或"法律规范体系"，常见诸报纸杂志或普法性书籍，不是严格意义上的法学用语。第二种是指有共同调整对象或调整方法，从而相互联系、相互配合的若干法律规则的集合，如产权制度、诉讼制度、刑罚制度等。在这个意义上，人们往往习惯于使用"法律制度"的概念，是指法律体系中某一部门法中的相关规定，即具体的"规则组合"，相当于英文中的"legal institution"。第三种含义的外延非常大，指一个国家整个法律上层建筑的系统，相当于英文中的"legal system"。[1]

卡尔·施密特认为，如同采纳规范论的法学家理所当然认为的那样，假如"法秩序"中的"法"仅指抽象的规范、规则或法律，那么所有的秩序就只会是一种单纯的象征，或只是规则和法律的加总。据此产生了一项教科书里著名的概念定义：所有具体的秩序都会沦为法律规则，而一切的法和一切的秩序，也都只能被定义为类似于"法规则之象征"的概念。"法秩序"这个字词组合其实可以从具体秩序的角度去理解，不必将法等同于"法规则"，可以从独立的"秩序"概念中去确定"法"的概念，从而克服规范论对法概念的过度影响，以及使法秩序流于法规则的不当转化。

制度是具有灵性的。萨维尼的"法律制度论"形同其体系思想的具体化。他要求在案件分析时，不可以只比较事实与规范，而是要从法律制度出发，因为法律制度是在历史发展上有机生成的产物，因此，必须注意到拟适用到事实的法律规范只是法律制度的一部分。法律制度作为一个上位的法律概念，对案件判断具有重要性。[2]法

---

〔1〕 朱景文主编：《法理学》，中国人民大学出版社 2008 年版，第 116 页。

〔2〕 吴从周：《概念法学、利益法学与价值法学：探索一部民法方法论的演变史》，中国法制出版社 2011 年版，第 35 页。

条是一堆素材、思想，只是一种单纯的实体存在该处（ein substanti-elles Dasein），但法律制度则是存在（Existenzen），是逻辑的个别性，是法学的本质，其意味着对于习惯法的承认，要求与人情相匹配，是从人情中生发出来的公序良俗。这也可以理解哈耶克的制度经济学为什么要强调自发秩序。[1]哈贝马斯则从交往哲学的角度把制度规定为"人际关系的秩序"。这种规范的制度概念最为流行。其典型就是施密特制度保障理论的制度概念。就其内容而言，制度在本质上是一种关系，表征着人们之间关系的某种结构性和秩序性。制度并非一般意义上的规范，而是带有根本性的、相对稳定的规范。詹姆斯·马奇和约翰·奥尔森的新制度主义理论认为，决定制度的最重要因素就是价值的集合体，而不是任何的正式结构、规则或程序。制度是惯例和规则等相对稳定的集合体，这些惯例和规则在特定环境下对特定的行为者群体的适当行动加以界定。[2]在该制度论中，非正式元素（规范、社会规范、行为标准、符号等）也都可以被理解为是制度，即习惯化行为因社会团体的所有成员通用而被制度化。因为制度被理解为是对社会的安排，而不是由有意识行为者的行动的结果所形成的，行为者原本并不选择各种制度，制度也不容易改变。因此，对制度的认识前提与为了达到目的而留出空间由行为者意图的制度变革的理性选择制度论有所不同。[3]时人多讲制度与思想等割裂开来，是受到梁启超器物、制度、文化三层说的影响。这也是近代以来制度史之所以干瘪化的原因所在。

纸面上的规则必须经过反复实践才能结构化，建立起行为框架结构，成为一种制度。所以，制度的外延涵盖了立法、行政与司法，以行动中的现实规则为关注的重要组成部分。无论如何，停留在纸

---

〔1〕 Carl Schmitt, *Über die drei Arten des Rechtswissenschaftlichen Denkens*, Hamburg: Hanseatische Verlagsanstalt, 1934, S. 12.

〔2〕 J. March and J. Olsen, "The New Institutionalism: Organizational Factors in Political Life", *American Political Science Review*, 1984, Vol. 78, No. 3.

〔3〕 [日] 荒井英治郎「歴史的制度論の分析アプローチと制度研究の展望：制度の形成・維持・変化をめぐって」『信州大学人文社会科学研究』2012 年第 6 号。

面上的规则不称其为制度，"徒法不足以自行"即一语中的地指出个中的界分。规则对于行为主体而言是彻头彻尾的外部存在，不一定体现于主体的行为或内化于主体的意识。纵然是一纸空文的规则，仍不能令规则成为"虚数"，但也不能名之曰"制度"。制度必然具有规范性，是对主体的行为具有约束力的"实数"。其中，外在制度主要依靠"力"的作用，内在制度主要依靠"心"的作用，化民成俗，渗透到民众的心灵中，水银泻地般逐步转化为民众的真情实感和自觉行动。易言之，制度乃见诸行事的规则，制度化的极致乃举手投足不逾规矩的过程和状态。和自然人熏习陶化一样，组织被注入精神，从单纯的行为工具而形成有机体之时，制度亦自然呈现其形象。国人动辄批评法制不健全，恰恰就是法治理念欠发达的症候。法规不等同于规范。法条主义与法规范主义之间的差异不能被轻而易举地一笔勾销。偏重于法规可以理解，但并不是一味做加法，法治也有赖于做减法。西方的法化俯拾可见，但去法化也屡见不鲜，均旨在推动法治化的发展。两条腿走路方能行稳致远，一条腿跛足而行，不可能腾逴轻盈，健步如飞。足有病疾，其根在心。缺乏主流价值观的芸芸众生如果内心无形规范泯然湮失不存，外部有形的规则往往无济于事。法律制度在现实中发挥的效力从元意义上来说取决于人们的内在观念。如麦考密克所说："法律的生命在于永远力求执行在法律制度和法律规则中默示的实用的道德命令。"[1]

按照施密特的观点，法学上的"秩序"并不是规则或规则的加总；规范和规则无法创造秩序，它们只能在现存秩序的框架中、在现存秩序的基础上，拥有效力规模较小、某种程度的管制功能而已。反之，纯粹规范论的特征则在于，有别于决断及具体秩序的规范和规则被加以孤立并绝对化。将种种具体的秩序身份拆解为一堆或一套规范的做法，是不切实际且可惧的。秩序是一种结构性状态，而制度是一种状态，也是一种过程。制度化的过程促进秩序的形成，

---

〔1〕　〔英〕尼尔·麦考密克、〔奥〕奥塔·魏因贝格尔：《制度法论》，周叶谦译，中国政法大学出版社1994年版，第226页。

秩序的形成有赖于制度的利器。制度的评价标准是绩效,秩序的评价标准在于合法性。在中国的历史长河中,"改制"不等于"变法"。制度可以改变,但"祖宗之法不可变"的"法"其实是指一种秩序状态。秩序作为无序混乱的对立面,反映参与变量之间的条理性。在制度无效、低效或者制度变迁之际,秩序的诞生自难言矣。制度化可能通向和谐的秩序,但在制度化过程中,秩序尚处于酝酿之中,不具有身份的可识别性。秩序相对于制度而言大器晚成。

塞尔兹尼克作为早期组织制度主义研究者的代表,极力推崇从制度的角度分析和研究组织行为。其借用切斯特·巴纳德的组织概念区分组织和制度,认为"组织是某种规则严格、程序规范的有序调节行为的理性系统"。[1]因而,组织以强调其明显的技术工具导向,被视为使工作展开而设计的理性工具,而制度是社会要求和压力的天然产物,是回应性和调试性的有机体。[2]其与"组织"概念的区别,关键在于分析的需要,而不是描述层面的问题。体现预期工具作用的组织,与环境反复相互作用的同时,逐步加强有机体性质的过程是"制度化"。制度不是全有或全无的,而是一个程度问题,在现实中的制度和组织是被来自工具存在(客体性)和有机存在(主体性)两个方向上的引力而移动的复杂混合物。组织和制度是一个连续的概念,可谓两圆相交的关系。一个典型的"组织"(如新设未久的政府机构),除典型的"制度"(已经确立的法规范)之外,许多组织由一些制度和惯行所支持,许多制度起着某种形式组织化的机能,就是由这些中心相重合的部分所形成的。[3]组织和制度的关系意味着必须以"制度化"概念为媒介。制度化也许是最重要的意义,超越眼前具体工作的技术要求而灌输价值,伴随制度化的价

---

〔1〕 Chester Barnard, *The Functions of the Executive*, Cambridge, MA: Harvard University Press, 1938, p. 73.

〔2〕 Philip Selznick, *Leadership Administration: A Sociological Inteprelation*, Evanston, IL: Row, Peterson and Co., 1957, pp. 5~6.

〔3〕 [日]西尾隆「セルズニックの『制度』理論」『国際基督教大学学報』1987年第1号。

值陶熔渐渍的质变可以说是重中之重。[1]当一个组织"被灌输的价值"超出了实现其正式目标所必需的时候，一个制度就形成了。因此，当正式结构对其成员而言具有意义的时候，当这些成员开始相信结构不再仅仅是一种达到目的的手段的时候，一个制度就形成了。"制度"范围包括象征系统、认知模式和道德模板等为人类行动提供指导的"意义框架"，强调制度对个体行为影响的认知图式，强调制度与个体行动之间的高度互动和同构性特征。正如奥斯特洛姆所言，制度一方面诚然具有客观性，即便没有被人意识到，并不意味着制度不存在，但另一方面，制度的"主观"属性往往被忽视，制度不同于建筑物，是"看不见的"，存在于人们的头脑之中，只有被人认识到才会对其行动起指导作用。

人们常说法治，而将法制贬低为一种工具论，分别以"rule by law"和"rule of law"指代"法治""法制"。在鼓吹市场经济是法治经济、法律万能的热潮中，作为本义为"法律的统治"的"法治"被抬上祭坛。此前的法理学教科书对于"rule of law"的异议遂销声匿迹，合法性问题成了合法律性问题。卡尔·施密特在《法律的三种思维模式》中将"rule of law"纳入典型的规范论之列。在卡尔·施密特的心目中，一种具有灵性的制度论是超越决断论和规范论的出路所在。正是在"规范论的法治主义"的引导下，中国的法学界、实务界乃至普通百姓动辄云"中国的法律不健全，存在缺失"，一出现问题就托词于"无法可依""属于法律上的空白地带"等。其实，古人早就讲过："法令滋彰，盗贼多有。"立了那么多法律，法治状况又改善了多少？相反，正义被驱逐，有法律而无秩序，法律增加而自由蹙缩。哈耶克在《法律、立法与自由》一书中就认为："一项新的规范是否能够被融入某一现行的规范系统之中，并不是一个纯粹逻辑的问题，而往往是这样一个问题，即在现存的事实性情势中，该项新的规范是否会产生一种使不同行动和谐共存的秩

----

〔1〕　〔日〕西尾隆「セルズニックの『制度』理論」『国際基督教大学学報』1987年第1号。

序。"〔1〕事实上，我国学术界通常所谓的"制度失效"问题仅仅是指人们对正式制度规则的不认同和遵循，通过大量违规行为进行博弈，造成正式规则在事实上虚置，这恰恰说明制度并未形成。法不责众并非是不欲责众，而是不能责众，实际上显示出了法律难犯众怒的尴尬。我们要将法视为一个体系，在体系内部解释法律，不是在"法律"而是在"法"的范畴内寻找依据。这种体系性思维的法律是有形有神的统一体。正如戴维·斯特朗和韦斯利·赛恩所言："在认知性、规范性与规制性的制度支持没有很好结合的地方，它们所提供的资源可能被不同的行动者用来获取不同的结果。"〔2〕在这种情况下，混乱与冲突的出现在所难免，并极有可能导致制度的变迁。〔3〕法条数量的增多在很大程度上改变了我国"政策独大、计划至上"的落后法治状态，但法网密布绝不能理所当然地等于法治昌明，法治之路漫长修远。老子云："有之以为利，无之以为用。"〔4〕"有"是某种限制、限定、工具、条件、利助，而不是目的、指归。"有"是为了凭借"有"而达到"无"，但倘若"有"过多、过细、过密，就必然挤占"无"、分割"无"，所以"有"应有所限定，即所谓"始制有名。名亦既有，夫亦将知止。知止可以不殆"。〔5〕制度对人而言不是目的指归，而是便利工具、凭借利助，是为了生活处世而设。制订繁苛的制度规条最终将导致僵滞死寂。

路德维希·拉赫曼在评论马克斯·韦伯时认为："制度理论在社

〔1〕 [英]弗里德利希·冯·哈耶克：《法律、立法与自由》（第1卷），邓正来、张守东、李静冰译，中国大百科全书出版社2000年版，第167页。

〔2〕 David Strang and Wesley D. Sine, "Interorganizational Institutions", in Joel Baum (ed.), *Companion to Organizations*, Oxford: Blackwell Publishers, 2002, p.499.

〔3〕 W. Richard Scott, *Institutions and Organizations: Ideas and Interests*, Los Angeles, CA: Sage Publications, 2008, p.62.

〔4〕 陈剑译注：《老子译注》，上海古籍出版社2016年版，第39页。

〔5〕 陈剑译注：《老子译注》，上海古籍出版社2016年版，第121页。

会学中的地位，相当于竞争理论在经济学中的地位。"[1]这是因为，我们需要的是，在现实的具体的描述上，指示方向或轮廓部分，如经验教训和指导原则。因此，不是以个别规则，而是以表示规则束或复合型的规则统一或类型的制度为课题。以制度为研究目标的理由在于理解在原则和规则"之间的"法的存在形式。在德国法学中，"Recht"既指称法，也指称权利。主观意义的权利受到客观意义的法的保护，但未上升为主观意义的权利的法益等广大领域也在法的光照之内。我国学术界研究法律方法论的学者时常将权利义务思维作为法学思维的首要特质。民法理论的积淀固然可以为包括竞争法在内的经济法提供有益的资源，但以新就旧，总是自蔽于他者的阴影，首先已然自短了身价，缘附于参天大树终究无法自身顶天立地，同则不继，"以同裨同，尽乃弃矣"。[2]竞争法保护的是竞争自由、竞争秩序，即便如费肯杰所言经营自由属于框架权，也构成新的拓展空间的基石，在突破权利思维范围的同时为竞争自由提供制度保障，是当之无愧的未开发的法域处女地。经济法市场行为规范致力于制度保护。[3]制度的三大构成要素中，认识要素不可或缺。制度的力量在很大程度上依赖于理论的支持。易言之，力以理为基础。思想与制度相辅相成。理论研究为制度形塑的灵魂。竞争法理论的研究与竞争法制度的建构关系亦复如是。

　　自然界的安排没有不合理的。与博克同时代的保守主义者将这一理论解释得更为清楚："最强有力的推论即现存的结构是有效的结

---

〔1〕　［美］罗纳尔德·L. 杰普森："制度、制度影响与制度主义"，载［美］沃尔特·W. 鲍威尔、保罗·J. 迪马吉奥主编：《组织分析的新制度主义》，姚伟译，上海人民出版社 2008 年版，第 143 页。

〔2〕　（战国）左丘明、刘向：《国语·战国策》，李维琦标点，岳麓书社 1997 年版，第 149 页。

〔3〕　Dörte Poelzig, *Normdurchsetzung durch Privatrecht*, Tübingen：Mohr Siebeck, 2012, S. 250.

构。"〔1〕这几乎等同于黑格尔所谓的存在即是合理的。既成的事实应推定为合理的和正常的，所以，法律保守主义确乎有所必要。法律本来就具有保守主义的天性。每天高谈阔论改革，有些近乎偏执和庸俗，似乎批判现实和改变现实就具有天然的合法性，保守主义被视为必须彻底打倒的牛鬼蛇神。与美国式新自由主义"干预最少即是干预最好"的核心理念相似，"凡新皆好""新即是好"成了目前现代主义者唯新是趋的教义。时下的法律人动不动就把社会问题的根源归咎为制度，似乎制度一改，好事自然来。这是一本万利的浅薄思想，一个简单的反问是：如果你念叨的制度这么好，为什么如此难变成现实？实际上，面对纷繁复杂、发展变化的社会关系，文本性的法律在任何时候都不可能尽善尽美。相对于"正确的法"而言，"错法"或德国法学界所说的"制定法的不法"（gesetzliches Unrecht）在经济法中诚然在所多见，与经济社会发展相脱节，缺乏对时代及社会实际的关切和回应，无法为社会各领域的运行提供合理的行为引导及制度保障。〔2〕

　　哈耶克认为，存在着两种观察人类行为模式的方式，一种是建构理性主义，认为人的理性具有无限的力量，通过理性设计可以改造出完美的制度，以笛卡尔、霍布斯、卢梭、斯宾诺莎和边沁等人为代表；另一种是以亚当·斯密、大卫·休谟、埃德蒙·柏克和托克维尔等人为代表的进化理性主义，承认人的理性有限性，对在人类事务中理性建构的作用心存疑虑，认为道德、语言、法律等各种实在制度并不是因为人们在先已预见到这些制度所可能产生的益处以后方进行建构的产物，而是以一种累积的方式进化而来的。社会的有序性极大地增进了个人行动的有效性，但社会所具有的这种有序性并不只是由那些为了增进个人行动有效性这个目的而发明或设

　　〔1〕　［美］加里·L. 里巴克：《美国的反省：如何从垄断中解放市场》，何华译，东方出版社 2011 年版，第 20 页。
　　〔2〕　史际春、孙天承："论'错法'现象——以经济法领域为中心"，载《南京师大学报（社会科学版）》2015 年第 2 期。

· 440 ·

计出来的制度或惯例所致，而在很大程度上是由于起初被认为是"增长"尔后又被认为成"进化"的过程所促成的。前者建立在全能全知的认识论上，奉行干涉主义的价值观；后者建立在无知认识论上，是自由主义的价值观。建构论理性主义发轫于启蒙运动，这一思潮的核心便是对"理性认识"的崇拜，并通过愿望和情感的投射而赋予人类"理性认识"以一种上帝般的全知全能的威力。[1]建构理性主义者相信凭借自己的"理性能力"，可以从先验的抽象的"第一原理"出发，主观上设计出一个应然的"好社会"的施工作业蓝图，只要依之而行，重建人人皆幸福的"好社会"就能指日可待。这种雄心勃勃的"建构理性"实际上天然地具有乌托邦的倾向，用头脑中的理想国来取代现实的丑陋的旧世界。正是基于这种理论依赖路径，理性选择制度主义认为，制度就是某种规则，该规则界定、约束了行为体在追求自身效用最大化时所采用的策略；遵守制度不是道德、义务使然，而是经过计算被认为符合自身的利益，即"结果性逻辑"。制度是可以设计的，其结果主要取决于所设计制度包含的激励与约束。

在康德看来，理性是人先天具有的把握绝对知识的能力，但并非没有界限，一旦逾越了自身的界限，即会隐入幽暗、困顿之中。哈耶克深畏理性的僭越，提出理性的局限性并非反对理性，并非作茧自缚地认为不可进行制度设计，而是反对理性的滥用，强调理性并非万能。理性建构设计应该承认演化的序贯性质，应该是在尊重历史前提下的创新。在哈耶克看来，外部秩序并非自生自发，而是基于人为建构，在建构设计的意义上运作的。社会秩序是合目的与合规律的统一，必然寓有意于无意之中、寓人为于自然之中。建构和遵守规则与人类的理性活动不可分离。实践理性具有的规范建构性功能体现在社会生活的各个方面。人类的各种游戏规则从无到有的建构，是实践理性的功能。姑且勿论人类理性有意识地建构的规

---

〔1〕　[美]傅铿：《知识人的黄昏》，生活·读书·新知三联书店2013年版，第36页。

则，即便从习惯而来的自发生成的规则也同样是理性所遵守的规则。但社会秩序不同于自然秩序，后者服从于必然的逻辑和规律，前者则是无数个人自由活动相互作用的结果。这一特质决定了社会秩序超越了任何一个或少数头脑及其理性的"建构"和"设计"。企图以建构论和设计论的方式理解社会秩序，其结果必然导致对其他人自由意志的抹杀。以理性选择为依据的制度建构赋予理性不可承受之重。首先，这种理性的建构固然考虑到了历史传统的惯性，但对此持否定的态度。然而，历史的传统并非可以轻而易举地挥之即去。缺乏历史敬重的斩断众流最终只能是一厢情愿的美妙遐想，抽刀断水水更流。其次，人之理性仅仅是有限理性。以个体戋戋之智无法胜任全能全知之神的工作，所以人类一思考，上帝就发笑！被无知之幕所遮蔽的人类在信息不对称的情势下形同盲人摸象。以理性选择为依据的制度建构具有先天的缺陷。当然，建构理性并非就是谬误，但不能脱离演进的理性，两者必须紧密结合。演进的理性，就是认识社会制度演进的客观规律。理性建构主义者要对历史负责，凡事多从历史的选择与现实的延续角度思考答案，戒慎乎其所不睹，恐惧乎其所不闻，不可妄下论断，更不可意气用事，俨然"天目"洞开而明察秋毫，张口就推倒重来，坐在书斋里冥想出来的华美无用的制度出台之时往往就是制度失效的开始。

历史上的问题与现实问题不可同日而语，这是研究者必须时刻自我警醒的一根弦。历史不仅仅是历史，现实中处处都是历史的影子。传统社会的许多底层结构性问题对现代社会仍存在启发意义。在传统中国社会，被巴克斯鲍姆称为"家庭共产主义"[1]的诸子均分继承制对于社会平等无疑具有积极作用，维持了各个小家庭的财产平均，使小土地所有制成了土地占有的普遍形式，小农有了充足的来源，但这种制度的弊端即在于排斥生产资料的有效集中，造成地权分散，由此形成了对新型生产关系产生的羁绊。福山认为，传

---

〔1〕〔美〕熊玠：《大国复兴：中国道路为什么如此成功》，李芳译，湖北教育出版社 2016 年版，第 37 页。

统中国社会始终未发展出聚集众人财富作为早期工业资本的模式，其原因是中国文化存在根深蒂固的诸子析产继承思想。可以说，中国历史上一直缺乏经营型地主，也缺乏中产阶级社会阶层，资本主义萌而不芽，与此不无关系。资本主义绝非是"小打小闹"的市侩经济，而是源于垄断性的大规模长途贸易和金融投机。西方得益于长子继承制所赐的财产集中与完整，在社会转型时期实现了弯道超越。在理性之人理性选择制度之际，深思熟虑地抉择可能是洽切至当的，但或许无心插柳柳成荫，只能浩叹造化弄人，世事难料。所谓小农经济，在当时是稳定社会的基础，贫富分化不至于过甚，而现代经济空间拓展，小企业经不起风浪，跨国公司才能翻江倒海。这是不同时空背景的产物。对于中小企业地位的强调与对于冠军企业的崇拜都自有至理在。反垄断执法必须被置于当代全球竞争更广阔的背景之中考虑。

　　所谓"法制度"（Rechtsinstitut），是社会生活关系中的行为模式或准则，受到法的确认，而加以反映、巩固、贯彻及发展的客观价值体系。简言之，乃是法秩序所确认的一种典型之生活关系。市场上的竞争已不是一种单纯之自然事件或现象，而是国家有意推行及保护的一种行为模式或准则，因而具有"法制度"性质。[1]兰茨·伯姆认为，竞争不是天然植物，而是一种栽培植物，它始终需得到培育养护。对于微软案件，有媒体评论道：微软财富固然值得珍惜，但微软以自己的实力损害了一种竞争机制，一种能让更多的"微软"诞生的机制，那就是市场经济公平竞争的机制。正是这种机制造就了微软，美国人可能还想有更多、更大的"微软"。基于这种观念，丢卒保车，忍痛牺牲一个微软也在所不惜。曾任美国司法部长的珍妮特·雷诺强调说："美国成为世界工业巨人，靠的不是那些强盗王，而是竞争，是鼓励新的开发，鼓励年轻的企业家们打入市场。"[2]从这

---

〔1〕　Ludwig Raiser,„Rechtsschutz und Institutionenschutz im Privatrecht", in: *Summum ius Summa Iniuria*, Tübingen: Mohr Siebeck, 1963, S. 145~157.

〔2〕　《光明日报》2000年6月9日。

些有关微软案件的最后处理结果以及雷诺的评论中，我们可以看出维护市场竞争机制是反垄断法的基本目标。可以想象，没有美国政府对于市场竞争制度的极力维护，比尔·盖茨不可能成为比尔·盖茨，而微软公司也就不可能成为微软公司。比尔·盖茨很可能在发达之前就被某种垄断的力量"扼杀在摇篮里"了。从微软公司的发达到其生成的垄断来看，市场竞争制度能够推动企业规模的积累并创造出微软神话，同时也能够在企业规模积累到一定程度之后生长出微软公司的垄断。这就充分地表明了市场竞争制度的两面性：既能够创造出最有效的竞争者来书写市场经济的辉煌历史，又能够将竞争者改变成为最独裁的垄断者来结束市场经济辉煌的历史。从自由而言，旨在保护竞争的制度虽然可能会限制某些自由，却是实现普遍自由、各类具体自由的基础、前提和保证。

相关市场是一种制度性事实，而不是原生性事实。原生性事实往往是自然科学的研究对象，是能够通过经验观察而获知的物理或心理事实。其存在不需要以人类的意向性、语言和制度为前提。制度实在是社会实在的一个子类，所以，塞尔也常常称其为"社会和制度实在"。制度性事实由地位功能所构成。构成性规则的一般形式是"X 在 C 中算作 Y"。X 可以是对纯粹物理特征的命名，Y 是对超出物理特征之外的东西的命名，"算作"是由集体意向性进行的功能赋予，C 是进行功能赋予的情景。功能赋予是指人类把某项功能赋予那些在本质上不具有该功能的对象。在此，功能不是内在于被赋予该功能的对象的，而是必须由某个外在的行为者或行为者们施加给该对象。由集体意向性建构制度性事实，其关键就在于将特定种类的功能赋予某些对象。以货币为例，货币具有如此这般的功能，并非由其物理特征所决定，而是人们集体地视之为货币。货币只能依照足够数量的共同体成员持续地对其作出集体接受或承认才能发挥特定的功能。从建构主义行动理论的观点看，集体意向性在本质上就是一个经验的规范性问题，遵循理由的逻辑空间，而不是因果逻辑规则。集体意向性就是常规性，塑造了制度性事实，对象化为社会实体。意向性从来就不是盲目的，不受个人或集体的生存境遇所指引。如果不先行澄清此种生存境遇，意向性的含义就会始终处于晦暗不明的状态之中。两个在物理属性上完全相同的物品因为意向性的贯注而意义迥别。例如，同样一根稻草，被绑在白菜上被作为商品的一部分以白菜的价格被出售，被绑在阳澄湖大闸蟹上则以大闸蟹的价格被出售，获得超越实物本身的社会价值。其实，身价悬如斯，均系制度建构所致。制度事实在本质上是集体意向性的拟制，而这种拟制最为彻底的情形即是法律拟制。通过这种拟制，自在之物变为制度性存在。正是这样，在"史泰博和欧迪办公合并案"中，由史泰博或欧迪公司出售的圆珠笔与沃尔玛出售的相同的圆珠笔，即使出自相同的制造者，在物理属性上一模一样，但因销售渠道的不同而价格各异（在办公用品连锁超市出售与在一般超市出售），所以被法院判定为不同的相关市场。[1]在相关市场中，所谓相关者，乃与竞争法律制度相关也。这种相关性决定了相关市场不同于经济学的交易市场概念，其致力于发现谁与争锋的关系网络。

国内法学界不少学者力图利用权利思维模式建构竞争法，所使用的概念有"竞争权"、[2]"公平竞争权"、[3]"自由竞争权"、[4]"正当竞争权"。[5]最高人民法院于 2000 年出台的《关于执行〈中华人民共和国行政诉讼法〉若干问题的解释》（已失效）使用过"公平竞争权"一词。该解释第 13 条规定："有下列情形之一的，公民、法人或者其他组织可以依法提起行政诉讼：（一）被诉的具体行政行为涉及其相邻权或者公平竞争权的……"[6]受该司法解释文件的影

---

〔1〕　FTC v. Staples, Inc., 970 F. Supp. 1066（DDC 1997）.

〔2〕　李小峰："困境与拯救——竞争权制度论纲"，载《西南政法大学学报》2005 年第 2 期。

〔3〕　唐兆凡、曹前有："公平竞争权与科斯定律的潜在前提——论公平竞争权的应然性及其本质属性"，载《现代法学》2005 年第 2 期。

〔4〕　邱本：《自由竞争与秩序调控——经济法的基础建构与原理阐析》，中国政法大学出版社 2001 年版，第 364 页。

〔5〕　胡小红："论正当竞争权"，载《当代法学》2000 年第 1 期。

〔6〕　《最高人民法院关于执行〈中华人民共和国行政诉讼法〉若干问题的解释》（法释〔2000〕8 号）。

响，在"吉德仁等诉盐城市人民政府会议纪要案"中，一审法院和二审法院在司法文书中也使用了"公平竞争权"一词。[1]不过，在立法文件没有采立"竞争权"或类似概念的前提下，法院的司法解释径行使用"公平竞争权"一词显然不甚严谨，更何况《行政诉讼法》作为保障实体法规定的实体权利的程序法，原本不需要也没有必要越俎代庖地规定实体权利。法律并不是仅仅依靠权利这一思维手段的。一种利益是否上升到法律保护和是否采用设权方式保护是两个层面的问题。对于前者的肯定回答是后者的必要而非充分条件。实践证明，"弹性"保护模式不仅是有效的，而且，符合竞争利益和竞争法的特质。权利保护和法益保护都包括法律救济。[2]即便是主张引入"竞争权"的学者也承认，"竞争权"的内容难以确定，但这种"竞争权"实际上是费肯杰所说的框架权，是一种法益保护。竞争法所追求的是包括竞争者、消费者和公共利益在内的多元目标。并且，这种多元目标不可能单独实现其中的某一项，实际上以一种整体利益的形态存在。因此，竞争法所保护的利益是以整体的状态存在着的，也只能以整体的状态存在。竞争权从未在实然层面获得任何立法肯定，竞争秩序作为整体利益无法被分割为专属客体，竞争权利思维与作为其基础的竞争法的不自洽，容易导致竞争法简化为竞争者之法，将竞争利益生硬切割，不仅无法关照潜在竞争者及其利益，忽视消费者利益，而且可能引致竞争法学的历史倒退。

民法上的私权来源于私益的正当性，但反垄断法上的自由竞争制度保护的正义基础已非私益，而直接是公共利益。反垄断法在其产生、演变、发展的过程中，曾经被赋予了"保护中小企业""分散经济力量、维护政治民主的经济基础""提高经济效率，促进消费者福利"等多重价值目标，实际上都围绕着公共利益或群体利益。"保

---

〔1〕 江苏省高级人民法院行政判决书［2003］苏行终字第 025 号。江苏省盐城市中级人民法院行政判决书［2002］盐行初字第 052 号。

〔2〕 王红霞、李国海："'竞争权'驳论——兼论竞争法的利益保护观"，载《法学评论》2012 年第 4 期。

护竞争而不是竞争者"是表达反垄断法价值目标的著名论断。反对这种说法的学者认为，未被扭曲的竞争本身不是目的，而是实现特定的经济目标的手段，唯一的值得考量的目标是消费者的福利和效率。[1]事实上，这不是自由保护或福利导向的非此即彼，而是自由保护其自身是否具有重要价值的问题。自由保护有时被理解为是不仅关乎个体经济自由的保护，与自由思想相联系的是迄今为止竞争的社会政治、去权势的功能。竞争这一功能有助于确保国家权力不被作为促进市场权势企业利益的工具，从而也确保政治自由。[2]消费者福利和效率考量并不为提供支配地位门槛背书，无论是否存在消费者短期损害之虞，《欧盟运行条约》第102条都保护竞争过程。[3]阻止消费者损害可能是滥用控制的核心理由，但不是其必要条件。[4]因此，行为效率性本身也并非基于《欧盟运行条约》第102条的滥用，滥用不等同于无效率，但效果的全面确定和效率的经济分析评估对依据相关滥用标准的评估至关重要。[5]如果没有自由公平的市场竞争秩序，垄断将广泛存在，不正当竞争层出不穷，除了极少数市场强者和垄断者以外，绝大多数主体都不可能实现自己的私人利益。这就说明，实现私人利益需要自由公平的市场竞争秩

---

〔1〕 Thomas Eilmansberger, "Dominance—The Lost Child? How Effects-Based Rules Could and Should Change Dominance Analysis", *European Competition Journal*, 2006, Vol. 2, Special Issue.

〔2〕 Meinrad Dreher, „Die Zukunft der Missbrauchsaufsicht in einem ökonomisierten Wettbewerbsrecht", *Wirtschaft und Wettbewerb: Zeitschrift für Deutsches und Europäisches Wettbewerbsrecht*, 2008, Bd. 58, H. 1.

〔3〕 Thomas Eilmansberger, "Dominance—The Lost Child? How Effects-Based Rules Could and Should Change Dominance Analysis", *European Competition Journal*, 2006, Vol. 2, Special Issue.

〔4〕 Thomas Eilmansberger, "Dominance—The Lost Child? How Effects-Based Rules Could and Should Change Dominance Analysis", *European Competition Journal*, 2006, Vol. 2, Special Issue.

〔5〕 Thomas Eilmansberger, "Dominance—The Lost Child? How Effects-Based Rules Could and Should Change Dominance Analysis", *European Competition Journal*, 2006, Vol. 2, Special Issue.

序。这不是私人义务，也不是私人所能做到的，而是一种社会义务，必须由国家去缔造和维护。所以，艾哈德指出："维持一种有竞争的经济，在任何意义上都是一种社会义务。"[1]竞争法保护市场参与者和不被扭曲的竞争经济中的整体利益，既致力于个体保护，即保护在竞争过程中个体行为和决策自由，也以竞争作为制度的保护为己任，即制度保护。欧洲初审法院提出，《欧洲共同体条约》第82条（即《欧盟运行条约》第102条）并未揭示被诉行为对消费者有任何实际或直接的影响。竞争法致力于保护市场结构免于人为扭曲和保护消费者的中长远利益。按照尤利亚妮·科科特的观点，在"英国航空公司案"中，《欧洲共同体条约》第82条不主要是为了直接保护个体的竞争对手和消费者的利益，而是为了保护市场结构以及由于市场上支配地位企业的存在而被削弱的竞争本身（作为制度）。[2]作为制度的竞争无非是市场参与者行动自由的总和，对竞争不被扭曲的保护仅限于对市场参与者竞争自由的保护。因此，竞争的制度保护和个体保护辩证地在一个共同的交汇点被扬弃，私人利益与社会公共利益浑然融为一体，实现社会公共利益也是在促进私人利益，或者说，是为了促进私人利益才去实现社会公共利益。我国《反垄断法》第50条规定："经营者实施垄断行为，给他人造成损失的，依法承担民事责任。"弥补受害人的私人损失固然实现了私人利益，但这仅仅是一个次要的目标，甚至只是一个手段，比之更重要的是"杀一儆百"，以儆效尤。树立良好的市场竞争规则、维护市场竞争秩序、形成公平竞争的市场风气，才是其所应追求的真正的且首要的社会公共利益。我国学术界对反垄断法制度保护的模式与权利归属保护模式的差异性有所觉察，认为反垄断法对知识产权的保护应另辟蹊径，不同于知识产权法律制度的正面保护，而是

〔1〕[联邦德国] 路德维希·艾哈德：《来自竞争的繁荣》，祝世康、穆家骥译，商务印书馆1983年版，第154页。

〔2〕Schlussanträge GA Kokott v. 23. 2. 2006, Rs. C‑95/04 P‑British Airways/Kommission, Rn 68

通过反向制裁达到保护的目的，以法律救济为主要措施的特点。反垄断法对知识产权滥用行为的规制相对于被制裁的权利所有人而言确无保护之意，但知识产权权利人利用合法垄断形成的优势地位也不是不变的，一个具有优势地位且因滥用而被制裁的知识产权权利人在未来不确定的时间也有可能被别的滥用行为所侵害。因此，可以说，反垄断法通过对知识产权滥用行为的制裁，维护了市场同类知识产权权利人的合法权利。反过来，在一个长期的发展过程中，反垄断法同样保护了被制裁的权利滥用行为人的合法权利。因此，反垄断法维护竞争自由的立法目标决定了其对知识产权的作用不仅仅是规制，更应被理解为是一种在对自由、充分竞争的经济环境追求基础上的，对所有知识产权权利人利益的一种保护。[1]

制度保护在竞争法中是否能发挥不同于个体保护的意义，在一些学者看来不无疑问。在反不正当竞争法中，如果将公共利益保护与竞争作为制度的保护等同，公众利益与市场参与者的竞争有关的个人利益难分轩轾，这就提出了保护目的维度下二者如何彼此相关的问题。制度保护被置于个体保护对立面，从而带来反不正当竞争法的利益保护扩展。按照正确的竞争系统理论理解，两者都致力于竞争自由，因此保护方向是一致的。竞争运作的可靠发展仅仅是基于个人行动和选择自由的主张未被干扰而实现。[2]公共利益是未扭曲竞争的反射，"是竞争对手、消费者和所有其他市场参与者的利益总和"，[3]无外乎表示所有市场参与者"在一个正常运作的竞争中的正当利益"。因此，任何其他独立的公共利益的规制内容都会被拒绝，在制度保护的幌子下，其他保护目的之延长并没有空间，"公共

---

〔1〕 张衡义："论对知识产权管理的反垄断法保护"，载《武汉理工大学学报（信息与管理工程版）》2005 年第 3 期。

〔2〕 Karsten Schwipps, *Wechselwirkungen zwischen Lauterkeitsrecht und Kartellrecht*, Baden-Baden：Nomos，2009，S. 153.

〔3〕 Karsten Schwipps, *Wechselwirkungen zwischen Lauterkeitsrecht und Kartellrecht*, Baden-Baden：Nomos，2009，S. 153.

一定不能被理解为超个人的保护对象"。[1]个体竞争自由在任何情况下只能是相对的，其已经被其他市场参与者的自由的范围所限制。制度保护可以因此"讨论其他人同样的个人竞争自由权利的关系、竞争过程的法律秩序"。[2]此外，市场参与者的保护不能被理解为仅仅是客观法制度保障的单纯反映。这是欧洲和德国经济宪法的共识，市场参与者的自由权处于竞争保护的中心。在此背景下，制度保护本身不是为了自身利益，而只是作为竞争参与者利益的保护，制度保护不只是形成限制其他市场和竞争参与者的行动领域的拘束。个体利益与整体利益、个人保护和制度保护的概念和语义之分离无法掩盖这两个保护方向是相互关联的。个体保护和制度保护均涉及在具有竞争功能、自由相关的系统下的市场参与者个人行为和选择的自由。不被扭曲的竞争作为对市场参与者竞争自由的辩证扬弃构成《反不正当竞争法》值得保护利益的公分母。总而言之，个体保护和制度保护并不对立，这两个的保护方向是相互关联的；制度保护由个人自由保护得以实现，任何进一步的规制内容都不符合竞争不被扭曲的公众利益。

完备意义上的法治国应该是制度与理念的结合体。对于把法治国作为法律现代化之目标的国家来说，借鉴和移植需要同时考虑制度和理念两个层面。"形而上者谓之道，形而下者谓之器。"人为形而中，外在形体有形有象而为形而下，内在生命无形无象而为形而上。人以"形而中"的方式存在并思维，上有"形而上"之道，下有"形而下"之器。[3]现代社会因为讯息发达，见闻尤倍于古人。然而，闻道不是得道。今人反而因见闻过多而离道越远。学者对于

[1] Karsten Schwipps, *Wechselwirkungen zwischen Lauterkeitsrecht und Kartellrecht*, Baden-Baden: Nomos, 2009, S. 153.

[2] Ernst-Joachim Mestmäcker, *Der verwaltete Wettbewerb-Eine vergleichende Untersuchung über den Schutz von Freiheit und Lauterkeit im Wettbewerbsrecht*, Tübingen: Mohr Siebeck, 1984, S. 83.

[3] 孙铁骑：《内道外儒：鞠曦思想述要》，中国经济出版社 2014 年版，第 94页。

竞争法的研究如同鱼之趋渊、鸟之集林，但学术生态仍有待改善。没有形而上的道，仅仅有形而下的器，是缺憾所在。在中国经济法学界，研究竞争法蔚成风尚。除了因为竞争法是经济法主干，最能代表经济法的特色之外，一个潜存的学术动机恰恰是与经济法基础理论的疏离，将竞争法作为躲进小楼成一统的"避风塘"。经济法基础理论被悬隔不顾之后，竞争法研究偏安于所谓"具体制度"的研究，但实际上"为学日进，为道日损"，甚则对制度本身的精义未能真切体认，只能一味地尾随法律经济学亦步亦趋，迷失了竞争法自身的本性。学术界其实奉行鸵鸟政策，选择容易的方法（安易な道を選ぶ），从而也造成通晓知识而缺乏问道、弘道之心，遂与商谈向道无缘，绝无以技进道的可能性。在苏格拉底看来，只拥有某种专业知识而不拥有普遍知识，不可能具有真实的智慧。局部性的知识的进步是以整体性的智慧的死亡为代价的。现代科学不断取得进步，知识不断积累而呈现"爆炸"状态，越是在微小的、次要的事物问题上有知，就越是在宏大的重要的问题上无知。[1]为道是为学的根本宗旨，为学是为道的方法，是为了最终解道。法学最宝贵的菁华在于独立而深刻的思想。实证的制度研究按照钱大昕的说法是轿夫，而不是轿中人。竞争法研究翕然沉湎于解释法学，精于物而不精于道，毕竟存在理障，汲汲于解决具体问题。而根本问题则被一叶障目，存而不论，论而不议，议而不辨。正是这样，格伯尔提醒中国学术界，虽然欧洲的制度经验对中国的法律移植助益良多，但这些相似性与被称为竞争法的"工具性"目的，即竞争法本身的外部目的相关。殊应注意的是，欧洲的竞争法还与其内在的目的和价值有关。例如，在德国和欧盟，经济自由本身被视为是竞争法的目的结构中的一个部分，这也是竞争法能够获得广泛支持的因素之一。中国与欧洲之间在这方面存在重大差别，或许使得与竞争相关的内在

---

〔1〕 李革新：《哲学的颂歌——柏拉图对话的现代解读》（上册），同济大学出版社 2015 年版，第 104 页。

价值很难发挥作用。[1]中国竞争法应该以志道作为重头戏，追根问底，用思想反观制度，亦即用经济法理念审视具体制度，并从制度本身中提炼出思想，揭示出蕴含于制度的思想，开显、发掘和安顿竞争法的精神气脉。这种思想的探索不仅仅停留于对社会本位等理念的证明，也不是将自己的研究降格为这种思想的注脚，匍匐于前代学者的脚下。正如海德格尔所说，渴望知识，贪求解释，绝不会导向思的洞察。制度思考的高端成就就是使得制度完全隐形。[2]从经济法的本位和视角出发分析问题是路径正确的，但不能依靠一些大词的套用。真正的研究应该以此为默示的隐形框架，通过对问题的具体分析，抽绎、揭示出经济法独特的原理，而不仅停留于非道学化阐述的层面。这才是真正的悟道，是由内而外的生发，而不是由外而内的映照。易言之，经济法理论应该内生于问题的研究，而不是外铄于问题的研究。

自由是一个稀有和脆弱的、被培育出来的东西。竞争被证明是确保自由的手段，但只有有效的竞争才能保证自由，而且保证的是相对的自由。自由反过来又是市场经济竞争的出发点，并且最终从制度上保证竞争。以反对限制竞争、阻止竞争为目的竞争法保护作为经济活力之源的竞争自由，而不是钤束、毁灭竞争自由。美国司法部反托拉斯局局长詹姆斯·F. 里尔指出，反垄断法的核心是要政府履行其维护自由的市场经济的义务，使之既不受私人的限制竞争性的损害，也不受国家的限制竞争性的干预，通过"看不见的手"配置社会资源，提高企业的经济效率和提高社会福利。[3]因为现实的经济不存在完善的和自由竞争的前提条件，为了维护市场的竞争性，国家通过传统私法以自由产权、契约自由等工具从正面为竞争

---

〔1〕 ［美］戴维·格伯："中国竞争法的制定：欧洲和美国的经验"，聂孝红译，载《环球法律评论》2003 年第 1 期。

〔2〕 Mary Douglas, *How Institutions Think*, New York：Syracuse University Press, 1986, p. 98.

〔3〕 J. F. Rill,„Die Anwendung des Antitrustrecht in den 90er Jahren"，*Wirtschaft und Wettbewerb*, 1990, H. 7~8, S. 596.

机制的充分运行提供基础法律平台。反垄断法则从另一个角度为竞争机制的正常运行扫除障碍，扫除那些伴生自由竞争而来、对竞争机制正常发挥功能构成障碍的各种限制竞争行为、反竞争行为等各种异在因素，从而保障竞争机制得以充分有效运行。在维护和促进竞争这一点上，美国竞争法同传统的私法法制并无二致，都受制、服从、服务于自由主义哲学。在这一支配下，美国的基本经济国策就是促进竞争，阻止与这一基本的经济哲学相冲突的反竞争行为。因之，蕴涵在反垄断法中的主要机理，就是禁制任何有可能削弱竞争性经济的商业限制及垄断行为，建立有利于自由竞争的公平和开放的经济环境。[1]随着美国19世纪末以来法律社会化运动的兴起乃至后来消费者主权观念的勃发，消费者权益保护、社会公共福利等价值理念逐渐融进竞争法领域，先后进入了美国竞争法的价值王国，但并非能与"对于自由、公平的竞争的促进和维护"这一美国基本经济哲学等量齐观、并重而视，只是在充分尊重并不妨碍竞争机制正常运行，并充分发挥其功能的前提下作为次一级的法价值而存在，不能反向而乱次第。这从美国人对竞争法立法价值的种种自诩中也可见一斑："自由企业的大宪章"。

法学中的制度思维在本质上是一种中道思维。没有均衡，就没有制度。每一项新的制度的建立实际上都是形成一种新的权力或利益的均衡，每一项制度安排都是在解决人与人利益最大化目标的冲突中诞生和发展起来的。法律在本性上不是暴力革命的宣言书，法律是追求和谐、维系秩序的产物，是一定社会关系的调节器、稳定器，是利益各方"斗而不破"的博弈过程中维持有序状态的行为规则。权力与权利都具有扩张性，都容易恣肆泛滥、荡然不得放任其义之所归。因此，权力与权利都须受到法律的控制，通过自由竞争的"无法之胜"与"人知其职，不督而办，事至纤悉，莫不备举，

---

〔1〕　陈晓波等："美国反垄断法及其政策述评"，载《江苏社会科学》1996年第5期。

进退作息，皆有常节"[1]的制度"有法胜"有机结合，才能形成既有活力又有章法的竞争秩序。反垄断法强调国家以"有为"的方式间接干预经济。这是因为竞争的目的是限制市场权力的集中，这一目标只能由国家来实现，国家在反垄断中的主动作用是当然之义。虽然反垄断存在的基础是对限制竞争的干预，但是反垄断的目的也是维护自由竞争，这就要求政府与市场之间表现为一种动态的关系。在这一过程中，国家既不能单纯地"有为"，也不能单纯地"无为"，而应在"有为"和"无为"中寻找一个平衡点。在某种意义上，竞争法既反对自由放任主义，又坚决与经济干预主义划清界限，明晰群己界分的竞争自由底线，是维护竞争自由的社会协调之法，这在儒家的中庸学说中可以获得理论资源的支持。《礼记·中庸》云："中也者，天下之大本也；和也者，天下之达道也。致中和，天地位焉，万物育焉。"[2]

历史似乎呈现出钟摆运动的迹象。美国的竞争法其实在向"右"转，以至于退回到当年第二次世界大战前德国的立场。美国的卡特尔组织是非法的，但当时的德国历史经济学派强调卡特尔维持经济秩序的积极作用，[3]卡特尔被很多德国人作为积极的制度加以把握，被视为是对抗托拉斯化的一道防护堤，因为其既没有垄断市场，又不是坚不可摧而阻止竞争。相反，其改变了竞争的性质，将混乱的经济带入秩序；不仅减缓了企业垄断型集中，而且还保证了小公司的经营，优于过度竞争、托拉斯之类的互惠组织形态，被视为是一种"协作性竞争"形式。[4]在 1897 年"德国萨克森王国木材加工厂卡特尔案"[5]中，帝国法院认为，该案的焦点在于卡特尔协议是否违反

〔1〕 王栻主编：《严复集》（第 1 册·诗文上），中华书局 1986 年版，第 11 页。

〔2〕 （南宋）朱熹：《四书章句集注》，中华书局 1983 年版，第 18 页。

〔3〕 ［日］田中裕明「ヨーロッパ競争法の步みとドイツ法の役割」『神户学院法学』2005 年第 4 号。

〔4〕 巫云仙：《德国企业史》，社会科学文献出版社 2013 年版，第 193 页。

〔5〕 Urteil v. 4. 2. 1897，RGZ 38，155-Sähsisches Holzstoffkartell. 有学者译为"木纸浆案"。

了 1869 年《营业条例》中的工商业自由原则。该条例赋予了这一原则以神圣地位："人人皆可从事任何商业。"法院认为，如果业界同人以善意为之的目的而彼此结合，通过反对产品的降价以保护该产业部门，使以前特别落后的个体从降价销售中得获生机，则不触犯营业自由的原则。[1]人们普遍这样认为：这一基本保留至 1945 年的裁决利用公共利益等大词使得卡特尔"合法化"，对其活动没有规定多少明确的限制。德国遂成为典型的卡特尔国家。这一转折与"丽晶案"使得维持最低转售价格适用合理法则在反托拉斯法历史上的里程碑意义相似，仿佛使人觉得美国当今的右倾几乎都是向德国当年的范式回归。如今的效率大词被芝加哥学派用作终极辩护，与当年所使用的公共利益的大词功能如出一辙。被芝加哥学派拿出来的万用法宝便是合理法则的彻底采用。以往由于违背反垄断法规而一向不被承认的事例，在所谓将来有可能恢复竞争的条件之下全部被承认。[2]对于垄断行为的姑息纵容在五花八门的数学模型的附加条件下被合理化，对过去禁止的搭售等行为全部放行。按照芝加哥学派的理论，竞争的存在可以说跨越了时空，是无条件的、绝对的。除非产生竞争的原因被彻底消灭，否则无时无刻不存在竞争。有种绝对主义论断甚至认为限制竞争就是竞争的一种表现形式。因此，竞争法没有存在的理由。这种论断只能存在抽象的演绎，在思维方式上不符合辩证法，完全脱离实际。在德国，建筑公司在投标之前，宁愿冒受罚的风险也要以身试法，进行协商，达成谅解，拟定共同办法对付招标者，以避免自相残杀。这足以表明，在竞争中能否取胜涉及企业的生死存亡，企业总是希望承担最小的风险，想尽一切办法摆脱竞争的压力。诚然，不正当竞争行为、限制竞争行为等反竞争行为也是一种竞争行为，但这种行为不利于"公平"与"效

---

〔1〕　参见〔德〕沃尔夫冈·费肯杰：《经济法》（第 2 卷），张世明译，中国民主法制出版社 2010 年版，第 196 页。

〔2〕　〔日〕富田彻男：《市场竞争中的知识产权》，廖正衡等译，商务印书馆 2000 年版，第 173 页。

率"兼顾的社会正义目标的实现。连属于芝加哥学派阵营旗手的波斯纳都批评道，如果在实际执行中，遇到反托拉斯弊大于利的情况，就主张应大大限制反托拉斯执法甚或废除反托拉斯法的悲观主义建议是"学究气"的。反托拉斯法已被普遍接受，实际的问题是如何将其实施得更合理、更准确、更迅速、更有效率。[1]

反垄断的目的在于追求效率。但是，一方面，效率是功利主义的概念，效率并不能理所当然地成为衡量的唯一准绳；另一方面，竞争本身不是最终目的，但竞争可以制约和限制经济势力。竞争机制不存，何来效率？皮之不存，毛将焉附？唯效率是从，则大企业可以将小企业斩尽杀绝，片甲不留。对于市场支配者而言，效率至上是不适用的。以效率为王道将导致以力假仁的垄断霸道。20世纪和21世纪之交的美国联邦司法部对微软公司的起诉和联邦法院的判决表明，唯效率的理论并没有被完全接受。同时，效率不仅指个别个体的效率，社会整体的效率也应该被纳入考量的视野之内。这当然要依靠保护有效竞争来实现。中道思维执两用中，既反对左，也警惕右。卢埃林反对非此即彼的思维，而赞成兼而有之的思维。经过哈佛学派、芝加哥学派、后芝加哥学派的否定之否定，目前似乎呈现浪子回头的返归迹象。中道既非折中，也非骑墙，更非乡愿，而是不偏不倚的中正大公，公乃中的外形，中乃公的内质，中正大公的关键在于找到立场的平衡点。如果屁股坐歪了，眼睛是一定会偏斜的。以此极性极化思维构建的反垄断法大厦很可能危楼不胜高，成为比萨斜塔。

我国行政法学界强调平衡论，经济法学界强调平衡协调论，前者主要是权力与权利之间中道的权衡，后者的平衡考量的本位是不同的，经济法是一种平准论。准者，标准、准地也，集矢正鹄，中道而行，不仅涵摄平衡，更强调经济效率的获得、增量利益的促进，符合时中、求正、絜矩的中庸三原则。合作与竞争是在同一矛盾体

---

[1] Richard A. Posner, *Antitrust Law*, Chicago: The University of Chicago Press, 2001, p. viii.

中的两个不同侧面。竞争提高效率，合作同样提高效率。在现代社会，合作与竞争都是推动市场经济发展不可或缺的重要动力，互合成体，相和成道，并不是相互排斥的关系。竞争中有合作，合作中又有竞争。竞争造就了更具有竞争力的合作，合作加剧了更为激烈的竞争。合作越密切、越有成效，在市场竞争中越能够占有优势地位。[1]为了纠正人们的错误竞争观及其导致的不良后果，为了帮助企业应对当前日益严峻的超竞争环境，将"合作"与"竞争"合二为一的热门新词"竞合"应运而生，通过"合作-竞争"方式实现竞争各方的"双赢"或"多赢"的竞合战略学说广为传扬。基于竞合理论描绘的应然状态，一个对于竞争法普遍流行的误解在于，竞争法片面地追求竞争而否定合作的价值，所谓竞争法理想图景建立在你死我活的零和博弈基础之上。这种误解其实很幼稚，因为首先竞争法的理想图景无论是完全竞争、有效竞争，还是可行性竞争，均非奉行零和博弈模型。其次，如果按照零和博弈模型，就违背反垄断初衷，不会存在反垄断之说，而是鼓励垄断者在相关市场上一统天下。合作本来就是一种竞争方式，反垄断法的目标并不是禁止合作。相反，其禁止的是通过降低市场效率、减慢创新、阻碍生产性竞争而损害公众利益的商业行为。而战略联合事实上提高了市场效率、刺激了创新、增强了生产性竞争，有益于公众，所以不可能成为政府攻击的靶子。不仅如此，在过去各个行业联合的案例中，政府甚至还经常直接提供赞助和支持。[2]合作可以被分为"分"的合作与"合"的合作。市场中的合作可谓典型"分"的合作，建立在个人主义与利己主义之上，旨在增进私人利益，因而完全能在制度约束的框架内与市场竞争达到统一；"合"的合作建立在集体主义与利他主义之上，追求的是公共利益的增进。唯有"合"的合作才能提高整体经济效率，真正实现作为公共利益的环境利益和作为私

---

〔1〕　王雨本：《股份制度论》，中国社会出版社 2009 年版，第 221 页。

〔2〕　〔美〕亚德里安·斯莱沃斯基、卡尔·韦伯：《战略风险管理》，蒋旭峰译，中信出版社 2007 年版，第 164 页。

人利益的经济利益的"共赢"。[1]竞争按照亚当·斯密的观点能够产生自身的和谐，形成哈耶克等人所言的"通功易事秩序"或"偶合秩序"。

美国经济学家萨缪尔森曾说，垄断只停留在经济上的描述性解释，尚不能精确成一个法律概念。[2]从世界各国的立法情况来看，法律文件中很少有垄断概念。尽管美国也曾在《谢尔曼法》中使用了"垄断"一词，但迄今为止，美国的立法文件中未对垄断作过任何解释，仅有日本在《禁止私人垄断及确保反不正当竞争法》中对"私人垄断"与"垄断状态"有明确界定，属于鲜见的例外。我国立法使用"反垄断"而不是"反限制竞争"的术语，而"反垄断"明显向人们暗示了垄断的不可欲性，给人以一种垄断违法、"见垄断必反"的印象，造成对垄断的"谈虎色变"，而且容易与经济学中垄断的概念相混淆。从经济学而言，竞争与垄断之间是对立统一的关系，垄断的外延极广。企业在市场中具有垄断者和竞争者的双重身份，其通过竞争（如差异化策略）导致垄断（如增强了市场支配地位），企业之间的某些垄断（如合谋）也可能促进更大范围（如地区间或国家间）的竞争。如果对垄断一概加以制裁，无疑将陷入一个怪圈：如果对垄断进行严格禁止，势必会限制竞争的激励，其结果就不是保护竞争，而是限制了竞争；如果对垄断禁止不力，垄断也会遏制竞争的发展。当合法垄断成了反垄断制度利剑下的替罪羊时，反垄断就意味着反竞争，反垄断制度的悖论就难以避免。垄断力或者说市场支配地位的存在并不当然违法。因为垄断力（市场支配地位）一般来说是在竞争过程中形成的，是自由竞争的必然结果，不足厚非。只有企业滥用其市场支配地位实施限制竞争行为，才会被加以裁正。勒尼德·汉德法官在1945年"美国政府诉美国铝业公

〔1〕 欧阳恩钱："风险社会、生态文明与经济法哲学基础拓新"，载《当代法学》2012年第3期。

〔2〕 [美]保罗·A.萨缪尔森、威廉·D.诺德豪斯：《经济学》（第14版上），胡代光等译，北京经济学院出版社1996年版，第310~311页。

司案"中剀切指出，在竞争中获胜的竞争者不应该被谴责，并用"事竞功成"的短语来概括其理论。[1]对于垄断行为，美国反托拉斯法既有本身违法原则，也有合理原则，[2]将抽象的"合理原则"转变为具体"适用除外制度"。适用除外制度、豁免制度在一定意义上表明，温和型或者务实型反垄断制度须容留"异己物"，在自己的领地上与适用除外制度"和平共处"。制度文明之魂是"有衡"，即不同权力主体之间的相互制衡以及不同利益主体之间的相互均衡。制衡旨在防止权力的滥用，均衡旨在防止无谓的利益冲突。对强者欺侮弱者的现象加以有效制止，对弱者的权利予以及时的救济和保护就是制度正义最重要的体现。巨型企业的影响不同于中小企业，具有市场支配地位的经营者举足轻重，相关作为和不作为都可能对市场竞争构成侵害。竞争法并不反对通过竞争出乎其类、拔乎其萃，但立制度以为节，平衡利益，中度为纲，对滥用市场支配地位行为加以裁正，避免强胁弱、众暴寡、大侵小的恣肆无序，蕴涵了权力制衡与利益均衡的精神。垄断价格等因为影响"公平"交易的概念，有悖于中道，所以，英国等国家将诉诸中道提升为公共政策的指南。反垄断和解制度等处柔守弱，柔性执法的特色明显。如同中医治病救人崇尚不治已病治未病、不治已乱治未乱，经营者集中救济制度的目的也在于让经济体系运转回归到中道平衡的稳定状态。在全球化时代，竞争法的协调问题凸显，但多元融合不妨同中存异，异中求同，各长其长，相济相成，合乎中道，否则只能以同而不和告终。对于其他竞争法域的经营者集中审查决定，中国商务部和而不流，允执其中，恰恰践行了中道思维。作为中国学者，研究竞争法自然立足于本国实践的沃土，但不可闭门造车，比较法的视野内嵌性尤不可忽，不能停留在法其法的层面，更应该在法其所以法的层面，牢固确立与中国国情相适应的制度价值。

---

〔1〕 United States v. Aluminum Co. of America, 148 F. 2d 416, 427（2d Cir. 1945）.
〔2〕 朱慈蕴："反思反垄断：我国应当建立温和型的反垄断制度"，载《清华大学学报（哲学社会科学版）》2003 年第 2 期。

美国第十三任联邦储备委员会主席艾伦·格林斯潘在 20 世纪 60 年代曾经批评美国的反垄断制度："反垄断的世界仿佛是《爱丽丝漫游奇境记》：每样东西既是这样，又不是这样。在这个世界上，人们大叫大嚷称竞争是基本的公理，是指导原则，但'太多'的竞争却被咒骂为'谋杀者'。在这个世界上，旨在限制竞争的行为，如果是商人干的，就被指为犯罪，但如果是政府干的，就被颂扬为'文明教化'。在这个世界上，法律模糊不清，因此，在法官宣布商人的某一行为有罪之前，他根本无从得知该行为是否违法——此时却悔之晚矣。鉴于整个反托拉斯领域充满了混乱、自相矛盾和司法上的吹毛求疵，我不得不说，整个反托拉斯制度都需要予以彻底检讨。"[1] 时建中对我国《反垄断法》的缺憾也有深刻而中肯的体悟，认为"粗线条立法是我国反垄断法的特点之一。我国是一个没有反垄断传统并鲜有反垄断执法经验的国家。采取粗线条立法模式不仅无奈，而在较大程度上是一种积极的选择"。"我国的《反垄断法》目前只有 57 个条文，可能是全世界篇幅最小的反垄断法典。"[2] 的确，法律必须清晰被富勒视为法律的八项"内在道德"，法律规则的粗疏是造成"牛栏关猫"式制度失效的重要原因。由于当前中国社会各种利益协调的难度极大，为了节约立法成本，不得不降低立法的质量，以大纲的面目问世，以至执法者往往抱怨粗线条法律原则性较强，可操作性较弱，可诉性更弱，在具体应用中常常手足无措，制定法中处处存在漏洞，甚至"漏洞并不比文字来得少"。一部好的法律不仅好看，还应好用、管用、能用、易用、实用，否则不免"草色遥看近却无"之憾。但另一方面也应该看到，法律规则不可能完全预设社会生活中所发生的事情和避免人类语言本身的局限性，不可能用简明扼要的语言包罗、穷尽所有行为和事件，不可能覆盖社会发

〔1〕 Alan Greenspan, "Antitrust", in Ayn Rand et al. , *Capitalism: the Unknown Ideal*, New York: The New American Library, Inc. , 1966, p. 56.

〔2〕 时建中："我国《反垄断法》的特色制度、亮点制度及重大不足"，载《法学家》2008 年第 1 期。

展和人的发展过程中的各种可能。立法总是与时代发展存在时差的，制度供给相对于制度需求而言总是不足的，而且被奥尔森称之为"制度僵化症"的现象也无法避免。现实中的法律人思维总是期望和要求所有人都必须进入法律教义编织的世界，接受法律人的判断和推断，否则就违反了神圣的法治。但是，力图网罗一切于法律的思维恰恰是施密特所说的规则论思维。

"像法律人一样思维"意味着以一种非常深刻的方式应付不确定性。现在的人总是抱怨法律规定不明确，无法可依，无规可守，呼吁加强立法。事实上，许多问题在法律上都已有明确规定，照着办就是，骑着驴找驴，自然视驴不见，仿佛郑人买履的故事中将现成的尺度放着不用而跑回家中去找尺码一样。老老实实按现有法律办事，就是最实在的创新。何况法律规定到何种程度才算明确？"人类不惜一切代价地需要一个框架、一个算盘、一个体系、一张地图或一套规则，它们似乎能为解决不确定性带来一丝希望。这就使我们所有人从某种程度上容易受到简单的、还原的、过于笼统的或歪曲本体的框架的影响。"[1]科克将这种思考模式称为"祛意义的思考"。这也是人类特有的认知疾病，即以虚假的体系性、确定性来防御不确定性、模糊性、盖然性所产生的焦虑。但另一方面，人们又对于法律缺乏弹性提出批评，抱怨其无法因应社会现实，使得法律制定的分寸难以把握，左右为难。法律的使命，在于完成法律的确定。但这种确定不仅包括静的确定，而且也包括动的确定。自由法运动，就是强调法律确定的动态性。变化不居的生活现实是现代性的表现，与这种日新月异的发展相适应，法律本身必须具有抽象性和概括性，唯此才能具有普适性和灵活性。按照目前许多人嚷嚷的法律不具体，只能沦为琐碎主义，复归中国传统社会的律例体系。

---

　　[1]　Sigmund Koch, "The Limits of Psychological Knowledge: Lessons of a Century Qua 'Science'", in David Finkelman and Frank Kessel (eds.), *Psychology in Human Context: Essays in Dissidence and Reconstruction*, Chicago: The University of Chicago Press, 1999, p. 408.

没有法治精神，即便法律繁密如牛毛茧丝，也无济于事。法治仅有法律是不够的，"rule of law"不等于"rule by law"，依法治理并不能带来法治。因此，法治被哈耶克称为是一种超法律原则，不是一种关注法律是什么的规则，而是一种关注法律应当是什么的规则。立法者所制定的和法官所遵循的法律符合一般的普遍抽象规则的标准时，才能说是法治。

弗兰克曾指出，在传统法学观念下，人们对司法过程的描述严重夸大了法律的确定性程度，法律并不像人们所认为的规则体那样确定无疑；无论这些规则或原则是多么的确定，由于案件事实不能预先确定，法律的确定性同样无法保证。规则指引但并不控制性地支配判决，法院在裁决案件时总是会根据类型情景引入理性、常识、公平感等情景感因素，如果规则与情景感相容，则其通常能得以顺利适用。倘若规则与情景感不相容，则需要诉诸法官可被感知的对法律和正义的双重职责来判案。[1]为了回应社会的需要，经济法无法事先设置出一套"事无巨细"的规则，只能概括地授权，并施以动态的问责，将其自由裁量权限制在必需而适当的范围之内，以维护经济正常运行，提升社会总体福利。经济法的立、改、废、释必须充分审度、吻合社会变动的"脉象"，做到因地制宜、与时俱进，故而被学者称为"有社会质感"的法。德国竞争法最初也具有立宪的风格，重要的规定倾向于笼统，而非详尽，其设计或多或少是永久性的，并允许解释和具有灵活性。中国改革开放初期，邓小平等提出立法宜粗不宜细，主张先建立轮廓。这样的法律自然操作性不强，但自有其道理。草创的笼统，恰恰具有广阔的发展空间。目前，许多执法者的思维太懒，总希望法律提供现成的答案，无需思索即可作判结果。

哈特认为，法律规则存在"意思中心"和"开放结构"，在法律规则的意思中心区域内，对怎样适用法律规则不存在歧义；在法

---

〔1〕 邓正来主编：《西方法律哲学家研究》，中国政法大学出版社 2013 年版，第219 页。

律规则的"开放结构"领域内，需要法官"根据具体情况，在互相竞争的、从一个案件到另一个案件分量不等的利益之间作出平衡"。[1]德沃金认为，哈特所说的"开放结构"问题是完全可以通过隐含的法律予以清除的。法律是一种阐释性的概念，"我们的法律存在于我们的整个法律时间的最佳论证之中，存在于对法律实践作出尽可能的最佳论证之中"。[2]这里的"阐释"即"解释"，不是对字面进行简单解释，也不是通常意义的司法、行政解释中所说的"解释"，而是有其特定含义的。它是"对法律实践的最佳论证"，存在于"最妥善的叙述之中"，这就是德沃金的方法论，主张法律价值的理论。因袭主义和实用主义这两种法律解释模式的共同点在于，均主张在疑难案件面前法官"无法可依"，在"两可"（或者"多可"）的关头，法官将"超越法律"，案件当事人就只有听天由命。虽然无论是因袭主义还是实用主义都不可能接受法官在此可以不受任何制约地任意妄为，但在这里的确有一种可能性，即法官可以"抛硬币"来决定如何判决。作为整体性的法律正是坚决反对这种"抛硬币"的态度的，认为"即便记载法律规定和指示的典籍缄默不语"时，法律的声音仍然存在，只不过是"低得难以听见罢了"，并不能在探寻不到唯一正确答案时就放弃对可接受答案的证成。中国法制建设正在遭遇法律"物象化"现象，即现代社会中的一切存在都被纳入日益严密、牢固、制度化的社会关系之中，成为这些关系独立运作的环节和因素。[3]一方面，法律秩序的"物象化"意味着法律越来越具备形式性与体系性特征；另一方面，法律逐渐脱离了民众的日常经验。转型期社会对中国法律秩序建构提出了两种截然不同的要求，既要追求法律的形式性和规范性，又要保持法律的实质性和开放性。

---

〔1〕〔英〕哈特：《法律的概念》，张文显等译，中国大百科全书出版社1996年版，第134页。

〔2〕Ronald Dworkin, *Law's Empire*, Cambridge, Massachusetts: Harvard University Press, 1986, Forward, p. i.

〔3〕刘森林：《物与无：物化逻辑与虚无主义》，江苏人民出版社2013年版，第267页。

规则是形成秩序的工具，具体秩序必然以规则为主干，但制度强调顶层设计，是一种框架结构，必须具有体系性。局部之和不等于整体，某些情况下"1+1>2"，个体的理性行为的总和也可能导致非理性，所以规则之和不等于秩序的自动生成。虽然我们强调规则意识的重要性，但应该警惕的是，目前的法律思维中过分膨胀的规范论往往使得人们沉迷于规则。人不可能永远"智而上"，也不可能不知疲倦、永不犯错误。在过去的 10 年里，我国房地产业出台了太多的调控政策，成效却并不显著。当然，任何法律解释方法在检讨解释的问题时，在多数情况下都要讨论以何种制度为前提。轻忽制度相对于规范的独特性可能形成某种程度上具有偏颇的思维。研究法学初期固以法教义学为出发点，学习吸收现行法规的知识，到后来必须要突破此界线，进而综观与评判整体的法律原理、原则及各部分法律之体系关联，兼及相关的科学，如社会学、伦理学、政治学、哲学等，并参考比较不同法系、不同文化背景、不同国家的法律思想与制度，而臻动态法学之境，如此才能如孔子所言"行为从心所欲而不逾规矩"。

第八章
目的论与结果论：反不正当竞争法的功能主义解释路径

第一节　功能主义解释方法的兴起

在建筑设计史上，19世纪美国芝加哥学派的杰出建筑师代表刘易斯·沙利文曾提出了著名的"形式追随功能"（form ever follows function）的设计学思想，其指出，建筑应以实现功能为主要目标，形式则服务于功能。[1]这是功能主义思想在建筑史上运用的经典表述。在法学领域，功能主义解释方法根源于社会法学思想，是概念法学向目的法学转轨的产物。概念法学坚信罗马法的精致，推崇"依概念而计算"的"概念支配"（le régne du concept）与"依逻辑推演而求解"的"逻辑崇拜"（der Kultus des Logischen），[2]认为只有将法条完备、概念明确、逻辑严密的成文法规范作为大前提，才能实现裁判结论的公正与圆满。在"概念天国"的指引下，法学以

---

〔1〕　从建筑学上看，人类的建造活动往往需要付出代价较高的成本，所以，无目的的建造活动几乎是没有的。因此，"形式追随功能"一语反映出，为特定目的进行建造而获得建筑物，建造结果达到并反映当初目的，这是个前后呼应、逻辑一致的过程。参见屠苏南："创新而不'奇奇怪怪的建筑'——理性的建筑形式设计观"，载《建筑与文化》2018年第11期。

〔2〕　参见杨仁寿：《法学方法论》（第2版），中国政法大学出版社2013年版，第101页。

臻于完美的法律体系和公式般精准计算的逻辑演绎来实现作为一门科学的内在稳定性与严谨性。由于概念法学追求极致的形式理性，并且排除任何价值语言的污染，故其理论言说不断遭受社会生活事实的"解构"。随着19世纪末潘德克顿式《德国民法典》的制定，概念法学逐步发展至巅峰，而与此相伴而至的，却是一场以耶林为代表的轰轰烈烈的自由法运动（Freirechtsbewegun）。作为概念法学的"叛逃者"，耶林提倡一种"目的法学"的思想主张，声称法律的解释必先了解法律究欲实现何种目的，只有以此为出发点而解释之，才能得其肯綮。[1]"法学的特殊性在于它主要研究规范性目的的实现，换言之，它主要研究目的性问题，即各种解决方式的不同目的何者为重的问题，或者'系统公正性'（Systemgerechtigkeit）问题。可见，法学的真实性问题（Wahrheitsfrage）其实就是一个实现既定的价值与目标的调整方式的特殊问题。"[2]

在耶林目的法学的基础上，海克进一步探索了有关实现法学社会功能面向的方法论，并开创了利益法学派。从作为价值观的"起源的利益理论"到作为方法论的"生产的利益理论"，海克试图通过"制定法价值判断的远距作用"生产出"新的法律诫命"，[3]以完成一种学术范式的转变：从法律形式主义逐步转化为对社会生活利益的保障。因此，利益法学在法学方法论上的贡献即在于，"使得法学彻底扬弃'逻辑优位'，而成为'生活研究与生活价值的优位'。让整个法律适用的思维从'公理式的-演绎式的'（aximatisch-deduktiv）转向'价值式的-归纳式的'（axiologisch-induktiv）思考"。[4]在利益

---

〔1〕 参见陈华彬："19、20世纪的德国民法学"，载《法治研究》2011年第6期。

〔2〕 ［德］伯恩·魏德士：《法理学》，丁晓春、吴越译，法律出版社2013年版，第129页。

〔3〕 参见张文龙："目的与利益：法范式的'哥白尼革命'——以耶林和海克为中心的利益法学思想史之考察"，载《清华法律评论》2015年第1期。

〔4〕 吴从周：《概念法学、利益法学与价值法学：探索一部民法方法论的演变史》，中国法制出版社2011年版，第432页。

法学之后，评价法学（即价值法学）开始登上舞台，并以一种"更加注重社会实际"的姿态复兴注释法学。从概念法学到目的法学，再到利益法学、价值法学，不仅标志着法理学研究实现了从"探索法律性质"向"关注法律目的"的重大转变，而且在规范论的"法律是什么"向实践论的"法律为什么"的转型过程中所体现的实用主义哲学风貌，更为致力于以目的、价值、社会利益、法律功能为导向的社会法学的兴起铺平了道路。"19世纪末20世纪初，利益法学、自由法学、法律社会学和法律现实主义以各种形式对概念法学和法律实证主义展开批判，试图粉碎各国建立的概念体系、高度精密的学说和教条结构，为人们对法律的认识提供了新思路。这些学派虽然各有自己的主张，但在如下观点上却取得了共识，即法律的目的是服务于人类的需要，因此法律科学的对象并不是法律的术语和概念，而是它们应当解决的生活问题；法律是'社会工程'，法律科学是社会科学。这些新认识否认法律是一种自治的学问实体，要求通过目标理解法律、以法律的社会效果判断它们的合理性。这种认识论被称为'功能主义'。"[1]

功能主义作为社会学研究的重要分析工具，其大致经历了早期功能主义、结构功能主义和新结构功能主义几个阶段。最初有关功能主义的论述，主要集中于孔德、斯宾塞和迪尔凯姆的相关著作中，例如，斯宾塞在孔德"有机体类比"的基础上提出"结构的分化伴随着功能的分化，每一分化的结构为整个系统'生命'的维持完成一定的功能"。[2]迪尔凯姆则认为，各种社会组织的存在，仅仅是为了满足特定的社会需求，"一切道德体系"都构成"一种社会组织

〔1〕 朱淑丽："比较法学中的反法条主义进路"，载《社会科学》2014年第4期。19世纪晚期以后，功能主义渗透了所有的社会科学，几乎每一门学科都先后发生了一场脱离本质主义和形式主义、从考察对象本身到考察它们相互间的关系和整体的"功能主义转向"，"功能"成为20世纪最流行的概念。参见朱淑丽："挣扎在理想与现实之间 功能主义比较法90年回顾"，载《中外法学》2011年第6期。
〔2〕 ［美］乔纳森·特纳：《社会学理论的结构》（第6版·上），邱泽奇等译，华夏出版社2001年版，第8~10页。

的功能"。[1]结构功能主义学者莫顿将功能定义为"有助于既定系统的适应或调整的可观察的结果",[2]帕森斯则把社会系统分析看作是一种"结构-功能",认为"系统的环境适应、系统目标的实现和系统的结构维持等过程是与系统的功能性必要条件的满足相联系的,当功能性必要条件得不到满足时,系统就要向着提高环境适应能力的方向发生结构变动"。[3]新结构功能主义的领袖卢曼将功能主义思想运用到法律制度中,认为"由于法律管理和调整人们参与角色和程序以及社会分化一定在角色层次发生,因而如果社会想要分化或进化,法律就是极为重要的子系统",[4]对此,卢曼给出的建议是:"我们不能再从本体论的角度来理解法律,而只能从功能上去理解它。"[5]这种解释范式逐步形成了社会法学的主要观点和立场,故而社会法学也被称为功能法学。[6]在社会法学派看来,"法始终是一个社会事实,只有从它们与有关社会(各种依赖[功能论或目的论的社会学论])关系的角度才能予以研究",[7]因此所有法的规定都具有"维护社会的生活条件之目的"。[8]为了充分实现对法律的社会意义的解读和刻画,功能主义解释方法逐渐演化为法学研究者的重要分析工具。

---

〔1〕 [英]艾伦·斯温杰伍德:《社会学思想简史》,陈玮、冯克利译,社会科学文献出版社 1988 年版,第 231 页。

〔2〕 [英]艾伦·斯温杰伍德:《社会学思想简史》,陈玮、冯克利译,社会科学文献出版社 1988 年版,第 247 页。

〔3〕 [日]富永健一:《社会学原理》,严立贤等译,社会科学文献出版社 1992 年版,第 54 页。

〔4〕 [美]乔纳森·特纳:《社会学理论的结构》(第 6 版·上),邱泽奇等译,华夏出版社 2001 年版,第 76 页。

〔5〕 [英]马丁·洛克林:《公法与政治理论》,郑戈译,商务印书馆 2002 年版,第 357 页。

〔6〕 沈宗灵:《现代西方法理学》,北京大学出版社 1992 年版,第 248 页。

〔7〕 [葡]叶士朋:《欧洲法学史导论》,吕平义、苏健译,中国政法大学出版社 1998 年版,第 207 页。

〔8〕 [德]阿图尔·考夫曼、温弗里德·哈斯默尔主编:《当代法哲学和法律理论导论》,郑永流译,法律出版社 2013 年版,第 166 页。

在法学领域，功能主义解释方法较早地被比较法学研究者借鉴和使用，并自觉地形成了较为清晰和稳定的学术发展脉络。在比较法上，"功能主义原则意在寻找不同法律体系对同样或类似的社会问题提出的解决办法中的功能等值物，并对之进行评价"。[1]德国比较法学家拉贝尔最早将包含"功能"和"语境"两个要素的功能主义应用在比较法上，促使比较法学的研究范式发生了整体上的转变——把关注焦点从法律规范和原则的外在形式，转向这些规范和原则实际上发挥的"功能"。[2]为了使功能主义具有可操作性，德国比较法学家茨威格特和克茨提出三个理论假设来缩小该方法所要求的"语境"分析的范围，[3]并正式确立了功能主义在比较法研究中的主导地位。"各种不同的法律秩序的法律形式，只要具有类似的功能并执行类似的任务，大概就可能进行有意义的比较。功能是一切比较法的出发点和基础。"[4]随着功能主义成为正统，它的革命性主张变成社会常识，后期的理论家试图借鉴新兴的学科理论为其注入活力。其中，意大利比较法学家萨科提出的"法律共振峰"（legal formants）学说以"结构—功能主义"为基础，对功能主义所要求的语境分析进行了有益的尝试。其从法律渊源角度拆解了传统功能主义暗含的普遍主义观念，使在比较中动态地考察多种多样且相互冲突的法律规则成为可能。[5]

---

〔1〕　雷安军："比较法的功能主义原则：危机与出路"，载《中南大学学报（社会科学版）》2014年第1期。

〔2〕　并且，这种从"规范比较"向"功能比较"的转变，成了比较法学上第一次反法条主义浪潮的开端。参见朱淑丽："比较法学中的反法条主义进路"，载《社会科学》2014年第4期。

〔3〕　See Oliver Brand, "Conceptual Comparisons: Towards a Coherent Methodology of Comparative Legal Studies", *Brooklyn Journal of International Law*, Vol. 32, 2007, 转引自朱淑丽："比较法学中的反法条主义进路"，载《社会科学》2014年第4期。

〔4〕　［德］茨威格特、克茨：《比较法总论》（上），潘汉典等译，中国法制出版社2017年版，第78~79页。

〔5〕　参见朱淑丽："比较法学中的反法条主义进路"，载《社会科学》2014年第4期；朱淑丽："西方比较法学研究范式的后现代转向及其限度"，载《学术月刊》2013

制度是否正当取决于其规范意旨是否足以全面而稳妥地调整客观存在的"描述"对象，也即取决于这个功能在实际中是否好用、是否足够有用。[1]为了检验法律规范的实效性，功能主义研究范式在我国法学界开展了广泛的学术实践。例如，在宪法学领域，国家机关的权力配置方案获得了一种"功能适当性"原理的解释，即在"功能—机关"的维度，功能主义的权力配置原则可以概括为两项规范教义：第一，以机关结构决定职权归属；第二，应职权需要调整机关结构。功能主义的权力配置观，指向国家决策的"正确性"（Richtigkeit）和"理性化"（Ration-alisierung），并以"民主集中制—正确性—功能适当"的逻辑脉络实质性地填充民主集中制的内涵。[2]在行政法领域，[3]"行政裁量基准"具有"裁量性行政自制规范"的功能定位，亦即通过政府的有效运作与国家积极职能的发挥来实现一种"规则化"的"自制"。[4]"行政裁量的规制是一个多向度的

（接上页）年第 3 期；朱淑丽："挣扎在理想与现实之间　功能主义比较法 90 年回顾"，载《中外法学》2011 年第 6 期。

〔1〕 常鹏翱："善意取得仅仅适用于动产物权吗？一种功能主义的视角"，载《中外法学》2006 年第 6 期。

〔2〕 此种功能主义的权力配置原则，强调国家效能和治理能力，要求将各种国家任务的相应职权配置给在组织、结构、程序、人员上具有功能优势的机关，而不再僵化地拘泥于权力的"分""合"问题。参见张翔："我国国家权力配置原则的功能主义解释"，载《中外法学》2018 年第 2 期；张翔："国家权力配置的功能适当原则——以德国法为中心"，载《比较法研究》2018 年第 3 期。

〔3〕 早些年，行政法学界对行政法的基础理论进行了大量的论述，但是，这种研究又是不完整的。原因是仅仅对"控权论"此类"规范主义学说"进行了理论阐述和研究，而对在理论基础与"控权论"相反处于另一端的"功能主义学说"缺乏最基本的研究，偶有论述也往往是作为论述"控权论"的反面教材。这种学术研究态势从一开始就注定了该学科发展有"先天性缺陷"。因此，有学者才提出："现在，首要的任务是对行政法学基础理论的两种理想类型作出细致精密的分析，尤其是对'功能主义学派'的历史背景、基本观点、其在社会发展中的积极作用作一梳理，毕竟它的存在是有一定合理性的。"参见朱维究、徐文星："英国公法传统中的'功能主义学派'及其启示——兼论中国二十一世纪'统一公法学'的走向"，载《浙江学刊》2005 年第 6 期。

〔4〕 参见宋华琳："功能主义视角下的行政裁量基准——评周佑勇教授《行政裁量基准研究》"，载《法学评论》2016 年第 3 期。

复杂问题，因此应当在功能主义的建构范式之下，明确裁量规制系统的目的，界定裁量规制系统的要素，分析和整合裁量规制要素的功能，从而构建一个结构上完整、功能上均衡、自我调解、相互支持的行政裁量规制系统。〔1〕在民法领域，"精神损害的赔偿依据"〔2〕"善意取得的适用范围"〔3〕"破产制度的体系构建"〔4〕"违约责任的价值实现"〔5〕"三权分置的权属配置"〔6〕"知假买假的行为定性"〔7〕"法人分类的规范实践"〔8〕等难题均在功能主义视角下获得了更为圆满的解答。在刑法领域，从犯罪构成〔9〕到刑罚执行〔10〕、从刑法解释论〔11〕到刑事立法观〔12〕，功能主义解释方法都在构建刑

---

〔1〕　钱卿、周佑勇："论行政裁量规制系统的建构——基于功能主义的范式"，载《湖北社会科学》2012 年第 11 期。

〔2〕　参见常鹏翱："论物的损坏与精神损害赔偿的关联——一种功能主义的诠释"，载《法律科学·西北政法学院学报》2005 年第 1 期。

〔3〕　参见常鹏翱："善意取得仅仅适用于动产物权吗？一种功能主义的视角"，载《中外法学》2006 年第 6 期。

〔4〕　参见齐明、焦杨："破产法体系构建的功能主义指向及其市场依赖"，载《当代法学》2012 年第 5 期。

〔5〕　参见罗昆："违约金的性质反思与类型重构——一种功能主义的视角"，载《法商研究》2015 年第 5 期。

〔6〕　参见楼建波："农户承包经营的农地流转的三权分置——一个功能主义的分析路径"，载《南开学报（哲学社会科学版）》2016 年第 4 期。

〔7〕　参见熊丙万："法律的形式与功能 以'知假买假'案为分析范例"，载《中外法学》2017 年第 2 期。

〔8〕　参见张新宝："从《民法通则》到《民法总则》：基于功能主义的法人分类"，载《比较法研究》2017 年第 4 期。

〔9〕　参见车浩："体系化与功能主义：当代阶层犯罪理论的两个实践优势"，载《清华法学》2017 年第 5 期。

〔10〕　参见张凯："论我国监狱矫正与社区矫正互动机制之形塑——以功能主义为分析视角"，载《东岳论丛》2016 年第 8 期。

〔11〕　参见劳东燕："能动司法与功能主义的刑法解释论"，载《法学家》2016 年第 6 期；劳东燕："功能主义刑法解释论的方法与立场"，载《政法论坛》2018 年第 2 期。

〔12〕　参见劳东燕："风险社会与功能主义的刑法立法观"，载《法学评论》2017 年第 6 期。

事一体化的内外体系上发挥了重要作用。[1]在诉讼法上，功能主义的解释路径为民事诉讼中民事执行权的配置、[2]行政诉讼中行政负责人的出庭应诉制、[3]刑事诉讼中被告人的沉默权保障[4]以及三大诉讼法中专家辅助人的诉讼地位[5]等问题的研究，提供了新的讨论视角和论证依据。除此之外，在版权保护、[6]法治建设、[7]环境侵权、[8]司法制度、[9]法律文化[10]等领域，功能主义的解释路径都得到了广泛使用。

在经济法上，虽然以"功能主义"为题的学术论著并不多见，但是功能主义的思想和理念却从经济法诞生之日起便如影随形。从当代中国经济法的历史演变来看，刘文华所倡导的"公私融合"与

---

〔1〕 参见张超："先天理性的法概念抑或刑法功能主义——雅各布斯'规范论'初探兼与林立先生商榷"，载《北大法律评论》2008年第1期；姜涛："在契约与功能之间：刑法体系的合宪性控制"，载《比较法研究》2018年第2期。

〔2〕 参见李欣红、叶伶俐："结构功能主义视阈下民事执行权配置路径探析"，载《山东审判》2016年第4期。

〔3〕 参见喻少如："功能主义视阈下的行政机关负责人出庭应诉制度"，载《法学评论》2016年第5期。

〔4〕 参见白冬："如实回答与沉默权的功能主义分析与文化解释"，载《法学杂志》2012年第2期。

〔5〕 参见李永泉："功能主义视角下专家辅助人诉讼地位再认识"，载《现代法学》2018年第1期。

〔6〕 参见万勇："功能主义解释论视野下的'电影作品'——兼评凤凰网案二审判决"，载《现代法学》2018年第5期；万勇："网络深层链接的著作权法规制"，载《法商研究》2018年第6期。

〔7〕 参见李朝："法治评估的类型构造与中国应用——一种功能主义的视角"，载《法制与社会发展》2016年第5期。

〔8〕 参见张平、陈亮："我国环境侵害概念的功能主义审视"，载《甘肃社会科学》2011年第4期。

〔9〕 参见万进福："我国案例指导制度定位的反思与回归——一种结构功能主义的视角"，载《法律适用（司法案例）》2017年第22期。

〔10〕 参见雷安军："功能主义原则的缺陷及其克服——兼论法律文化的先进与落后问题"，载《中国政法大学学报》2010年第5期。

"社会本位"思想，[1]不仅较为精准地概括了中国经济法与生俱来的特性与品质，而且还揭示了世界范围内各国经济法产生最为重要的两项理论基础，并以此成功展示了功能主义解释路径在经济法中的应用。

在探讨经济法起源及其本质的问题上，刘文华曾先后创立、发扬"结合论""纵横统一论""分合论""社会基本矛盾论"四种经济法理论。[2]①"结合论"是其于 1980 年起草《计划法》时提出的，主张计划经济与商品经济"两只手"应当结合起来，建立计划性与商品性相结合的体制。②随后的"纵横对立统一论"则涉及法的调整对象问题，基本思路是从国民经济运动的全过程来考察纵向经济关系与横向经济关系的对立与统一，并在二者之间形成一种"以横制纵""以纵制横""纵向经济关系为指导，横向经济关系为基础"的辩证关系。③"分合论"是刘文华于 20 世纪 90 年代初提出的观点，即以"分为对立、合即统一"的方式考察了法由"合（诸法一体）"到"分（民法和众多法律部门的出现，苏联十月革命后法又发生第二次分化）"，再到现代的"分合并存，分合并行"的发展历程。而在此基础上，他将调整经济关系的法律模式区分为"古代综合模式""民法调整模式""行政法调整模式"及"现代综合调整模式"四种，并提出"由于现代社会任何一个部门法都不能单独调整经济关系，因此现代调整模式应该是民法、经济法、行政法共同综合调整"。④进入 21 世纪，刘文华在此前研究的基础上又提出了"社会基本矛盾论"，认为人类社会除生产力与生产关系这一基本矛盾外，还存在另一类基本矛盾，即社会整体利益和社会个体利益的矛盾，而这也是支配人类社会始终的一项基本矛盾。这类矛盾在现

〔1〕　参见刘文华：《走协调结合之路》，法律出版社 2012 年版，前言第 26~28 页；刘文华：《中国经济法基础理论》（校注版），法律出版社 2012 年版，第 88~94 页；刘文华主编：《经济法》（第 5 版），中国人民大学出版社 2017 年版，第 49~52 页。

〔2〕　参见刘文华：《走协调结合之路》，法律出版社 2012 年版，前言第 22~24 页；刘文华：《中国经济法基础理论》（校注版），法律出版社 2012 年版，序言第 2~11 页。

代社会中又产生出一对对具体的矛盾和矛盾方面，如国与民、国家与企业、统与分、管理与自主、经济集中与经济民主、宏观经济与微观经济、纵向经济关系与横向经济关系、计划与市场、计划调节与市场调节、自由与秩序、公平与效率、公与私、公法与私法……根据"社会基本矛盾论"，经济法被定义为协调解决社会整体利益与社会个体利益以及协调解决与社会整体利益直接相关的社会个体利益矛盾的法律部门。因此，"经济法是平衡协调法、公私结合法、社会责任本位法……"[1]

经济法中"公私融合"与"社会本位"的理论思想，经刘文华在当代中国经济法发展史中大力倡导而得以广泛传播，但其又确确实实与世界各国经济法发展的现代化整体思潮不谋而合。[2]例如，日本经济法学家峰村光郎认为，"随着资本主义的高度发展，近代法理念的伦理性和社会妥当性丧失，不得不对法秩序进行全面的修正和补葺，以公法和私法的对立为媒介，其矛盾形态的产物就是称为'公法和私法的混合'或'公法和私法相互渗透'的社会法（经济法、劳动法）"。德国经济法学者汉斯·歌德施密特指出："经济法是包括公法与私法在内的法律分支。认识这一点对考察经济法是绝对必要的。实际上，私法和公法观念的相互渗透正是经济法的精髓。"邓尼斯特央斯基的观念更为鲜明："经济法是与过去的私法和公法并列的三位一体，即私法以个人利益为目的，公法以国家安宁秩序的保全为目的，这两者之间存在 societas humana，其经济就是经济法律规范的着眼点。换言之，私法在人们生活的个别秩序领域起作用，国家法在一般权利秩序领域起作用，经济法在社会的经济秩序领域起作用。私法是个人的王国，公法是国家的王国，经济法是社会

---

〔1〕 刘文华进一步指出："事物的本质只能是一个，这些都是经济法本质在不同的方方面面的表现，都是在社会基本矛盾一对对矛盾方面的结合中体现的。"参见刘文华：《走协调结合之路》，法律出版社 2012 年版，前言第 26 页。

〔2〕 改革开放初期，开展学术研究的各项客观条件较为受限，学术交流亦无今日之便利与频繁，故刘文华对"公私融合"与"社会本位"思想的提出与倡导，不得不说完成的是一场伟大的中西方经济法大师"背对背式"的学术"交流"。

的王国。"[1]由此可见，"公私融合"与"社会本位"构成了中西方经济法发展的一般规律。

但值得我们关注的是，作为经济法理论基础的"公私融合"与"社会本位"思想，其本质上就是功能主义解释路径在经济法领域成功应用的体现。

首先，从"公私融合"来看，公法私法化与私法公法化正是在功能主义解释中得以实现的。一方面，功能主义法律首先在经济行政法和社会法方面取得了不凡的成果。20世纪以来所谓的"法律爆炸"现象就主要指大量的规制经济领域和社会生活的法律的出台。这些法律从产生那一天起，就担负着组织、协调和管理国民经济活动和社会保障的重任，其看重的是如何有效克服社会中出现的各种困难以解决现实问题，它们是国家主动通过自己的强制力按照某种价值标准而对现有的社会利益或加以改变或抑止或促进或创立某种社会利益的。[2]另一方面，功能主义对"私法公法化"同样产生了深远影响：19世纪的市民社会和自由法治国，为了保障私法自治和契约自由，尤其强调法律的技术形式面向，以此对抗教会、王权和其他社会利益的代表。然而，随着工业资本主义发展带来的不利社会后果，比如企业主对契约自由的滥用，导致劳工阶层处于遭受剥削和贫困化的地位。因此，有必要根据社会需要对私权进行限制，企业主与劳工之间的契约由个人转向集体，以此调控劳资双方之间的利益冲突，即为适例。透过私法的社会化，原来强调个人主义、私法自治和契约自由的形式主义法范式转向对社会利益进行政策衡量。[3]

---

〔1〕　张世明：《经济法学理论演变研究》（第二次全面修订版），中国民主法制出版社2009年版，第54~55页。

〔2〕　参见徐强胜："我国金融法功能主义倾向的反思"，载《中国商法年刊》2008年第0期；徐强胜：《经济法和经济秩序的建构》，北京大学出版社2008年版，第49页。

〔3〕　张文龙："目的与利益：法范式的'哥白尼革命'——以耶林和海克为中心的利益法学思想史之考察"，载《清华法律评论》2015年第1期。

"近代法体系关于公法和私法的区分虽然是对罗马法的继受，但更应该说是 19 世纪以政治社会和市民社会分离为背景的法治国家的产物，是为了确保与国家支配相对立的市民社会为基础的自由的私法秩序的自主性。换言之，近代法体系关于公法和私法的分化，其产生是源自近代国家社会构造内在的二元性使然。"[1]由此可见，公、私法的划分有其特定的历史背景和时代使命，其大致是民主思潮在作为上层建筑的法律意识领域的具体实践。公、私法二分在民主复兴时代的广泛推崇，旨在通过"市民社会"与"政治国家"的双向隔离来保障民主权利不受国家机器侵害。因此，覆盖于这种"特定时代、特定目的"背景下的法律部门划分标准，必然处处充斥着"精致利己主义"的"短视"，而这也最终导致我们在对经济法、社会法等新兴学科进行定位思考时，难以通过传统的公、私法划分理论来回应现时代下"第三法域"格局的正当性与合理性。而功能主义解释的兴起，恰恰为适时的社会现实需求提供了一套总的言说方案和论证视角，从而促使经济法作为一个独立的法律部门开始登上历史舞台。"为了达到国家与社会的均衡，就必须进行国家的改造和社会的组织化，而构成新社会组织的基础就是经济法（droit economique）。'因为，公法（droit public）和私法（droit prive）都无助于实现这一目标：一个会造成政府过多地限制经济自由的危险，另一个则无法影响活动的全部结构。'"[2]

其次，从"社会本位"来看，经济法中的社会本位思想更是自由法运动下以社会为关注焦点的功能主义解释的体现。功能主义学派的知识取向是以社会实证主义、进化论的社会理论和实用主义哲学为基础的。根据马丁·洛克林的研究成果，如果规范主义根源于保守主义和自由主义的话，那么功能主义则信奉一种集体主义的社

〔1〕 张世明：《经济法学理论演变研究》（第二次全面修订版），中国民主法制出版社 2009 年版，第 54 页。

〔2〕 张世明：《经济法学理论演变研究》（第二次全面修订版），中国民主法制出版社 2009 年版，第 17 页。

会本体论。[1]从一种进化论的角度看，功能主义的进化论取向与19世纪社会和政治思想的重心从一种原子论的社会观转向了一种有机论的社会观演变相一致，这其中很大程度是受到了达尔文进化论的影响。而费边主义者正是通过对进化论的汲取和修正，在伦理学和进化论之间建立联系来为集体主义服务的。[2]功能主义解释者强调关注社会，把法律视为调节人类行为、回应社会需要（问题）的工具，从而把"社会问题"与"解决办法"（即法律的功能）勾连起来，建立起一种"问题-解决办法"的进路（problem-solution approach）。[3]这种进路对法律现象的分析，不仅要看既有规则的含义，在相应规则体系的整体框架内关注其构成部分的意义，还要在其与社会生活的关联中，把握其进入制度世界的可能性及其限度。[4]

功能主义的社会本位思想为经济法的产生创造了可能的空间。例如，从20世纪以来，各国法律都加强了对所有权关系的行政干预，使私人所有权呈现出"社会化"的发展趋势。德国学者赫尔穆特·克勒指出："对经济发展自由和社会正义公平之间的紧张关系妥善地理解和协调处理，一直是在私法领域内贯彻政府行政法律的首要问题。"因此，私法从个人主义转向集体主义等发展趋势，标志着"经济法正在从地平线上冉冉升起"。[5]必须承认，包含功能主义思想的社会法学的兴起构成了经济法学产生的法哲学基础：日本经济法学家峰村光郎把肇端于耶林的法学新思潮作为经济法的思想根源

---

〔1〕 参见朱维究、徐文星："英国公法传统中的'功能主义学派'及其启示——兼论中国二十一世纪'统一公法学'的走向"，载《浙江学刊》2005年第6期。

〔2〕 参见朱维究、徐文星："英国公法传统中的'功能主义学派'及其启示——兼论中国二十一世纪'统一公法学'的走向"，载《浙江学刊》2005年第6期。

〔3〕 朱淑丽："比较法学中的反法条主义进路"，载《社会科学》2014年第4期。

〔4〕 常鹏翱："善意取得仅仅适用于动产物权吗？一种功能主义的视角"，载《中外法学》2006年第6期。

〔5〕 张世明：《经济法学理论演变研究》（第二次全面修订版），中国民主法制出版社2009年版，第58页。

加以探究；奥托·冯·吉尔克首次提出在个人法领域之外还存在社会法领域的观点，对现代法学尤其是经济法的发展意义重大；德国经济法学家卡尔·盖勒和埃米尔·韦斯特霍夫的"社会学方法"理论，就在于当时应用法社会学的方法，将法学视为直接对经济原始资料进行区分和探究其间关系的工具，认为法社会是从潜藏于复杂事实加以再度抽象的作业，其事实和规范的结合是从"实然"（Sein）到"应然"（Sollen）。[1]由此可见，功能主义解释下的经济法同时展现了"功能性"与"社会性"的双重特征：一方面，功能性使经济法产生了异于传统公私法的独立价值目标。例如，德国经济法学者汉斯·卡尔·尼佩代将经济法视为一种"功能法"（funktionales Recht）。他认为，从事实和意义联结（Sinnzusammenhang）看，公法和私法的分类必须加以克服，其理由是经济法与过去的法律分科不同并且是具有不同目的的机能的法，即经济法是以保障和促进经济发挥其适当机能为目的而随事制宜的公法及私法。[2]另一方面，这种功能性的价值目标以追求"社会本位"的方式呈现。例如，刘文华以"社会责任本位"思想来阐述经济法不同于其他部门法"国家权力本位""个人权利本位"的特征，[3]即为适例。因此，一言以蔽之，功能主义解释方法的产生，对经济法最大的作用即在于为论证经济法的独立性问题提供了一个新的方法论视角。

---

〔1〕 张世明：《经济法学理论演变研究》（第二次全面修订版），中国民主法制出版社 2009 年版，第 283~285 页。

〔2〕 张世明：《经济法学理论演变研究》（第二次全面修订版），中国民主法制出版社 2009 年版，第 113 页。

〔3〕 参见刘文华：《中国经济法基础理论》（校注版），法律出版社 2012 年版，第 88~92 页；闫翠翠："经济法是社会责任本位法——刘文华教授经济法理念解析"，载《国际商报》2009 年 8 月 6 日。

第二节　反不正当竞争法功能主义解释的
障碍、理由与路径

　　在功能主义解释方法为宪法及民法、刑法等各部门法广泛使用的情况下，反不正当竞争法同样应当对其予以一定的关注。反不正当竞争法脱胎于民法，也被称为"特殊侵权责任法"。民法中面临的诸多疑难问题在反不正当竞争法中同样存在。例如，侵权责任法往往要为判断某一行为是否成立侵权提供一套严密的界定方案，而反不正当竞争法则同样要为不正当竞争行为的认定提炼出具有说服力的论证理由。尤其是在当下各类互联网新型商业模式彼此相互冲突的情境下，反不正当竞争法若仅限于法律文本的形式推理，则不仅无法获得周延圆满的解释答案，甚至还会得出违背反不正当竞争法价值目标与精神实质的荒谬结论，而功能主义解释恰好能为这一现象提供一个有效的补救方案，从"目标匹配"与"后果验证"两方面为互联网新型不正当竞争行为的认定进行证据补强。从规范与事实二分的逻辑来看，产生这种现象的原因有两方面：一是规范文本的设计与呈现始终无法完成对所有相关概念精准表达的目标，含混不清的状态无法在语义学上彻底消除；二是基于建构理性主义的法律规范无论看上去多么"完美"，其在应对多元化的社会生活实践时总会表现得力不从心。因此，前者要求我们在承认不确定概念存在的必然性的基础上，尽可能地减少对不确定概念的使用以及对必须使用的不确定概念进行合目的性解释；而后者则要求我们以超脱文本静态分析的目光，于"动态系统"模式中完成理想规范与现实生活之间的互动，以实现法律的实践性价值品格。在具体的方法论中，反不正当竞争法的功能主义解释路径是以构建"目的论"与"结果论"相统一的方式实现的，亦即通过"目标匹配"与"后果验证"来解答反不正当竞争法适用时所面临的各类难题。当然，由于功能主义解释在很大程度上体现了实用主义的精神风貌，因此，我们有必要首先对反不正当竞争法因此遭受的针对实用主义的批判进行回应。

一、解释阻碍：对实用主义的批判

功能主义解释所表现出的实用主义精神往往是学者们批评的对象。"功能主义法律本意为解决社会的不确定性，但因其过于关注某个特定的目的且由于执法者的主观性而使社会更加不确定。由于利益代替了权利，某个利益就能无视权利而压制其他正当利益；由于政府和司法机关的外在指导代替了个体自己的应有判断，个体只是被动地接受指导就可以了，而对自己应有的义务就可能不再在意了；由于选择性处理代替了法律的常规性自我运行，法律的规定就成为不确定性的规则；由于单向的惩罚和补偿代替了当事人责任的承担，即使侵犯了他人权利的当事人也可以心安理得地继续自己的不当行为。"[1]在反不正当竞争法中，功能主义解释方式更是面临实用主义批判的巨大挑战。"实用主义的主要特征是结果导向，只要在结果上能解决问题，就不必太在意法律目标、法律规则的束缚"，故"在不正当竞争行为认定上，实用主义的主要做法或观点就是，有些行为尽管不符合不正当竞争行为的基本要件，或者未被明确列举为不正当竞争行为，但若与市场经营的一般规则、公认的商业道德或现行法中的禁止性规定明显不相符合，当这类行为被他人提出不正当竞争指控时，应尽量从禁止这类行为的结果出发进行法律适用。因此，即便从行为性质上看，这类行为不具有竞争关系的要素，如行为人与受害人之间根本没有竞争关系，或者从法律目标来看，这类行为也无关正当竞争秩序的维持，如可能只是一般的侵权行为，但只要在结果上，这些行为具有禁止或惩罚的正当性，就应肯定反不正当竞争法的适用，并据此认定其违法"。[2]显然，法律适用与解

---

[1] 徐强胜："我国金融法功能主义倾向的反思"，载《中国商法年刊》2008年第0期。

[2] 焦海涛："不正当竞争行为认定中的实用主义批判"，载《中国法学》2017年第1期。

释上的这种实用主义倾向，不仅会导致法律适用缺乏稳定性、统一性，进而破坏人们的预期，而且实用主义所强调的结果导向会先预设结果，再推导构成要件，从而颠倒法律规则适用的先后顺序，最终导致法律适用中出现"向一般条款逃逸"的现象。[1]

虽然笔者所倡导的功能主义解释并不能完全与前述作者所言的实用主义方法画等号，但是我们也并不否认功能主义解释路径中的确存在实用主义精神风向的事实。但问题的关键在于，这样的事实是否足以让我们放弃使用功能主义解释方法？如此因噎废食的做法究竟在何种程度上有益于法价值的实现或法秩序的维护？显然，形式理性的自我缺陷始终需要实质解释论的存在，亦即当"形式逻辑推演在实践中表现出强大的思维惯性，在集中精力从事形式逻辑演算时习惯性地忽视甚至遗忘法律形式背后的功能维度，以至于得出的结论明显背离人们对法律的功能性期待"[2]时，我们应当充分发挥主观能动性，更多地关注实质正义的法价值本身，而拒绝机械地适用有悖于常识的形式推理方案。这不仅是对法律规范封闭性的克服，更是为应对不断演化的社会实际对滞后的法律规范所造成的挑战。在司法实践中，法官不能以既定规范无法处理疑难问题为由拒绝裁判。因此，在面对纠纷处理无能为力时，功能主义解释致力于凝聚一种理解上的共识。"对于形式的原初建构者都尚未认识和预知的现象，或者尚未形成较高程度共识的问题，我们常常能够在既有的形式中找到多元且对立的归类方案。因为这些情况都或多或少地具备既有形式所指称现象的某一部分特征，而不具备其他特征。这就像一定要把变性人归入男人或者女人一样，我们既可以根据其雄性生理特征将其归为男人，也可以根据其雌性生理特征将其归为女人，还可以根据其雌雄合体的生理特征单列为第三类人，但我们又

---

〔1〕 焦海涛："不正当竞争行为认定中的实用主义批判"，载《中国法学》2017年第1期。

〔2〕 参见熊丙万："法律的形式与功能 以'知假买假'案为分析范例"，载《中外法学》2017年第2期。

难以在形式层面对这三种归类作出有效性评价。除非，我们引入一定的功能性目标，就特定问题作实质判断（例如，变性人所使用卫浴设备的设定标准）。只有当我们引入功能性目标时，才有可能形成相对比较确定的、有可能被证明或者被证伪的答案。"[1]由此可见，功能主义解释在某种程度上是为争论各方提供一个相对可能达成有效共识的沟通方案。

在笔者看来，功能主义解释并不追求"泛实用主义化"，其实质是一种兼具"劣后性""综合性"以及"目的与结果联通性"等特点的法律解释方法。"劣后性"是指功能主义解释方法相较于文义解释等其他方法而言，在适用时于劣后顺位发挥作用。因此，对于通过文义解释的形式推理即能作出符合公平正义判决的司法案件，通常无须借用功能主义的解释路径，故只有针对疑难案件裁决不定时，才可能重点诉诸此方法。"综合性"是指功能主义解释方法只是诸多解释方案中的一种，其所提供的仅是一种新的论证视角。因此，在司法实践中，对疑难案件的判断往往会同时借用多种解释方法以求得"最优解"，故功能主义解释方法既不应被忽略，也不应被神化。"目的与结果的联通性"是指，功能主义解释联通的是"目的"与"结果"的双重面向，并且最终以"目标匹配"与"后果验证"的方式呈现（后文详述），而并非是前述作者所言的"只要在结果上，这些行为具有禁止或惩罚的正当性，就应肯定反不正当竞争法的适用，并据此认定其违法"的"泛实用主义"精神。故在目的论与结果论的双重引导下，疑难案件的裁判结论能够尽可能地符合实质公平正义的要求。因此，这些特征都构成了反不正当竞争法功能主义解释的"自在优势"，以抵抗实用主义批判所带来的负的外部效应。

---

[1] 熊丙万："法律的形式与功能 以'知假买假'案为分析范例"，载《中外法学》2017年第2期。

二、解释理由："不确定概念"的需要与"动态系统论"的支持

反不正当竞争法之所以不排斥功能主义的解释方法，不仅仅在于功能主义解释具有前述的"自在优势"，还在于反不正当竞争法规范本身的客观实际需求："不确定概念"的解释需要"动态系统论"的强力支持。前者于构成要素明确性层面给定了功能主义解释必要性的理由，后者则于构成要件合理性层面赋予了功能主义解释正当性的色彩。

从概念与功能的关系上看，法律同行一般认为，法律功能的实现在很大程度上依赖于法律的形式化技术，即按照一定的逻辑和体系将法律以一套文本化的概念、规则和原则表达出来。在一个理想的情境中，只要形式化的法律语言指令得到严格理解、遵守和执行，法律的理想社会秩序促成功能就会自动实现。[1]显然，这种理想化设定忽略了概念本身的局限性：很多法律概念既无法保持一成不变的稳定性，亦无法克服多元语境下的多义性。虽然"没有限定严格的专门概念，我们便无法将我们对法律的思考转变为语言，也无法以一种可理解的方式把这些思考传达给他人"，[2]但是，由于"概念核心"与"概念外围"同时存在，即便概念的"核心地带"具有较为清晰的界限范围，在其向概念"边缘地带"扩展时，其轮廓也在渐渐模糊，进而形成"不确定的法律概念"。按照行政法学者的定义，所谓"不确定法律概念"，系指法律概念的一种特殊类型，具有语意模糊性和多义性的外在特征。为实现不确定法律概念在个案中的具体适用，就必须削减其语意的"模糊性"和"多义性"，并将之适用于具体个案的全过程，因此统称为"不确定法律概念的具体

---

〔1〕　参见熊丙万："法律的形式与功能——以'知假买假'案为分析范例"，载《中外法学》2017 年第 2 期。

〔2〕　〔美〕E. 博登海默：《法理学——法律哲学与法律方法》，邓正来译，中国政法大学出版社 2017 年版，第 504 页。

化"。[1]虽然"不确定法律概念"一词首先来源于行政法领域，且在第二次世界大战以前与行政"裁量"（Ermessen）没有进行严格的区分，[2]以至于在我国对其展开的研究主要集中在行政法领域，但是，这并不代表"不确定概念"构成了行政法的专属品。从我国现行《反不正当竞争法》的规范构成来看，其中同样存在很多"不确定概念"，而这些概念对反不正当竞争法的适用以及不正当竞争行为的认定都具有举足轻重的作用。

对不确定概念的解释和适用，通常需要诉诸功能主义的解释方法方能实现。"不确定法律概念的操作自始也是以探寻法律后果为目的的，而且具体个案进行的不确定法律概念的具体化所引出的后果是否符合法律的保护目的或者更高位阶的原则，在此过程中也具有一定作用。"[3]在反不正当竞争法上，我国《反不正当竞争法》对"经营者""不正当竞争行为"等相关概念作了解释。例如《反不正当竞争法》第2条规定："本法所称的不正当竞争行为，是指经营者在生产经营活动中，违反本法规定，扰乱市场竞争秩序，损害其他经营者或者消费者的合法权益的行为。本法所称的经营者，是指从事商品生产、经营或者提供服务（以下所称商品包括服务）的自然人、法人和非法人组织。"但是，概念的不确定性特征依然广泛存在于《反不正当竞争法》之中。

一方面，反不正当竞争法中的概念表述并不总能成功传递立法者的态度。抽象概念的指称能力主要限于形式的建构者（建构法律文本的立法者和建构法律学说的法学家）当初能够认识和预想到的那一类社会现象，而且还要求后世操练者对概念背后的实质性问题持有大致相同的价值取向。对于那些建构者当初未曾认识和预想的

[1] 参见尹建国："不确定法律概念具体化的说明理由"，载《中外法学》2010年第5期。

[2] 参见卢佩："德国关于不确定法律概念之第三审级司法审查"，载《现代法学》2013年第6期。

[3] 参见［德］卡尔-埃博哈特·海因："不确定法律概念和判断余地——一个教义学问题的法理思考"，曾韬译，载《财经法学》2017年第1期。

社会现象，或者建构者当初曾经讨论过但尚未形成共识的社会现象，如果一定要为其在既有概念和体系形式中找到一个准确对应、前后融贯的位置，则很有可能步入一条没有确切答案的死胡同。[1]这一点在对反不正当竞争法规范中"竞争对手"概念的解答和适用上即具有典型的示范性。我国《反不正当竞争法》第 11 条规定："经营者不得编造、传播虚假信息或者误导性信息，损害竞争对手的商业信誉、商品声誉。"从文义解释来看，"竞争对手"这一概念很难涵盖非同业竞争者之间的关系范畴，尤其是在法律文本的大众阅读者看来，"竞争对手"或"竞争关系"在反不正当竞争法并未予以明确特殊界定的情况下，只能以日常生活概念中的同业竞争者来对待，但这显然与立法者将其作为"广义竞争关系"予以适用的立法旨趣大相径庭。由此可见，对"竞争对手"概念的内涵解读，不能仅停留在法律概念的形式推理层面，而必须借助功能主义解释方法才能赋予其"广义竞争关系"的内涵。而这一过程的实质即是，通过将不确定的法律概念与立法目标进行功能匹配，以实现内含于该法律概念中的法价值。这也正如德国著名经济法学家费肯杰所言，法律概念自身并没有生命力，如果不考虑其形成背后的法律目的，或者将其从形成其的法律目的中剥离出来，则法律概念将生机渐灭。[2]"法律概念之功能，在于规范其所存在之社会行为，为贯彻其规范的功能，不仅不应忽略其规范目的，且应赋予规范使命，使其'带有价值'，期臻至当……"[3]

另一方面，反不正当竞争法中还存在诸多无法以法律语言进行精确描述的概念。市场混淆条款中"一定影响"的概念解释即为适例。2017 年《反不正当竞争法》第 6 条规定："经营者不得实施下

---

[1]　参见熊丙万："法律的形式与功能——以'知假买假'案为分析范例"，载《中外法学》2017 年第 2 期。

[2]　张世明：《经济法学理论演变研究》（第二次全面修订版），中国民主法制出版社 2009 年版，第 118 页。

[3]　杨仁寿：《法学方法论》（第 2 版），中国政法大学出版社 2013 年版，第 185 页。

列混淆行为，引人误认为是他人商品或者与他人存在特定联系：（一）擅自使用与他人有一定影响的商品名称、包装、装潢等相同或者近似的标识；（二）擅自使用他人有一定影响的企业名称（包括简称、字号等）、社会组织名称（包括简称等）、姓名（包括笔名、艺名、译名等）；（三）擅自使用他人有一定影响的域名主体部分、网站名称、网页等；（四）其他足以引人误认为是他人商品或者与他人存在特定联系的混淆行为。"新法以"一定影响"的概念代替了旧法中"知名商品"的表述，旨在降低对"知名"的认定条件，以使得更多尚未达到侵害"知名"商品的行为落入《反不正当竞争法》的规制范畴，最终实现扩大打击范围的目的。但是，这一立法信息仅仅只从"一定影响"的表述中是难以直接获取的。"虽然当时的立法本意是以'一定影响'这个低标准代替以往的'知名商品'这样一个高标准，以有效打击'傍名牌'这一类不正当竞争行为，但这可能只是立法者的一种'理想'，因为从现实的情况来看，并没有其他充分的证据能够标明'一定影响'比'知名商品'之类说法更具有明确性，如果从法制稳定性的角度看，在没有显著优势的前提下，用一个模糊的概念去替代另一个模糊的概念，并不会当然导致一种立法的帕累托最优。"[1]由此可见，概念的不确定性最终只能通过功能主义的解释方案来获得尽可能准确的内涵边界，以在解释论上实现对无法以法律语言进行精确描述的概念的最大合理性。例如，在前述笔者的建议中，通过"经验法则"完成了对"一定影响"的"上限分析"和"下限分析"，[2]此即为功能主义解释方法在应对不确定概念中的具体运用。

除"不确定概念"的解释外，对"动态系统论"的支持构成了反不正当竞争法中使用功能主义解释方法的另一重要理由。"动态系

---

〔1〕 肖顺武："混淆行为法律规制中'一定影响'的认定"，载《法学评论》2018 年第 5 期。

〔2〕 肖顺武："混淆行为法律规制中'一定影响'的认定"，载《法学评论》2018 年第 5 期。

统论"是由奥地利学者瓦尔特·维尔伯格于 1941 年出版的《损害赔偿法的要素》一书中首次提出的。1950 年，维尔伯格在其就任格拉茨大学演讲时作了题为"私法领域内动态体系的发展"的演说，系统阐述了动态系统论的观点。[1]其基本构想是："特定在一定法律领域发挥影响的诸'要素'，通过与'要素的数量和强度相对应的协动作用'来说明、正当化法律规范或者法律效果。"[2]"维尔伯格提出动态体系论之后，受到学者不同程度的肯定。例如，卡纳里斯认为，动态体系具备体系的'秩序'和'统一性'两大特征。比德林斯基则以维尔伯格的动态体系思想为指导建构了负担行为法。之后，动态体系论更显现出其扩散效应，被逐渐适用于合同法、宪法、行政法、程序法等领域。在 20 世纪 80 年代末，布雷登巴赫在通过动态体系论对缔约过程中的说明义务作了全面分析之后，将该问题的讨论引向深入。"[3]我国对动态体系论的认知多始于解亘的译文《民法中的动态系统论——有关法律评价及方法的绪论性考察》。而后，李昊翻译的《私法领域内动态体系的发展》一文也对该理论起到了进一步解说的作用。但总体而言，国内有关动态系统论的研究和使用主要集中在民法学界。[4]

---

[1] 参见［奥］瓦尔特·维尔伯格："私法领域内动态体系的发展"，李昊译，载《苏州大学学报（法学版）》2015 年第 4 期。

[2] 维尔伯格提出该理论是为了克服当时概念法学与自由法学的对立，既要打破概念法学的僵硬性，回应实际生活的需要，又要保持一定的原则性。参见［日］山本敬三："民法中的动态系统论——有关法律评价及方法的绪论性考察"，解亘译，载梁慧星主编：《民商法论丛》（第 23 卷），金桥文化出版（香港）有限公司 2002 年版，第 177 页。

[3] 尚连杰："缔约过程中说明义务的动态体系论"，载《法学研究》2016 年第 3 期。

[4] 民法学界相关研究成果可被分成两类：一类是专门以"动态系统论"为题进行问题切入的学术文章。例如，尚连杰："缔约过程中说明义务的动态体系论"，载《法学研究》2016 年第 3 期；周晓晨："过失相抵制度的重构——动态系统论的研究路径"，载《清华法学》2016 年第 4 期；解亘、班天可："被误解和被高估的动态体系论"，载《法学研究》2017 年第 2 期；杨晓蓉："动态系统论视角下情势变更原则的适用——以建设工程合同为例"，载《学海》2018 年第 3 期；等等。另一类则在对某

动态系统论的建构主要包括两个步骤：一是确定系统中的各因素；二是厘清因素与法效果之间以及各因素相互之间的协动关系和次序。首先，根据"多元性"的特点确定动态系统中的复数评价因素，即特定法律领域中发挥评价作用的各种"因素"有哪些。其次，根据"层次性"的特点，动态系统论中的各因素的组合以及强弱程度，不仅可以决定法律效果是否发生，而且还可以决定其发生的程度如何。因此，动态系统建构的第二步，首先要确定各因素与法效果之间以及各因素相互之间的协动关系。前者表现为"当因素 A 越少时，法效果 P 是越少还是越多"的问题；后者则表现为"因素 A 与因素 B 是具有互补性还是具有抵消性"的问题。若因素 A 与因素 B 同方向协动对法效果 P 具有相同方向的影响效果，则 A 与 B 具有互补性；若因素 A 与因素 B 反方向协动对法效果 P 具有相同方向的影响效果，则 A 与 B 具有抵消性。在协动关系明确之后，还需要考虑各因素的次序问题，即明确各因素应该处于何种序位、具备何种分量以及它们的序位受到限制的领域为何。[1]由此可见，动态系统

（接上页）一问题进行研究时附带考察了"动态系统论"方法的研究成果。例如，李昊："交易安全义务制度研究"，清华大学 2005 年博士学位论文；叶金强："私法效果的弹性化机制——以不合意、错误与合同解释为例"，载《法学研究》2006 年第 1 期；吴国喆："善意认定的属性及反推技术"，载《法学研究》2007 年第 6 期；张继军："侵权行为违法性研究"，南京大学 2005 年硕士学位论文；叶金强："风险领域理论与侵权法二元归责体系"，载《法学研究》2009 年第 2 期；吴光荣："论债权与物权区分的相对性"，清华大学 2010 年博士学位论文；叶金强："论侵权损害赔偿范围的确定"，载《中外法学》2012 年第 1 期；于飞："违背善良风俗故意致人损害与纯粹经济损失保护"，载《法学研究》2012 年第 4 期；李中原："论侵权法上因果关系与过错的竞合及其解决路径"，载《法律科学（西北政法大学学报）》2013 年第 6 期；叶金强：《信赖原理的私法结构》，北京大学出版社 2014 年版；马宁："保险人明确说明义务批判"，载《法学研究》2015 年第 3 期；艾林芝："体系思维与法律行为效力依据——以澳门民法典的相关规定为例"，载龙卫球、王文杰主编：《两岸民商法前沿》（第 4 辑），中国法制出版社 2016 年版；等等。

〔1〕 参见周晓晨："过失相抵制度的重构——动态系统论的研究路径"，载《清华法学》2016 年第 4 期。

论致力于从动态角度考察行为的"适法性"，其既包括要素之间的互动，又包括要素与法律效果之间的互动，以此来改变以往"静态三段论式"简单的规则套用，从而使疑难问题的解决能力大大增强。

在笔者看来，动态系统论的运作原理与功能主义解释范式具有实质上的关联性。"动态体系论之所以在国内学界受到众多人的追捧，是因为动态体系论在立法和法解释时采取一种开放的态度，将更多的要素纳入考量的范围，以期实现法律效果的弹性化。"[1]而功能主义解释则同样是在形式封闭的法律文本上，通过考察和摄入更多符合法益保护目标的法价值因素，完成对法律效果测度的评估，从而选择出最佳的法律适用方案。从法解释的立场来看，二者均呈现的是一种开放式的规范解释态度，并且，在这种解释态度下，法效果（后果）的判断始终居于十分重要的地位，甚至在一定程度上表露出了"通过后果状态筛选系统要素"的倾向。无论如何，动态系统论和功能主义解释都试图逃离完全形式理性的枷锁，致力于从"法效果"的外部视角上实现"法律规范的可反驳性"。从法解释的方法上看，动态系统论则表现出了对功能主义解释的高度依赖性。如前所述，在动态系统论的建构步骤中，无论是"确定系统中各因素"的第一步，还是"厘清因素与法效果之间以及各因素相互之间的协动关系和次序"的第二步，都不可能脱离功能主义的解释范式而独立完成。其理由在于各要素及其相互关系的确立，最终均须在立法目的指导下通过对应然后果的预判以及实然后果的验证方能实现，而这恰恰是功能主义解释路径的展开方式。

在不正当竞争行为的认定上，反不正当竞争法实际上受到了动态系统论的深刻影响。例如，在认定互联网广告屏蔽案中的不正当竞争行为时，我们必须时刻考虑各类要素及其要素之间的关系对法效果的影响。笔者认为，谢晓尧撰写的《一般条款的裁判思维与方

---

〔1〕　解亘、班天可："被误解和被高估的动态体系论"，载《法学研究》2017年第2期。

法——以广告过滤行为的正当性判断为例》〔1〕一文（以下简称"谢文"）即可谓应用动态系统论方法的典型代表。在谢文中，作者详细考查了直接作用于广告屏蔽行为正当与否的各类规范命题，并且通过对相关命题要素的效力排序，分别检验了视频网站经营者、广告屏蔽商、网络消费者等各方利益主体受此影响的实际状况，进而完成广告屏蔽行为正当与否的判断（具体内容参见谢文，此处不再赘述）。由此可见，反不正当竞争法的法律适用与法律解释，现实地受到动态系统论的强力支持，而与此相伴的便是嵌入其中的功能主义解释路径与方法。

三、解释路径："目的论"与"结果论"的统一

从语义学上看，目的、价值、功能、后果等语汇并不具备完全相同的内涵特质，但是，功能主义解释却在其间发挥了"穿针引线"之效，以在描述意义上建构起彼此之间的相互联系。具体而言，功能主义解释路径在成功提取前述相关概念共同因子的基础上，通过串联"目的论""价值论"和"结果论"的方式来完成抽象法律规范的解释任务。在四组词汇之中，"价值"与"功能"的近似等值性特征相对容易让人接受，但"目的"与"后果"由于一般性地分立于事件或规范的"始""末"两端而常示人以"长江头"与"长江尾"的远距之感。因此，笔者有必要在把握几者内在关联的基础上，详细阐述功能主义解释路径何以完成"目的论"与"结果论"的统一。

在功能主义解释范式中，"目的论"与"结果论"往往是以"因应目的需求导出裁判结果"和"经由后果验证实现目标匹配"的"双向互动"面貌呈现。其原因即在于，"功能主义本身并不是一种规范性的方法，而是一种建构性的方法，具有强烈的解释性色彩。既然功能主义进路是一种解释性视角，它就必然会受到研究者个人

---

〔1〕 参见谢晓尧："一般条款的裁判思维与方法——以广告过滤行为的正当性判断为例"，载《知识产权》2018年第4期。

'前见'的影响"。[1]而在这种"前见"的影响下，功能主义解释路径既向前延伸至规范设置时多元目的的考察之中，也向后投射至结果发生后各种实效的验证之下，目的论与结果论的关系由此得以建立。具体而言：从以往有关功能主义的实际运用来看，功能主义解释似乎总更贴近于"结果取向"的一边，并试图与目的论及其价值判断划开界限。例如，在对待反不正当竞争法和反垄断法的关系问题上，德国持"统一论"的学者根据"价值理念上的统一"与"功能及运作方法上的统一"分立两派。在价值理念统一方面，罗勒·萨科认为，由于一般人已经接受以社会伦理来取代个人伦理，而"任何经济政策的决定以及任何经济政策的行为规范终究都是利益权衡的结果，也就都带有社会伦理的性格"，且社会伦理在开放社会中本来就是与时推移的。因此，具有经济秩序基本法地位的限制竞争法施行后所代表的崭新的社会伦理观投射到不正当竞争法的"善良风俗"条款中是理所当然的。而持"功能及运作方法上统一"的学者鲍登巴赫尔则认为，经济政策的决定固然具有社会伦理的性格，但伦理的观点终究不能被经济政策所涵盖无遗。因此，他和施吕普提倡所谓的"功能理论"（Die funktionale Theorie），即从"结果取向"的法学方法使二法的运作因着眼点不同而产生矛盾的情形减少。[2]

诚然，功能主义解释与后果取向的结果论的确具有天然的内在联系。从起源来看，功能主义解释以实用主义哲学为基础，而实用主义哲学挑战了"精神的眼睛"的观念在哲学中的地位，并且强调了经验积累和实践的重要性，故而强调关注知识的结果而不只是起源；更强调语义概念的重要性与社会背景的休戚相关。[3]而从法律解释的层面上看，"法律适用者先根据他的前理解及可信度衡量

---

〔1〕　郑智航："比较法中功能主义进路的历史演进———一种学术史的考察"，载《比较法研究》2016年第3期。

〔2〕　参见张世明：《经济法学理论演变研究》（第二次全面修订版），中国民主法制出版社2009年版，第222～223页。

〔3〕　朱维究、徐文星："英国公法传统中的'功能主义学派'及其启示———兼论中国二十一世纪'统一公法学'的走向"，载《浙江学刊》2005年第6期。

（Plausibilitätserwägungen）决定正确的结论，然后再回过头来寻找能够证成这个结论的解释方法"。[1]因此，选择哪种解释方法取决于解释的结果，而不是解释对象，"在通盘考虑之后，后果比较好的解释因为其后果比较好这一点也许就是'正确的'解释。"[2]因此，不论从何种角度而言，功能主义解释都与后果取向思维紧密联系，二者呈现的是一种"功能-后果"的解释路径。

当然，这并不代表"目的论"与功能主义解释毫无关系。"法的功能在于通过法律规范实现目的与价值。可见，在法学中，目的论必定处于中心位置。不过，由于当今强调将'形式逻辑'（formale Logik）的成果运用于法学，法的目的论的应有地位有时被掩盖了。"[3]在法律解释层面，"目的论"表现为"通过目标理解法律"，[4]其体现为法律人最重要、要求最高并且也是最具创造性的行为。[5]因此，"在个别规范可能的字义，并且与法律之意义脉络一致的范围内，应以最能配合法律规整之目的及其阶层关系的方式，解释个别规定。于此，解释者必须一直考虑规定整体所追求的全部目的"。[6]在功能主义解释路径下，目的论的思想始终被嵌入了"功能"的内核之中。正如日本社会学学者富永健一所言，"功能是对现象的一种意义赋予，这种意义赋予是与目的论的解释相联系的。"[7]由此，功能

〔1〕 参见［德］英格博格·普珀：《法学思维小学堂：法律人的6堂思维训练课》，蔡圣伟译，北京大学出版社2011年版，第78~79页。

〔2〕 参见桑本谦："法律解释的困境"，载《法学研究》2004年第5期。

〔3〕 ［德］伯恩·魏德士：《法理学》，丁晓春、吴越译，法律出版社2013年版，第130页。

〔4〕 参见［加］欧内斯特·J.温里布：《私法的理念》，徐爱国译，北京大学出版社2007年版，第3页。

〔5〕 参见［德］英格博格·普珀：《法学思维小学堂：法律人的6堂思维训练课》，蔡圣伟译，北京大学出版社2011年版，第78页。

〔6〕 ［德］卡尔·拉伦茨：《法学方法论》，陈爱娥译，商务印书馆2003年版，第210页。

〔7〕 ［日］富永健一：《社会学原理》，严立贤等译，社会科学文献出版社1992年版，第163页。

主义在发生学上即包含"目的论"的解释思想，故二者之间呈现的是一种"目的-功能"的解释路径。

"目的-功能"与"功能-结果"所呈现的两种关联性，在充分发挥"功能主义"本身的转介作用下，成功实现了"目的论"与"结果论"的连接，从而形成了完整的"目的-功能-结果"的解释路径。当然，这种解释路径并非是"从目的到结果"的单向决定型，而是彼此之间相互影响，最终共同融合在功能主义的法律解释范式之中的。这种解释范式同样是可以进行验证的，而其验证的方式便是探索"目的"与"结果"之间的关联。正如一些学者所言："'目的'实际上是与特定结果相联系的概念，人们通常基于对某种可欲的行动结果的预测与追求来设定自己的目的。就此而言，目的解释应当与某种实用主义的后果考量相贯通……从这里出发，实际上还可以抽象出一种更宽泛意义上的目的证成思路——'后果主义的证成模式'。"[1]"正是由于'目的论解释的正当性并不是来自于立法者的权威，也不是来自于从其法条文本中推导出结果的正确性，而是从这些结果的有益性（Nützlichkeit）导出'，在更为宽泛的意义上，后果考察也可被归入目的论解释的范畴。"[2]由此可见，经由功能主义解释路径所成就的"目的"与"结果"之间的联系，是实实在在符合法律解释者的思维路径的。

为了进一步通俗化地理解功能主义解释路径中所实现的"目的论"与"结果论"的统一，我们再以日常生活中的一个例子进行简要说明。陈嘉映在阐述语言的"字面意思"和"隐含意思"时曾举过这样一个例子："一句话似乎随着不同的语境会有无数多的意思，我说下雨了，意思可能是让你关上窗子，可能是让你带上雨伞，可能是让你把晾晒的衣服收回来，也可能是说我们不该还在露天里站着……我们每设想一个语境，下雨了这话似乎就可以隐含一个特别

---

〔1〕　杜宇："刑事政策与刑法的目的论解释"，载《法学论坛》2013年第6期。

〔2〕　劳东燕："能动司法与功能主义的刑法解释论"，载《法学家》2016年第6期。

的意思。"[1]在这个例子中，假设 A 见 B 正要出门，A 提示其"下雨了"，那么对于这里的"下雨了"的含义，以第三人的视角该如何理解？如果从目的论来看，则显而易见有 A 提醒 B 出门带伞的意图，若 B 正确领会了 A 的意图，实施了带伞行为，则带伞这一"应然结果"得以实现。在这一场景下，"目的论"＝"结果论"（且应然结果＝实然结果），此时第三人视角无论是基于目的论或结果论，都会得出"A 希望 B 出门带伞"的结论。但假设 B 在收到 A 的提示信号后，仅做出了关窗的举动，而并未带伞出门，则又存在以下两种可能：一是 B 领会了 A 的意图，但出于其他原因放弃了带伞；二是 B 误认为 A 发出了提示其关窗的意思表示。而在后一种场景下，"目的论"与"结果论"发生了分离：A 提示带伞的真实目的并未得到 B 的正确理解，从而导致与目的错配的关窗行为（实然结果）的出现。由此可见，"目的论"与"结果论"并不会在所有场景下自动地实现统一，因为目的论所追求的应然结果并不总等同于实然结果。也正因如此，功能主义解释才显得尤为必要。从这个角度上看，目的论存在的意义在于追求符合特定目的的结果发生，即通过目的解释完成一种"目标上的匹配"；而结果论的存在意义则在于对特定后果进行是非评价，以实现一种"后果上的有效验证"。如在前述例子中，目的论在于追求 A 的信息获得 B 的正确理解，以促使"目的＝应然结果＝实然结果"（即实现 B 出门带伞的目标匹配）；而结果论则对 B 是否出门带伞的结果进行验证，以防止"实然结果≠应然结果或目的"的情况发生。而功能主义解释的存在，既是对前一种情况的检验，又是对后一种情况的矫正。因此，通过功能主义的解释路径，最终可以以"目标匹配"与"后果验证"的方式，实现信息的通达，以避免前述误读意思表示的场景在司法实践中发生。

因此，以往对于"目的"与"结果"的认识，往往是建立在"主观"与"客观"的认知关系之上的，从而形成了"主观目的"

---

[1] 陈嘉映：《语言哲学》，北京大学出版社 2003 年版，第 378~379 页。

与"客观结果"相互对垒的局面。虽然这符合司法实践与文义解释的一般规律，但是却割裂了二者之间实际存在的多样化联系。以功能主义解释勾连二者的关联性，并非是为了于世界观层面创制主观印象与客观实际的"同一性"，而是为了以方法论姿态把控结果本身可能呈现的多重面向。正如前文所言，功能主义解释路径是同时以目的论下"目标匹配"与结果论下"后果验证"的往返迂回来完成对疑难案件适法性的判断的。在反不正当竞争法中，功能主义解释沟通目的论与结果论的方式是显而易见的。例如，互联网新型不正当竞争行为的认定是反不正当竞争法中的一大难题。其原因在于：在 1993 年《反不正当竞争法》中，由于法律文本并未明确列举互联网不正当竞争行为的具体类型，因此，法院在司法实践中只能诉诸一般条款裁判，但一般条款又存在高度抽象性和不确定性等问题，从而无法直接为新型不正当竞争行为的认定提供一套标准化的样本。而在 2017 年《反不正当竞争法》颁布后，虽然增设了"互联网专条"，[1]但由于其所列举的具体行为有限，且相关规范表述模糊不清。因此，诸多未在列举范围之内的行为的判定或诉诸兜底条款，或回溯至一般条款。但是，无论是依照新旧何种方式，功能主义解释都在其中发挥了重要作用，即在传统三段论式的正向思维模式下，提供了一种反向验证的思维路径。具体而言，按照一般的裁判规则，新型不正当竞争行为的认定首先需要在解释抽象规范（一般条款）的大前提下进行，例如对一般条款中的商业道德进行解读；而后再将该类行为事实与构筑的大前提进行匹配，使大前提涵摄该类行为；最后得出该行为成立/不成立不正当竞争的结论。而功能主义解释提

---

〔1〕　2017 年《反不正当竞争法》第 12 条规定："经营者利用网络从事生产经营活动，应当遵守本法的各项规定。经营者不得利用技术手段，通过影响用户选择或者其他方式，实施下列妨碍、破坏其他经营者合法提供的网络产品或者服务正常运行的行为：（一）未经其他经营者同意，在其合法提供的网络产品或者服务中，插入链接、强制进行目标跳转；（二）误导、欺骗、强迫用户修改、关闭、卸载其他经营者合法提供的网络产品或者服务；（三）恶意对其他经营者合法提供的网络产品或者服务实施不兼容；（四）其他妨碍、破坏其他经营者合法提供的网络产品或者服务正常运行的行为。"

供的反向思维的价值在于：一方面，法官可以通过对"符合目标的结果能否真正出现"进行实际验证，以检测前述三段论式的推理是否符合客观实际；另一方面，对于正向思维推论出的可能有悖于立法目的的裁判结果及时进行矫正，以防止明显偏离法价值的裁判结论的出现。

最后，功能主义解释路径在本质上是一种解释方法，而任何解释方法都不可能完全独立于另一种或几种解释方法而独立存在。因此，功能主义解释具有沟通目的论与结果论的效果亦理所当然。自经典法律解释学说创始人萨维尼将法律解释方法分为语义解释、逻辑解释、历史解释和目的解释的经典四大类始，[1]后世法学家们对解释方法"再划分"的探索便从未停歇过。例如，有学者通过研究发现，刑法学界对法律解释方法分类的不同观点就达 16 种之多。[2]法律解释方法的划分，主要通过找寻方法间的差异得以实现。但在这一过程中被忽略的是：虽然"差异"往往取决于事物之间主要矛盾的主要方面，但是主要方面的差异永远也无法彻底消弭事物间次要方面的联系。我们热衷于关注事物的差异，却时常忘却事物本质上可能存在的相通性。就法律解释方法而言，不同类型的解释方法之间并非存在不可跨越的鸿沟。例如，由于"目前的价值法学（Wertjurisprudenz）评判目的时并非价值祛除，而是将目的背后的价值纳入考察的范围"。[3]因此，"无论是文义解释与历史解释，还是体系解释与目的解释，都充当的是论证解释结论所蕴含之价值判断合理与否的论据。在不同的案件中，这些论据或许在说服力与论证力上会存在强弱之分，有时甚至会对价值判断的得出构成一定的制约（比如，背离文义或有违体系性逻辑的解释结论往往难以

---

〔1〕 参见〔德〕卡尔·恩吉施：《法律思维导论》，郑永流译，法律出版社 2004 年版，第 87~88 页。

〔2〕 参见李希慧、龙腾云、邱帅萍编著：《刑法解释专题整理》，中国人民公安大学出版社 2011 年版，第 34~37 页。

〔3〕 张世明：《经济法学理论演变研究》（第二次全面修订版），中国民主法制出版社 2009 年版，第 119 页。

获得支持），但都统摄于价值判断之下，受后者的统领与支配"。[1]
在司法实践中，具体的解释方法之间往往是相互渗透的。例如，文义解释在"前理解"的作用下，不可避免地包含了目的解释的色彩；而目的解释的过程，又或多或少地渗透着历史解释的因素。再如，体系解释不仅仅是一种独立的解释方法，其至少包含了限缩解释、扩张解释、反对解释（反面推理）及当然解释等数种解释方法。[2]"体系解释很少可以与目的解释分开"，[3]"与目的解释相比，体系解释的依据是法律规则与其他规范之间的关系，而不是主观性、灵活性更强的法律目的，因此，体系解释更接近于文义解释"，[4]等等。由此可见，各类解释方法间的关系并非像我们构想得那样泾渭分明，其常于无声处彼此发生着各类细微的碰撞，以至于我们时常对其产生"完全独立化"的误解。

吴庚曾指出，法律解释规则具有以下四种功能：一是解释法律时实际操作的法则，包括运用诠释学的技巧对法律文本进行理解；二是在解释过程中，用以形成共识，争取支持的手段；三是对解释的结果提供正当化的基础；四是检验结果是否正确，避免错误。[5]功能主义解释作为一种解释方法，很大程度上即满足前述诸类功能。只是在践行"目的论"与"结果论"的相关要求方面，功能主义的解释规则将焦点更多地放在了客观结果与主观目的的匹配上，以避免偏离法价值结果的出现，从而实现实质的公平正义。接下来，笔者将以"反不正当竞争法保护客体的性质""互联网新型不正当竞争行为的认定"以及"反不正当竞争法中竞争关系要素的扩张与弃置"

---

〔1〕 劳东燕："能动司法与功能主义的刑法解释论"，载《法学家》2016 年第 6 期。

〔2〕 参见杨仁寿：《法学方法论》，中国政法大学出版社 1999 年版，第 147~162 页。

〔3〕 〔德〕卡尔·恩吉施：《法律思维导论》，郑永流译，法律出版社 2004 年版，第 92 页。

〔4〕 孙光宁："法律解释方法在指导性案例中的运用及其完善"，载《中国法学》2018 年第 1 期。

〔5〕 参见吴庚：《政法理论与法学方法》，中国人民大学出版社 2007 年版，第 344 页。

等问题为例，展示功能主义解释路径在反不正当竞争法中的具体应用。

第三节　反不正当竞争法保护客体性质的功能主义　解释：不仅是法益

关于反不正当竞争法保护客体性质的讨论，学界大致存在"权利一元保护"与"利益一元保护"两种观点。"权利保护一元论"者认为，反不正当竞争法保护的是一种与竞争有关的权利，这种权利可以是概括性的抽象权利，如"反不正当竞争权"[1]、"公平竞争权（正当竞争权）"[2]、"制止不正当竞争权"[3]等，也可以是细化的具体权利，如"域名权（所有权、专有权）""识别性标志权""商品名称、包装、装潢专有权""产品型号专有权"。[4]有学者通过实证研究证明，法院在阐述"合法权益"概念时，有从"合法权益"到"具体利益"，再到"竞争利益"，最后演变成"竞争权利"和"公平竞争权"的趋势。[5]德国经济法学者费肯杰认为："不正当竞争法保护自由和正当的经济行为中市场（包含产生了辐射影响的其他市场）的两边在标示法域的竞争关系框架中从经济人格权所衍生出来的权利。"[6]"利益保护一元论"者则认为，反不正当

〔1〕　参见吴汉东主编、司法部法学教材编辑部编审：《知识产权法》，中国政法大学出版社 2002 年版，第 1 页。

〔2〕　参见邵建东编著，国家知识产权局人事司组织编：《竞争法教程》，知识产权出版社 2003 年版，第 47 页；王显勇：《公平竞争权论》，人民法院出版社 2007 年版；刘大洪、殷继国："论公平竞争权——竞争法基石范畴研究"，载《西北大学学报（哲学社会科学版）》2008 年第 6 期。

〔3〕　参见李明德、杜颖：《知识产权法》，法律出版社 2007 年版，第 24 页。

〔4〕　参见谢晓尧：《在经验与制度之间：不正当竞争司法案例类型化研究》，法律出版社 2010 年版，第 150 页。

〔5〕　参见李友根："经营者公平竞争权初论——基于判例的整理与研究"，载《南京大学学报（哲学·人文科学·社会科学版）》2009 年第 4 期。

〔6〕　[德]沃尔夫冈·费肯杰：《经济法》（第 2 卷），张世明译，中国民主法制出版社 2010 年版，第 396~397 页。

竞争法的保护客体应为法益而非权利。反不正当竞争法大都以禁止性规定来保护未注册商标、商誉、商业秘密等，这种保护与权利保护有明显不同：权利保护往往具有法定的形式与确定的内容，而对商誉、商业秘密等模糊性概念的保护则具有更多的不确定性，更符合法益的保护模式。另外，公平竞争权并没有法律上的依据，即便存在所谓的"公平竞争权"，也只是一种"框架权"，不能积极行使，只能消极防卫。该学者还提出，即便在国外，反不正当竞争法的保护客体也开始从"侵犯主观权"向"违反客观行为规范"转变，如德国开始放弃"设立企业和从事经营的主观权"理论，认为不正当竞争仅仅违反了一般行为规范。美国学者麦克曼尼斯也指出，反不正当竞争法的目的是保护交易关系及法定的相关利益（relational interests protected），即法益。[1]"反不正当竞争法既没有授权性规范设定法定权利的类型，也无法定的公示制度宣示权利的具体样态和确切内容；更没有社会交涉性异议机制，使相关利益人参与对抗性的权利论证之中。为此，反不正当竞争法对某种利益提供保护，并不意味着其就某种利益设定了法定权利；因此，简单地就反不正当竞争法对商品名称、包装、装潢的规定推断出'特有名称权''特有包装权'和'特有装潢权'，都是一个极大的曲解。"[2]

　　虽然从目前国内外的学术实践来看，"反不正当竞争法作为利益保护法而非权利保护法"的观点已获得了世界范围内的普遍认可，并逐步演化为反不正当竞争法在保护客体性质方面的"通说"。"在1909 年德国反不正当竞争法设立一般条款，尤其是1930 年帝国法院开始强调保护公众利益之后，以竞争者的绝对权利作为保护客体的理论受到质疑。取而代之的是反不正当竞争法的社会法思想，即保护包括竞争者、消费者和公众在内的多种主体的利益，且不需要这

---

　　〔1〕　参见郑友德、胡承浩、万志前："论反不正当竞争法的保护对象——兼评'公平竞争权'"，载《知识产权》2008 年第 5 期。
　　〔2〕　谢晓尧：《在经验与制度之间：不正当竞争司法案例类型化研究》，法律出版社 2010 年版，第 154 页。

些利益的权利化。"[1]但是，在功能主义的解释路径下，反不正当竞争法"利益保护一元论"的观点却值得商榷：一方面，反不正当竞争法以维护市场公平竞争秩序、保障经营者和消费者合法权利为价值目标，那么"利益保护一元论"的观点是否有违该目标的实现？或者说何种解说方式更有利于该目标的实现？另一方面，"利益保护一元论"将反不正当竞争法保护客体的范围限于"利益"层级，是否在客观上符合"利益在满足一定条件下必然向权利转化"的一般规律与实际结果？又是否与我国反不正当竞争法立法实践中已实际认可并保护权利的结果相匹配？这两方面的问题分别涉及目的论与结果论的考察，均可在功能主义解释路径下获得新的答案。

一、目的论的视角

从目的论来看，现代反不正当竞争法保护的是复合权益（权利和利益），而"利益一元保护"的观点则显然矮化了反不正当竞争法的价值载体。从反不正当竞争法形成的历史轨迹来看，19 世纪上半叶的德国，并不存在专门的反不正当竞争法。1868 年，北德意志联邦颁布了《营业条例》（Gewerbeordnung），确立了营业自由的基本原则。1871 年，德意志帝国成立之后，该《营业条例》未经变更便被上升为适用于整个德意志帝国的法律。该条例的实施打破了几个世纪以来阻碍德意志经济发展的封建行会制度，营业自由得以实现。但是与此同时，随着市场经济的不断发展，经营者之间的市场竞争也日趋激烈，各类不正当竞争行为随之在德国泛滥。例如，有的经营者盗用他人的企业名称或者企业标记，使消费者对产品的质量或来源造成误认；有的经营者过分吹嘘自己的产品，而恶意贬低其他同类产品的声誉；有的经营者谎称自己的产品获得了奖章或奖项，但实际上根本就没有获奖；有的经营者故意捏造或歪曲事实，损害其竞争对手的商业信誉；有的经营者通过种种手段，诱使其竞争对

---

〔1〕 参见范长军：《德国反不正当竞争法研究》，法律出版社 2010 年版，第 59~60 页。

手的雇员泄露商业秘密。[1]为了专门应对这些行为，德国立法机关于1874年5月12日通过了《商标法》，以制止发生在商标领域的假冒、盗用他人商标的不正当竞争行为。1892年修订的《商标法》首次将不正当竞争作为一个法律概念规定在德国的法律文件中。由于《商标法》所能囊括的范围过于狭小，无法规制更多的不正当竞争行为。因此，德国于1896年5月27日颁布了世界上第一部《反不正当竞争法》单行法律。但1896年《反不正当竞争法》仅规定了市场经济中常见的不正当竞争行为，而没有规定一般条款来维持不正当竞争概念的可伸缩性，故在实践中一旦遇到新型的不正当竞争行为，法院首先考虑适用的条款是《德国民法典》第826条以及第823条第1款，要求不正当竞争行为人承担侵权责任。1909年，立法者对原有的《反不正当竞争法》作了修订，加入了"一般条款"，最终形成了"典型列举"加"一般条款"的完整格局。[2]

从最初在《商标法》中规定不正当竞争行为，到后来适用《德国民法典》以实现对不正当竞争行为的规制，再到形成一部包含一般条款的完整的《反不正当竞争法》。这都表明反不正当竞争法制止不正当经营行为、保护经营者利益和维护市场竞争秩序的价值目标。但此时的竞争立法，主要致力于维护宏观层面的市场竞争秩序和中观层面的行业经营者利益，而较少涉及微观层面的消费者权利保护。直到20世纪60年代末，席卷世界的"消费者运动"才让立法者认识到"保护消费者绝非一个附带的目的或者是间接的功能"。[3]随后，各国家和地区的竞争法纷纷开始将保护消费者利益条款写入其中，如德国1965年修订的《反不正当竞争法》增加了消费者团体诉权的规定，2004年修订的《反不正当竞争法》首次明确了将消费者

---

〔1〕　参见邵建东：《德国反不正当竞争法研究》，中国人民大学出版社2001年版，第3~4页。

〔2〕　参见邵建东：《德国反不正当竞争法研究》，中国人民大学出版社2001年版，第1~15页。

〔3〕　谢晓尧："论竞争法与消费者权益保护法的关系"，载《广东社会科学》2002年第5期。

作为保护对象；1998 年修订的《芬兰竞争法》强调了"保护消费者的利益"。虽然在性质上我们无法判断各国竞争法所强调的"消费者保护"究竟保护的是整体意义上的消费者福利还是个体意义上的消费者权利，但无论如何，"消费者中心主义"理念下的（群体或个体）消费者权益保护已经成了各国竞争法的主要目标。

由此可见，市场化的竞争机制内含着正当竞争与不正当竞争这对天然的矛盾，各类促进竞争性市场机制的公共措施即在这对矛盾的作用下不断调适，而作为调适的结果，竞争规范最终以多重价值目标的面貌呈现。正如弗里茨·里特纳所言："竞争规范追求三个原则上不同的保护目的：竞争者的保护、（符合共同利益或者商业经济利益的）诚实竞争的保护和消费者的保护。'自然，这些保护目的本身也是互相联系在一起的'。"[1]竞争规范的这三重价值在我国竞争立法上同样得到了体现。我国《反不正当竞争法》第 1 条规定："为了促进社会主义市场经济健康发展，鼓励和保护公平竞争，制止不正当竞争行为，保护经营者和消费者的合法权益，制定本法。"既然反不正当竞争法是以经营者权益、消费者权益以及社会公共利益作为其保护客体和价值目标的，那么就客体性质的外在呈现而言，是否仅限定为"一般性利益"即可呢？对此，笔者是持否定态度的。从目的论的角度来看，单纯的一元利益保护所带来的最大缺陷是：①不利于在规范论上实现对反不正当竞争法多元价值目标的阐释与衔接（例如对消费者知情权、选择权等权利的确认）；②进而不利于消费者在权利救济上获得反不正当竞争法层面的诉权。

就前者而言，反不正当竞争法所保护的消费者权利同样是具体的而非抽象的。我们以不正当商业宣传和商业诋毁为例。反不正当竞争法中的不正当商业宣传和商业诋毁不仅为经营者获取了不正当竞争优势，而且对消费者的知情权和选择权也造成了严重损害。首先，消费者享有的知情权是消费者获取一切其他利益最基本的前提，

---

〔1〕 ［德］沃尔夫冈·费肯杰：《经济法》（第 2 卷），张世明译，中国民主法制出版社 2010 年版，第 395 页。

而不正当商业宣传和商业诋毁所造成的误导效果却是建立在消费者不知情的基础之上的。在这一问题上，二者具有近似的轨迹：均通过散布不实信息，使大众消费者基于一般理性无法识别以致发生"误认"，进而产生"消费转向"。只不过，前者是对自身信息作虚假宣传，故对消费者知情权的侵害表现为一种"直接引力"，而后者则是对他人信息作虚假陈述，对消费者知情权的侵害表现为一种"间接斥力"。但无论如何，都不影响二者在客观上损害消费者知情权的事实。其次，不知情下的选择是对消费者选择权的冒犯。消费者选择权是消费者在消费过程中享有的根据自己内心的真实意愿决定进行何种消费行为的自由。包括选择交易对象的自由、选择商品或服务的自由、选择是否进行交易的自由。[1]不正当商业宣传和商业诋毁侵害的是消费者的前两种自由。在市场交易过程中，消费者需要通过对不同商品、服务以及经营者进行反复对比才能选择出与之相匹配的消费品，而经营者需要做的便是尽可能多地为消费者提供自主选择的机会。这种自主选择，就意味着消费者自己做主，不允许他人干涉。而不正当商业宣传和商业诋毁捏造、散布不实信息的行为就是典型的干涉消费者自主选择的行为。因此，不正当竞争行为侵害的是消费者具体而非抽象的权利，故反不正当竞争法所保护的消费者权利应当具有防御上的对等性。

就后者而言，虽然反不正当竞争法保障消费者权益的价值目标得到了普遍认可，但对于反不正当竞争法是否应当赋予消费者诉权的问题却依然存在广泛争议。[2]其根源在于，赋予消费者诉权的首

---

〔1〕参见吴宏伟主编：《消费者权益保护法》，中国人民大学出版社2014年版，第24页。

〔2〕既有持反对态度者，参见李明德："关于反不正当竞争法的几点思考"，载《知识产权》2015年第10期；焦海涛："不正当竞争行为认定中的实用主义批判"，载《中国法学》2017年第1期。也有持赞成态度者，参见杨华权、郑创新："论网络经济下反不正当竞争法对消费者利益的独立保护"，载《知识产权》2016年第3期；孙晋、闵佳凤："论互联网不正当竞争中消费者权益的保护——基于新修《反不正当竞争法》的思考"，载《湖南社会科学》2018年第1期；程子薇："《反不正当竞争法》修订视

要前提，即是承认反不正当竞争法对消费者具体权利的保护，在其权利受损时，消费者可获得明确的权利保护的请求权基础。但在传统的利益保护一元论的视角下，消费者利益的维护更多的是抽象的概念表达，缺乏具体的权利内容。因此，消费者诉权无论是以个体诉讼模式还是以团体诉讼模式进行制度设计，都不具备充实的理论基础。而如前所言，消费者运动以降，各国反不正当竞争法受到的最大影响即在于将消费者权利作为直接保护的对象，从而构建了反不正当竞争法"现代性"的基础。既然如此，反不正当竞争法保护消费者权益的价值目标就不应成为一纸具文，而应当在反不正当竞争法中赋予消费者诉权以切实保障消费者的合法权益。由此可见，在目的论的指引下，反不正当竞争法确认和保护消费者具体权利的做法是符合反不正当竞争法价值目标的，而传统"利益保护一元"的观点则显然难以实现这一目标。

二、结果论的视角

从结果论上看，反不正当竞争法"利益一元保护"的构想需要面对的问题包括：①是否契合了"利益与权利生发机制"的一般规律与结果？②是否符合我国反不正当竞争法规则实践的后果要求？先就问题①来看，由于利益与权利的生发机制包括"概念的交织性"与"状态的转化性"两方面内容，因此，功能主义解释路径也将首先围绕此两方面内容展开。

在概念的交织上，利益与权利具有彼此相互勾连的内涵，"权利的本质是利益"的命题获得了多数支持。在西方法律思想史上，人们对权利本质的认识，经历了由"形而上的思辨"转向"分析实证的研究、说明"的过程。在罗马法时期，并没有明确的权利分类或

（接上页）野下的消费者保护研究——以消费者诉权为线索"，载《南京大学学报（哲学·人文科学·社会科学）》2018 年第 1 期；陈耿华："互联网时代消费者在中国竞争法中的角色重塑与功能再造——兼论《反不正当竞争法》的修改"，载《江西财经大学学报》2018 年第 2 期。

权利概念，直到中世纪后期，托马斯·阿奎那才提出了把权利理解为正当要求的明确概念，而后的自然法学家们才开始从自由的角度来阐释权利。除格劳秀斯将权利看作是"人作为一个理性动物所固有的一种品质"外，霍布斯和斯宾诺莎都将权利视为"在法律上不干扰人类的自然自由"。[1]这些主观性的说明——从人的自由意志方面来界定权利的本质是典型的形而上的思辨方式。与之不同的是，往后的功利主义法学派则开辟了完全不同的论证方式。他们以分析、实证的方法，从利益角度对权利进行了客观性描述。如边沁认为，权利对于享有者来说就是利益和好处，义务则意味着负担。奥斯丁认为，权利的实质就是给予所有者以利益，授权性规范的实质就是通过各类约束性条件来划分实际利益。而密尔也同样指出，拥有权利就是要求社会对我们享有的东西提供保护，因为它们对我们而言是至关重要的利益。[2]这些观点在目的法学派和社会法学派中也获得了支持。如目的法学派的耶林认为："所有的利益并不都是权利。只有为法律所承认和保障的利益才是权利。"[3]社会法学派的庞德认为："我们主要是通过把我们所称的法律权利赋予主张各种利益的人来保障这些利益的。"[4]由此可见，从边沁到耶林再到庞德，虽然其对"利益"内涵的界定各不相同，[5]但却都认可"利益是权利的本质"这一命题。因此，从概念的交织上来看，权利的实质是作

〔1〕　［美］罗斯科·庞德：《通过法律的社会控制》，沈宗灵译，商务印书馆2010年版，第50~51页。

〔2〕　参见张立伟：《权利的功利化及其限制》，科学出版社2009年版，第71页。

〔3〕　［美］罗斯科·庞德：《通过法律的社会控制》，沈宗灵译，商务印书馆2010年版，第52页。

〔4〕　［美］罗斯科·庞德：《通过法律的社会控制》，沈宗灵译，商务印书馆2010年版，第47页。

〔5〕　例如，边沁是一个彻底的个人主义者，而耶林则是社会论者。耶林认为，为权利而斗争可以被分为三个层次：为自我利益只是最低层次的，经由人格的道德自我保存的较高层面，最终达到实现有利于社会的法理念的最高层次。再如，庞德把利益定义为人们个别的或通过集团、联合或亲属关系，对享有某些东西或做某些事情的要求、愿望或需求。参见张立伟：《权利的功利化及其限制》，科学出版社2009年版，第80页。

为利益的后果而存在的。

在状态的转化上，从利益到权利的演变经历了"利益—法益—权利"的过程，而在此过程中，"转化条件"的成立是利益向权利成功转化的关键因素。首先，从利益向法益转换的条件来看，有学者认为，利益向法益转换需要满足两个条件：一是稀缺性，二是利益对主体的重要性。[1]但笔者认为，稀缺性和重要性只能作为成立"利益"的条件，而不能作为成立"法益"的标准。因为利益向法益转换的过程，实质上是一个价值判断和价值选择的过程，一旦失去正义标准作为价值目标，转换势必无法成功。因此，有必要在前述两个条件的基础上，再加上"正当性"标准。换言之，法益确认是一个"利益识别—利益选择—利益整合—利益表述"的过程，[2]即能够被确认为法益的利益必须经由正义评价标准认证为具有正当性。[3]其次，从法益上升为权利的条件来看，笔者认为，应当同时满足：①确定性。即在利益确定为法益之后，随着时间的推移，只有部分法益在主体、内容以及范围上慢慢得以特定化后才允许上升为权利。若法益尚未达到足够成熟稳定的程度，则应当继续保持原有的法益状态。②普遍性。普遍性指的是该种法益在适用对象上至少能够较

---

〔1〕 参见李岩："民事法益与权利、利益的转化关系"，载《社科纵横》2008年第3期。

〔2〕 参见甘强：《经济法利益理论研究》，法律出版社2009年版，第167~183页。

〔3〕 例如，生活利益是个无边无际的概念，从某种意义上而言，任何能够满足主体需求的都可以被视为是一种利益。例如，通过订立买卖合同获得物美价廉的商品；通过购买福利彩票获得百万奖金；通过租赁或生产方式收取孳息；或者以抢劫偷盗方式劫取他人财物；经营者以市场混淆方式提高竞争优势；大厂商以排除、限制的竞争方式攫取超额利润等。这些都可以被视为是一种利益，因为它们都满足了稀缺性和重要性的要求，但是，却只有一部分可以成为法益，即还需满足公平正义的正当性标准。在市场经济活动中，法是以一种平衡各方利益、维持社会秩序的形象存在，经由法律选择判断并予以保护的利益应是能符合社会大众基于一般理性和道德观念而能大致预估且欣然接受的。破坏公序良俗、违背公平正义理念的社会行为当然不能获得法律和民众的支持。如前述例子中，合法买卖所得，法律保障其债权权益；收取孳息所得，法律保障其物权权益。但是，违法所得、违背商业道德或市场秩序所得，则为法律所否定，该种利益当然不能成为法益。

为稳定地适用于某一类群体,或者在日常生活中该种法益遭受侵害具有常发性。③必要性。必要性要求法益权利化应当慎之又慎,非必要而不得为之。权利是一个类型化的状态,具有一定的法定性和封闭性,对某种法益以权利方式予以保护时应当考虑到对该类权利外其他法益的影响程度,包括权衡权利与法益的关系,防止权利泛化等问题。是故,只有确有必要,才应考虑将法益上升为权利。

"概念的交织"与"状态的转化"呈现的是利益与权利间的一种事实结果,而该结果对于我们反思"利益一元保护"的观点是具有重大作用的。从"概念的交织"来看,由于"权利的本质是利益",因此从广义上来说,所有法律规范均是基于维护一定利益的考虑而制定的。但是,从利益与权利相区隔的狭义的概念上看,反不正当竞争法被限制在仅维护一般性利益的范畴而剥夺其保护权利的资格则明显是对"权利"与"利益"概念关系的误解。这种误解在"状态的转化"中则表现得十分明显。从"状态的转化"来看,一项利益是否值得获取权利的保护,重点在于其是否符合前述的权利转化条件,即一旦利益满足了所列条件的要求便必然会发生向权利转化的结果,这是权利生成的一般规律和事实路径。而人为地限定某一法律部门仅保护一般性利益而禁止其保护类型化权利则是荒谬的,因为试图在某一法律部门中仅保护"转化状态"中某一阶段的利益或法益是不切实际的。正因如此,我们几乎不可能找到纯粹仅保护权利或仅保护利益的部门法。因为在通常情况下,权利与利益会共存于同一部门法之中,只是有所侧重而已。例如,商标法主要保护注册商标专用权,但同时也保护商号等利益;物权法主要依据"物权法定原则"保护各类所有权、用益物权和担保物权,但其也保护未权利化的"占有"状态和利益;侵权责任法虽被视为是"行为法",但却采用了以保护各类列举性权利为主、兜底性利益为辅的立法策略。

最后,就问题②而言,"利益一元论"的观点并不符合我国反不正当竞争法规则实践的结果。以我国现行反不正当竞争法中的商业秘密权条款为例,商业秘密最早是从反不正当竞争法中获得权利保护的地位的：1993 年《反不正当竞争法》第 10 条的商业秘密条款首次使用了"权利人"的概念。而后，1995 年原国家工商行政管理局颁布的《关于禁止侵犯商业秘密行为的若干规定》直接使用了"商业秘密权利人"的表述。2017 年《反不正当竞争法》第 9 条的商业秘密条款正式使用了"商业秘密权利人"的概念。[1]商业秘密权的确立在很大程度上即是对"利益一元保护"观点的破除。当然，对于反不正当竞争法中确认的商业秘密保护是否构成权利保护的问题，学界确有提出质疑。[2]但质疑点无外乎集中在以下两个方面：①反不正当竞争法是行为法而非确权法，因此其不设置和确认权利；②即便反不正当竞争法中使用了商业秘密权利人的概念，但由于其规定较为简单，缺少具体的权利构成要件，不能积极行使，只能消极保护，因此有别于传统民法中的赋权性规定，故不能将其视为是一种权利创设。对此，笔者也予以简要回应：第一，在行为法中设置权利并非是无先例可循。例如，民法对隐私权的设立和保护最初即是在作为"行为规制法"的侵权责任法中实现的：2009 年《侵权责任法》第 2 条首次在民法中使用并确立了"隐私权"的概念，并将其作为一种并列于生命权、姓名权和肖像权的人格权予以保护。[3]而在侵权责任法创制了"隐私权"后，2017 年《民法总则》才再次

---

〔1〕《反不正当竞争法》第 9 条规定："经营者不得实施下列侵犯商业秘密的行为：（一）以盗窃、贿赂、欺诈、胁迫或者其他不正当手段获取权利人的商业秘密；（二）披露、使用或者允许他人使用以前项手段获取的权利人的商业秘密；（三）违反约定或者违反权利人有关保守商业秘密的要求，披露、使用或者允许他人使用其所掌握的商业秘密。第三人明知或者应知商业秘密权利人的员工、前员工或者其他单位、个人实施前款所列违法行为，仍获取、披露、使用或者允许他人使用该商业秘密的，视为侵犯商业秘密。本法所称的商业秘密，是指不为公众所知悉、具有商业价值并经权利人采取相应保密措施的技术信息和经营信息。"

〔2〕参见韦之："论不正当竞争法与知识产权法的关系"，载《北京大学学报（哲学社会科学版）》1999 年第 6 期。

〔3〕《侵权责任法》第 2 条规定："侵害民事权益，应当依照本法承担侵权责任。本法所称民事权益，包括生命权、健康权、姓名权……隐私权……股权、继承权等人身、财产权益。"

对隐私权予以确立。[1]同样，反不正当竞争法即便是作为一种"行为法"，也不影响其设置新权利。第二，反不正当竞争法中商业秘密条款的简明性特征不影响其权利设置本身。具体而言，民法以更为简洁的概念引入方式确立民事权利而不明示该权利构成要件的情形同样是存在的。以商业秘密权为例：2017 年我国《民法总则》第 123 条第 2 款对"商业秘密权"首次作了规定："知识产权是权利人依法就下列客体享有的专有的权利：（一）作品；（二）发明、实用新型、外观设计……（五）商业秘密……（七）植物新品种；（八）法律规定的其他客体。"在该条款中，商业秘密权仅以一种概念的方式呈现，不像《反不正当竞争法》对商业秘密权规定得那么详尽，但是，我们却并不会因此而质疑民法所确认的"商业秘密权"不具有"权利"之地位。由此可见，以《反不正当竞争法》中的规定缺乏构成要件为由否认商业秘密权的权利状态并不合理，或者说，这只是一种部门法偏见，只不过这种偏见在功能主义的解释路径下暴露无遗罢了。

第四节　互联网新型不正当竞争行为认定的功能主义解释：可验证的视角

在互联网经济时代，各类以干扰他人经营业务为前提或内容的新型商业模式不断涌现。与此同时，深度链接、广告屏蔽、数据抓取、流量劫持等网络技术也带来了大量的商业纠纷。其中，受干扰的经营者普遍采取的一种策略是，以新型商业模式的经营者或技术使用者不正当竞争为由将其诉至法院，以维护自身受损的商业利益。面对这些新型的商业纠纷，法院通常诉诸《反不正当竞争法》第 2 条的一般条款以及新增的"互联网专条"进行裁判。但由于一般条款的不确定性以及互联网专条中相关概念的模糊性等原因，司法实

---

　　[1]《民法总则》第 110 条第 1 款规定："自然人享有生命权、身体权、健康权、姓名权、肖像权、名誉权、荣誉权、隐私权、婚姻自主权等权利。"

践中只能额外再发展出一系列更具操作性的裁判规则（例如"非公益必要不干扰规则""一视同仁规则"等），以此为互联网新型不正当竞争行为的认定提供一套模式化的方案。应当承认，面对抽象规范的不确定性，以提炼具体规则的方式来维持同案同判的统一标准，是实践法律文本与维护法制统一最有效的途径。但是，这一做法却又在很大范围内导致了错误观念的广泛传播。例如，非公益必要不干扰规则预设了行为的不正当性，在重视对经营者受损利益的维护的同时，却忽略了竞争本身的对抗性与损害性，从而不利于宏观互联网竞争环境下创新意识的培育和激励。但是，这一方案在司法实践中却获得了广泛的传播，其导致的结果是，大量同类型的互联网商业纠纷均被定性为不正当竞争。例如，在视频广告屏蔽类案件的司法裁判中，我国法院几乎清一色地判决广告屏蔽商构成不正当竞争，而只有在极少数案件（如"快乐阳光诉唯思公司案"[1]、"腾讯诉世界星辉案"[2]）的一审程序中对广告屏蔽技术采取了包容的态度。由此可见，传统的不正当竞争行为的认定方式在一定程度上存在着难以克服的缺陷，至少在应对互联网商业纠纷中无法确保裁判真正符合实质公平正义要求与立法价值目标。鉴于此，以同时沟通"目的视角"与"结果视角"的功能主义解释路径可以尝试在传统界定方案上提供一个"可验证"的观测视角，以尽可能地优化相关案例的最终判决。

由于在《反不正当竞争法》修订以前，互联网新型不正当竞争行为并非是反不正当竞争法具体列举的行为类型之一，故而法院在对相关案例进行裁判时只能诉诸一般条款。而对一般条款的解释与适用，又往往面临着诸多问题。例如，作为一般条款核心内容的"商业道德"该如何确定其边界？以商业惯例来解释商业道德的内涵是否正当合理？新型不正当竞争行为的判定如何恰当发挥"商业道德"的作用？等等。面对这些问题，既有学者尝试探索出"商业道

---

〔1〕 参见广州市黄埔区人民法院［2017］粤 0112 民初 737 号民事判决书。
〔2〕 参见北京市朝阳区人民法院［2017］京 0105 民初 70786 号民事判决书。

德"的内涵与边界，以期为新型不正当竞争行为的界定提供论证渠道。也有学者对以"商业道德"作为判定标准的做法持怀疑态度："职业法学家在讨论制度设计方案时，不宜轻易对'道德观念'本身赋予独立的权重，不能认为道德规范是一种天然的好东西。职业法学家需要贴近社会实践，结合具体语境，详细考察特定道德观念所宣扬的'规范'本身对社会行为的激励效应和对公民福利的现实影响。"[1]诚然，"商业道德"的判定作用不应被过分夸大，尤其是在对商业道德内涵的理解存在较大争议的情况下，否则将得出事与愿违的裁判结论。例如，以某种固定的、公认的商业惯例来解释商业道德的内涵就并不一定合理，因为"违反行业惯例或准则的行为，不一定就违反反不正当竞争法。因为公认的行业惯例或准则，并不就是良好的，有些甚至是'潜规则'或'恶俗'，例如餐饮业长期存在的'禁止自带酒水'规则。行业惯例或准则并非固定，而是不断地改良，与时俱进，就是明证"。[2]因此，对"商业道德规则"的使用应当持谨慎的态度，不能仅以违背商业道德或商业惯例为由来认定互联网纠纷中的行为构成不正当竞争。

　　为了尽可能减少前述"商业道德条款"的不确定性所带来的负面影响，司法实践中，法院开始探索更为具体的、能够用以指导纠纷解决的裁判规则。"非公益必要不干扰规则"则是适用范围最广、使用频率最高且最具典型性的一般性规则。该规则是法院在"百度诉奇虎案"[3]中确立的。其大致内涵是：互联网产品或服务之间原则上不得相互干扰。确实出于保护网络用户等社会公众利益的需要，网络服务经营者在特定情况下不经网络用户知情并主动选择，以及其他互联网产品或服务提供者同意，也可干扰他人互联网产品或服

---

　　〔1〕　参见熊丙万："法律的形式与功能　以'知假买假'案为分析范例"，载《中外法学》2017年第2期；熊丙万、周院生："国家立法中的道德观念与社会福利"，载《法制日报》2014年1月1日。

　　〔2〕　范长军："行业惯例与不正当竞争"，载《法学家》2015年第5期。

　　〔3〕　参见北京市高级人民法院〔2013〕高民终字第2352号民事判决书。

务的运行，但是，应当确保并证明干扰手段的必要性和合理性。否则，应当承担相应侵权责任或不正当竞争责任。[1]"非公益必要不干扰规则"一经提出，即被视为是一般条款具体化的成功实践，故而在随后的互联网不正当竞争案件中得到了广泛使用。例如，在"优酷诉 UC 浏览器案"[2]中，法院认为："经营者应当尊重其他经营者商业模式的完整性，除非存在公益等合法目的，经营者不得随意修改他人提供的产品或服务，从而影响他人为此应获得的正当商业利益。"在"爱奇艺诉极路由案"[3]中，法院提出："经营者可以通过技术革新和商业创新获取正当竞争优势，但非因公益必要，不得直接干预竞争对手的经营行为。"

"非公益必要不干扰规则"虽然在司法实践中获得了好评，但却招致了学界的猛烈抨击："对不正当行为的认定来说，原则上必须由提出指控的一方来证明对方的竞争行为构成了不正当竞争行为。在采用一般条款来认定的情况下，这意味着必须由提出指控的一方来证明，相对方的竞争行为违反了诚实信用原则和公认的商业道德等……但如果我们来观察'非公益必要不干扰原则'，就可以发现这一表述中存在的问题。它把相关的竞争行为预设为一种'干扰'行为。无论是在汉语语境中，还是在一般人的观点和法官的思维习惯中，'干扰'这样的表述，具有一种被预设了的不正当性。把企业之间展开的竞争行为界定为一种'干扰'行为，然后进一步提出，只有出于维护公共利益的需要才可以去干扰，否则的话，就不要去干扰别人的营业活动。这种说法完全背离了不正当竞争行为认定中论证责任的分配规则。"[4]另外，"干扰"与"公益"这两个核心概念也存在

---

[1] 参见石必胜："互联网竞争的非公益必要不干扰原则——兼评百度诉 360 插标和修改搜索提示词不正当竞争纠纷案"，载《电子知识产权》2014 年第 4 期。

[2] 参见北京市海淀区人民法院［2013］海民初字第 24365 号民事判决书。

[3] 参见北京市海淀区人民法院［2014］海民（知）初字第 21694 号民事判决书。

[4] 薛军："质疑'非公益必要不干扰原则'"，载《电子知识产权》2015 年第 Z1 期。

逻辑矛盾。"如果一个行为被认定为干扰行为，就很难证明其具备公益性；而如果是互联网企业确实出于公益所实施的行为，也本不属于干扰行为。"[1]从逻辑上看，"非公益必要不干扰原则"将"公益必要"作为网络干扰行为唯一的合法化出口，这相当于将行为是否具有"公益必要"作为不正当竞争的判断标准，而这是极端错误的。因为"行为没有公益性不等于行为不正当"。[2]由此可见，从一般条款中演化出来的"非公益必要不干扰规则"虽然"好用"，但却不符合反不正当竞争法的客观实际和价值目标。其既无法为新型不正当竞争行为的界定提供一套权威性的说理路径，亦无法为市场竞争秩序的真正实现与技术创新的合规发展贡献出反不正当竞争法的应有力量。因此，我们有必要进一步借助功能主义的解释路径来思考该问题的应对方案。

从目的论来看，规则的提炼与使用应当符合反不正当竞争法维护市场竞争秩序、鼓励竞争和激励创新的价值目标，而不能与之相悖。在互联网商业纠纷中，技术创新带来的侵入式商业模式竞争较为常见，其有时甚至以造成他方商业利益受损为代价来获取用户流量。但是，其究竟是由于竞争本身的损害性特征所致还是由于"不正当行为"所致，则不能以发生了损害结果为唯一判断依据。"竞争是同类或不同类生物通过自我发展或相互较量，以实现有消有长，优胜劣汰的过程。"[3]因此，竞争行为并不因产生了竞争损害而被认定为"不正当"，因为"竞争利益的相对性"与"损害的相互性"使得网络干扰案件的关键性问题不再是谁"干扰"谁，而是谁的竞争利益更值得保护。[4]显然，"非公益必要不干扰规则"是将相对

---

〔1〕　黄勇："论互联网不正当竞争的'新边界'"，载《电子知识产权》2015年第 Z1 期。

〔2〕　参见宋亚辉："网络干扰行为的竞争法规制——'非公益必要不干扰原则'的检讨与修正"，载《法商研究》2017 年第 4 期。

〔3〕　刘文华：《走协调结合之路》，法律出版社 2012 年版，第 324 页。

〔4〕　参见宋亚辉："网络干扰行为的竞争法规制——'非公益必要不干扰原则'的检讨与修正"，载《法商研究》2017 年第 4 期。

性的竞争利益提升到绝对权的保护水平，并以绝对权的排他性来划定竞争行为的边界。但这不仅缺乏规范依据，而且严重偏离了我国鼓励竞争并保护创新的互联网竞争政策。[1]正因如此，为了避免不正当竞争行为的司法界定落入了绝对权保护的窠臼，孔祥俊探索出了判断竞争行为正当性的"3+1模式"。该模式的核心观点之一即是：动态竞争具有对抗性，竞争本就是以损害他人利益为常态，故竞争性损害的法益是中性的，因此，正当性判断并非立足于可诉的"法益"，而是行为本身的违法性（即"行为正当主义"而非"权益保护主义"）。[2]由此可见，"非公益必要不干扰规则"显然是有悖于反不正当竞争法的价值目标与政策导向的，因为其将关注焦点仅限于原有商业模式一方的网络经营者，从而忽略了其他经营者、消费者和社会公共利益在互联网商业纠纷中的损益情况。从目的论上看，由于现代反不正当竞争法是同时关照经营者、消费者和社会公共利益的部门法。因此，"决定'违反诚实的商业习惯做法'之类的不正当竞争行为判断标准时，三种利益都需要加以考虑"。正如孔祥俊所说："实际上，不正当竞争越来越具有利益平衡意蕴。"[3]而基于目的论的观测视角，我们可以大致得出的结论是，从"非公益必要不干扰"等单一利益的考察规则向同时兼顾各方利益的比例原则方法的转变，将更契合对涉嫌不正当竞争的互联网纠纷进行合理裁决的要求。而令人可喜的是，无论是在学术界[4]还是实务界[5]，目前

----

[1] 参见宋亚辉："网络干扰行为的竞争法规制——'非公益必要不干扰原则'的检讨与修正"，载《法商研究》2017年第4期。

[2] 参见孔祥俊："论反不正当竞争的基本范式"，载《法学家》2018年第1期。

[3] 孔祥俊："论反不正当竞争法的现代化"，载《比较法研究》2017年第3期。

[4] 参见兰磊："比例原则视角下的《反不正当竞争法》一般条款解释——以视频网站上广告拦截和快进是否构成不正当竞争为例"，载《东方法学》2015年第3期；史欣媛："利益衡量方法在屏蔽视频广告行为正当性判定中的适用"，载《中南大学学报（社会科学版）》2017年第1期；王磊："法律未列举的竞争行为的正当性如何评定——一种利益衡量的新进路"，载《法学论坛》2018年第5期。

[5] 例如，法院在"腾讯诉世界星辉案"一审判决中即采用了比例原则方法。具体参见北京市朝阳区人民法院［2017］京0105民初70786号民事判决书。

都已有将比例原则或利益衡量方法适用于互联网不正当竞争纠纷案件的先例了，而不再仅仅局限于"非公益必要不干扰"规则的狭隘视角。

从结果论来看，互联网新型不正当竞争行为的判定不应当局限于正向的从一般条款演绎的裁判思维，还应当在正向思维得出相应结论后再以结果论的反向思维予以验证，从而检验裁判结论的正当性。"疑难案件的判决结果并不来自于法律内部，对不同判决方案预测其社会效果并权衡其利弊得失是隐含于法律解释中的思维过程。"[1]在互联网不正当竞争纠纷案件中，法院据以裁判的理由应当具有充分的可验证性，而不能罔顾相关后果发生的可能性来鉴别行为的正当性。从以往互联网不正当竞争纠纷的司法实践来看，法院忽略对后果进行实际考察和验证的现象较为普遍，尤其是对于作为裁判理由的相关依据缺乏系统分析，以至于裁判所列依据始终处于"假想"状态。

我们以视频广告屏蔽类案件中的商业模式损害为例。在目前已经判决的广告屏蔽类不正当竞争纠纷案件中，不少法院在司法判决中以"广告屏蔽行为将导致视频网站经营者的商业模式遭受颠覆性影响"为由，判决广告屏蔽商承担不正当竞争责任。例如，在"合一公司诉金山公司案"[2]中，法院认为，就短期来看，视频网站的主要商业模式将很可能由免费模式变为收费模式，即用户很有可能需要付费才可以观看网站中的视频。就长期来看，这一情形可能导致视频网站丧失生存空间。在"聚力公司诉大摩公司案"[3]中，法院提出："从长远来看，视频分享网站因收益受到严重影响，将无法承受购买播放视频节目版权费用，在无利可赚的情况下，将无人去经营视频分享网站，最终损害了视频分享网站和广大视频消费者的利益。"毫无疑问，法院在裁判规则上选取了有利于原告的理由，其

---

〔1〕　桑本谦："法律解释的困境"，载《法学研究》2004 年第 5 期。

〔2〕　参见北京市第一中级人民法院〔2014〕一中民终字第 3283 号民事判决书。

〔3〕　参见上海知识产权法院〔2016〕沪 73 民终 34 号民事判决书。

或以明示的方式提出"免费+收费"的互联网商业模式将遭受重大冲击，甚至危及整个视频网站行业；或在默认这一"潜在事实"的基础上，得出消费者通过广告屏蔽行为获利的状态在长期上难以持续的结论。但问题在于，法院据此裁判的依据真的符合客观实际吗？即以各种方式屏蔽视频广告的行为，果真会对视频网站的商业模式造成毁灭性打击吗？倘若此类结果根本没有出现或也不可能出现，那么法院据此得出的裁判结论也是值得质疑的。因此，功能主义解释路径的价值即在于，通过后果验证的方式对相关裁判主张进行检验，以重新审视作为认定不正当竞争行为的判决理由的"正当性"。

从应然结果来看，视频网站的营收似乎并不会因为广告屏蔽行为的存在而遭受毁灭性打击。通过观察我们发现，就视频网站的营利方式而言，视频广告业务仅仅只是其诸多盈利方式中的一种。在互联网行业中，视频网站的营收来源主要包括：①广告业务，②为客户提供其他增值服务，③版权分销协议等。首先，就广告业务而言，视频网站的广告收入是通过多种广告类型来实现的，如片前广告（出现在视频播放前的广告）、片后广告（出现在视频结束后的广告）、间隙广告（于视频暂停时出现的可关闭式悬浮广告）、贴附式广告（在视频播放过程中以固定占据一定画面面积而呈现的静态贴附式或动态演化式广告）、植入广告（出现在视频网站独家制作的视频中的植入广告）等等。在这些诸多类型的盈利广告中，广告屏蔽商并不能屏蔽所有广告。例如，植入广告由于内嵌于节目之中，其丝毫不受广告屏蔽行为的影响。因此，视频广告屏蔽技术并非可以控制和影响一切视频网站的广告业务收入。其次，就为客户提供的其他增值服务而言，例如，爱奇艺 VIP 会员不仅可以跳过片前广告，而且还可以享受"提前观看新鲜视频""加速下载""下载更多视频"等服务，而这些服务同样不受广告屏蔽行为的影响。换言之，纵使广告屏蔽技术可以代替爱奇艺 VIP 会员享有的跳过片前广告的服务，其也无法影响其他增值服务。因此，在实际生活中，用户也依然愿意为获取其他增值服务而付费。最后，就版权分销而言，视频网站经营者在原始取得或继受取得视频版权后，会通过分销协议授权其他网站享有，从而获得利润，这部分营业收入同样是不受广告屏蔽行为影响的。由此可见，视频网站经营者在营收方式上呈现的是一种多元化的收入模式，而广告屏蔽技术所能实际影响的业务通道仅是其中的一部分，故尚不足以言之为颠覆视频网站的商业模式。

从实然后果来看，视频广告屏蔽行为对视频网站造成的损害是十分有限的。从国外实践来看，这种"一定程度的损害"不仅没有颠覆整个行业的商业模式，反而促进了该行业的健康发展。例如，美国以"Adblock Plus"等为代表的屏蔽网页广告软件被广泛使用，但其并未导致美国视频网站行业的商业模式受到颠覆性影响，反而促使美国"YouTube"于 2010 年推出"True View"服务，使得用户可以选择是否跳过广告，或选择在视频特定位置观看某广告。"You-Tube"充分考虑用户体验，由用户选择广告呈现的方式，并人性化地设置视频内嵌式广告，时长不超过 15 秒；时长达到 60 秒的广告，用户可在 5 秒后选择快进。"YouTube"依据用户体验转变商业模式，在用户体验、版权保护、广告商收益和自身盈利四者之间实现了有效平衡，使美国网页广告模式成功实现了转型。[1]

由此可见，不论是从应然结果还是实然结果来看，均没有发生前述法院裁判文书中所宣称的"视频网站商业模式彻底颠覆"的情形。因此，以往司法实践中将此作为认定不正当竞争行为裁判理由的做法并不科学。德国类似案件的相关判决更强调对"后果"的精准把握。例如，德国联邦最高法院在"Frensehfee 案"[2]的判决中阐述道："……基于对上述利益的综合考量，被告的利益更值得保护，因为被告的广告屏蔽装置的销售虽然加重了原告的经营负担，但并未威胁其生存。然而，被告企业如果被禁止生产和销售广告屏蔽装置，会遭受危及生存的损害，广告屏蔽本身是其商业创意创新

---

〔1〕　黄武双、刘建臣："中美屏蔽网页广告行为法律规制比较"，载《竞争政策研究》2015 年第 1 期。

〔2〕　BGH, Urteil v. 24.06.2004, Az. I ZR 26/02.

和具有商业效果的核心。"〔1〕在该案中，法院将广告屏蔽行为对原告造成的损害定性为"并未威胁其生存"，而将广告屏蔽技术本身视为是被告商业模式中不可或缺的部分，从而得出了被告行为不构成不正当竞争的裁判结论。显然，其采取了完全不同于我国司法实践的思维路径和裁判方法。当然，值得关注的是，我国近年审理的广告屏蔽纠纷案中也开始采用此后果验证的思维。例如，在"腾讯诉世界星辉案"〔2〕中，一审法院提出："网络用户对浏览器广告屏蔽功能的使用，虽造成广告浏览次数的减少，但此种减少并不构成法律应予救济的'实际损害'，只损害竞争对手的部分利益、影响部分网络用户的选择，还达不到特定的、影响其生存的程度，则不存在对市场的干扰、构不成对腾讯公司利益的根本损害。"在本案中，将被告的广告屏蔽行为对腾讯公司利益造成的"损害程度"作为认定是否构成不正当竞争的重要依据之一，即体现了法院对后果要素的实际考察和验证。

第五节 "竞争关系"弃置的功能主义解释：以商业诋毁条款为例

一、功能主义解释的由浅入深：从"广义的竞争关系"到"竞争关系的摒弃"

淡化竞争关系在认定不正当竞争行为中的作用，是 2017 年《反不正当竞争法》的重要精神，也是竞争法学界达成的理论共识，符合国际竞争法的发展潮流。在比较法上，各国的立法和司法实践均呈现出淡化甚至摒弃竞争关系的趋势。1938 年的《惠勒-利法》规定"对于商业活动中各种不公正的竞争方法或欺骗性的行为或做法，

---

〔1〕 参见刘建臣："浏览器屏蔽网页广告行为的不正当竞争认定——基于消费者利益的考量"，载《竞争法律与政策评论》2015 年第 0 期。

〔2〕 参见北京市朝阳区人民法院〔2017〕京 0105 民初 70786 号民事判决书。

均就此宣布为非法"，从而将法律的适用扩大到非竞争关系。随着各类破坏市场竞争秩序行为的增加和多样化，试图"扩大竞争关系内涵"的思潮逐步传播开来。从 20 世纪七八十年代开始，各国对"竞争关系"的理解普遍倾向广义化。1972 年美国的"Galthouse, Inc. v. Home Supply Company and Alj. Schneider 案"、1983 年英国的"Lego Systems Aktieselskab v. Lego M Lemelstrich Ltd 案"的主审法官们均认为现代竞争关系的外延已经拓展，不能再采取狭义的"竞争关系"的理解。1986 年瑞士的《不公平竞争法》将适用范围扩展到经营者与消费者之间的各种行为，从而抛弃了对竞争关系的要求。1996 年 WIPO 发布的《反不正当竞争法及其注释》第 5 条明确规定："消费者团体或者新闻媒体，也可以实施违反公平竞争原则的行为。"[1]

　　在我国的司法实践中，法院对竞争关系内涵的界定同样呈现出逐年扩大的趋势。例如，在早期的"长江贸易部诉中国商报社案"[2]等案件中，法院一直秉持着以"同业经营者"来认定竞争关系的思路："诋毁商誉的不正当竞争必须发生在竞争对手之间，而本案的三被告与原告分属不同的行业，显然不是同业竞争对手。因此，原告起诉三被告的行为构成不正当竞争缺乏事实依据，不能得到法律支持。"[3]但在随后的"浚泓有限公司与泰康公司案"[4]、"金斯顿篮球俱乐部与金斯顿服饰公司案"[5]等案件中，法院便开始转变思路，将竞争关系的界定置于更为广阔的视角之下："经营者之间是否具有同业

〔1〕　参见孔祥俊：《反不正当竞争法新论》，人民法院出版社 2001 年版，第 161~167 页；谢晓尧：《在经验与制度之间：不正当竞争司法案例类型化研究》，法律出版社 2010 年版，第 43~44 页；徐孟洲、孟雁北：《竞争法》（第 3 版），中国人民大学出版社 2018 年版，第 280 页。

〔2〕　江苏省南通市中级人民法院［2000］通中民初字第 22 号民事判决书。

〔3〕　转引自谢晓尧：《在经验与制度之间：不正当竞争司法案例类型化研究》，法律出版社 2010 年版，第 42 页。

〔4〕　广东省高级人民法院［2004］粤高法民三终字第 282 号民事判决书。

〔5〕　山东省济南市中级人民法院［2005］济民三初字第 5 号民事判决书。

关系，并不是构成不正当竞争的先决条件。经营者以不正当的方式在市场经济的生存竞争中损害了其他经营者的合法权益，就会构成不正当竞争。""反不正当竞争法对竞争关系的要求并非狭义上的仅限于经营同类商品或替代商品的竞争对手争夺交易机会的行为，而是只要经营者以不正当的手段谋求竞争优势或者破坏他人竞争优势地位的行为，则就应当适用反不正当竞争法。"[1]进入互联网时代后，法院在处理互联网不正当竞争纠纷的基础上，又逐步发展出了"竞争利益说"，以作为认定竞争关系的依据。"竞争利益说"认为，对竞争关系的理解不应限定为某特定细分领域内的同业竞争关系，而应着重从是否存在竞争利益角度出发进行考察。竞争利益主要体现为对客户群体、交易机会等市场资源的争夺中所存在的利益。如在"合一金山安全软件有限公司案"中，法院认为："本案中二被告提供过滤优酷网视频广告的猎豹浏览器，影响合一公司的交易机会和广告收益，使两个原本可以在各自领域并行不悖发展的企业存在现实的竞争利益。因此，本院认为，合一公司与二被告间存在竞争关系。"同样，在"北京奇虎科技有限公司等与腾讯科技（深圳）有限公司等不正当竞争纠纷上诉案"中，法院也采用了"竞争利益说"认定竞争关系："原、被告之间在网络服务范围、用户市场、广告市场等网络整体服务市场中具有竞争利益，二者具有竞争关系。"[2]由此可见，扩大竞争关系的内涵和外延来认定非同业经营者之间的不正当竞争行为已成为实务中的通行做法。

为了应对司法实务的需要，有学者从理论上提出了"区分狭义的竞争关系与广义的竞争关系"的观点。其认为，《反垄断法》中要求的竞争关系是一种狭义的竞争关系，而《反不正当竞争法》则要求的是一种广义的竞争关系。其中，广义竞争关系又可被分解为三

---

[1] 转引自谢晓尧：《在经验与制度之间：不正当竞争司法案例类型化研究》，法律出版社 2010 年版，第 46 页。

[2] 参见周樨平："竞争法视野中互联网不当干扰行为的判断标准——兼评'非公益必要不干扰原则'"，载《法学》2015 年第 5 期。

大类：一是行为人与他人之间存在着狭义的竞争关系，即不正当的排斥竞争对手的商业行为，如仿冒竞争对手的商品标识；二是经营者虽未排挤竞争对手的竞争，但通过不正当手段获取竞争优势的行为，如在特定市场上没有竞争对手的经营者进行虚假宣传；三是以不正当手段破坏他人竞争优势的行为，如职工为泄私愤披露所在企业商业秘密。[1]概言之，广义竞争关系是指竞争关系的认定不以经营者之间是否属于同业竞争或存在现实竞争为限，还包括经营者是否以不正当手段获取竞争优势或破坏他人竞争优势的情形。"广义竞争关系"与"狭义竞争关系"的区分打破了传统文义解释层面对"竞争对手"概念的墨守成规，将"非同业经营者"实施的不正当竞争行为成功纳入反不正当竞争法的规制框架中，为准确界定不正当竞争行为提供了较为充分的理论支持。

从实质上看，"广义竞争关系"正是基于一种功能主义的解释立场而产生的：当"竞争对手"概念按照形式理性要求，被限制在"同业经营者之间"而无法应对其他主体实施的不正当竞争行为时，法官和学者只能诉诸符合反不正当竞争法立法目的与价值目标的实质解释论，对"竞争关系"进行目的性扩张，以符合反不正当竞争法规制不正当竞争行为、维护市场公平竞争秩序的价值目标。但是，由于"广义竞争关系"的创设还只是功能主义解释方法在"竞争关系"问题上的初步分解和浅层挖掘。因此，"广义竞争关系"理论依然难显周全。

其一，"广义竞争关系"的解释容易使"竞争关系"一词在语义学上产生逻辑悖论。"竞争"（competition）是个体或群体间力图胜过或压倒对方的心理需要和行为活动。因此，在社会生活中，竞争往往通过竞赛的形式表现出来。根据朴素直觉主义的理解，"竞争关系"当然仅存在于能产生直接对抗的同业经营者之间（如王老吉与加多宝之争）。而在互联网时代，由于竞争方式已从"业务竞争"

---

〔1〕　参见孔祥俊、刘泽宇、武建英编著：《反不正当竞争法：原理·规则·案例》，清华大学出版社 2006 年版，第 40~41 页。

转向"流量竞争",故"竞争关系"扩张至从事不同业务的互联网经营者之间也具有一定的合理性和可预期性(例如"3Q"大战)。但是,若对除此之外的其他非同业经营者之间以"广义竞争关系"进行逻辑套用,则会陷入"强行解释"的尴尬境地。例如,发生在无竞争关系的上下游厂商之间的商业诋毁行为,若将其纳入"广义的竞争关系"范畴,则显然与一般经验规则相悖。因为此时学理上的"广义竞争关系"的内涵大致可被转译为通俗意义上的"无竞争关系"情景。由此可见,"广义竞争关系"的解释实质上已经超越了竞争关系最原始的"自在"含义,而将他方对己方所造成的影响置于己方同业竞争状况的评价体系之中,并以导致己方于所在行业的竞争优势受损为由认定与他方存在竞争关系。不得不说,虽然此种做法试图将"竞争损害"的功能性解读嵌入传统竞争关系认定的理念之中,但却在客观上导致了语义学与经验认知层面的偏差。

其二,在广义竞争关系与狭义竞争关系区分论下,"反垄断法适用狭义竞争关系而反不正当竞争法适用广义竞争关系"[1]的论断也并不能准确地概括二者的适用范围。一方面,在反垄断法中,存在一些不需要考虑是否具有竞争关系的相关市场的问题。例如,纵向垄断协议由于发生在上下游的生产商与销售商之间,所以对竞争关系作用的依赖性并不明显。另一方面,在反不正当竞争法中,也会存在一些极为特殊的不正当竞争行为,其只能发生在具有直接竞争关系的经营者之间。例如,比较广告中的商业诋毁只能发生在同业经营者之间。由此可见,广义竞争关系与狭义竞争关系在划分基础与功能适用方面均存在一定缺憾。

其实,在对待反不正当竞争法中"竞争关系"的问题上,功能主义的解释方式还能"走得更远"。因此,笔者的观点是,不正当竞争行为的界定应当彻底摒弃对"竞争关系"概念的依赖与使用。理由大致有以下几方面:

---

[1] 参见孔祥俊、刘泽宇、武建英编著:《反不正当竞争法:原理·规则·案例》,清华大学出版社2006年版,第40~41页。

第一，扩大反不正当竞争法的适用范围乃大势所趋，但创设"广义竞争关系"概念却并非是融入此趋势的最佳方案。如前所述，在界定不正当竞争行为的问题上，世界各国的立法与司法实践均呈现出放松竞争关系要素的态势，甚至部分国家明确表示放弃将竞争关系作为认定不正当竞争行为的前置性要件。而我国"广义竞争关系"的概念正是在此背景下提出来的。"广义竞争关系"的回应在解决司法实务中非同业经营者实施不正当竞争行为的问题上具有显著功效，但由于其容易造成前述语义学上的逻辑悖论从而使其功能受限。在实际运用中，广义竞争关系的解释实质上承担了摒弃竞争关系的功能。因此，根据奥卡姆剃刀定律，"如无必要、勿增实体"，我们有必要奉行简约主义的精神，直接摒弃竞争关系的认定。

第二，从构成要件上看，反不正当竞争法中的竞争关系要素并未一般性地发挥着认定不正当竞争行为的功能。在以往反不正当竞争法的司法适用与裁判中，"竞争关系"的作用往往是多面向的，而认定不正当竞争行为仅为极少数情形下的需要。例如，有学者曾概括了"竞争关系"对案件的影响：①特定行为的构成要件；②侵权情节的判断要素；③诉讼主体的确立论证；④民事责任的承担方式。[1]可见，即便竞争关系可以作为某些特定不正当竞争行为的构成要件（如比较广告型商业诋毁），也不能因此得出竞争关系作为认定不正当竞争行为的普遍性要件的结论，更不能将其要件化为整部反不正当竞争法的要求。因此，在不正当竞争行为认定的普适性标准中，我们应当摒弃对竞争关系要素的一般化提倡和使用。

第三，从反不正当竞争法的目的论出发，反不正当竞争法规制不正当竞争行为旨在维护市场公平竞争秩序，而"竞争关系"要素则不应成为实现该目标的阻力。如前文所言，反不正当竞争法从民法中分离，旨在实现其维护市场公平竞争秩序的独立价值品格。因此，反不正当竞争法的制度设计也势必应围绕此价值目标展开。换

---

〔1〕　谢晓尧：《在经验与制度之间：不正当竞争司法案例类型化研究》，法律出版社 2010 年版，第 53~55 页。

言之，不正当竞争行为的认定标准应当从"竞争关系"标准向"竞争秩序"标准转向。在非同业经营者中，由于其实施的不正当竞争行为同样能产生破坏市场竞争秩序和损坏其他经营者、消费者合法权益的不良后果。因此，此种竞争损失在后果上具有"同质性"。若要对该类行为实施有效制裁，则只能通过诉诸反不正当竞争法的功能主义解释路径，以摒弃对竞争关系要素的一般化界定来实现反不正当竞争法的"规制扩容"。

从我国的司法实践来看，以匹配反不正当竞争法价值目标的"竞争秩序"标准得到了实际使用。例如，在"治历实业公司与润海商发联合置业公司案"[1]中，法院对于被告润海公司辩称的"与原告公司之间一直是项目合作关系而不是竞争关系，故不构成反不正当竞争法所规范的行为主体"进行了如下反驳："反不正当竞争法对不正当竞争行为的界定并未要求其行为必须为严格的竞争关系。如由反不正当竞争法所规范的'虚假宣传'的不正当竞争行为，并没有具体的竞争对手，该行为可能只是损害了消费者的利益。因此，应当将反不正当竞争法所规范的不正当竞争行为主体作宽泛的理解，即只要违反了诚实信用原则，损害其他经营者的合法权益或者在市场上的竞争优势，扰乱社会经济秩序的行为，均可成为反不正当竞争法规范的行为主体。就本案而言，原、被告之间前期确为合作联营关系，并不存在直接的竞争，被告润海公司刊登讼争《公告》的目的也不是为了取得某种市场竞争的优势（可能仅为保护其合法利益），但其违反了诚实信用原则，在客观上导致原告冶历实业的商誉受到某种诋毁，从而使其丧失在市场竞争中的优势地位（指相对于被告公司以外的其他与原告具有竞争关系的公司），可以成为反不正当竞争法规范的行为主体。"在该案中，法院并未致力于论证行为主体之间是否存在广义的竞争关系，而是径直依据反不正当竞争法的目标功能，将"竞争损害"导向"竞争秩序"层面，从而作出了被告构成不正当竞争的判决。此即为笔者所倡导的典型的以"竞争秩序标

---

[1] 湖北省武汉市中级人民法院［2014］鄂武汉中知初字第 01781 号民事判决书。

准"替代"竞争关系标准"来认定不正当竞争行为的功能主义实践。

二、功能主义解释路径下对商业诋毁条款中"竞争对手"的概念质疑

2017 年 11 月 4 日，《反不正当竞争法》迎来了 24 年以来首次修订后的表决通过。新法不仅在语言上更注重表达精炼和准确，而且在内容上也重新整合和大大丰富了旧法的行为类型，并且在立法理念上进一步展示了反不正当竞争法的"现代化"特征。[1]但是，2017 年《反不正当竞争法》中商业诋毁条款的修改却让人多有不解，即在前述淡化甚至摒弃"竞争关系"界定的大背景下，2017 年《反不正当竞争法》第 11 条有关商业诋毁的规定却依然采用了"损害竞争对手的商业信誉、商品声誉"的表述。其相较于 2016 年《反不正当竞争法（修订草案送审稿）》第 11 条的"损害他人的商业信誉、商品声誉"，最终保留了 1993 年《反不正当竞争法》中商业诋毁限于"竞争对手"之间的规定，使其成为 2017 年《反不正当竞争法》中唯一一个明确须以竞争关系为构成要件的不正当竞争行为。据立法者透露，此举的立法原旨在于，防止将一般的民事侵权行为被纳入反不正当竞争法的调整范围，而对于非同业经营者的商业诋毁行为，则通过"广义的竞争关系解释"予以豁免。具体而言，反不正当竞争法仅规制"经营者对具有广义竞争关系的其他经营者实施商业诋毁"的情形，而"一般民事主体针对经营者实施的诋毁商誉行为"则依照普通民事侵权行为处理。这一做法虽然试图为反不正当竞争法中的商业诋毁条款与民法中的一般名誉侵权行为划清界限，但是，却带来了至少以下两方面的疑虑：

第一，既然立法者有意将"竞争对手"解释为具有广义竞争关系的经营者，那么为何不径直将"竞争对手"的概念替换为"其他经营者"，即"经营者不得编造、传播虚假信息或者误导性信息，损

---

[1] 参见孔祥俊："论反不正当竞争法的现代化"，载《比较法研究》2017 年第 3 期。

害'其他经营者'的商业信誉、商品声誉"。从广义的竞争关系视角来看，经营者实施的一切破坏其他经营者竞争优势的行为，几乎都可以被该条款涵摄。而使用"其他经营者"的概念，既可避免对"竞争对手"一词中"竞争关系"的再解释所带来的误解，又可以体现新法不以"竞争关系"要素作为不正当竞争行为定性依据的现代化理念。与此同时，还能产生将主体范围从"竞争对手"推至"非竞争关系的经营者之间"的相同效果。正因如此，笔者认为，2016年《反不正当竞争法（修订草案送审稿）》第11条"损害他人的商业信誉、商品声誉"中的"他人"概念是完全可以借鉴使用的。原因在于，"商业信誉、商品声誉"实质上已经限定了"他人"的范围，即只能为一定的经营者，使用此概念并不会将"经营者基于其他理由诋毁非经营者"的情形纳入反不正当竞争法规制范畴，故不必担心反不正当竞争法的调整范围因此被无限扩大。

第二，按照新法中商业诋毁条款的规定，即便可以通过广义的竞争关系解释将"其他经营者"纳入主体范畴，但却未给一般民事主体构成商业诋毁之可能留下空间。那么，"将一般民事主体针对经营者实施的诋毁商誉行为均按普通民事侵权行为处理"又是否具有充足的合理性呢？笔者对此持保留态度。

如前所述，认定不正当竞争行为经历了从"竞争关系标准"向"竞争秩序标准"的转变，亦即从关注"主体身份"向侧重"行为性质"的转变。该种转变的主要原因在于，反不正当竞争法维护市场公平竞争的独立价值品格为大众广泛认可，并逐步形成判定不正当竞争行为的最终标准。反不正当竞争法历经百年发展，虽已形成共识性的多元价值目标，如保障经营者利益、消费者利益和社会公共利益，但是，社会公共利益所表征的市场公平竞争秩序，却始终是反不正当竞争法的核心价值内容以及区分其他部门法的独立价值品格。[1]由于竞争秩序的建立并非以竞争者之间的相安无事为已足，

---

[1] 参见龙俊："滥用相对优势地位的反不正当竞争法规制原理"，载《法律科学（西北政法大学学报）》2017年第5期。

且对竞争秩序的破坏也并不以损害竞争对手的利益为唯一形态，所以，在判断不正当竞争行为时，"竞争秩序标准"更能满足反不正当竞争法的社会功能需求。正因如此，有学者才认为，"竞争关系的宽解释与弃置"是反不正当竞争法现代化的重要特征之一。[1]

"竞争关系"的摒弃为一般民事主体实施商业诋毁行为留下了可能的空间，但此次修法中立法者使用的"竞争对手"概念，却又将非经营者的诋毁商誉行为拒之于反不正当竞争法的大门之外。显然，这种做法与前述的"竞争秩序标准"是相违背的。在现实场景中，由自然人或其他组织实施的商业诋毁行为，并不能一概将其推至民法或侵权责任法的管辖领地。因为在功能主义的解释路径下，非经营者等主体同样具备实施反不正当竞争法意义上商业诋毁行为的正当理由。

从目的论来看，不以实施主体的身份作为判断是否构成不正当竞争的唯一标准，是维护前述"竞争秩序标准"的需要。法律对商业诋毁进行规制，是因其侵害了经营者的商誉权，损害了经营者的经济利益。但在规范体系的选择上，将其交由反不正当竞争法调整而非由一般民法规制，则是因为其在侵害经营者商誉权的同时，还对众多消费者的合法权益、正当的市场竞争关系以及公平公正的市场竞争秩序等公共利益造成了损害。这些复合权益的保护使得"主体间是否具有竞争关系"不再是认定商业诋毁行为的关键。因此，"竞争秩序标准"的基本要求是，判断某种行为是否构成竞争法意义上的商业诋毁，并不以主体是否具有特定资格为限，而应以该行为是否直接破坏市场竞争秩序为据。具言之，无论是同业经营者、非同业经营者，还是其他任何一般主体，只要针对经营者实施了诋毁商誉行为，且实质损害了经营者商誉权，并直接破坏了市场公平竞争秩序，则毫无疑问应适用 2017 年《反不正当竞争法》第 11 条的规定。

从结果论来看，允许非经营者承担商业诋毁的不正当竞争责任有利于避免"同案不同判"，以维护法制统一。在司法实践中，将消

---

〔1〕　参见孔祥俊："论反不正当竞争法的现代化"，载《比较法研究》2017 年第 3 期。

费者或新闻媒体等实施的商业诋毁行为，按民法或侵权责任法中的名誉侵权处理，容易导致"同案不同判"的结果。一方面，从"行为的同质性"来看，"现实中真实发生的恶意诋毁竞争对手行为，其实很少由经营者公然以自己的名义实施，多数此类诋毁行为都以媒体曝光或者消费者批评之类的隐蔽方式出现"。[1]"直接实施"与"间接实施"在行为性质上本无任何区别，但依据2017年《反不正当竞争法》的规定，在前述场景下，如果能找出行为的"幕后主使"，则可成立商业诋毁的"共同侵权"。反之，则只能以名誉侵权的方式起诉消费者或媒体。显然，在案件事实未发生根本转变的情况下，仅依赖对事实的挖掘程度来改变法律适用的依据，是不符合法制统一精神的。另一方面，从"结果的同质性"来看，主体身份的不同，同样可以产生不弱于《反不正当竞争法》文本中规定的具有一定外观形式的行为所造成的影响。例如，A与B同为牛奶生产商，A编造虚假情形，向社会公开宣称B生产的牛奶含有三聚氰胺，造成B产品滞销，损失惨重，此种行为当然构成反不正当竞争法中的商业诋毁；若该言论是由消费者C编造、传播的，则消费者C诋毁牛奶厂商B的行为，同样会产生"牛奶厂商A诋毁牛奶厂商B"的同质后果，即均导致B的商誉利益受损，并直接破坏市场竞争秩序和消费者合法权益。因此，在行为性质和危害后果上具有高度一致性的"同案"情形，若因主体身份的不同而获致"不同判"的结果，既不利于实现个案的公平正义，又不利于法律适用的统一。

　　除此之外，另一个不得不面临的现实后果是，民法中的名誉侵权条款难以真正保护商誉受损的经营者。名誉权和商誉权侧重保护的利益有所不同：名誉权强调个体精神上的抚慰，故名誉侵权案件索赔多以精神性损害赔偿（如赔礼道歉）为主，财产性损害赔偿为辅，且在司法实务中，侵害名誉权案所获得的经济损害赔偿数额也是较少的；而商誉权则致力于保护经营者的经济利益，即通过良好

---

〔1〕 孙晋主编：《中国竞争法与竞争政策发展研究报告（1980-2015）》，法律出版社2016年版，第222页。

的口碑、持续的经营等获得高额的经济回报，故商誉权受损时一般通过高额的经济赔偿来弥补。在这种情况下，对于自然人实施的实质侵犯经营者商誉权的行为，以民法中的名誉侵权方式惩治，则难以真正达到补偿之效。因此，在现实中，对于普通民事主体实施的诋毁商誉行为，经营者大都倾向于援引反不正当竞争法中商业诋毁条款的规定。从诉讼策略上看，作为原告的经营者选择将商誉受损作为诉由，将高额的经济损害赔偿作为诉求，而非以侵犯名誉权提起诉讼，目的即在于尽可能从经济利益上主张更多的权利，以获得更多的经济赔偿。从这个意义上讲，非经营者在一定条件下构成反不正当竞争法中商业诋毁的实施主体也是符合客观需求的。

虽然法律需要以一套概念术语及其体系结构获得外在表达，以便于被人们认识、交流和遵守，但这些形式背后却有着明显的功能预设，承载了实现特定的理想社会秩序之功能。如果法律形式能够与现实生活一一对应且建构合理，即便法官对形式背后的功能预设毫不关心，只要能够背诵形式"口诀"，严格按照形式化的概念术语、体系结构和理论学说来解释和适用法律就足以实现理想。[1]当然，这仅是一种理论上的完满设想，建构能力不足、社会情境多变、信息传递失真、法律规则滞后……任意因素的侵扰都可导致"法律形式与现实生活一一对应且合理建构"的幻想破灭。但是，法律规则对价值目标的可承载性、形式理性与实质正义的可沟通性，都使得法律形式背后的功能预设具有可实践性。故在笔者看来，形式理性和实质理性不应是截然对立的范畴，其在法律实践中至少有两次机会求得统一：一是法律制定时的规则选取；二是法律解释时的规则重述。前者基于功能预设创造法律规则，后者基于规则解读实现目标价值。因此，"法解释论中对形式推理的强调，并不是要与实质的价值判断切断关联，而是为了减轻司法者价值衡量的负担，便于

---

〔1〕　熊丙万："法律的形式与功能——以'知假买假'案为分析范例"，载《中外法学》2017 年第 2 期。

其直接得出契合法内价值判断的结论"。[1]

但是，价值论-目的论的体系自身绝不可能决定任何原则在个案中到底应当如何起作用以及人们应该给予什么样的单个评价。[2]因此，功能主义解释才有必要在法官"前理解"的参与下实现"目的论"与"结果论"的统一。在功能主义的解释路径下，后果验证暗含于形式规范的选择与解释之中。"受制于'形式-功能'的思维定式，将法律文本的概念术语及其体系结构（和形式化的法律学说）作为思考法律问题的起点和归宿，认为是法律文本中的既有概念术语及其体系结构单向地决定了法律的社会功能，从而形成法律概念术语及其体系结构是'因'，法律的社会功能是'果'的局面。与此相反，功能主义在重视法律文本的同时强调实现'功能-形式'的法律认知模式转变：是特定时空背景（社会）对法律的功能性需求决定了法律文本中的概念术语及其体系结构，决定了它们的阐释方向，而不是反过来。"[3]从实质上看，功能主义解释路径下的后果验证实际是将内嵌于形式规则中的法律价值目标进行深度挖掘和有效披露，进而通过对各类裁判结论与法价值目标的匹配程度，择出最符合公平正义观念的司法裁判。

在反不正当竞争法中，功能主义解释作为一种证据补强方案，以目标匹配和后果验证的方式完成对裁判结论正当性的有效检验。功能主义的解释路径不再仅依从形式规则本身的推论而获取唯形式理性论的裁判，而是将更多目光聚焦在对目的与结果的双重判断上，从而为疑难问题的解答提供更广阔的视阈范围。作为一种实质上的解释方法，其不同于其他解释方法的最大特征即在于，功能主义的解释路径始终保有一种专属于自身的整体性和反思性思维，亦即

---

〔1〕 劳东燕："能动司法与功能主义的刑法解释论"，载《法学家》2016 年第 6 期。

〔2〕 参见［德］罗伯特·阿列克西：《法律论证理论——作为法律证立理论的理性论辩理论》，舒国滢译，中国法制出版社 2002 版，第 6 页。

〔3〕 参见熊丙万："法律的形式与功能 以'知假买假'案为分析范例"，载《中外法学》2017 年第 2 期。

"功能主义具有反思性，它不以概念实体和制度逻辑为唯一标准，而是从整体出发，首先考虑分析对象在关联系统中的位置，看这个位置对于系统整体的意义，以及与系统其他组成部分之间互动函数关系，从而在整体框架内给分析对象准确定位"。[1]

---

[1] 常鹏翱："善意取得仅仅适用于动产物权吗？一种功能主义的视角"，载《中外法学》2006年第6期。

人本主义是以人为价值和尺度的哲学认知。"法学中的人本主义乃是一种法律哲学思想"，[1]强调法应当以人为本，保障人权，以人的经济社会生活为经纬，保障人之尊严和自由，促进人之发展，以人为目的和价值依归。法学研究中的人本主义似乎是无需证成的，因为人类经济社会的发展以及立基在该基础上的法律制度不可能脱离"人"这一根本。然而，诚如杨奕华所言："事实上，法律离不开人类及其社会，法律是因人而存在的，这是不证自明的道理，但最理所当然的事，最容易在不知不觉间被忽略了。"[2]

人本主义是经济法的重要品格和固有属性，关于人本与资本/物本的关系之思考始终贯穿于经济法的价值理念体系之中。经济法的产生既依托于现代性，又是对于现代性资本意义过度扩张导致的人为物所异化现象的矫正，它的产生离不开"物本主义"向"人本主义"转换这个大的背景。[3]为了矫正物本主义空前强盛而人文危机日益严重的失衡状态，经济法所调整的一系列关系（诸如宏观调控关系、市场竞争关系、社会分配关系等），都在不同侧面体现着对人

---

〔1〕 杨奕华：《法律人本主义——法理学研究诠论》，汉兴书局1997年版，第51页。

〔2〕 杨奕华：《法律人本主义——法理学研究诠论》，汉兴书局1997年版，序言第2页。

〔3〕 李永成：《经济法人本主义论》，法律出版社2006年版，前言第7页。

性的解放、对人的价值和意义的肯定、对人的关怀。经济法身处法律体系之中，其价值理念之形成必然会受到其他部门法的影响而难以"置身事外"。现代民法通过主体制度的发展、人格权的勃兴、侵权法及婚姻家庭法的发展强化了人文关怀，体现了对"自然人"的保护。[1]环境法理念在生态中心主义向人类中心主义的交替更新中体现了对"生态人"的保护。[2]国际法的发展亦呈现出人本化的趋势，国家人道法、国际人权法、外交保护法、引渡法、国际环境法等都体现了"以人为本""以人类为本"的理念，逐渐动摇了国际法的"国家间"属性。[3]因此，应该呼唤经济法中的人本主义，如此"经济人"才能和"自然人""社会人""政治人""生态人"等的保护统一起来，才能体现人本主义法学的完整意涵。

　　人本论对于经济法研究而言，不仅是一种价值观，也是一种认识论和方法论。[4]人类历史上出现的神本论、物本论、科学中心主义、官本论等思潮对法的精神气质、价值意蕴、制度建构产生影响。改革开放以来，我国经济社会发展过程中出现了一些分配不公、贫富分化、东西差距、社会弱势群体保护不足等现象；经济法学研究盲目地接受效率最大化、完全竞争理论、帕累托最优等经济学理论，忽视了经济学之外的人类学、社会学内涵。人本论的认识论和方法论意义就在于对唯GDP是尚、忽视人本身的生存质量、造成环境污染等物化的经济制度恶果进行了深刻的揭示和反思，提出人本主义的经济制度设计，[5]致力于对"人本精神"的恢复和

〔1〕　参见王利明："民法的人文关怀"，载《中国社会科学》2011年第4期；薛军："人的保护：中国民法典编撰的价值基础"，载《中国社会科学》2006年第4期。

〔2〕　参见李淑文："人类中心主义与非人类中心主义的论争与评析——基于人与自然关系的反思"，载《中国人口·资源与环境》2010年第S1期；吴贤静：《"生态人"：环境法上的人之形象》，中国人民大学出版社2014年版，后记。

〔3〕　参见曾令良："现代国际法的人本化发展趋势"，载《中国社会科学》2007年第1期。

〔4〕　参见李永成：《经济法人本主义论》，法律出版社2006年版，前言第1页。

〔5〕　参见刘红红：《价值·发展：人本主义经济理论》，经济科学出版社2008年版，第273页。

弘扬。[1]

20 世纪 80 年代以来，中国的经济法学研究进入了繁荣的"后宏法期"。刘文华等老一辈经济法学家凭借着极为有限的学术资源，深深植根于中国的现实，筚路蓝缕，以启山林，"创造出了无愧于时代的具有中国特色的经济法学理论"。[2]尽管刘文华并未系统地提出人本论，但是无论是他提出的"平衡协调论""结合论""纵横统一论"，还是"分合论""社会责任本位论"等，处处体现着人本精神，处处彰显人文关怀。刘文华的人本思想启发后学，张世明、徐孟洲、李永成、胡光志等学者围绕"人本主义经济法"的命题继续锐意开拓，逐渐形成了成熟的理论体系。

近年来，学界更涌现了一批优秀的经济法学者，他们致思于如何将人本论落实到经济部门法之中，为具体的制度建构提供指引。例如，人本主义竞争法学者强调竞争规则应当从唯效率论的"优胜劣汰"向兼顾公平的"优胜劣存"发展。从而，强者可以通过努力获得应有的地位，而弱者同样有生存下去的权利。人本主义金融法学者强调金融法治建设不能定位于金融商品与服务、金融机构等"物"，而是应当定位于人，以金融消费者为本，强调金融消费者作为金融市场的基础性主体。人本主义企业法学者强调现代企业制度应当重视人力资本的价值，通过确立劳动者剩余分配权，建立最低工资制度、拖欠工资的惩罚制度、强制性社会保险制度、职工董事与监事制度、职工代表大会制度，强化企业社会责任，实现企业制度由物本主义向人本主义转型。但遗憾的是，人本主义财政法学的研究却非常缺乏。实际上，关于人本与财产、人本与物本的讨论涉及财政法的基石范畴。近年来，有研究者提出"财税法本质上是公共财产法"的命题，并围绕该命题进行论证，由此形成了相关的理

---

[1] 参见马长山："法律的'人本精神'与依法治理"，载《法制与社会发展》2004 年第 4 期。

[2] 张世明、王济东："纵横统一说：刘文华与费肯杰经济法学理论比较研究"，载《商丘师范学院学报》2012 年第 7 期。

论体系。[1]财政法调整公共财产的取得、管理和支出等环节产生的公共财产关系，其本质上是公共财产法，属于广义上的财产法的范畴。因此，财政法同样需要回应难以回避的财产法诘问：在财产本位和人为本位，或物本主义和人本主义两种理念之间如何权衡？事实上，现代财政法从未缺少过人本主义，缺少的是系统化、体系化、理论化的研究。在公共财产法中强调人本主义，确定人相对于公共财产的优先性，并将"人本"转化为规范化、制度化的话语，具有重要的研究价值。

有鉴于此，本章首先探究了经济法与人本主义的关系，其次分析了人本主义对经济部门法的影响，最后探讨了财政法中人本主义的生成逻辑、价值次序、制度实现等问题。在进行上述论证的过程中，梳理并解析了刘文华等经济法思想中的人本精神，以期通过对巍巍先功的历史性回顾，激发后学学术创造中的人文自觉。

第一节 人本主义法哲学与经济法的联姻

一、西方哲学史中的人本主义思想素描

人本主义在西方被称为"humanism"，可以译为人本主义、人文主义、人道主义等词汇。很多学者将三者等而视之，不作区分。实际上，"人文主义"与西方文艺复兴运动相联系，其含义上强调与神学文化相对立的世俗文化。在法学历史上，还出现过以法国为中心的以阿尔恰托等人为代表的"人文主义法学派"（Legal Humanism），该学派受到文艺复兴时期人文主义精神的影响，反对注释法学派对罗马法的机械注释，主张以历史的、比较的注释方法以恢复罗马法

---

[1] 参见刘剑文、王桦宇："公共财产权的概念及其法治逻辑"，载《中国社会科学》2014年第8期；刘剑文："论财税体制改革的正当性——公共财产法语境下的治理逻辑"，载《清华法学》2014年第5期；刘剑文、侯卓："现代财政制度的法学审思"，载《政法论丛》2014年第2期。

的本来面目。[1]"人本主义"则强调以人为根本、以人为目的、以人为中心、崇尚人的价值、尊重人的本性、促进人的发展的思想体系。[2]这与我国传统文化中的以人为本相似。笔者所指的人本论、人本主义就是这种意义上的用法。"人道主义"则泛指同情同为人类的其他个体,维护人的尊严的思潮和理论。尽管三者存在一定的联系,部分涵义交叉和重叠,但是依然能找到三者之间的区隔与界限。因此,笔者采用的是"人本主义"的译法。

"欲了解法律人本主义之意义,必须先了解人本思想之所自来,此一以人为本位的哲学思想,东西方的文化皆有之……"[3]在西方,人本主义思想源远流长。一般认为,人本主义的思想滥觞于古希腊的普罗泰戈拉、苏格拉底、伊壁鸠鲁等思想家。古希腊诡辩学派思想家普罗泰戈拉指出:"人为万物的尺度,是存在事物存在的尺度,也是不存在事物不存在的尺度。"[4]其明确指出真理之追求与认定以人为权衡。杨奕华认为,普罗泰戈拉乃是西方历史上提出人本思想的第一人。其后,苏格拉底"提倡认识你自己",强调人的认知能力仅限于人自己,主张"人代替自然而变成思辨的中心"。[5]阿里斯提帕斯和伊壁鸠鲁在苏格拉底的人本思想基础上进行了进一步发展,主张人生命最后的目的是快乐,宣称"我拥有我自己,我不被拥有"。[6]古希腊时期可以被称为是人本主义的萌芽阶段。对此,有学者评价到:"古希腊思想最吸引人的地方之一是,它以人为

〔1〕 〔英〕戴维·M.沃克:《牛津法律大辞典》,北京社会与科技发展研究所组织翻译,光明日报出版社 1988 年版,第 428 页。

〔2〕 参见刘国利、吴镝飞:"人文主义法学引论",载《中国法学》2004 年第 6 期。

〔3〕 杨奕华:《法律人本主义——法理学研究诠论》,汉兴书局 1997 年版,第 53 页。

〔4〕 参见〔英〕罗素:《西方哲学史》(上卷),何兆武、李约瑟译,商务印书馆 1963 年版,第 111 页。

〔5〕 〔法〕罗斑:《希腊思想和科学精神的起源》,陈修斋译,商务印书馆 1965 年版,第 163 页。

〔6〕 杨奕华:《法律人本主义——法理学研究诠论》,汉兴书局 1997 年版,第 55 页。

中心，而不以上帝为中心。"[1]

14世纪至16世纪的文艺复兴时期为人本主义的迅速发展阶段，一些法学家用文艺复兴时期的人文思想改造当时的法学研究，将人本主义引入了法学领域。[2]以基督教教义为内容、倡扬宗教神权思想的经院哲学曾在中世纪风行于欧洲，在这段时期，"神本主义"思想主宰了一切。之后，以佩脱拉克、薄伽丘、克里索罗拉为代表的学者掀起了一场反抗神本主义的思潮，拒绝一切以神为中心的思维和逻辑，代之"以人为本位"的思想，强调人的价值，强调以人作为衡量一切事物的标准。[3]文艺复兴时期，古希腊苏格拉底"认识自己"的为学之道成了这段历史时期人本思想的重心，这也反映了两段时期的延续性。

17世纪至18世纪的启蒙运动时期，人本主义思想得到了极大的发展。在自然主义人性论的基础上，资产阶级的启蒙思想家提出了"天赋人权"的口号，提出自由、平等、博爱等理念，丰富了人本主义的内涵。[4]在这个时期，理性主义成为人本主义的一种表现形态并得到极大发展。德国哲学家卡西勒在《启蒙哲学》（*Die Philosophie der Aufklärung*）一书中描述道：18世纪弥漫着一种信念，即认为人类的理性是一致而不会变的。理性被认为是可以从道德原理、理论学说中抽取出来的稳定永恒的要素，理性成了启蒙时代的中心点。对于人类自身理性的执着，改变了当时人们的思考路径，人们相信通过学习和教育可以获得智慧。启蒙时期还出现了极为成熟的崇尚理性的康德哲学。理性主义的发展让人对自身价值、自身理论变得空前自信。这种自信推动了科学技术的进步和经济社会的发展，孕

---

〔1〕　[英]阿伦·布洛克：《西方人文主义传统》，董乐山译，生活·读书·新知三联书店1998年版，第14页。

〔2〕　何勤华：《西方法学史》（第2版），中国政法大学出版社1996年版，第108~109页。

〔3〕　杨奕华："人本法律观的几点澄清"，载《北方法学》2015年第6期。

〔4〕　参见傅樵：《赋税制度的人本主义审视与建构》，重庆出版社2015年版，第17页。

育出了工业革命和工业文明。[1]

然而，工业化过程中，人们在极大丰富的物质生活中逐渐迷失，"商品拜物教""金钱拜物教"等物本思想逐渐抬头，理性主义异化为强调物质性的科学理性主义和工具理性主义，人本主义也被异化为物本主义。马克思对此批判道："一切生活条件达到了违反人性的顶点。"[2]马克思认为，一切异化都是人的劳动的异化，进而提出自己的人本思想，即人是人最高的本质，人的根本就是人本身。人本主义哲学家艾瑞克·弗洛姆对于马克思哲学进行了极为精深的解读。他指出，马克思的哲学是一种抗议，这种抗议中充满着对人的信念，相信人能够解放自己，使自己的潜在才能得到实现的这种信念。[3]弗洛姆进一步指出，马克思主义的最高价值在于其揭示了资本主义社会对人性的压抑，提出了一种人道主义的理想。[4]弗洛姆对上述资本主义时期人本思想的演变进行了非常生动的概括："19世纪的问题是上帝死了，20世纪的问题是人死了。"[5]总而言之，从上述梳理中我们可以看出，西方人本主义思想呈现出了涨落起伏的规律。

"人本主义在中西方都是一笔丰富的遗产，是不能蔑弃唐捐的。"[6]如果我们把目光转回东方便不难发现，在中国传统哲学思想中，人本主义从未缺席过。例如，《尚书》提出"民惟邦本，本固

---

〔1〕 刘红红：《价值·发展：人本主义经济理论》，经济科学出版社 2008 年版，第 3 页。

〔2〕 《马克思恩格斯全集》（第 2 卷），人民出版社 1957 年版，第 45 页。

〔3〕 参见 〔美〕E. 弗洛姆："马克思关于人的概念"，涂纪亮译，载《哲学译丛》1979 年第 5 期；黄见德、毛羽、谭仲鹬：《现代西方人本主义哲学研究》，华中理工大学出版社 1994 年版，第 215 页。

〔4〕 参见 〔美〕E. 弗洛姆："马克思关于人的概念"，涂纪亮译，载《哲学译丛》1979 年第 5 期。

〔5〕 张世明：《经济法学理论演变研究》（第二次全面修订版），中国民主法制出版社 2009 年版，第 351 页。

〔6〕 张世明：《经济法学理论演变研究》（第二次全面修订版），中国民主法制出版社 2009 年版，第 350 页。

邦宁"，[1]管仲指出"夫霸王之所始也，以人为本"。[2]之后，孔子的"仁者爱人"[3]，孟子的"民贵君轻"[4]，荀子的"水则载舟，水则覆舟"[5]等思想不断丰富着中国传统文化中的人本思想。但是，儒家的人本思想中的"人"不是以个体的自然人为基础的，而是指一种集合性和群体性的概念。汪太贤评价道："中国人文精神不是一种理性的、独立的和纯粹的精神，而是实用的、功利的、从属于世俗政治的'伦理精神'或'政治精神'。"[6]张世明指出，孔子在讲"天道远、人道弥"而重视人事和事人时，并没有使儒家人文精神成为一种一切始于人、终于人的世俗精神。[7]因此，我国的哲学思想其实是非常缺少强调个体价值的人本主义之思考的。当下，在这个物质泛滥、精神匮乏的时代，在法学哲学层面强调人本主义的探索和研究，弘扬人本精神，修正人本异化现象，实现向人性的复归，无疑具有重要的意义。

二、人本主义与经济法学的联姻

现代经济法肇始于 20 世纪初的德国。以费肯杰为代表的德国经济法学者就致力于对人本经济法理论的研究，这是因为人本主义与经济法密不可分，经济法因为矫正资本垄断等物本主义而生，为了

---

〔1〕　江灏、钱宗武译注：《今古文尚书全译》，贵州人民出版社 1991 年版，第 97 页。

〔2〕　（唐）房玄龄注、（明）刘绩补注：《管子》，刘晓艺校点，上海古籍出版社 2015 年版，第 171 页。

〔3〕　杨伯峻译注：《论语译注》（颜渊篇第 12），中华书局 1980 年版，第 131 页。

〔4〕　杨伯峻译注：《孟子译注》（尽心章句下），中华书局 1960 年版，第 328 页。

〔5〕　（清）王先谦：《荀子集解》（上），沈啸寰、王星贤点校，中华书局 2013 年版，第 180 页。

〔6〕　参见汪太贤："论中国法治的人文基础重构"，载《中国法学》2001 年第 4 期；汪太贤："论法治的人文情结"，载《西南民族学院学报（哲学社会科学版）》1999 年第 6 期。

〔7〕　张世明：《经济法学理论演变研究》（第二次全面修订版），中国民主法制出版社 2009 年版，第 350 页。

保护经济人权和经济民主而发展，可以说，现代经济法就是人本经济法。在费肯杰的经济法体系中，"经济人法"（Wirtschaftspersonen-rencht）是极为重要的部分。在经济人法中，费肯杰积极主张经济人格权作为经济自由秩序的核心概念，因而，费肯杰经济法理论中的人本关怀也是彰彰甚明的。[1]费肯杰在世界经济法部分讨论发展性援助问题时就曾经指出：根据一般性观察，发展性援助不仅会导致受援助地风景和资源被破坏，还会导致劳动力外流、失业增加、社会家庭危机，因此，经济援助方必须更加仔细地考察被援助方人文和社会领域的关系。西方工业化经济思想向发展中国家转移便能惠泽无疆的看法无疑是错误的。[2]对于企业制度，费肯杰对体现人本精神的全民所有制企业制度大加赞赏，其认为劳动者在全民所有制企业中可以说至少是这个企业"所有者"的一员，即使仅仅是很小的一部分也是为自己工作。费肯杰指出，基于德国企业法和公司形式的体制对雇员这种主人翁心理需求的满足几乎表现为空白，除其他的目前被使用的公司形式之外，应该考虑到填补这种心理需求的公司形式和合作社形式可供使用，某些产业部门除适宜用"市场经济的全民所有制企业"之外无更好的形式。[3]总而言之，费肯杰致力于人本主义经济法学理论，费肯杰经济法理论充分彰显了人本主义精神。

中国的经济法学研究其实在 20 世纪 30 年代就已经建立并逐渐发展，李景禧、陆季蕃、张蔚然、张则尧等都为中国经济法学研究做出了巨大贡献。[4]改革开放以后，经济法学研究勃然而兴，此可

〔1〕 参见［德］沃尔夫冈·费肯杰：《经济法》（第 1 卷），张世明、袁剑、梁君译，中国民主法制出版社 2010 年版，第 41~42 页。

〔2〕 参见［德］沃尔夫冈·费肯杰：《经济法》（第 1 卷），张世明、袁剑、梁君译，中国民主法制出版社 2010 年版，第 294~337 页。

〔3〕 张世明：《经济法学理论演变研究》（第二次全面修订版），中国民主法制出版社 2009 年版，第 355~357 页。

〔4〕 张世明早在 2002 年出版的专著《中国经济法历史渊源原论》中就明确指出"中国经济法学肇始于民国时期"。

谓中国经济法学的"后宏法期"。在这段时期，刘文华等老一辈经济法学家筚路蓝缕，以启山林，"创造出了无愧于时代的具有中国特色的经济法学理论"。[1]刘文华的经济法核心思想均形成和体现于其《中国经济法基础理论》一书中。该书是刘文华于1988年为中国人民大学经济法专业本科和研究生讲授经济法基本理论的讲义。经过张世明老师等人进行极为细致的评注后于2012年出版，可读性和理论性也大大增强。在某种意义上，刘文华的《中国经济法基础理论》这部代表作完全可以说是中国经济法学发展史上不可遗忘的重要文献，堪称当代中国经济法学思想发展的重要来源之一。因此，笔者选择以该书为基点，梳理刘文华的经济法思想。尽管该书产生于时间较久的历史情景，但是其中一些学术观点和思想主张却保持着旺盛的生命力，时下进行回顾学习也丝毫不过时。这是因为，该书"……处处弥散着过去的痕迹，但始终萌动着对未来的畅想"。[2]在该书中，刘文华提出了"平衡协调论""结合论""纵横统一论""分合论""社会责任本位论"等理论，并没有系统地、明确地提出"人本论"的思想，但无论是结合论还是分合论，抑或纵横统一论等都处处彰显着人本精神。下文中，笔者将通过对刘文华的《中国经济法基础理论》一书的解读，以期深入探究"经济法与人本主义"的论题。[3]

经济法从产生之时起就伴随着对人本与资本关系的讨论。很多国内经济法学者都认为经济法产生的逻辑起点和立论前提就是资本过度积累导致的市场失灵。正是因为市场失灵的产生进而需要政府进行干预，这才导致了经济法的产生。但是，早在1980年，刘文华就指出，东西方经济法存在差别，西方确实是因为横向经济关系失

---

〔1〕　张世明、王济东："纵横统一说：刘文华与费肯杰经济法学理论比较研究"，载《商丘师范学院学报》2012年第7期。

〔2〕　刘文华：《中国经济法基础理论》（校注版），法律出版社2012年版，作者序言。

〔3〕　刘文华：《中国经济法基础理论》（校注版），法律出版社2012年版，第88~95页。

灵，无形之手极为发达，有形之手以夜警国家的心态而无为而治，结果资本过度积累，产生了垄断、信息偏在、外部性问题等很多失灵问题，为了控制市场调节失灵，在凯恩斯主义的指导下逐渐产生经济法。但是，我国是因为纵向经济关系失灵，无形之手萎靡，有形之手无所不在、无孔不入、无时不有，压制了市场潜力，克制了经济活力，社会主义的优越性无法发挥，为了控制政府调节失灵、发展市场经济而逐渐产生经济法的。我国应当借鉴西方的经验教训，在大力培育和发展无形之手的同时，必须科学保留有形之手，两手并用、并存、并举，中国经济法才得以发展。因此，中国与西方的经济法产生于不同的历史环境，是相逆而行的。虽然中国经济法的产生也伴随着关于资本和人本关系的思考，但是，中西方的产生背景却存在区别。[1]很多国内经济法学者就忽视了这种区别，"自觉不自觉地把西学所要解决的西方的问题当成了我们自己当下要解决的问题"。[2]经济法人本主义中的"人"在某种程度上被错位了。而刘文华的经济法理论所体现的人本思想是扎根中国实际，是以中国人为逻辑起点和价值依归的，其本土性和实践性也是其理论能够保持持久生命力的根由所在。

刘文华也对"何为经济法的本质"等本体论问题进行过孜孜不倦的追问，其提出的平衡协调论和社会责任本位论就是对上述问题的经典回答。一方面，刘文华指出："经济法是平衡协调法，在调整各种经济关系时，协调各类主体的意志、行为，平衡它们的利益关系，统筹兼顾，息分止讼，互尊互信，互利双赢。"[3]"平衡协调是经济法的本质属性和基本功能，这种平衡协调是通过多种手段、多种形式实现的，包括有计划的手段、行政手段、经济手段等各种手段，平衡协调功能的表现形式有多种多样，有的是确立，有的是调

---

〔1〕 参见刘文华：《走协调结合之路》，法律出版社 2012 年版，第 24~25 页。

〔2〕 强世功："迈向立法者的法理学——法律移植背景下对当代法理学的反思"，载《中国社会科学》2005 年第 1 期。

〔3〕 刘文华：《走协调结合之路》，法律出版社 2012 年版，第 26~27 页。

节，有的是指导，有的是引导，以及禁止、限制、奖励、惩罚。"[1]从中我们可以看出，经济法除了刚性化、强制化的调整手段，还存在褒奖、引导、奖励等柔性化、弹性化的调整手段，这本身就是经济法调整手段的人本体现。而经济法之所以用依靠人性化的协调手段也是为了实现人与自然、经济与社会、国内发展与对外开放、不同代际人之间、不同地区之间的平衡，最终，还是为了实现以人为本的元理论，因而，平衡协调成了经济法实现人本理念的保障和手段。[2]改革开放以来，我国在经济增长方面取得了巨大成就，但是除经济增长外，发展还包括社会福利的增加、生态环境的改善、人的素质及生活水平的提高等。"只有在经济与社会、人与环境、物质与精神、当代人与未来人之间实现平衡，才能算是实现了以人为本的目标。"[3]平衡协调论是刘文华将唯物辩证法运用到经济法理论上之具体的、生动的体现。平衡协调并不是调和论和两点论，而是重点论，坚持一定的标准和原则。人本主义即是其评判标准和落脚重点，其可以避免让平衡协调论陷入折中主义的泥潭。对此，笔者认为，经济法中的平衡论其实是一种平准论。因此，平衡协调与人本主义是无法被割裂开来的。另一方面，刘文华还提出经济法的本质是社会责任本位法，与体现行政权力本位的传统行政法、体现个人权利本位的传统民法相区别。[4]经济法从社会整体利益出发，通过经济法律对社会经济关系的调整，保障经济总量平衡，调整和优化经济结构，维护经济秩序，协调社会分配，是最名副其实的社会责任本位法。但是，作为经济法法益目标的社会整体利益不是个人利益的

---

〔1〕　刘文华：《中国经济法基础理论》（校注版），法律出版社 2012 年版，第 93 页。

〔2〕　参见徐孟洲："论中国经济法的客观基础和人文理念"，载《法学杂志》2004 年第 4 期。

〔3〕　徐孟洲："论中国经济法的客观基础和人文理念"，载《法学杂志》2004 年第 4 期。

〔4〕　刘文华：《中国经济法基础理论》（校注版），法律出版社 2012 年版，第 88～95 页。

机械的、简单的加总，也不是通过牺牲一部分人的利益而"杀富济贫"，从而换取表面上的社会总体利益的提升，而是通过对个体利益的平衡协调，实现个体利益和社会利益的双向增长，是一种"社会本位、个体根本"的利益观，这其中充分体现了人本内涵。经济法的社会责任的具体内涵和形式很丰富，但核心思想是对人负责，而不是对产值和利润负责。经济法承担的社会责任都与人的生存权利密切相关，从而说明，维护和捍卫基本人权是经济法的社会责任。刘文华也明确指出："必须把'以人为本'和'社会责任'结合起来，统一起来，才能保证我国的社会经济事业沿着正确的方向发展。"[1]

尽管刘文华并未明确系统地对人本论进行勾勒和描写，但是我们不难看出其经济法思想的方方面面都彰显着厚重人本精神和人文关怀。"后学发皇新知、展辟新境的起点，即是前人昨夜息肩之地……许多后学从刘文华的著作中所承蒙的惠泽绝非浅显。"[2]刘文华的经济法思想启迪后学，一些学者围绕"人本主义经济法"的命题继续锐意开拓，逐渐形成了成熟的理论体系。早在1997年，张世明老师就提出了"人本主义经济法"的概念，是国内较早明确提出该概念的学者。[3]张世明老师指出："人本主义是中国特色社会主义市场经济经济法学中不能'缺场'的元话语和所面临的已经不容缄默不言的大舒事。"[4]"中国经济法学体系的建构是一种结构化的过程，且这个过程任重而道远，士不可不弘毅，必须坚持以人为本的理念。"[5]

---

〔1〕 刘文华：《走协调结合之路》，法律出版社2012年版，第313页。

〔2〕 张世明、王济东："纵横统一说：刘文华与费肯杰经济法学理论比较研究"，载《商丘师范学院学报》2012年第7期。

〔3〕 张世明：《经济法学理论演变研究》，中国民主制出版社2002年版，第285~295页；张世明：《经济法学理论演变研究》（第二次全面修订版），中国民主制出版社2009年版，第348页。

〔4〕 张世明：《经济法学理论演变研究》，中国民主制出版社2002年版，第285~295页。

〔5〕 张世明：《经济法学理论演变研究》（第二次全面修订版），中国民主制出版社2009年版，第5页。

封建专制是对人的压制，人失去精神内核而形骸化；而社会主义市场经济法治是为了解放人，"调动人的积极性，使之真正释放主体的能量而在社会经济活动中发挥出最大的效益，并最终保障每一个人的成长"。[1]徐孟洲认为："经济法的存在和迅速发展集中反映了'以人为本、平衡协调和社会责任本位'三项基本要素为一体的人文理念，这种人文理念，顺应了当代社会发展的潮流。"[2]杨三正认为："经济法是而且应该是以人本主义为理念，从它产生直到将来都应立足于社会整体利益，践行实质正义。通过维护经济秩序、保障经济安全、倡导经济合作，从而一步步通向人文主义的精神境界。"[3]值得一提的是，李永成对经济法人本主义进行了系统性的研究，并于 2006 年出版了专著《经济法人本主义论》。该书认为，现代经济法的产生在某种意义上源于矫正和克服现代性之不足，实现从"物本"法律观向"人本"法律观的转变。[4]经济法人本主义生成的目的就在于通过社会整合，在一定程度上解决人为物所异化及其所导致的人的分化问题，使人在一定程度上走向自由自觉，走向全面发展。其着眼点就在于限制资本意志的过度扩张和增殖，使资本意志能与社会、生态的发展达至均衡和和谐，以免出现经济发展与社会发展、生态发展的失衡和断裂现象。李永成的研究并没有流于对人本主义进行宏观空洞的解读，而是将"人本"落实到法学知识的运用，带来了知识的增量，为"经济法与人本"这一研究领域做出了重要贡献。2010 年，胡光志出版了《人性经济法论》一书，继续围绕"经济法与人本"进行探索。更值得一提的是，胡光志还对经济法体系进行了人性化建构。该书认为，民法的精神是人性自由，行政法的精神是人性控制，而经济法的精神是人性和谐。

---

〔1〕　张世明：《经济法学理论演变研究》（第二次全面修订版），中国民主法制出版社 2009 年版，第 351 页。

〔2〕　徐孟洲："论中国经济法的客观基础和人文理念"，载《法学杂志》2004 年第 4 期。

〔3〕　杨三正："论经济法的人本主义理念"，载《云南社会科学》2004 年第 4 期。

〔4〕　李永成：《经济法人本主义论》，法律出版社 2006 年版，第 1~10 页。

人性经济法由生存保障法、人性平衡法、经济促进与保障法、控制干预法四个子部门组成。[1]

三、人本主义经济法思想对部门经济法的影响

在前述学者形成的人本主义经济法思想的基础上，近年来还涌现了一批经济法学者，他们继续深入研究，对经济法的制度设计如何体现人本主义或者说经济法如何用人本主义去塑造具体规则的问题进行了努力回答。经济法实体制度包罗万象，这些人本主义经济法者从反垄断法、金融法、企业法等具体法领域，对经济法的人本制度设计进行了研究。

（一）人本主义经济法思想与反垄断法

反垄断法被冠以"自由企业大宪章""市场经济基本法""经济宪法""经济法的核心"等称谓，足以显示反垄断法在经济法中的极端重要地位。而人本主义经济法思想在这一极端重要的部门经济法中得到了充分彰显。尽管提倡"追求效率是反垄断法唯一目标"的芝加哥学派取得了巨大胜利，导致反垄断法走向了全面放松管制的方向，但这种唯效率的反垄断法逐渐异化为"大企业保护法"，忽略了对弱势群体的保护，造成了人本缺失和人文危机。一些企业通过明示或默示共谋达成固定价格的约定、巨型企业依靠其经济力量操纵价格以及鲸吞中小企业等限制竞争行为不断频发，但这些行径却在物化的唯效率论的反垄断政策下得不到及时干预和救济。于是，一些学者开始反思，张世明老师也针对这一问题提出了反垄断法的人本转向。例如，张世明老师在提出人本主义经济法概念时就指出，巨型企业的影响不同于中小企业，具有市场支配地位的经营者举足轻重，相关作为和不作为都可能对市场竞争构成侵害。竞争法并不反对通过竞争出乎其类、拔乎其萃，但立制度以为节，平衡利益，中度为纲，对滥用市场支配地位行为加以裁正，避免强胁弱、众暴寡、大侵小的恣肆无序，使竞争规则从"优胜劣汰"向"优胜劣存"发

---

[1] 胡光志：《人性经济法论》，法律出版社2010年版，第240~271页。

展，从而使强者可以通过努力获得应有的地位，而弱者同样可以有生存下去的权利。[1]这一反垄断法思想体现了极为鲜明的人本主义色彩，无疑是人本主义经济法思想在反垄断法这一具体经济部门法的传递和延伸。蒋悟真也呼吁反垄断法的人本主义精神。其指出："反垄断法突出对竞争弱者、社会弱者的保护，反垄断法的竞争理念应充满人道精神和人权精神。"[2]他还认为，当市场经济发展到垄断阶段以后，人们之间的差别日益扩大，弱势者在强大的支配者面前的自由是岌岌可危的，必须依靠反垄断法通过控制企业合并，使市场主体规模适度、市场结构适宜竞争；通过禁止滥用制度，避免大企业肆意妄为；通过禁止垄断协议制度，维护和促进市场竞争。[3]因此，"依法反垄断成为奠定人的平等、保障人的自由、促进自由竞争的根本前提和首当其冲的任务。反垄断法亦成为平等奠定法、自由保障法、人权维护法和自由竞争的根本法"。[4]

（二）人本主义经济法思想与金融法

很多经济学家都认为，金融是现代经济的核心，经济的发展会带动金融发展，而金融发展又会极大地促进经济发展。正是因为金融对经济具有巨大的促进作用，很多国家的金融法制都以提高资金通融效率、增进物质财富为目标导向，正是这种物本化的金融法律观导致了金融危机的诞生。为了最大化地发挥金融的物本价值，以美国为代表的国家采取积极放松管制的态度，放任风险的不断聚集，最终导致金融危机爆发。一些学者认识到金融法制也应贯彻经济法人本论的思想，应纠正物本金融思维，无论何时都不能忘却金融以

---

[1] 参见张世明："美国与欧洲竞争法的差异与联系"，载《政法论丛》2014年第4期。

[2] 蒋悟真："反垄断法的精髓：维护与保障人权"，载《江西社会科学》2008年第7期。

[3] 蒋悟真："反垄断法的精髓：维护与保障人权"，载《江西社会科学》2008年第7期。

[4] 蒋悟真："反垄断法的精髓：维护与保障人权"，载《江西社会科学》2008年第7期。

人为本、金融服务于人的原始命题。〔1〕杨东就是强调金融法人本精神的代表性人物。他指出："金融消费者保护已经成为金融商品、金融服务、金融组织的统合大势下的一项新的严峻命题。"〔2〕杨东认为，金融制度建设不能被定位于金融商品与服务、金融机构等"物"，而应当被定位于人，以金融消费者为本，强调金融消费者作为金融市场的基础性主体。"现代金融法的核心主体和核心目标是以金融消费者为中心，这也是现代金融法治正义与公平的体现。"〔3〕"随着金融消费者保护的理念日益深入人心，紧随从投资者保护到金融消费者保护理念的发展，我国对金融消费者更多的应该是经济法上的国家的倾斜保护，而不应仅仅停留在投资者或股东民商法上私权救济的保护上。"〔4〕张书清也认为，金融法的理念应当以民生保障为首要目标，以社会和谐为终极诉求。具体到金融制度建设上，应当加大对民生领域的信贷支持，强化对弱势群体的金融支持，破解中小企业面临的"麦克米伦缺口"；应当以服务实体经济的发展为目标，促进实体经济发展，增加人民收入；应当平衡协调金融发展与金融稳定的关系、金融自由与金融平等的关系、直接融资和间接融资的关系、城市金融与农村金融的关系。〔5〕

（三）人本主义经济法思想与企业法

很多经济法学教科书都将企业法作为经济法体系的构成部分，这是因为现代企业的发展已经离不开经济法的调整。首先，一般而言，作为生产要素的劳动力、资本等要素遵循市场交换规律，可以

---

〔1〕 参见蓝寿荣、周艳芳："金融法的人文关怀——读杨东《金融消费者保护统合法》所感"，载史际春主编：《经济法学评论》（第15卷），中国法制出版社2015年版，第343~351页。

〔2〕 杨东：《金融消费者保护统合论》，法律出版社2013年版，第1页。

〔3〕 杨东：《金融消费者保护统合论》，法律出版社2013年版，第38页。

〔4〕 杨东："我国金融消费者保护统合立法体系的构建——以日本的立法经验借鉴为视角"，载《社会科学》2013年第8期；杨东："论金融法的重构"，载《清华法学》2013年第4期。

〔5〕 参见张书清："金融法理念论纲"，西南政法大学2009年博士学位论文，第127~136页。

由民商法予以调整。但是，马克思发展的剩余价值规律却揭示：劳动力与资本的交换不是等价的，劳动者被剥削了剩余价值。因此，国家就需要在企业法中进行干预，强制性事先界定财产经营收益的归属和成本的分配，平衡协调投资者和劳动者之间的利益。这实际上是经济法思维的运用和体现。其次，大企业与中小企业并存已经成为各个国家不可避免的企业分化结构，国家必须平衡协调大企业与中小企业的利益关系。再者，企业在发展过程中会对社会利益产生影响，造成一定的社会成本，国家必须平衡协调企业利益与社会利益的关系，企业必须承担一定的社会责任。因此，企业法中的确有相当一部分属于经济法的内容和范畴，企业法也不仅仅是一种简单的经济主体法或经济组织法，而是经济法主体内容的重要构成。[1]人本主义与物本主义的矛盾关系在企业制度内部的一个典型表现就是人力资本与非人力资本的矛盾关系。物本主义企业制度下，企业以股东为绝对本位，股东才能享受利润分配并主导企业治理，而劳动者只处于被雇佣的地位、附属于资本而存在，劳动者形成的人力资本只是手段，物质资本的发展与增长才是目的。[2]但是，随着人力资本在知识经济时代的重要作用愈发凸显，现代企业制度开始出现一种人本主义转向，物质资本只有依赖于人力资本才能实现增值。这种企业实践的人本转向也导致一些经济法学者开始关注企业制度的人本主义研究。[3]单飞跃、王显勇、李永成等学者指出："企业应当成为人们，尤其是企业内部人员获得人权的重要途径"，应当确立劳动者剩余分配权，完善股权、期权激励制度、职工持股制度；应当建立最低工资、拖欠工资惩罚等制度，以保障劳动者的报酬权；应当通过经济法建立强制性社会保险制度，以保障劳动者在特殊困难情况下的救助权；

---

〔1〕　参见单飞跃、王显勇：《经济法视域中的企业法》，中国检察出版社 2005 年版，引言。

〔2〕　李永成：《经济法人本主义论》，法律出版社 2006 年版，第 162 页。

〔3〕　参见单飞跃、王显勇：《经济法视域中的企业法》，中国检察出版社 2005 年版，第 156~167 页。

应当完善职工董事制度、职工监事制度、职工代表大会制度，以保障职工的企业治理参与权。通过这些人本化的制度改良，实现企业制度由物本主义向人本主义转型。[1]此外，在大企业与小企业、企业利益与社会利益的协调方面，人本主义经济法思想都有重要的功能。

（四）人本主义经济法思想与工业产权法

竞争和创新构成了现代市场经济的两翼，促进竞争和创新的立法是经济立法的重要组成部分。特别是在知识经济时代，创新在市场经济中的作用愈发凸显；传统的竞争被视为是静态竞争，而创新被视为是动态竞争。在德国经济法学家费肯杰所建构的经济法体系中，知识产权法中的"工业产权法"就属于经济法的重要构成。[2]人本主义经济法思想对工业产权法的理论基础和制度建构产生了深刻的影响。实际上，工业产权法本身就是人本主义的产物，工业产权以激励创新和技术进步为正当性基础，前提就是承认人的创造力。工业产权法突破了传统财产法在有体物上的限定，将财产范围扩张到无体物，承认了人的智慧劳动价值，进而通过对智力劳动的承认和保护，提高了人的生活，推动人的发展。因此，工业产权法具有鲜明的人本精神，其本身就是防止科学主义对人本主义入侵的产物。但是，现代工业产权法保护私权的功能被过度放大，导致很多偏离人本主义的现象出现——工业产权法本身就是人为设置的边界垄断，宽泛授权、权利边界模糊等异化现象导致这种表面合法的垄断对市场竞争造成巨大的干扰；[3]密密麻麻的"专利丛林"对技术传播和进步产生巨大阻碍；专利的垄断保护下超高定价的药品损害患者药

---

〔1〕 参见单飞跃、王显勇：《经济法视域中的企业法》，中国检察出版社2005年版，第156~167页；李永成：《经济法人本主义论》，法律出版社2006年版，第160~174页。

〔2〕 参见〔德〕沃尔夫冈·费肯杰：《经济法》（第2卷），张世明译，中国民主法制出版社2010年版，第254~255页。

〔3〕 参见〔美〕曼昆：《经济学原理》（第2版·上册），梁小民译，生活·读书·新知三联书店、北京大学出版社2001年版，第326~338页。

品可及性、生命健康权进而与人权保障等人本价值相悖[1]——诸多
事例，不一而足。一些知识产权法学者和经济法学者开始反思知识
产权法中的人本论，对知识产权法进行人本化改造。[2]这些关于人
本论的研究已经影响到了国家立法层面。例如，国务院反垄断委员
会于 2017 年 3 月发布了《关于滥用知识产权的反垄断指南（征求意
见稿）》，对知识产权造成的垄断问题进行规制。

（五）人本主义经济法思想与财政法

综上所述，人本主义经济法思想已经对经济法各个子部门法产
生了重要的影响，不仅影响了各部门法的价值理念，还深刻改造着
具体的制度安排。除了上文重点着墨的子部门法之外，产业规划法、
消费者权益保护法、反不正当竞争法、产品质量法等部门法同样受
到人本主义的深刻影响而不断发生变革，很多学者都对上述几个部
门法与人本主义的关系、人本主义如何影响这些部门法的内在体系
和外在体系等问题进行了深入探究。然而，梳理经济法学者的相关
文献我们不难发现，在能够实现经济的整体布局和协调发展、最具
刚性和力度的、被称为经济法的"龙头法"的财政法[3]中，关于
人本主义的哲学讨论非常匮乏。以"财政""财政法""财税""财
税法"和"人本""以人为本""人本主义""人本精神""人本价
值""人本论""人本哲学""人本思想""人文""人文思想""人
文主义""人文精神""人文底蕴""人文价值"为关键词在"中国

---

〔1〕 郑万青：《全球化条件下的知识产权与人权》，知识产权出版社 2006 年版，
第 162 页。

〔2〕 参见段鲁艺："专利法的人文主义关怀"，西南政法大学 2014 年博士学位论
文；丛雪莲："知识产权与人权之法哲学思考"，载《哲学动态》2008 年第 12 期；吴
汉东："知识产权的私权与人权属性——以《知识产权协议》与《世界人权公约》为
对象"，载《法学研究》2003 年第 3 期；张乃根："论 TRIPS 协议框架下知识产权与
人权的关系"，载《法学家》2004 年第 4 期。

〔3〕 史际春等认为，相对于规划和产业政策法，财政法对经济的调控和主导具有
直接、全面及整体性，也最具刚性和力度，而且它是经济法与宪法的衔接，本身即具有
宪法暨"经济宪法"的性质。因此，无论中外，财政法都是经济法的"龙头法"。参见
史际春、宋槿篱："论财政法是经济法的'龙头法'"，载《中国法学》2010 年第 3 期。

知网"上进行检索，笔者发现，涉及相关论题的论文非常少见。实际上，在财政法中最需要研究"法与人本"的论题。近年来，以刘剑文为代表的学者提出了"财政法本质上是公共财产法"的命题。[1]审视私法意义上的财产法的理念变迁，我们可以发现财产法强化了人本主义理念。在早期社会，人的生存依赖于私有财产，财产法以财产权利为绝对中心，拜物教观念盛行，独立于财产的人的因素也被淡化。正如耶林所言："谁侵害了他人的财产，就侵害了他人人格。"[2]随着经济社会的发展，人的生存更多地依赖于社会关联性，一些人的生存依赖于他人的财产（如雇员对雇主），一些人对自己财产的支配可能影响他人的生存环境（如环境污染），因此，私人财产权也需要负担一定的社会义务。[3]为了使人更好地发展，财产类型也逐渐增多，扩大了人对物权的选择自由；[4]采光权、眺望权等新型权利的出现，体现了对人生活环境的关注。由此，私法意义上的财产法理念实现了由绝对的财产本位主义向以财产为主体兼顾人本关怀的转型。既然财政法的本质属于广义的财产法的范畴，那么财政法学研究必须对"财产与人的关系"、物本或是人本、资本或是人本、财产本位或者以人为本、财产与人谁具有第一性等问题作出回应，这是财政法学研究中的基石命题。

实际上，人本主义经济法哲学思想已经对现代财政法的内在理念更新和外在体系建构产生了巨大影响。遗憾的是，在学术研究层面对"财政法与人本主义"这一论题缺少深入的、系统的、全面的分析。法学家对"法理念"有不同的理解。康德认为，法理念就是

---

〔1〕 参见刘剑文、王桦宇："公共财产权的概念及其法治逻辑"，载《中国社会科学》2014 年第 8 期；刘剑文："论财税体制改革的正当性——公共财产法语境下的治理逻辑"，载《清华法学》2014 年第 5 期；刘剑文、侯卓："现代财政制度的法学审思"，载《政法论丛》2014 年第 2 期。

〔2〕 ［德］鲁道夫·冯·耶林：《为权利而斗争》，郑永流译，法律出版社 2012 年版，第 21 页。

〔3〕 参见张翔："财产权的社会义务"，载《中国社会科学》2012 年第 9 期。

〔4〕 参见王利明："民法的人文关怀"，载《中国社会科学》2011 年第 4 期。

纯粹理性，[1]拉德布鲁赫认为法理念就是正义。[2]我国学者对法理念的解读则更加宽泛，也更具实践意义。例如，蒋悟真认为："法理念是法的追求、理想和目标，是对法的本质的一种深刻反映。"[3]民国时期著名法学家史尚宽则认为："法律制度乃运用之最高原理，为之法律之理念。"[4]另一方面，纵使有明确的法理念指引，"一部法律要想在真正意义上成为良法，还须透过具体制度来实现"。[5]理念决定制度，制度彰显理念。鉴于财政法学中人本主义研究缺失，笔者将以理念和制度为明暗两条线索，沿着以下逻辑链条——"财政法人本主义理念的生成—财政法人本主义理念的理论提炼—财政法人本主义理念的定位—财政法人本主义的制度落实"——层层推演和递进，对"财政法与人本主义"这一命题进行全面、系统的论证，以期通过财政法这一具体部门法的探索来充实和丰富人本主义经济法哲学思想的内涵与意蕴。

第二节　财政法人本主义理念的生成逻辑

诚如上文所述，西方哲学史中的人本主义思想呈现出了跌宕起伏的演化规律。实际上，财政法中的人本主义也有自己的演进规律。随着封建时期的家计财政、计划经济时期的国家财政向市场经济时期的公共财政跃迁，财政法的人本关怀也随之不断升华。家计财政、王权财政和国家财政下，财政法只是帮助统治权威揽财的工具，物

---

〔1〕　参见［德］康德：《任何一种能够作为科学出现的未来形而上学导论》，庞景仁译，商务印书馆1997年版，第40页。

〔2〕　参见［德］G. 拉德布鲁赫：《法哲学》，王朴译，法律出版社2005年版，第31页。

〔3〕　蒋悟真："法理念视野下的预算法修改理路"，载《法商研究》2011年第4期。

〔4〕　史尚宽："法律之理念与经验主义法学之综合"，载刁荣华主编，潘维和等著：《中西法律思想论集》，汉林出版社1984年版，第259页。

〔5〕　刘剑文："《税收征收管理法》修改的几个基本问题——以纳税人权利保护为中心"，载《法学》2015年第6期。

本主义理念彰显无疑。公共财政观下，财政法逐渐体现人本主义精神，并"渗透"到财政宪法、财政管理法、财政收入法、财政支出法等各个层面。

一、财政宪法：人权与纳税人权利

上文已经提到，文艺复兴带来了人本主义思想的勃兴，而18世纪的启蒙运动则将人本主义推向了顶峰。那段时期产生的自由、平等、博爱等人本主义思想推动了人权理念的发展，导致了1776年北美的《独立宣言》和1789年法国的《人权与公民权利宣言》的诞生。前者是美国最重要的立国文件之一，也是美国宪法的思想之源，而后者作为序言被列入1791年的《法国宪法》中。因此，从宪法史学的角度看，人本主义、人权保障和宪制三者密切相连。财政问题是宪政产生的重要原因，其本身就是宪法问题。当今各国宪法也对财政体制、预算权分配、中央和地方财政权划分、税收制度等基本财政制度作出了大量规定。就狭义而言，这些"经济性"的宪法规范就构成了财政宪法。从其对人权的保障中，我们可以窥见财政宪法中人本主义理念的体现。

从价值分析的角度，财政立宪主义对人权的价值追求体现了人本主义理念。如同个人的生存和发展依赖于私人财产，国家的存续和兴衰依赖于税这一公共财产。"赋税是官僚、军队、教士和宫廷的生活来源……强有力的政府和繁重的赋税是同一概念。"[1]国家在财产上对民众无时无刻的依赖性，逐渐唤醒了社会民众的权利意识。在遏制与民争利和促进还富于民的抗争中，纳税人不断推动宪政的发展，通过宪法来保护争取到的权利并利用这些权利来制约国家的征税权力，英国、法国、美国的财政立宪历史都是生动的写照。可以说，宪法上的人权保障价值来源于国家财政权和私人财产权之间的激烈矛盾所引起的宪政斗争。"捐税问题始终是推翻天赋的国王的第一个原因……回顾一下11世纪以来的英国历史，就可以十分准确

---

[1] 《马克思恩格斯全集》（第8卷），人民出版社1961年版，第221页。

地计算出，宪法上的每一个特权是牺牲了多少头颅和花费了多少英镑才取得的。"[1]因此，保障与促进人权成了宪法的终极价值之所在，只有保障和促进人权的宪法才是"良宪"，才有得以存续的根基。"没有全面地反映人权的基本价值的立宪和宪法甚至在实际上成为反立宪主义的代名词。"[2]

从规范分析的角度讲，财政宪法中纳税人宪法性权利的具体规定体现了人本主义理念。国家权力和公民权利构成宪法学的一对基本范畴，这对范畴在财政宪法学中体现为国家财政权力和纳税人权利。[3]纳税人权利保障是人权保障的具体化，由应然权利、理想权利走向现实权利。[4]纳税人权利可以分为宪法性权利、实体性权利和程序性权利。[5]纳税人实体性权利和程序性权利主要包括税负从轻权、知情权、税收退还请求权、复议权、诉讼权、委托代理权等。而纳税人宪法性权利主要以公民权的形式存在，如财产权、平等权、选举权和被选举权、结社权等。[6]尽管在理论上纳税人权利应当拓展到用税领域，但是无论是针对公共财产收入的税法，还是针对公共财产支出的狭义上的财政法，都难以将交税和用税统一起来。[7]因此，纳税人对用税的监督还需要通过宪法性权利来实现。依照宪法规定，纳税人有依法纳税的义务。同时，依据宪法规定，纳税人可以通过言论自由、出版和结社权（《宪法》第35条）、选举权和被

---

〔1〕《马克思恩格斯全集》（第5卷），人民出版社1958年版，第511页。

〔2〕韩大元：《宪法学基础理论》，中国政法大学出版社2008年版，第51页。

〔3〕参见周刚志："财政宪法学初论"，载《厦门大学学报（哲学社会科学版）》2005年第2期。

〔4〕纳税人权利不光指针对征税而言的带有消极防御意义的权利，而是涵盖公共财产的收入和支出两个方面，要求政府按照宪法、法律规定征收和使用租税的权利。

〔5〕参见刘剑文、熊伟：《财政税收法》（第6版），法律出版社2014年版，第213页。

〔6〕参见刘剑文、熊伟：《财政税收法》（第6版），法律出版社2014年版，第213~215页。

〔7〕参见刘剑文、熊伟：《财政税收法》（第6版），法律出版社2014年版，第213~215页。

选举权（《宪法》第 34 条），批评、建议、检举、控告、申诉权（《宪法》第 41 条）等宪法性权利保障政府依法用税，防止政府浪费公帑，从而实现对公共财产从岁入到岁出统一的管理和监督。"只有同时注重财政收入层面上的消极保护和财政支出层面上的积极保护，才能真正地尊重、保障、满足和促进纳税人权利。"[1]目前，学界对纳税人实体性权利和程序性权利关注较多，对纳税人宪法性权利研究不足。

二、财政管理法："盎格鲁-撒克逊预算"走向"人本预算"

"长期以来，中国预算法理论主要建构在预算制度发源地与发展地——盎格鲁-撒克逊国家的模式和经验之上，预算法实施的研究者倾向于采取单一的分析维度：将预算法理论构筑于间接民主之上，寄望于在行政与立法之间达到预算权的合理配置和相互制衡。"[2]盎格鲁-撒克逊预算模式在一定程度上实现了分权制衡的目的，但在行政力量不断膨胀的规制国家中，议会拥有的预算权力孱弱，再加上时间、空间、人力因素的限制，议会的制衡能力不断弱化。此外，盎格鲁-撒克逊预算是一种局限在国家机关内部的预算，忽视了外部的社会制衡力量，忽视了具体的"人"在预算中的作用。2014 年《预算法》的修订推动了预算治理的转型，人大预算审批和监督权力的强化、预算公开的登堂入室、公众预算参与的制度设计都体现了"人本预算"的价值。预算从国家内部走向公众，强化了预算的外部制衡，提升人的地位，保障人的参与，尊重人的话语表达，捕捉人对公共服务的诉求，发挥人的监督作用，彰显了浓郁的人本主义理念。"在现代预算的理念下，预算作为治理国家收支行为的基石，'以人为本''人民主权'应在整个预算治理中占据关键地位，

---

〔1〕 刘剑文："论财政法定原则——一种权力法治化的现代探索"，载《法学家》2014 年第 4 期。

〔2〕 蒋悟真："中国预算法实施的现实路径"，载《中国社会科学》2014 年第 9 期。

而如何确立人民的主体性地位将是整个现代预算权体系构建的价值。"[1]

"代表选举是人文主义的派生事物,因为它赋予公民群体中的每一个我一份特别权力。"[2]因而,赋予议会强有力的预算权力是人本主义理念的必然要求。2014 年《预算法》完善了人大财经委的预算草案初步审查权,在一定程度上缓解了时间、人力、专业知识等因素对人大的制约性;[3]明确了人大对预算调整的程序控制以及审批通过的预算对政府收支的约束力。[4]这些修改体现了一定的进步性,但是都是侧重于对肯定性预算权力的改良与优化,对于否定性预算权力的规定还尚付阙如。

除了关注公民通过选举代表来行使预算权外,人本主义理念下还须关注公民个体的预算参与机制,以促进公共预算资源的分配尽可能满足公民多样化的公共需求。预算过程中的公众参与能弥补预算决策者的"有限理性",同时预算决策者通过观察公众的预算参与行为又可以了解公众的需求。《预算法》第 14 条强调预算信息应当公开,为公众预算参与铺设前提条件。"如果关于政府活动结果的公共信息缺乏,对政府的公开控制就是盲目的、摸索中的。"[5]第 45 条提到基层人大在审查预算草案前应当听取选民和社会各界的意见,这也是立法者对浙江温岭等基层政府非制度化参与式预算实践的认

---

〔1〕 参见朱大旗:"现代预算权体系中的人民主体地位",载《现代法学》2015 年第 3 期。

〔2〕 〔美〕约翰·卡洛尔:《西方文化的衰落:人文主义复探》,叶安宁译,新星出版社 2007 年版,第 140 页。

〔3〕 《预算法》第 44 条第 1 款:"国务院财政部门应当在每年全国人民代表大会会议举行的 45 日前,将中央预算草案的初步方案提交全国人民代表大会财政经济委员会进行初步审查。"

〔4〕 《预算法》第 13 条:"经人民代表大会批准的预算,非经法定程序,不得调整。各级政府、各部门、各单位的支出必须以经批准的预算为依据,未列入预算的不得支出。"

〔5〕 Jonathan David Kahn, *Budgeting Democracy*: *State Building and Citizenship in America*, 1890-1928. Ithaca, NY: Cornell University Press, 1997, p. 96.

可和借鉴。第91条明确了公民的检举和控告权，在一定程度上强化了公民的预算监督力量。但是公众预算参与制度还需不断完善：从公众参与的广度上看，公众在预算执行及之后环节中的参与程度还比较低。公民应当渗透到预算的编制、审批、执行和监督各个过程中，"通过与预算权力主体的理性对话、协商沟通、推理辩论等，参与、影响甚至决定公共经济资源的配置过程"。[1]从公众参与的深度来看，阿尔斯坦的公民参与阶梯理论提出，公民参与的程度依次分为：操纵、引导、告知、咨询、劝解、合作、授权、公众控制共八个层次。[2]

三、财政收入法："物税"走向"人税"

无论是海扎尔税法学、北野税法学，还是深受其影响的中国税法都是以人权论为立论基础的，[3]税收债务理论的引入、税收法定原则的落实、量能课税原理的体现等都揭示了税法作为纳税人权利保护法的本质。税法中的人本主义理念体现，自不待言。微观层面的具体税收制度中，个人所得税中的扣除额、增值税中的起征点、住宅房产税的免税面积以及各种错综庞杂的税收特别措施都体现了人文关怀。从宏观的税制结构变迁规律这一视角审视之，我们也会发现人本主义的线索。在主要发达国家的税制变迁中，可以发现一条共通性规律就是由"物税"走向"人税"。[4]所谓人税并不是滥觞于古时的人头税，而是以人为基础、保障人格尊严、体恤纳税人自身各种情况、体现人文关怀的税，所得税和财产税就属于此列。

---

〔1〕 蒋悟真："中国预算法实施的现实路径"，载《中国社会科学》2014年第9期。

〔2〕 Sherry R. Arnstein, "A Ladder of Citizen Participation", *Journal of the American Institute of Planners*, Vol. 35, No. 4, 1969.

〔3〕 参见［日］北野弘久：《税法学原论》（第4版），陈刚等译，中国检察出版社2001年版，代译者序第1~5页。

〔4〕 关于人税和物税的概念，参见［日］北野弘久：《税法学原论》（第4版），陈刚等译，中国检察出版社2001年版，第27~28页；张守文：《税法学》，法律出版社2011年版，第16页。

而物税则只关注"物"本身而不考虑纳税人具体情况，商品税就属于此列。因此，倘若不考虑个别税种，那么人税和物税基本可以与我们熟悉的直接税和间接税相对应。

　　商品税等物税不考虑"人"的因素，其作为价格构成要素嵌入各种商品价格之中，即便是对于低收入者，其消费的基本生活资料中也含有税收，因此具有很强的"累退性"。商品税还隔断了税收与实际负税人之间的直接联系。一方面，国家难以通过商品税来调节收入分配，促进社会公平正义；另一方面，公民享有的公共服务与其税收负担之间失去联系，不利于培育公民的权利意识。"作为间接税中担税人的大部分纳税人却不具有租税法律关系人的法律地位，他们在法律形式上被排除在税收法律关系之外。"[1]而所得税等直接税符合人民主权、量能课税、地方自治等税法原理。[2]直接税下，真切感受到税负的纳税人有更强的用税监督意识，而且通过纳税申报行使主权，从而处于税收法律关系中心。实证研究也表明："直接税比重越高，地方官员在进行支出决策时受到的约束越强。"[3]第二次世界大战后，主要发达国家基本完成了直接税为主的税制结构改造。1880 年到 1920 年，美国经历了"进步时代"的演变，其间比较重要的一项制度改革就是在 1913 年左右形成了比较标准的个人所得税，至今仍然是美国税制中的主力税种。

　　我国从 2004 年开始就逐步推进间接税领域的减税。2016 年 5 月又全面完成了"营改增"改革，进一步的减税也为提升直接税释放空间。与之相对应，保有环节的房产税改革徐步铺开，个人所得税改革也在推进。《中共中央关于全面深化改革若干重大问题的决定》明确提出逐步提高直接税比重。2018 年 8 月 31 日，十三届全国人大

〔1〕〔日〕北野弘久：《税法学原论》（第 4 版），陈刚等译，中国检察出版社 2001 年版，第 25 页。
　　〔2〕参见〔日〕北野弘久：《税法学原论》（第 4 版），陈刚等译，中国检察出版社 2001 年版，第 41 页。
　　〔3〕尹恒、杨龙见："地方财政对本地居民偏好的回应性研究"，载《中国社会科学》2014 年第 5 期。

常委会第五次会议表决通过了《关于修改〈中华人民共和国个人所得税法〉的决定》，这是我国个人所得税法自 1980 年出台以来的第七次大修。值得一提的是，此次修改后，个税制度朝着综合与分类相结合的更加人性化的方向迈进。上述迹象都表明我国的税制变迁也在沿着由"物税"走向"人税"的脉络。囿于我国间接税的基数庞大（约占税收收入的 70%[1]），提升直接税的比重除了依靠房产税和个人所得税之外，还需要"另辟蹊径"。结合域外经验，社会保障税这一凸显人权价值的税种也是直接税的重要组成部分。在此背景下，探究社会保障税费改革不啻具有重要的意义。此外，"人税"要考量"人"的各种情况，体现对人的关怀，因而对征管水平有较高的要求。例如，较为人性化的以家庭为单位、综合和分类相结合的个人所得税模式，就要求建立完善的收入监控体系，需要结合家庭收入结构、家庭抚养或赡养支出等纷杂信息，优化个人所得税扣除体系。因此，提高"人税"的改革应当结合具体时空的经济条件、社会条件及征管能力渐进式展开，这样才能充分落实人本主义理念。

四、财政支出法："建设财政"走向"民生财政"

在将单维经济增长等同于发展的传统发展理念影响下，我国在财政支出方面奉行"建设财政观"，财政支出大量投入竞争性领域。"民生财政观"的确立扭转了这种财政模式，矫正了财政支出结构的偏差，实现了对人性的回归，这也是现代财政制度的必然要求。"现代财政制度的治理逻辑，在外部特征上体现为公共性，在推动方式上体现为发展性，在权力运行上体现为法治性，在实质内涵上体现为民生性。"[2]民生财政是指财政运行过程向民生倾斜，通过加大财政支出力度来保障和改善民生，财政以纳税人的整

---

〔1〕 参见高培勇："论完善税收制度的新阶段"，载《经济研究》2015 年第 2 期。

〔2〕 刘剑文："论财税体制改革的正当性——公共财产法语境下的治理逻辑"，载《清华法学》2014 年第 5 期。

体福祉作为出发点和落脚点。因此，"民生财政的实质是'人本财政'，不仅承载人文关怀的终极诉求，而且具有普世性的基本价值"。[1]

"民生""民生支出""民生投入"等概念在各级政府的政策文件中被反复提及；在地方政府公布的数据中，民生支出所占的比例也是居高不下。例如，2015 年，河南省民生支出占财政支出的比重为 77.4%，[2]江苏省超过 75%，[3]云南省为 73.2%。[4]但是，我国对民生财政支出尚无清晰的界定，各地统计口径也存在差异，绝大多数省份将科学技术、节能环保、城乡社区事务、农林水事务、交通运输等列入了民生支出范围。[5]显然，有些领域已经进入了"竞争性领域"的范畴，超过了民生财政的边界，甚至超过了公共财政的边界。一般而言，民生财政支出主要包括教育、医疗和社会保障这三大块，[6]但我国这些支出的占比不到 30%。"西方福利国家社会保障、医疗、教育等社会服务领域的预算支出增长很快……20 世纪 60 至 80 年代此类支出占到这些国家 GDP 的 20% 以上，占其全部政

---

〔1〕　刘尚希："论民生财政"，载《财政研究》2008 年第 8 期。

〔2〕　参见"关于河南省 2015 年财政预算执行情况和 2016 年预算（草案）的报告"，载 http://www.mof.gov.cn/zhuantihuigu/2016hb/201603/t20160315 _ 1909851. html，访问时间：2016 年 9 月 30 日。

〔3〕　参见"关于江苏省 2015 年预算执行情况与 2016 年预算草案的报告"，载 http://www.mof.gov.cn/zhuantihuigu/2016hb/201602/P020160222369959488501.pdf，访问时间：2016 年 10 月 7 日。

〔4〕　参见"云南省 2015 年地方财政预算执行情况和 2016 年地方财政预算草案的报告"，载 http://www.mof.gov.cn/zhuantihuigu/2016hb/201602/t20160224_ 1765272. html，访问时间：2016 年 9 月 30 日。

〔5〕　例如，安徽省将以下支出列入民生支出的范围：教育、科学技术、文化体育与传媒、社会保障和就业、医疗卫生、节能环保、城乡社区事务、农林水事务、交通运输、商业服务业等事务、国土资源气象等事务、住房保障支出、粮油物资储备管理事务。参见安徽省财政厅网站：http://www.ahcz.gov.cn/portal/czdt/ahcz/1323273678111297.htm，访问时间：2016 年 7 月 12 日。

〔6〕　参见华国庆："试论民生支出优先的财政法保障"，载《法学论坛》2013 年第 5 期。

府预算支出的 50% 以上。"[1]

由于社会资源具有稀缺性，财政给付请求权的实现具有一定的竞争性。"社会福利给付支出的安排将影响公民基本生活条件和与最低尊严维护相关的权利的实现，在支出安排不当的情况下，'给付权利'反而成为'侵害权利'。"[2]因此，应当对民生财政支出的范围进行限缩，还原民生财政的人本性，唤醒公民对税收使用的监督意识。

五、财政法与人口政策

财政法的人本主义理念还体现在其与人口政策之间的联系上。"现代民主法治社会中，个人不再是财政法的客体，而是位于财政法制度中心的主体。"[3]以人为起点和归宿的财政法必然对人口政策具有高度敏感性。

第一，财政法和人口迁移政策的关联。如何分配中央和地方政府之间的财政权力，是财政法上一个历久弥新的研究主题，其中财政联邦主义模式获得了越来越多的认可。财政联邦主义模式下，地方政府有一定的财政权，为辖区的居民提供相应的公共服务。蒂布特"用脚投票"的理论认为，地方要以提供居民最需要的公共产品来吸引民众，否则，居民可以通过自由迁移来选择满足自身偏好的地区。[4]奥茨的实证研究结果表明，在中央和地方分级提供公共品或公共服务的情况下，地方为争取居民的投票和支持，会在居民的

---

〔1〕 ［美］维托·坦齐、［德］卢德格尔·舒克内希特：《20 世纪的公共支出：全球视野》，胡家勇译，商务印书馆 2005 年版，第 41 页。

〔2〕 汤洁茵："论预算审批权的规范与运作——基于法治建构的考量"，载《清华法学》2014 年第 5 期。

〔3〕 朱大旗："关于财政法学研究的若干思考"，载《国际商报》2010 年 1 月 20 日。

〔4〕 See G. Zodrow, P. Mieszkowski and Tiebout Pigeou, "Property Taxation and the Underprovision of Local Public Goods", *Journal of Urban Economics*, Vol. 19, No. 3, 1986.

约束下更有动力。[1]因此，人口自由迁移政策与财政联邦制密切联系。我国户籍制度改革等将会影响财政联邦制在我国的本土化进程，财政联邦制的实行又会影响人口的流动，进而推动人口迁移政策的变革。

第二，财政法与人口结构的调适。从人口年龄结构上看，我国人口老龄化速度逐步加快。在财政收入端，老龄化社会的劳动力成本被抬高，影响产品价格和企业利润，进而影响税收收入；在财政支出端，对基本养老保险和基本医疗保险的财政补助、对老龄贫困人口的低保和其他社会救助以及老人福利等财政支出会增加。[2]因此，财政法须从调整支出结构、完善绩效管理制度、完善社会保障预算等多方面进行调整，以分担人口老龄化责任。此外，徐爽倡导在我国引入"性别预算"，[3]以保障女性在生育健康等领域的给付需求，这体现了财政法与人口性别结构的关联。

第三，财政法与人口生育政策的联动。在人口生育政策方面，全面开放二胎政策引起了社会各界的关注。体现人文关怀的财政法也需要对此进行相应的改良，"具体制定出这种以人为立论基础的正义理论，将是所有被赋予法律相关事务人的皆有责任"。[4]在财政收入方面，个人所得税制就需要完善扣除体系，降低家庭经济负担；[5]在财政支出方面，生育、妇幼保健、教育方面的支出都需要提高。

政府的公共财产来自私人财产的让渡，因此，政府财政权力的

---

〔1〕　See Wallace E. Oates, *Fiscal Federalism*, New York：Harcourt Brace Jovanovich，1972，p. 8，转引自尹恒、杨龙见："地方财政对本地居民偏好的回应性研究"，载《中国社会科学》2014 年第 5 期。

〔2〕　参见杨良初、王淑梅："应对人口老龄化的财政政策思考"，载《财政经济评论》2015 年第 1 期。

〔3〕　参见徐爽："妇女平等权的立法保护与性别预算——基于国际和国内比较的视角"，载《现代法学》2012 年第 1 期。

〔4〕　［德］阿图尔·考夫曼：《法律哲学》（第 2 版），刘幸义等译，法律出版社2011 年版，第 304 页。

〔5〕　例如，2016 年个税改革提速，有人指出养老、二孩、房贷利息负担有望抵扣。孙韶华："个税改革下半年将加速推进"，载《经济参考报》2016 年 8 月 8 日。

运行必须为了公民谋福祉，促进和保障人权、促进个人全面发展是财政法的基本宗旨。因而，在外在体系和精神内核都体现人本痕迹的财政法必然会与人口政策密切联系。

第三节　财政法人本主义理念的提炼价值及与其他法理念的关系

一、财政法人本主义理念的提炼价值

私法意义上的财产法修正了财产泛化现象，矫正了拜物教观念，提升了人的地位，但是，其理念仍然以物本主义为主、人本主义为辅，这也是保护私人财产权的功能担当所决定的。随着社会发展，通过私人财产权来进行自我防御的方法变得低效，于是，公民通过让渡一部分私人财产来"寻找一种结合的方式，使它能以全部共同的力量来维护和保障每个结合者的人身和财富"，[1]国家的起源也在于此。因此，"国家的目的在于谋公民的幸福"，[2]"保障与促进人权是现代国家财政运行的终极价值与根本目的所在"。[3]因此，作为公共财产法的财政法比私法意义上的财产法更应该凸显人本主义理念，以人为中心；公共财产只是手段，人才是目的。这就不难理解，为何财政收入法、财政支出法及财政管理法中处处体现着人本主义理念。

十八届三中全会《中共中央关于全面深化改革若干重大问题的决定》提出财政是国家治理的基础和重要支柱，明确了国家治理体系的物质基础，凸显了"财政"的重大功用；十八届四中全会《中共中央关于全面推进依法治国若干重大问题的决定》提出法律是治

---

〔1〕　［法］卢梭：《社会契约论》，何兆武译，商务印书馆1980年版，第23页。

〔2〕　［德］黑格尔：《法哲学原理》，范扬、张企泰译，商务印书馆1996年版，第3~4页。

〔3〕　周刚志："财政宪法学初论"，载《厦门大学学报（哲学社会科学版）》2005年第2期。

国之重器，良法是善治之前提，指明了国家治理体系的制度基础，"财政法"是这其中关键的制度构成；十八届五中全会《中共中央关于制定国民经济和社会发展第十三个五年规划的建议》提出的"五大发展理念"，形成了国家治理体系的价值基础，"财政法理念"应当体现这些价值意涵。从发展法学的角度，发展理念也会直接影响法律的价值意蕴和制度建构。[1] 五大发展理念充分彰显了人本主义精神，协调发展关注不同区域人之间的平衡发展，绿色发展关注不同代际人之间的持续发展，共享发展关注人发展过程中的公平正义，创新发展为人的发展提供内生性动力。因此，财政法理念应当对发展理念作出回应、相对调适和更新。可以看出，十八届三中全会、十八届四中全会、十八届五中全会之间其实存在着清晰的逻辑脉络。与之相对应，"财政""财政法""财政法理念"中应当嵌入人文基因，彰显人本精神，由此更好地发挥物质基础、制度保障、价值指引的作用，推动国家治理现代化，从而实现人的现代化。

研究财政法的人本主义理念并不是形而上的学术偏好，而是解决具体制度构建中的价值取向问题，为法治实践提供价值评判标准。"理念的功用不在于演绎和证成，而在于批判和反省，为揭示和纠正政府行为的任何敷衍和错弊提供一种价值标尺。"[2] 回顾往昔，臧否得失，用人本主义理念审视之，我们对过去"重物轻人""见财不见人"的物文化财政就会作出否定性评价。例如，为完成税收任务而征收过头税，侵犯人权的计划生育罚没，行政事业性收费中的多头收费、重复收费、超标收费，财政支出中生产性支出的过度偏好，财政关系中的"跑部钱进"等。这些事例中，"物"成为目的而凌驾于"人"之上，人权保障、人性尊重、人文关怀更是无从谈起。

---

〔1〕 关于"发展法学"的论述，参见张守文："经济法学的基本假设"，载《现代法学》2001年第6期。"一个国家或一个民族的发展观，往往会直接影响其政策、法律、道德、习俗等内在制度和外在制度。"张守文：《分配危机与经济法规制》，北京大学出版社2015年版，第344~346页。
〔2〕 冯辉："宪政、经济国家与《预算法》的修改理念——以预算权分配为中心"，载《政治与法律》2011年第9期。

"法在任何意义上对于人的否定和奴役都只能是法的异化而非法的正途。"[1]展望未来，厘清积弊，在人本主义理念的指引下，我们对于公债制度的设计就需要关注代际公平，实现人的可持续发展；财政法中就需要不断优化环境税费、环境债券、环境投资、环境补贴、生态补偿等制度安排，改善人的生活环境；在土地征收、政府采购、基础工程建设、预约定价安排、委托财政管理等财政契约关系中，要尊重相对人的意愿、保障相对人的权利。同样，在人本主义理念下，还需要着重研究推进基本公共服务均等化的财政制度安排。

二、人本主义理念在财政法理念谱系中的定位

财政法人本主义理念的提炼并不是对财政法传统或经典理念的推倒或否定，而是对财政法理念体系的更新、对理念内容的充实。财政是连接政治、经济和社会三大系统的媒介，[2]其必然是一个多维的价值体系。相应地，财政法的理念也必定是多元的，是分层次的，而人本主义理念能与其他财政法理念相容。不少学者借鉴拉德布鲁赫对法律理念的分解：正义、合目的性、法安定性，[3]将财政法的理念概括为财政正义、财政民主、财政法治。从人本主义理念与这些经典财政法理念的关系中，我们可以找到人本主义理念在财政法理念图谱中的位置。

（一）人本主义理念与财政正义

人们对于拥有"普洛透斯似的脸"的正义往往有不同的理解，但在众说纷纭之中，仍然形成了一些共识性的判断，如正义内含公平、平等、自由、效率等价值。其中，平等和公平具有一定的同质

---

〔1〕 卓泽渊：《法治泛论》，法律出版社 2001 年版，第 2 页。

〔2〕 参见 [日] 神野直彦：《体制改革的政治经济学》，王美平译，米彦军、尹晓亮校，社会科学文献出版社 2013 年版，第 8~13 页。

〔3〕 参见 [德] G·拉德布鲁赫：《法哲学》，王朴译，法律出版社 2005 年版，第 73~77 页。

性，可以构成一类"价值组合"，更倾向于分配正义；自由和效率也具有同质的一面，可以构成另一类"价值组合"，更倾向于交换正义。[1]不论是何种正义观都须借由稳定的社会机制（即法律）来表达和实现。私法更注重交换正义，而具有"公"的色彩的财政法更注重分配正义的表达和实现。因此，财政法应有的正义内涵主要体现为分配正义。在初次分配中，财政法通过对小微企业的税式支出来促进就业，通过对教育（包括职业教育）的倾斜性财政资源配置来提高劳动者技能，通过对公共企业高官薪酬的限制来调整工资结构。在再分配中，通过税收（特别是累进税）、转移支付、社会保障来缩小收入分配差距，促进公平正义。在第三次分配中，通过对第三部门的财政扶持来促进志愿性社会分配的实现。三次分配过程都体现了财政正义理念，同时也体现了以人为本，让发展成果更多、更公平地惠及人民的价值追求。在社会发展过程中，曾经出现的平均分配观、等级分配观、保富分配观等都侵犯了人的价值，阻碍了人的发展，因而，人本主义也成了检验正义分配观的标尺。博登海默对正义的诠释充分揭示了正义理念所包含的人本主义。他认为："正义所关注的是法律规范和制度性安排的内容、它们对人类的影响以及它们在增进人类幸福与文明建设方面的价值。"其目标旨在"满足个人的合理需要和主张，并与此同时促进生产进步和提高社会内聚性的程度——这是维续文明的社会生活所必需的"。[2]

（二）人本主义理念与财政民主

民主理念与人本主义有深厚的渊源，文艺复兴和启蒙运动中的人本主义思想为代议制民主提供了丰富坚实的思想基础。美国学者卡洛尔指出人本主义催生了代议制。[3]"民主内在蕴含着对人主体性

---

〔1〕　参见刘剑文："收入分配改革与财税法制创新"，载《中国法学》2011年第5期。

〔2〕　[美] E. 博登海默：《法理学——法律哲学与法律方法》，邓正来译，中国政法大学出版社2004年版，第261、268页。

〔3〕　参见 [美] 约翰·卡洛尔：《西方文化的衰落：人文主义复探》，叶安宁译，新星出版社2007年版，第140页。

的彰显，尊重每个人自由意志支配下的行为选择。"[1]民主追求的一个基本价值就是人的权利和自由。[2]财政民主为公民搭建了参与政治生活的渠道和实现话语表达的稳定机制，防止财政活动偏离公共利益，从而实现公共财产"取之于民，用之于民"。一方面，在财政民主的宪政逻辑下，公共财产的收取和支用等重大事项必须经过代表纳税人意愿的议会的同意，议会通过立法权、预算审批权、财政监督权等权力捍卫了人民主体地位。另一方面，财政民主还要求赋予具体的公民个人财政信息知情权、财政立法参与权、财政监督权等权利，让公共财产从出生到死亡，从取得、管理到使用全过程置于民主约束之下。如何保障人民的主体地位和公民的主体性是财政民主的核心议题，愈发民主化的财政法必然亦是愈发以人为本、人本化的财政法。

（三）人本主义理念与财政法治

离开法治的民主与古希腊雅典的古典民主、街头政治并没有区别，现代民主必然蕴含了法治的成分。财政民主和财政法治构成了现代财政法的两翼。财政法治包括公共财产征收上的税收法定，公共财产管理上的预算法定及公共财产分配上的财政关系法定。[3]目前，在税收法定的落实方面，我国取得了一定的进展。未来还需齐头并进，推进财政法定的整体性落位。财政法治通过控制财政权以实现对私人财产的间接保护，同时通过依法理财促进集合化的私人财产的"物尽其用"，进而增进公民的福祉。另一方面，财政民主下的公民知情权、参与权及监督权只有通过法定程序才能真正发挥威慑力。唯有坚持财政法治，财政法的人本化制度安排才能实现。此外，法治化也是人本主义财政区别于物本主义财政的基本特征。在

---

〔1〕 金香爱、宋诗："新时期财税法核心范畴初探"，载刘剑文主编：《财税法论丛》（第13卷），法律出版社2013年版，第111页。

〔2〕 胡伟："财政民主之权利构造三题"，载《现代法学》2014年第4期。

〔3〕 参见陈龙："国家治理现代化须以法治财政为基础"，载《中国经济时报》2015年5月14日。

计划经济时代，奉行"国有制财政"，国家的财政收支都是在国有部门系统完成，"所适用的是国家制经济自家院落的规范"[1]。在奉行"建设财政观"的时代，财政收支主要围绕经济建设的目标，财政运行的法治化被置于次要地位。唯有建立在民主宪政基础上，以增进全民福利为目标、促进人的发展、保障人之权利的现代财政法才具有法治化的特征。

法理念如同基因决定法律的性状，影响法律的精神气质。财政法治、财政民主和财政正义如同财政法的显性基因，影响财政法的构造形式、运行规律和发展方向。而人本主义如同隐性基因，作用更为间接但却能固本培元，塑造财政法的精神气质。现实中，诸多重财轻人的现象就是我们忽略这个隐性基因所致的。从法理念的位阶层次来看，人本主义理念是更为基础的理念，或可以被称为元理念。

第四节　人本主义理念下具体财政制度的修改理路

人本主义理念的讨论不仅需要在价值层面展开，还需要将其融入具体制度设计之中，从而实现"思想家法学"向"法学家法学""应然财政法"向"实然财政法"的转变，由虚入实，从理论到实践。[2]李永成认为，法的制度设计如何实现或落实以人为本，首先应当以人性为立足点。[3]法源于人性，法律应该立足于人性，抽象出人性之一般，以此为基点，并兼顾人的多样性，来建构各种制度。一方面，要考虑人性对法的影响；另一方面，要通过法对人性予以引导。[4]"法既要矫正人性的负面，又要张扬人性的正面。"[5]胡光

---

〔1〕　高培勇："论国家治理现代化框架下的财政基础理论建设"，载《中国社会科学》2014 年第 12 期。

〔2〕　参见周刚志："财政宪法学初论"，载《厦门大学学报（哲学社会科学版）》2005 年第 2 期。

〔3〕　李永成：《经济法人本主义论》，法律出版社 2006 年版，第 32 页。

〔4〕　李永成：《经济法人本主义论》，法律出版社 2006 年版，第 32 页。

〔5〕　李永成：《经济法人本主义论》，法律出版社 2006 年版，第 32 页。

志也认为，法在本质上规范人性张扬和调适人性冲突的准则或尺度，经济法的本质在于人性，经济法的功能在于平衡人性发展中的失衡，经济法的精神在于人性和谐，经济法的价值在于实现人的共生共存与协调发展。人性论可以建构经济法的基本范畴和理论体系。[1]按照刘国利等的观点，人性论是人本主义的基石范畴，主要包括以下四个方面：人有追求需要满足和利益实现的本性、人有恶性、人有优点、人有弱点。相应地，尊重人的需要和利益原则、防范人的恶性原则、宽容人的弱点原则和鼓励人的优点原则这四个单元构成了人本主义法学的四个基本原则。[2]阐释这四项原则对具体制度的影响，可以让我们看到人本主义法学论的样貌。下文中，笔者将依据其观点，从满足人的需要、防范人的恶性、相信人的善性、体谅人的弱点四个方面，从对人性负面之矫正和对人性正面之弘扬正反两个纬度，对具体的有违人本精神、重财轻人的财政制度进行人本化改良。

一、满足人的需要

马斯洛认为："人的需要是有层次的。由低到高分别为生理需要、安全需要、爱的需要、尊重的需要、自我实现的需要。"[3]借鉴此种层次理论，这里将财政法能够满足人的需要分为基本的需要和长远的需要两个层次。

（一）满足"长远"的需要：实现财政代际公平

一般而言，在当代人最基本的需要被满足的前提下，才有"余力"考虑后代人的需要，因此，实现代际公平可以被看成是一种更高层次的需要。代际公平作为概念最早是由塔尔博特·R. 佩基提出的，其意义就在于约束当代人的行为。[4]而从财政法学的角度，代

---

〔1〕 胡光志：《人性经济法论》，法律出版社 2010 年版，导言第 1~7 页。

〔2〕 刘国利、吴镝飞："人文主义法学引论"，载《中国法学》2004 年第 6 期。

〔3〕 ［美］马斯洛：《动机与人格》，许金声等译，华夏出版社 1987 年版，第114 页。

〔4〕 参见［印度］S. R. 乔德赫瑞："与代之间的公平：可持续发展权的基础"，黄列译，载《外国法译评》1998 年第 3 期。

际公平的意义在于从法律上约束当代人损害后代人权益的财政行为，主要体现在对地方债问题的处理上。在 2014 年《预算法》修订前，地方政府是没有举债权的，除非获得法律或国务院特别规定之授权。目前，政府主要采用"开前门、堵后门"的方式对地方债问题进行规制。

在"开前门"方面，2014 年《预算法》赋予了省级政府适度的举债权。很多学者建议将举债权主体延伸到省以下的政府科层，做到"一级财政、一级预算、一级举债权"。然而，2014 年部分省份开展了地方债自发自还的试点，完成发债的地方政府信用评级都是 AAA 级，一些地方还出现了地方债中标利率低于国债收益率的情况。[1]而美国主要通过穆迪、标普、惠誉三家评级公司对州、地方政府等市政债发行机构进行评级，2014 年参与评级主体结果为 A 级的占比为 47.37%，AA 级的占比为 39.85%。[2]对比而言，我国的信用评级制度还亟待完善，地方政府的信用差异无法在市场上得以体现。信用评级制度完善与否是影响地方债市场化的基础性要件。信用机构与地方政府相比，处于弱势地位，容易被"利益俘获"。因此，地方政府选聘评级机构的程序应当透明，对地方政府向评级机构提出"政府建议"干扰评级结果的做法要予以禁止。其次，监管机构应当加强对评级机构的监管，防止恶性"评级结果竞争""评级价格竞争"和"评级速度竞争"，以免最终危及政府信用乃至国家信用。此外，还应推进权责发生制为基础的政府综合财务报告制度的建立，强化信息披露，使得评级机构的评级工作能够"有理有据"、科学公正。总而言之，结合目前地方债配套机制还有待完善的现实。从保障代际公平、促进地方债市场化发展的角度来看，2014 年《预

---

〔1〕　参见霍侃："地方债利率低于国债　奇葩定价难持续"，载 http://finance. caixin. com/2014-07-11/100703003. html，访问时间：2016 年 7 月 1 日。

〔2〕　参见宋伟健、霍志辉："2014 年美国市政债券市场发展及对中国地方债的借鉴意义"，载 http://bond. hexun. com/2015-06-29/177130286. html，访问时间：2016 年 7 月 1 日。

算法》将举债权限定在省级政府的做法还是比较合理的，省以下地方政府的债券发行管制还不应当放开。

"堵后门"主要体现在两方面：其一，堵塞了地方政府的其他举债渠道，只能按照 2014 年《预算法》依法举债；其二，对"旧账"进行清理整顿，主要通过地方债置换来清理旧账。地方债置换是指用地方政府发行的长期、低息债券来置换政府通过地方融资平台积攒的短期、高息存量债务。以"时间"换"空间"，从而缓解偿债压力，主要向商业银行等发行。2015 年，地方债置换额增至 3.2 万亿，显然已经成为当前应对存量债务、"堵后门"的核心措施。[1]地方债置换是一种"强制置换"，对置换的债券量、期限、利率都有规定，并不是一种市场行为，而是行政干预行为。尽管银行能通过对存量政府债务的置换获得了一定的流动性，但也需要应对潜在的利率风险。从代际公平的角度，地方债置换本质上就是将数万亿即将到期的债务向后展期，同时也将风险分散到往后的时间，这无疑会对后代人的利益产生影响。"纯粹的时间偏好是不正义的：它意味着活着的人利用他们在时间上的位置来促进他们自己的利益。"[2]地方债置换只能作为应对偿债高峰期的非常措施而严格限定在一定的范围。短期来看，地方政府还可以通过 PPP 模式等其他路径引入社会资本，以缓冲财政压力。但是从长期来看，应当理顺中央和地方的事权和支出责任，加强地方财源制度建设，这才是化解地方债风险的根本所在。在面对财政压力带来的挑战时，一国选择何种策略，从长远来看将决定该国经济的兴衰。[3]对于地方债治理，无论是"开前门"，还是"堵后门"，都应当审慎而为，以保障代际公平。

---

〔1〕 参见詹向阳、郑艳文："地方政府债务置换的影响"，载《中国金融》2015年第 20 期。

〔2〕 〔美〕约翰·罗尔斯：《正义论》，谢延光译，上海译文出版社 1991 年版，第 322 页。

〔3〕 参见〔美〕道格拉斯·诺斯、罗伯斯·托马斯：《西方世界的兴起》，厉以平、蔡磊译，华夏出版社 2009 年版，第 167~177 页。

（二）满足"基本"的需要：推进基本公共服务均等化

基本公共服务包括基本公共教育、劳动就业服务、社会保险、基本医疗卫生等，关乎人的生存权、健康权、受教育权等基本权利，大部分属于积极人权的范畴。基本公共服务的"均等"可以被大致理解为享受基本公共服务机会的均等和获得基本公共服务结果的均等。[1]"公共服务在群体间和个体间发挥着同一'起跑线'或'踏板'的重要作用，只有实现基本公共服务的最大公平，保证个人'基本能力'的平等，才能使人们真正享受追求自我价值实现的自由。"[2]因此，实现基本公共服务的均等化是满足人"基本"的需求。

推进基本公共服务均等化的基础在于财政转移支付制度的完善。彼夫·达尔比等提出地区间公共服务均等化要通过财政转移支付制度来调整。[3]劳伦斯·克里寇等提出区域公共服务供给差异的主要原因是地区间财力的差异。[4]受过去物本主义财政观念的影响，我国财政转移支付制度的目标在于宏观调控，控制地方政府行为。大量附条件的转移支付对地方经济发展进行"黄金诱导"，削弱本不发达的地方财政自主权，偏离均等化的价值追求。[5]2014 年《预算

---

〔1〕 阿兰·M. 海等提出均等化的衡量标准包括："程序公平"（procedural fairness）、"公正"（justice）、"形式上的均等"（formal equality）、"实质性均等"（substantive equality）、"平等的选择"（equal choice）等。See Alan M. Hay, "Concepts of Equity, Fairness and Justice in Geographical Studies", *Transactions of British Geographers*, New Series, Vol. 20, No. 4, 1995.

〔2〕 陈少英："和谐社会与弱势群体的财税法保护"，载《法学》2007 年第 3 期。

〔3〕 See B. Dahlby and L. S. Wilson, "Fiscal Capacity, Tax Effort and Optimal Equalization Grants", *The Canadian Journal of Economics*, Vol. 27, No. 3, 1994, 转引自曹爱军："民生的逻辑：基本公共服务均等化研究"，南开大学 2014 年博士学位论文，第 35 ~ 36 页。

〔4〕 See Laurence Kotlikoff and Bemd Raffelhueschen, *How Regional Differences in Taxes and Public Goods Distort Life Cycle Location Choices*, NBER Working Papers No. w3598, National Bureau of Economic Research, Inc., 1991, 转引自曹爱军："民生的逻辑：基本公共服务均等化研究"，南开大学 2014 年博士学位论文，第 35~36 页。

〔5〕 徐阳光："实现财政转移支付法治化"，载《中国社会科学报》2015 年 7 月 15 日。

法》第 16 条规定，财政转移支付"以推进地区间基本公共服务均等化为主要目标"，对财政支付制度的宗旨进行了正本清源，实现了向人本主义理念的回归。[1]

2014 年 12 月，国务院发布了《关于改革和完善中央对地方转移支付制度的意见》，提出将一般性转移支付占比提升到 60%，严控专项转移支付等内容。然而，在 2012 年，我国的一般性转移支付占比已经到了 53.3%，2013 年达到 58.2%，已经非常接近 60% 的目标线了，专项转移支付也日渐规范。[2]但是，要实现 2020 年全面建成小康社会的目标，加快公共服务均等化的进程，还需要寻找新的破局点。

罗尔斯认为，只有改善社会成员中境况最糟糕者的福利水平，社会福利才得以增进。德国通过其特有的横向转移支付制度缩小了东德和西德的差距，实现了公共服务均等化，这种"劫富济贫""削峰填谷"的做法在我国强调协调、共享等发展理念的治理语境下殊值探究。但是，各省之间的情况也是千差万别，还需要考虑诸多政治因素，因此单纯依靠技术理性、借鉴德国通过联邦机构在各州之间进行横向转移支付的做法在我国没有现实土壤。一种可行的方案是将以灾害救助为主的、应急性的、随机性的省际对口支援实践纳入制度化逻辑，将以中央压力、政府形象、人道关怀为动力基础的帮扶机制转变为建立在横向转移支付协议基础上的常态化、制度化的横向转移支付制度。中央可以通过政治褒奖和政策奖励促进贡献

---

[1] 通过财政均衡来实现社会公平已是国外成熟的财政转移支付法律的重要内容，在部分国家已经上升到了财政立宪的高度。例如，1982 年的《加拿大联邦宪法》规定：议会和加拿大政府应采取均衡支付原则，确保各省政府有足够的收入，能够在相对合理且彼此相当的税收水平上，提供相对合理且彼此相当的公共服务水平。

[2] 参见财政部预算司："《国务院关于改革和完善中央对地方转移支付制度的意见》政策解读"，载 http://yss.mof.gov.cn/zhengwuxinxi/zhengceguizhang/201502/t20150202_1187167.html，访问时间：2016 年 7 月 2 日。

地区和获益地区之间转移支付协议的达成。[1]

　　除了宏观系统的转移支付制度建构外，区域协同治理也是助力公共服务均等化的重要举措。前者重点旨在协调不同地理区域之间公共服务水平的悬殊，而后者重点旨在缩小同一地理区域内不同行政区域之间公共服务供给的落差。区域协同治理是现代化国家治理体系的重要组成部分，其核心实际上是区域财政协同治理。[2]在京津冀协同发展被上升为国家战略的背景下，财政法研究应当关注其中的财政协同问题，将其纳入法治的轨道。地方政府可以通过财政协同联席会议制度、税收共享机制[3]、税收竞争的协调机制、税收征管的合作协议、设立共同财政基金[4]、政府采购合作协议、财政投融资合作协议、建立财政治理风险应对合作机制等[5]多种方式改善区域发展的失衡、助推公共服务均等化。但是需要注意的是，无论是转移支付，还是区域财政协同都属于外源性财力支持制度，要解决地方间财力不均、推进基本公共服务均等化、满足人的基本需

---

　　〔1〕　事实上，广东省已经开始了横向转移支付的实践。《广东省基本公共服务均等化规划纲要（2009-2020年）》规定，由珠江三角洲地区点对点帮扶欠发达地区，不断提高欠发达地区基本公共服务保障水平。按珠江三角洲地区对欠发达地区的横向转移支付规模从2009年的5亿元增加到2020年的100亿元测算，到2020年欠发达地区人均基本公共服务支出占珠江三角洲地区的比例将提高到83.7%。

　　〔2〕　参见于文豪："区域财政协同治理如何于法有据：以京津冀为例"，载《法学家》2015年第1期。

　　〔3〕　例如，美国明尼苏达州的双子城在其联席会议所制定的税收分享方案中规定，任何规划地区内新增建设形成的新增税收都将被抽取一部分，作为未来解决区域内相关问题的公共资金。参见赵国钦、宁静："京津冀协同发展的财政体制：一个框架设计"，载《改革》2015年第8期。

　　〔4〕　共同财政基金的方式在我国长三角地区已经有了实践：2012年，上海、浙江、江苏和安徽四省市各出资1000万元成立区域发展促进基金，该基金在跨省市基础设施建设、生态建设、环境治理等领域发挥了积极的作用。

　　〔5〕　美国以"州际协定"（interstate compact）为代表的行政协议在自然资源保护、刑事管辖权、公用事业管制、税收和审计，以及都市群的规划、建设、使用和管理等领域得到广泛应用。See Felix Frankfurter and James M. Landis, "The Compact Clause of the Constitution: A Study in Interstate Adjustments", *The Yale Law Journal*, Vol. 34, No. 7, 1925.

求，还须通过完善地方税体系等方式加强地方政府内生性财源制度建设。寻找地方主体税种、搭建地方税体系应是未来财税体制改革的主攻点之一。

二、防范人的恶性

性恶论在西方法律思想史上源远流长、蓄积深厚。古朴的自然法学派将人性分为理性和感性，前者使人向善，后者使人作恶。[1]社会法学派代表人物罗斯科·庞德认为，人是具有"自我主张的侵略性"和"互相合作的社会性"的二重存在物，人的"侵略"本性导致矛盾和冲突，因此，必须对其进行社会控制，法律就是这种社会控制的手段之一。[2]提出"经济人假设"的古典自由经济学以及将该假设引入政治领域而形成的公共选择学派的人性基础之中，也都体现了人自私自利的恶性。对人（包括掌权者）恶性的防范催生了民主政府思想、分权制衡思想等，并对具体制度建构产生深远影响，这也是人本主义法学的体现。

（一）防范财政权力主体恶性的政治化路径

在财政法中，公民选举的代表者借由议会的立法权力、预算权力来控制政府的财政权力，这构成了防范人恶性的政治化路径。其中，议会的预算审批权日渐重要，已成为预算治理中的核心权力。因而，曾有学者指出预算审批权在国家权力谱系中有独特的地位，其是与立法权、司法权和行政权并重的国家第四种权力。日本学者美浓部达吉指出："议会议定预算权，是和立法权一样，同属最重要的权限之一，在某种意义上还可以说是比立法更重要，成为议会权

---

〔1〕 柏拉图认为："由于人的理性柔弱，难以阻止人不去作恶，所以需要一种特殊的理性，即法律。"［古希腊］柏拉图：《柏拉图全集》（第3卷），王晓朝译，人民出版社2003年版，第391页。

〔2〕 ［美］罗斯科·庞德：《通过法律的社会控制》，沈宗灵译，商务印书馆1984年版，第80~81页。

能的中心。"〔1〕2014 年《预算法》在一定程度上补强了预算审批权，但仍有继续完善的空间。

2014 年《预算法》未考虑预算草案被否决的情形。尽管预算否决权可能会产生国家财政"停运"、财政权"停摆"的严重后果，但是当预算背后所隐含的掌权者恶性已经侵害了公民的财产权、生存权、健康权等时，议会应当有权力否决不合理的预算，这也是权力制衡理念的要求。当然，为了尽量降低对经济社会系统的负面影响，预算否决权的行使还需要搭建配套制度安排：应规定政府再次提交预算草案的时间期限；应规定预算草案再次获得审批通过前的预算空白期内，一些重要支出可以按照前一年度的预算执行；应规定整体否决权和部分否决权，以缓和预算否决权对国家财政运行的冲击。例如，《大韩民国宪法》第 54 条规定："新的会计年度开始前预算案尚未通过时，政府可至国会通过预算案为止，就下列目的所需经费以前一年度的预算为准来执行：（1）根据宪法或法律设置的机关或设施的维持、运营；（2）履行法律上的支出义务；（3）继续已被承认为预算的事业。"

此外，衡量议会预算权力大小的另一指标就是议会是否能够修改预算草案，以及修改到什么程度。因此，预算修正权是议会预算权的重要组成部分。〔2〕由于我国《预算法》并没有规定该项权力，地方人大主要依靠财经委负责的预算初审和采取提前介入预算编制的手段来发挥监督作用。对此，我国应在防范人的恶性原则下，引入预算修正权。另一方面，需要注意，议会议员为了获得连任机会，为了其代表集团之利益也存在扩大预算支出的冲动，因此不仅要防范官僚机会主义，也需要警惕议会机会主义。对国外经验的管窥中，

---

〔1〕　［日］美浓部达吉：《议会制度论》，邹敬芳译，中国政法大学出版社 2005 年版，第 263~267 页。

〔2〕　例如，伊恩·莱恩纳将议会修改预算的权力、可供讨论预算的时间等作为测量议会能力的指标。See Ian Lienner, *Who Controls the Budget：The Legislature or the Executive*, IMF Working Paper, No. 05/115, 2005.

我们可以发现不少国家对预算修正权进行了必要限制。具体包括两种做法：其一，只允许议会对预算作减额修正。例如，《法国宪法》规定议会议员提出的建议案和修正案，如果通过结果将减少国家收入或者将新设或加重国家支出时，即不予接受。其二，允许议会对预算作增额修正，但是应在其他方面采取减额的替代性措施以保证预算平衡。结合我国政府生产性支出偏好明显、民生性支出投入不足的现实，第二种方案更为可取，人大可以通过结构性的增减修正，扩大民生领域的预算投入。一些地方性法规的设计中已经开始注意人大预算修正权的引入。例如，2015 年 7 月发布的《厦门市预算审查批准监督条例（修订草案）》规定，提出增加支出的修正案，必须相应提出增加收入或减少其他支出的具体方案。这种做法是值得赞许的。

（二）防范财政权力主体恶性的社会化路径

在财政信息公开的前提下，公民能够通过个人或组织参与到财政运行的各个环节当中，影响乃至决定公共财产的收入、管理和支配，这构成了防范人恶性的社会化路径。财政信息公开是公众参与的前提和基础，是直接影响公众参与能否真正形成的关键要素。而公众的参与是推动财政信息进一步公开的民主动力。[1]导源于知情权的财政信息公开和以参与权为基础的公众参与互为影响、互为促进；二者相辅相成，体现了知行合一，共同构筑制约财政权力主体恶性的社会力量。

2014 年《预算法》的修改在预算公开方面取得诸项突破，使得预算公开成了政府信息公开领域的标尺。在此基础上，我们还可以从以下若干方面进行完善：其一，如何协调信息公开和国家秘密保护之间的关系一直是财政公开领域未解之题。实践中，部分政府会以涉密为由规避财政信息的公开，而哪些属于国家秘密，往往又是由行政主体决定的。2014 年《预算法》也没有妥当地解决这个问题。其第 14 条规定，涉及国家秘密的不公开。因此，除了寄望于财

---

[1] 参见李大勇："信息公开与公众参与关系之透视"，载《中共福建省委党校学报》2011 年第 10 期。

政法自身的调适和修改，还应当对《保守国家秘密法》予以修改。其二，在财政信息公开的范围上，2014 年《预算法》规定对本级政府财政转移支付安排、执行的情况以及举借债务的情况等重要事项作出说明。这体现了一定的进步性，但是说明到什么程度、会不会"含糊其辞"、能不能让公众"看得懂"等都是需要被回应的问题。此外，由于非税收入项目众多、法治化水平较低，其已成了信息公开领域的"死角"，未来立法和修法需要重点关注非税收入的信息公开。"对公权谋私唯一的补救办法，就在于公共领域本身，在于照亮公共领域范围内每一个行为的光明，在于那种使进入公共领域的一切都暴露无遗的可见性。"〔1〕其三，财政信息公开的主体不应局限于财政部门，应扩大到持有财政信息的其他主体。

公众财政参与是财政民主的必然要求，能补强财政决策的正当性、促进公众对财政规则的遵从、完善财政监督链条、提升财政绩效水平。"如果我们想维护和深化我们的民主生活，我们必须将未来掌握在自己的手中。我们必须建立一种确保公民参与和公众对话的机制。"〔2〕目前，在公众参与类型上，我国的公众财政参与还是一种权力机关倡导型参与。公众参与程序由权力机关启动、公众参与的具体方式（如听证会、座谈会）由权力机关选择、公众参与的程度（如过程参与、末端参与）由权力机关决定。因此，应当建立公众自主启动参与程序的机制；还应丰富公众参与的形式并保障公众对参与形式的选择权，如听证会、论证会、民主恳谈、民主评议、网络征求意见、列席、旁听、预算展览等。此外，2014 年《预算法》新增了关于公民检举和控告权的规定，强化了公众参与的影响力和监督力。在此基础上，还可以引入纳税人公益诉讼，丰富公众监督手段。随着问责机制的不断强化，公众参与仅仅为政府提供信

〔1〕［美］汉娜·阿伦特：《论革命》，陈周旺译，译林出版社 2007 年版，第236 页。

〔2〕［美］詹姆斯·菲什金、［英］彼得·拉斯莱特主编：《协商民主论争》，张晓敏译，中央编译出版社 2009 年版，第 9 页。

息的现状将得到改变，在一定程度上还将直接影响决策的过程。

（三）防范财政权力主体恶性的司法化路径

公民通过私益诉讼实现对自己权利的救济，通过公益诉讼实现对财政权力主体的监督，这构成了防范人恶性的司法化路径。

随着个税、房产税、社会保障税以及可能开征的遗产税等直接税改革的推进，可以预见到，未来将会产生大量的税务私益诉讼。不同于间接税隔断了纳税人和税负之间的关联，直接税的税负不能转嫁，纳税人的税痛感更加强烈，也更加注重对自己利益的维护。但是，现行司法体制主要依靠法院内设的行政庭来负责涉税案件，因此，探索设立专门性的税务法院应当是不二选择。德国就设立有专门的税务法院，包括州设立的税务法院和联邦税务法院。2015 年12 月，中共中央、国务院发布了《深化国税、地税征管体制改革方案》，明确提出加强涉税案件审判队伍专业化建设，由相对固定的审判人员、合议庭审理涉税案件。在专门性税务法院的建构路径上，可采用渐进性的改革思路：可以在行政审判庭中设立税务合议庭；待条件成熟后，再设立税务审判庭；最后经过一定时间的经验积累，可以设立独立的税务法院。[1]

另外，应当引入纳税人公益诉讼。政府既是公共财产的保护者，又是公共财产的利用者。在追逐利益的恶性驱使下，政府可能会发生寻租等滥用公共财产的逾矩行为，导致两种角色冲突。因此，为了保护公共财产利益这种公益，防范财政权力主体的恶性，应当引入纳税人公益诉讼。[2]尽管纳税人公益诉讼在英美等普通法系国家取得了长足发展，但大陆法系国家普遍对纳税人公益诉讼进行了限

---

〔1〕 参见刘剑文："引领大势、开创新局，助推财税法大发展"，载 http:// www. cftl. cn/ArticleInfo. aspx？Aid = 48801&LevelId = 002001003，访问时间：2016 年 3 月 27 日。

〔2〕 "承认纳税人诉讼的根据在于，公共资金的违法支出意味着纳税人本可以不被课以相应部分的税金，在每一纳税人被超额课税的意义上，纳税人具有诉之利益。"[日] 田中英夫、竹内昭夫：《私人在法实现中的作用》，李薇译，法律出版社 2006 年版，第 55 页。

制，说明这项制度的引入还受到不同法治传统的制约。例如，德国原则上不允许公益诉讼；[1]日本纳税人公益诉讼以居民诉讼的形式存在，诉讼请求范围限于地方公共团体金钱支出相关的财务事项；[2]法国不允许纳税人对中央的纳税规定提起越权之诉[3]。

　　鉴于现实情况和理想图景之间的距离，纳税人公益诉讼制度之建构应当遵循渐进式的改革理路，按照"中改"的思路为宜。[4]第一，具有原告资格的主体范围应包括纳税人、符合条件的纳税人组织、检察机关。为了防止滥诉和出于对纳税人、负税人与被诉财政行为之间利害关系的认定难度之考量，短时期内不具备将负税人全部纳入原告资格范围的条件。第二，让司法机关深入到财政支出的合理性审查中，不仅难度巨大，而且容易产生司法权僭越行政权之虞。纳税人公益诉讼框架建构应当以合法性审查为重心。第三，财政问题具有专业性、复杂性的特征，特别是预算问题，因此可以引入"法院之友"制度。"法院之友"指在不是案件事实上的当事人，但基于各种缘由（如对案件产生兴趣、基于某种利益等），而以第三方的身份向法院提供与案件有关的事实或者适用法律方面的意见，以影响法院判决的一项制度。[5]专家意见可以辅助当事人，以体现人文关怀，同时也有利于财税法知识的传播和普及。

---

〔1〕　参见薛刚凌主编：《外国及港澳台行政诉讼制度》，北京大学出版社 2006 年版，第 30~31 页。

〔2〕　参见［日］盐野宏：《行政法》，杨建顺译，法律出版社 1999 年版，第 429 页。

〔3〕　陈晴："纳税人诉讼制度的域外考察及其借鉴"，载《法学评论》2009 年第 2 期。

〔4〕　关于纳税人公益诉讼的原告资格、举证责任分配、诉讼费用承担、检察权的协助等内容，已有研究者进行细致研究。参见施正文："我国建立纳税人诉讼的几个问题"，载《中国法学》2006 年第 5 期；陈晴："纳税人诉讼制度的域外考察及其借鉴"，载《法学评论》2009 年第 2 期；李炎："美国纳税人诉讼原告资格的主要影响因素分析及其对我国的启示"，载《法学杂志》2012 年第 1 期。

〔5〕　Bryan A. Garner Editor in Chief, *Black's Law Dictionary*, Thomson West Press, 2004, p. 263, 转引自蒋悟真、胡明："预算法的可诉性理念及其司法机制构建"，载《当代法学》2012 年第 5 期。

三、相信人的善性

如普罗提诺所言："人一半是魔鬼，一半是天使。"亚当·斯密的论述中，"经济人"既是自私的，也是富有道德情操者。[1]人本主义理念下的财政制度不仅要防范人的恶性，还应当相信人的善性，鼓励人的优点，这对于消弭公权力主体和私权利主体之间的对抗性，培育和谐良性的财政税收文化都大有裨益。

（一）相信人的诚实信用：纳税人诚实推定权的落实

诚实信用原则源于罗马法时代之"善意"（bona fides）或"善意与衡平"（aequum et bonum），[2]是私法之大原则，但将其引入公法（税法）尚存争议。然而，将导源于诚实信用原则的纳税人诚实推定权引入税法却无太大异议，已成为学界共识。纳税人诚实推定权的价值不仅在于丰富纳税人权利谱系，还在于促进税法遵从，甚至能推动税务治理转型，功能巨大而不可小觑。2015年1月，国务院向社会公布的《税收征收管理法修订草案（征求意见稿）》（以下简称《征求意见稿》）并未规定该项权利，留下了巨大的缺憾。

纳税人诚实推定权是指税务机关在尚无证据证明某一税务违法事实或行为存在的情况下，应首先认定纳税人的纳税申报、设置账簿等行为是诚实的，是可以信赖的。[3]"该项权利和刑法中的无罪推定有着共通的理念渊源，是人格尊严权的一部分，对于纳税人有着特别的意义；之于一国整体而言，税法上的诚实推定与刑法上的无罪推定一起表彰着该国对待自己国民的态度，凸显的是该国法治水平的高低。"[4]

---

〔1〕 参见［英］坎南编著：《亚当·斯密关于法律、警察、岁入及军备的演讲》，陈福生、陈振骅译，商务印书馆1982年版，第31页。

〔2〕 参见徐阳光、常青："论诚实信用原则在税法中的适用"，载《交大法学》2014年第1期。

〔3〕 参见王桦宇："论税法上的纳税人诚实推定权"，载《税务研究》2014年第1期。

〔4〕 刘剑文："《税收征收管理法》修改的几个基本问题——以纳税人权利保护为中心"，载《法学》2015年第6期。

《征求意见稿》新增了"税额确认"一章，从而引入了"税收确定程序"。我国现行的税收征管程序将"税收确定"和"税收征收"混同，并无独立的"税收确定"概念和程序。缺少确定税额的行政行为，导致纳税人的权利义务长期处于不确定状态。《美国联邦税法》规定了"自我课赋制度"（Self-Assessment），相当于我国的纳税申报；但其还规定了"税收评定制度"（Tax Assessment），相当于税收确定程序。[1]因此，税收确定程序的引入能完善我国的税收征管程序，更符合逻辑学和发生学的规律，更利于纳税人的权利保护。"以纳税人自行申报为基础，以税额确定为中心"的程序设计必然需要建立在纳税人诚实推定权的基础上。如果税务机关在先假定纳税人为侵蚀公共财产的机会主义者，是不可信任的，那么上述程序将无法运转。《征求意见稿》第9条已经规定："国家建立、健全税收诚信体系，褒扬诚信，惩戒失信，促进税法遵从。"这其实已涉及诚实信用原则的内容，那么可以"顺水推舟"、更进一步，在第11条关于"纳税人权利"的规定中增加纳税人诚实推定权的规定。

（二）鼓励人的合作本性：纳税人结社权的制度化保障

亚里士多德认为人的本性是社会性，人必须结为某种特定的团体。[2]"人的优点包括合作本性……人类和其他群居动物一样，先天具有合作本能……人能够克制自己的欲望，为了互利的目的而与他人合作。"[3]保障人的合作本性这一善良天性也成了人权的重要内容，因而，很多国家的宪法都规定了结社自由权。

纳税人结社权属于纳税人宪法性权利，其可以凝聚纳税人的个人力量，为纳税人提供组织化的利益表达渠道，在财政决策、财政运行、财政监督、公益诉讼等各个环节都能发挥功用。例如，在引

---

〔1〕　参见钱俊文、韦国庆："纳税评估的法律地位争议及其解决——兼议《税收征管法》与《纳税评估管理办法》的修订"，载《税务研究》2013年第1期。

〔2〕　参见［古希腊］亚里士多德：《政治学》，吴寿彭译，商务印书馆1965年版，第7~9页。

〔3〕　刘国利、吴镝飞："人文主义法学引论"，载《中国法学》2004年第6期。

导公众积极参与国家财政活动方面，克罗地亚公共财政协会发挥了显著作用；[1]而印度工人和农民权力组织则通过收集公民真实体验方面的预算执行信息，对地方政府财政支出的绩效进行非官方性的审计，推动了该国社会审计的快速发展，甚至还影响立法。[2]我国江苏纳税人之家、杭州纳税人权益保护协会、厦门纳税人权益保护中心、深圳公共预算观察志愿者等诸多团体在维护纳税人权益方面发挥了重要作用。在互联网技术的支持下，民间组织还可以通过相互联盟、与政府合作、与媒体合作、与国际组织合作，不断扩大自己的政治力量，培育公众的权利意识。可以预见，财政第三部门的作用还会壮大，甚至影响财政治理结构。在此背景下，保障纳税人结社权意义重大。

2013 年，国家税务总局发布了《关于加强纳税人权益保护工作的若干意见》。其中规定"建立纳税人权益保护组织，构建纳税人维权平台"，但是该文件的效力等级较低。在违宪审查制度缺位的背景下，可以考虑在具体的《税收征收管理法》或未来专门的《纳税人权利法案》中规定专门的纳税人结社权，与宪法中的结社权条款相呼应，以充分保障纳税人权利，促进财政第三部门的发展和勃兴，这也是现代国家治理下多中心治理的体现。例如，《消费者权益保护法》第 12 条专门规定"消费者享有依法成立维护自身合法权益的社会组织的权利"，进而确立了消费者结社权，此种具体规定的做法可资借鉴。此外，还需要结合社团登记制度的优化、设立专项扶持基金等制度改革，为纳税人结社权的行使扫清障碍。

四、体谅人的弱点

受环境因素和内在因素的制约，人的认知能力和选择能力是有

---

〔1〕 参见世界银行专家组：《公共部门的社会问责：理念探讨及模式分析》，宋涛译校，中国人民大学出版社 2007 年版，第 103~104 页。

〔2〕 Prakash Sarangi, "Can the Right to Information Help?", *Journal of Democracy*, Vol. 23, No. 1, 2012, 转引自辛兵海、殷金朋："民间社会组织参与政府预算绩效监督——国际经验及启示"，载《江汉学术》2015 年第 2 期。

限的，人也有弱点，也容易犯错误。在某种意义上，切斯特·巴纳德提出的"有限理性人假设"也暗含了人性弱点论。[1]内含人本主义理念的财政法应当体谅人的弱点，对人易犯错误的弱点适度宽容，给予人改正错误的机会。《征求意见稿》中新增规定，"对主动纠正税收违法行为或者配合税务机关查处税收违法行为的，……减免税收利息"，以鼓励人改正错误。《征求意见稿》中对延期、分期缴税制度的完善体现了对人困难情况的体恤。此外，税法允许纳税人通过税务筹划来减轻税负，这体现了对人逐利本性的适当宽容，上述种种都可以理解为财税法对人性弱点的体谅。下文中，笔者将围绕凸显人性关怀的税务代理和纳税申报两项制度展开论述。

（一）允许人弥补弱点：现代税务代理制度的建立

现代税法日趋复杂，未来随着纳税人自行申报制度、综合与分类相结合的个人所得税制、住宅房产税制等改革举措的推进，势必会对纳税人的能力提出较高的要求。因此，除了保障纳税人的知情权外，还应保障纳税人的委托代理权，得以依靠专业人士的辅助来弥补自身能力的不足。日本有税理士，德国有税务顾问，我国也有税务代理人，这些专业人士在弥补纳税人能力方面发挥了重要功用。北野弘久指出："税理士并不是单纯的税务会计专家，而应是作为维护纳税者合法权益的代理人，即税法专家。"[2]构建现代税务代理制度，对于弥补人性弱点、保障纳税人权益具有重大意义。

《征求意见稿》对于税务代理沿用了2014年《税收征管法》的规定，并未作任何改动。其第133条规定："纳税人、扣缴义务人可以委托税务代理人代为办理税务事宜。"如果纳税人的能力不足，难以有效遵从税法、确定税额，一旦其委托代理权得不到保障，就等同于侵害了其权利。因此，笔者建议将第133条修改为：纳税人、

〔1〕〔美〕切斯特·I.巴纳德：《经理人员的职能》，王永贵译，机械工业出版社2013年版，第2~4页。
〔2〕〔日〕北野弘久：《税法学原论》（第4版），陈刚等译，中国检察出版社2001年版，代译者序第24页。

扣缴义务人有权委托税务代理人代为办理税务事宜。从"可以"委托到"有权"委托的修改，摒弃了税务管理下义务本位的思维，让委托代理权更加明确、更具刚性、更能落到实处。

税务代理制度还需要明确税务代理人的专业资质，税务代理人应当是促进税法遵从、保护纳税人权利的"专家"（更准确地说是"税法专家"），因此，要有一定的准入门槛。其次，税务代理人不能只包括单一职业者，应允许多种职业者进入税务代理市场，形成适度竞争。例如，按照各国通行做法，具有许可类资质的律师、注册会计师可以从事税务代理业务。[1]需要注意的是，2014 年 8 月国务院发文取消了注册税务师的职业资格许可。[2]在具有许可类资质的注册税务师改为水平类职业人员的背景下，还应对其资质进行具体规定，以保障其具备维护纳税人权益之水平。因此，可以授权国务院税务主管部门制定统一的税务代理人管理办法，引导律师、注册会计师、特别是税务师成为"税法专家"。[3]由于我国并没有针对税务代理的专门立法，[4]还需要寄望于《税收征管法》的修订来明确上述关键问题。对第 133 条可以作出第二步的修改："纳税人、扣缴义务人有权委托税务师、注册会计师、律师等具有专业资质的税务代理人办理税务事宜。具体办法由国务院税务主管部门制定。"

（二）允许人改正错误：纳税修正申报制度的落位

纳税申报制度赋予了纳税人自己确定纳税义务的权利，将纳税人置于税收法律关系的中心地位。"按照宪法理论解释，申报纳税制

---

〔1〕 美国财政部第 230 号公告第 10 章第 3 条规定，律师、注册会计师当然可以从事税务代理业务。《德国税务顾问法》第 3 条规定，律师、注册会计师为"无限制执业权限"之人，有权代理税务事宜。参见施正文："建立现代税务代理制度是《税收征管法》修订的重要使命"，载《注册税务师》2015 年第 5 期。

〔2〕 参见《国务院关于取消和调整一批行政审批项目等事项的决定》（国发〔2014〕27 号）。

〔3〕 参见施正文："建立现代税务代理制度是《税收征管法》修订的重要使命"，载《注册税务师》2015 年第 5 期。

〔4〕 例如，日本有《税理士法》，韩国有《税务士法》，德国有《税务顾问法》，美国针对税务代理专门制定了第 230 号公告（Treasury Department Circular No. 230）。

度是意味着国民主权或人民主权原理在税法的展开……行使纳税申报权即意味着纳税人在行使主权。"[1]因此，纳税申报还具有保障人权、培育纳税意识、推动民主政治之功能。我国也规定了纳税申报制度，但却是被"阉割"的纳税申报，并未规定修正申报，剥夺了纳税人主动改正错误的机会。令人欣慰的是，《征求意见稿》中引入了纳税修正申报制度，其规定"纳税人办理纳税申报后发现需要修正的，可以修正申报"。纳税修正申报允许纳税人改正自己的错误，避免在后续环节遭受行政处罚等不利益，有利于维护纳税人权利，营造和谐的征纳关系，也体现了法律对人性的宽容。

但是，对于该项制度的顺利引入，还有需要明确的关键问题——纳税修正申报是否只能进行增额修正，可否允许减额修正？纳税申报以人权论为根基，体现了对诚实推定权的保障。修正申报作为其组成部分，也应当相信人的善性，允许减额修正。另一方面，即便规定只允许增额修正，纳税人还可以通过税收退还程序索回自己误缴、多缴的款项，这样反而会占用更多的征管资源，耗费了纳税人财产的时间成本。因此，允许减额修正的做法更为可取，更显人文关怀。日本的修正申报制度只允许增额修正，倘若要减额修正则须经由单独的更正请求程序，这样的立法例也备受非议。北野弘久指出："无论是修正申报还是更正请求，都是纳税者据以确认课税标准和税额的程序，故在立法论上应在修正申报中包括减额程序……两种程序能合而为一，以修正申报统一适用。"[2]

"任何科学不论似乎与人性离得多远，他们总是会通过这样或那样的途径回到人性。"[3]疏理财政法的历史变迁脉络，就会发现财政法通过对建设财政观、物本财政观、国家财政观等物本主义的匡

---

〔1〕［日］北野弘久：《税法学原论》（第4版），陈刚等译，中国检察出版社2001年版，代译者序第24页。

〔2〕［日］北野弘久：《税法学原论》，陈刚等译，中国检察出版社2001年版，第180页。

〔3〕［英］休谟：《人性论》，关文运译，商务印书馆1980年版，第6页。

谬纠偏，在财政管理法、财政收入法、财政支出法各个方面浇铸人本主义理念，通过人本化的制度改革实现了向人性的回归。德国法哲学家科殷指出："法律是'人的法律'而非'物的法则'。"[1]财政法中，人是第一性的，人才是目的。德国学者费肯杰致力于人本主义经济法学理论的形成，张世明老师早在1997年就提出了人本主义经济法的主张。[2]"经济法学体系的建构是一种结构化的过程，且这个过程任重而道远，士不可不弘毅，必须坚持以人为本的理念。"[3]作为经济法重要组成部分的财政法，更应坚持将人本主义理念奉为圭臬。

我国财税制度的历史变迁呈现出周期性规律，以十年为一个分期，每个历史阶段呈现出不同的关注点。[4]20世纪80年代推行的"利改税"改革实现了"自产国家"向"税收国家"的转型，这一阶段的焦点主要在国营企业；1994年的分税制改革重构了我国的财税体制格局，这一阶段的焦点主要在地方政府；2004年财产保护条款和人权保障条款入宪开启了新一轮的财税体制改革，其以统一税制和结构性减税为主要特征，这一阶段的焦点在多元市场主体之间。2014年新一轮财税体制改革的目标在于建立与国家治理体系和治理能力现代化相适应的财税制度，国家治理现代化就是通过制度现代化实现人的现代化，这一阶段的焦点回归到了"人"。《深化财税体制改革总体方案》确定了"建立现代财政制度"的时间表和路线图，并提出了三个主攻方向。在税制改革方面，在实现将保留税种上升为法律的宏大改革工程中，应将人当作价值目的与价值评判标准，用符合人性、尊重人权的人本精神塑造具体的制度。在预算制度改

---

〔1〕 ［德］H. 科殷：《法哲学》，林荣远译，华夏出版社2002年版，第110页。

〔2〕 参见张世明：《经济法学理论演变研究》（第二次全面修订版），中国民主法制出版社2009年版，第346~360页。

〔3〕 张世明：《经济法学理论演变研究》（第二次全面修订版），中国民主法制出版社2009年版，第361页。

〔4〕 张守文："税制变迁与税收法治现代化"，载《中国社会科学》2015年第2期。

革方面，应巩固并完善 2014 年《预算法》的成果，不断提升人民在预算中地位和具体公民在预算中的作用。在事权和支出责任制度建设方面，应理顺政府和市场、中央和地方的关系，落实民生财政和推进公共服务均等化，实现分配正义，增进社会福祉。

　　美国进步时代取得的非凡成就离不开财政制度的推波助澜，其中以个人所得税等人税的引入和发挥公民个人监督作用的预算制度之建立两方面最为突出。[1]莫伊塞斯在《权力的终结》一书中指出，权力的行使必然从"管理"时代进入"治理"时代。[2]无疑，中国已经迎来了自己的治理时代。能否让这个"治理时代"成为属于中国的"进步时代"，就需要我们不断推动彰显人本主义理念的财政法治发展。

　　〔1〕　参见王绍光：《美国进步时代的启示》，中国财政经济出版社 2002 年版，第1~7 页。

　　〔2〕　[委] 莫伊塞斯·纳伊姆：《权力的终结：权力正在失去，世界如何运转》，王吉美、牛筱萌译，中信出版社 2013 年版，第 1~13 页。

主要参考文献

一、中文著作

1. ［日］阿部正雄:《禅与西方思想》,王雷泉、张汝伦译,上海译文出版社 1989 年版。

2. ［美］阿拉斯代尔·麦金太尔:《伦理学简史》,龚群译,商务印书馆 2003 年版。

3. ［印］阿马蒂亚·森:《伦理学与经济学》,王宇、王文玉译,商务印书馆 2000 年版。

4. ［德］阿图尔·考夫曼、温弗里德·哈斯默尔主编:《当代法哲学和法律理论导论》,郑永流译,法律出版社 2002 年版。

5. ［德］阿图尔·考夫曼:《法律哲学》(第 2 版),刘幸义等译,法律出版社 2011 年版。

6. ［德］阿图尔·考夫曼:《后现代法哲学——告别演讲》,米健译,法律出版社 2003 年版。

7. ［美］埃利希·弗洛姆:《健全的社会》,欧阳谦译,中国文联出版公司 1988 年版。

8. ［英］艾伦·斯温杰伍德:《社会学思想简史》,陈玮、冯克利译,社会科学文献出版社 1988 年版。

9. ［美］爱德华·张伯伦:《垄断竞争理论》,周文译,华夏出版社 2009 年版。

10. ［美］安·塞德曼、罗伯特·B·塞德曼:《法律秩序与社会改革》,时宜人译,中国政法大学出版社 1992 年版。

11. ［英］安东尼·吉登斯:《社会的构成》,李康、李猛译,生活·读书·

新知三联书店 1998 年版。

12. ［古希腊］柏拉图：《柏拉图全集》（第 3 卷），王晓朝译，人民出版社 2003 年版。

13. 北京市法学会编：《中国经济法三十年》，中国法制出版社 2008 年版。

14. ［日］北野弘久：《税法学原论》（第 4 版），陈刚等译，中国检察出版 社 2001 年版。

15. ［美］本杰明·卡多佐：《司法过程的性质》，苏力译，商务印书馆 1998 年版。

16. ［英］杰里米·边沁：《论一般法律》，毛国权译，上海三联书店 2013 年版。

17. 卞敏：《哲学与终极关怀》，光明日报出版社 2011 年版。

18. ［美］理查德·A. 波斯纳：《法理学问题》，苏力译，中国政法大学出版 社 1994 年版。

19. ［德］伯恩·魏德士：《法理学》，丁小春、吴越译，法律出版社 2003 年版。

20. ［英］伯特兰·罗素：《西方的智慧》（上），崔权醴译，文化艺术出版 社 1997 年版。

21. ［美］E. 博登海默：《法理学——法律哲学与法律方法》，邓正来译，中 国政法大学出版社 2004 版。

22. ［法］布尔迪厄、［美］华康德：《反思社会学导引》，李猛、李康译， 商务印书馆 2015 年版。

23. ［澳］布里奇斯托克等：《科学技术与社会导论》，刘立等译，清华大学 出版社 2005 年版。

24. 蔡守秋：《基于生态文明的法理学》，中国法制出版社 2014 年版。

25. （唐）长孙无忌等撰：《唐律疏议》，刘俊文点校，中华书局 1983 年版。

26. 陈嘉映：《语言哲学》，北京大学出版社 2003 年版。

27. 陈乃新编著：《经济法精神之展开》，中国政法大学出版社 2005 年版。

28. 陈先达：《静园夜语》，北京师范大学出版社 2013 年版。

29. 陈新民：《德国公法学基础理论》（增订新版·上卷），法律出版社 2010 年版。

30. 陈晏清、王南湜、李淑梅：《现代唯物主义导引》，南开大学出版社 1996 年版。

31. 程宝山：《中国经济法基本理论》，郑州大学出版社 2013 年版。

32. ［法］霍尔巴赫：《自然的体系》（上卷），管士滨译，商务印书馆 1964 年版。

33. ［美］戴维·格伯尔：《全球竞争：法律、市场和全球化》，陈若鸿译，中国法制出版社 2012 年版。

34. ［英］戴雪：《英宪精义》，雷宾南译，中国法制出版社 2001 年版。

35. ［日］丹宗昭信、伊从宽：《经济法总论》，吉田庆子译，中国法制出版社 2010 年版。

36. ［美］道格拉斯·诺斯、罗伯斯·托马斯：《西方世界的兴起》，厉以平、蔡磊译，华夏出版社 2009 年版。

37. 邓正来：《法律与立法的二元观》，上海三联书店 2000 年版。

38. 邓正来、［英］J. C. 亚历山大编：《国家与市民社会：一种社会理论的研究路经》，中央编译出版社 1999 年版。

39. 邓正来主编：《西方法律哲学家研究》，中国政法大学出版社 2013 年版。

40. ［法］狄骥：《法律与国家》，冷静译，中国法制出版社 2010 年版。

41. ［德］迪特尔·梅迪库斯：《德国民法总论》，邵建东译，法律出版社 2000 年版。

42. 董京泉：《结合论》，辽宁人民出版社 2000 年版。

43. ［美］戴维·约翰·法默尔：《公共行政的语言——官僚制、现代性和后现代性》，吴琼译，中国人民大学出版社 2005 年版。

44. 范长军：《德国反不正当竞争法研究》，法律出版社 2010 年版。

45. 费安玲主编：《防止知识产权滥用法律机制研究》，中国政法大学出版社 2009 年版。

46. ［德］沃尔夫冈·费肯杰：《经济法》（第 2 卷），张世明译，中国民主法制出版社 2010 年版。

47. 费孝通：《乡土中国》，北京出版社 2005 年版。

48. ［美］弗兰克·H. 奈特：《风险、不确定性与利润》，安佳译，商务印书馆 2010 年版。

49. ［法］弗朗索瓦·泰雷、菲利普·森勒尔：《法国财产法》（上），罗结珍译，中国法制出版社 2008 年版。

50. ［德］弗里德利希·卡尔·冯·萨维尼：《论立法与法学的当代使命》，许章润译，中国法制出版社 2001 年版。

51. ［德］弗里德利希·卡尔·冯·萨维尼著，艾里克·沃尔夫编：《历史法学派的基本思想（1814-1840 年）》，郑永流译，法律出版社 2009年版。

52. ［英］弗里德利希·冯·哈耶克：《自由秩序原理》（下），邓正来译，生活·读书·新知三联书店 1997 年版。

53. ［美］傅铿：《知识人的黄昏》，生活·读书·新知三联书店 2013 年版。

54. 傅樵：《赋税制度的人本主义审视与建构》，重庆出版社 2015 年版。

55. ［日］富田彻男：《市场竞争中的知识产权》，廖正衡等译，商务印书馆2000 年版。

56. ［日］富永健一：《社会学原理》，严立贤等译，社会科学文献出版社1992 年版。

57. ［德］沃尔夫·盖特纳：《社会选择理论基础》，李晋、马丽译，格致出版社、上海三联书店、上海人民出版社 2013 年版。

58. ［德］乌塔·格哈特：《帕森斯学术思想评传》，李康译，北京大学出版社 2009 年版。

59. ［加］哈罗德·伊尼斯：《传播的偏向》，何道宽译，中国传媒大学出版社 2013 年版。

60. ［英］哈特：《法律的概念》，张文显等译，中国大百科全书出版社 1996年版。

61. ［英］弗里德利希·冯·哈耶克：《经济、科学与政治：哈耶克思想精粹》，冯克利译，江苏人民出版社 2000 年版。

62. 韩大元：《宪法学基础理论》，中国政法大学出版社 2008 年版。

63. 韩立余：《经营者集中救济制度》，高等教育出版社 2011 年版。

64. 韩伟：《经营者集中附条件法律问题研究》，法律出版社 2013 年版。

65. ［德］汉斯·J. 沃尔夫、奥托·巴霍夫、罗尔夫·施托贝尔：《行政法》（第 2 卷），高家伟译，商务印书馆 2002 年版。

66. ［德］黑格尔：《法哲学原理》，范扬、张企泰译，商务印书馆 1982年版。

67. ［德］黑格尔：《哲学史讲演录》（第 4 卷），贺麟、王太庆译，商务印书馆 1978 年版。

68. 胡光志：《人性经济法论》，法律出版社 2010 年版。

69. 胡适：《中国哲学史》（上），新世界出版社 2015 年版。

70. 黄家瑶:《经济实践与哲学理性》,上海财经大学出版社 2007 年版。

71. 黄茂荣:《法学方法与现代民法》(第 5 版),法律出版社 2007 年版。

72. 黄娅琴:《惩罚性赔偿研究:国家制定法和民族习惯法双重视角下的考察》,法律出版社 2016 年版。

73. [美] 马歇尔·C. 霍华德:《美国反托拉斯法与贸易法规——典型问题与案例分析》,孙南申译,中国社会科学出版社 1991 年版。

74. 季卫东:《法治秩序的建构》(增补版),商务印书馆 2014 年版。

75. [日] 加藤雅信:《"所有权"的诞生》,郑芙蓉译,法律出版社 2012 年版。

76. 金观涛、刘青峰:《观念史研究——中国现代重要政治术语的形成》,法律出版社 2009 年版。

77. [英] 卡尔·波兰尼:《巨变:当代政治与经济的起源》,黄树民译,社会科学文献出版社 2013 版。

78. [德] 卡尔·恩吉施:《法律思维导论》,郑永流译,法律出版社 2004 年版。

79. [德] 卡尔·拉伦茨:《法学方法论》,陈爱娥译,商务印书馆 2003 年版。

80. [美] 卡尔·皮尔逊:《科学的规范》,李醒民译,华夏出版社 1999 年版。

81. [德] 卡尔·施米特:《政治的概念》,刘宗坤等译,上海人民出版社 2004 年版。

82. [德] 卡尔·施密特:《论法学思维的三种模式》,苏慧婕译,中国法制出版社 2012 年版。

83. [美] 约翰·卡洛尔:《西方文化的衰落:人文主义复探》,叶安宁译,新星出版社 2007 年版。

84. [奥] 凯尔森:《法与国家的一般理论》,沈宗灵译,中国大百科全书出版社 1996 年版。

85. [德] 伊曼努尔·康德:《道德形而上学原理》,苗力田译,上海人民出版社 2005 年版。

86. [德] 康德:《任何一种能够作为科学出现的未来形而上学导论》,庞景仁译,商务印书馆 1997 年版。

87. [德] 阿图尔·考夫曼、温弗里德·哈斯默尔主编:《当代法哲学和法律理论导论》，郑永流译，法律出版社 2002 年版。

88. ［德］H. 科殷：《法哲学》，林荣远译，华夏出版社 2002 年版。

89. ［俄］克鲁泡特金：《互助论》，李平沤译，商务印书馆 1963 年版。

90. ［美］肯尼思·D. 贝利：《现代社会研究方法》，许真译，上海人民出版社 1986 年版。

91. 孔德周：《系统经济法论》，中国法制出版社 2005 年版。

92. ［德］拉德布鲁赫：《法学导论》，米健、朱林译，中国大百科全书出版社 1997 年版。

93. ［德］G. 拉德布鲁赫：《法哲学》，王朴译，法律出版社 2005 年版。

94. ［英］约瑟夫·拉兹：《公共领域中的伦理学》，葛四友主译，江苏人民出版社 2013 年版。

95. （南宋）黎靖德编：《朱子语类》，中华书局 1986 年版。

96. 李昌麒主编：《经济法学》（第 2 版），法律出版社 2008 年版。

97. 李道军：《法的应然与实然》，山东人民出版社 2001 年版。

98. 李革新：《哲学的颂歌——柏拉图对话的现代解读》（上册），同济大学出版社 2015 年版。

99. 李明德、杜颖：《知识产权法》，法律出版社 2007 年版。

100. 李永成：《经济法人本主义论》，法律出版社 2006 年版。

101. 李钟斌：《反垄断法的合理原则研究》，厦门大学出版社 2005 年版。

102. ［美］加里·L·里巴克：《美国的反省：如何从垄断中解放市场》，何华译，东方出版社 2011 年版。

103. ［美］理查德·A·波斯纳：《反托拉斯法》（第 2 版），孙秋宁译，中国政法大学出版社 2003 年版。

104. 刘光华：《经济法的分析实证基础》，中国人民大学出版社 2008 年版。

105. 刘继峰：《反垄断法》，中国政法大学出版社 2012 年版。

106. 刘建民：《黑格尔〈法哲学原理〉概念诠释与校译：〈权利哲学纲要〉研究》，法律出版社 2011 年版。

107. 刘剑文、熊伟：《财政税收法》（第 6 版），法律出版社 2014 年版。

108. 刘森林：《物与无：物化逻辑与虚无主义》，江苏人民出版社 2013 年版。

109. 刘文华：《中国经济法基础理论》（校注版），法律出版社 2012 年版。

110. 刘文华：《走协调结合之路》，法律出版社 2012 年版。

111. ［德］鲁道夫·冯·耶林：《为权利而斗争》，郑永流译，法律出版社2012年版。

112. ［西德］路德维希·艾哈德：《来自竞争的繁荣》，祝世康、穆家骥译，商务印书馆1983年版。

113. ［奥］路德维希·冯·米塞斯：《人的行动——关于经济学的论文》（下册），余晖译，上海人民出版社2013年版。

114. ［美］路易斯·卡普洛、斯蒂文·沙维尔：《公平与福利》，冯玉军、涂永前译，法律出版社2007年版。

115. ［法］罗斑：《希腊思想和科学精神的起源》，陈修斋译，商务印书馆1965年版。

116. ［德］罗伯特·阿列克西：《法律论证理论——作为法律证立理论的理性论辩理论》，舒国滢译，中国法制出版社2002版。

117. 罗豪才等：《行政法平衡理论讲演录》，北京大学出版社2011年版。

118. ［英］罗杰·科特威尔：《法律社会学导论》（第2版），彭小龙译，中国政法大学出版社2015年版。

119. ［美］罗斯科·庞德：《通过法律的社会控制》，沈宗灵译，商务印书馆1984年版。

120. ［英］罗素：《西方哲学史》（下卷），马元德译，商务印书馆1976年版。

121. ［英］马丁·洛克林：《公法与政治理论》，郑戈译，商务印书馆2013年版。

122. 《马克思恩格斯全集》（第35卷），人民出版社1971年版。

123. ［德］马克思：《资本论》（第1卷），郭大力、王亚南译，上海三联书店2011年版。

124. ［英］尼尔·麦考密克、［奥］奥塔·魏因贝格尔：《制度法论》，周叶谦译，中国政法大学出版社1994年版。

125. 梅夏英：《财产权构造的基础分析》，人民法院出版社2002年版。

126. ［日］美浓部达吉：《议会制度论》，邹敬芳译，中国政法大学出版社2005年版。

127. ［法］孟德斯鸠：《孟德斯鸠法意》（上册），严复译，商务印书馆1981年版。

128. ［美］米尔顿·弗里德曼、罗丝·弗里德曼：《自由选择》，张琦译，机械工业出版社 2013 年版。

129. ［美］诺内特、塞尔兹尼克：《转变中的法律与社会：迈向回应型法》，张志铭译，中国政法大学出版社 1994 年版。

130. ［加］欧内斯特・J. 温里布：《私法的理念》，徐爱国译，北京大学出版社 2007 年版。

131. ［澳］皮特・凯恩：《法律与道德中的责任》，罗杰华译，商务印书馆 2008 年版。

132. ［法］蒲鲁东：《贫困的哲学》（第 1 卷），余叔通、王雪华译，商务印书馆 1998 年版。

133. （南宋）普济辑：《五灯会元》，海南出版社 2011 年版。

134. 漆多俊：《经济法基础理论》（第 4 版），法律出版社 2008 年版。

135. 钱穆：《晚学盲言》，生活・读书・新知三联书店 2010 年版。

136. 钱钟书：《谈艺录》，中华书局 1984 年版。

137. ［美］乔纳森・特纳：《社会学理论的结构》（第 6 版・上），邱泽奇等译，华夏出版社 2001 年版。

138. ［英］乔治・爱德华・摩尔：《伦理学原理》，长河译，上海人民出版社 2003 年版。

139. ［美］乔治・施瓦布：《例外的挑战：卡尔・施米特的政治思想导论（1921-1936 年）》，李培建译，上海人民出版社 2015 年版。

140. ［法］让-多米尼克・拉费、雅克・勒卡荣：《混合经济》，宇泉译，商务印书馆 1995 年版。

141. ［美］保罗・萨缪尔森、威廉・诺德豪斯：《萨缪尔森谈效率、公平与混合经济》，萧琛主译，商务印书馆 2012 年版。

142. ［德］萨维尼、格林：《萨维尼法学方法论讲义与格林笔记》，杨代雄译，法律出版社 2008 年版。

143. 上海人民出版社编：《章太炎全集》（四），上海人民出版社 1985 年版。

144. 邵建东：《德国反不正当竞争法研究》，中国人民大学出版社 2001 年版。

145. 史际春、邓峰：《经济法总论》（第 2 版），法律出版社 2008 年版。

146. ［美］斯蒂夫・G. 梅德玛：《捆住市场的手：如何驯服利己主义》，启蒙编译所译，中央编译出版社 2014 年版。

147. ［美］斯塔夫里阿诺斯：《全球通史：从史前史到 21 世纪》（第 7 版修

订版·下），吴象婴等译，北京大学出版社 2006 年版。

148. ［美］梯利著，伍德增补：《西方哲学史》（增补修订版），葛力译，商务印书馆 2015 年版。

149. 佟丽华、白羽：《和谐社会与公益法——中美公益法比较研究》，法律出版社 2005 年版。

150. ［德］托马斯·莱塞尔：《法社会学导论》（第 4 版），高旭军等译，上海人民出版社 2008 年版。

151. ［美］托马斯·潘恩：《潘恩选集》，马清槐等译，商务印书馆 1982 年版。

152. ［法］托马斯·皮凯蒂：《21 世纪资本论》，巴曙松等译，中信出版社 2014 年版。

153. ［德］瓦尔特·欧肯：《经济政策的原则》，李道斌、冯兴元、史世伟译，中国社会科学出版社 2014 年版。

154. 王利明等：《民法学》（第 3 版），法律出版社 2011 版。

155. 王伟光：《利益论》，人民出版社 2001 年版。

156. （清）王先谦：《荀子集解》，沈啸寰、王星贤点校，中华书局 2013 年版。

157. 王雨本：《股份制度论》，中国社会出版社 2009 年版。

158. ［英］威廉·韦德：《行政法》，徐炳等译，中国大百科全书出版社 1997 年版。

159. ［联邦德国］韦·阿贝尔斯豪泽：《德意志联邦共和国经济史：1945-1980》，张连根、吴衡康译，商务印书馆 1988 年版。

160. ［德］维利·克劳斯：《社会市场经济》，张仲福译，重庆出版社 1995 年版。

161. ［美］维托·坦茨：《政府与市场：变革中的政府职能》，王宇等译，商务印书馆 2014 年版。

162. ［美］维托·坦齐、［德］卢德格尔·舒克内希特：《20 世纪的公共支出：全球视野》，胡家勇译，商务印书馆 2005 年版。

163. 吴承明：《经济史理论与实证：吴承明文集》，刘兰兮整理，浙江大学出版社 2012 年版。

164. 吴从周：《概念法学、利益法学与价值法学：探索一部民法方法论的演变史》，中国法制出版社 2011 年版。

165. 吴庚:《政法理论与法学方法》,中国人民大学出版社 2007 年版。

166. 吴汉东主编,司法部法学教材编辑部编审:《知识产权法》,中国政法大学出版社 2002 年版。

167. 吴经熊:《法律哲学研究》,清华大学出版社 2005 年版。

168. 吴炯主编:《中华人民共和国反垄断法解读》,中国工商出版社 2007 年版。

169. 吴彦编:《20 世纪法哲学发微——德意志法哲学文选》(3),刘鹏等译,知识产权出版社 2015 年版。

170. 肖小芳:《道德与法律——哈特、德沃金与哈贝马斯对法律正当性的三种论证模式》,光明日报出版社 2011 年版。

171. 谢晓尧:《在经验与制度之间:不正当竞争司法案例类型化研究》,法律出版社 2010 年版。

172. [英] 休谟:《人性论》,关文运译,商务印书馆 1980 年版。

173. 徐国栋:《民法哲学》(增订本),中国法制出版社 2015 年版。

174. 徐孟洲:《耦合经济法论》,中国人民大学出版社 2010 年版。

175. 徐强胜:《经济法和经济秩序的建构》,北京大学出版社 2008 年版。

176. [英] 亚当·斯密:《道德情操论》,蒋自强等译,商务印书馆 1997 年版。

177. [日] 盐野宏:《行政法》,杨建顺译,法律出版社 1999 年版。

178. 杨仁寿:《法学方法论》,中国政法大学出版社 1999 年版。

179. 杨奕华:《法律人本主义——法理学研究诠论》,汉兴书局 1997 年版。

180. 姚海放:《经济法主体理论研究》,中国法制出版社 2011 年版。

181. [葡] 叶士朋:《欧洲法学史导论》,吕平义、苏健译,中国政法大学出版社 1998 年版。

182. [德] 英格博格·普珀:《法学思维小学堂:法律人的 6 堂思维训练课》,蔡圣伟译,北京大学出版社 2011 年版。

183. 虞新胜:《正当优先于善:罗尔斯政治哲学研究》,中国社会科学出版社 2014 年版。

184. [美] 约翰·罗尔斯:《正义论》,谢延光译,上海译文出版社 1991 年版。

185. [英] 约翰·梅纳德·凯恩斯:《就业、利息和货币通论》(重译本),高鸿业译,商务印书馆 1999 年版。

186. ［英］约翰·希克斯：《经济史理论》，厉以平译，商务印书馆 1999 年版。

187. ［英］詹姆斯·富尔彻：《资本主义》，张罗、陆赟译，译林出版社 2013 年版。

188. ［美］詹姆斯·菲什金、［英］彼得·拉斯莱特主编：《协商民主论争》，张晓敏译，中央编译出版社 2009 年版。

189. 张立伟：《权利的功利化及其限制》，科学出版社 2009 年版。

190. 张世明、刘亚丛、王济东主编：《经济法基础文献会要》，法律出版社 2012 年版。

191. 张世明：《法律、资源与时空建构：1644-1945 年的中国》（第 5 卷：经济开发），广东省出版集团、广东人民出版社 2012 年版。

192. 张世明：《经济法学理论演变研究》（第二次全面修订版），中国民主法制出版社 2009 年版。

193. 张世英：《万有相通：哲学与人生的追寻》，北京师范大学出版社 2013 年版。

194. 张守文：《分配危机与经济法规制》，北京大学出版社 2015 年版。

195. 张守文：《经济法原理》，北京大学出版社 2013 年版。

196. 张守文：《税法学》，法律出版社 2011 年版。

197. 张文显：《二十世纪西方法哲学思潮研究》，法律出版社 1996 年版。

198. 张友渔等：《法学理论论文集》，群众出版社 1984 年版。

199. 张知本：《社会法律学》，上海法学编译社 1932 年版。

200. 赵汀阳：《第一哲学的支点》，生活·读书·新知三联书店 2013 年版。

201. 赵迅：《弱势群体保护的社会契约基础》，中国政法大学出版社 2010 年版。

202. 甄自恒：《从公权社会到私权社会——法权、法制结构转型的社会哲学探讨》，人民日报出版社 2004 年版。

203. 法学教材编辑部《罗马法》编写组编：《罗马法》，群众出版社 1983 年版。

204. 周旺生：《法理探索》，人民出版社 2005 年版。

205. 朱景文主编：《法理学》，中国人民大学出版社 2008 年版。

206. 卓泽渊：《法的价值论》（第 3 版），法律出版社 2018 年版。

二、中文论文

1. 陈乃新："经济法是增量利益生产和分配法——对经济法本质的另一种理解"，载《法商研究（中南政法学院学报）》2000年第2期。

2. 晨曦："'平衡论'的困境"，载《行政法学研究》1996年第4期。

3. 董璠舆："日本经济法的几个基本问题"，载《外国问题研究》1981年第1期。

4. 冯玉军："中国宗教财产的范围和归属问题研究"，载《中国法学》2012年第6期。

5. 付子堂："对利益问题的法律解释"，载《法学家》2001年第2期。

6. 甘强："经济法与社会法的法本位界分——经济法与社会法关系研究之视角"，载《理论界》2007年第5期。

7. 高培勇："论完善税收制度的新阶段"，载《经济研究》2015年第2期。

8. 胡伟："财政民主之权利构造三题"，载《现代法学》2014年第4期。

9. 胡小红："论正当竞争权"，载《当代法学》2000年第1期。

10. 黄武双、刘建臣："中美屏蔽网页广告行为法律规制比较"，载《竞争政策研究》2015年第1期。

11. 蒋悟真："反垄断法的精髓：维护与保障人权"，载《江西社会科学》2008年第7期。

12. 蒋悟真："中国预算法实施的现实路径"，载《中国社会科学》2014年第9期。

13. 焦海涛："不正当竞争行为认定中的实用主义批判"，载《中国法学》2017年第1期。

14. 解亘、班天可："被误解和被高估的动态体系论"，载《法学研究》2017年第2期。

15. 孔祥俊："论反不正当竞争的基本范式"，载《法学家》2018年第1期。

16. 兰磊："比例原则视角下的《反不正当竞争法》一般条款解释——以视频网站上广告拦截和快进是否构成不正当竞争为例"，载《东方法学》2015年第3期。

17. 劳东燕："风险社会与功能主义的刑法立法观"，载《法学评论》2017年第6期。

18. 雷安军："功能主义原则的缺陷及其克服——兼论法律文化的先进与落后问题"，载《中国政法大学学报》2010 年第 5 期。

19. 李东方："近代法律体系的局限性与经济法的生成"，载《现代法学》1999 年第 4 期。

20. 李克歆："经济法的'平衡协调论'与行政法的'平衡论'之比较"，载《学术交流》2006 年第 11 期。

21. 李小峰："困境与拯救——竞争权制度论纲"，载《西南政法大学学报》2005 年第 2 期。

22. 李永泉："功能主义视角下专家辅助人诉讼地位再认识"，载《现代法学》2018 年第 1 期。

23. 李友根："经营者公平竞争权初论——基于判例的整理与研究"，载《南京大学学报（哲学·人文科学·社会科学版）》2009 年第 4 期。

24. 刘光华："本土性与普适性：中国经济法研究的反思"，载《兰州大学学报（社会科学版）》2011 年第 6 期。

25. 刘光华、张广浩："祛魅公共利益：基于'价值-工具'法律利益分类范式"，载《兰州大学学报（社会科学版）》2018 年第 4 期。

26. 刘光华："中国经济法与行政法的'混同'：现实图景及原因背景分析"，载《兰州大学学报》2005 年第 5 期。

27. 刘国利、吴镝飞："人文主义法学引论"，载《中国法学》2004 年第 6 期。

28. 刘国章："论'先验'因素在人的认识活动过程中的作用"，载《社会科学辑刊》2002 年第 5 期。

29. 刘剑文、王桦宇："公共财产权的概念及其法治逻辑"，载《中国社会科学》2014 年第 8 期。

30. 刘剑文："《税收征收管理法》修改的几个基本问题——以纳税人权利保护为中心"，载《法学》2015 年第 6 期。

31. 刘连泰："斜坡上的跷跷板游戏：平衡论述评"，载《清华法学》2015 年第 1 期。

32. 刘尚希："论民生财政"，载《财政研究》2008 年第 8 期。

33. 孔德周："'纵横统一论'是科学的经济法基础理论"，载《政法论坛》1997 年第 1 期。

34. 刘文华："经济法理论在求实、创新中行进"，载《商丘师范学院学报》

2012 年第 7 期。

35. 刘文华："经济法路向何方？"，载《河北工业大学学报（社会科学版）》2017 年第 1 期。

36. 龙俊："滥用相对优势地位的反不正当竞争法规制原理"，载《法律科学（西北政法大学学报）》2017 年第 5 期。

37. 陆宇峰："'规则怀疑论'究竟怀疑什么？——法律神话揭秘者的秘密"，载《华东政法大学学报》2014 年第 6 期。

38. 吕翠凤："秩序问题与社会哲学的主题"，载《山东师范大学学报（人文社会科学版）》2003 年第 4 期。

39. 罗豪才、甘雯："行政法的'平衡'及'平衡论'范畴"，载《中国法学》1996 年第 4 期。

40. 罗豪才、宋功德："行政法的失衡与平衡"，载《中国法学》2001 年第 2 期。

41. 罗豪才、袁曙宏、李文栋："现代行政法的理论基础——论行政机关与相对一方的权利义务平衡"，载《中国法学》1993 年第 1 期。

42. 罗蓉蓉："技术标准制定中垄断行为的规制及对策研究"，载《法学杂志》2013 年第 10 期。

43. 欧阳恩钱："风险社会、生态文明与经济法哲学基础拓新"，载《当代法学》2012 年第 3 期。

44. 皮纯协、冯军："关于'平衡论'疏漏问题的几点思考——兼议'平衡论'的完善方向"，载《中国法学》1997 年第 2 期。

45. 邱本："再论部门法哲学"，载《法制与社会发展》2010 年第 3 期。

46. 冉昊："反思财产法制建设中的'事前研究'方法"，载《法学研究》2016 年第 2 期。

47. 桑本谦："法律解释的困境"，载《法学研究》2004 年第 5 期。

48. 施正文："建立现代税务代理制度是《税收征管法》修订的重要使命"，载《注册税务师》2015 年第 5 期。

49. 时建中："我国《反垄断法》的特色制度、亮点制度及重大不足"，载《法学家》2008 年第 1 期。

50. 史际春、孙天承："论'错法'现象——以经济法领域为中心"，载《南京师大学报（社会科学版）》2015 年第 2 期。

51. 史际春："海峡两岸经济法比较"，载《法学家》1994 年第 3 期。

52. 史际春："论规划的法治化"，载《兰州大学学报》2006 年第 4 期。

53. 宋华琳："功能主义视角下的行政裁量基准——评周佑勇教授《行政裁量基准研究》"，载《法学评论》2016 年第 3 期。

54. 宋亚辉："网络干扰行为的竞争法规制——'非公益必要不干扰原则'的检讨与修正"，载《法商研究》2017 年第 4 期。

55. 孙光宁："法律解释方法在指导性案例中的运用及其完善"，载《中国法学》2018 年第 1 期。

56. 孙笑侠："论法律与社会利益——对市场经济中公平问题的另一种思考"，载《中国法学》1995 年第 4 期。

57. 童之伟："权利本位说再评议"，载《中国法学》2000 年第 6 期。

58. 涂四益："我国宪法之'公共财产'的前生今世——从李忠夏的《宪法上的'国家所有权'：一场美丽的误会》说起"，载《清华法学》2015 年第 5 期。

59. 王红霞、李国海："'竞争权'驳论——兼论竞争法的利益保护观"，载《法学评论》2012 年第 4 期。

60. 王利明："民法的人文关怀"，载《中国社会科学》2011 年第 4 期。

61. 王晓晔："有效竞争——我国竞争政策和反垄断法的目标模式"，载《法学家》1998 年第 2 期。

62. 韦之："论不正当竞争法与知识产权法的关系"，载《北京大学学报（哲学社会科学版）》1999 年第 6 期。

63. 汤洁茵："论预算审批权的规范与运作——基于法治建构的考量"，载《清华法学》2014 年第 5 期。

64. 肖顺武："混淆行为法律规制中'一定影响'的认定"，载《法学评论》2018 年第 5 期。

65. 谢晓尧："一般条款的裁判思维与方法——以广告过滤行为的正当性判断为例"，载《知识产权》2018 年第 4 期。

66. 邢会强："法国的《计划化改革法》"，载《法国研究》2001 年第 2 期。

67. 熊丙万："法律的形式与功能——以'知假买假'案为分析范例"，载《中外法学》2017 年第 2 期。

68. 徐孟洲："论中国经济法的客观基础和人文理念"，载《法学杂志》2004 年第 4 期。

69. 许德风："法教义学的应用"，载《中外法学》2013 年第 5 期。

70. 薛克鹏："论计划法的终结"，载《社会科学研究》2007年第3期。

71. 杨海坤："行政法哲学的核心问题：政府存在和运行的正当性——兼论'政府法治论'的精髓和优势"，载《上海师范大学学报（哲学社会科学版）》2007年第6期。

72. ［法］伊姆雷·托特："哲学及其在西方精神空间中的地位：一种辩护"，萧俊明译，载《第欧根尼》2008年第1期。

73. 尹恒、杨龙见："地方财政对本地居民偏好的回应性研究"，载《中国社会科学》2014年第5期。

74. 尹建国："不确定法律概念具体化的说明理由"，载《中外法学》2010年第5期。

75. 于文豪："区域财政协同治理如何于法有据：以京津冀为例"，载《法学家》2015年第1期。

76. 张方华："公共利益观念：一个思想史的考察"，载《社会科学》2012年第5期。

77. 张恒山："论法以义务为重心——兼评'权利本位说'"，载《中国法学》1990年第5期。

78. 张利春："现代法律思维时间面向的转换"，载《法制与社会发展》2008年第2期。

79. 张世明："美国与欧洲竞争法的差异与联系"，载《政法论丛》2014年第4期。

80. 张守文："税制变迁与税收法治现代化"，载《中国社会科学》2015年第2期。

81. 张文龙："目的与利益：法范式的'哥白尼革命'——以耶林和海克为中心的利益法学思想史之考察"，载《清华法律评论》2015年第1期。

82. 张文显："'权利本位'之语义和意义分析——兼论社会主义法是新型的权利本位法"，载《中国法学》1990年第4期。

83. 郑友德、胡承浩、万志前："论反不正当竞争法的保护对象——兼评'公平竞争权'"，载《知识产权》2008年第5期。

84. 郑智航："比较法中功能主义进路的历史演进——一种学术史的考察"，载《比较法研究》2016年第3期。

85. 周樨平："竞争法视野中互联网不当干扰行为的判断标准——兼评'非公益必要不干扰原则'"，载《法学》2015年第5期。

86. 朱慈蕴："反思反垄断：我国应当建立温和型的反垄断制度"，载《清华大学学报（哲学社会科学版）》2003 年第 2 期。

87. 朱大旗："现代预算权体系中的人民主体地位"，载《现代法学》2015 年第 3 期。

88. 朱淑丽："挣扎在理想与现实之间　功能主义比较法 90 年回顾"，载《中外法学》2011 年第 6 期。

89. 朱维究、徐文星："英国公法传统中的'功能主义学派'及其启示——兼论中国二十一世纪'统一公法学'的走向"，载《浙江学刊》2005 年第 6 期。

90. 甘强："经济法利益理论研究"，西南政法大学 2008 年博士学位论文。

三、英文著作

1. John Austin, *The Province of Jurisprudence Determined*, Cambridge：Cambridge University Press，1995.

2. Chester Barnard, *The Functions of the Executive*, Cambridge, MA：Harvard University Press，1938.

3. Oliver Black, *Conceptual Foundations of Antitrust*, Cambridge：Cambridge University Press，2005.

4. Morris Bornstein, *Economic Planning, East and West*, Cambridge, Mass.：Ballinger Publishing Company，1975.

5. Daniel W. Bromley, *Environment and Economy：Property Rights and Public Policy*, Oxford：Basil Blackwell，1991.

6. Daniel H. Cole, *Pollution & Property——Comparing Ownership Institutions for Environmental Protection*, New York：Cambridge University Press，2002.

7. Mariano Croce and Andrea Salvatore, *The Legal Theory of Carl Schmitt*, Abingdon：Routledge，2013.

8. John Dewey, *The Quest for Certainty：A Study of the Relationship between Knowledge and Action*, London：Allen & Unwin，1930.

9. Mary Douglas, *How Institutions Think*, New York：Syracuse University Press，1986.

10. Ronald Dworkin, *Law's Empire*, Cambridge, Massachusetts：Harvard Univer-

sity Press, 1986.

11. Richard A. Epstein, *Simple Rule for a Complex World*, Cambridge, Massachusetts: Harvard University Press, 1995.

12. David Gerber, *Global Competition: Law, Markets, and Globalization*, London: Oxford University Press, 2010.

13. Arthur L. Goodhart, *Five Jewish Lawyers of the Common Law*, London: Oxford University Press, 1949.

14. Geoffrey M. Hodgson, *How Economics Forgot History: The Problem of Historical Specificity in Social Science*, London : Routledge, 2001.

15. Oliver W. Holmes, *Collected Legal Papers.* New York: Harcourt, Brace and Co. , 1920.

16. Jonathan David Kahn, *Budgeting Democracy: State Building and Citizenship in America*, 1890-1928, Ithaca, NY: Cornell University Press, 1997.

17. Kelsen, *General Theory of Law and State.* Cambridge, Massachusetts: Harvard University Press, 1945.

18. Karin D. Knorr-Cetina, *The Manufacture of Knowledge: An Essay on the Constructivist and Contextual Nature of Science*, New York: Pergamon Press, 1981.

19. Richard Levins and Richard Lewontin, *The Dialectical Biologist*, Cambridge, Massachusetts: Harvard University Press, 1985,

20. Wallace E. Oates, *Fiscal Federalism*, New York: Harcourt Brace Jovanovich, 1972.

21. Richard A. Posner, *Antitrust Law*, Chicago: The University of Chicago Press, 2001.

22. W. Richard Scott, *Institutions and Organizations: Ideas and Interests*, Los Angeles, CA: Sage Publications, 2008.

23. Leonard Wayne Sumner, *The Moral Foundation of Rights*, New York: Oxford University Press, 1987.

24. Wouter P. J. Wils, *Efficiency and Justice in European Antitrust Enforcement*, Oxford: Hart Publishing, 2008.

四、英文论文

1. Armen A. Alchian and Harold Demsetz, "The Property Right Paradigm", *The Journal of Economic History*, Vol. 33, No. 1, 1973.

2. Sherry R. Arnstein, "A Ladder of Citizen Participation", *Journal of the American Institute of Planners*, Vol. 35, No. 4, 1969.

3. C. Edwin Baker, "Property and Its Relation to Constitutionally Protected Liberty", *University of Pennsylvania Law Review*, Vol. 134, Iss. 4, 1986.

4. Abraham Bell and Gideon Parchomovsky, "A Theory of Property", *The American Economic Review*, Vol. 57, No. 2, 1967.

5. Abraham Bell and Gideon Parchomovsky, "Of Property and Antiproperty", *Michigan Law Review*, Vol. 102, Iss. 1, 2003.

6. Kimberly Brown and N. Outsourcing, "Data Insourcing, and the Irrelevant Constitution", *Georgia Law Review*, Vol. 49, Iss. 3, 2015.

7. Hanoch Dagan, "The Public Dimension of Private Property", *King's Law Journal*, Vol. 24, No. 2, 2013.

8. Ronald J. Daniels and Michael J. Trebilcock, "Private Provision of Public Infrastructure: an Organizational Analysis of the Next Privatization Frontier", *University of Toronto Law Journal*, Vol. 46, 1996.

9. Harold Demsetz, "Toward a Theory of Property Rights", *The American Economic Review*, Vol. 57, No. 2, 1967.

10. George Stephanov Georgiev, "Contagious Efficiency: The Growing Reliance on U. S. -Style Antitrust Settlements in EU Law", *Utah Law Review*, Vol. 2007, No. 4, 2007.

11. James Grimmelmann, "The Internet is a Semicommons", *Fordham Law Review*, Vol. 78, 2010.

12. O. W. Holmes, "The Path of the Law", *Harvard Law Review*, Vol. 10, No. 1, 1897.

13. Frederic Jenny, "Worst Decision of the EU Court of Justice: The Alrosa Judgment in Context and the Future of Commitment Decisions", *Fordham International Law Journal*, Vol. 38, Iss. 3, 2015.

14. Joseph D. Kearney and Thomas W. Merrill, "Private Rights in Public Lands", *Northwestern University Law Review*, Vol. 105, No. 4, 2011.

15. Albert Kocourek, "Sanctions and Remedies", *University of Pennsylvania Law Review and American Law Register*, Vol. 72, No. 2, 1924.

16. Victor H. Kramer, "Modification of Consent Decrees: A Proposal to the Antitrust Division", *Michigan Law Review*, Vol. 56, No. 7, 1957.

17. Amnon Lehavi, "Mixing Property", *Seton Hall Law Review*, Vol. 38, Iss. 1, 2008.

18. Amnon Lehavi, "Property Rights and Local Public Goods: Toward a Better Future for Urban Communities", *Urban Lawyer*, Vol. 36, Iss. 1, 2004.

19. Thomas M. Mengler, "Consent Decree Paradigms: Models Without Meaning", *Boston College Law Review*, Vol. 29, 1988.

20. Joseph Raz, "The Institutional Nature of Law", *The Modem Law Review*, Vol. 38, Is, 1975.

21. Charles A. Reich, "The New Property", *The Yale Law Journal*, Vol. 73, Iss. 5, 1964.

22. Charles A. Reich, "Individual Rights and Social Welfare: The Emerging Legal Issues", *The Yale Law Journal*, Vol. 74, Iss. 7, 1965.

23. Carol M. Rose, "Left Brain, Right Brain and History in the New Law and Economics of Property", *Oregon Law Review*, Vol. 79, Iss. 2, 2000.

24. Carol M. Rose, "The Several Futures of Property: Of Cyberspace and Folk Tales, Emission Trades and Ecosystems", *Minnesota Law Review*, Vol. 83, Iss. 1, 1998.

25. Joseph William Singer, "No Right to Exclude: Public Accommodations and Private Property", *Northwestern University Law Review*, Vol. 90, Iss. 4, 1996.

26. Henry E. Smith, "Governing water: the Semicommons of Fluid Property Rights", *Arizona Law Review*, Vol. 50, 2008.

27. Henry E. Smith, "Semicommon Property Rights and Scattering in the Open Fields", *The Journal of Legal Studies*, Vol. 29, Iss. 1, 2000.

28. P. A. Sorokin, "Mutual Convergence of the United States and the USSR to the Mixed Sociocultural Type", *International Journal of Comparative Sociology*, Vol. 1, 1960.

29. Kellen Zale, "Sharing Property", *University of Colorado Law Review*, Vol. 87, Iss. 2, 2016.

五、德文著作与论文

1. Meinrad Dreher, *Die Zukunft der Missbrauchsaufsicht in Einem ökonomisierten Wettbewerbsrecht, Wirtschaft und Wettbewerb : Zeitschrift für Deutsches und europäisches Wettbewerbsrecht*, 2008, Bd. 58, H. 1.

2. Wolfgang Fikentscher, *Modes of Thought : A Study in the Anthropology of Law and Religion*, Tübingen : Möhr Siebeck, 2004.

3. Wolfgang Fikentscher, *Wettbewerb und Gewerblicher Rechtsschutz – die Stellung des Rechts der Wettbewerbsbeschränkungen in der Rechtsordnung*, München : Beck, 1958.

4. Axel Halfmeier, *Popularklagen im Privatrecht : Zugleich ein Beitrag zur Theorie der Verbandsklage*, Tübingen : Mohr Siebeck, 2006.

5. Philipp Heck, *Begriffsbildung und Interessenjurisprudenz*, Tübingen : Mohr, 1932.

6. Immanuel Kant, *Kant's Gesammelte Schriften, Ausgabe der Preußischen Akademie der Wissenschaften*, Berlin : Reimer, 1907.

7. Niklas Luhmann, *Rechtssoziologie*, Reinbek : Rowohlt, 1972.

8. Ernst–Joachim Mestmäcker, *Der verwaltete Wettbewerb–Eine vergleichende Untersuchung über den Schutz von Freiheit und Lauterkeit im Wettbewerbsrecht*, Tübingen : Mohr Siebeck, 1984.

9. Dörte Poelzig, *Normdurchsetzung Durch Privatrecht*, Tübingen : Mohr Siebeck, 2012.

10. Ludwig Raiser, *Die Aufgabe des Privatrechts : Aufsätze zum Privat – und Wirtschaftsrecht aus Drei Jahrzehnten*, Bodenheim : Athenäum–Verlag, 1977.

11. Fritz Rittner, *Wirtschaftsrecht mit Wettbewerbs– und Kartellrecht : Ein Lehrbuch*, Heidelberg–Karlsruhe : Müller Juristischer Verlag, 1979.

12. Carl Schmitt, *Über die drei Arten des Rechtswissenschaftlichen Denkens*, Hamburg : Hanseatische Verlagsanstalt, 1934.

13. Karsten Schwipps, *Wechselwirkungen zwischen Lauterkeitsrecht und Kartellrecht*, Baden–Baden : Nomos, 2009.

14. Hans Würdinger，*Freiheit der Persönlichen Entfaltung－Kartell－ und Wettbew- erbsrecht*，Karlsruhe：C. F. Müller，1953.

六、日文著作与论文

1. 加藤雅信編『損害賠償から社会保障へ』三省堂 1989 年版。
2. 金沢良雄『経済法』〈法律学全集〉52—Ⅰ〉有斐閣 1980 年版。
3. 吾妻聡「Roberto Ungerの法社会理論：その方法論的考察（1）制度構想の法学第二の序説」『岡山大学法学会雑誌』2012 年第 4 号。
4. 松下満雄『経済法概説』東京大学出版会 1986 年版。
5. 中誠二『新版経済法概説』（再全訂版）千倉書房 1978 年版。
6. 田中成明『法理学講義』有斐閣 1994 年版。
7. 田中裕明「ヨーロッパ競争法の歩みとドイツ法の役割」『神戸学院法学』2005 年第 4 号。
8. 山下末人「ライザー（Ludwig Raiser）の『制度（Institution）』理論について：私的自治の濫用（2）」『法と政治』1992 年第 1 号。
9. 坂本延夫「経済力の濫用とコンツェルン法：西ドイツコンツェルン法を中心に」『亜細亜法学』1977 年第 1 号。
10. 三並敏克「制度的保障理論：総論部分についての若干の批判的考察」『京都学園法学』1999 年第 3 号。
11. 三並敏克「制度的保障理論：総論部分についての若干の批判的考察」『京都学園法学』1999 年第 3 号。
12. 米谷隆三「制度法学の展開」『一橋論叢』1938 年第 5 号。
13. 西尾隆「セルズニックの『制度』理論」『国際基督教大学学報』1987 年第 1 号。
14. 荒井英治郎「歴史的制度論の分析アプローチと制度研究の展望：制度の形成・維持・変化をめぐって」『信州大学人文社会科学研究』2012 年第 6 号。

后　记

　　研究哲学对于偏好实用理性的国人而言终究有一种"虚浮"感，空弹理论的高调，而置现实问题于不顾，难免遭人鄙薄。王国维在民国时期有这样的看法："今之学者，其治艺者多，而治学者少。即号称治学者，其能知学与艺之区别，而不视学为艺者，又几人矣？故其学苟可以得利禄，苟略可以致用，则遂嚣然自足，或以筌蹄视之。彼等于学问，固无固有之兴味，则其中道而止，固不足怪也。"[1]傅斯年虽然对其特定指谓的"哲学"强烈不满，曾将德国哲学称之为"只是些德国语言的恶习惯"，因中国"没有哲学"而表示要"多谢上帝，使得我们天汉的民族走这么健康的一路"，[2]批评这种哲学家"抱住一堆蹈空的概念，辨析综合去，建设出先天的知识，组织成空中的楼阁，其实满不是那么一回事"，[3]但其 1918 年在《中国学术思想界之基本谬误》中所直陈中国学术的八条弊病之一就是"中国学人，好谈致用，其结果乃至一无所用"。[4]目前研究生学位论文选题往往追逐当下政府出台的一些法律文件和举措，以至于纳税人识别号引入后，罔顾学位论文的性质与研究问题的学术价值，执意以此为题进行写作，但最终流于肤浅的注解而无法深入开掘。

---

　　〔1〕　王国维:《王国维遗书·静安文集续编》，上海古籍出版社 1983 年版，第 57 页。

　　〔2〕　"傅斯年 1926 年致胡适信"，载胡适著，耿云志主编:《胡适遗稿及秘藏书信》（第 37 册），黄山书社 1994 年版，第 357 页。

　　〔3〕　傅斯年:"对于中国今日谈哲学者之感念"，载《新潮》1919 第 5 号。

　　〔4〕　傅斯年:《中国人的德行》，中国工人出版社 2016 年版，第 119 页。

新现象不等于新问题。新现象的涌现是自发的存在，新问题的建构则是自为的存在。缺乏新问题意识的以新现象为客体的趋骛"新闻体"文章会随着新现象的转瞬即逝而被扔进废纸篓，即典型的朝花夕死。名山大业乃不朽事业。长期以来，笔者都主张从原点性问题入手研究以期产生较长的学术传导链条，这在《经济法学理论演变研究》就有明确的阐释，在《法律、资源与时空建构：1644－1945年的中国》也专门以改革开放初期《实践是检验真理唯一标准》的发表所引发的"核裂变"威力说明这种哲学研究切入点选择的高妙所在。正是由于目前中国经济法学术界"惟重实用，不究虚理"[1]的学术取向，造成对于经济法学出现以经济行政法取代经济法的思潮泛滥，说得严重一些，不啻认贼作父，自乱宗统。

人类智力创造的流传具有马太效应。精神损耗或精神磨损是指由于科学技术进步而引起的物品在其有效使用期内价值上的损失。不断涌现的新产品使得我们的创新往往迅速成为明日黄花。而经典著作则在代复一代人的诠释中不断获得新的生命。一些已经湮没在历史红尘之中的作品被权威学者偶尔慧眼识珠而大放异彩，这种死而复生走到光明俊伟的光亮处的现象固然不乏其例。但这种异数不能构成对常例的违背。

刘文华一生为中国经济法事业奋斗不息，在我们后辈看来具有不可思议的炽热激情，每次对后学都不遗余力宣讲其经济法学思想，至真至爱。刘老师一直强调非加强经济法理论研究不能为功，尖锐批评我们作为后学之辈放弃思想者应有的智性责任，躲进部门法的具体制度研究而对于法律的意义世界的追问不足，纠正在经济法理论唯方法是尚的偏差，强调不能以研究的方法借鉴取代研究对象，由衷之言，滔滔不绝，出之以叮咛，申之以强聒。不唯如此，刘老师即便年事已高，凛于"国家兴亡，匹夫有责"的大义，对于经济法学理论重大问题的思考萌生于心，辗转于口，落笔为文，以蝇头

---

〔1〕 吴宓:《吴宓日记》（第 2 册），生活·读书·新知三联书店 1998 年版，第100 页。

小楷在稿纸上一字一句呈现于世，让我们不由得肃然起敬。在 2018 年，刘老师生病住院，虽然身体十分虚弱，但仍然对经济法学界出现的一些偏颇念念不忘，指示将此前一年就倡议的理论研究计划贯彻落实，展现人大经济法学派接地气而达天庭的学术特色，经过与孔德周等反复商谈，拟定了目前经济法哲学的讨论范围。本书是在刘老师亲自指导下撰写的。刘老师为了此书的撰写经常打电话给本人，剀切指示，巨细靡遗。当然，具体实施工作是本人负责的。各个章节的作者按照顺序分别为：导论和第七章由张世明（中国人民大学法学院）撰写，第一章由刘光华（兰州大学法学院）撰写，第二章由王宇松（安徽大学法学院）撰写，第三章由高桂林（首都经济贸易大学法学院）撰写，第四章由陈敏光（中华人民共和国最高人民法院应用法学研究中心）撰写，第五章由付大学（天津工业大学法学院）撰写，第六章第一、二节由杨同宇（中国人民大学法学院）撰写，第六章第三、四节由王济东（商丘师范学院法学院）撰写，第八章由龙俊（中国人民大学法学院）撰写，第九章由孙瑜晨（中国人民大学法学院）撰写。

在本书撰写过程中，我们坚持了以下原则：第一，虽然有破才能有立，许多学术论战都是彼此互阋，不容殊己，贱视异学，打一阵子空拳后，结果没有一个胜败，徒然使得旁观者齿冷，不如切切实实地提出问题，缩小范围作精核的专著，为建设学科奠定基础。即便不能以建立一"理论高地"而对经济法取得一鸟瞰式理解的崇高宏远目标期许自己，也应该为提升经济法学品质增砖添瓦竭尽绵薄菲力。第二，钱钟书在《谈艺录》中言，一方面，"盖墨守师教，反足为弟子致远造极之障碍也"，[1]另一方面，护法弟子"亦足为乃师声名之累玷，殃及谷归焉。弟子辈奉为典型，力相仿效，于乃师所为，不啻烛幽破昏，殊堪寻味。盖弟子法师，往往失中过甚，因巧成拙，而初不自知。其摹拟犹显微镜然，师疵病之隐微不得见

---

〔1〕 钱钟书：《谈艺录》，中华书局 1984 年版，第 515 页。

者，于弟子笔下遂张大呈露矣"。[1]《易经》的"易"包涵三重意义：一是易简，二是变易，三是不易。刘老师在改革开放后最先提出责权利效相结合原则、社会责任本位等理论贡献虽然在许多情况下被湮没不彰，但其许多闪光思想已经成为国内经济法学界公认的宝贵财富，而且就经济法学界许多后学均在成长道路上多蒙刘老师的奖掖，饮水思源，恐当及此。对于老师的思想精髓，我们应该含英咀华，使得本书能够围绕和贯彻刘老师的一脉浩浩学思，但坚持吾爱吾师，更爱真理，不能因为前贤成宪具在，慎守即足，不思创新发展。第三，文以质取，必须是拿得出手的研究，要想独出机杼，不做矮人看戏，随人说短长。一些天纵英明的学者能够触手成春，对任何问题一经上手就能达到超凡入圣的造诣，但就笔者个人而言，对经济法哲学申说只能在既有的研究基础上进行提炼和发展，不敢好高骛远。第四，全书需要有体系性，希望作者之间的论域加以协调，决不做散论，以期共襄此举的济济多士能够形成合力，对经济法哲学的理论洞察力足以形成通盘看法，而非破碎凌乱，成为杂糅的拼盘。虽然形散而神不散，既与我们的师承一脉相连，又在各部分之间形成光光相入的交融，浑然一体。

　　从现代的观点看，科学不是一次性努力的产物。科学与伪科学的差别，并不在于科学本身必须不包涵错误，相反，按照波普的理论，科学与伪科学的差别，恰恰在于科学是可以证伪的，因此是包涵错误的。这种理论固然可以被视为我们用来防御别人的批评是一道盾牌，但哲学只能通过探讨的方法得以澄清。哲学探索必须被看成是一种"能"（energeia），而不是一种"功"（ergon）。从辩证法的观点看，真理确实并不是现成的东西，不可能一次完成，而只能实现于认识的全过程中，是一个不断反复劳作连续的过程。老子的话可能最为精彩："知不知，上；不知知，病。"[2]这就是说，真正上乘的认识，能够认识到人类自己的认识能力的局限性。黑格尔实

---

〔1〕　钱钟书：《谈艺录》，中华书局 1984 年版，第 517 页。
〔2〕　陈剑译注：《老子译注》，上海古籍出版社 2016 年版，第 254 页。

际上对自己哲学的局限性很早就有清醒的认识，他在《法哲学原理》的序言中写道："哲学的任务在于理解存在的东西，因为存在的东西就是理性。就个人来说，每个人都是他那时代的产儿。哲学也是这样，它是被把握在思想中的它的时代。妄想一种哲学可以超出它那个时代，这与妄想个人可以跳出他的时代，跳出罗陀斯岛，是同样愚蠢的。"[1]凡从事著作时企图愈大，则其不完备之处可能愈多，此实乃无可避免之事。本研究论题极为广泛，乃非一人之力所能及，非一手一足之烈所能蒇事，求其美赅无疵殆无可能，书中对经济法法意的创造性阐释究达何种深度和规模尚待读者评判。刘禹锡的《视刀环歌》中写道："长恨言语浅，不如人意深。"[2]这种对于经济法哲学的探索呈现给世人的面目最终也许画虎不成反类狗，只能归咎于我们功力不济，绠短汲深，内疚神明，希望在今后虚敬以学，使自己的认识致臻更高的层级。

张世明

2018 年岁末于中国人民大学明法楼 706 室

---

[1] 〔德〕黑格尔:《法哲学原理》，范扬、张企泰译，商务印书馆 2007 年，序言第 12 页。

[2] （唐）刘禹锡:《刘禹锡集》，上海人民出版社 1975 年版，第 236 页。